복 있는 사람

오직 여호와의 율법을 즐거워하여 그 율법을 주야로 묵상하는 자로다.

저는 시냇가에 심은 나무가 시절을 좇아 과실을 맺으며 그 잎사귀가 마르지 아니함 같으니

그 행사가 다 형통하리로다. (시편 1:2-3)

마틴 로이드 존스는 이 책에서, 특유의 치밀한 논리로 요한복음 1장의 핵심을 설득력 있게 전개하고 있다. 그 핵심은 곧 기독교의 핵심이자, 하나님께로부터 나서 하나님의 자녀가 된 그리스도인이 살아 내야 할 삶의 중심이다. 「하나님께로 난 사람」은 율법과 은혜의 온전한 의미를 깨닫고 구원의 확신을 굳게 붙잡아, 진정한 그리스도인으로 살기 원하는 모든 이들을 위한 책이다.

이찬수 분당우리교회 담임목사

책을 구입할 때 내가 즐겨 사용하는 방법 가운데 하나는 저자 중심으로 책을 선택하는 것이다. 이 책의 저자인 마틴 로이드 존스는 한국 교회의 많은 신실한 종들에게 그러했듯이 나에게 영적인 선생이요 아버지시다. 얼굴을 대면하여 만난 적은 없지만 그분의 책은 나의 삶과 가치관을 형성했고, 특히 목회를 준비하던 신학생이었던 나에게 목회의 존엄과 아름다움, 성도와 교회의 복됨을 선명하게 보여주고 깨닫게 해주었다. 나는 그분의 책은 무엇이든 조금의 주저함도 없이 사서 읽는다. 이번 요한복음 1장 강해설교도 은혜와 구원의 확신에 목마른 자들에게 하늘의 신령한 지혜로 해갈함을 주실 줄 믿어 의심치 않는다. 강력히 추천한다.

화종부 남서울교회 담임목사

요한복음은 복음서 중에서도 가장 심오한 진리를 담고 있다. 마틴 로이드 존스는 본문의 연속설교에 탁월할 뿐 아니라 연속된 주제설교에도 탁월한 능력을 가진 분이다. 이 책 「하나님께로 난 사람」에서는 요한복음 1장 강해를 통해 오늘날의 시대적 상황을 진단하고 성경적 해답을 제시하고 있다. 이 강해를 통하여 하나님 말씀의 위대함과 진리의 탁월함을 체험할 수 있기를 바란다.

김서택 대구동부교회 담임목사

그리스도인들이 구원과 성화의 과정에서 부딪히는 대부분의 어려움들, 즉 자신의 구원을 확신하지 못하고 율법의 속박 아래 신음하는 것이나 반대로 은혜를 오해하여 나태와 방종으로 치우치는 문제는 율법과 은혜의 관계를 조화롭게 이해하지 못한 데서 비롯된다. 로이드 존스는 이 신앙의 근원적인 문제를 심층적으로 분석하고 집요하리만큼 치밀하게 파헤쳐, 우리 안에 깊이 자리 잡고 있는 오해의 응어리를 속 시원하게 풀어준다. 마치 노련하고 섬세한 외과의처럼, 그는 하나님의 은혜와 사랑이 스며들지 못하도록 우리 마음을 경화시키는 율법주의적인 각질과 은혜를 헐값으로 남용하는 반율법주의적인 병폐를 예리하게 해부하여 도려내고, 구원의 놀라운 은혜에 대한 확신과 감사와 찬양이 우러나오는 부드러운 마음의 속살이 돋아나게 한다.

박영돈 고려신학대학원 교의학 교수

기독교인들을 믿음의 용사로 만드는 것은 하나님의 말씀입니다. 이 말씀은 인간의 이성을 향한 설득과 변증을 넘어서는 놀라운 것입니다. 말씀이 선포될 때, 인간에게 임재하시고 간섭하시는 하나님의 적극적인 사역이 펼쳐집니다. 성경은 이 스스로 계신 분, 그 아들을 내어준 하나님을 증언합니다. 설교자는 자신이 속한 시대의 회중 앞에 이 증언을 선포하는 책임을 부여받고 있습니다. 광야에 울려 퍼졌던 사도 요한의 선포로부터 우리 시대의 선포까지, 그렇게 힘 있게 이어져 오고 있는 말씀을 우리는 로이드 존스의 「하나님께로 난 사람」을 통해 들을 수 있습니다.

박영선 남포교회 담임목사

성경은 하나님의 진리의 말씀이며, 설교란 그 말씀으로 죽은 영혼을 살려 내고 살아난 사람을 거룩하게 세우는 위대한 일입니다. 로이드 존스의 「하나님께로 난 사람」을 읽는다면, 성경이 보여주는 탁월함과 영혼을 울리는 감격, 그리고 삶을 변화시키는 도전을 경험할 것입니다. 말씀이 점점 사라지는 오늘날, 진리의 대언자인 로이드 존스의 생생한 목소리를 듣게 될 것입니다.

류응렬 와싱톤중앙장로교회 담임목사

하나님께로 난 사람

D. Martyn Lloyd-Jones

Born of God

하나님께로 난 사람

마틴 로이드 존스 지음 | 정상윤 옮김

복 있는 사람

하나님께로 난 사람

2013년 9월 5일 초판 1쇄 발행
2022년 2월 8일 초판 5쇄 발행

지은이 마틴 로이드 존스
옮긴이 정상윤
펴낸이 박종현

(주) 복 있는 사람
주소 서울특별시 마포구 연남동 246-21(성미산로23길 26-6)
전화 02-723-7183, 7734(영업·마케팅) 팩스 02-723-7184
이메일 hismessage@naver.com
등록 1998년 1월 19일 제1-2280호

ISBN 978-89-6360-116-8 03230

발행인 서문

마틴 로이드 존스 박사는 1962년 10월 7일 주일 아침, 런던 웨스트민스터 채플에서 요한복음 앞부분에 대한 연속설교를 시작했습니다. 이 설교는 1968년 은퇴할 때까지 간격을 두고 이어졌습니다.

박사는 "요한복음을 설교하되, 연이어 자세히 강해하기보다는 그 가르침이 지금 이 세상에 살고 있는 그리스도인들의 상태와 형편에 어떻게 적용되는지 알아보려" 한다고 밝혔습니다(1장 '요한복음을 쓴 이유' 참조). 그 의도는 1962년 10월부터 1963년 6월까지 전한 32편의 설교에 그대로 반영되어 있습니다. 사소한 몇 번의 경우를 제외한 모든 강해는 두 가지 본문과 가르침—로이드 존스는 이 두 가지가 청중에게 지극히 중요하다고 생각했습니다—에 집중되어 있습니다. 한 가지는 그리스도인에게 율법과 은혜가 무엇을 의미하는가에 대한 것이고(요 1:17), 또 한 가지는 구원의 확신에 대한 것입니다(요 1:12-13). 하나님께로부터 난 자들, 하나님이 사랑하시는 아들을 믿음으로써 그의 자녀가 된 자들의 삶에 모든 설교의 초점이 맞추어져 있는 것입니다. 이러한 강조점을 고려한 우리는 요한복음 1:13의 표현에 근거하여 이 책에 「하나님께로 난 사람」이라는 제목을 붙였습니다. "이는 혈통으로나 육정으로나 사람의 뜻으로 나지 아니하고 오직 하나님께로부터 난 자들이니라."

이렇게 출판할 수 있도록 설교를 훌륭히 편집해 준 캐서우드 여사와 로나 파이프 부인께 감사를 드립니다.

2011년 4월

배너 오브 트루스Banner of Truth 발행인

차례

일러두기 이 책에서는 우리말 성경 개역개정판과 통일찬송가를 사용했다.

1

요한복음을 쓴 이유

예수께서 제자들 앞에서 이 책에 기록되지 아니한 다른 표적도 많이 행하셨으나 오직 이것을 기록함
은 너희로 예수께서 하나님의 아들 그리스도이심을 믿게 하려 함이요 또 너희로 믿고 그 이름을 힘입
어 생명을 얻게 하려 함이니라. 요 20:30-31

제가 지금 주의를 환기시키려 하는 본문은 요한복음 20:30-31입
니다. 그러나 1:12-13을 대신 본문으로 삼아도 괜찮습니다. "영접
하는 자 곧 그 이름을 믿는 자들에게는 하나님의 자녀가 되는 권세
를 주셨으니 이는 혈통으로나 육정으로나 사람의 뜻으로 나지 아니
하고 오직 하나님께로부터 난 자들이니라."

　　하나님이 허락하시면, 앞으로 주일 아침마다 요한복음을 설교하
되, 연이어 자세히 강해하기보다는 그 가르침이 지금 이 세상에 살
고 있는 그리스도인들의 상태와 형편에 어떻게 적용되는지 알아보
려 합니다. 권위자들에 따르면 요한복음은 마지막으로 기록된 복음
서가 분명하며, 이 점에서 특별한 의미가 있습니다. 사람들은 요한

11

복음이 다른 세 복음서—마태복음, 마가복음, 누가복음—와 본질적으로 다른 면모를 보여준다는 점을 늘 인정해 왔습니다. 제가 볼 때 둘 사이의 중대한 차이점은 이것입니다. 모든 복음서가 우리 주와 구주 되신 예수의 모습을 묘사하지만, 요한복음은 특히 적용의 측면을 강조합니다. 주님의 모든 모습과 신자의 관련성을 강조하는 것입니다. 주님이 사역 막바지에 이르러 장차 자신 없이 살아가야 할 제자들을 준비시키시는 데 더욱 많은 시간과 관심을 쏟으셨다는 사실을 요한복음이 기록하고 있는 것도 이 때문입니다. 다시 말해서 요한복음은 다른 복음서에 비해 성령에 대한 교리를 많이 가르칩니다. 저는 특히 이 점에 여러분의 주의를 집중시키고자 합니다.

반복하건대, 요한복음은 마지막 복음서입니다. 요한은 어느 정도 그리스도인의 삶을 살아온 사람들을 대상으로 이 복음서를 썼습니다. 주님이 이 땅에서 사시다가 죽임을 당하시고 부활하신 후 상당한 시간이 지난 때였습니다. 요한이 이 복음서를 쓴 이유가 무엇일까요? 성경 어느 책을 대할 때든 이 질문을 던져 보는 것이 좋습니다. 성경 기자들을 문필가로 여겨서는 안 됩니다. 문필가는 글쓰기가 좋아서 글을 쓰는 사람들이며 글쓰기를 생업으로 삼는 사람들입니다. 그러나 성경 기자들은 현실적인 사람들이었습니다. 사도이자 복음 전도자이자 교사로서 필요성이 있을 때만 글을 썼습니다.

요한이 이 복음서를 쓴 이유는 아주 분명합니다. 1세기 그리스도인들에게 힘을 주기 위해, 그들을 격려하고 세워 주기 위해 쓴 것입니다. 그러므로 당연히 그들에게 필요한 내용을 썼으리라 추정할 수 있습니다. 그들은 여러 가지 이유에서, 여러 가지 모양으로 낙심했던 것이 분명합니다. 알다시피 그들은 가혹한 박해를 많이 당했습니다. 최초의 유대인 신자들은 동족과 이방인 모두에게 박해를 당했습니다. 이방인 신자들 역시 심한 박해를 당했습니다. 이처럼 최초의 신자들은 큰 시련과 환난을 겪었는데, 여기에서 즉각 발생한 문제가 한 가지 있었습니다. 그리스도인들은 그리스도인이 되는 순간 모든 문제가 사라진다고 생각하는 경향이 있습니다. 아주 잘못된 것임에도 불구하고 끈질기게 이런 생각을 합니다. 그 결과, 시련과 환난이 닥치면 충격을 받고 복음을 의심하며 그 진위에 의구심을 품습니다. 오늘날처럼 1세기에도 그런 사람들이 있었습니다.

요한복음의 기록 연대를 주후 70년으로 보는 견해가 있습니다. 정확한 시기가 언제라고 단정 지을 수는 없지만, 주후 70년에 기록되었다는 견해가 맞는다면 최초의 독자들이 이 복음서를 읽고 무슨 생각을 했을지 대강 짐작할 수 있습니다. 예루살렘 성은 공격을 받아 무너졌습니다. 로마가 전 지역을 지배하면서 유대인들은 이를테면 추방을 당해 쫓겨났습니다. 그것은 분명히 엄청나게 충격적인 경험이었을 것입니다. 이런 상황이 요한복음의 한 가지 배경이 되었을 수 있습니다. 이것이 배경이 되었든 그렇지 않든, 그 당시 그리스도인들이 많은 박해와 시련과 환난과 어려움을 당했고, 그래서 요한이 이 복음서를 썼다는 것만큼은 분명한 사실입니다.

역시 요한이 쓴 성경 마지막 책, 요한계시록의 상황도 마찬가지였습니다. 그가 계시록을 쓴 이유가 무엇이었습니까? 역시 1세기 그리스도인들을 위로하기 위해서였습니다. 요한계시록은 저와 여러분이 속한 세대를 위해 기록한 책이 아닙니다. 1세기 그리스도인들을 위해, 그들이 당면한 재난과 무서운 시련에 맞설 수 있도록 돕기 위해 기록한 책입니다. 그들은 재판관과 권력자들에게 소환당했으며, 그중 상당수가 학살과 잔인한 죽임을 당했습니다. 불쌍한 그리스도인들이 콜로세움 같은 곳에서 사자 밥으로 던져지는 장면을 구경하는 것이 그 당시 로마 귀족들의 '오락'이었습니다. 이것이 사도가 계시록을 기록한 배경이었습니다.

또 다른 배경도 있었습니다. 그리스도인들은 주 예수 그리스도가 다시 세상에 오셔서 위대한 구원 사역을 마무리 짓고 역사에 종지부를 찍으실 날, 그의 나라를 시작하실 날이 온다고 배웠습니다. 그런데 아무리 시간이 지나도 그는 오시지 않았습니다. 그 때문에 혼란에 빠진 이들이 많았습니다. 그들은 복음 메시지의 진위를 의심하기 시작했습니다. 자신들이 믿고 있는 큰 약속, "복스러운 소망"이 이루어질 기미가 전혀 보이지 않았기 때문입니다(딛 2:13).

그뿐 아니라 거짓 가르침도 나돌고 있었습니다. 제가 무엇보다 강조하고 싶은 점이 이것입니다. 요한이 성령의 감동으로 복음서를 쓰게 된 주된 요인도 여기 있었던 것이 분명합니다. 그리고 다른 성경 기자들도 같은 이유에서 펜을 들었을 것입니다. 그 거짓 가르침의 내용이 무엇이었습니까? 주로 주 예수 그리스도의 위격과 관련된 것이었습니다. 물론 이것은 기독교의 근본적이고 중심적인 교리입니다. 주님과 관련된 현대의 여러 가지 거짓 사상들을 열거하여 여러분을 피곤하게 만들 생각은 없습니다. 그 사상들 대부분은 1세기에 생겨난 것입니다. 주 예수 그리스도의 위격을 잘못 이해하는 사상들은 새삼스러운 것이 아니며 현대적인 것도 아닙니다. 이 사실을 기억합시다. "나사렛 예수는 인간일 뿐"이라는 주장을 현대성의 표지로 여기는 이들이 많습니다. 그러나 그것은 1세기에 이미 나온 주장입니다! 오늘날 어리석은 자들은 주님과 구약성경에 대해 잘못된 주장을 하면서 스스로 아주 똑똑하고 수준이 높다고 생각하는데, 사실 그런 주장은 성경의 역사만큼이나 해묵은 것입니다. 그런 주장을 한다고 똑똑하거나 학식이 높은 것이 아닙니다. 사람들이 처음부터 해왔던 말을 그대로 반복하는 것에 불과합니다.

거짓 가르침은 여러 가지 형태로 나타났습니다. 이번에는 특히 두 가지를 살펴보겠습니다. 첫째는 "그렇다. 나사렛 예수는 하나님의 영원한 아들로서 단지 성육신한 것처럼 보였을 뿐, 진짜 사람이 된 것은 아니었다. 그의 몸은 진짜 사람의 몸이 아니라 일종의 허깨비였다"라는 주장입니다. 가현설假現說이라는 이단의 주장이 바로 이것입니다.

둘째는 인간에 불과한 나사렛 예수가 세례를 받을 때 영원하신 그리스도가 내려와 인간 예수 속에 들어가셨고, 십자가에 못 박히기 전까지 그 몸에 머무셨다는 주장입니다. 이런 주장을 하는 이들은 나사렛 예수가 십자가에 못 박히는 순간 영원하신 그리스도는 그 몸을 떠나셨기 때문에 결국 죽은 자는 인간 예수뿐이었다고 말합니다. 이것은 그 당시 인기가 높았던 이단의 주장으로, 케린투스 Cerinthus라는 사람이 그렇게 가르쳤습니다. 케린투스와 사도 요한에 대해 전해 오는 이야기가 있습니다. 어느 날 요한이 공중목욕탕에 들어가려는데 케린투스가 이미 와 있다는 말을 듣고 바로 뒤돌아 나왔다고 합니다. 그런 거짓된 교리를 가르치는 이단과 한 건물

안에 있는 것조차 싫었던 것입니다! 요한은 우리 주와 구주 되신 그리스도의 영광을 훼손하는 교리를 미워했습니다. 이것이 요한복음의 또 한 가지 배경이며, 요한이 복음서를 쓴 이유입니다. "오직 이것을 기록함은 너희로 예수께서 하나님의 아들 그리스도이심을 믿게 하려 함이요 또 너희로 믿고 그 이름을 힘입어 생명을 얻게 하려 함이니라"(요 20:31). 이처럼 요한은 거짓 가르침들 때문에 흔들리는 교회를 위해 복음서를 썼습니다.

또한 그 당시에는 이른바 '외경 복음'이 많았습니다. 이런저런 사람들이 주 예수 그리스도의 삶과 생애를 기록했습니다. 신자들은 그런 책들로 인해 혼란에 빠졌고, 이것이 초대교회의 큰 문젯거리가 되었습니다. 결국 교회는 성령의 인도 아래 외경 복음을 신약성경에 포함시키지 않기로 결정했습니다. 그런데도 오늘날 사람들은 여전히 이런 책에 흥분하고 있습니다. 최근에도 '도마복음' 열풍이 불었는데, 저는 그리스도인들이 마치 새롭고 참신한 자료를 발견하기라도 한 양 흥분하는 것을 보고 놀라지 않을 수 없었습니다. 사랑하는 여러분, 그런 자료에 시간을 낭비하지 마십시오. 여러분이 알아야 할 모든 것은 바로 이 성경 안에 들어 있습니다. 외경 복음에 흥분할 필요가 없습니다. 그런 책들은 성경을 보완해 주지 못할 뿐 아니라 오히려 훼손합니다. 외경 복음의 내용은 인간이 상상해 낸 것에 불과합니다. 그래서 교회가 슬기롭게 신약성경에서 배제한 것입니다. 마치 진리에 대한 참신한 시각이라도 되는 양, 이른바 새로운 발견에 관심을 쏟는 것은 좋지 않은 태도입니다. 모든 진리는 우리 앞에 있는 이 성경에 다 들어 있습니다. 다른 책은 필요치 않습니다.

　이러한 문제들로 인해 확신을 잃고 혼란에 빠져 침체되어 있던 초대교회 그리스도인들은 "그러면 대체 뭘 믿으란 말인가?" 하고 물었고, 그 결과 그리스도인의 삶과 경험은 고통스러운 것이 되어 버렸습니다. 요한은 이런 상황을 다루기 위해 복음서를 썼습니다. 이 점을 분명히 알기 바랍니다. 신약의 다른 책들도 그렇지만, 복음서는 세상 사람들이 아닌 신자들을 위해 기록된 책입니다. 누가는 데오빌로라는 사람을 위해 복음서를 쓰면서 이렇게 밝혔습니다. "모든 일을 근원부터 자세히 미루어 살핀 나도 데오빌로 각하에게 차례대로 써 보내는 것이 좋은 줄 알았노니 이는 각하가 알고 있는 바를 더 확실하게 하려 함이로라"(눅 1:3-4). 다시 말해서, 복음서는 초대교회 그리스도인들에게 확신을 주고 그들을 세워 주기 위해 기록된 책입니다. 그들을 엄습했던 무력감과 불행감과 혼동, 그에 따르는 절망감에서 건져 주기 위해 기록된 책입니다. 제가 볼 때 이것은 긴요한 원리입니다. 복음서는 일차적으로 그리스도인들에게 흔들리지 않는 확신을 주기 위해 기록되었습니다.

　저는 무엇보다 먼저 요한이 이 상황을 다루는 방식에 주의를 환기시키고자 합니다. 확신을 잃고 침체에 빠져 불행하게 살고 있는 그리스도인, 충만한 삶을 살지 못하는 그리스도인의 문제를 어떤 방식으로 다루는지 살펴보고자 합니다. 요한은 이런 상태에 있는 그리스도인들을 놀란 눈으로 쳐다보면서, 말하자면 "대체 이들을 어떻게 도우면 좋을까? 이들에게 정확히 필요한 메시지가 뭘까?"라고 자문했습니다.

이 문제를 해결하기 위해 요한이 하지 않는 일부터 주목해서 보기 바랍니다. 그는 그저 일반적인 위로의 편지를 쓰지 않습니다. 요즘 저는 위로 때문에 현대 교회가 죽어 가고 있는 것은 아닌가 생각하곤 합니다. '기독교의 주된 역할은 위로에 있다'는 생각이 널리 퍼져 있는 것 같습니다. 물론 궁극적인 의미에서 교회는 위로를 줍니다. 오직 교회만 위로를 줍니다. 그렇다고 해서 교회가 단순히 '상냥한' 곳이거나 그리스도인들이 단순히 '상냥한' 사람들인 것은 아닙니다. 기독교 설교자 또한 교회를 찾은 이들을 좀 더 편하고 행복하게 만들어 주는 '상냥한' 사람이 아닙니다. 그런데 요즘은 그렇게 되어 버린 것 같습니다. 교회의 현 상태와 우리의 무능함, 교회 안으로 들어오지 않는 수많은 사람들과 그들의 교만과 죄를 생각하면 무섭지 않습니까? 대체 무엇이 문제일까요? 그들은 왜 교회에 오지 않는 것일까요? 교회가 보여주는 모습 때문에 오지 않는다는 확신이 어느 때보다 강하게 든다는 사실을 고백하지 않을 수 없습니다. 교회에는 감상적이고 감정적인 위로를 원하는 듯한 '상냥한' 사람들이 많이 있습니다. 이것이 오늘날 교회가 보여주는 모습입니다. 그러나 그런 교회는 기독 교회가 아닙니다.

교회는 깃발을 든 군대입니다! 요즘만큼 세상에 교회가 절실히 필요했던 적은 없었습니다. 그런데 사람들이 교회에 와서 발견하는 모습이 무엇입니까? 꼭 우리 교회를 짚어서 이야기하는 것은 아닙니다. 다른 교회들도 다 마찬가지입니다. 여러분도 휴가 때 이곳저곳의 작은 교회에 조용히 들어가 상황을 관찰해 보면 깨닫는 바가 많으리라 생각합니다. 사람들은 칭찬과 위로와 마음을 어루만져 주는 말을 들으려고 교회를 찾는 것처럼 보입니다. 그러나 기독교의 임무는 그런 데 있지 않습니다. 요한도 그런 일을 하지 않습니다.

요한은 일반적인 위로의 말을 하지 않습니다. 호소도 하지 않습니다. 그렇습니다. 그는 가르칩니다. "오직 이것을 기록함은……" (요 20:31). 그는 실제로 자기가 쓴 내용보다 쓰고 싶은 내용이 훨씬 더 많았다고 말합니다. 복음서 마지막 부분에서 "예수께서 행하신 일이 이 외에도 많으니 만일 낱낱이 기록된다면 이 세상이라도 이 기록된 책을 두기에 부족한 줄 아노라"라고 밝힙니다(요 21:25). 그러면서 앞서 살펴보았듯이 이렇게 말합니다. "예수께서 제자들 앞에서 이 책에 기록되지 아니한 다른 표적도 많이 행하셨으나 오직 이것을 기록함은 너희로 예수께서 하나님의 아들 그리스도이심을 믿게 하려 함이요 또 너희로 믿고 그 이름을 힘입어 생명을 얻게 하려 함이니라." 거듭 말하지만, 요한복음은 그리스도인을 위해 기록된 책입니다.

"하지만 그리스도인들은 이미 믿는 사람들 아닙니까?"라고 물을 수 있습니다.

저도 압니다. 어떤 의미에서 우리는 믿는 자들이 맞습니다. 그런데 문제는 "참으로 믿느냐?" 하는 것입니다. 요한이 말하는 요지는 이것입니다. "너희가 참으로 믿게 하려고, 참으로 믿는다는 것이 무엇인지 알게 하려고, 그 이름을 힘입어 생명을 얻게 하려고 나는 이 책을 썼다."

"하지만 그리스도인에게는 분명 생명이 있지 않습니까?"라고 다시 물을 수 있습니다.

물론 생명이 있습니다. 그러나 어린아이의 생명과 어른의 생명은 다른 법입니다. 건강한 어린아이의 생명과 소모증으로 쇠약해진 어린아이의 생명도 서로 다릅니다. 간신히 숨은 쉬지만 뼈와 가죽만 남은 아이가 있습니다. 그런 아이를 보면서 기뻐하거나 자랑할 사람은 없습니다. 그저 "살아 있어 다행이다"라고 할 뿐입니다. 그렇습니다. 살아는 있습니다. 그러나 생명이 있다고 할 수 있습니까? 당연히 그럴 수 없습니다. 그것은 생존에 불과합니다. 아이는 원래 그렇게 되지 말았어야 합니다. 반복하건대, 요한은 이처럼 소모증에 걸려 건강을 잃고 병들어 버린 교회를 회복시키고자 이 책을 썼습니다. 그리고 그것을 위해 사도가 한 일은 가르치는 것이었습니다. 첫째로, 그는 주 예수 그리스도의 위격에 대한 교리를 가르칩니다. 둘째로, 주 예수 그리스도가 바로 그런 분이기에 우리에게 가능해진 일이 무엇인지 가르칩니다. 그는 "너희에게 필요한 일은 바로 이것이다"라고 말합니다. 요한복음을 기록한 이유가 여기 있습니다. 다른 복음서들도 이런 이유에서 기록되었다고 저는 주장하는 바입니다. 지금 우리에게 가장 필요한 일도 바로 이것 아닙니까?

우리는 세상에 어떤 모습을 보여주고 있습니까? 기독교야말로 이제껏 인류와 문명이 경험한 모든 것들 중에 가장 놀랍고 영광스러운 것임을 보여주고 있습니까? 그리스도인이 되면 모든 것이 새로워지고 변화되며 달라진다는 것, 구원받고 해방되어 자유로워진다는 것, 능력과 영광으로 충만해진다는 것을 보여주고 있습니까? 실제로 이런 모습을 보여주고 있습니까? 요한은 말합니다. "우리가 다 그의 충만한 데서 받으니 은혜 위에 은혜러라"(요 1:16). 우리는 세상에 이런 모습을 보여주고 있습니까? 저는 여기에 우리의 비극이 있다고 생각합니다. 세상은 불타고 있습니다. 절망에 빠져 있습니다. 어찌할 바를 모르고 있습니다. 이런 세상에 줄 수 있는 유일한 메시지가 여기 있습니다. 그리고 우리는 그 메시지를 전하는 사람들입니다. 세상을 향해 왜 우리만 보고 기독교 전체를 판단하느냐고 비난할 수는 없습니다. 그것은 지극히 당연한 일입니다. 우리는 기독교의 대변자요 신앙의 수호자요 관리자이기 때문입니다. 세상이 우리를 보고 기독교 메시지를 판단하는 것은 지극히 합당한 일입니다. 그러지 말라고 막을 수가 없습니다.

그런데 우리의 모습은 어떻습니까? 여기 문제가 있습니다. 도대체 침체된 그리스도인들이 왜 그리 많은 것입니까? 약간의 활력이나 좋은 기분이나 격려나 공감을 얻기 위해 하나님의 집을 찾는 이들이 왜 그리 많은 것입니까? 그리스도인임을 상기시키면서 재촉하고 강요해야만 겨우 기계적으로 그리스도인의 삶을 사는 이들이 왜 그리 많은 것입니까? 신앙을 의무로 여기면서 고작 교회에 출석하는 것을 자랑스러워하게 된 이유가 무엇입니까? 오, 그것은 우스운 가짜 기독교에 불과합니다! 이런 시간에 바닷가를 찾지 않고 예배당에 와 있다는 사실, 오늘처럼 화창한 날 바닷가에 가면 끝내줄 텐데도 큰 희생을 감내하고 하나님의 집에 와 앉아 있다는 사실에 뿌듯함을 느낍니까? 우리가 세상에 보여주는 모습이 고작 이런 것입니까? 자, 그렇다면 영국 국민 대다수가 교회에 오지 않는 것도 그리 놀랄 일이 아닙니다. 이것은 완전히 잘못된 태도입니다.

많은 초대교회 그리스도인들은 자신들이 복음에서 발견한 사실들 때문에 가족이나 친지나 사랑하는 이들에게 배척당하는 고통을 기꺼이 감수했습니다. 앞서 보았듯이, 박해와 투옥과 순교의 위협 앞에서도 하나님을 위해 능욕받는 일에 합당한 자로 여겨 주시는 것에 감사드렸습니다. 그들은 하나님을 위해 죽는 순교를 최고의 영광으로 여겼습니다. 바로 그 정신이 고대세계를 정복했던 것이 분명합니다. 기독교는 이렇게 확산됩니다. 저와 여러분은 그 정신으로 돌아가야 합니다. 거듭 강조하지만, 오늘날 우리에게는 막중한 책임이 있습니다. 영원한 세상이 올 때 우리는 역사의 한 시대, 우리가 살았던 이 악한 시대에 과연 무엇을 증언하고 전했는지에 대해 심판을 받을 것입니다. 많은 이들이 복음에 주목할 수 있도록 무엇을 했습니까? 복음 및 복음의 본질과 관련하여 어떤 모습을 보여주었습니까? 이것이 문제입니다. 우리는 그에 따라 심판받을 것입니다.

그렇다면 우리에게 필요한 것은 무엇일까요? 요한복음의 첫 독자들과 마찬가지로 위로는 필요치 않습니다. 제 말은 직접적인 위로가 필요치 않다는 뜻입니다. 복음의 위로는 직접적으로 오는 것이 아니라 진리를 통해 간접적으로 오는 것입니다. 저의 주된 임무는 여러분을 위로하는 데 있지 않습니다. "형제보다 친밀"한 친구께 이끌어 가는 데 있습니다(잠 18:24). 위로만 주는 것은 마치 마약을 주는 것과 같습니다. 오늘날 기독교의 이름으로 제시하며 설교하는 내용의 상당수가 사실은 심리학에 불과합니다. 정직하지 못하게 기독교의 용어를 차용한 심리학에 불과합니다. 두려움, 공포, 불안, 불면증을 비롯한 여러 문제를 극복하도록 도와주는 심리치료에 불과합니다. 복음의 임무는 거기 있지 않습니다. 요한은 1세기 그리스도 인들에게 약간의 심리학적인 권면을 하지 않았습니다. 직접적이고 즉각적인 위로를 주지 않았습니다. 절대 그러지 않았습니다! 그것은 기독교 설교의 역할도, 목적도 아닙니다.

여러분이 듣고 있는 설교는 심리학입니다! 그래서 제가 이 점에 주의를 환기시키는 것입니다. 물론 우리 교회는 그 오류에 빠지지 않았다고 믿습니다만, 여러분이 TV나 라디오나 책에서 접하는 설교들은 일반적인 위로를 주는 막연한 심리학적 '이야기' 내지는 흐뭇한 마음으로 잠자리에 들게 해주거나 쉽게 잠들도록 도와주는 '이야기'에 불과합니다. 그런 설교자들은 대부분 주님이 어떤 분이신지 언급하지 않으며, 복음의 영광스러운 메시지도 전하지 않습니다. 그들이 말하는 기독교는 인생을 좀 더 쉽고 견딜 만하게 만들어 주는 진정제와 같습니다. 다시 말하지만, 그것은 우스운 가짜 기독교에 불과합니다! 그러니 세상이 이 지경이 되고 교회가 이 지경이 된 것도 그리 놀랄 일이 아닙니다.

이처럼 우리에게는 위로가 필요치 않으며, 권고나 호소가 필요치 않습니다. 그런데도 오늘날 권고와 호소가 난무하고 있습니다. 이런저런 일들을 하라고 권고하고 호소하며 조직을 만들어 활동하게 해줍니다. 그러나 정작 우리에게 필요한 것은 그런 것들이 아닙니다. 우리의 모든 활동은 진리를 깨닫는 데서 나와야 합니다. 우리에게는 영적 클리닉이 필요치 않습니다. 우리는 너무 주관적으로 흐르고 있습니다. "저는 이 죄 때문에 자꾸 넘어집니다. 이 죄가 문제예요. 이 문제에 대해 해주실 말씀이 있나요?"라고 요청하면, 설교자가 그 죄를 집중적으로 다루면서 약간의 심리치료를 해주는 식입니다. 아닙니다! 그 방법은 틀렸습니다.

요한복음은 이 모든 문제의 해결책을 제시하는데, 그것은 바로 가르침입니다! 교리입니다! 낱낱의 문제를 가지고 씨름할 것이 아니라 그 모든 문제의 궁극적인 원인을 찾아보아야 합니다. 낱낱의 문제는 크고 중심적인 질병의 여러 증상에 불과합니다. 요한은 말합니다. "너희 형편과 처지가 어떤지 안다. 외경 복음과 이단의 선생들 때문에 혼란과 혼동에 빠진 것을 안다. 시련과 환난으로 낙심에 빠진 것을 안다. 나는 너희를 돕고 싶다. 그래서 이 말을 하는 것이다. 태초에 말씀이 계셨다. 이 말씀이 하나님과 함께 계셨으니 이 말씀은 곧 하나님이시다……." 이것이 이 모든 문제를 다루는 요한의 방식이자 유일한 해결 방식이며, 개혁과 부흥으로 나아가는 길입니다. 가르쳐야 합니다! 우리의 문제가 어디 있다고 생각합니까? 제가 알려 드리겠습니다. 우리 중 누구도 참으로 주 예수 그리스도를 믿지 않는다는 데 있습니다! 그리스도를 충분히 모른다는 데 있습니다. 요한은 말합니다. "우리에게 가장 필요한 것은 그리스도를 아는 지식이다. 그가 누구시며 무슨 일을 하셨는지, 그래서 우리에게 무슨 일이 가능해졌는지 알아야 한다."

요한이 이 두 가지 요점을 어떻게 결합시키고 있는지 보십시오. 여기에 저의 주된 강조점이 있습니다. "이것을 기록함은 너희로 예수께서 하나님의 아들 그리스도이심을 믿게[알게] 하려 함이요—주 예수 그리스도가 누구시며 무슨 일을 하셨는지에 대한 중대한 교리를 알려 주겠다는 것입니다. 그가 연이어 밝히는 두 번째 요점은 이것입니다—너희로 믿고 그 이름을 힘입어 생명을 얻게 하려 함이니라."
1:12도 보기 바랍니다. "영접하는 자 곧 그 이름을 믿는 자들에게
는 하나님의 자녀가 되는 권세를 주셨으니." "영접하는 자 곧 그 이
름을 믿는 자들!" 그렇습니다. 이것은 중대하고 객관적인 교리입니
다. 요한은 이 교리에 연이어 말합니다. "그렇다. 나는 단순히 이론
적인 지식으로 너희 머리를 채우기 위해 그리스도에 관한 사실과
교리들을 기록하는 것이 아니다. 나는 너희가 생명을 얻길 바란다."
그렇습니다. 지식과 생명, 이 두 가지는 함께 가는 것입니다. 교리와
경험은 함께 가는 것입니다. 이해와 매일의 실천은 함께 가는 것입
니다.

지식과 삶이 분리되는 순간, 우리는 길을 잃게 됩니다. 그런데
오늘날에는 이 두 가지가 분리되어 버렸습니다. 어떤 이들은 교리
와 객관성과 신학을 전적으로 강조하는 데 머뭅니다. 삶으로 보여
주는 바가 전혀 없습니다. 사람들은 그런 이들을 보며 "아, 그게 당
신의 관심사로군요. 내 관심사는 다른데" 할 것입니다. 세상 사람들
이 보고 싶어 하는 것은 기독 신앙이 매일의 삶과 생활에, 실제 경험
에 어떤 영향을 끼치느냐 하는 것입니다. 그 신앙을 가진 자들의 삶
에 과연 생명이 나타나느냐 하는 것입니다.

반면에, 대다수 사람들은 두 번째 측면만 강조하고 첫 번째 측
면은 배척합니다. 즉, 삶과 경험에만 전적인 강조점을 두는 것입니
다. 우리 시대는 심리학의 시대입니다. 주관적으로 치우쳐 항상 자
기 내면만 들여다보며 자기에게 필요한 것들을 요구합니다. 자기
자신이 출발점입니다. 인간을 우주의 중심으로 믿습니다. 이것은

아주 치명적인 태도입니다. 누군가 생명을 원한다고 하면 온갖 사교들이 나서서 장담합니다. "여기 생명이 있어요. 당신이 원하는 게 있습니다. 행복을 원합니까? 불면증을 치료하고 싶습니까? 평안을 원합니까? 인도를 원합니까? 여기 다 있어요. 아주 쉽습니다. 당신을 위해 거저 다 준비해 놓았습니다." 사람들은 이런 말에 혹해서 덥석 받아들입니다.

그렇습니다! 지식과 삶은 분리되면 안 됩니다. 예수가 하나님의 아들 그리스도이심을 알고 믿는 데 그치지 말고, 삶으로 그 증거를 보여주어야 합니다! 하나님의 생명을 보여주어야 합니다! 우리의 영혼과 일상생활과 행동 속에서 약동하는 하나님의 생명을 보여주어야 합니다. 요한은 "그렇다. 바로 이 사실을 알리기 위해 나는 이 복음서를 썼다"라고 말합니다.

교리에 반감을 느끼는 요즘 사람들은 요한처럼 교리를 제시하는 것을 좋아하지 않습니다. 교리까지 읽을 시간이 없다고, 교리는 너무 어려워서 이해할 수 없다고 불평합니다. 10분이나 15분 정도 되는 기분 좋은 강연을 기대하며 예배에 참석하는 것은 아닐까 의심될 정도입니다. 그 이상은 바라지도 않고, 듣지도 못합니다. 사람들은 수준 높은 교리를 원치 않습니다. "우리는 실제로 살아가는 데 도움이 될 말이 필요합니다. 아시다시피 삶은 고달픈 겁니다. 당신이 말하는 그런 교리까지 신경 쓸 여력이 없어요. 어찌 되었든 그리스도의 도우심을 느끼면 되는 거지, 무엇을 믿느냐가 뭐 그리 중요합니까?" 이것이 오늘날 사람들의 주장입니다. 자신에게 도움이 되면 믿겠다는 것입니다. 자신이 원하는 바가 있으니 그것을 달라는 것입니다. 그것을 얻지 못하면 짜증을 내며, 그 외에 다른 것을 주면 거부해 버립니다. 이것이 사람들의 태도로서, 신약성경은 그런 태도를 시종일관 정죄합니다. "악한 동무들은 선한 행실을 더럽히나니"(고전 15:33). 바울은 고린도전서 15장에서 부활을 모르면 삶도 금세 어그러진다고 말합니다. 신앙의 기본을 제대로 알지 못하면 삶 전체가 어그러집니다. 그렇기 때문에 반드시 교리에서 출발해야 하는 것입니다.

그리스도인들이여, 여러분도 교리에 반감을 느낍니까? 하나님의 아들에 대한 교리, 그의 위격과 사역에 대한 수준 높은 교리에 반감을 느낍니까? 교회는 그저 약간의 위로와 위안만 주면 된다고 생각합니까? 그렇습니까? 자, 우리의 실상 및 우리가 당면한 모든 상황과 관련하여 요한이 제시하는 것이 무엇인지 알고 있습니까? 잘 들어 보십시오. 그는 이 서문을 제시합니다. 그런데 현대인은 어떻습니까? 자기의 학식과 과학의 진보와 철학 등을 자랑하면서도, 교회 문제만 나오면 "교리나 신학 이야기는 하지 마세요. 우리는 받아들일 수 없습니다. 그런 생각은 아예 할 수가 없어요. 그런 데까지 신경 쓸 시간이 없다고요. 우리가 교회에 원하는 건 위로와 도움입니다"라고 말합니다.

거의 2천 년 전, 대부분이 노예와 종으로 힘들게 살아가던 사람들, 박해와 죽음에 직면해 있던 사람들에게 요한은 말했습니다. "태초에 말씀이 계시니라. 이 말씀이 하나님과 함께 계셨으니 이 말씀은 곧 하나님이시니라." 그렇게 힘들게 살아가던 사람들에게 이처럼 수준 높고 고상한 교리를 설파하다니 참으로 엄청난 역설 아닙니까! 신약성경의 모든 서신서들도 교리를 가르치고 있습니다. 교리를 가르치지 않는 서신서는 하나도 없습니다. 제가 이 점에 주의를 환기시키는 것은, 우리의 상황을 해결할 수 있는 유일한 해결책이 바로 이것이기 때문입니다. 우리는 모두 무지에 사로잡혀 있습니다. 기독 신앙이 무엇인지, 자신이 무엇을 믿는지 모르고 있습니다. 이것이 우리의 주된 문제점입니다. 우리의 일차적인 문제는 주관적인 데 있는 것이 아니라 기독 신앙을 이해하지 못하는 데 있습니다. 교리가 출발점입니다. 교리에서 생명이 나오고, 체험이 나오며, 우리에게 필요한 모든 것이 나옵니다. 사도처럼 접근하지 않으면 필요한 것을 얻을 수 없습니다.

기독교 메시지는 '그리스도가 구주시다. 모든 구원이 그 안에 있고 그로부터 나온다'는 것이라는 점에서—일차적으로 우리의 구원은 그의 가르침이 아닌 그의 위격과 사역에서 나온다는 점에서—교리는 아주 중요합니다. 바로 이 사실이 교리를 결정적으로 중요하게 만듭니다. 기독교의 구원은 그리스도의 가르침을 읽고 나가서 그 가르침을 실천하고자 노력하는 데 있지 않습니다. 그것은 복음을 부인하는 행동입니다. 그리스도인이 아니라고 하면서도 산상설교를 실천할 수 있노라 주장하는 이들이 있습니다. 그러나 그리스도인이 되지 않으면 산상설교대로 살 수 없습니다. 먼저 그리스도인이 되어야 합니다. 그렇기 때문에 주 예수 그리스도에게서, 이 복되신 분에게서 출발해야 하는 것입니다. 그가 구주입니다. 그가 구원입니다. 우리가 받는 것, "은혜 위에 은혜"는 다 "그의 충만한 데서" 나옵니다(요 1:16). 이제 교리의 중요성을 알겠습니까? 여러분도 나사렛 예수는 인간에 불과하다고 생각합니까? 그렇다면 나의 구주가 되실 수 없습니다. 아담은 완벽했지만 타락했습니다. 설사 완벽한 인간을 또다시 만들어 낸다 해도 타락할 것입니다. 내가 구원을 받으려면 인간 이상의 존재가 필요합니다. 그렇기 때문에 그리스도의 위격에 대한 교리에 관심을 가져야 하는 것입니다.

어떤 이는 물을 것입니다. "예수가 정말 인간이었다면 그도 죄인 아닙니까? 당신은 예수가 인간이었다고 말합니다. 말씀이 육신이 되어 우리 가운데 거했다고, 동정녀 마리아에게서 태어났다고 말합니다. 그런데 마리아는 다른 인간과 똑같은 죄인이었습니다. 모든 인간은 죄 가운데 태어나고 '죄악 중에서 출생'합니다(시 51:5). 예수도 동정녀 마리아에게서 태어났으니 죄인 아닙니까? 그의 인성도 죄로 물들었던 것 아닙니까?"

이 질문이 자신과는 아무 상관 없는 것처럼 느껴집니까? 그리스도인 신자에게는 전혀 중요치 않은 것처럼 느껴집니까? 사랑하는 여러분, 이 질문에 여러분의 구원이 달려 있습니다. 예수가 죄인이었다면 자기 자신부터 구원했어야 합니다. 그러나 인간은 아무도 자신을 구원할 수 없습니다. 그렇기 때문에 성경은 이 질문에 아주 신중하게 대답하면서, 그리스도가 죄인이 아니었다는 점을 규명합니다.

또는 이런 질문이 나올 수도 있습니다. "그렇다면 그리스도는 단지 하나님이었나요? 가현설의 주장이 맞는 것입니까? 나사렛 예수는 하나님이 잠시 몸을 빌린 일종의 허깨비였습니까? 그리스도는 실제로 인간이 된 것이 아니었습니까? 실제로 '육신'이 된 적이 없었습니까?"

이 또한 자신과 아무 상관 없는 질문 같습니까? 사실은 상관이 있음을 보여드리겠습니다. 주님이 하나님이었을 뿐 참으로 인간이 되시지 않았다면 어떻게 나를 대표하실 수 있겠습니까? 나를 비롯한 온 인류에게 필요한 존재는 우리와 똑같은 인간, 우리를 이해하며 우리의 짐을 지고 하나님 앞에 대표로 나설 인간입니다. 아담은 온 인류의 대표자였습니다. 그런데 이제는 새로운 대표자가 필요합니다. 그렇습니다. 나는 인간이기 때문에 나의 대표자도 인간이어야 합니다. 제가 이 질문에 주목하는 이유가 여기 있습니다. 예수가 하나님이 잠시 들어와 있던 허깨비인지, 정말 성육신하신 하나님인지 확인해야 합니다.

그뿐만이 아닙니다. 교리는 다른 면에도 도움을 줍니다. 시험을 받을 때나 연약해져 있을 때는 도와줄 사람이 필요합니다. 1세기 그리스도인들처럼 우리도 온갖 시련과 어려움을 겪으며 삽니다. 이미 상기시켰듯이, 요한은 힘든 시기를 보내고 있는 그들에게 그리스도의 위격에 관한 교리를 가르쳤습니다.

"그게 그 사람들한테 무슨 도움이 되었나요?"라고 물을 수 있습니다.

무슨 도움이 되었는지 설명해 드리겠습니다. "[그는] 모든 일에 우리와 똑같이 시험을 받으신 이로되 죄는 없으시니라"(히 4:15). 주님은 우리가 겪고 당하는 일을 똑같이 겪고 당하셨습니다. 진정한 인간으로 사셨습니다. 예수 그리스도가 참 하나님일 뿐 아니라 참 인간이 아니었다면 대제사장으로서 나를 불쌍히 여기시며 위로하

30

시지 못했을 것입니다.

또 다른 질문을 살펴봅시다. 세상에 오신 순간, 주님은 더 이상 하나님이 아니었을까요? 예수가 스스로 신성을 버림으로써 더 이상 영원한 하나님이 아닌 인간이 되었다고 말하는 이단이 있습니다. 이 문제와 내 구원이 무슨 상관이 있는지는 앞서 잠시 다루었습니다. "교리는 중요치 않고, 약간의 직접적인 도움과 위로만 얻으면 된다"라는 것은 어리석은 말입니다. 거듭 밝히지만, 이 모든 질문에 대한 저의 대답은 "구원은 오직 그리스도에게서, 그리스도를 통해서만 온다"라는 것입니다.

그렇기 때문에 무엇보다 먼저 주님을 분명히 알아야 합니다. 정확히 그가 누구시며 무슨 일을 하셨는지—예를 들면 그 죽음의 의미가 무엇인지—알아야 합니다. 그의 죽음은 평화주의자나 순교자의 죽음에 불과합니까? 자신의 가르침을 철회하거나 취소하지 않은 한 정직한 인물의 죽음에 불과합니까? 아니면, 나를 구원해 주는 죽음입니까? 나를 구원해 주고 하나님과 화목케 해주는 죽음입니까? 예수는 단지 자신의 원칙과 가르침에 충실했던 인물에 지나지 않습니까? 이것은 자신의 영혼과 구원을 생각하는 자들에게 가장 긴요한 질문입니다. 나는 생명을 원합니다! 그런데 대체 예수가 어떻게 생명을 준다는 것입니까? 알다시피 이것은 신학적이고 교리적인 질문입니다. 요한은 주 예수 그리스도를 올바로, 분명히 알지 못할 때 완전히 어긋난 길로 가게 된다는 사실을 잘 알았기에 교리와 신학을 이야기합니다. 일시적인 위로를 찾아다니거나 '예수교Jesus cult' 같은 사교를 찾아다니는 것은 무익한 짓입니다. 요한은 이 기본적인 진리부터 제대로 알아야 한다고 말합니다. 그래서 교리를 이야기하고 있습니다.

중대한 교리들을 제가 일일이 다 설명할 생각은 없습니다. 다만 요한의 말을 이해하지 못하면 다른 혜택도 얻을 수 없다는 점을 밝히고 싶습니다. 그러니 잠깐 이 문제를 살펴봅시다. 큰 항목들만 말씀드리고 설교를 마치겠습니다. 그리스도인으로서 내가 주된 관심을 쏟아야 할 것이 무엇입니까? 그리스도를 아는 일, 그가 누구신지 아는 일입니다. 나 개인의 아픔이나 고통, 불면증 같은 문제는 그만 잊어버립시다. 예수가 성경이 말하는 그런 분이라면 능히 나를 구원하실 것입니다. 그 어떤 문제, 무슨 문제에서도 나를 구원하실 것입니다.

그러므로 내가 알아야 할 유일한 한 가지는 바로 예수가 누구신가 하는 것입니다. 그리고 여기 그 대답이 나옵니다. 예수는 영원하신 하나님입니다! "태초에 말씀이 계시니라. 이 말씀이 하나님과 함께 계셨으니 이 말씀은 곧 하나님이시니라. 그가 태초에 하나님과 함께 계셨고." 나사렛 예수! 태초부터 영원하신 아버지와 얼굴을 마주하며 영원토록 함께 계셨던 분! 요한은 이 사실을 우리에게 알려 줍니다. 너무 바빠서 이 말을 받아들일 틈이 없습니까? 2천 년 전 노예들은 받아들였다는 사실을 어떻게 생각합니까? 이런 데 신경 쓸 시간이 없습니까? 아니, 있습니다! 여러분, 여기에 마음을 쏟으십시오. 이생의 삶과 증언을 소중히 여긴다면, 자신의 영원한 운명을 소중히 여긴다면, 이 교리들을 확실하게 알아야 합니다. 예수는 영원하신 하나님입니다! 성부 하나님에게서 나신 영원하신 독생자입니다! 한낱 피조물이 아닙니다. 인간인 동시에 하나님의 "말씀"입니다. 이것은 그가 하나님의 외적 표현이라는 뜻입니다. 하나님을 나타내시고 계시해 주시는 분이라는 뜻입니다.

또한 그는 누구십니까? 창조자입니다. "만물이 그로 말미암아 지은 바 되었으니 지은 것이 하나도 그가 없이는 된 것이 없느니라"(요 1:3). 물론 하나님의 계획은 최종적인 것입니다. 하나님은 창조의 최종 기획자입니다. 그러나 창조의 실행자는 성자 하나님입니다. 성경은 계속해서 이 점을 가르칩니다. 이 진리에 대한 위대한 선포가 히브리서에 나오는 것을 여러분도 기억하리라 생각합니다. 히브리서 기자는 말합니다. "이 모든 날 마지막에는 아들을 통하여 우리에게 말씀하셨으니 이 아들을 만유의 상속자로 세우시고 또 그로 말미암아 모든 세계를 지으셨느니라"(히 1:2). 그는 창조자입니다. 또한 모든 영적 생명과 빛과 지각의 원천입니다. "그 안에 생명이 있었으니 이 생명은 사람들의 빛이라. 빛이 어둠에 비치되"(요 1:4-5). 그렇습니다. 이분 없이는 영적인 생명도 없습니다. 하나님을 알 수도 없고 영혼의 영원한 생명도 얻을 수 없습니다. "영생은 곧 유일하신 참 하나님과 그가 보내신 자 예수 그리스도를 아는 것이니이다"(요 17:3).

영생은 일차적으로 체험이 아닙니다. 예수를 알고 영접하는 것입니다. 이것이 성경의 가르침입니다. 자기 자신이나 자신의 체험에서 출발하지 마십시오. 예수를 보십시오. 그를 아는 지식이 영생을 줍니다. 그는 영원한 하나님입니다! 영원한 말씀입니다! 창조자입니다! 모든 영적인 능력과 생명과 삶의 원천입니다! 이런 분이 세상에 오셨다는 것이 바로 복음 메시지입니다. 사도 요한은 세례 요한을 언급하며 이렇게 말합니다. "그는 이 빛이 아니요 이 빛에 대하여 증언하러 온 자라. 참 빛 곧 세상에 와서 각 사람에게 비추는 빛이 있었나니"(요 1:8-9).

자, 요한은 이 사실을 알아야 한다고, 참으로 이해해야 한다고 말합니다.

아마도 여러분은 이 사실을 이미 믿는다고 말할 것입니다. 좋습니다. 그렇다면 그 믿는 바를 제대로 깨닫고 있습니까? 예수는 복되신 성삼위의 제2위인 영원하신 하나님입니다. "아버지 품속에 있는 독생하신 하나님"입니다(요 1:18). 우주의 창조자이며, 영적인 의미에서 모든 생명과 빛과 지식의 원천입니다. 복음 메시지가 무엇입니까? 바로 이런 분이 세상에 오셨다는 것입니다! 세례 요한은 구주가 아니었습니다. 플라톤Platon, 소크라테스Socrates, 아리스토텔레스Aristoteles 같은 철학자들도 구주가 아니었습니다. 그런데 참 구주가 세상에 오셨습니다! "말씀이 육신이 되어 우리 가운데 거하시매"(요 1:14). 참 구주가 오셔서 잠시 세상에 사셨습니다. 그는 하나님이면서 참 인간입니다. 인간의 영혼을 가지고 우리와 같이 되신 분입니다. 참 인간입니다. 참 하나님입니다. 죄 있는 육신을 가진 인간이 아니라 죄 있는 육신의 "모양"을 가진 인간입니다. 그는 평범한 부부 관계를 통해 태어나시지 않고 처녀에게 "성령으로 잉태"되는 기적적인 방법으로 태어나셨습니다! 이것을 알아야 합니다. 이것은 심히 중대하고도 중요한 사실입니다. 그가 오셨습니다. 베들레헴에서 아기로 태어나셨습니다. 이 모든 사실이 우리와 관련이 있다고 요한은 말합니다.

세상에 오셨던 분은 다시 하늘로 돌아가셨습니다. 잠시 이 세상에 살다가 하늘로 돌아가셨습니다. "말씀이 육신이 되어 우리 가운데 거하시매[성막 또는 장막을 치시매] 우리가 그의 영광을 보니 아버지의 독생자의 영광이요 은혜와 진리가 충만하더라"(요 1:14). 이것을 알아야 합니다. 이분이 우리를 구원하러 오셨습니다. 이 사실에 나의 소망이 있습니다. 나의 유일한 위로와 위안이 있습니다. "내가 능력 있는 용사에게는 돕는 힘을 더하며"(시 89:19). 사람은 나를 돕지 못합니다. 나 자신조차 나를 돕지 못합니다. 세상 누구도 자신을 구원할 수 없으며 자기 죄를 속하거나 과거의 죄를 도말할 수 없습니다. 내게 필요한 것은 단순한 가르침이 아닙니다. 설사 가르침을 받는다 해도 실천할 수가 없습니다. 날 붙들어 줄 존재가 필요합니다. 날 구원해 줄 존재가 필요합니다. 내 속에 생명을 불어넣어 줄 존재가 필요합니다. 그런데 그 존재가 여기 계십니다! 모든 것의 원천이 되는 분이 여기 계십니다. 육신을 입으신 하나님이 여기 계십니다. "말씀이 육신이 되어 우리 가운데 거하시매."

이것이 초대교회 그리스도인들에게 준 요한의 위로이며, 우리 상황에 합당한 유일한 위로입니다. 우리에게 절실히 필요한 메시지가 바로 이것입니다. 여러분, 이것을 진심으로 믿습니까? 하나님이 "그 백성을 돌보사 속량"하셨음을 진심으로 믿습니까?(눅 1:68) 하나님의 아들이 여러분에게 생명을 주기 위해 잠시 하늘 궁정을 떠나 이 땅에 내려오셨음을 진심으로 믿습니까? 이것을 믿습니까? 그런데 왜 그렇게 살고 있습니까? 왜 뜨거워지지 않습니까? 왜 불타

오르지 않습니까? 왜 기뻐 뛰며 자랑하지 않습니까? 왜 그 생명을 나타내지 못합니까? 왜 경이와 사랑과 찬양에 사로잡히지 않습니까? 어떻게 이런 사실들을 알면서 덤덤할 수 있습니까? 어떻게 자기 이야기는 그토록 많이 하면서 그리스도에 대한 이야기는 거의 안 할 수 있습니까? 어떻게 자기 필요에 대한 이야기는 그토록 많이 하면서 그리스도의 충만함에 대한 이야기는 거의 안 할 수 있습니까? 우리는 이 질문에 대답해야 합니다.

예수를 참으로 믿습니까? 주 예수 그리스도 때문에 존재의 깊은 곳이 떨린 적이 없는데도 믿는다고 말할 수 있습니까? 참으로 믿는 사람이 그토록 원망하고 불평하며 마치 소모증에 걸린 아기처럼 생기 없이 살아갈 수 있습니까? 여러분, 이제 자기 자신은 그만 바라보십시오. 그리스도를 바라보십시오. 마침내 그를 찾고 알고 놀라고 경탄하게 될 때까지 바라보십시오. 그러면 새로운 생명, 생명다운 생명, 영원한 생명으로 충만해진 자신의 모습을 발견하게 될 것입니다. 바로 이것이 여러분에게 필요한 위로요 여러분에게 필요한 도움입니다. "태초에 말씀이 계시니라. 이 말씀이 하나님과 함께 계셨으니 이 말씀은 곧 하나님이시니라.……말씀이 육신이 되어 우리 가운데 거하시매."

2

빛과 어둠

빛이 어둠에 비치되 어둠이 깨닫지 못하더라. 요 1:5

지난 설교에서 우리는 복음의 영광과 경이를 나타내지 못하는 그리
스도인들이 많다는 점을 살펴보았습니다. 이것은 우리 자신에게도 심
각한 사실일 뿐 아니라 주변 세상의 상태와 형편을 고려할 때 더더욱
심각한 사실입니다. 신약성경이 분명히 밝히고 있듯이, 그리스도인은
마땅히 기뻐해야 할 사람들입니다. 우리는 "큰 구원"에 참여하고 있
습니다(히 2:3). 그러니 "항상 기뻐"하는 것이 당연합니다(살전 5:16).
신약성경 자체가 그렇게 말하고 있습니다. 그런데 실제로 기뻐하지
못하고 있다면, 그리스도인의 신분을 얻은 행복함을 세상에 보여주지
못하고 있다면, 우리는 아주 부족한 그리스도인들로서 하나님이 우리
주와 구주 되신 사랑하는 아들을 통해 거저 주시는 많은 혜택을 놓치

고 있는 것입니다.

이제 우리가 던져야 할 질문은 이것입니다. 대체 우리는 왜 기뻐하지 못하는 것일까요? 제가 제시한 첫 번째 이유는—사도 요한이 첫 번째로 밝히는 이유도 분명히 이것입니다—우리 주와 구주 되신 그리스도에 대한 진리를 제대로 모르기 때문이라는 것입니다. 진리를 받아들였고 믿는다고 말하지만, 사실상 그 진리가 무엇인지 정확하게 모르기 때문이라는 것입니다. 진리를 참으로 깨달을 때 반드시 따라오는 감격과 경탄과 경이감을 느끼지 못하는 경향이 지속되고 있습니다. 예컨대 이런 진리를 마주할 때면 저 위대한 사도 바울처럼 외치고 싶어진다고 진심으로 말할 수 있는 사람, 자기 경험에 근거하여 정직하게 말할 수 있는 사람이 과연 이 자리에 몇 명이나 있을까요? "크도다 경건의 비밀이여, 그렇지 않다 하는 이 없도다. 그는 육신으로 나타난 바 되시고 영으로 의롭다 하심을 받으시고 천사들에게 보이시고 만국에서 전파되시고 세상에서 믿은 바 되시고 영광 가운데서 올려지셨느니라"(딤전 3:16).

하나님이 이토록 우리를 생각하신다는 사실을 깨달을 때 사도 바울에게 전형적으로 나타났던 반응, 신약성경에 등장하는 수많은 인물들에게 나타났던 반응은 경이감에 휩싸이는 것이었습니다. 요한복음의 중대한 주제는 "하나님이 세상을 이처럼 사랑하사 독생자를 주셨으니 이는 그를 믿는 자마다 멸망하지 않고 영생을 얻게 하려 하심이라"라는 것입니다(요 3:16). 구원은 하나님의 아들 안에 있습니다. 사람에게 있지 않고 이론에 있지 않습니다. 하나님의 아들이 세상에 오신 이 일에 있습니다. "말씀이 육신이 되어 우리 가운

38

데 거하시매." 이 사실이 주는 경이감, 성경 기자들과 하나님의 백성들이 어느 시대에나 느꼈던 그 경이감을 우리도 느끼고 회복해야 합니다. 주님의 위격을 노래하는 찬송들, 주님과 그의 영광을 노래하는 찬송들이 얼마나 많은지 보십시오. 요한은 이것을 첫 번째로 중대한 핵심요소로 가르칩니다. 행복해지기 위해 필요한 것은 심리치료가 아닙니다. 우리가 믿노라 고백하는 진리를 알고 그 진리를 붙잡는 일입니다.

그뿐만이 아닙니다. 함께 살펴볼 질문들이 더 있습니다. 하나님의 아들은 왜 세상에 오셨을까요? 그가 세상에 오셔야만 했던 이유가 무엇입니까? 세상은 왜 모세를 통해 주신 율법으로 구원받지 못했습니까? 왜 선지자들의 가르침으로 구원받지 못했습니까? 왜 굳이 하나님의 아들이신 말씀이 "육신"이 되셔야 했습니까? 이토록 엄청난 사건이 역사상 실제로 일어났는데도 세상이 계속 무관심한 이유를 어떻게 설명하겠습니까? 예수의 이름을 믿노라 고백하며 주장하는 우리가 이토록 자주 무기력하고 불행하며 힘겨워하고 허덕거리는 이유, 경이감이나 놀라움을 표현하지 못하는 이유가 무엇입니까?

이것이 사도가 복음서 서문, 도입부에서 즉시 제시하는 두 번째 중대한 주제입니다. 그는 5절에서 이 주제를 분명하게 밝히고 있습니다. "빛이 어둠에 비치되―어둠 아래 비치되―어둠이 깨닫지 못하더라." 앞서 던진 모든 질문의 대답이 여기 나옵니다.

다시 말해서 우리에게 잘못이 있다는 것입니다. 이것이 두 번째 이유입니다. 우리는 주 예수 그리스도를 마땅히 알아야 할 만큼 알지 못할 뿐 아니라 우리 자신에 대한 진리도 알지 못합니다. 이 두 가지 오류는 당연히 같이 작용합니다. 그래서 사도가 잇따라 이 주제를 해설하고 설명하는 것입니다.

그가 얼마나 극적으로 이 주제를 소개하는지 보십시오. 이렇게 느닷없이 주제를 소개하는 것은 그의 특징적인 기술 방식입니다. 그는 우리 주와 구주 되신 그리스도에 대한 놀라운 묘사로 이야기를 시작합니다. 그리스도는 하나님의 "말씀"입니다. 하나님을 표현해서 보여주시는 분, 영원히 보여주시는 분입니다. 하나님입니다. 성자 하나님입니다. 뛰어나신 분입니다. 성부와 "함께" 계시면서, 말하자면 그의 얼굴을 직접 보신 분입니다. 이것은 복되신 성삼위 하나님에 대한 중대한 교리입니다. 사도는 이처럼 중대한 교리를 이야기하고 나서 "만물이 그로 말미암아 지은 바 되었으니 지은 것이 하나도 그가 없이는 된 것이 없느니라"라고 말합니다. 그리고 연이어 "그 안에 생명이 있었으니 이 생명은 사람들의 빛"이라는 점을 상기시킵니다. 그리스도는 모든 생명을 지으신 분이요 생명의 근원이라는 것입니다. 무엇보다 우리에게 영적인 지식과 지각을 주시는 분, 모든 인간의 빛이라는 것입니다. 첫 창조 때 우리는 그를 통해 하나님의 형상을 받았다는 것입니다. 사도 요한은 이처럼 아주 영광스러운 이야기를 하다가, 5절에서 불쑥 "빛이 어둠에 비치되 어둠이 깨닫지 못하더라"라고 말합니다. 여기에서 즉시 나오는 질문은 "어둠이 뭔데? 이 어둠이 어디서 왔는데?"라는 것입니다. 이처럼 사도는 느닷없이 인간의 본성이라는 핵심 주제를 소개합니다.

다음과 같이 설명해 보겠습니다. 우리가 기독교 복음을 충만히 누리기 위해 알아야 할 기본적인 사실이 두 가지 있습니다. 첫째는 하나님이 그 아들 안에서 무슨 일을 하셨는가 하는 것이고, 둘째는 우리에게 왜 그 일이 필요한가 하는 것입니다. 즉, 죄를 짓고 타락한 인간의 상태에 대한 교리, 죄에 대한 성경의 교리를 알아야 하는 것입니다. 이 두 가지 사실은 한데 엮여 있는 것이 분명합니다. 죄의 교리를 모르면 하나님의 아들이 오셔야 했던 이유를 알 수 없습니다. 그리스도의 신성을 믿지 않고 그저 인류의 스승 내지는 본보기로 여기는 사람들의 문제가 여기 있습니다. 자신들에게 스승 그 이상의 존재가 필요하다는 사실을 모르는 것이야말로 그들의 진정한 문제입니다. 그들은 "가르침과 교육과 지식만 있으면 된다"라고 말합니다. 인류의 상태와 자신들의 실상을 제대로 모르기 때문에 그런 말을 하는 것입니다.

요한이 보여주는 그림은 이것입니다. 첫 창조―특히 인간의 창조―가 있었습니다. 인간은 피조세계를 다스리도록 지어졌습니다. 하나님의 형상을 입었으며, 여러 가지 기능을 부여받았습니다. 마음과 이성과 지각을 받았습니다. 그래서 자신을 인식할 줄 알았고, 하나님과 교제하며 교통할 수 있었습니다. 자, 이것이 빛입니다. 그리스도는 모든 인간의 빛입니다. 인간은 하나님의 형상을 따라 그의 모양대로 지어졌기 때문에 처음부터 빛을 가질 수 있었습니다. 그리고 이처럼 빛을 가졌고 향유했기에 하나님과 교제하고 교통하는 즐거움도 누릴 수 있었습니다. 그러나 우리가 곧장 발견하는 사실은 인간도, 세상도 더 이상 그렇게 하지 못한다는 것입니다. 지금 세상은 낙원이 아닙니다. 빛이 비치지 않습니다. 상황이 완전히 달라졌습니다.

지금 세상을 특징짓는 것은 어둠입니다. 요한은 이것이 실제 문제라고, 그런데 자신이 말한 빛이 이 어둠에 비치고 있다고 말합니다. 그러면서 바로 전체적인 상황을 설명해 줍니다. "만물이 그로 말미암아 지은 바 되었으니 지은 것이 하나도 그가 없이는 된 것이 없느니라." 세상은 원래 완벽하게 지어졌습니다. 하나님이 보시기에 좋다고 할 정도였습니다. 세상은 빛과 생명의 발현 그 자체였습니다. 그런데 이제는 더 이상 그렇지 못합니다. 온통 어두워져 버렸습니다.

여기에서 우리는 성경을 관통하는 중대하고도 기본적인 가르침과 마주하게 됩니다. 세상은 대체 왜 이 지경이 되었을까요? 시대를 염려하는 사람이라면 누구나 이 질문을 던져 보았을 것입니다. 이 질문에 적합한 대답은 오직 하나, 인간이 타락했기 때문이라는 것입니다. 이것은 보편적인 사실입니다. 우리는 세상을 나라와 민족과 대륙으로 구분하는 데 너무나 익숙한 나머지, 온 세상은 하나라는 훨씬 더 중요하고 결정적인 사실을 망각하는 경향이 있습니다. 온갖 구분과 차이 저변에 공통 요소가 있는데, 그것은 바로 어둠과 실패와 극심한 혼란입니다. 여러 문명과 문화 간의 차이, 여러분이 생각할 수 있는 어떤 차이도 이 사실을 바꾸지는 못합니다. 소란과 혼란과 무지와 불안이 보편적으로 존재하고 있습니다. 거듭 말하지만, 그 이유를 합당히 설명해 주는 것은 인간이 타락했다는 성경의 교리밖에 없습니다.

인간은 완벽하게 창조되었고 빛을 가지고 있었습니다. 그런데 지금은 그렇지가 못합니다. 왜 그럴까요? 타락했기 때문입니다. 성경 맨 앞 창세기 3장에 그 이야기가 나옵니다. 타락의 교리를 믿지 않으면 다른 것은 물론이요 세속 역사도 이해할 수 없습니다. 타락의 교리를 받아들이지 않으면 오늘날 이 세상을 이해할 수 없으며, 현재의 삶에 나타나는 모순의 의미도 파악할 수 없습니다. 스스로 높아지려는 인간의 노력이 항상 실패하는 이유가 무엇입니까? 인간의 세상이 하나님을 떠나 타락했기 때문입니다. 그러니까 그리스도 안에 있는 빛이 어둠 한복판에 비치고 있다는 요한의 말이 맞는 것입니다. 이사야 선지자도 말합니다. "보라, 어둠이 땅을 덮을 것이며 캄캄함이 만민을 가리려니와"(사 60:2). 요한복음 서문 5절에 함축되어 있는 내용이 이것입니다. 요한은 빛과 생명을 이야기하다가 불쑥 어둠을 끌어들입니다. 이 어둠을 설명할 수 있는 것은 타락의 교리밖에 없습니다. 지금 우리의 관심은 어둠이 세상과 인간의 삶에 몰고 온 결과에 있으므로, 이 교리를 구체적으로 다루지는 않겠습니다. 보편적인 타락이 일어났고, 그 결과 모든 나라와 민족과 문화가 근본적으로 같은 처지에 처하게 되었습니다. 가장 중요한 빛을 잃어버린 것입니다.

이제 우리가 던져야 할 질문은 이것입니다. 여기에서 말하는 어둠이란 무엇일까요? 요한은 빛이 어둠에 비쳤다고 말합니다. 성경에 익숙한 사람이라면 이 표현을 잘 알 것입니다. 모든 성경 기자가 이 표현을 사용하고 있습니다. 요한은 첫 번째 서신에서 "어둠이 지나"갔다고 말합니다(요일 2:8). 요컨대 "너희는 그리스도인이 됨으로써 어둠에서 빠져나왔다"라는 것입니다. 사도 바울도 이 표현을 좋아합니다. "너희는 다 빛의 아들이요 낮의 아들이라. 우리가 밤이나 어둠에 속하지 아니하나니"(살전 5:5). 바울은 에베소 교인들에게도 "열매 없는 어둠의 일"에 대해 이야기하면서 "너희가 전에는 어둠이더니 이제는 주 안에서 빛이라"라고 말합니다(엡 5:11, 8). 이 외에도 인용할 수 있는 예가 무궁무진하게 많습니다. "어둠"은 인간의 타고난 상태와 형편을 묘사할 때 신약성경이 보편적으로 사용하는 표현입니다.

이제 이 주제를 세분해서 살펴보겠습니다. 인간은 본성적으로 어둠 속에서 태어납니다. 온 세상이 어둠에 빠져 있습니다. 어둠이 우리를 둘러싸고 있습니다. 그런데 거기에 빛이 비치는 것입니다. 어둠이란 무엇일까요? 본질적으로는 당연히 무지를 의미합니다. 인간을 '계몽한다enlightened'거나 어떤 주제에 '빛을 던져 준다throw light'는 것은 "어둠"이 근본적인 무지와 지식의 결핍을 가리킨다는 사실을 보여주는 비유적인 표현들입니다. 현 세상의 전적인 문제가 여기 있습니다. 우리의 모든 문제와 어려움의 유일한 원인이 바로 이것입니다.

그렇다면 사람이 본성적으로 모르는 것이 무엇일까요? 요한은 말합니다. "본래 하나님을 본 사람이 없으되 아버지 품속에 있는 독생하신 하나님이 나타내셨느니라"(요 1:18). 인간의 근본적인 문제점은 하나님을 모른다는 것입니다. 바울이 로마서에서 분명하게 밝히듯이, 사람은 이 무지에 대해 어떤 핑계도 댈 수가 없습니다. 눈 달린 사람이라면 피조세계만 보아도 하나님의 존재를 짐작할 수 있기 때문입니다. 하나님의 "영원하신 능력과 신성"이 피조세계에 명백히 나타나 있습니다. "창세로부터 그의 보이지 아니하는 것들 곧 그의 영원하신 능력과 신성이 그가 만드신 만물에 분명히 보여 알려졌나니 그러므로 그들이 핑계하지 못할지니라"(롬 1:20). 이것은 하나님이 그 지으신 만물을 통해 자신을 계시하신다는 뜻입니다. 하나님은 자연 속에서, 꽃과 잎과 모든 피조물 속에서 자신을 계시하십니다. 이 모든 것, '자연법칙'이라고 불리는 완벽한 질서와 배열과 디자인과 패턴과 반복이 어쩌다 우연히 생겨났다고 할 수는 없습니다.

창조자 하나님을 믿지 않는다면 세상은 어쩌다 우연히 생겨난 것이며 만물도 그냥 생겨난 것이라고 믿어야 합니다. 그러나 이런 규칙성이 어떻게 우연히 생겨날 수 있겠습니까? 절대 그럴 수 없습니다! 그렇다면 답은 한 가지입니다. 모든 만물의 배후에 위대한 정신이 존재한다는 것, 요한이 서문에서 밝히고 있듯이 하나님이 분명히 계신다는 것, 하나님의 정신이 존재한다는 것 외에는 다른 답이 없는 것입니다. 요한은 "만물이 그로 말미암아 지은 바 되었으니 지은 것이 하나도 그가 없이는 된 것이 없느니라"라고 말합니다. 그러나 세상은 이 사실을 모릅니다. 피조세계가 가르치는 교훈을 배우려 들지 않습니다.

이처럼 사람들이 제대로 보고 원래의 능력만 발휘한다면, 자연의 섭리를 통해 만물의 배후에 하나님이 계신다는 사실을 유추해 낼 수 있습니다. 또 역사를 통해서도 유추해 낼 수 있습니다. 특별히 유대인의 역사는 달리 설명할 방도가 없습니다. 그런데도 사람들은 깨닫지 못합니다. 그러나 그들은 "핑계하지" 못할 것입니다. 바울은 마땅히 깨달아야 하는데 깨닫지 못한다는 뜻에서 이 표현을 쓰고 있습니다. 사람들은 하나님이 만물을 다스리고 계신다는 사실을 모르며, 하나님의 특질―그 강한 능력과 영원하심과 거룩하심과 위엄―이 어떤 것인지 모릅니다. 하나님이 영원하신 재판장이며 세상의 주인 이라는 사실을 모릅니다. 그저 자신들의 관점에서만 바라볼 뿐입니다. 그들은 자신들이 세상의 주인이라고 생각하고 있습니다. 오직 자신들이 세상에서 하는 일, 세상에 대해 하는 일만 영향력이 있고 중요하다고 생각하고 있습니다. 그것은 근본적으로 잘못된 생각입니다.

사람들은 자신들이 세상의 신이자 주인이라고 생각하면서, 어느 시대에나 문명을 통해 문제를 해결하고자 노력해 왔습니다. 그러나 그들은 세상의 주인이 아니기에 성공하지 못했습니다. 아니, 성공할 수가 없습니다. 그들은 틀렸습니다! 그들은 하나님이 일정한 방식 으로 세상을 지으시고 일정한 규칙에 따라 움직이게 하셨다는 사실, 세상은 다른 방식이 아닌 그 방식으로만 움직이게 되어 있다는 사 실을 모릅니다. 그래서 자연법칙 및 인간 존재의 법칙과 싸우며 끝 없는 혼란과 좌절을 맛봅니다. 하나님에 대한 진리―하나님이 만물을 다스리신다는 것, 그는 동일하시며 그의 법칙과 원리도 여전히 동일하다 는 것, 만물은 하나님께 복종하게 되어 있다는 것―을 알기 전까지, 세 상에는 소망이 없습니다. 여러분은 세상에 살면서 이 사실을 생각 하는 데 얼마나 많은 시간과 관심을 할애하고 있습니까?

사람들은 자기 자신에 대해서도 똑같이 무지합니다. 저는 이것 이야말로 현대의 큰 비극이라고 생각합니다. 스스로 높아지려 드는 것은 자신을 모욕하는 짓입니다. 자신의 진정한 위대성을 모르기 때문에 그런 짓을 하는 것입니다. 그들은 자신이 한낱 동물에 불과하다는 사실에 자부심을 느낍니다. 정말 기이한 일입니다! 무無에서 동물로, 동물에서 인간으로 진화되었다고 주장하며 인간은 유인원이나 그 비슷한 무리의 한 갈래에 지나지 않는다고 주장하는 진화론에 자부심을 느끼다니, 참으로 이상한 일이 아닐 수 없습니다. 그들은 이런 주장에 자부심을 느끼며, 이런 주장이 사실은 자신들을 모욕하는 것임을 깨닫지 못합니다. 인간은 하나님의 형상을 따라 지어진 존재라는 것, 모든 피조물과 구별된 유일무이한 존재라는 것을 알지 못합니다. 성부와 성자와 성령이 서로 의논하시면서 "우리의 형상을 따라 우리의 모양대로 우리가 사람을 만들"자고 하셨다는 것을 모릅니다(창 1:26). 인간은 유일무이한 존재입니다. 영혼을 가진 존재입니다. 한낱 동물이 아닙니다. 단지 즐기기 위해 세상에서 살아가는 존재가 아닙니다. 절대 아닙니다! "사람의 제일 되는 목적은 하나님을 영화롭게 하고 하나님을 영원토록 즐거워하는 것입니다"('웨스트민스터 소요리 문답' 제1조). 인간은 하나님의 동반자로, 만물을 다스리는 주인으로 지어졌습니다. 하나님은 자신의 특권과 능력의 일부를 인간에게 주셨습니다. 인간은 이런 존재입니다! 그런데 현대인들은 자신을 이런 존재로 생각하지 않습니다. 그러니 세상이 이 같은 어둠과 무서운 곤경에 빠져 버린 것도 그리 놀랄 일이 아닙니다.

사람들은 자신을 한낱 동물로 생각하며, 그래서 삶의 동물적인 부분을 만족시키려 합니다. 전쟁을 종식시키려는 그들의 진짜 속셈은 계속 죄를 지을 평화를 확보하려는 데 있습니다. 그래서 전쟁에 반대하는 것입니다. 전쟁은 좋은 시절을 훼방하는 귀찮고 성가신 것입니다. 노동도 마찬가지입니다. 사람들이 원하는 것은 마음껏 즐길 수 있는 돈입니다. 이 즐거움을 방해하는 것은 무엇이든 귀찮아합니다. 이 시대의 문제 대부분이 여기에서 비롯됩니다. 이 모든 현상은 인간에 대한 진리―인간은 영혼을 가지고 있다는 것, 하나님과 영적인 영역에 속해 있다는 것, 세상의 것들에 종속되거나 지배당하는 존재가 아니라 오히려 다스리는 존재라는 것―을 모르는 데서 비롯된 것입니다. 사람들은 하나님도 전혀 모르고 자기 자신도 전혀 모릅니다. 그러다 보니 어떻게 살아야 하는지도 모르고 참된 삶이 무엇인지도 모릅니다. 그들은 하나님께 예배드리는 것을 따분하고 지루하며 재미없는 일로 여깁니다. 예배를 어리석고 시대착오적인 일로 간주하며, 이런 시간에 한 건물에 모여 예배드리는 우리를 바보 취급합니다.

마찬가지로 그들은 세상과 세상의 역사, 세상의 의미와 시간의 의미도 전혀 알지 못합니다. 하나님이 자신의 영광을 위해, 목적을 가지고 세상을 지으셨으며 역사를 진행시키고 계신다는 사실을 모릅니다. 세상은 제멋대로 돌아가고 있는 것이 아닙니다. 모든 것이 계획에 따라, 분명한 프로그램에 따라 움직이고 있습니다. 여기에서 가장 중요한 요소는 시간입니다. 무지와 어둠 속에 있는 사람들은 역사에 끝이 있고, 그 후에 하나님의 심판이 있다는 사실을 모릅니다. 인간은 원래의 자리에서 이탈했습니다. 지각을 가지고 하나님의 마음과 비밀을 공유했던 원래의 위치에서 추락해 버렸습니다.

그럼으로써 하나님도, 자기 자신도, 자신이 살고 있는 세상도, 그 모든 것의 운명과 목적도 까맣게 모르는 상태에 빠져 버렸습니다. "빛이 어둠에 비치되"라는 이 한 구절을 통해 요한이 말하는 바가 바로 이것입니다.

제가 볼 때 이보다 훨씬 더 심각한 문제가 있습니다. 그것은 인간이 어둠 속에 있을 뿐 아니라 어둠이 인간 속에 있다는 것입니다. 이것이 무엇보다 무서운 문제입니다. 어두운 기운이 인간을 감싸고 있습니다. 맞습니다. 그런데 그 기운이 인간의 속까지 파고들어 왔습니다. 이제부터 설명하겠지만, 요한은 특히 이 점에 주목합니다.

"어둠이 인간 속에 있다는 말이 대체 무슨 뜻입니까?"라고 물을 수 있습니다.

그 한 가지 의미는, 인간의 사고방식 자체가 어둡다는 것입니다. 인간이 생각하는 과정 자체가 어둡습니다. 이 점을 완벽하게 표현해 놓은 구절이 있습니다. "여호와께서 사람의 죄악이 세상에 가득함과 그의 마음으로 생각하는 모든 계획이 항상 악할 뿐임을 보시고"(창 6:5). 어둠이 사람의 정신 속에 들어왔습니다. 원래는 환한 빛이 있어 정직하고 올바르게 생각할 수 있었던 정신이 이제는 더 이상 그럴 수 없게 되었습니다. 로마서 1장의 생생하고도 무서운 구절들을 다시 읽어 보기 바랍니다. 설교자들이 그 구절들은 공적인 자리에서 읽지 말아야 한다고 주장하는 것을 들은 적이 있는데, 정말 가당찮은 소리입니다! 오히려 저는 오늘날 우리가 살고 있는 세상을 이해하기 위해 주일마다 그 구절들을 읽자고 말하고 싶을 정도입니다. 우리의 모든 실상을 파악하고 있는 성경은 "바로 이것이 너희가 살고 있는 세상의 모습이다. 정신이 온통 뒤틀리고 왜곡되어 있는 세상의 모습이다"라고 말합니다.

하나님이 주신 도구인 두뇌, 추론하고 파악하고 이해하는 능력을 인간이 어디에 사용하고 있는지 보십시오. 사고하고 추론하며 이해하는 체제 속에 어둠이 파고들어 와 온갖 악한 생각과 상상과 욕망을 만지작거리며 장난치게 하고 있습니다. 인간 속에 있는 이 어둠 때문에 온 세상이 도덕적인 혼란 상태에 빠져 버렸습니다. 주님도 내내 이 점을 강조하셨습니다. 사람을 더럽히는 것은 사람의 입으로 들어가는 것이 아니라 사람에게서 나오는 것임을 지적하셨습니다. "속에서 곧 사람의 마음에서 나오는 것은 악한 생각 곧 음란과 도둑질과 살인과······"(막 7:21). 바울도 "내 속 곧 내 육신에 선한 것이 거하지 아니하는 줄을" 안다고 고백한 바 있습니다(롬 7:18). 이것이 타락한 인간의 모습입니다. 어둠이 인간 속에 들어와 있습니다. "너희가 전에는 어둠이더니"(엡 5:8). 여러분도 전에는 어둠 속에 있었습니다. 정신과 생각까지 어두웠습니다.

어둠은 사람이 좋아하고 사랑하는 것, 즉 애정의 영역에도 확연하게 나타납니다. 요한은 이렇게 말합니다. "그 정죄는 이것이니 곧 빛이 세상에 왔으되 사람들이 자기 행위가 악하므로 빛보다 어둠을 더 사랑한 것이니라"(요 3:19). 사람들은 어둠을 사랑합니다! 이것은 의문의 여지 없는 사실입니다. 세상은 자기 생활 방식을 사랑합니다. 자기 죄를 사랑하고 즐거워하며 자랑하고 흐뭇해합니다. 이 또한 어둠이 들어왔기에 나타나는 현상입니다. 하나님의 형상에 따라 창조되어 원의原義*를 받은 인간은 거룩하고 순결했으며 죄와 흠이 없었습니다. 낙원에서 하나님이 생각하시는 것을 생각했고, 하나님과 교통했습니다. 그런데 오늘날 사람들을 보십시오. 그들이 무엇을 욕망하며 갈망하는지 보십시오. 무엇을 즐거워하는지 보십시오. 어둠이 사람의 체질 속에 들어와 있습니다. 정신뿐 아니라 마음에도 영향을 끼치고 있습니다.

마찬가지로 어둠은 행동과 의지에도 영향을 끼칩니다. "여호와께서 사람의 죄악이 세상에 가득함과 그의 마음으로 생각하는 모든 계획이 항상 악할 뿐임을 보시고"(창 6:5). 이 끔찍한 묘사는 홍수 이전 시대에 대한 것입니다. 완벽하게 지어졌던 인간이 이 정도로 타락했고, 세상은 멸망했습니다. 한 가족이 구원을 받음으로 명맥은 유지되었지만 금세 똑같은 상태에 빠져 버렸습니다. 사도 바울은 로마서 1장에서 이 역사를 무섭게 요약하고 있습니다. 소돔과 고모라의 어둠을 보십시오. 현대 세계의 어둠을 보십시오. 대도시들의 어둠을 보십시오. 지금 각 동네를 덮고 있는 어둠, 영국과 다른 나라들을 덮고 있는 어둠을 보십시오. 그렇습니다. 우리는 로마서 1장 후반부의 상태로 돌아가 있습니다. 왜 그럴까요? 사람들이 살아가는 삶의 유형이 그렇게 되어 있기 때문입니다. 사람의 의지는 뒤틀리고 왜곡되어 있습니다. 어느 한 군데 타락하지 않은 구석이 없고 어둠에 물들지 않은 구석이 없습니다. "빛이 어둠에 비치되." 정말 그렇지 않습니까? 복음의 빛이 비치는 곳은 참으로 어두운 땅 아닙니까? 아무리 둘러봐도 어둠과 "캄캄함"이 사람들의 눈을 가려

---

* 원죄와 반대되는 개념.

혼동과 혼란에 빠뜨리는 모습뿐이요 좌절과 절망에 빠뜨리는 모습뿐입니다.

더 나쁜 점이 있습니다. 사람 속에 들어온 어둠의 가장 무서운 점은 빛이 비쳐도 깨닫지 못하도록 막는다는 것입니다. 생각과 욕망과 의지가 어두워진 것도 충분히 나쁜 일이지만, 빛이 비치는데도 깨닫지 못하는 것은 참으로 무서운 일입니다. "빛이 어둠에 비치되 어둠이 깨닫지 못하더라"라는 말에 담긴 의미가 바로 이것입니다. 제가 사용하는 성경은 흠정역KJV입니다. 표준개역성경RSV이나 새영어성경NEB 등 현대 번역본들을 보면 "어둠이 빛을 이기지 못하더라"라고 옮기거나 그 비슷한 표현들로 옮겨 놓았는데, 저는 흠정역의 번역이 더 정확하다고 주장하는 바입니다. 타락이 불러온 더욱 심하고 무서운 결과를 분명하게 보여준다는 점에서 "깨닫지 못하더라"나 "이해하지 못하더라"라는 표현이 더 진정한 의미를 전달해 줍니다.

이렇게 번역해야 1:10, 11의 내용에도 부합됩니다. 요한은 세 군데서 같은 이야기를 하고 있습니다. 5절에서 "빛이 어둠에 비치되 어둠이 깨닫지 못하더라"라고 일반적인 진술을 한 다음, 10절과 11절에서 "그가 세상에 계셨으며 세상은 그로 말미암아 지은 바 되었으되 세상이 그를 알지 못하였고", "그가 자기 땅에—유대인들에게—오매 자기 백성이 영접하지 아니하였으나"로 세분해서 말하고 있습니다. 이 세 구절은 서로 엮여 있습니다. 5절에서 어둠이 빛을 "끄지" 못했다거나 "이기지" 못했다거나 "지배하지" 못했다는 식의 표현을 쓰면 이러한 생각의 통일성이 사라져 버립니다. 요한이 전달하려는 생각은 어둠이 세상을 안팎으로 장악하고 있어서 빛이 비쳐도 깨닫지 못하고 보지 못한다는 것입니다.

5절을 이렇게 번역해야 다른 성경구절—예컨대 고린도전서 2:7-8 같은 성경구절—이 훨씬 더 분명하게 가르치고 있는 내용에도 부합됩니다. "오직 은밀한 가운데 있는 하나님의 지혜를 말하는 것으로서 곧 감추어졌던 것인데 하나님이 우리의 영광을 위하여 만세 전에 미리 정하신 것이라. 이 지혜는 이 세대의 통치자들이 한 사람도 알지 못하였나니 만일 알았더라면 영광의 주를 십자가에 못 박지 아니하였으리라." 여기에는 이 가르침이 완벽하게 담겨 있습니다. 하나님의 백성이 어둠 속에 있고 어둠이 그들 속에 있었던 탓에 하나님의 아들이 세상에 오셨는데도 깨닫지 못하고 보지 못하고 받아들이지 못했다고, 이것이야말로 큰 비극이었다고 사도는 말합니다. 다른 백성들은 몰라도 바리새인과 서기관들은 깨달았을 것 같은데, 실상은 전혀 그렇지 못했습니다. 빛이 바로 앞에서 비치고 있었는데도 "이 세대의 통치자들"은 깨닫지 못했고 알아보지 못했으며 받아들이지 못했습니다. 물론 이것은 현대 세계에도 그대로 해당되는 말입니다. 영국 국민 대다수가 복음을 믿지 않는 이유가 무엇입니까? 자, 본인들은 "계몽된" 사람들이기 때문에, 교육받은 문화인들이기 때문에 믿지 않는다고 말합니다. 그러나 사실은 눈이 멀었기 때문에 믿지 않는 것입니다. 그들 속에 있는 어둠이 믿지 못하도록 막고 있기 때문에 믿지 않는 것입니다. 예수 그리스도의 얼굴에서 빛이 나오고 있는데도 그들은 깨닫지 못합니다.

설상가상으로 어둠 속에 있는 자들은 빛을 깨닫지 못하는 데서 더 나아가 빛을 미워하고 멸시합니다. 요한복음 3:19-20을 다시 보십시오. "그 정죄는 이것이니 곧 빛이 세상에 왔으되 사람들이 자기 행위가 악하므로 빛보다 어둠을 더 사랑한 것이니라. 악을 행하는 자마다 빛을 미워하여 빛으로 오지 아니하나니 이는 그 행위가 드러날까 함이요." 정말 이상한 노릇 아닙니까? 죄와 죄악이 얼마나 심각한 것인지 이제 알겠습니까? 왜 말씀이 육신이 되셔야 했는지 이제 알겠습니까? 이렇게 빛을 미워하는 자들을 가르쳐 봐야 소용이 있겠습니까? 아무 소용이 없습니다! 지식과 교훈으로는 절대 사람을 구원할 수 없습니다.

사복음서를 읽어 보십시오. 사람들은 복되신 주님께 귀신이 들렸다고, 바알세불이 지폈다고, 그가 신성을 모독한다고 비난했습니다(요 7:20, 막 3:22, 마 9:3). 육신이 되어 영광의 빛을 발하시는 말씀, 영광 가운데 계신 온전한 하나님의 아들께 그런 말을 한 것입니다! 빛을 받은 사도들은 "우리가 그의 영광을 보니 아버지의 독생자의 영광이요 은혜와 진리가 충만하더라"라고 했습니다(요 1:14). 그러나 바리새인들은 "저자! 저자를 없애 버리시오! 십자가에 못 박으시오! 하나님을 모독하는 저자를 없애 버리시오!"라고 소리쳤습니다. 진리를 깨닫지 못하는 데서 더 나아가 미워하고 멸시한 것입니다. 사도 바울의 말도 들어 보십시오. "육에 속한 사람—세상에 태어나 어둠 속에 있는 사람—은 하나님의 성령의 일들을 받지 아니하나니 이는 그것들이 그에게는 어리석게 보임이요 또 그는 그것들을 알 수도 없나니 그러한 일은 영적으로 분별되기 때문이라"(고전 2:14). 현재 세상의 문제가 바로 이것 아닙니까?

주님과 그의 가르침과 구원을 깨닫지 못하는 데서 더 나아가 멸시하는 것이 문제입니다. 특히 그리스도의 피를 멸시하고 경멸합니다. 속죄 교리를 미워합니다. 어리석기 짝이 없는 생각으로 여기고 아무런 관심을 보이지 않습니다. 그러면서도 도덕적이고 윤리적인 가르침에는 큰 관심을 표명합니다. 왜 그럴까요? 그것은 지킬 수 있다고 생각하기 때문입니다. 그러나 주님에 대한 진리는 자신들을 정죄한다는 것을 알기 때문에 미워하고 결국은 거부합니다.

이것이 요한복음 서문이 말하는 내용입니다. "빛이 어둠에 비치되 어둠이 깨닫지 못하더라.……그가 세상에 계셨으며 세상은 그로 말미암아 지은 바 되었으되 세상이 그를 알지 못하였고 자기 땅에 오매 자기 백성이 영접하지 아니하였으나." 주님은 대제사장의 기도에서 이렇게 말씀하셨습니다. "의로우신 아버지여, 세상이 아버지를 알지 못하여도"(요 17:25). 세상은 하나님의 백성을 모릅니다. 알아보지 못합니다. 세상은 어느 시대에나 하나님의 백성을 박해했습니다. 주님은 말씀하셨습니다. "나는 내 아버지의 이름으로 왔으매 너희가 영접하지 아니하나 만일 다른 사람이 자기 이름으로 오면 영접하리라"(요 5:43). 세상이 내내 해온 짓이 바로 이것입니다. 세상의 위인이나 정치가나 철학자나 왕이나 여왕이나 군주들은 우상처럼 떠받들면서도 영광의 주님은 영접하지 않습니다. 이것은 전적으로 세상이 어두워져 있는 탓이며, 어둠 속에 있는 탓입니다. 사람은 어둠 속에 있습니다. 그리고 어둠이 사람 속에, 그 존재의 핵심에 파고들어 와 있습니다. 그런데 성경이 전하는 기이하고 영광스러운 소식은 빛이 그 어둠에 비친다는 것입니다. 어둠이 있지만 빛이 계속 비친다는 것입니다. 빛은 오직 이것뿐입니다. 인간의 가르침과 철학은 곤경을 해결하지 못합니다. 성경이 기록하고 있듯이 세상은 "자기 지혜로 하나님을 알" 수 없습니다(고전 1:21).

그리스 철학자들은 "혹 하나님을 더듬어 찾아 발견"할까 하여 찾았지만, 결국 발견하지 못했습니다(행 17:27). 아무리 똑똑한 이들도 하나님께 이르지 못했고, 앞으로도 이르지 못할 것입니다. 하나님을 밝히 보여주는 빛은 하나뿐입니다. "본래 하나님을 본 사람이 없으되 아버지 품속에 있는 독생하신 하나님이 나타내셨느니라"(요 1:18). 오직 아들만 하나님을 분명히 알려 주실 수 있고, 우리의 모든 문제를 밝히 보여주실 수 있습니다. 태초에도 그랬습니다. 하나님께 반역하고 타락한 인간을 어둠이 둘러쌌습니다. 영혼 속까지 파고들었습니다. 그런데 감사하게도 저녁 서늘한 무렵에 하나님이 동산에 내려오셨고, 여인의 후손이 뱀의 머리를 상하게 하리라는 약속을 주셨습니다(창 3:15). 타락한 에덴의 어둠에 빛이 비친 것입니다.

구약성경이 무엇입니까? 빛이 어둠에 비친 이야기입니다. 홍수가 일어나기 전, 120년간 방주를 지으며 사람들에게 호소했던 노아를 보십시오. 소돔과 고모라에서 탄식했던 롯을 보십시오. 그들이 다 무엇입니까? 오, 어둠에 비친 예수 그리스도의 빛입니다. 그 빛이 한 가닥씩 깜박인 것입니다. 노아, 롯, 아브라함과 족장들, 이스라엘 민족과 선지자들은 다 어둠에 비치는 빛이었습니다. 다른 빛이 아닙니다. 그리스도에게서 나오는 그 빛이 계속 비친 것입니다. 모든 빛은 그에게서 나옵니다. 빛의 본질이 그에게 있습니다. 그가 빛입니다. "그 안에 생명이 있었으니 이 생명은 사람들의 빛이라. 빛이 어둠에 비치되."

그리고 마침내 그리스도가 오셨습니다. 그는 말씀하셨습니다. "나는 세상의 빛이니 나를 따르는 자는 어둠에 다니지 아니하고 생명의 빛을 얻으리라"(요 8:12). "아직 잠시 동안 빛이 너희 중에 있으니"(요 12:35). 그리고 주님은 자신이 떠난 후 남게 될 한 무리의 사람들, 교육받지 못한 열두 명의 평범한 자들을 "세상의 빛"이라고 부르셨습니다(마 5:14). "내가 너희를 세상의 빛으로 삼겠다. 너희는 나를 반영할 것이다. 성령으로 충만해져서 내 빛을 발할 것이다. 나는 세상의 빛이니 너희도 세상의 빛이다"라고 하셨습니다.

그리스도는 그 후에도 계속 빛을 비추셨습니다. 그리스도를 미워하고 모독했던 반대자, 그리스도가 틀렸다고 생각하며 그의 대의를 뿌리 뽑는 일에 온 힘을 기울였던 다소의 사울이 다메섹으로 내려갈 때에도 빛을 비추셨습니다. 홀연히 그의 마음에 그리스도의 빛이 비쳤습니다. 그는 말합니다. "어두운 데에 빛이 비치라 말씀하셨던 그 하나님께서 예수 그리스도의 얼굴에 있는 하나님의 영광을 아는 빛을 우리 마음에 비추셨느니라"(고후 4:6). 어둠이 밝아지고 지각과 지식이 생기려면 하늘에서 오는 이 빛이 필요합니다. 이 빛은 복되신 빛이신 그리스도에게서 나옵니다. 그리스도는 지금도 이 빛을 비추십니다. 하나님은 교회에 성령을 보내심으로 빛을 발하며 전파하는 곳이 되게 하셨습니다. 그리스도인인 저와 여러분은 이 빛을 받아 밝아진 사람들입니다. 사도 바울은 "너희가 전에는 어둠이더니 이제는 주 안에서 빛이라. 빛의 자녀들처럼 행하라"라고 말합니다(엡 5:8).

이 위대한 구원의 복음이 주는 복을 온전히 누리려면 당연히 이 사실들을 알아야 하지 않겠습니까? 다시 한 번 묻겠습니다. 우리는 왜 이 엄청난 구원 앞에 감격하지 않습니까? 왜 벌떡 일어서지 않습니까? 이런 구원의 소식을 듣고서도 억누를 수 없는 환희와 기쁨에 사로잡히지 않는 이유가 무엇입니까? 교회가 이토록 활기 없고 무기력한 이유가 무엇입니까? 제가 제시하는 두 가지 주된 이유는 그리스도의 영광을 충분히 보지 못했기 때문이라는 것, 그리스도가 얼마나 깊은 죄악과 어둠에서 우리를 구해 주셨는지 깨닫지 못했기 때문이라는 것입니다.

죄를 가벼이 여기면 구원도 피상적이 되고 그리스도인의 삶도 피상적이 됩니다. 그리스도가 가지고 계신 영광의 높이를 알아야 합니다. 우리가 가지고 태어나는 죄악과 어둠의 깊이를 알아야 합니다. 이 두 가지를 알아야 은혜가 얼마나 놀라운 것인지 보이기 시작합니다. 빛이 비쳐도 전혀 깨닫지 못할 뿐 아니라 오히려 빛을 미워할 정도로 깊은 어둠, 빛을 거부할 만큼 깊은 어둠에 빛이 비침으로써 우리가 그리스도인이 되었다는 것을 하나님이 깨우쳐 주시기를 원합니다. 빛이 비치고 있습니다. 바로 그 빛이 어둠을 뚫고 들어와 우리에게 복된 깨달음을 주었고, 빛이요 생명이요 영광이신 그리스도를 알게 해주었습니다.

3

율법과 은혜의 관계

율법은 모세로 말미암아 주어진 것이요 은혜와 진리는 예수 그리스도로 말미암아 온 것이라. **요 1:17**

다시 상기시키는바, 제가 이처럼 요한복음 서문 17절에 주의를 환기시키는 것은 교회 안에 있는 우리가 어느 지점에서인지 실패하고 있으며 어떤 식으로든 잘못 가고 있는 것이 분명해 보이기 때문입니다. 우리는 기독교가 끼치는 주된 영향이 마치 박탈감과 비참함인 듯한 인상을 줄 때가 아주 많습니다. 그 결과 오히려 세상 스스로 교회보다 더 행복하다고 생각하게 되었는데, 그것은 물론 기만적이고 잘못된 생각입니다. 이렇게 된 원인을 찾으려면 우리 자신을 점검해 보아야 합니다. 우리는 과연 주 안에서 기뻐하고 있습니까? 주 안에 있어 모든 것이 풍성하다고 고백할 수 있습니까? 우리의 상태와 형편이 그렇지 못한 것은 본질적으로 주님에 관한 진리를 모르기 때문이며, 주님이 하신 모든 일을 통해 우리에게 가능해진 일이 무엇인지 모르기 때문입니다. 그래서 우리는 이 문제를 검토하면서 사도 요한이 어떻게 다각도로 이 문제를 다루는지 고찰해 왔습니다.

우리가 첫 번째로 고찰한 측면은 주님의 위격에 대한 잘못된 시각이었습니다. 그리스도인이라고 하면서도 어찌된 일인지 하나님의 아들이 문자 그대로 세상에 오셔서 우리를 구원하시고 이 큰 구원에 참여시켜 주셨다는 사실을 망각해 버린 듯한 사람들이 많습니다. 믿어지지 않지만 엄연한 사실입니다. 우리는 두 번째로 4절이 강조하는 내용을 다루었습니다. "그 안에 생명이 있었으니 이 생명은 사람들의 빛이라." 그리스도는 빛입니다. 우리는 이 "빛이 어둠에 비치되 어둠이 깨닫지" 못했다는 사실을 살펴보았습니다. 말씀이 육신이 되어 우리 가운데 거하셨지만 세상은 깨닫지도 못했고 영접하지도 않았습니다. "그가 자기 땅에―유대인들에게―오매 자기 백성이 영접하지 아니하였"습니다. 그 원인은 어둠에 있었습니다. 그들을 둘러싸고 있던 어둠, 그들 속 깊이 들어와 있던 어둠에 있었습니다. 오늘날 세상의 문제도 여기 있습니다. 어둠 때문에 저와 여러분이 그리스도의 영광을 깨닫지 못하는 것이며, 그가 우리를 위해 하신 일을 알지 못하고 기뻐하지 못하는 것입니다. 그 정도로 우리 안에 어둠이 깊이 들어와 있습니다.

이제 이 문제의 또 다른 측면, 또 다른 항목, 또 다른 영역을 살펴봅시다. 우리가 기본적으로 던져야 할 질문은 이것입니다. 세상이 그리스도를 알아보지 못하고 우리 그리스도인들도 알아보지 못하는 이유가 무엇입니까? 교회가 생명과 능력과 활기와 기쁨과 감사와 찬양으로 충만하지 못한 이유가 무엇입니까? 두 가지 이유는 이미 살펴보았으니, 이제 세 번째 이유를 살펴봅시다. 세 번째 이유는 율법의 측면에서 그리스도가 우리를 위해 무슨 일을 하셨는지 모른다는 것입니다. 1:17에서 다루는 주제가 이것입니다. 사도 요한은 서문에서 여러 가지 주제를 소개하는데—그리고 나중에 각 주제를 자세히 설명합니다—17절에서는 이 주제를 소개하고 있습니다. 우리는 영원한 말씀이신 하나님의 아들 주 예수 그리스도가 율법의 측면—율법과 우리의 관계—에서 무슨 일을 해주셨는지 알아야 합니다. 그런데 그것을 모른다는 것이 요한복음의 주요한 주제입니다.

무엇보다 먼저 해야 할 일은 본문을 살펴보면서 그 의미를 분명히 파악하는 것입니다. "율법은 모세로 말미암아 주어진 것이요 은혜와 진리는 예수 그리스도로 말미암아 온 것이라." 이것은 흔히 오해를 사는 구절입니다. 우리가 강조해야 할 첫 번째 요점, 첫 번째 원리는 요한이 율법을 무가치한 것으로 폄하하거나 무시하려는 의도로 이 말을 하지 않았다는 점입니다. "율법은 그만 잊어버려라. 싹 다 잊어버리고 무시해 버려라! 이제 그리스도의 시대가 왔으니 율법은 이야기할 필요가 없다. 오직 그리스도만 전하면 된다. 율법은 치워 버리고 다시 언급하지 말아라"라고 말하는 이들이 있는데, 17절의 의미는 절대 그런 것이 아닙니다.

또 한 가지 흔히 볼 수 있는 오해는, 17절의 대조를 절대적으로 해석해서 은혜와 진리는 모세로 말미암아 주신 율법에 없고 오직 예수 그리스도 안에만 있다고 보는 것입니다. 이렇게 주장하는 사람들은 사도가 제시하는 대조와 대비를 극단으로 몰고 갑니다.

그렇다면 저는 왜 율법을 내버리면 안 된다고 하는 것일까요? 제 대답은 "율법은 결국 사람의 법이 아니라 하나님의 법이기 때문이다"라는 것입니다. 율법은 모세의 법이 아니라 하나님이 모세를 통해 주신 법입니다. 모세 자신이 만든 법이 아닙니다. 물론 어떤 이들은 모세가 만들었다고 믿는다는 것을 저도 압니다. 그러나 요한은 그렇게 믿지 않았고, 우리도 그렇게 믿지 않습니다. 우리는 성경을 믿는 자들입니다. 그런데 성경은 하나님이 모세에게 율법을 주셨다고, 하나님이 모세를 산으로 불러 상세한 율법을 주셨다고 말합니다. 더 나아가 천사들을 통해 율법을 주셨다고 몇 번씩 분명하게 밝힙니다. 하나님이 천사들을 통해 모세에게 율법을 주셨다는 것입니다. 사도 바울은 말합니다. "율법은 무엇이냐? 범법하므로 더하여진 것이라. 천사들을 통하여 한 중보자의 손으로 베푸신 것인데 약속하신 자손이 오시기까지 있을 것이라"(갈 3:19). 그러므로 율법을 폄하하면 안 됩니다. 율법을 주신 것은 여러 가지 면에서 구약의 모든 사건들 중에서도 정점을 찍는 사건이었습니다. 하나님은 천사를 통해 자신의 종 모세를 직접 만나셨습니다. 그리고 모세는 그 율법을 백성에게 전했습니다.

히브리서 기자는 바로 이 진리를 지적하며, 들은 말씀을 굳게 붙잡으라고 권면합니다. "천사들을 통하여 하신 말씀이 견고하게 되어 모든 범죄함과 순종하지 아니함이 공정한 보응을 받았거든 우리가 이같이 큰 구원을 등한히 여기면 어찌 그 보응을 피하리요?"(히 2:2-3) 히브리서 기자는 율법을 "천사들을 통하여 하신 말씀", 견고한 말씀으로 묘사합니다. 왜 견고할까요? 천사들을 통해 주신 율법은 곧 하나님의 율법이기 때문입니다. 그러므로 율법에 대해 가볍게 말하지 마십시오. 반복하지만, 요한은 율법이 무가치한 것처럼 가볍게 말하거나 무시하려는 의도가 전혀 없었습니다.

그뿐 아니라 율법에도 은혜와 진리의 요소가 있습니다. 하나님이 백성을 위해 모세에게 주신 모든 의식법과 번제와 제물이 의미하는 바가 무엇입니까? 장막과 성전과 기구와 의복과 상징이 의미하는 바가 무엇입니까? 아침저녁으로 어린양을 죽인 이유가 무엇입니까? 황소와 염소의 피가 필요하고 암송아지의 재가 필요했던 이유가 무엇입니까? 그에 대한 대답, 그에 대한 설명은 하나뿐입니다. 바로 은혜 때문이라는 것입니다. 그것들은 다 메시아와 구원자로 오실 그리스도, 그 위대한 원형을 가리키는 그림자였습니다.

율법에는 은혜가 없다고 말하지 마십시오. 율법에도 은혜가 있습니다. 은혜가 있고 진리가 있습니다. 원래 율법은 은혜와 진리를 전하고자 주신 것입니다. 요한의 대조와 대비를 그렇게 터무니없이 극단으로 몰고 가면 안 됩니다. 절대 안 됩니다! 그것은 요한의 의도가 아닙니다. 요한은 율법을 깎아내리고 폄하하기 위해 이 말을 한 것이 아니라 우리 주와 구주 되신 복되신 분, 세상에 오신 그리스도의 탁월성과 위대함과 영광과 온전한 충만함을 나타내기 위해 이 말을 한 것입니다. 모세와 예수 그리스도를 대조하는 요한의 의도는 오직 이것입니다. 대낮의 햇빛이 아니라는 이유로 새벽빛을 무시하지는 않습니다. 그런 이유로 무시한다면 정말 우스울 것입니다. 이 두 가지 사이에는 오직 부분과 전체라는 차이, 준비와 성취라는 차이만 있을 뿐입니다. 하나님이 율법을 주셨습니다. 그리고 그 하나님이 아들 안에서, 아들을 통해 은혜와 진리를 온전히 나타내셨습니다.

다시 말해서 요한이 17절에서 말하는 바는 히브리서 기자가 1:1-2에서 말하는 바와 동일합니다. 히브리서 기자도 요한과 같은 방식으로 자신이 다룰 주제를 소개합니다. "옛적에 선지자들을 통하여 여러 부분과 여러 모양으로 우리 조상들에게 말씀하신 하나님이 이 모든 날 마지막에는 아들을 통하여 우리에게 말씀하셨으니" (히 1:1-2). 하나님은 "여러 모양으로", 여러 시대에 여러 형태와 방법으로 말씀하셨습니다. 이 점을 잊지 마십시오! 언제나 하나님이 말씀하셨습니다. 전에는 율법으로 말씀하셨고, 마지막에는 아들 안에서 단번에, 영원히, 온전하게 말씀하셨습니다. 전에 주신 말씀이라고 해서 비웃거나 무시하지 마십시오. 절대 그러지 마십시오! 요한이 요구하는 바는, 온전한 것이 임했으니 이제 더 이상 그림자와 예표에 머물지 말라는 것입니다. 이것이 그가 율법과 예수 그리스도 안에 있는 은혜와 진리를 대조하는 첫 번째 이유입니다.

두 번째 이유는 율법의 오용, 특히 유대인들의 오용을 바로잡으려는 데 있었습니다. 실제로 이것이 유대인들의 문제점이자 그들이 하나님의 아들을 거부한 주된 원인이었습니다. 자신들이 고수하는 율법을 예수가 깨뜨린다고 생각해서 거부한 것입니다. 요한은 그 점을 잘 알고 있었습니다. 율법, 하나님의 율법이 오히려 그리스도를 믿지 못하도록 가로막는 실질적인 걸림돌이 되었습니다. 그러나 사실상 유대인들은 율법을 오해하고 있었으며 잘못 해석하고 있었습니다. 요한은 그들에게 율법의 원래 의도와 역할과 목적, 그리고 율법과 복음 및 새 시대의 관계를 분명하게 알려 주고 싶었습니다. 그래서 '모세로 말미암아 주어진 율법과 주 예수 그리스도로 말미암아 온 은혜와 진리'라는 문제를 제기한 것입니다.

이것이 17절의 의미입니다. 이렇게 용어들의 뜻을 밝혔으니, 이제 두 번째 원리, 즉 율법의 중요성과 가치를 살펴보도록 합시다. 어떤 이는 반박할지 모릅니다. "왜 그런 걸 살펴봐야 합니까? 율법에 대해 이론적인 토론을 벌이기에는 시대상황이 너무나 심각하다고요. 이 세상에서 살아가기가 얼마나 힘든지 모릅니다. 세상과 육신과 마귀가 사방을 둘러싸고 있습니다. 난 매순간 유혹을 받고 있고 세상은 불타고 있는데, 고작 율법과 은혜를 이론적으로 고찰해 보자고요? 오, 당신은 적어도 백 년은 뒤처져 있는 것 같군요. 지금은 그렇게 이론적이고 교리적인 문제를 다룰 만큼 한가하고 평안하고 조용한 빅토리아 중기의 태평시대가 아니란 말입니다."

그렇다면 이 주제가 여러분과 얼마나 큰 상관이 있는지 알려 드리겠습니다. 예수 그리스도 안에는 절대적인 충만함이 있습니다. 저와 여러분은 그 충만함을 받아 누려야 할 사람들입니다. 그래야 이 세상에서 살아갈 수 있습니다. 요한처럼 "우리가 다 그의 충만한 데서 받으니 은혜 위에 은혜러라"라고 고백할 수 있는 사람만 세상을 이기고 정복할 수 있습니다. 사는 게 힘들게 느껴지고 실패감과 불행감과 패배감에 짓눌리는 것은 율법이 하는 일을 제대로 모르기 때문임을 지금부터 보여드리겠습니다. 사실 율법의 문제보다 더 현실적인 문제는 없습니다. 이것은 요한 당시에도 현실적인 문제였고,

지금도 현실적인 문제입니다. 다음과 같이 질문해 보겠습니다. 하나님이 주 예수 그리스도 안에서 하신 일을 생각하며 더욱 감사하지 않는 이유가 무엇입니까? 우리 마음에 찬양과 감사가 넘치지 않는 이유가 무엇입니까? 대체 무엇이 문제입니까? 저는 지금 고찰하고 있는 17절의 진리를 깨닫지 못하는 것이 문제라고 말씀드리고 싶습니다.

우리는 주로 두 가지 방향에서 실패하고 있습니다. 그것이 무엇인지 알려 드릴 테니, 각자 어느 쪽에 해당되는지 점검해 보십시오. 첫 번째 성향 내지 위험은 이미 말했듯이 율법을 무시함으로써 율법이 우리 안에서 일하지 못하게 하는 것입니다. 제가 볼 때 특히 복음주의자로 자처하는 이들이 이런 위험에 빠지곤 합니다. '율법은 무시해야 하는 불필요한 것'이라는 생각은 복음주의자들에게 가장 흔히 나타나는 오해입니다. 자신들은 신약 시대 백성이며 그리스도와 그리스도의 이름으로 얻는 구원을 제시하는 은혜의 설교자들이기 때문에 율법을 설교하면 안 된다고 생각합니다. 이것이 왜 오류인지 설명해 드리겠습니다. 은혜가 율법을 완전히 폐한다고 생각하는 것은 무서운 오류입니다.

하나님은 율법을 폐하려고 은혜를 주신 것이 절대 아닙니다. 그렇게 생각하면 안 됩니다. 저는 지금 위대한 사도 바울의 권위에 근거하여 말하고 있습니다. 은혜의 설교자를 꼽으라면 누구보다 사도 바울을 꼽아야 할 것입니다. 그런데 그가 로마서 첫 부분에서, 특히 율법의 문제를 다루는 첫 세 장에서 강조하는 중요한 요점이 바로 이것입니다. 사도는 유대인, 이방인 양자와 관련하여 율법의 문제를 다루고 있습니다.

그들은 율법과 은혜의 관계를 제대로 몰랐습니다. 바울은 그들이 은혜로 구원받는다는 사실을 알려 준 다음, 유대인이 다음과 같이 말하는 경우를 상정합니다. "그러니까 율법이 무가치하고 무익하고 잘못된 것이라는 말인가?" 그에 대한 사도의 답변은 이것입니다. "그런즉 우리가 믿음으로 말미암아 율법을 파기하느냐?" 이것은 생각만 해도 무서운 일이었기에 그는 바로 "그럴 수 없느니라. 도리어 율법을 굳게 세우느니라"라고 말합니다(롬 3:31).

전체 맥락 속에서 이 말을 살펴봅시다. 바울은 중대한 구원의 방법을 대략 설명한 후 다음과 같이 이야기합니다.

> 그런즉 자랑할 데가 어디냐? 있을 수가 없느니라. 무슨 법으로냐? 행위로냐? 아니라. 오직 믿음의 법으로니라. 그러므로 사람이 의롭다 하심을 얻는 것은 율법의 행위에 있지 않고 믿음으로 되는 줄 우리가 인정하노라. 하나님은 다만 유대인의 하나님이시냐? 또한 이방인의 하나님은 아니시냐? 진실로 이방인의 하나님도 되시느니라. 할례자도 믿음으로 말미암아 또한 무할례자도 믿음으로 말미암아 의롭다 하실 하나님은 한 분이시니라. 그런즉 우리가 믿음으로 말미암아 율법을 파기하느냐? 그럴 수 없느니라. 도리어 율법을 굳게 세우느니라(롬 3:27-31).

사도의 요지는 "내가 율법을 파기하기 위해, 율법은 아무 쓸모 없는 무가치한 것이니 다 잊고 무시하자는 의도에서 이런 주장과 논리를 펼친다고 생각지 마라. 절대 그렇지 않다!"라는 것입니다. "그럴 수 없느니라! 도리어 율법을 굳게 세우느니라." 이 말이 무슨 뜻일까요? 다음과 같이 설명해 보겠습니다. 로마서 3:31은 요한복음 1:17에 대한 참된 해설입니다. 은혜는 율법의 눈으로 보아야만 제대로 측정할 수 있습니다. 율법에 대한 가르침을 모르면서 은혜의 진정한 가치와 의미를 알 수는 없습니다. 다시 말해서, 은혜가 율법의 정죄에서 우리를 구원해 주었다는 것을 깊이 알아야만 하나님의 은혜가 주 예수 그리스도 안에서 실제로 우리에게 무슨 일을 해주었는지 알 수 있다는 것입니다. 이것이 은혜를 측정하는 유일한 방법입니다. 거듭 말하지만, 우리가 율법 아래에서 어떤 처지에 놓여 있는지 모르면 은혜의 진가를 알 수가 없습니다. 이 점이 완벽하게 표현되어 있는 본문을 찾아보겠습니다. 누가복음 7:36-50에 기록된 사건은 이에 대한 최고의 해설이라고 할 수 있습니다. 누가는 주님이 한 바리새인의 집에 식사 초대를 받아 가셨다고 말합니다. 주님이 의자에 기대어 앉아 계실 때, 그 동네에 큰 죄인으로 알려져 있던 여자가 들어오더니 눈물로 주님의 발을 씻고 머리카락으로 닦았습니다. 스스로 의롭다고 생각했던 바리새인은 그 광경을 보고 깜짝 놀랐습니다. '저자가 정말 선지자라면 저 여자의 정체를 알아채고 건드리지도 못하게 하거나 아예 저런 짓을 못하게 접근 자체를 막았을 텐데. 저자는 선지자일 리가 없어.' 바리새인의 이런 생각을 알아채신 주님은 말씀하셨습니다. "시몬아, 네게 할 말이 있다." 그러자 시몬은 "네, 선생님, 말씀하시지요"라고 했습니다.

주님은 두 빚진 자에 대한 이야기를 시작하셨습니다. 이것은 아주 중요한 가르침이자 흔히 오해를 사는 가르침이기도 합니다. 성경은 다음과 같이 기록하고 있습니다.

"빚 주는 사람에게 빚진 자가 둘이 있어 하나는 500데나리온을 졌고 하나는 50데나리온을 졌는데 갚을 것이 없으므로 둘 다 탕감하여 주었으니 둘 중에 누가 그를 더 사랑하겠느냐?" 시몬이 대답하여 이르되 "내 생각에는 많이 탕감함을 받은 자니이다." 이르시되 "네 판단이 옳다" 하시고 그 여자를 돌아보시며 시몬에게 이르시되 "이 여자를 보느냐?"(눅 7:41-44)

주님은 시몬과 여자를 대조하셨습니다. 시몬은 주님을 식사에 초대했으면서도 통상적인 예를 갖추어 영접하지 않았습니다. 머리에 기름도 붓지 않았고, 발 씻을 물도 드리지 않았으며, 입맞춤으로 환영하지도 않았습니다. 그러나 여자는 주님의 발에 입을 맞추고, 눈물로 씻고, 머리카락으로 닦고, 가장 값진 기름을 부었습니다. 정말 대조되는 반응 아닙니까!

대체 무엇 때문에 이렇게 대조되는 반응이 나타난 것일까요? 주님은 설명하십니다. "이러므로 내가 네게 말하노니 그의 많은 죄가 사하여졌도다. 이는 그의 사랑함이 많음이라. 사함을 받은 일이 적은 자는 적게 사랑하느니라"(눅 7:47). 이것이 무슨 뜻입니까? 얼핏 보면 죄를 많이 지을수록 많이 사함받고 많이 사함받을수록 많이 사랑하니, 마치 죄를 지을수록 좋다는 말씀 같습니다. 그러나 주님의 요지는 이것입니다. "자, 이 여자가 너와 달리 날 대하는 것은 자신이 얼마나 큰 사함을 받았는지 깨달은 탓이고, 네가 날 이리 대하는 것은 내가 얼마나 큰 사랑으로 네 죄를 사해 주는지 모르는 탓이다."

이래도 주님이 죄를 장려하시는 것 같습니까? 많이 사함받고 많이 사랑할 수 있도록 중하고 심한 죄를 짓는 편이 좋다고 말씀하시는 것 같습니까? 그것은 말도 안 되는 생각입니다. 주님은 지금 죄사함의 필요성을 깨닫는 일이 얼마나 중요한지 가르치고 계십니다. 이 여자는 자기 죄가 사함받은 것을 알았지만, 교만한 바리새인 시몬은 죄 사함의 필요성 자체를 깨닫지 못했습니다. 그는 이 여자처럼 음란한 생활을 하지 않았습니다. 오히려 누가복음 18장에 나오는 바리새인처럼 지극히 훌륭하고 존경받는 삶을 살았습니다. 18장의 바리새인은 가난한 자들에게 소득의 십분의 일을 주었고 일주일에 두 번씩 금식했습니다. 그래서 자신이 사함을 받아야 한다는 생각을 하지 못했습니다. 그는 하나님께 아무것도 구하지 않고 "하나님이여, 나는 다른 사람들과 같지 아니함을 감사하나이다"라고만 했습니다. 시몬 역시 죄 사함의 필요성을 깨닫지 못했고, 따라서 죄사함을 받지 못했으며, 주님을 사랑하지 않았습니다.

그렇다고 그가 정말 죄 사함을 받을 필요가 없었거나 죄인이 아니었던 것은 아닙니다. 당연히 그는 죄인이었습니다. 그것도 가장 큰 죄인 영적 교만에 빠졌다는 점에서 그 여자보다 더 큰 죄인이었습니다. 요컨대 주님은 "문제는 자기 죄를 깨닫지 못하는 데 있다. 사람들은 내가 자신들에게 무슨 일을 해주는지 모르기 때문에 날 사랑하지 않는다"라고 말씀하신 것입니다.

중요한 점은 이것입니다. 주님을 향한 우리 사랑의 정도는 어떠합니까? 우리는 얼마나 주님을 사랑하고 있습니까? 얼마나 주님을 기뻐하고 있습니까? 베드로처럼 "예수를 너희가 보지 못하였으나 사랑하는도다. 이제도 보지 못하나 믿고 말할 수 없는 영광스러운 즐거움으로 기뻐하니"라고 말할 수 있습니까?(벧전 1:8) 육신이 되어 우리를 위해 죽으신 말씀, 복되신 구주를 얼마나 사랑하고 있습니까? 그 대답은 주님 안에서, 주님을 통해 받은 죄 사함의 크기를 얼마나 알고 있느냐에 따라 달라지게 되어 있습니다. 그렇다면 어떻게 죄 사함의 깊이와 크기를 알 수 있을까요? 그 대답은 한 가지뿐입니다. 자기 죄를 알고 사함의 필요성을 알아야 하는 것입니다. 이 일을 하는 것이 바로 율법입니다! 다른 것은 이 일을 하지 못합니다.

율법의 가르침을 알고 율법 아래 있는 자신의 모습을 보지 못하는 사람은 은혜의 진가를 알 수 없습니다. 그런데 우리는 율법을 무시합니다. 이렇게 율법을 무시하기 때문에 자신의 참된 필요를 모르는 것입니다. 우리는 과도하게 건강합니다. '주님을 사랑하는 일'에 대해 얼마나 그럴듯하게 말을 잘하는지 모릅니다. 그러나 사랑은 말로 되는 것이 아닙니다. 사랑은 아주 깊은 것, 즉 바리새인 시몬의 집에 찾아온 여자처럼 행동하게 만드는 것입니다. 그 어떤 감정보다 깊은 감정입니다. 우리는 주님을 사랑하는 일에 대해 이런저런 이야기를 하며, 주님을 사랑한다는 말을 자주 합니다. 그러나 여러분에게 묻겠습니다. 너무 가볍게 그런 말을 하는 것은 아닙니까? 진심으로 깊이 회개해 본 적이 있습니까? 자기 죄를 슬퍼해 본 적이 있습니까? 자기 마음의 "재앙"을 깨달은 적이 있습니까?(왕상 8:38) 그래야 주님을 사랑하게 됩니다. 주님이 시몬의 집에서 비유를 통해 가르치신 바가 바로 이것입니다. "사함을 받은 일이 적은 자는 적게 사랑하느니라." 거듭 말하지만, 율법의 정죄 아래 있는 자신의 모습을 보지 못한 사람은 자신이 얼마나 큰 사함을 받았는지 알 수 없습니다.

모세를 통해 주신 율법을 무시하지 마십시오. 율법을 무시하면 은혜의 깊이를 알 수 없습니다. 율법을 무시한다는 것은 곧 율법을 완전히 오해하고 있다는 뜻입니다. 우리의 문제는 너무 빠르고 쉽게 치료받으려 하는 데 있으며, 너무 서둘러 해결하려 드는 데 있습니다. 한시라도 빨리 부담을 덜고 편해지려고 하는데, 그러지 마십시오! 쉬운 믿음*으로 참된 신앙을 대체해 버리는 것, 율법이 일하기도 전에 은혜로 달려가 버리는 것이 문제입니다. 우리는 한시라도 빨리 율법에서 벗어나고 싶어 합니다. 그리스도를 적극적으로 제시하고 싶어 합니다. 복음으로 곧장 달려가고 싶어 합니다. 도입부를 거치려 하지 않습니다. 그래서 결국 복음을 얻지 못합니다. 그러지 마십시오! 예수 그리스도 안에 있는 하나님의 은혜를 알고 그 진가를 인식하는 방법은 오직 한 가지, 모세로 말미암아 주신 율법이 폭로하는 죄악의 깊이를 깨닫는 것입니다. 그러므로 우리 자신을 점검해 봅시다. 요한복음의 위대한 서문을 보면서 "난 정말 그리스도인일까? 그리스도를 생각해도 마음에 떨림이 없다. 그리스도를 사랑한다고 고백할 수가 없다. 그리스도와 그의 영광을 위해 산다고 말할 수가 없다. 대체 무엇이 문제일까?"라고 자문하게 됩니까?

* Easy believism. 믿는다는 말만 하면 바로 구원받는다고 주장하는 가르침.

그렇다면 율법의 관점에서 자신을 한번 점검해 보십시오. 여러분은 너무 빨리 치료받지 않았습니까? 그리스도의 필요성을 절실히 깨닫기도 전에 결단하도록 재촉당하고 강요당한 것 아닙니까? 많이 사함받을수록 많이 사랑하는 법입니다. 만약 지금 적게 사랑하고 있다면 그만큼 사함받지 못한 것이고, 그만큼 사함받지 못했다면 그만큼 사함받을 필요성을 느끼지 못한 것이며, 그만큼 사함받을 필요성을 느끼지 못했다면 그만큼 하나님이 모세를 통해 주신 율법을 제대로 듣지 않은 것입니다.

성화에 대한 우리의 태도에도 같은 원리가 적용됩니다. 처음에 그리스도인의 삶을 잘못 시작하면 그 후에도 계속 잘못된 길로 가게 마련입니다. 이 또한 율법의 명령을 회피하기 때문에 일어나는 일입니다. 달리 표현해 보겠습니다. 우리는 주로 죄를 성가신 문제로 여기지 않습니까? 죄를 어떻게 정의하고 있습니까? 우리 삶을 망치는 것으로 보지 않습니까? 우리를 넘어뜨리고 불행하게 만드는 것이라는 아주 주관적인 정의를 내리고 있지 않습니까? "이것만 제거된다면!" 하는 것이 죄에 대한 우리의 접근방식 아닙니까? 이처럼 우리는 처음부터 끝까지 우리 입장에서만 죄를 바라봅니다. 그런데 율법은 하나님의 입장에서 죄를 바라보게 합니다. 다윗은 "내가 주께만 범죄하여 주의 목전에 악을 행하였사오니"라고 했습니다(시 51:4). 그는 간음을 저지르고 사람을 죽였습니다. 그러나 그의 근심은 그 죄로 인한 자기 자신의 비참함에 있지 않았습니다. "주의 목전에……." 이것이 요점입니다! 하나님은 죄를 미워하시는데, 자신은 그 하나님을 거슬러 죄를 지었다는 것입니다! 이것이 성화와 관련된 한 가지 문제입니다.

성화와 관련된 또 다른 문제는, 우리가 거룩해지기보다는 행복해지기를 원한다는 데 있습니다. 그래서 그 '행복'을 얻기 위해 각종 모임이나 수련회나 대형집회에 참석합니다. 우리가 생각하는 '행복'이 무엇입니까? 문제가 제거되는 것입니다. 오랫동안 사람들에게 큰 영향력을 행사했던 한 책에는 의미심장한 제목이 붙어 있습니다. 「그리스도인이 행복한 삶을 사는 비결*The Christian's Secret of a Happy Life*」.* 그렇습니다! '행복한 삶'을 살자는 것입니다! 자, 그 책의 내용을 알려 드리겠습니다. 사람들을 행복하게 만들기는 아주 쉽습니다. 성경을 힘들게 읽을 필요도 없고, 신학을 이해할 필요도 없으며, 율법을 통과하느라 먼 길을 돌아갈 필요도 없다고 하면 됩니다. 이것이 이른바 '행복한 삶을 사는 비결'입니다. 그러나 그리스도인은 행복을 맨 앞에 두면 안 됩니다.

무엇을 맨 앞에 두어야 합니까? 거룩함입니다. 행복을 맨 앞에 두는 순간, 길을 잘못 들게 됩니다. 우리가 알아야 할 것은 '거룩한 삶을 사는 비결'입니다. 주님이 그 유명한 팔복을 이야기하시면서 이 점을 어떻게 설명하셨는지 보십시오. 주님이 말씀하신 행복한 자가 누구입니까? "주리고 목마른 자"입니다. 행복에 주리고 목마른 자입니까? 아닙니다! 행복 자체를 추구하며 "이 죄만 제거되고 이런저런 문제만 해결되면 정말 행복할 텐데"라고 말하는 자가 복이 있는 것이 아니라, "의에 주리고 목마른 자"가 복이 있으며 그

---

* 한나 휘톨 스미스Hannah Whitall Smith가 쓴 이 책은 1875년에 처음 출간되었다.

들이 배부르게 된다는 것입니다(마 5:6). 우리의 전적인 문제가 여기 있습니다. 저는 이 문제를 다루어야 할 때가 많습니다. 한 가지 죄만 제거되면 정말 행복할 것이라는 생각을 가지고 찾아오는 이들이 있기 때문입니다. 그런 이들은 스스로 죄인이라고 생각하지 않습니다. 의에 대해 아는 바가 없습니다. 그러나 우리의 문제는 한 가지 죄에 있지 않습니다. 하나님 앞에서 우리의 전체적인 상태에 있습니다. 여러분에게 일차적으로 필요한 것은 행복이 아니라 거룩함과 의와 경건과 공평과 진리입니다. "은혜와 진리는 예수 그리스도로 말미암아 온 것이라."

성화의 관점에서 볼 때 율법에 대한 이런 오해는 결국 율법을 전혀 인정하지 않는 이른바 '반율법주의antinomianism'로 나아가게 되어 있습니다. "내가 뭘 하느냐는 크게 중요치 않다. 난 이미 은혜 아래 있고 구원을 받은 그리스도인이기 때문에 아무 문제가 없다. 은혜와 진리가 예수 그리스도로 말미암아 옴으로써 율법은 폐기되었다. 우리는 이제 율법을 논하지 않는다. 우리는 신약 시대 백성이다. 그러니 율법 이야기는 다시 꺼내지 말라"라는 것입니다. 허다한 그리스도인들이 이렇게 생각하고 행동하면서 기준을 낮추어 세속적인 삶을 살고 있습니다. 세상이 밀려들어 오는데도 아무 문제의식을 느끼지 못합니다. "은혜! 우리는 은혜 아래 있다!"라는 것입니다. 이것이 반율법주의입니다.

이처럼 은혜를 심각하게 오해하는 반율법주의자들은 "구원받은 자는 늘 구원받은 상태가 유지되기 때문에 무슨 짓을 하든 상관없다"라고 주장합니다. "구원받은 자는 늘 구원받은 상태가 유지된다"라는 앞의 말은 맞습니다. 그러나 연이어 "그렇기 때문에 무슨 짓을 하든 상관없다"라고 말한다면, 그 사람의 구원을 다시 점검해 볼 필요가 있습니다. 구원받은 자는 자신이 무엇으로부터 구원받았고 무엇을 위해 구원받았는지 압니다. 하나님을 섬기고 높이며 그의 크고 거룩한 이름을 더욱 크고 영화롭게 하는 것이야말로 자신의 가장 큰 열망임을 압니다.

이처럼 율법을 무시하면 모든 면에서—그리스도인의 삶을 시작하는 면에서나 지속하는 면에서나—무서운 결과에 이르게 됩니다. 예외 없이 피상적이고 말만 그럴듯하며 얄팍하게 행복한 그리스도인의 삶을 살게 되는 것입니다. 그 기쁨은 거짓 기쁨입니다. "나는 회심한 이후 단 한 번도 구원을 의심해 본 적이 없다"라고 말하는 이들이 있는데, 그런 이들은 오히려 구원을 의심해 보아야 합니다. 그 삶을 조사해 보면 말과 완전히 대조되는 모습을 확인할 수 있습니다. 그들이 하는 말들이나 행동들을 보십시오. 그러면서 어떻게 행복하다는 것입니까? 참 기쁨이 있듯이 거짓 기쁨도 있는 법입니다. 그런 거짓 기쁨을 걸러 내려면 율법에 비추어 자신을 점검해 보아야 합니다. 이처럼 율법을 완전히 무시하는 경향은 요한복음 1:17의 진리를 깨닫지 못하도록 가로막는 첫 번째 오해입니다.

두 번째 오해, 즉 율법과 은혜를 뒤섞는 경향에 대해 잠시 말씀드리고 설교를 맺겠습니다. 첫 번째 오해에 빠진 사람은 "은혜가 율법을 폐한다"라고 말하는 데 비해, 두 번째 오해에 빠진 사람은 은혜와 율법을 뒤섞어 버립니다. 그 순간 기쁨이 완전히 사라진다는 점에서 이 또한 우리를 혼란에 빠뜨리는 해로운 태도입니다. 그래도 첫 번째 오해보다는 두 번째 오해가 낫습니다. 거짓 기쁨을 얻느니 차라리 기쁨을 얻지 못하는 편이 낫고, 엄연히 문제가 있는데 없다고 착각하며 사느니 차라리 비참하게 사는 편이 나은 것입니다. 은혜와 율법을 뒤섞는 사람은 모든 것을 항상 율법 아래로 돌아가서 생각하고 바라보기 때문에 기쁨을 누리지 못합니다.

　율법과 은혜의 차이를 분명히 몰라 오락가락하는 그리스도인들이 많습니다. 어떻게 오락가락할까요? 자, 몇 가지 예를 들어 설명해 보겠습니다. 이런 사람들에게 그리스도인의 요건이 무엇이냐고 물어보면 정확하게 대답합니다. 오직 주 예수 그리스도와 그가 온전히 행하신 일로 구원받았음을 잘 알고 있습니다. 그럼에도 문득문득 죄에 빠져 비참하고 불행하게 삽니다. 그런 사람은 도와주고 싶어도 도와줄 수가 없습니다. 왜 그럴까요? 은혜의 자리를 떠나 율법 아래로 돌아가 버렸기 때문입니다. 그들은 자신들이 죄를 지었다는 이유 때문에 칭의에 의문을 제기하며 정말 사함을 받았는지 의심합니다. 이것이 은혜와 율법을 뒤섞는 태도입니다. 그들은 은혜의 자리를 떠나 율법의 자리로 돌아가 버립니다. 그리스도인은 그래서는 안 됩니다. 그리스도인은 '율법 아래' 있는 자가 아니라 '은혜 아래' 있는 자이기 때문입니다. 이 점은 나중에 좀 더 자세히 설명하기로 하고, 지금은 한 예로만 들고 넘어가겠습니다.

　기도할 때도 가끔 이런 혼동이 발생합니다. 하나님이 누구시며 어떤 분이신지 어렴풋이 깨닫거나 자기 자신을 정직하게 대면할 때, 또는 최근에 읽은 책이나 설교에 비추어 자기 자신을 살펴볼 때, '이렇게 형편없는 내가 어떻게 감히 하나님께 나아가 기도하며 거룩한 그분을 뵙는단 말인가?' 하는 생각이 들 수 있습니다. 거듭 말하지만, 이것은 우리가 은혜 아래 있다는 사실을 잊고 율법으로 돌아가 버린 데서 비롯된 생각입니다. 이 또한 은혜와 율법을 뒤섞는 태도입니다.

세 번째 예는 성화와 관련된 아주 미묘한 경우입니다. 그리스도인의 삶을 살고 있으며 올바로 믿고 있는데도 어찌된 일인지 행복하지가 않습니다. 자기 속에 모순을 느끼고, 기쁨을 누리지 못하며, 생활도 제대로 하지 못합니다. 그때 누군가 "아주 간단한 방법이 있어요. 이렇게만 하면 당신도 편해지고 문제도 해결될 겁니다. 잘 들어 보세요. 당신이 뭘 해야 하느냐면……" 하며 다가오면 귀가 솔깃해집니다. 거듭 말하지만, 그것은 율법으로 돌아가는 태도입니다. 사교들이 전부 이런 식으로 접근해 오지 않습니까? 그들은 항상 쉽게 문제를 해결할 수 있노라 장담합니다. 한 가지만 하면 전부 자동으로 해결된다는 것입니다. 아주 쉽다는 것입니다! 지름길이 있다는 것입니다. 그러나 그 제안을 받아들이는 순간, 여러분은 율법 아래로 돌아가게 됩니다. "이것만 하면 잘된다"라고 가르치는 것이 곧 율법이기 때문입니다. 거짓 선생들이 갈라디아 교인들에게 가르친 것이 바로 이것이었습니다. "그렇다. 너희는 그리스도인이다. 하지만 참으로 온전한 복을 받고 싶다면 할례를 받아야 한다. 할례만 첨가하면 전부 얻을 수가 있다."

그에 대한 답변은 한 가지뿐입니다. "그리스도께서 우리를 자유롭게 하려고 자유를 주셨으니 그러므로 굳건하게 서서 다시는 종의 멍에를 메지 말라"(갈 5:1). 여기에 어떤 것도 첨가해서는 안 됩니다.

그리스도를 믿는 믿음에 무언가를 첨가하려 하는 순간, 믿음을 훼손하게 되고 믿음에서 떠나게 됩니다. 사도도 말하지 않습니까? "보라, 나 바울은 너희에게 말하노니 너희가 만일 할례를 받으면 그리스도께서 너희에게 아무 유익이 없으리라. 내가 할례를 받는 각 사람에게 다시 증언하노니 그는 율법 전체를 행할 의무를 가진 자라"(갈 5:2-3). "이 한 가지만 더 하면 나는 온전히 거룩해질 것이다"라든지 "이 한 가지만 더 하면 복을 받을 것이다"라고 말하는 사람은 사도가 금지하는 일을 하는 것입니다. "이 한 가지를 하겠다"라고 말하는 순간 율법으로 돌아가게 되며, 은혜와 율법을 뒤섞게 됩니다. 이런 사람은 영원히 비참하게 살 수밖에 없습니다. 계속 이런저런 가르침을 쫓아다니면서 '이 한 가지'를 찾으려 하고 모든 문제를 해결해 줄 지름길과 놀라운 체험을 추구하지만, 율법 아래로 돌아가 버린 탓에 결코 원하는 것을 찾지 못합니다. 그렇습니다. 우리의 충만함은 주님에게서만, 언제나 주님에게서만 옵니다. 은혜와 율법을 뒤섞는 것은 율법을 무시하고 조롱하며 율법과 우리는 무관하다고 말하는 태도만큼이나 해롭고 어리석고 잘못된 태도입니다.

이렇게 해서 율법과 은혜의 관계에 대한 두 가지 주된 오해를 살펴보았습니다. 이러한 오해가 어떻게 우리에게 적용되며 매일의 삶과 생활 및 경험에 연결되는지 살펴보았으니, 다음에는 율법의 역할과 가치를 적극적인 면과 소극적인 면으로 나누어 살펴보겠습니다. "그리스도께서 우리를 자유롭게 하려고 자유를 주셨으니 그러므로 굳건하게 서서 다시는 종의 멍에를 메지 말라."

4

율법의 역할(1)

하나님에 대한 진리를 계시함

율법은 모세로 말미암아 주어진 것이요 은혜와 진리는 예수 그리스도로 말미암아 온 것이라. **요 1:17**

하나님의 율법을 제대로 모르고 율법과 우리의 관계도 제대로 모르는 것이야말로 기독교 복음이 주는 축복을 깨닫지 못하는 주된 원인임을 우리는 알았습니다. 더 나아가 저는 율법의 관점에서 은혜를 헤아릴 때에만 그것이 왜 축복인지 알 수 있다고 했습니다.

지금까지는 특별히 그리스도인의 관점에서 이 주제를 살펴보았지만, 사실상 다른 관점에서 살펴보아도 영국이나 다른 모든 나라에 이보다 더 절박하고 중요한 문제는 없다는 점을 강조하고 싶습니다. 하나님의 율법을 아는 것은 그리스도인 개개인과 무력하기 짝이 없는 교회의 삶을 생각할 때에도 중요한 일이지만, 점점 불거지는 불법과 온갖 도덕적인 문제들과 산업적인 문제들로 가득한 영국 전체의 삶을 생각할 때에도 중요한 일입니다. 그뿐 아니라 전반적인 국제 상황을 생각할 때에도 중요한 일이라는 것을 모든 사람이 확실하게 알아야 합니다. 지난주에 위기*가 발생한 이유가 무엇입니까? 이 아침에 세계 각국이 떨고 있는 이유가 무엇입니까? 이 모든 사태가 어디에서 비롯되었습니까? 자, 저는 그 궁극적인 원인이 하나님의 율법에 대한 진리를 모르는 데 있다고 말하고 싶습니다. 율법을 아는 것은 이론적인 문제가 아닙니다. 오늘날 세계가 당면한 가장 현실적이고도 절박한 문제입니다. 그리스도인과 비그리스도인을 막론하고 모든 사람의 삶 전체에 영향을 끼치는 긴요하고도 중대한 문제입니다.

이제 제가 살펴보려는 측면은 이것입니다. 율법의 실제 역할은 무엇일까요? 율법의 가치는 어디에 있는 것일까요? 특히 기독교적인 관점에서 묻겠습니다. 항상 율법이 구원보다 먼저 일해야 하는 이유가 무엇입니까? 모세가 주 예수 그리스도보다 먼저 와야 하는 이유가 무엇입니까? "율법은 모세로 말미암아 주어진 것이요 은혜와 진리는……." 이 구절에서도 모세가 앞에 나오고, 주 예수 그리스도가 뒤에 나옵니다. 더 간단히 묻겠습니다. 하나님은 왜 모세를 통해 율법을 주셨을까요? 이것은 기본적인 질문입니다. 모세 자신이 율법을 만들어 냈거나 생각해 냈거나 손질하지 않았다는 것은 분명한 역사적 사실입니다. 모세는 율법을 받았습니다. 출애굽기 19-20장이 그 이야기를 하고 있습니다. 모세는 산에 올라가 율법을

---

* 쿠바 미사일 위기. 이 설교는 1962년 10월 28일에 전해졌다.

받았습니다. 그리고 백성들에게 돌아와 율법을 반포하면서, 이것은 자신이 생각해 낸 것이 아니라 하나님이 주신 것임을 명시했습니다. 그렇기 때문에 "하나님이 왜 율법을 주셨는가?" 하는 이 긴요하고도 기본적인 질문을 던져 보아야 하는 것입니다.

물론 그 대답은 율법과 십계명에 아주 분명하게 나와 있습니다. 저는 십계명이 두 돌판에 새겨졌다는 점과 그 두 돌판은 명백하게 달랐다는 점을 강조하고 싶습니다. 첫째 돌판은 하나님에게서 출발하고, 둘째 돌판은 인간관계의 문제—"네 부모를 공경하라" 등—를 다룹니다. 주님이 "율법 중에서 어느 계명이 크니이까?"라는 서기관의 질문에 어떻게 대답하셨는지 보십시오. "네 마음을 다하고 목숨을 다하고 뜻을 다하여 주 너의 하나님을 사랑하라 하셨으니 이것이 크고 첫째 되는 계명이요 둘째도 그와 같으니 이웃을 네 자신 같이 사랑하라"(마 22:36-39). 주님은 십계명과 동일한 순서로 대답하셨습니다. 이것이 제가 지적하고 싶은 첫 번째 요점입니다.

세계 역사상 그 어떤 시대보다 지금 이 시대에 더 중요한 일이 있다면, 그것은 바로 이 돌판의 순서, 즉 주님이 서기관의 질문에 대답하신 순서를 깨닫는 것입니다. 하나님이 첫 번째이고 인간은 두 번째입니다. 이 순서를 잊어버린 것, 이 순서를 뒤바꾸거나 때로는 첫째 돌판의 존재를 아예 망각해 버린 것이야말로 오늘날 세상의 문제라는 점을 생각할 때, 오늘 설교 시간 내내 이 주제만 살펴보아도 무방할 것입니다. 우리의 주요한 문젯거리들이 바로 이 순서—첫 번째와 두 번째의 순서, 주된 것과 뒤따르는 것의 순서—를 간과한 데서 비롯된다는 점을 입증하기는 그리 어렵지 않습니다.

우리가 이처럼 순서를 제대로 알지 못하고 혼동에 빠지는 일반적인 이유는 다음과 같습니다. 우리는 백 년 전 사람들과 우리를 비교하면서 스스로 실제적인 사람들이라고 말하길 좋아합니다. "빅토리아 중엽 황금기에 살았던 사람들은 당연히 시간과 여유가 있었지요. 하지만 요즘의 삶은 다릅니다. 너무 바쁘고 모든 것이 복잡하게 얽혀 있어요"라고 말합니다. 그래서 신학이나 교리나 교의 같은 데는 신경 쓸 시간이 없다는 것입니다. 자신들에게는 실제적인 말이 필요하다는 것입니다. 자신들은 실제로 도움이 되는 말을 듣고 싶다는 것입니다.

스스로 똑똑하다고 생각하는 이 완고한 자들은 말합니다. "아, 당신네들이 말하는 신학의 요점이나 정의定義 같은 이론적인 문제는 생각할 시간이 없어요. 내가 원하는 건 삶에 도움이 되는 말입니다. 사람들과 잘 지낼 수 있도록 도와주는 말이 필요하다고요. 나는 세계의 긴장을 해소하고 각 나라가 일치와 평화 속에서 우호적으로 살아갈 수 있도록 도와주는 말을 듣고 싶습니다. 현대는 신학과 교리의 시대가 아닙니다. 우리가 이런 일을 할 수 있도록 도와주는 말, 도움이 되는 실제적인 말을 해주십시오." 이것이 사람들의 중대한 요구입니다.

이들이 교리와 교의와 신학이 아닌 실제적인 도움을 청한다는 점에 주목하십시오. 저는 바로 여기에 문제의 핵심이 있다고 말하는 바입니다. 물론 도움도 필요합니다. 개인에게도 도움이 필요하고, 나라에도 도움이 필요합니다. 그러나 우리가 가장 먼저 배워야 할 사실은 하나님의 방식으로 도움을 받아야 한다는 것입니다. 이른바 실제적인 접근법의 난점은 항상 자기 자신과 다른 사람들에게서 출발한다는 데 있습니다. "이것이 내 문제다. 이것이 내 어려움이다. 난 이것을 원하고 저것을 원한다. 지도받길 원하고, 도움받길 원하며, 치유받길 원한다"라는 것입니다. 우리는 참 주관적인 사람들입니다. 온통 자기 생각으로 꽉 차 있습니다. 그래서 온갖 방법들을 다 시도해 본 후에야 "혹시 하나님이 도와주실 수 있을까?"라고 묻습니다. 갈 데까지 가고 나서야 하나님을 찾습니다. 맨 마지막에 자포자기하는 심정으로 기도합니다. 매번 그렇습니다. 전쟁 때도 그랬습니다.

제2차 세계대전 때 어뢰 공격을 받은 이들이 있었습니다. 그들은 작은 구명정을 타고 탈출했고, 그렇게 구명정에서 보내는 날들이 이어졌습니다. 물과 양식이 떨어지고 죽음이 코앞에 닥친 상황에서 그들이 할 수 있는 일은 아무것도 없었습니다. 그때 누군가 말했습니다. "혹시 기도가 도움이 되지 않을까요?" 그때까지는 아무도 기도할 생각을 하지 않았습니다. 이처럼 사람들은 자기 자신과 자기 문제와 자기 어려움을 실컷 생각한 후에야 맨 마지막에 자포자기하는 심정으로 하나님을 떠올립니다. 이것이 사람들이 따르는 순서 아닙니까? 이것이 세상이 따르는 순서입니다. 물론 제2차 세계대전 기간에 상황이 심히 악화되자 전 국가적으로 기도의 날을 정하기도 했습니다. 상황이 워낙 절망적이었기 때문에 예외적으로 그렇게 한 것입니다. 전쟁이 벌어지는 내내 기도했던 것이 아닙니다. 이처럼 우리는 절박해져야만 하나님을 찾습니다. 첫 번째 피난처가 아니라 마지막 피난처로 하나님을 찾습니다. 순서를 완전히 뒤바꾸어 버리는 것입니다. 개인관계에서도 그렇고, 국가관계에서도 그렇습니다. 항상 자기 문제와 상황에서 출발해서 자기 방식대로 해결하려 듭니다. 그리고 그 모든 방식이 실패로 돌아간 후에야 비로소 하나님을 떠올리고 하나님을 찾습니다. 국내외를 막론하고 온 세상이 이 지경이 되어 버린 주된 이유가 여기 있습니다.

이런 접근법의 문제점이 무엇일까요? 이런 사고방식의 전적인 오류를 알려 드리겠습니다. 다른 모든 점을 차치해도 이 접근법은 애당초 실패하게 되어 있습니다. 첫째 돌판이 아닌 둘째 돌판에서부터 출발해 봅시다. 이웃과의 관계, 이웃나라와의 관계가 주된 문제라고 가정해 보자는 것입니다. 그럴 때 나오는 결론은 이것입니다. "나와 이웃 간의 의견이 달라서 다툼과 긴장이 발생하고, 강대국 간에 철의 장막이 가로막고 있어서 긴장이 발생한다! 그러니까 문제는 어떻게 선린우호관계를 만들어 서로 사이좋게 지내느냐 하는 것이다. 즉, 우정이 관건이다!" 이것이 오늘날 세상의 주장입니다. 한결같이 율법의 둘째 돌판만 쳐다보는 것입니다. 얼마나 허튼 짓을 하고 있는지 모릅니다.

이미 보았듯이 주님은 "네 이웃을 네 자신같이 사랑하라"라는 것을 둘째 계명으로 제시하셨습니다. 그런데 우리는 이 계명에 딸린 조건을 충족시킬 수가 없습니다. 이웃을 자신같이 사랑할 수만 있다면 모든 문제가 해결되고 무기는 사라지며 모든 사람이 영원히 행복하게 살 수 있을 것입니다. 그것은 맞습니다. 그런데 전제가 무엇입니까? 자기 자신부터 참으로 사랑해야 한다는 것입니다. 자기 자신을 사랑하듯이 이웃을 사랑해야 한다는 것입니다. 그런데 자신에 대한 진리를 모르면서 어떻게 자신을 사랑하겠습니까? 자신이 정말 어떤 사람이고 자신에게 필요한 것이 무엇인지 모르면서, 자신이 안고 있는 문제의 궁극적인 원인이 무엇인지 모르면서 어떻게 자신을 사랑할 수 있으며, 하물며 이웃을 사랑할 수 있겠습니까? 이처럼 둘째 계명에서 출발하는 사람은 즉시 난관에 봉착하게 됩니다. "나에 대한 진리는 무엇인가?"라는 질문에 부닥치게 되는 것입니다. 그 질문의 대답은 한 가지뿐이며, 그 대답을 찾을 수 있는 곳 또한 한 군데뿐입니다. 거기가 어디입니까? 오, 첫째 계명입니다.

하나님과 대면해야 자신에 대한 진리를 알 수 있습니다. 그런데 하나님을 대면하지 못하는 데 인생의 전적인 문제가 있습니다. 우리는 하나님이 아닌 자신에게서 출발합니다. 이렇게 자신에게서 출발하면 당연히 자기 이익에 관심을 쏟게 됩니다. 자신에게는 아무 잘못이 없습니다. 항상 남에게만 잘못이 있습니다. 법정 소송을 보십시오. 남편은 남편대로 자기에게는 잘못이 없고 아내에게만 잘못이 있다고 하고, 아내는 또 아내대로 자기에게는 잘못이 없고 남편에게만 잘못이 있다고 합니다. 저마다 남 탓을 하는 것입니다. 나라들도 보십시오. 항상 다른 나라 탓을 합니다. 지금 하고 있는 짓도 그것이고, 지난주 내내 해온 짓도 그것입니다. 이처럼 사람은 항상 자기 자신을 출발점으로 삼습니다. 그러나 이렇게 자신에게서 출발하면 어긋난 길로 가게 되어 있습니다. 우리는 자신에 대해 올바른 판단을 내리지 못합니다. 어떻게든 자신에게 유리하게 생각하려 들기 때문입니다. 우리는 이런 식으로 장부를 기재하는 데 익숙합니다. 매번 대변과 차변의 균형을 맞춥니다. 나쁜 항목이 있으면 좋은 항목으로 상쇄합니다. 나쁜 항목은 과소평가하고 좋은 항목은 과대평가합니다. 그리하여 항상 놀라운 대차대조표를 작성해 냅니다!

이처럼 자신에게서 출발하는 것은 이기심과 자기중심성과 자기정당화의 문을 열어 놓는 짓이나 다름없습니다. 시기와 질투, 증오와 악의, 원한과 전쟁의 문을 열어 놓는 짓이나 다름없습니다. 야고보는 그의 서신에서 "너희 중에 싸움이 어디로부터, 다툼이 어디로부터 나느냐?"라고 물은 다음, 이렇게 대답합니다. "너희 지체 중에서 싸우는 정욕으로부터 나는 것이 아니냐?"(약 4:1) 간단합니다. 그런데 세상은 항상 첫째 계명이 아닌 둘째 계명에서 출발하기 때문에 이 간단한 사실을 깨닫지 못합니다. 세상은 하나님 대신 인간과 인간관계를 출발점으로 삼습니다. 거듭 말하지만, 자신을 제대로 알지 못하면서 이웃을 자신같이 사랑할 수는 없는 노릇입니다. 우리의 핵심 문제는 자신에 대한 진리를 모르는 데 있습니다.

이 문제는 앞에서 이미 다루었습니다. 빛이 어둠에 비친다는 요한의 말을 살펴보면서, 어둠이 우리를 에워싸고 있을 뿐 아니라 우리 속까지 들어와 있다는 것을 알았습니다. 우리의 정신은 어두워져 있습니다. 있는 그대로 분명하게 생각하지 못합니다. 왜곡되어 있습니다. 다시 말해서 아무리 뛰어난 지성을 가진 사람이라도 이성보다 욕망의 지배를 훨씬 더 많이 받게 되어 있습니다. 오늘날 세상의 전적인 문제가 여기 있습니다. 지난 백 년간 사람들은 하나님을 외면한 채 인간에게 필요한 것은 오직 교육이라는 주장을 내세웠습니다. 그러면 지성을 사용하게 되어 전쟁을 종식시킬 수 있다는 것입니다. 그러나 더 나은 교육도 평화를 가져오지는 못했습니다. 그 이유가 무엇일까요? 각 사람 속에 이성보다 강력한 것, 이성보다 깊고 근본적인 것이 자리 잡고 있기 때문입니다. 그것은 바로 충동과 정욕과 욕망입니다. 이 명백한 사실을 어떻게 모를 수가 있습니까? 신문만 읽어도 충분히 알 수 있습니다. 무지하고 무식한 자들만 범죄를 저지르는 것이 아닙니다. 사회 모든 신분, 모든 계층이 범죄를 저지릅니다. 그런데도 인간에게서 출발하여 문제를 해결할 수 있다는 이런 허황된 주장을 하는 것입니다.

우리는 지금 실패하고 있고, 실패할 수밖에 없습니다. 우리는 문제를 해결하지 못합니다. 저는 이 사실을 세상에 깨우쳐 주고, 그들의 접근법이 완전히 잘못되었음을 알려 주는 것이야말로 그리스도인들의 임무라는 점을 강조하고 싶습니다. 순서가 뒤바뀌었다는 것, 율법의 첫째 돌판이 아닌 둘째 돌판에서 출발했기 때문에 어긋난 길로 가게 되었다는 사실을 알려 주어야 합니다. 자기 자신부터 제대로 알고 분명히 알아야 이웃도 자신같이 사랑할 수 있습니다. 그런데 자기 자신을 제대로 이해하려면 오직 하나님 앞에 서는 수밖에 없습니다. 율법이 개입하는 지점이 바로 여기입니다. 이 때문에 하나님이 율법을 주신 것입니다. 율법의 목적이 무엇입니까? 율법의 역할이 무엇입니까? 다음과 같이 세분해서 생각해 봅시다. 무엇보다 하나님은 율법을 통해 자신을 계시하심으로써 그의 빛에 비추어, 그의 눈으로 우리 자신을 보게 해주십니다. 우리 자신에 대한 진리를 알게 해주십니다. 다시 말해서 십계명을 바른 순서로 소개하는 것이야말로 지금 세상에 가장 필요한 일이라고 저는 주장하는 바입니다. 십계명 중에 "살인하지 말지니라" 같은 계명을 하나 골라내서 마치 그것이 율법의 전부인 양 내세우는 어리석은 자들이 많은데, 그렇지 않습니다. 그것은 첫째 돌판이 아닌 둘째 돌판에 속한 계명입니다. 출발점이 잘못되었습니다. 거기에서 출발하면 안 됩니다! 하나님이 제시하신 순서를 따라야 합니다. 다시 말해서 우리에게 가장 먼저 필요한 일은 하나님에 대한 진리를 아는 것입니다.

오늘 같은 날 아침에 이런 주제를 논한다는 것이 의아하게 느껴집니까? 제가 케네디J. F. Kennedy 대통령이나 흐루시초프Nikita Khrushchyov 수상이 해야 할 일에 대해 발언하지 않아서 실망했습니까? 그러나 저는 그런 발언을 하기 위해 이 자리에 선 것이 아닙니다. 그것은 복음을 전하는 자가 해야 할 일이 아닙니다. 오히려 교회의 참되고 주된 역할을 저버리는 일입니다. 저는 저간의 국제 상황을 충분히 알지 못합니다. 이 아침 교회 강단에 선 어느 누구도, 어떤 교회 직분자도 충분히 알지 못할 것입니다. 그렇기 때문에 누가 무슨 말을 하든 전부 추측성 발언에 불과합니다. 제가 이 자리에서 해야 할 일은 그런 추측성 발언을 하는 것이 아니라, 모든 사람이 하나님을 모르는 탓에 세상과 각 사람이 이 지경이 되어 버렸다는 진실을 알려 주는 것입니다.

우리가 알아야 할 사실이 무엇입니까? 하나님이 알려 주시는 첫번째 사실은 오직 그만 유일하신 하나님이며 다른 신은 없다는 것입니다. "우리 하나님 여호와는 오직 유일한 여호와이시니"(신 6:4). 그는 다른 신을 인정하시지 않습니다. 어리석은 이스라엘 자손은 끊임없이 신을 만들고 우상을 만들어 그것들을 섬겼고, 열방의 신들을 받아들였습니다. 그러다가 늘 곤경에 빠졌고 그때마다 "참되고 살아계신 하나님은 오직 한분뿐임을 알라"라는 메시지를 들어야 했습니다.

또한 우리는 하나님이 전능하시다는 것을 알아야 합니다. 성경은 하나님의 능력에 대해 이렇게 말합니다. "일곱째 날은 네 하나님 여호와의 안식일인즉……아무 일도 하지 말라—왜 일하면 안 됩니까?—이는 엿새 동안에 나 여호와가 하늘과 땅과 바다와 그 가운데 모든 것을 만들고 일곱째 날에 쉬었음이라. 그러므로 나 여호와가 안식일을 복되게 하여 그날을 거룩하게 하였느니라"(출 20:10-11). 세상은 하나님의 것입니다. 우리 것이 아닙니다. 세상은 우연히 생겨나지 않았습니다. 원시 점액질에서 진화하지 않았습니다. 절대 그러지 않았습니다! 세상은 전능하신 하나님이 만드신 것입니다. 하나님 자신을 위해 만드신 것입니다. 세상은 하나님의 것입니다. 오늘날 세상이 이 지경이 된 것은 인간이 세상을 자기 것으로 여겼기 때문입니다. 그들은 틀렸습니다! 전능하신 창조자는 무한한 능력을 가지신 분입니다. 그는 이스라엘 자손에게 이 점을 상기시키셨습니다. "나는 너를 애굽 땅, 종 되었던 집에서 인도하여 낸 네 하나님 여호와니라"(출 20:2). 성경의 표현대로 하나님은 "높은 손으로" 이스라엘을 이끌어 내셨습니다(출 14:8 난하주). 그들은 아무 힘도 없었는데, 하나님이 자신의 능력으로 이끌어 내신 것입니다.

세상은 이러한 하나님의 전능하심을 기억할 필요가 있습니다. 세상은 우주에 인간을 보내고 달에 착륙할 로켓을 만든다는 이유로 자기 능력에 도취해 있으며, 스스로 유능하다고 착각하고 있습니다.

그러나 하나님이 보시기에는 메뚜기에 불과한 존재, 아니 그보다도 못한 존재일 뿐입니다! 전능하신 하나님! 오, 이 아침에 저 강대국들이 스스로 하나님 앞에 엎드려 떨 수밖에 없는 존재임을 깨닫는다면! "여호와께서 다스리시니 만민이 떨 것이요"(시 99:1).

하나님은 이처럼 세상의 창조자요 조물주일 뿐 아니라 온 우주를 붙잡고 계신 분입니다. 하나님이 붙잡아 주시지 않으면 우주는 순식간에 무너질 것입니다. 시간이 날 때 시편 104편을 읽으면서 훌륭한 시인의 말에 귀를 기울여 보십시오. 시인은 하나님이 잠시라도 영을 주시지 않거나 거두어 가시면 짐승들은 바로 죽을 수밖에 없고 만물도 무너져 내릴 수밖에 없다고 말합니다. 하나님의 섭리가 모든 만물에 미치고 있습니다. 하나님이 만물을 다스리며 통치하고 계십니다. 많은 일이 일어나도록 허용하시고 그렇게 허용하시는 이유를 알 수 없을 때도 허다하지만, 그렇다고 그가 만물을 통제하시지 않거나 다스리시지 않는 것은 아닙니다. 하나님은 전능하시고 영원하신 분으로서, 다양한 방법으로 자신의 전능함을 나타내십니다.

하나님이 영이라는 사실도 기억해야 합니다. 어떤 식으로든 하나님을 재현하면 안 되는 이유가 여기 있습니다. 하나님을 형상화하는 것은 그의 영광을 훼손하고 그의 존재를 부정하는 짓입니다. 새긴 우상을 만들어서도 안 되고, 그런 우상에게 절하면서 하나님을 높인다고 생각해서도 안 됩니다. 하나님은 영입니다. 어디에나 계시는 분입니다. 그렇기 때문에 그를 형상화해서 한 곳에 세워 놓는 일은 있을 수가 없습니다. 그런데 이스라엘 자손을 비롯한 인간들은 끊임없이 그 잘못을 저질렀습니다.

무엇보다 우리가 기억해야 할 사실은 하나님이 거룩하시다는 것입니다. 그가 모세에게 율법을 주신 주된 목적도 자신의 거룩하심을 일깨우려는 데 있었던 것이 분명합니다. 성경은 곳곳에서 이 점을 반복하여 밝히고 있습니다. "내가 거룩하니 너희도 거룩할지어다"(레 11:45). 이 말이 무슨 뜻일까요? 과연 이 세상에 거룩함을 규정하고 설명할 수 있는 사람이 있을까요? 그것은 인간의 한계를 넘어서는 일입니다. "하나님은 빛이시라. 그에게는 어둠이 조금도 없으시다"(요일 1:5). "하나님은 악에게 시험을 받지도 아니하시고 친히 아무도 시험하지 아니하시느니라"(약 1:13). "우리 하나님은 소멸하는 불이심이라"(히 12:29). 악이나 죄나 무가치한 것들은 하나님께 접근조차 할 수 없습니다. 하나님은 영원히 거룩하시고 영원히 정결하신 분입니다. 그런데 우리는 그것이 무엇인지 잘 모릅니다. 하나님에 대해 그럴듯하게 말은 잘하지만, 그가 얼마나 죄와 악과 그에 속한 모든 것을 미워하시는 거룩하신 분인지는 제대로 알지 못합니다.

그 다음으로 기억해야 할 사실은 하나님이 예배를 요구하시며 전적인 충성을 요구하신다는 것입니다. "너는 나 외에는 다른 신들을 네게 두지 말라"(출 20:3). 하나님 옆에는 어떤 신도 두면 안 됩니다. 자기 자신도 두면 안 됩니다. 자기 자신과 자신의 성취를 예배하거나 자신을 신으로 섬기면 안 됩니다. 남편이나 아내도 두면 안 됩니다. 자녀도 두면 안 됩니다. 제가 아는 사람들 중에는 자녀를 예배하는 이들이 많습니다. 그들은 자녀를 신으로 섬기며 자녀를 위해 삽니다. 그런가 하면 자기 재산과 돈과 사회적 지위를 예배하며 그것을 위해 사는 이들도 있습니다. 바로 이런 것이 우상을 만드는 것이며, 하나님 옆에 우상을 두고 그것을 예배하는 것입니다. 하나님은 그렇게 하지 말라고 하십니다. "너를 위하여 새긴 우상을 만들지 말고 또 위로 하늘에 있는 것이나 아래로 땅에 있는 것이나 땅 아래 물 속에 있는 것의 어떤 형상도 만들지 말며"(출 20:4). "너는 네 하나님 여호와의 이름을 망령되게 부르지 말라. 여호와는 그의 이름을 망령되게 부르는 자를 죄 없다 하지 아니하리라"(출 20:7).

거듭 말하지만, 하나님은 전적인 충성을 요구하십니다. 출애굽기 20:5에 나오는 특별한 표현에 주목하기 바랍니다. "나 네 하나님 여호와는 질투하는 하나님인즉." 하나님은 다른 신을 용인하시지 않습니다. 왜 그러실까요? 다른 신은 존재하지 않기 때문입니다. 다른 신은 전부 가짜입니다. 살아 계신 하나님, 참 하나님은 오직 한분밖에 없습니다. 우상에게는 능력도 없고 생명도 없습니다. "눈이 있어도 보지 못하며……손이 있어도 만지지 못하며"(시 115:5, 7). 오늘날 사람들이 예배하는 우상들은 아무 도움도 주지 못합니다. 그 모든 우상들이 지난주에 무슨 도움을 주었습니까? 실제로 미사일이 터지고 전쟁이 일어났다면 그들이 예배하던 우상들—쾌락과 즐거움과 멋진 삶—은 다 어떻게 되었겠습니까? 그것들은 한낱 무용지물에 불과합니다. 생명이 없습니다. 가짜입니다. 우리를 붙잡아 줄 힘이 없습니다. 하나님은 그런 신을 용인하시지 않습니다. 오직 그만 하나님이시기 때문에, 다른 신은 없기 때문에 질투하십니다. 주님이 한 똑똑한 서기관의 질문에 대답하며 지적하신 요점이 바로 이것이었습니다. 서기관은 가장 중요한 첫째 계명이 무엇인지 알고 싶다고 했습니다. 그는 똑똑한 '현대적' 인간으로서 주님을 시험하려 했습니다. 율법에는 614개 조항이 있는데 그 모든 계명 중에 첫째가 무엇이냐는 것입니다. 이것은 그들이 숱한 시간을 들여 토론하던 주제였습니다. 주님이 뭐라고 대답하셨는지 들어 보십시오. "네 마음을 다하고 목숨을 다하고 뜻을 다하고 힘을 다하여 주 너의 하나님을 사랑하라"(막 12:30). 일부가 아닌 전부를 다해 사랑하라는 것입니다. "중요한 것은 율법의 구체적인 세부항목들이 아니라 하나님과 너의 관계다. 그러니 하나님을 사랑해라. 전 존재로 사랑해라. 하나님이 너를 지으셨다. 너는 하나님의 것이다. 너의 모든 삶과 운명은 하나님께 달려 있다. 그렇기 때문에 하나님은 너의 인격 전부를 원하신다. 다름 아닌 너 자신을 원하신다"라는 것입니다.

그는 질투하시는 하나님입니다. 여러분 자신을 첫자리에 두지 마십시오. 곤경에 빠지고 나서야 비로소 하나님께 달려가 삶의 끄트머리를 조금 바치는 짓을 하지 마십시오. 절대 그러지 마십시오! 여러분, 그렇게 해봐야 소용이 없습니다. 곤경에 빠진 많은 어리석은 자들이 하나님께 달려가 미친 듯이 기도하지만 도움을 얻지 못하는 이유가 여기 있습니다. 그렇게 도움을 얻지 못한 자들은 하나님이 없다고 단정해 버립니다. 그들은 하나님에 대한 진리를 알지 못하고 이해하지도 못합니다. 그런 자들은 십계명부터 다시 읽어볼 필요가 있습니다.

그뿐 아니라 하나님이 공평하시고 의로우신 재판장이라는 점도 기억해야 합니다.

그것들에게 절하지 말며 그것들을 섬기지 말라. 나 네 하나님 여호와는 질투하는 하나님인즉 나를 미워하는 자의 죄를 갚되 아버지로부터 아들에게로 삼사 대까지 이르게 하거니와 나를 사랑하고 내 계명을 지키는 자에게는 천 대까지 은혜를 베푸느니라. 너는 네 하나님 여호와의 이름을 망령되게 부르지 말라. 여호와는 그의 이름을 망령되게 부르는 자를 죄 없다 하지 아니하리라(출 20:5-7).

현대인은 이 계명을 좋아하지도 않고 믿지도 않습니다. "하나님은 사랑이다. 우리가 믿는 하나님은 신약의 하나님, 예수 그리스도의 하나님이지 시내 산의 하나님이 아니다"라고 말합니다. 그에 대해 우리가 내놓을 대답은 "주 예수 그리스도는 시내 산의 하나님을 믿으셨다"라는 것입니다! 주님은 율법을 바꾸러 온 것이 아니라고 하셨습니다. "율법의 일점일획도 결코 없어지지 아니하고 다 이루"어질 것이라고 하셨습니다(마 5:18). 율법과 선지자를 폐하러 온 것이 아니라 이루러 왔다고 하셨습니다. 주님은 공평하시고 의로우시고 거룩하신 하나님, 심판하시는 하나님에 대해 가르치셨습니다. 하나님은 죄악과 허물을 벌하시는 재판장입니다.

이 교리는 지금도 작동하고 있습니다. 하나님이 실제로 세상을 심판하고 계신 것입니다. 20세기에 두 차례의 세계대전이 일어난 이유가 무엇이라고 생각합니까? 왜 지금 같은 긴장이 발생했다고 생각합니까? 20세기를 이토록 끔찍한 시대로 만든 원인이 무엇이라고 생각합니까? 제가 볼 때 이에 대한 적절한 설명은 하나님이 죄에 대한 진노를 일부 나타내고 계신다는 것입니다. 하나님이 인간의 죄악을 당사자들과 그 후손들에게 일부 갚고 계신다는 것입니다. 똑똑한 세상은 지난 백 년간 하나님을 외면하고 살았습니다. 그래서 그들이 자기 꾀에 빠지도록, 자기 행위의 결과를 감수하도록 내버려 두시는 것입니다. 전쟁과 전쟁의 소문이 난무하고, 탐욕과 정욕의 고삐가 풀려나며, 악행과 비행이 온 거리와 도시와 곳곳에 넘쳐나는 것은 하나님이 그렇게 내버려 두신 결과입니다. 형벌의 일부로 '막아 주시는 은혜'를 철회하심으로써 인간 자신의 어리석음과 배교의 결과를 거두게 하시는 것입니다. 하나님은 재판장입니다. 그것도 의로우신 재판장입니다. 거룩하시고 공평하신 재판장입니다. 그는 이생에서도 죄를 벌하십니다.

우리가 더 알아야 할 사실은 최후의 심판과 형벌이 있다는 것입니다. 하나님은 세상을 만드셨고, 세상을 움직이고 계시며, 결국 세상을 끝내실 것입니다. 심판과 함께 끝내실 것입니다. 성경 전체의 메시지는 하나님이 아들을 다시 세상에 보내 의로 심판하신다는 것입니다. 그 심판의 근거가 무엇입니까? 하나님과 어떤 관계를 맺고 있느냐 하는 것입니다. 이것이 유일한 시금석입니다. 평화와 전쟁에 대해 어떻게 생각하느냐, 쿠바의 위기에 대해 어떤 견해를 가지고 있느냐, 현재 인도의 상황에 대해 어떻게 생각하느냐를 근거로 심판하시는 것이 아닙니다. 그렇습니다. 하나님은 그 앞에서 내가 무엇을 했느냐를 보고 심판하십니다. "사람의 제일 되는 목적은 하나님을 영화롭게 하고 그를 영원토록 즐거워하는 것입니다"('웨스트민스터 소요리 문답' 제1조). 하나님을 영화롭게 하지도 않고 즐거워하지도 않는 사람, 하나님의 영광을 위해 살지 않고 그를 사랑하지 않는 사람, 이기적이고 편협하고 옹졸한 삶을 사는 사람은 정죄를 받을 것입니다.

그러나 감사하게도 십계명에는 자비의 요소도 담겨 있습니다. "나를 사랑하고 내 계명을 지키는 자에게는 천 대까지 은혜를 베푸느니라"(출 20:6). 그렇습니다. 하나님께 순종하고 그의 음성을 들으며 그의 호소에 응답하는 사람은 자비를 얻을 것입니다. 그것도 풍성하게 얻을 것입니다. 율법을 주신 하나님이 "은혜와 진리가 충만"한 아들도 보내 주셨습니다. 그러나 기억하십시오. 그의 자비는 그를 사랑하고 그의 계명을 지키는 자들만을 위한 것입니다. "하나님은 사랑이니 내 마음대로 해도 된다"라고 말하는 자들을 위한 것이 아닙니다. 절대 아닙니다! 그리스도가 여러분을 구속해 주신 것은 하나님을 섬기고 그에게 자신을 드리며 그의 영광을 위해 살게 하시기 위해서입니다.

이 중대한 주제와 관련하여 마지막으로 기억해야 할 점은 하나님이 이 세상에 대해 목적을 가지고 계신다는 것입니다. 하나님은 처음부터 이 점을 밝히셨습니다. "나는 너를 애굽 땅, 종 되었던 집에서 인도하여 낸 네 하나님 여호와니라"(출 20:2). 온 세상이 하나님께 죄를 지었음에도—그 이야기는 창세기에 나옵니다—하나님은 세상을 버리시지 않았습니다. 오히려 세상을 위한 계획을 세우시고 목적을 세우셨습니다. 아브라함이라는 사람을 갈대아 우르에서 이끌어 내 나라를 이루게 하셨으며, 그 나라를 통해 세상을 구속하기로 작정하셨습니다. 그 나라에서 세상의 구주가 될 아들이 태어나게 하기로 작정하셨습니다. 하나님은 그 계획과 목적을 이루기 위해 애굽에서 종살이를 하며 아무 소망 없이 영원히 망하게 된 이스라엘 백성을 이끌어 내시고 그들의 원수를 치셨습니다. 바로와 그 군대와 병거를 홍해에 수장시키시고, 그들을 가나안 땅으로 인도해 들이셨습니다.

저는 이것이 오늘날 세상에 주시는 하나님의 메시지라고 믿습니다. 하나님은 장차 임할 영광을 위해 자기 백성을 준비시키십니다. 모든 그리스도인은 하나님 나라의 시민이자 백성입니다. 하나님은 그들에 대해 결코 흔들리지 않는 계획과 목적을 세워 놓으셨습니다. 어떤 원수든, 공산주의와 자본주의를 비롯한 어떤 '주의'든 덤벼 보라고 하십시오. 하나님을 거슬러 덤벼 보라고 하십시오. 바로와 그 군대를 홍해에서 멸하셨듯이 전부 멸하실 것이며, 마침내 그의 나라가 온 세상을 차지하게 하실 것입니다. "물이 바다를 덮음같이 여호와의 영광을 인정하는 것이 세상에 가득"해질 그때가 점점 다가오고 있습니다(합 2:14).

햇빛을 받는 곳마다
주 예수 왕이 되시고
이 세상 끝날 때까지
그 나라 왕성하리라.*
—아이작 와츠Isaac Watts

* 찬송가 52장 1절.

전능하신 하나님은 모든 원수와 모든 반발에도 불구하고 자기 백성을 목적지까지 데려가실 것입니다. 여러분, 이 하나님을 알고 있습니까? 이 하나님께 순종하고 있습니까? 이 하나님의 영광을 위해 살고 있습니까? 이 하나님을 사랑하고 있습니까? 이 하나님 안에서 모든 것을 찾고 있습니까?

율법의 첫째 돌판은 우리와 온 세상을 우리 주와 구주 되신 예수 그리스도의 아버지, 영원하신 하나님 앞으로 데려갑니다. 마음과 영과 혼을 다해 그 앞에 엎드립시다. 다른 이들에게도 너무 늦기 전에 그 앞에 엎드리라고 호소합시다.

5

율법의 역할(2)

우리에 대한 진리를 계시함

율법은 모세로 말미암아 주어진 것이요 은혜와 진리는 예수 그리스도로 말미암아 온 것이라. **요 1:17**

우리는 율법이 우리에게 무슨 일을 해주고 무슨 말을 해주었는지, 우리를 어떤 위치로 데려다 주었는지 분명히 알지 못하는 한 예수 그리스도로 말미암아 오는 은혜와 진리를 결코 알 수 없다는 점을 고찰했습니다. 이것은 긴요한 문제이기에 상당히 자세하게 다루었습니다. 그리고 지난주부터는 율법의 역할을 살펴보기 시작했습니다. 무엇보다 우선되는 율법의 목적은 우리가 전능하신 하나님과 대면하고 있다는 사실을 항상 상기시켜 주는 것입니다. 율법은 우리를 병적인 주관성과 자기 관심에서 끌어내, 하나님과 우리의 관계라는 맥락에서 생각하게 해줍니다.

또한 율법은 하나님의 성품에 대해 알려 줍니다. 이미 말씀드렸듯이, 율법은 두 돌판으로 이루어져 있습니다. 첫째 돌판은 하나님이 거룩하시고 공평하시고 의로우신 분이라고 말합니다. 그는 죄와 허물을 벌하시는 분입니다. 또한 자기 백성에 대해 큰 목적을 가지고 계신 분입니다. 그러므로 우리는 마땅히 그를 예배해야 하며, 오직 그만 예배해야 합니다. 그의 이름을 망령되게 부르면 안 됩니다. 오직 그를 영화롭게 하기 위해 살아야 합니다. 이것이 첫째 돌판이 말하는 바로서, 우리는 그 내용을 숙지할 필요가 있습니다. 첫째 돌판의 가르침을 이해해야 하나님이 주 예수 그리스도 안에서, 그리스도를 통해 무슨 일을 해주셨는지 알 수 있습니다. 첫째 돌판은 주 예수 그리스도로 말미암아 온 "은혜와 진리"를 가늠하는 척도입니다.

이것이 전부가 아닙니다. 둘째 돌판도 있습니다. 그 내용 또한 반드시 고찰해야 합니다. 여기에는 하나님이 우리에게 어떤 인간관계를 요구하시는지가 담겨 있습니다. 둘째 돌판은 하나님의 율법에 다른 측면들이 있다는 것, 첫째 돌판의 계명들에서 나오는 측면들이 있다는 것을 알려 줍니다. 즉, 하나님이 세상을 만드신 세상의 주인이시기 때문에 우리의 인간관계가 성립하는 것이며, 그 관계가 중요한 것입니다. 내가 하나님을 어떻게 대하느냐에 따라 다른 사람을 어떻게 대하느냐가 결정됩니다. 사람을 대할 때 단순한 인간으로만 보면 안 됩니다. 나처럼 하나님 아래 있는 존재로 보아야 합니다. 처음부터 끝까지 그런 태도로 일관해야 합니다. 이것이 둘째 돌판의 요구입니다.

네 부모를 공경하라. 그리하면 네 하나님 여호와가 네게 준 땅에서 네 생명이 길리라. 살인하지 말라. 간음하지 말라. 도둑질하지 말라. 네 이웃에 대하여 거짓 증거 하지 말라. 네 이웃의 집을 탐내지 말라. 네 이웃의 아내나 그의 남종이나 그의 여종이나 그의 소나 그의 나귀나 무릇 네 이웃의 소유를 탐내지 말라(출 20:12-17).

이것이 둘째 돌판의 계명들입니다. 이 계명들을 지켜야 하는 이유를 아는 것이 중요합니다. 하나님은 "내가 거룩하니 너희도……거룩하게 하고"라는 맥락에서 이 계명들을 주셨습니다(레 11:44). 거룩하신 하나님의 백성이니 거룩하게 살라는 것입니다. 거룩함 자체에 관심이 있어서 거룩하게 사는 것이 아닙니다. 수도자들의 삶, 불교와 힌두교를 비롯한 여러 종교에 있는 이른바 '성인들'의 삶에 내재된 위험이 바로 이것입니다. 그들과 달리 우리는 거룩함 자체에 관심이 있지 않습니다. 우리에게 중요한 일은 영혼의 수양이 아니라 하늘에 계신 아버지께 합당한 사람이 되는 것입니다. 성경이 시종일관 강조하는 점이 이것입니다. 저 또한 둘째 돌판의 요구가 지금도 여전히 유효하다는 점, 과거에 그랬듯이 오늘날에도 적용되어야 한다는 점을 강조하고 싶습니다. 하나님은 지금도 모든 사람에게 거룩할 것을 요구하십니다. 그리스도인에게도 요구하시고 비그리스도인에게도 요구하십니다. 만물의 조물주요 창조자로서, 만물의 통치자로서 모든 사람에게 이 명령을 내리십니다.

하나님이 시내 산에서 모세에게 율법을 주시고 모세를 통해 이스라엘 백성에게 율법을 주시면서 처음으로 둘째 돌판의 내용을 가르치셨다고 주장하는 거짓 사상이 있습니다. 그들은 그때를 율법의 기원으로 생각하는데, 완전히 잘못된 생각입니다. 하나님은 태초에 이미 율법을 주셨습니다. 인간을 창조하실 때 이미 그 본성과 체질의 일부가 되게 하셨습니다. 시내 산에서 율법을 주신 것은 자신의 백성에게 그 사실을 상기시키고 명확히 알려 주신 사건에 불과합니다. 그 사실에 주목했던 사도 바울은 위대한 서신 로마서 2장의 지면을 다소 할애하여 그에 대해 논하고 있습니다. 그 내용이 중요하기 때문에 함께 살펴볼 필요가 있습니다. 거듭 말하지만 이스라엘 자손한테만 율법과 십계명을 주셨다고 생각하는 것은 중대한 오류입니다. 사도는 로마서 2장에서 이 점을 명확히 밝히고 있습니다. 그는 다음과 같이 설명합니다.

하나님께서 각 사람에게 그 행한 대로 보응하시되 참고 선을 행하여 영광과 존귀와 썩지 아니함을 구하는 자에게는 영생으로 하시고 오직 당을 지어 진리를 따르지 아니하고 불의를 따르는 자에게는 진노와 분노로 하시리라. 악을 행하는 각 사람의 영에는 환난과 곤고가 있으리니 먼저는 유대인에게요 그리고 헬라인에게며 선을 행하는 각 사람에게는 영광과 존귀와 평강이 있으리니 먼저는 유대인에게요 그리고 헬라인에게라. 이는 하나님께서 외모로 사람을 취하지 아니하심이라. 무릇 율법 없이 범죄한 자는 또한 율법 없이 망하고 무릇 율법이 있고 범죄한 자는 율법으로 말미암아 심판을 받으리라. 하나님 앞에서는 율법을 듣는 자가 의인이 아니요 오직 율법을 행하는 자라야 의롭다 하심을 얻으리니(율법 없는 이방인이 본성으로 율법의 일을 행할 때에는 이 사람은 율법이 없어도 자기가 자기에게 율법이 되나니 이런 이들은 그 양심이 증거가 되어 그 생각들이 서로 혹은 고발하며 혹은 변명하여 그 마음에 새긴 율법의 행위를 나타내느니라)(롬 2:6-15).

바울은 이방인들이라고 율법이 없는 게 아니라고 말합니다. 물론 유대인들처럼 시내 산에서 모세를 통해 분명하게 율법을 받지는 않았지만, 그렇다고 율법이 없는 것은 아닙니다. 돌판에 쓰인 율법은 받지 않았지만 그 마음에 동일한 율법이 쓰여 있습니다. 양심이 바로 그 증거입니다.

하나님은 처음부터 사람을 의롭게 만드셨다는 것이 바울의 주장입니다. 하나님은 인간의 속에 의를 심어 주셨습니다. 모든 인간에게 그 흔적과 잔재가 남아 있습니다. 어떻게 보면 이것이 양심의 의미라고 할 수 있습니다. 모든 인간의 마음속에는 마땅히 지켜야 할 하나님의 율법이 쓰여 있습니다. 시내 산에서 모세를 통해 율법을 주신 것은 이 사실을 자기 백성에게 상기시키신 사건에 불과합니다. 율법은 이미 그들의 마음속에 있었습니다. 유대인과 이방인 모두의 마음속에 있었습니다. 그런데 죄와 악을 범하고 하나님을 등진 탓에 그 사실을 잊고 무심해진 것일 뿐입니다. 그래서 하나님은 십계명을 주시면서 "내 율법을 상기시켜 주마. 이미 너희 마음속에 있지만 그것만으로는 충분치 않기에 너희 앞에 분명히 제시해 주마"라고 하셨습니다. 이를테면 오해의 소지가 없도록 아예 서명을 해서 주신 것입니다.

이처럼 율법은 유대인과 이방인을 막론한 모든 인간의 마음속에 이미 쓰여 있다는 사실을 기억해야 합니다. 그래서 율법은 지금도 유효합니다. 태초에도 율법을 지켜야 했고, 지금도 율법을 지켜야 합니다. 율법이 오늘날에도 유효하다는 이 사실을 깨닫고 기억하는 것이 시급하고도 중요합니다. 이 시대 사람들은 갖은 핑계를 대며 율법을 회피하려 듭니다. 규율 같은 것은 믿지 않는다고 하면서 저마다 자기 좋을 대로, 자기가 옳다고 생각하는 대로 행동합니다. 그러나 그것은 우리의 본성과 체질에 새겨진 근본적인 율법을 거스르는 짓입니다. "살인하지 말라. 간음하지 말라. 도둑질하지 말라……"라는 계명은 둘째 돌판뿐 아니라 우리 양심에도 새겨져 있습니다. 이 계명들을 부인하는 것은 곧 양심을 부인하는 것과 같습니다. 율법을 어긴 사람은 스스로 잘못했다는 것을 압니다. 그 양심의 의문을 해소시키고 잠재우려고 심리학 등을 동원해서 어떻게든 변명하려 듭니다. "그 양심이 증거가 되어 그 생각들이 서로 혹은 고발하며 혹은 변명하여 그 마음에 새긴 율법의 행위를 나타내느니라"(롬 2:15).

율법의 둘째 돌판은 "네 이웃을 네 자신같이 사랑하라"라는 말로 요약됩니다(마 22:39). 하나님은 이것을 요구하십니다. 우리가 그리스도 예수 안에 있는 은혜의 가치를 알아보지 못하는 이유가 무엇입니까? 첫째는 우리가 모든 것을 바쳐 하나님을 영화롭게 해야 할 존재임을 모르는 탓이고, 둘째는 이웃을 자기 자신같이 사랑해야 할 존재임을 모르는 탓입니다. 율법의 두 돌판은 우리의 실패를 알려 줍니다. 지금까지 선량하고 친절하게, 존경받으며 살아왔을 수 있습니다. 그러나 하나님의 영광을 위해 살아왔습니까? 마음과 목숨과 뜻과 힘을 다해 주 하나님을 사랑하고 있습니까? 이웃을 자신같이 사랑하고 있습니까? 율법 앞에 설 때에야 비로소 우리는 자신의 죄와 실패를 보고, 은혜의 필요성을 느끼며, 그리스도 안에 있는 은혜가 무슨 일을 해주었는지 알게 됩니다. 이 점에서 율법이 필요한 것입니다. 율법이 일하지 않으면 은혜의 가치를 알아볼 수 없습니다.

좀 더 살펴봅시다. 하나님이 율법을 주신 것은 여기에서도 한 단계 더 나아가게 하시기 위해서입니다. 즉, 우리의 무서운 죄성을 인정하고 승복하며 죄를 절감케 하고자 주신 것입니다. 죄와 죄성을 인정하고 승복하는 것이야말로 세상에서 가장 어려운 일 아닙니까? 사람들이 가장 싫어하는 일이 바로 이것입니다. 우리는 언제든지 변명할 준비가 되어 있는 변명의 선수들입니다. 요즘 말로 하면 '합리화'의 선수들입니다. 어떻게든 변명을 하고 핑계를 대서 빠져 나가려 합니다. 이것은 아주 명백한 사실입니다. 바울이 로마서 2:1-3에서 말하듯이 우리는 항상 남을 비난하고 판단합니다. 똑같은 짓도 남이 하면 정죄하고, 자기가 하면 상황이 다르다며 빠져 나갑니다.

다윗이 밧세바의 일로 심각한 죄를 지었던 것을 기억합니까? 하나님은 나단 선지자를 보내 그 문제를 다루셨습니다. 선지자는 매우 현명하게도 다윗의 죄를 곧장 지적하는 대신 한 가지 비유를 들었습니다. "이것은 왕의 나라에서 일어난 일입니다. 어떤 자가 자기 이웃에게……" 하면서 이야기를 시작했습니다. 다윗은 어떤 부자가 이웃의 하나밖에 없는 양을 빼앗았다는 선지자의 말에 분개했습니다. 벌떡 일어나 그 악독한 죄를 혹독히 처벌할 것을 명했습니다. 그러자 나단이 다윗을 똑바로 쳐다보며 말했습니다. "당신이 그 사람이라!" 그는 단지 남의 양 한 마리를 훔친 정도가 아니라 남의 아내를 훔쳤고 그 남편을 살해했습니다. 그러면서도 남의 죄는 보고 자기 죄는 보지 못했습니다. 우리 모든 사람의 문제가 여기 있습니다. 여러분도 알다시피 스스로 자기 죄성을 깨닫기는 심히 어렵습니다. 그래서 그리스도 예수 안에 있는 은혜가 얼마나 큰지 모르는 것입니다. 자기 죄성의 심각성을 깨달은 사람만이 하나님의 은혜를 기뻐하고 찬양하며 살 수 있습니다. 자기 죄성을 보지 못하는 것이야말로 우리가 그리스도인답게 살지 못하는 주된 원인입니다. 하나님이 율법을 주신 이유가 여기 있습니다.

물론 지성이 있는 사람이라면 지금껏 제가 이야기한 어둠에 대해 어느 정도 알고 있을 것입니다. 조금이라도 철학 책을 읽어 본 사람이라면 인간의 본성과 세상의 삶 속에 있는 어둠에 대해 알고 있을 것이며, 도덕과 윤리에 관한 책을 읽어 본 사람도 분명히 그 어둠에 대해 알고 있을 것입니다. 명예와 도덕의 규범을 아는 사람 또한 인간의 본성이 얼마나 불완전한지 알고 있을 것입니다. 심리학은 어떻습니까? 심리학도 어둠에 대해 어느 정도 알려 줍니다. 인간의 본성, 정신, 내면의 본질적인 영역을 분석하고 조사해서 그 속에 숨어 있는 여러 가지 더럽고 추한 것들을 찾아냅니다. 프로이트 심리학도 그 정도 역할은 한다는 점을 인정합시다. 프로이트 심리학도 인간의 본성이 얼마나 형편없는지 보여줍니다. 그렇지 않습니까?

이런 것들을 통해서도 우리는 죄성과 어둠에 대해 어느 정도 알 수가 있습니다. 그러나 그 정도만 아는 것으로는 충분치 않습니다. 우리는 여전히 자기를 방어하려 들며, 대개는 자기 이야기보다 남의 이야기를 하려 들기 때문입니다. 일반적으로 볼 때 자기 자신을 가장 모르는 사람들이 바로 심리학자들입니다. 안타깝게도 남들은 그렇게 잘 파악하면서 정작 자기 자신은 파악하지 못합니다. 어떤 대단한 심리학자가 그리스도인들은 불면증이나 신경쇠약에 걸리지 않는다고 발표했습니다. 그런데 그 다음에 들려온 소식은 그 심리학자 자신이 불면증과 신경쇠약으로 고생한다는 것이었습니다. 이것은 전형적인 예에 불과합니다. 이처럼 심리학과 철학은 어느 정도의 도움만 줄 뿐, 충분한 도움은 주지 못합니다. 우리가 능숙하게 사용하는 방어기제를 뚫고 들어오지 못합니다. 우리의 방어기제를 뚫고 들어오는 것은 오직 한 가지, 하나님의 율법뿐입니다. 율법은 모든 것을 드러내서 보여주는 신성한 엑스레이입니다.

그렇다면 율법은 어떻게 우리의 방어기제를 뚫고 들어올까요? 이 주제와 관련된 가르침을 신약성경, 특히 사도 바울의 서신에서 많이 찾아볼 수 있습니다. 바울은 바리새인이자 율법 전문가로서 율법의 의미와 목적과 역할을 잘 알고 있었습니다. 그는 가장 위대한 율법의 주창자였습니다. 그런데 그런 인물이 뭐라고 말합니까? 율법의 가치는 죄를 규정하는 데 있다는 것입니다. 죄는 반드시 규정되어야 합니다. 모든 법이 일정 정도 수행하는 역할도 죄를 규정하는 것 아닙니까? 그래서 법이 필요한 것입니다. 이웃집의 라디오 소리가 너무 큰지 아닌지 누가 결정할 수 있습니까? 소음의 기준이 정해져 있어야 합니다. 운전을 하거나 길을 걸을 때 누구에게 우선통행권이 있습니까? 그 경계가 정해져 있어야 합니다. 사람은 저마다 자신에게 우선통행권이 있다고 주장할 것입니다. 개인은 항상 자기 자신에게 상황을 끌어다 맞추기 때문에 각자에게 결정을 맡길 수는 없습니다. 법이 개입해서 무엇이 죄인지 규정해 주어야 합니다.

사도가 율법의 역할에 대해 뭐라고 하는지 들어 보십시오. "그러므로 율법의 행위로 그의 앞에 의롭다 하심을 얻을 육체가 없나니 율법으로는 죄를 깨달음이니라"(롬 3:20). 이 구절의 온전한 해석은 다음으로 미루겠습니다. 지금 제가 말하려는 요점은, 율법은 아무도 구원하지 못한다는 것입니다. 왜 그럴까요? 율법은 구원하기 위해 주신 것이 아니기 때문입니다. 율법의 목적은 죄를 규정하는 데 있습니다. "율법으로는 죄를 깨달음이니라." 바울이 로마서 4:15에서 하는 말도 들어 봅시다. "율법은 진노를 이루게 하나니 율법이 없는 곳에는 범법도 없느니라." 근거가 되는 법이 없으면 아무도 기소할 수 없습니다. 누군가 법정에 기소할 때는 반드시 "이 사람은 무슨 법 몇 조 몇 항을 위반하였으므로……"라고 밝혀야 합니다. 법이 없으면 범법 행위도 없습니다. 이처럼 죄를 밝히고 규정하는 것, 정확히 무엇이 죄인지 알려 주는 것이 바로 율법의 역할입니다. 로마서 7:8은 말합니다. "이는 율법이 없으면 죄가 죽은 것임이라." 바울은 7장 다른 곳에서도 같은 점을 지적하고 있습니다.

이 모든 것은 죄가 단순히 바람직하게 살지 못한 듯한 막연한 느낌의 문제가 아니라는 점을 알려 줍니다. 물론 그 말 자체는 맞습니다. 우리는 바람직하게 살지 못했습니다. 그러나 거기에서 멈추면 죄의 문제를 제대로 다룰 수가 없습니다. 율법은 단순히 "넌 참 죄

110

많은 존재다"라고 말하지 않습니다. 구체적으로 "너는 이 죄를 지었고 저 죄를 지었다"라고 지적합니다. 그런데 우리는 그런 지적을 좋아하지 않습니다. "오, 그렇지요. 제가 백 퍼센트 성인이 아니라는 건 기꺼이 인정합니다"라고는 합니다. 이것은 누구나 하는 말로서, 사람들은 이런 말만 해도 대단하다고 생각합니다. 그런데 "맞습니다. 당신은 백 퍼센트 성인이 아닐 뿐더러 이런저런 죄를 지었지요"라고 짚어서 말하면 싫어합니다. 당연히 싫어합니다. 바람직하게 살지 못했고 잘못된 부분이 있다는 말은 수용하지만, 구체적으로 그 잘못을 지적하는 말에는 반발하는 것입니다. 그런데 율법이 바로 그 일을 합니다. 구체적인 죄를 지적합니다.

율법은 단순히 "착하게 살아야 한다. 하나님과 사람을 사랑해야 한다"라고 말하지 않습니다. 우리의 실상을 잘 알기에 "남의 것을 훔치면 안 된다. 널 귀찮게 했다고 네 맘대로 처벌하거나 죽이면 안 된다"라고 말합니다. 이것이 "살인하지 말라"라는 계명의 의미입니다. 이것은 나라에 주신 계명이 아닙니다. 하나님은 "살인하지 말라"라고 명하신 바로 그 나라에 아말렉 족속을 진멸할 것을 명하셨습니다. 평화주의자들이 오해하는 점이 바로 이것입니다. 십계명의 다른 계명들처럼 이 계명도 개인에게 주신 것입니다. 이처럼 율법은 구체적으로 지시합니다. 일반적으로 진술하지 않습니다. 거듭 말하지만, 죄는 그저 일반적인 감정의 문제가 아닙니다. 율법은 우리를 붙잡아 구체적인 문제에 직면시킵니다. 우리를 찾아와 "너한테 질문할 게 많다"라고 합니다. 마치 "이것저것 질문할 게 있습니다. 그 시간에 어디에서 뭘 하고 있었습니까?"라고 묻는 경찰 같습니다.

율법이 우리의 방어기제를 뚫고 들어오는 첫 번째 방법이 바로 이 것입니다. 죄를 규정함으로써 승복시키는 것입니다.

서둘러 두 번째 요점을 살펴보겠습니다. 율법은 죄와 관련된 우리의 욕망 전부를 들춰냅니다. 이것이 율법의 무서운 점입니다. 사도 바울은 이 점을 설명하기 위해 "정욕", "탐심", "욕심"이라는 단어를 사용합니다. 오, 그는 이것이야말로 우리의 전적인 문제라고 말합니다. "그런즉 우리가 무슨 말을 하리요? 율법이 죄냐? 그럴 수 없느니라. 율법으로 말미암지 않고는 내가 죄를 알지 못하였으니 곧 율법이 탐내지 말라 하지 아니하였더라면 내가 탐심을 알지 못하였으리라"(롬 7:7). 이것이 율법의 가장 큰 역할 중 하나입니다. 율법은 이 점에서 모든 사람이 죄를 인정하고 승복하게 만듭니다. 그 옛날 바리새인처럼 "하나님이여, 나는 다른 사람들 곧……이 세리와도 같지 아니함을 감사하나이다. 나는 이레에 두 번씩 금식하고 또 소득의 십일조를 드리나이다"라고 말하는 이들이 있습니다(눅 18:11-12). 자기는 아무 문제가 없다는 것입니다. 어떤 잘못도 하지 않았다는 것입니다. 그런데 율법이 "잠깐!" 하고 제동을 걸면서 "탐내지 말라"라고 합니다.

최초로 이 진리를 설명하신 분은 복되신 주님입니다. 주님은 항상 이 점을 지적하심으로 바리새인들을 승복시키셨습니다. 그래서 바리새인과 서기관과 다른 이들이 공모하여 주님을 반대한 것이며 결국 십자가에 못 박아 버린 것입니다. 주님은 다음과 같은 말씀으로 바리새인들 스스로 무서운 죄인이라는 느낌을 받게 하셨습니다. 산상설교에서 하신 말씀을 들어 보십시오.

옛사람에게 말한 바 "살인하지 말라. 누구든지 살인하면 심판을 받게 되리라" 하였다는 것을 너희가 들었으나 나는 너희에게 이르노니 형제에게 노하는 자마다 심판을 받게 되고 형제를 대하여 라가라 하는 자는 공회에 잡혀가게 되고 미련한 놈이라 하는 자는 지옥 불에 들어가게 되리라(마 5:21-22).

그 다음에 하신 말씀도 들어 보기 바랍니다.

또 "간음하지 말라" 하였다는 것을 너희가 들었으나 나는 너희에게 이르노니 음욕을 품고 여자를 보는 자마다 마음에 이미 간음하였느니라 (마 5:27-28).

주님은 말씀하십니다. "너희는 율법을 오해하고 있다. 율법이 행동만 다루는 줄 알고, 그에 못지않게 생각과 욕망과 열망도 다룬다는 것을 알지 못한다. 행동으로 옮기지 않았더라도 이런 생각이나 마음을 품은 적이 있다면 죄를 지은 것이다."

이처럼 율법은 탐심의 문제를 들춰냅니다. 사도 자신도 탐심이 얼마나 무서운 것인지 발견했습니다. "율법으로 말미암지 않고는 내가 죄를 알지 못하였으니 곧 율법이 탐내지 말라 하지 아니하였더라면 내가 탐심을 알지 못하였으리라. 그러나 죄가 기회를 타서 계명으로 말미암아 내 속에서 온갖 탐심을 이루었나니 이는 율법이 없으면 죄가 죽은 것임이라"(롬 7:7-8). 탐내는 것은 훔치는 것 못지않게 저주받을 죄입니다. 악한 욕망은 악한 행동 못지않게 나쁜 것입니다. 이 사실을 절감시키는 것은 율법밖에 없습니다. 이 땅의 법이나 일반적인 도덕이나 윤리는 그렇게 판단하지 않는다는 것을 저도 압니다. 그러나 지금 우리가 다루는 것은 인간의 법이 아니라 하나님의 법입니다. 모든 인간은 하나님 앞에 있으며, 하나님은 인간의 생각과 마음의 의도를 읽으십니다. "하나님의 말씀은 살아 있고 활력이 있어 좌우에 날선 어떤 검보다도 예리하여 혼과 영과 및 관절과 골수를 찔러 쪼개기까지 하며 또 마음의 생각과 뜻을 판단하나니"(히 4:12).

하나님께는 아무것도 숨길 수 없습니다. 하나님은 우리의 생각과 욕망에 관심을 가지십니다. 죄의 행동뿐 아니라 탐심에 관심을 가지십니다. 그래서 십계명이 탐심의 문제를 다루는 것입니다. 유대인은 이것을 몰랐습니다. "네 이웃의 아내를 탐내지 말라!" 이것은 실제로 이웃의 아내를 취하지 말라는 뜻일 뿐 아니라 탐내지 말라는 뜻입니다. 이웃이 가진 어떤 것도 탐내지 말라는 뜻입니다. 이웃의 소유를 취하는 것은 물론이요 탐내는 것 또한 이웃을 올바로 사랑하지 않는 것입니다. 율법은 이 점을 똑똑히 보여주며, 이 점에서 우리의 죄성—욕망과 탐심, 정욕, 욕심, 욕정—을 인정하고 승복하게 만듭니다.

오, 이 계명을 이해했던 다윗은 "보소서, 주께서는 중심이 진실함을 원하시오니"라고 고백했습니다(시 51:6). 그는 자신의 무서운 범죄에 대해 "단지 간음과 살인만이 문제가 아니다. 내 진정한 문제는 그런 욕망을 품었다는 것, 내 속이 그 정도로 부패했다는 것이다!"라고 했습니다. "하나님이여, 내 속에 정한 마음을 창조하시고"

114

(시 51:10). 단순히 바른 행동만 하는 것이 아니라 새 마음을 갖고 싶다는 것입니다. 죄를 미워하는 마음을 갖고 싶다는 것입니다! 다윗은 하나님이 무엇보다 중심의 진실함을 원하신다는 것을 알았습니다. 그래서 "내가 나의 마음에 죄악을 품었더라면 주께서 듣지 아니하시리라"라고 했습니다(시 66:18). 겉으로 아무리 훌륭하고 도덕적인 삶을 살아도 마음에 죄를 품고 있으면 듣지 않으십니다. 마음으로도 죄악을 쳐다보지 말아야 하고 어루만지지 말아야 합니다. 욕심을 깨끗이 버려야 합니다. 오직 율법만 이것으로 우리를 정죄하며 우리의 실상을 보여줍니다. 그래서 사람들이 미친 듯이 율법을 제거하려 드는 것입니다.

세 번째 요점을 살펴봅시다. 사도 바울이 로마서 7장에서 열거하는 율법의 또 다른 역할은 그 자신의 표현처럼 죄의 심히 죄됨을 들춰내는 것입니다. 그의 말을 들어 보십시오. "그런즉 선한 것이 내게 사망이 되었느냐? 그럴 수 없느니라. 오직 죄가 죄로 드러나기 위하여—그렇습니다. 위장막을 치우고 베일을 걷어 올려 죄를 폭로하기 위하여! 율법은 사실상 이 목적을 위해 존재하는 것입니다—선한 그것으로 말미암아 나를 죽게 만들었으니 이는 계명[율법]으로 말미암아 죄로 심히 죄되게 하려 함이라"(롬 7:13). 바울이 말하는 바가 무엇입니까? 자, 이 점은 설명을 하고 넘어가야겠습니다. 금요일마다 모여서 오랫동안 이 주제를 다루었지만,* 그 자리에 참석하지 못한 분들은 이 논의를 따라오기 힘들 것입니다. 그래서 간단히 요약

* 로이드 존스는 금요일 밤마다 로마서를 강해했다.

하고자 하니 양해해 주시기 바랍니다! 바울은 인간이 타락하고 죄를 지은 결과, 자기 욕심과 정욕과 죄성을 채우기 위해 율법 자체를 왜곡할 만큼 악해졌다고 말합니다. 그만큼 죄로 가득차고 부패했다고 말합니다. 그는 말합니다. "우리가 육신에 있을 때에는 율법으로 말미암는 죄의 정욕이 우리 지체 중에 역사하여 우리로 사망을 위하여 열매를 맺게 하였더니"(롬 7:5). 죄의 정욕, 죄의 움직임과 충동과 작용이 다름 아닌 "율법으로 말미암"는다고 말한다는 점에 주목하십시오. 바울의 요지는 이것입니다. "알다시피 회심 이전의 나는—모든 비그리스도인들도 마찬가지인데—율법 때문에 선해진 것이 아니라 오히려 더 악해졌다. 하나님의 율법 자체가 우리 속에 있는 정욕을 자극하고 북돋우며 일깨운다." 그는 계속해서 이렇게 설명합니다.

그러나 죄가 기회를 타서 계명으로 말미암아 내 속에서 온갖 탐심을 이루었나니 이는 율법이 없으면 죄가 죽은 것임이라. 전에 율법을 깨닫지 못했을 때에는 내가 살았더니 계명이 이르매 죄는 살아나고 나는 죽었도다. 생명에 이르게 할 그 계명이 내게 대하여 도리어 사망에 이르게 하는 것이 되었도다. 죄가 기회를 타서 계명으로 말미암아 나를 속이고 그것으로 나를 죽였는지라(롬 7:8-11).

그렇다면 바울의 결론은 무엇입니까? 바로 이것입니다.

이로 보건대 율법은 거룩하고 계명도 거룩하고 의로우며 선하도다. 그런즉 선한 것이 내게 사망이 되었느냐? 그럴 수 없느니라(롬 7:12-13).

율법에는 아무 잘못이 없습니다. 그런데 왜 나는 더 악해졌습니까? 자, 사도는 말합니다.

오직 죄가 죄로 드러나기 위하여 선한 그것으로 말미암아 나를 죽게 만들었으니(롬 7:13).

다시 설명하면 이렇습니다. 죄를 지은 인간은 하지 말라는 말을 들을수록 오히려 더 하고 싶어 하는 부패한 상태에 빠져 있습니다. 실제로 그렇지 않습니까? 이것은 우리가 다 경험으로 알고 있는 사실입니다. 바울은 디도서에서 그 이유를 알려 줍니다. "깨끗한 자들에게는 모든 것이 깨끗하나 더럽고 믿지 아니하는 자들에게는 아무것도 깨끗한 것이 없고 오직 그들의 마음과 양심이 더러운지라"(딛 1:15). 그래서 죄를 짓지 말라고 주신 율법이 오히려 우리 속에 있는 정욕과 악한 욕망을 자극하여 더 죄를 짓게 만드는 것입니다.

전에도 종종 말했지만, 저는 오늘날 학교에서 가르치는 성도덕, 이른바 '성교육'만큼 잘못되고 위험한 것은 없다고 생각합니다. 빅토리아 시대에 성을 감추고 쉬쉬함으로써 문제를 키웠으니 이제는 성 문제를 솔직하게 터놓고 말하자는 것이 심리학의 주장입니다! 그래서 청소년들에게 성을 이야기합니다. 그런데 그 결과가 무엇입니까? 현재 거의 모든 자치구의 의료 담당자들이 보고하는 사실은 청소년들의 성병이 무섭게 늘어나고 있다는 것입니다. 왜 그럴까요? 교사들이 어린이와 청소년들에게 성을 이야기하기 때문입니다.

물론 동기는 아주 좋습니다. 성 문제의 해악과 위험과 결과를 잘 가르치겠다는 것입니다. 그러면 청소년들이 "절대 그런 짓을 하지 않을게요. 아예 꿈도 꾸지 않을게요!"라고 반응하리라는 것입니다. 그들은 로마서 7장을 전혀 모르고 있습니다! 그래서 성에 대한 정보를 제공함으로 오히려 청소년들의 호기심을 불러일으키고 성적인 관심을 일깨우며 자극하고 있습니다. "율법으로 말미암는 죄의 정욕이 우리 지체 중에 역사하여……." 바울은 인간이 부패했기 때문에 율법조차 죄의 자극제가 된다고 말합니다. 율법에 무슨 잘못이 있기 때문이 아닙니다. 내 속이 그만큼 부패해 있기 때문입니다. 내 욕심과 악한 욕망을 채우기 위해 하나님의 율법 자체를 왜곡할 정도로 부패해 있기 때문입니다.

자, 하나님의 율법도 이처럼 왜곡하는데 인간의 도덕적, 윤리적 가르침을 가만히 두겠습니까? 절대 가만히 두지 않습니다! "깨끗한 자들에게는 모든 것이 깨끗"합니다(딛 1:15). 그러나 깨끗한 자들이 어디 있습니까? 통계는 로마서 7장이 옳다는 것을 우리 눈앞에서 입증해 주고 있습니다. 그런데 철학자들과 과학자들과 내무성 고위층 인사들은 하나님의 율법도 모르고 로마서 7장도 모릅니다. 그래서 오늘날 영국이 이러한 도덕적 문제들과 혼란에 직면해 있는 것입니다.

마지막으로 말씀드릴 요점이 있습니다. 율법은 죄의 심히 죄됨을 잘 보여줄 뿐 아니라 결국 우리 모두가 하나님 앞에서 정죄와 유죄 선고를 받은 죄인임을 보여줍니다. 바울은 말합니다.

우리가 알거니와 무릇 율법이 말하는 바는 율법 아래에 있는 자들에게 말하는 것이니 이는 모든 입을 막고 온 세상으로 하나님의 심판 아래에 있게 하려 함이라. 그러므로 율법의 행위로 그의 앞에 의롭다 하심을 얻을 육체가 없나니 율법으로는 죄를 깨달음이니라. 이제는 율법 외에 하나님의 한 의가 나타났으니 율법과 선지자들에게 증거를 받은 것이라. 곧 예수 그리스도를 믿음으로 말미암아 모든 믿는 자에게 미치는 하나님의 의니 차별이 없느니라. 모든 사람이 죄를 범하였으매 하나님의 영광에 이르지 못하더니(롬 3:19-23).

세상 어느 것도 모든 사람을 정죄하지 않습니다. 하나님의 율법만 모든 사람을 정죄합니다. 도덕적 가르침은 어떤 사람—이를테면 런던 밤의 환락을 즐기는 사람—은 정죄하지만 존경받는 사람은 건드리지 않습니다. 절대 건드리지 않습니다! 그러나 하나님의 율법은 모든 사람을 정죄하며 모든 사람에게 유죄를 선고합니다. 탐심! 욕심! 악한 생각! 악한 상상! 이 점에서 무죄한 사람이 누가 있겠습니까? "의인은 없나니 하나도 없으며……온 세상으로 하나님의 심판 아래에 있게 하려 함이라.……모든 사람이 죄를 범하였으매 하나님의 영광에 이르지 못하더니"(롬 3:10, 19, 23).

그리스도와 은혜의 필요성을 느끼지 않는다고, 자신은 늘 선하게 살았고 아무에게도 해를 끼치지 않았다고 말하는 이들이 있습니다. 그들은 율법을 들어 보지 못한 것입니다. 탐심이 무엇인지 모르는 것입니다. 자기 마음을 점검해 본 적이 없는 것입니다. 그들은 성경을 부인하는 자요 자기 자신을 전혀 모르는 자입니다. 누구보다 큰 죄인입니다. 자신을 씻어 주고 구원해 줄 보혈의 필요성을 모르는 것보다 큰 죄는 없습니다. 예수 그리스도로 말미암아 "은혜와 진리"가 임했는데도 알아보지 못하는 이유가 여기 있습니다. 자신의 마음이 얼마나 추하고 더럽고 어두운지 모르기 때문에, 죄의 심히 죄됨을 모르기 때문에 그리스도 예수 안에 있는 하나님의 놀라운 은혜 또한 전혀 모르는 것입니다.

여러분, 은혜를 조금이라도 알고 싶다면 율법을 무시하지 마십시오. 율법을 들으십시오. 아무리 오래 믿었더라도 자기 죄를 깨닫지 못하고 자신이 얼마나 추하고 더러운지 모르는 사람은 아무 희망이 없습니다.

> 오, 마음으로 하나님을 찬양합니다.
> 죄에서 해방된 마음,
> 날 위해 값없이 흘리신
> 주님의 피를 항상 느끼는 마음으로.
> ―찰스 웨슬리Charles Wesley

율법의 주된 역할은 바로 이것, 우리 죄를 절감시키며 죄의 심히 죄됨을 드러내는 것입니다.

6

율법과 세상

율법은 모세로 말미암아 주어진 것이요 은혜와 진리는 예수 그리스도로 말미암아 온 것이라. **요 1:17**

이미 설명했듯이 우리가 이 결정적인 구절을 계속해서 연구하는 것은 요한복음 서문뿐 아니라 기독교 복음 전체, 기독교의 삶과 관점 전체를 이해하는 열쇠를 제공해 주기 때문입니다. 실제로 온 세상과 모든 인간의 가장 큰 문제는 하나님이 그 사랑하시는 아들 안에서, 우리 주와 구주 되신 예수 그리스도 안에서, 예수 그리스도를 통해 해주신 일이 무엇인지 모른다는 것입니다. 교회의 본질은 바로 그 일에 있고, 그분께 있습니다.

오늘 같은 종전기념일*에도 사람이 아닌 하나님에 대해 이야기하며, 우리와 우리의 구원을 위해 인간이 되신 하나님의 아들에 대

---

* 11월 11일. 두 차례의 세계대전과 그 후의 전투에서 순국한 이들을 기념하는 날.

해 이야기하는 것이 교회다운 것입니다. 앞서 보았듯이 인간을 제대로 평가하는 유일한 방법은 하나님과 가장 거룩한 그의 율법에 비추어 살펴보는 것입니다.

자신을 모르면서 남을 알 수는 없습니다. 자신을 사랑하듯이 이웃을 사랑해야 하는데, 자신을 알려면 오직 하나님의 눈으로, 하나님의 율법에 비추어 살펴보아야 합니다.

하나님은 모세를 통해 율법을 주셨습니다. 물론 인간을 만드실 때 이미 율법을 마음에 심어 주셨지만, 인간이 타락하고 죄를 짓고 반역하면서 율법을 잊어버리고 율법에서 떠나 버렸기 때문에 모세를 통해 십계명의 형태로 다시금 명확하게 주신 것입니다. 지금 우리는 율법의 중요성을 살펴보고 있는 중입니다. 우리는 율법이 그리스도인들에게 절대적으로 중요한 것임을 알았습니다. 구원을 이해하려면 율법을 알아야 합니다. 율법이 먼저 와서 하는 일을 모르면 은혜도 제대로 알 수가 없습니다. 율법의 정죄를 받아 본 자만이 주 예수 그리스도 안에 있는 하나님의 은혜를 기뻐할 수 있습니다. 또한 우리는 그리스도인의 성화에도 율법이 필요하다는 점을 살펴보았습니다. 죄의 깊이를 모르면 은혜의 기이함과 영광도 제대로 알 수가 없습니다. 그런데 죄의 깊이를 보여주는 것은 오직 율법뿐입니다. 율법의 일은 반드시 필요한 것으로서, 율법을 무시하는 것은 아주 위험한 태도입니다.

이것은 교회뿐 아니라 온 세상이 들어야 할 메시지이기 때문에 좀 더 일반적인 관점에서 살펴보겠습니다. 율법의 대상은 온 인류입니다. 율법의 메시지가 오늘날보다 더 필요했던 적은 없었습니다.

그러니 오늘 같은 종전기념일에 하나님의 율법을 고찰하는 것보다 유익한 일이 어디 있겠습니까? 결국 현 세상의 전적인 문제는 하나님의 율법을 무시하는 데서 비롯되었다는 것을 기본명제로 제시하고 싶습니다. 철저한 무지 때문에 무시하기도 하고, 하나님의 말씀인 성경을 고의적으로 거부하는 교만한 불신앙 때문에 무시하기도 합니다. 바로 이것이 인간이 하나님에게서 멀어지게 된 유일한 원인이며, 인간 본연의 자리와 하나님이 의도하신 원래 모습에서 멀어지게 된 유일한 원인입니다.

이 기본원리를 다양한 측면에서 살펴봅시다. 하나님의 율법을 무시하면 어떻게 될까요? 첫째로, 전체적인 배교의 상태에 빠지게 됩니다. 오늘날 세상이 그런 상태에 빠져 있습니다. 이것은 사람들이 더 이상 하나님을 믿지 않는다는 뜻입니다. 하나님의 관점으로 살지 않고 하나님 중심으로 살지 않는다는 뜻입니다.

종전기념일인 오늘 수만 명 혹은 수백만 명의 영국인들이 예배에 참석하겠지만, 그 사실 자체에 현혹되어서는 안 됩니다. 그런 예배 대부분은 완전히 이교적인 것입니다. 예배에 참석해서 찬송을 부르지만 하나님은 믿지 않습니다. 각자 매일의 삶에서 하나님을 예배하지 않습니다. 개인적으로 기도하지 않습니다. 하나님의 말씀도 읽지 않습니다.

그렇습니다. 세상은 배교의 상태에 빠져 있습니다. 자신들은 하나님을 믿는다고 생각하고 싶어 하지만, 이미 살펴보았듯이 그것은 온 마음과 목숨과 뜻과 힘을 다해 예배할 것을 요구하시는—가끔 특별한 때만 예배하는 것이 아니라—전능하신 하나님께 더할 나위 없는 모욕이 됩니다. 그보다 더한 위선이 없습니다. 이것이 세상의 현 상태로서, 성경은 그 결과가 무엇인지 보여주고 있습니다.

이처럼 사람들이 더 이상 하나님을 믿지 않고, 예배하지 않고, 그의 영광을 위해 살지 않을 때 무슨 일이 일어날까요? 자기 자신을 믿기 시작하며, 스스로 신이 되기 시작합니다. 마귀는 이 점을 익히 알고 있습니다. 그래서 이것으로 최초의 시험을 했습니다. 뱀이 하와에게 던진 질문은 "하나님이 참으로 너희에게 동산 모든 나무의 열매를 먹지 말라 하시더냐?"라는 것이었습니다(창 3:1). 뱀은 연이어 말했습니다. "물론 하나님은 먹지 말라고 하셨지. 그 열매를 먹는 날엔 너희 눈이 밝아져서 하나님처럼 될 것을 잘 아셨거든. 원래 너희는 하나님처럼 되어야 할 존재였어." 하와는 그 시험에 넘어갔고, 그 후에 등장한 인류도 계속해서 그 시험에 넘어갔습니다. 인간은 하나님께 복종하기를 멈추는 순간 스스로 신이 됩니다. 19세기에도 내내 자신을 숭배했고, 오늘날도 여전히 자신을 숭배하고 있습니다.

그 결과는 당연히 충돌입니다. 스스로 궁극적인 권위자가 되는 순간, 인간의 마음은 자부심과 자기 숭배심으로 가득 차게 됩니다. 성경이 도처에서 말하듯이 최초의 반역자였던 마귀도 자부심으로 한껏 높아졌습니다. 그래서 타락한 것입니다. 마귀의 전적인 문제는 자아와 자만심에 있습니다. 마귀의 말을 듣는 자들도 마찬가지입니다. 그리고 그 피할 수 없는 결과는 서로 부딪치고 충돌하는 것입니다. 모든 신은 최고의 자리에서 지배하고 싶어 합니다. 모든 죄인이 폭군이 되는 이유가 여기 있습니다. 어린아이에게도 폭군의 모습이 있습니다. 모든 것을 제멋대로 하고 싶어 합니다. 관용이 없습니다. 훈육을 거부합니다. 원하는 대로 가지려 듭니다. 이것이 죄의 결과입니다.

이러한 자만심은 삶의 전 영역에 퍼져 있습니다. 개인과 집단과 국가에 퍼져 있습니다. 노사 간에 갈등을 일으키는 원인도 이것이고, 국가와 각 진영과 강대국 간에 긴장을 일으키는 원인도 이것입니다. 하나가 높아지면 다른 하나는 더 높아지려 들기 때문에 충돌이 불가피합니다. 자만심! 기고만장한 자만심! 이것이 전쟁의 원인입니다. 결국 전쟁은 정치적이나 경제적인 원인 때문에 일어나는 것이 아니라 순전히 신학적인 원인 때문에 일어나는 것입니다. 즉, 전적으로 죄 때문에 일어나는 것입니다. 다른 원인은 없습니다. 야고보는 "너희 중에 싸움이 어디로부터, 다툼이 어디로부터 나느냐?"라고 물은 다음, 이렇게 대답합니다. "너희 지체 중에서 싸우는 정욕으로부터 나는 것이 아니냐?"(약 4:1) 정욕이 전쟁의 원인이며, 자부심과 자기 숭배가 그 정욕을 만들어 냅니다.

더 나아가 하나님을 버리고 배교의 상태에 빠지면 완전히 잘못된 시각으로 모든 것을 바라보게 됩니다. 인생과 역사와 인간의 위대함에 대해 잘못된 개념을 갖게 됩니다. 저는 이것이야말로 현재 영국의 삶과 관련된 가장 비극적인 사실 중 하나가 아닐까 생각합니다. 다른 나라들도 마찬가지입니다. 삶과 인생에 대한 개념, 역사의 목적과 역할에 대한 개념이 실종되어 버렸습니다. 이것이 죄에 빠진 인간의 비극입니다. 사람들은 스스로 높이고 있다고 생각하지만, 사실은 스스로 깎아내리고 있습니다.

"그 말이 무슨 뜻입니까?"라고 묻는 이가 있을지 모르겠습니다.

제가 말하려는 바는, 오늘날 사람들이 생존에 더욱 매달리게 된 것보다 큰 비극은 없다는 것입니다. 이 점에 주목한 적이 있습니까? 생존 자체가 중요해졌습니다. 그 결과 우리 시대와 우리 세대에, 특히 세계대전 이후에 가장 귀중한 삶의 가치들이 어떤 취급을 받게 되었는지 우리는 목격하고 있습니다.

예를 들어 설명해 보겠습니다. 사람들이 영웅적이라고 생각하는 일들이 있습니다. 그런데 오늘날에는 그런 일들에 대한 소식이 별로 들리지 않습니다. 왜 그럴까요? 사람들이 각자 자기 삶을 유지하는 데만 매진하고 있기 때문입니다. 오늘날 중요한 일은 세상에서 각자 자기 삶을 연장하는 것입니다. 싸울 가치가 있는 대의가 있다거나 목숨을 바칠 만큼 중요한 일이 있다고 생각지 않습니다. 이런 태도를 반영하는 표어들이 있는데, 그중에서도 제 말을 잘 요약해 주는 표어는—단순한 하나의 예를 드는 것일 뿐, 저의 정치적 성향을 밝히는 것은 아닙니다—"죽느니 빨갱이가 되는 게 낫다"는 것입니다. 그렇습니다. 그만큼 죽음이 무섭고 끔찍하다는 것입니다. 노예로 살더라도 생존이 중요하다는 것입니다. "자유인으로 죽느니 차라리 노예로 살겠다"라는 것입니다. 인간의 위대함에 대한 의식이 사라지면서 이런 사상이 생겨났습니다. 계속 생존할 수만 있다면 종처럼 살아도 좋다는 사상이 생겨났습니다.

낭만도 사라져 버렸습니다. 저는 신문을 보면서 연극—이른바 '키친 싱크 드라마kitchen-sink drama'—이 이 점을 보여준다는 것을 알았습니다. 요즘 연극에는 낭만이 없습니다. 생명도 없습니다. 오직 비열한 생존만 있을 뿐입니다. 사람들은 생명이나 원칙에 더 이상 관심이 없습니다. 끔찍하고 비루한 생존만 지속하려 듭니다. 정말 비극적이지 않습니까! 그 원인은 철저히 신학적인 데 있습니다. 이 모든 것은 하나님을 떠난 데서 비롯된 결과입니다. 물론 이 비극을 몰고 온 장본인은 위대한 사상가이자 과학자를 자처했던 백 년 전 사람들이었습니다. 그들은 자신들의 태도가 어떤 결과를 몰고 올지 몰랐습니다. 하나님을 떠나 스스로 높아지려 하는 인간은 결국 자신의 가치를 떨어뜨리고 깎아내리게 되며, 더 이상 자신을 존중할 수 없게 됩니다. 먹고 마시고 성관계를 하면서 생존하는 동물, 짐승에 불과한 존재로 전락해 버립니다. 낭만이 사라져 버린 이유, 이상과 영웅적 행동과 인생을 가치 있게 만드는 요소들이 사라져 버린 이유가 여기 있습니다.

역사의 목적에 대한 말이나 "장차 하나님이 행하실 일을 향해 온 세상이 나아가고"* 있다는 말은 더 이상 들리지 않습니다. 그저 생존만 지속하고 연장하려 들면서 실험 결혼 등이나 가르치는 부도덕한 비관론자들의 이야기가 들릴 뿐입니다. 오, 무서운 타락입니다! 비극입니다! 하나님을 모르고 그의 율법에 무지한 탓에, 따라서 인간의 참된 가치도 모르는 탓에 인간은 타락해 버렸습니다.

이것은 일반적인 원리입니다. 계속해서 다른 측면의 예를 들어 보겠습니다. 율법을 잊거나 무시할 때 나타나는 또 다른 현상은, 불의가 경건하지 않음에서 비롯되는 필연적 결과라는 사실을 모르는

---

* 테니슨Alfred Lord Tennyson, 'A. H. H.를 기념하며In Memoriam A. H. H.'

것입니다. 이에 대한 중대한 진술이 로마서 1:18에 나옵니다. "하나님의 진노가 불의로 진리를 막는 사람들의 모든 경건하지 않음과 불의에 대하여 하늘로부터 나타나나니." 사도가 말하는 순서에 주목하기 바랍니다. 경건하지 않음이 첫 번째고, 불의가 두 번째입니다. 이 순서가 아주 중요합니다. 이 순서를 깨닫지 못하고 기억하지 못한 것이야말로 지난 백 년간의 주된 실수라고 감히 말하고 싶습니다. 이른바 위대한 빅토리아인들이 그 실수와 해악의 장본인들입니다. 그들—소위 위대한 사상가들, 다윈Charles Darwin이나 헉슬리A. L. Huxley나 스펜서Herbert Spencer 같은 인물들과 그 추종자들, 신앙의 확신이 없어 그들을 마땅히 책망하지 못하고 그들의 가르침이 교회의 메시지에까지 침투해 들어오도록 내버려 둔 소심한 교회 지도자들—을 숭배할 필요가 없습니다.

빅토리아인들의 가르침이 무엇입니까? 성경에서 초자연적이고 기적적인 요소들을 다 몰아내고 하나님을 실제 살아 계신 분으로 믿지 않아도, 비할 데 없이 훌륭한 성경의 도덕적, 윤리적 가르침은 얼마든지 지킬 수 있다는 것입니다. 그들은 주 예수 그리스도의 신성과 그가 행하신 기적, 속죄의 죽음, 육신의 부활을 문자 그대로 믿지 않아도 구약성경과 산상설교의 가르침은 지킬 수 있다고 주장했습니다. 신학을 버려도 도덕과 윤리는 지킬 수 있다는 것입니다. 19세기 말의 중요한 특징은 도덕을 개혁하고 이런저런 이상을 순수하게 지키려는 단체들이 생겨난 것이었습니다. 교회와 교회의 메시지는 자꾸 쇠락하고 이런 단체들만 우후죽순으로 생겨났습니다. 사람들은 진심으로 도덕과 신앙의 분리가 가능하다고 믿었습니다. 그러나 그것은 확실히 불가능한 일이라는 것이 오늘날 비극적이고 고통스럽게 확인되고 있습니다. 도덕과 신앙의 분리는 불가능합니다. 실제로 지난 백 년의 세월이 이 점을 입증해 주고 있습니다.

경건과 도덕은 분리될 수 없습니다. 저와 여러분이 살고 있는 시대를 제대로 이해하려면 이 사실을 반드시 알아야 합니다. 경건을 버리는 즉시 불의가 들어옵니다. "사람들의 모든 경건하지 않음과 불의에 대하여……." 이것은 필연적인 순서입니다. 왜 이렇게 되는지 설명해 드리겠습니다. 사람들의 비극은 성경을 너무 모르는 데 있습니다. 모든 것이 성경 안에 있습니다. 우선적인 원리들이 성경 안에 있습니다. 그런데 스스로 지혜롭다고 생각하는 사람들은 이런 원리들을 무시한 채 교육과 도덕적인 문화를 통해 인간에게 필요한 모든 일을 할 수 있다고 주장합니다. 그러나 그럴 수 없습니다. 무엇보다 기준이 없기 때문에 그럴 수가 없습니다. 여러분은 어디에서 기준을 찾습니까? 하나님도 몰아내고 십계명도 몰아내면 대체 무엇을 기준으로 삼겠다는 것입니까?

물론 이에 대한 사람들의 대답은 각자의 의견이 기준이라는 것입니다. 모든 개인의 의견이 똑같이 중요하다는 것입니다. 그러면 과연 도덕적 기준이라는 것을 인정할 이유가 있겠습니까? 이처럼 각자의 의견을 기준으로 삼은 결과는 서로 다른 도덕을 가르치는 학파들이 경쟁적으로 등장한 것입니다. 이른바 쾌락주의는 쾌락이 중요하다고, 우리 모두 즐겁게 살아야 한다고 가르칩니다. 쾌락과 행복을 숭배하라고—나와 다른 이들에게 최대의 행복을 주는 일이 곧 옳은 일임을 믿으라고—아주 진지하게 가르칩니다. 이들의 주장은 반드시 행복을 우선시해야 한다는 것입니다. 우리 모두 행복해져야 한다는 것입니다. 왜 행복해지면 안 되느냐는 것입니다. 행복이 최고의 목적입니다.

공리주의를 옹호하는 이들도 있습니다. 이런 세상에서 우리가 기대할 수 있는 최선은 현상을 유지하고 작동시키는 일이라는 것이 그들의 주장입니다. 좋은가 나쁜가, 옳은가 그른가를 따지는 대신 전반적으로 효과가 있는가를 묻자는 것입니다. 이것이 존 스튜어트 밀John Stuart Mill의 철학으로서, 빅토리아인들은 그를 거의 숭배하다시피 했습니다. 그는 그리스도인이 아니었습니다. 유신론자라고도 할 수 없었습니다. 그는 유익한가, 효과가 있는가가 중요하다고 가르쳤습니다. 이것이 세상의 또 한 가지 이론이요 기준입니다.

이 공리주의를 약간 수정한 것이 편의주의입니다. 이 신념을 옹호하는 이들은 절대적인 기준 같은 것은 없다고 주장합니다. 무엇이 효과가 있는지 판단해야 한다고, 목적이 수단을 정당화한다고 말합니다. 즉, 목적이 바람직하면 어떤 수단을 사용해도 정당하다는 것입니다. 이것은 아주 대중적인 견해이자 예수회를 비롯한 여러 단체와 국가가 채택하고 있는 이론이기도 합니다. 예컨대 사회복지 분야에서도 이 이론이 큰 인기를 얻고 있습니다. 그 결과가 무엇입니까? 이 이론을 다음과 같이 적용하는 이들이 등장한 것입니다. "목적이 수단을 정당화한다면 '힘이 곧 정의'다. 내 힘으로 원하는 목적을 이룰 수만 있다면 얼마든지 그렇게 해도 된다." 히틀러Adolf Hitler는 편의주의의 창시자가 아니었습니다. 그러나 사실상 그가 따른 철학은 편의주의였습니다. 편의주의는 파시즘의 철학입니다. 어떤 체제가 옳다고 판단된다면 그 체제를 강제하는 게 마땅하다는 것입니다. 히틀러를 비롯한 여러 인물의 사례가 보여주듯이, 이로부터 고의적인 거짓말과 속임수를 국가의 합법적 수단으로 옹호하는 무서운 결과가 초래되었습니다. "사랑할 때와 전쟁할 때는 모든 것이 정당하다"라는 옛 속담이 있는데, 그렇지 않습니다. 그것은 거짓말입니다. 사랑할 때와 전쟁할 때라고 해서 모든 것이 정당한 것은 아닙니다. 그럴 때에도 지켜야 할 절대적인 기준이 있습니다.

하나님의 율법을 등지는 순간 기준은 사라지며 결국 의도 사라진다는 요점을 설명하기 위해 이 예를 들었습니다. 편의주의는 다음과 같이 작용하기도 합니다. 기준이 없기 때문에 훈육에 대한 신념이 흔들리고, 특히 벌이라는 개념이 사라져 버립니다. 기준이 없는데 어떻게 훈육하겠습니까? 상황을 훨씬 더 복잡하게 만드는 것은 하나님의 율법이 명하는 기본적이고 영원하고 절대적인 기준을 버린 탓에 도덕 기준이 시대에 따라 계속 바뀐다는 것입니다. 이것이 현대의 첨예한 문제입니다.

이제껏 사는 동안, 이를테면 지난 20년간 사회의 도덕 기준이 어떻게 바뀌었는지 주목해서 본 적이 있습니까? 20년 전에는 누구나 눈살을 찌푸리던 일들이 지금은 버젓이 용인되고 있습니다. 신문—소설은 더 심각하다고 들었습니다—에서 쓰는 언어나 길거리를 비롯한 여러 곳에서 일상적으로 보고 들을 수 있는 말과 행동과 행실에도 변화가 생기기 시작한 것을 보았습니까? 이제는 누가 무슨 짓을 해도 눈썹 하나 까딱하지 않는 것을 보았습니까? 50년 전에는 정치가들 사이에도 기준이 있었지만 지금은 없습니다. 전에는 이혼

하면 입각할 수 없었지만 지금은 가능합니다!

제가 지금 설명하려는 것은, 하나님의 율법을 폐하는 순간 각자 다른 기준을 갖게 될 뿐 아니라 공적인 기준 또한 바뀐다는 점입니다. 여기에서 제기되는 문제가 바로 "무엇이 옳은가?" 하는 것입니다. 세대마다 각자 무엇이 옳은지—옳은 것이 있다고 믿기는 한다면—결정할 권리가 있다고 생각하는 듯합니다. 이것이 울펜덴 보고서Wolfenden Report*의 중대한 논지였습니다. 항상 그 시대 사람들 다수의 견해를 따라야 한다는 것입니다. 하나님의 율법에 기초한 법률이나 이전 세대에 통과된 법률을 따르면 안 된다는 것입니다. 아닙니다! 그것은 완전히 잘못된 생각입니다! 이처럼 중요한 지도자들이 도덕을 결정해 버린 결과, 선과 악의 기준, 옳은 것과 그른 것의 기준이 실종되었고 "악이여, 너는 나의 선이 될지어다"**라는 말에 진심으로 동의하는 이들이 생겨났습니다.

제가 볼 때 지금 우리는 정결하고 순수하며 낭만적인 것이라면 무엇이든 촌스럽고 시대에 뒤떨어진 구닥다리로 무시해 버리는 단계에 급속도로 다가가고 있습니다. 부적절하고 불결한 요소가 없으면 가치도 없고 예술적이지도 않다고 여깁니다. 이런 시각이 예술뿐 아니라 모든 영역에 반영되고 있습니다. 그 한 가지 결과는 벌주는 것을 가혹하고 잔인한 처사로 여기는 것입니다. 10년 안에 모든 사람이 허용할지도 모를 일을 가지고 벌을 줄 수 있겠느냐는 것입

---

* 1957년 9월, 영국의 '동성애 및 매춘 위원회'에서 제출한 보고서.

** 밀턴John Milton, 「실락원Paradise Lost」.

132

니다. 누구도 벌줄 권리가 없고, 따라서 아무 조처도 취하지 않습니다. 벌이라는 것 자체가 없어져 버렸습니다.

그 최종적인 결과는 궁극적인 무법상태입니다. 저는 우리가 그러한 무법상태에 급속도로 다가가고 있다고 생각합니다. '난봉꾼의 편력Rake's Progress'*이 어떻게 진행되는지 살펴보면 흥미진진합니다. 가장 먼저 하는 일은 죄의 개념에 반발하는 것입니다. 세상은 법률을 공표하지만, 성경은 죄를 이야기합니다. 사람들은 이에 반발하며 죄 같은 것은 없다고 주장합니다. "위법이나 범죄는 있을 수 있지만, '죄' 같은 무시무시한 개념은 제거해야 한다"라고 합니다. 그리고 이제는 범죄의 개념까지 제거해 버리는 단계에 이르렀습니다. 사실상 범죄란 없다는 것입니다. 다 질병이라는 것입니다! 그래서 법정에서 의료 전문가가 점점 더 중요한 증인으로 채택되고 있으며, 자연히 판사들은 집행할 법이 없는 탓에 곤란을 겪고 있습니다. 전문적인 증인이 출두해서 "이 사람은 책임이 없습니다. 의식적으로 알고 한 일이 아닙니다"라고 말하거나 "원래 이렇게 태어났기 때문에 어쩔 수 없이 이런 짓을 한 것입니다"라고 말합니다. 그렇습니다. 도착倒錯이라는 말은 이제 쓰지 말라는 것입니다. 도착이란 없다는 것입니다. 자연스럽지 않다는 말도 하지 말라는 것입니다. 저 사람한테 자연스럽지 않은 일이 이 사람한테는 자연스러울 수도 있다는 것입니다. 절대적인 기준이란 없다는 것입니다. 전부 체질이나 의학적인 상태나 신체 여러 분비샘들의 균형에 관련된 문제라는 것

* 윌리엄 호가스William Hogarth의 판화 연작 제목.

입니다. 이처럼 사람들은 죄의 개념을 제거해 버렸고, 이제는 범죄의 개념까지 제거하고 있습니다. 그러면 결국 각자 하고 싶은 대로 하게 되어 있습니다. 그 결과는 완전한 불법과 혼돈입니다.

또 다른 측면에서 설명해 보겠습니다. 율법이 절대적으로 필요하다는 점, 성경이 말하는 율법의 개념을 등지는 순간 재앙으로 나아가게 된다는 점은 충분하고도 분명하게 설명했다고 생각합니다. 세상이 율법을 무시하도록 조장해 온 복음주의자들이 많습니다. 그들은 "이제 율법은 설교하지 마라. 사람들을 정죄하거나 비난하지 말고 그리스도께 나오도록 초청만 해라"라고 말합니다. 율법을 폐함으로 현대의 혼돈을 야기하는 세상의 경향을 복음주의자들이 오히려 방조하며 부추기는 것입니다. 어떤 원리인지 설명해 보겠습니다. 사람들은 율법을 등지고, 금지명령과 세세한 지시사항에 반감을 표출합니다. 그저 일반적인 차원의 선한 시각과 바른 정신만 고취하고 발전시키면 된다고 주장합니다. 무엇은 하고 무엇은 하지 말라고 일일이 지시할 필요가 없다는 것입니다. 그것은 인간에 대한 모욕이라는 것입니다. "하지 말라"라고 금하는 대신 "이렇게 하는 편이 훌륭하지 않겠는가? 옳지 않겠는가? 좋지 않겠는가?"라고 권하라는 것입니다.

금지명령과 세세한 지시를 멀리하는 이 원리가 모든 영역에 적용되어 왔습니다. 예컨대 교육 분야를 보십시오. 이제는 더 이상 아이들에게 읽기와 쓰기와 셈을 가르치거나, 배운 내용이 기억에 남을 때까지 억지로 암기시키고 반복시켜서는 안 된다고 말합니다. 그것은 아주 잘못된 방법이라고 비판합니다. 그렇게 기계적인 방법으로 아이들을 훈육하거나 이미 배운 내용을 억지로 기억하게 만들지 말라고 말합니다. 그런 방법을 쓰면 눈살을 찌푸리며 싫어합니다. 몬테소리 교육법을 소개하는 글에서 읽은 내용이 생생하게 기억납니다. 그들은 반복적인 주입과 훈육 대신 숫자와 단어와 역사 등에 흥미를 갖도록 가르친다고 했습니다. 아이들을 기계 취급하지 않고, 흥미를 유발함으로 이해하게 만든다는 것입니다. 자, 지난 40년간 이런 생각을 점점 더 많이 적용해 온 결과가 과연 어떠한지 여러분도 잘 알 것입니다. 경영자들은 직원들이 간단한 계산조차 하지 못하고 철자와 문법을 모른다고 불평합니다.

대체 무엇이 잘못된 것일까요? 이 모든 것은 아이들의 상태를 제대로 파악하지 못한 데서 비롯된 결과입니다. 아이들은 제대로 이해하지 못합니다. 오히려 아동기는 기억력이 예리하고 활발해서 많은 사실들을 있는 그대로 흡수하는 시기입니다. 그 사실들을 이해하느냐 아니냐는 중요치 않습니다. 이해는 그 다음 단계에 필요한 일입니다. 그에 앞서 사실들부터 가르쳐야 합니다. 아이들이 자라서 그동안 축적해 놓은 사실들, 그때 가서 무한한 가치를 갖게 될 사실들을 활용하여 이성을 쓰거나 향상시킬 수 있도록 미리 준비시켜 주어야 합니다. 아이들이 다 이해한 양 박식하게 말한다고 해서 실제로도 다 이해한 것이 아닙니다. 그저 이론만 말한 것일 뿐, 그에 대한 기본지식을 갖춘 것이 아닙니다. 이것은 금지명령과 세세한 지시를 싫어하는 현대인들의 태도가 반영된 한 예에 불과합니다. 사람들은 지금도 자신들에게는 일반적인 차원의 선한 정신만 있으면 된다고 주장하고 있으며, 우리는 지금 그 결과를 목격하고 있습니다.

율법은 이 모든 태도에 대한 해결책입니다. 우리는 우리를 잘 모르지만 율법은 우리를 잘 알기에 항상 구체적으로 지시합니다. 세부사항을 다루며 금지명령에 관심을 쏟습니다. 그래서 사람들이 십계명을 싫어하는 것입니다. "살인하지 말라. 도둑질하지 말라. 간음하지 말라"라는 계명에 대해 사람들은 "모욕이다!"라고 말합니다. 정말 모욕일까요? 그렇지 않습니다! 율법은 우리를 잘 알고 있습니다. 세세한 실천을 하지 않을 자유만 확보되면 일반적인 차원의 선한 정신은 얼마든지 함양하려 든다는 것을 잘 알고 있습니다. 그래서 그 자유를 허용치 않는 것입니다. 우리를 꼼짝 못하게 붙잡아 놓고 구체적인 사안과 문제들을 조사하는 것입니다. "너는 선한 사람인가?"를 묻지 않고 "너는 이것을 하는가? 저것을 하는가?"를 묻는 것입니다. 우리에게는 이런 질문이 꼭 필요합니다. 그래야 배울 수 있습니다. 어떤 영역, 어떤 분야든 세세한 부분을 다루어야 제대로 배울 수 있습니다. 현대 음악 이론에서 피아노 같은 악기 교육에 대해 뭐라고 말하는지 모르겠지만, 저는 아이들한테 처음부터 명곡을 연습시키기보다 음계를 연습시키는 방법이 좋다고 봅니다. 음계 연습과 손가락 연습부터 해야 합니다. 이렇게 기계적인 연습부터 해놓아야 나중에 그 부분에 매이지 않고 곡 해석에 집중할 수 있습니다. 기계적인 연습이 제대로 되어 있지 않은데 곡 해석부터 시키면 혼란을 겪고 불협화음을 내게 됩니다. 이 같은 일이 오늘날 삶의 전 영역에서 일어나고 있습니다.

율법을 부인함으로써 초래되는 결과의 또 다른 측면을 살펴보겠습니다. 율법을 부인하면 결국 권위와 제재의 필요성도 느끼지 못하게 됩니다. 제재가 따르지 않는 법은 있어 봐야 소용이 없습니다. 법에는 항상 제재가 따릅니다. 하나님이 벌을 주겠다고 하신 일을 하면 당연히 벌을 받습니다. 하나님은 말씀만 하시는 것이 아니라 실제로 벌을 주십니다. 이에 관한 언급이 히브리서 2:2-3에 나옵니다. "천사들을 통하여 하신 말씀이 견고하게 되어 모든 범죄함과 순종하지 아니함이 공정한 보응을 받았거든 우리가 이같이 큰 구원을 등한히 여기면 어찌 그 보응을 피하리요?" 하나님은 돌로 쳐서 죽여야 하는 죄가 무엇인지 정해 놓으셨습니다. 구약 역사를 읽어 보면 실제로 그 법이 시행되었음을 알 수 있습니다. 하나님은 말씀하신 대로 시행하셨습니다. 경고에도 불구하고 끝내 순종하지 않자 말씀하신 대로 벌을 주셨습니다. 동산에서 쫓아내셨고, 애굽에 붙잡혀 종살이를 하게 하셨으며, 바벨론으로 쫓아내셨습니다. 법에는 항상 제재가 따릅니다. 법의 개념에는 권위—그 법을 적용하고 그 법이 공표한 처벌을 시행하는 권위—의 개념이 수반되게 마련입니다. 그런데 이 시대, 이 세대는 그 개념을 아주 싫어합니다. 그래서 세상이 이 지경이 된 것입니다.

어떤 의미에서 세상은 사랑과 은혜에 대한 잘못된 관점에 사로잡혀 있다고 할 수 있습니다. 17절 전반부를 망각해 버린 것이 문제입니다. 17절 후반부는 "은혜와 진리는 예수 그리스도로 말미암아 온 것이라"라고 말합니다. 사람들은 "그래요! 그리스도만 전하면 됩니다. 인류의 모범이요 도덕적 스승인 '창백한 갈릴리인',* 걸출한

---

* 스윈번Algernon Charles Swinburne, '페르세포네에게 바치는 찬가Hymn to Proserpine'.

위인을 전하면 된다고요. 이게 당신이 할 일입니다. 율법 이야기는 이제 그만 하십시오"라고 합니다. "율법은 모세로 말미암아 주어진 것이요"라는 부분을 삭제해 버리는 것입니다. 세상은 스스로 사랑을 믿는다고 생각합니다. 그래서 더 이상 하나님을 예배하지 않습니다. 사랑이야말로 보편적인 해결책이라고 믿습니다. 모든 사람이 그렇게 믿습니다. 그러나 그들은 실제로 하나님을 믿는다고 할 수 없습니다. 하나님 안에는 항상 율법이 있기 때문입니다.

이처럼 하나님과 그의 의와 거룩함에 대해, 죄는 반드시 벌하신다는 그의 결정에 대해 잘못된 개념을 가지고 있는 세상은 인간의 본성에 대해서도 잘못된 개념을 가지고 있습니다. 세상은 인간이 근본적으로 선하다고 생각합니다. 그래서 죄에 대한 성경의 가르침을 좋아하지 않으며 죄를 고백하는 찬송들을 조롱합니다. 금세기의 신학자라는 어떤 사람도 찰스 웨슬리의 찬송을 비웃었습니다.

주의 이름은 의롭고 거룩하나
나는 불의하고
악하며 죄로 가득하니.*

그 신학자는 "이런 말은 하면 안 된다! 일자리를 구할 때 미래의 고용주한테는 이렇게 말하지 않으면서 왜 하나님께는 이렇게 말하는가?"라고 했습니다. 사람들은 말합니다. "그것은 구약의 가르침이요

* 찬송가 441장 3절 다시 옮김.

모세의 가르침이다. '은혜와 진리는 예수 그리스도로 말미암아 온 것이라'라는 말씀을 보라. 인간은 본질적으로 선하다."

이 두 가지 견해—하나님은 사랑이라는 것과 인간은 본래 선하다는 것—때문에 "사람들에게 제대로 사는 법을 알려 주고 이상적인 삶의 모습을 제시해 주면 세상을 바로잡을 수 있다"라는 주장이 나오는 것입니다. 물론 여기에는 전쟁을 종식시키고 거대한 국제 회의체—국제연맹이나 국제연합 등—를 결성하는 일도 포함됩니다. 그렇게만 하면 국가들이 무기를 버리고 함께 행복하게 살게 된다는 것입니다. 이 얼마나 멋진 그림이냐는 것입니다! 그러니까 사람들에게 이 개념만 제시하자는 것입니다.

이것은 두 차례의 세계대전 이후에 나온 주장입니다. 1차 세계대전(1914-1918) 이후에 이상주의가 등장했습니다. 그러나 1945년 이후에는 상황이 달라졌습니다. 무의식적으로나마 이상주의의 허망함을 깨닫게 된 것입니다. 사람들은 1차 세계대전 이후에 영광스러운 이상에 따라 국제연맹을 만들었습니다. 그들은 세계 여러 국가들 간에 평화가 유지되어야 한다고 했습니다. 이 사실을 믿고 실천하지 않을 사람은 하나도 없다고 했습니다. 각 나라에 하나님은 사랑이요 사람은 본질적으로 선하다는 사실을 알리자고 했습니다. 그러면 다 호응한다는 것입니다. 그러니까 호소하자는 것입니다. 합리적으로 호소하자는 것입니다. "하지 말라"라고 금하는 대신 "정말 놀랍지 않은가? 마음에 와 닿지 않는가?"라고 권하자는 것입니다.

여러 나라 지도자들이 히틀러에게 이런 접근법을 시도했습니다. 이것은 후에 유화정책이라는 이름을 얻었습니다. 그들은 유화정책의 힘을 믿었습니다. 체임벌린Arthur Neville Chamberlain 수상은 말했습니다. "일대일로 만나 이야기하면 됩니다.……저는 사업가로서 한 번도 협상에 실패해 본 적이 없습니다. 외교문서를 보내도 되겠지만 저는 직접 갈 생각입니다. 그와 마주 앉아 호소할 겁니다. 그러면 반드시 들을 것입니다." 체임벌린은 진심으로 그렇게 믿었습니다! 그는 매우 정직하고 아주 진지한 사람이었습니다. 그러나 신학은 잘못되었습니다.

또한 사람들은 각 나라에 위대한 이상을 제시한 후 위대한 도덕적 모범을 보여주면 된다고 생각합니다. 양차 세계대전 기간에 일본과 중국이 만주 문제로 충돌하자 한 기독교 지도자가 자원해서 전쟁터로 가 양국 군대 사이에 앉을 사람들을 모집했습니다. 그는 이렇게 놀라운 도덕적 모범을 보여주면 전쟁이 끝나리라고 진심으로 믿었습니다! 오늘날 사람들은 영국이 단독적으로라도 군비를 축소할 것을 촉구하고 있습니다. 그 이유가 무엇입니까? 영국이 그렇게 도덕적 모범을 보이면 다른 나라들의 마음도 움직인다는 것입니다. 그들도 즉시 무기를 버린다는 것입니다.

저는 정치학이 아닌 신학을 전하기 위해 이 자리에 선 사람으로서, 이것은 파괴적이며 절망적인 나쁜 신학이라고 말하고 싶습니다! 도덕적 모범! 사람들이 정말 도덕적 모범에 호응하리라 생각합니까? 그렇다면 이미 오래전에 그리스도께 호응하고 그를 따랐어야 합니다. 인간은 누가 모범을 보인다고 호응하지 않습니다. 근본적으로 본성이 악하기 때문에, 스스로 제재가 필요하고 율법이 필요한 존재임을 모르기 때문에 절대 호응하지 않습니다. "만물보다 거짓되고 심히 부패한 것은 마음이라. 누가 능히 이를 알리요?"(렘 17:9)

결국 비그리스도인들에게 기독교적인 호소를 하는 것만큼 잘못된 일은 없다는 것이 성경의 가르침입니다. 비그리스도인에게 그리스도인의 삶을 기대할 수는 없습니다. 아무한테나 그리스도인의 삶을 살라고 권하는 것은 성경의 진리를 부인하는 짓입니다. 정죄를 모르는 자들에게 은혜와 진리를 전하는 것은 치명적인 잘못입니다. 그런데도 세상은 이제껏 그렇게 해왔고, 이상주의자들은 지금도 그렇게 하고 있습니다.

궁극적으로 평화주의는 이단입니다. 평화주의는 비그리스도인들에게 기독교적인 행동을 기대합니다. 중생치 못한 자들에게 그리스도가 가르치신 원리들을 적용할 수 있다고 믿습니다. 이것은 지극히 이단적인 생각입니다. 저는 지금 전쟁이 선하다고 말하는 것이 아닙니다. 전쟁은 악한 것입니다. 그러나 성경은 사람들이 은혜 아래 들어올 때까지 율법 아래 가두어 두어야 한다고 가르칩니다. 그래서 왕과 여왕과 황제와 정부가 존재하는 것입니다. 바울은 로마 교인들에게 말했습니다. "각 사람은 위에 있는 권세들에게 복종하라. 권세는 하나님으로부터 나지 않음이 없나니―여기에는 로마 황제도 포함된다는 점을 기억하십시오. 바울은 이방 국가들도 포함시키고 있습니다―모든 권세는 다 하나님께서 정하신 바라.……그가 공연히 칼을 가지지 아니하였으니"(롬 13:1, 4).

법은 집행되어야 하고 적용되어야 합니다. 제재가 따라야 합니다. 인간은 심히 부패한 악한 자들이므로―앞서 보았듯이 율법은 인간이 어느 정도로 악한지 보여줍니다—아무리 호소해 봐야 소용이 없다고 성경은 말합니다. 인간은 저마다 자기 기준을 내세웁니다. 율법에 동의하지 않으며, 율법이야말로 이상적인 법이라는 말에 동의하지 않습니다. 오늘날 대다수 영국인들은 주 예수 그리스도와 그 삶의 방식을 이상으로 삼고 있지 않습니다. 당연합니다. 그들은 제가 말한 지저분하고 무서운 일들을 좋아합니다. 그리스도가 보이신 모범에 호응하여 그를 따르지 않습니다. 그렇습니다. 그들은 너무 부패했기 때문에 단속이 필요하고 벌이 필요합니다. 법의 적용이 필요하고 고통이 필요합니다. 그래야 비로소 이해하기 시작합니다. 인간 속에는 하나님의 영광에 화답할 만한 요소가 없습니다. 인간에게는 황제가 필요하고, 왕이 필요하며, "권세"가 필요합니다. 칼이 필요합니다. 악을 억제하지 않으면 완전한 혼돈에 빠지게 되어 있습니다. 이것이 성경의 가르침입니다. 율법의 핵심이 여기 있습니다.

"사악한 자의 길은 험하니라"(잠 13:15). 사악한 자의 길은 험한 것이 당연합니다. 우리 주와 구주 되신 예수 그리스도 안에서, 예수 그리스도를 통해 주시는 은혜와 진리의 메시지에 그나마 귀를 기울이게 만드는 한 가지 방편이 바로 이것입니다. 탕자는 먼 나라에서 돼지들과 지내며 쥐엄 열매를 아쉬워하는 처지가 되고 나서야 자신의 실상을 깨달았습니다. 지금도 마찬가지입니다. 저는 양차 세계대전이 인간의 배교에 대한 하나님의 벌이었다고 생각합니다. 마침내 그리스도가 오셔서 최후의 심판을 하실 때까지 하나님의 벌은 점점 더 위중해질 것입니다.

이것이 세상 전체에 대한 성경의 입장입니다. 성경이 각 사람에 주는 메시지는 이런 실상을 알라는 것입니다. 가시채를 뒷발질하지 말라는 것입니다(행 9:5, 26:14). 하나님의 율법과 싸우지 말라는 것입니다. 하나님은 반드시 법을 집행하신다는 것입니다. 권세를 가지신 하나님, 형벌을 정하신 하나님은 반드시 그대로 시행하실 것입니다. 불법과 불신앙과 반역에 대한 최종 판결은 하나님 앞에서 영원히 추방당하는 것입니다. 이 사실을 알아야 비로소 "예수 그리스도로 말미암아 온 은혜와 진리"의 메시지를 들을 준비가 되었다고 할 수 있습니다.

그리스도인들이여, 제가 이 모든 메시지를 전한 것은 여러분 또한 이웃과 직장 동료와 교제하는 자들에게 이 메시지를 전하길 바라기 때문입니다. 이미 말했듯이 기독교로 가장하고 있으나 사실은 성경의 가르침을 부인하는 거짓 이상주의에 현혹되지 않도록 이 메시지를 전해야 합니다. 이제 여러분은 기독교가 막연하고 무기력한 감상주의가 아니라는 것, 기독교의 토대는 우리 주 예수 그리스도 안에 있는 하나님의 은혜에 이르게 하는 율법과 정의와 진리에 있다는 것을 능히 전할 수 있으리라 믿습니다. 하나님이 우리에게 그 능력을 주시길 원합니다!

7

율법의 참된 본질(1)

초등교사

율법은 모세로 말미암아 주어진 것이요 은혜와 진리는 예수 그리스도로 말미암아 온 것이라. 요 1:17

율법의 역할과 목적에 대한 고찰이 아직 끝나지 않았습니다. 함께 살펴보아야 할 아주 중요한 오해가 한 가지 남아 있습니다. 하나님이 모세를 통해 이스라엘 자손에게 율법을 주신 이유가 무엇일까요? 하나님은 "모세로 말미암아" 율법을 주셨습니다. 갈라디아서 3:19도 "중보자의 손으로 베푸"셨다고 말합니다. 하나님이 이렇게 하신 이유가 무엇입니까?

이에 대한 대답을 여러 가지로 살펴보았음에도 불구하고 또다시 이 질문을 던지는 것은 다음과 같은 사실을 지적하기 위해서입니다. 구약 시대와 특히 주님이 세상에 오신 당시에 이스라엘 자손들에게 나타난 문제들은 전부 하나님의 율법을 오해하고 잘못 적용하며 남용한 데서 비롯되었습니다. 그래서 신약성경이 율법에 지대한 관심을 쏟는 것입니다. 주님도 친히 이 문제를 다루셨습니다. "내가 율법이나 선지자를 폐하러 온 줄로 생각하지 말라. 폐하러 온 것이 아니요 완전하게 하려 함이라"(마 5:17).

사도행전이 율법을 논하는 이유, 로마서와 갈라디아서가 어떤 면에서 율법을 주요한 주제로 삼는 이유, 그 밖의 서신서들 또한 율법을 필히 다루는 이유가 여기 있습니다. 율법의 의미와 역할을 오해하고 오용한 데서 모든 문제가 시작되었습니다. 이것이 인간의 모든 비극과 곤경의 주된 원인입니다.

제가 하나님이 율법을 주신 이유에 다시금 주의를 환기시키는 것은 이처럼 율법에 관련된 문제가 아직 남아 있기 때문입니다. 어떤 모양, 어떤 형태로든 율법을 오해하거나 오용하는 탓에 영적 생활에 혼란을 겪는 이들이 많습니다. 제가 목회를 하면서 계속 발견하는 사실은, 그리스도인들이 율법 아래로 되돌아가 이스라엘 자손들처럼 율법을 오용하는 탓에 혼란을 겪는다는 것입니다. 스스로 그리스도인이라는 확신이 없는 이들도 원인은 항상 똑같습니다. 그렇기 때문에 요한복음 1:17이 말하는 문제, 즉 율법과 은혜의 관계를 분명히 파악하는 일이 중요한 것입니다.

하나의 주장 내지는 원리의 형태로 말씀드리겠습니다. 율법은 구원의 방편으로 주어진 것이 아닙니다. 그런데 이 점에서 유대인들은 가장 기초적인 오류에 빠졌습니다. 율법을 구원의 방편으로 여김으로써 그 역할과 목적을 오해한 것입니다. 그들은 율법을 지키고 실천함으로 하나님 앞에 의로워질 수 있다고, 그가 요구하시는 의를 이룰 수 있다고 믿었습니다. 이것이 그들이 처음에 빠진 오류였으며 그 후에도 내내 벗어나지 못한 오류였습니다. 반복하건대, 오늘날에도 많은 이들이 같은 오류에 빠져 있습니다. 물론 '율법'이라는 말 자체를 늘 쓰는 것은 아니지만, 중요한 원리는 똑같습니다. 자기 힘으로 그리스도인이 될 수 있다고 생각하는 사람은 누구나 같은 오류에 빠져 있다고 할 수 있습니다. 선하게 사는 사람, 선행을 많이 하거나 남을 위해 자신을 희생하는 사람이 곧 그리스도인이라고 규정하는 사람도 마찬가지입니다. 스스로 하나님을 만족시킬 수 있다고 생각하며, 자신의 행함을 통해 하나님께 용납받고 천국에 들어갈 수 있다고 생각하는 사람은 다 같은 오류에 빠져 있는 것입니다. 거듭 말하지만, 이것들은 다 율법의 행위로 의롭다 하심을 받을 수 있다고 믿는 태도입니다. 이러한 기본태도가 여전히 널리 퍼져 있는 것을 보면 놀랍습니다.

이러한 오류는 여러 가지 형태로 나타납니다. 이른바 훌륭하다는 그리스도인들과 그들의 믿음을 조사해 보면 주 예수 그리스도를 믿지 않는다는 사실—일부는 그의 신성도 부인한다는 사실—을 알게 됩니다. 그런데도 왜 그리스도인 대접을 받을까요? 선행을 한다는 이유 때문입니다! 희생을 하고 인류를 섬기며 그리스도의 윤리를 실천하고자 애쓴다는 이유 때문입니다. 그러나 그들은 그리스도의 죽으심과 그의 피를 의지하지 않습니다. 아니, 그의 죽으심과 피를 무시하며 비난하기까지 합니다. 이런 자들을 그리스도인으로 여긴다는 것은 곧 하나님이 율법을 주신 이유와 요점을 오해하고 있다는 뜻입니다.

더 나아가 간혹 세대주의Dispensationalism라고 불리는 확고한 가르침도 똑같이 잘못된 주장을 내세웁니다. 세대주의는 주 예수 그리스도가 죽으시고 부활하신 후에야 은혜의 복음이 등장했다고 주장합니다. 예수는 공생애 기간 동안 은혜가 아닌 "하나님 나라의 복음"—일종의 율법적인 교리—을 전했다고, 그때는 그것을 통해 구원을 받았다고 주장합니다. 사람들이 그를 메시아로 받아들이길 거부하자 그제야 비로소 은혜의 복음이라는 개념이 등장했다는 것입니다. 세대주의의 옹호자들은 복음서가 아닌 서신서—특히 에베소서와 갈라디아서—가 은혜의 복음을 가르친다고 말합니다. 그리고 장차 주님이 세상에 다시 와서 자신의 나라를 세우시면 은혜의 복음은 더 이상 전파되지 않는다고 주장합니다. 그때는 다시 "하나님 나라의 복음"으로, 즉 은혜가 아닌 행위와 순종으로 구원받는다는 것입니다. 다시 말해서 세대주의는 복음에 여러 가지 유형이 있다고 가르치며, 은혜의 복음은 과도기의 복음에 불과하다고 가르칩니다.

그들은 율법을 근본적으로 오해하고 있습니다. 사람들이 자기 행위로, 즉 율법에 순종함으로 구원받는 시대가 있었다고 주장하며 그런 시대가 다시 올 것이라고 주장합니다. 그때는 우리 주와 구주 되신 예수 그리스도 안에서, 그를 통해 주시는 하나님의 은혜 없이도 구원받을 수 있다고 주장합니다. "유대인들이 하나님 나라에 관한 주님의 가르침을 믿고 받아들였다면 은혜의 복음은 전혀 필요치 않았을 것이고, 따라서 등장하지 않았을 것"이라고 노골적으로 이야기합니다. 제가 볼 때 이것은 우리가 빠질 수 있는 오해 중에서도 가장 기본적인 오해입니다. 율법과 은혜의 문제를 제대로 아는 일이 얼마나 중요한지 여러분도 이제 알았을 것입니다.

그렇다면 세대주의 같은 가르침에는 어떻게 답변해야 할까요? 반복하건대, 율법은 구원의 방편으로 주어진 것이 아닙니다. 하나님이 실험적으로 율법을 주셨다는 생각은—세대주의가 결국 도달하는 결론이 이것인데—하지도 말아야 합니다. 세대주의는 하나님이 이스라엘 자손에게 이런저런 말씀을 하신 후에 "자, 내가 이것들을 율법의 형태로 주겠다. 너희가 이것들을 지키며 이대로 살면 구원을 받을 것이다"라고 말씀하셨다고 주장합니다. 실험적으로 율법을 주셨다는 것입니다! 그런데 그 실험이 실패로 돌아갔다는 것입니다.

제가 율법은 구원의 방편이 아니라고 주장하는 근거를 제시해 보겠습니다. 아주 많은 근거가 있는데, 가장 먼저 사도 바울이 로마서에서 무슨 말을 했는지 찾아보겠습니다. 바울은 9장에서 이 문제를 다룹니다. 그는 오직 믿음으로 의롭다 하심을 얻는 일에 대해 설명하는 1-3장에서 먼저 이 점을 지적합니다. "그러므로 율법의 행위로 그의 앞에 의롭다 하심을 얻을 육체가 없나니 율법으로는 죄를 깨달음이니라"(롬 3:20). 그리고 유대인들의 비극적이고도 기본적인 오류를 설명하는 9장에서 훨씬 더 분명하게 이야기합니다.

그런즉 우리가 무슨 말을 하리요? 의를 따르지 아니한 이방인들이 의를 얻었으니 곧 믿음에서 난 의요 의의 법을 따라간 이스라엘은 율법에 이르지 못하였으니 어찌 그러하냐? 이는 그들이 믿음을 의지하지 않고 행위를 의지함이라. 부딪칠 돌에 부딪쳤느니라. 기록된 바 "보라, 내가 걸림돌과 거치는 바위를 시온에 두노니 그를 믿는 자는 부끄러움을 당하지 아니하리라" 함과 같으니라(롬 9:30-32).

과연 그들은 부딪칠 돌에 부딪쳤습니다. 그리고 그 후에도 내내 그 돌에 부딪쳤습니다. 바울은 10장에서도 이 점을 이야기합니다.

형제들아, 내 마음에 원하는 바와 하나님께 구하는 바는 이스라엘을 위함이니 곧 그들로 구원을 받게 함이라. 내가 증언하노니 그들이 하나님께 열심이 있으나

그들은 열심이 있었습니다. 하나님을 기쁘시게 하려는 마음, 하나님과 의로운 관계를 맺고 하나님께 복을 받고 싶어 하는 마음이 있었습니다.

올바른 지식을 따른 것이 아니니라. 하나님의 의를 모르고 자기 의를 세우려고 힘써 하나님의 의에 복종하지 아니하였느니라. 그리스도는 모든 믿는 자에게 의를 이루기 위하여 율법의 마침이 되시니라. 모세가 기록하되 "율법으로 말미암는 의를 행하는 사람은 그 의로 살리라" 하였거니와(롬 10:1-5).

바울은 그리스도를 거부한 유대인들의 전적인 문제가 율법에 대한 오해에 있었음을 명시합니다. 유대인들은 "하나님이 우리에게 율법을 주셨고, 우리는 그 율법을 지킴으로 하나님 앞에 의로워진다. 율

법을 지킴으로 의로워지고 구원을 받는다"라고 했습니다. 바울의 말처럼 "자기 의를 세우려고" 한 것입니다. 그러다가 오히려 하나님의 의에 복종하지 않게 되었습니다. 그리스도가 세상에 오신 목적, 그 모든 말씀과 행동을 하신 목적에 대해 친히 가르치신 내용을 보면 이 관점이 얼마나 잘못된 것인지 알 수 있습니다. 구원은 그리스도 안, 오직 그리스도 안에만 있는 것입니다. 거듭 말하건대 갈라디아서 3:8에 나오는 위대한 진술이 이 점을 아주 분명하게 밝히고 있습니다. "또 하나님이 이방을 믿음으로 말미암아 의로 정하실 것을 성경이 미리 알고 먼저 아브라함에게 복음을 전하되 모든 이방인이 너로 말미암아 복을 받으리라 하였느니라." 사도가 여기에서 명백하게 지적하는 요점은 하나님이 율법을 구원의 방편으로 주시지 않았다는 것입니다. 하나님은 아브라함에게 이미 복음을 주셨습니다.

주 예수 그리스도가 세상에 오신 후에야 복음이 등장했다고 주장하는 이들이 많습니다. 이미 말했듯이 세대주의자들은 그 시기를 부활 이후로 늦추어 잡기까지 합니다. 그에 대한 우리의 답변은 아브라함 때, 아니 아브라함 이전에 이미 복음이 등장했다는 것입니다. 에덴동산 시절인 창세기 3:15에 벌써 등장했다는 것입니다. 물론 구원의 방편으로 은혜의 약속을 명백하게 주신 것은 아브라함 때였습니다. "그러므로 믿음으로 말미암은 자는 믿음이 있는 아브라함과 함께 복을 받느니라"(갈 3:9). 이 복은 장차 그의 후손을 통해 임하게 되어 있었습니다.

사도 바울은 이 진리에 대한 오해, 특히 갈라디아 교인들의 오해 때문에 근심했고, 그래서 이 문제를 더 깊고 넓게 다루었습니다. 그는 말합니다.

> 형제들아, 내가 사람의 예대로 말하노니

이 말의 요지는 "한 가지 예를 들어 분명하고도 확실하게 설명해 주겠다. 아주 쉬운 말로 설명해 주겠다"라는 것입니다.

> 사람의 언약이라도 정한 후에는 아무도 폐하거나 더하거나 하지 못하느니라.

사람의 언약이라도 법적인 효력이 있어서 아무나 폐기하거나 내용을 보태지 못합니다. 유언장 같은 사람의 문서라도 감히 아무나 무시하거나 내용을 보태지 못합니다. 그렇습니다. 언약은 지켜져야 하며, 지켜지게 되어 있습니다. 자, 바울의 말을 계속 들어 보십시오.

> 이 약속들은 아브라함과 그 자손에게 말씀하신 것인데 여럿을 가리켜 "그 자손들이라" 하지 아니하시고 오직 한 사람을 가리켜 "네 자손이라" 하셨으니 곧 그리스도라.

다시 말해서 그리스도 안에서 은혜로 구원해 주실 것을 아브라함에게 이미 약속하셨다는 것입니다. 하나님이 "자손들"이라고 하시지 않고 "자손"이라고 하신 것은 장차 아브라함의 허리에서 나올 한 사람, 곧 그리스도를 통해 모든 민족에게 큰 구원을 주시겠다는 뜻이라는 것입니다. 사도는 다음과 같은 말로 예증을 마칩니다.

> 내가 이것을 말하노니 하나님께서 미리 정하신 언약을 430년 후에 생
> 긴 율법이 폐기하지 못하고 그 약속을 헛되게 하지 못하리라.

사도가 무엇을 주장하는지 알겠습니까? 하나님은 아브라함 때 이미
언약을 맺으셨습니다. 은혜, 오직 은혜로만 구원할 것을 약속하셨습
니다. 장차 태어날 "자손"이신 주 예수 그리스도를 통해 그 구원을
이룰 것을 알려 주셨습니다. 자, 바울은 이것을 언약이라고 부릅니
다. 앞서 말했듯이 평범한 사람이 지상에서 맺은 언약도 아무나 폐
기하거나 내용을 보태지 못하는데, 하물며 하나님이 맺으신 언약은
어떠하겠습니까? 하나님이 아브라함과 맺으신 언약을 430년 후에
등장한 율법이 폐기하거나 밀어내거나 무효화할 수 없습니다. 바울
은 말합니다.

> 만일 그 유업이 율법에서 난 것이면 약속에서 난 것이 아니리라.

은혜, 오직 은혜로 구원하겠다고 하신 하나님이 나중에 가서 "내가
주는 율법을 지키면 구원을 받을 것이다"라고 하신다면, 스스로 자
신의 약속을 번복하시고 폐기하시는 셈이 됩니다. 그것은 말도 안
되는 생각입니다!

자, 유대인들은 물을 것입니다. "그렇다면 하나님은 왜 율법을
주신 것입니까? 구원의 방편으로 주신 것이 아니라면 대체 율법을

주신 목적이 무엇입니까?"

　　그런즉 율법은 무엇이냐?

이제 그 대답이 나옵니다. 이것이 제가 제시하는 첫 번째 원리입니다.

　　범법하므로—사람들의 죄성 때문에—더하여진 것이라. 천사들을 통하여 한 중보자의 손으로 베푸신 것인데 약속하신 자손이 오시기까지 있을 것이라. 그 중보자는 한 편만 위한 자가 아니나 하나님은 한분이시니라.

그러니 율법으로 구원받아야 한다는 걱정은 하지 마십시오.

　　그러면 율법이 하나님의 약속들과 반대되는 것이냐?

이 결정적인 질문에 대한 대답이 바로 나옵니다.

　　결코 그럴 수 없느니라.

그런 생각은 아예 하지도 말라는 것입니다. 입 밖에 꺼내기도 무섭다는 것입니다. 한 하나님이 약속도 주시고 율법도 주셨기 때문에 율법은 약속과 반대될 수 없다는 것입니다.

만일 능히 살게 하는 율법을 주셨더라면 의가 반드시 율법으로 말미암
았으리라.

율법으로 의를 이룰 수 있었다면 당연히 구원의 방편이 되었을 것
입니다.

그러나 성경이 모든 것을 죄 아래에 가두었으니 이는 예수 그리스도를
믿음으로 말미암는 약속을 믿는 자들에게 주려 함이라.

그 다음에 나오는 말을 들어 보십시오.

믿음이 오기 전에 우리는 율법 아래에 매인 바 되고 계시될 믿음의 때
까지 갇혔느니라. 이같이 율법이 우리를 그리스도께로 인도하는 초등교
사가 되어……(갈 3:15-24).

저는 하나님이 율법을 실험적으로 주시지 않았다는 사실, 율법을
구원의 방편으로 주신 적이 없다는 사실을 밝히기 위해 사도가 수
고를 아끼지 않는다는 점을 강조하고 싶습니다. 만약 하나님이 율
법을 구원의 방편으로 주셨다면 자신의 언약, 자신의 맹세, 자신의
말씀을 번복하시는 셈이 된다고 사도는 말합니다. 하나님은 아브라
함에게 이미 복음을 주셨습니다. 그리고 그는 하나님이시기 때문에
한번 하신 말씀을 번복하실 수 없습니다. 따라서 다른 건 몰라도 율
법이 하나님과 의로운 관계를 맺을 수 있는 방편이 된다는 생각은

절대 해서는 안 됩니다.

논의를 마무리 짓기 위해 다음과 같이 설명해 보겠습니다. 유대인들은 율법의 역할과 목적을 오해했고, 그 때문에 율법의 요구도 오해했습니다. 그래서 주님이 산상설교에서 율법을 자세히 설명해 주신 것입니다. "옛사람에게 말한 바……하였다는 것을 너희가 들었으나 나는 너희에게 이르노니"(마 5:21-22). 다시 말해서 유대인이든 누구든 율법을 지킴으로 하나님 앞에 바르고 의로워질 수 있다고 착각하는 것은 율법의 정신을 무시하고 문자에만 집중한 탓입니다. 주님은 끊임없이 율법의 정신에 주의를 환기시키셨습니다. 그는 산상설교뿐 아니라 마태복음 15장과 마가복음 7장에서도 이 문제를 다루셨는데, 그 요지는 이것입니다. "너희는 율법보다 전통을 앞세우면서 특정한 말과 행동만 하지 않으면 아무 문제가 없다고 하는데, 그것은 너희 말이지 하나님의 말씀이 아니다." 유대 지도자들은 진정한 율법의 요구와 명령 대신 자신들의 해석을 따랐습니다.

이것이 첫 번째 원리입니다. 율법은 구원의 방편으로 주어지지 않았습니다. 특히 복음주의적인 사람들이 잘 알아들을 수 있도록 설명해 보겠습니다. 반복하건대, 오직 믿음으로 의롭다 하심을 얻는다는 교리를 수호하겠다는 일념 때문에 "율법은 우리와 아무 상관이 없다. 우리는 오직 그리스도를 전할 뿐이다"라고 말하는 이들이 많습니다. 그러나 그것은 잘못된 태도입니다. 유대인들의 오류를 잘못된 방식으로 바로잡는 것이며, 율법을 주신 목표와 목적을 오해하는 것입니다. 그렇다면 율법을 주신 목적이 무엇인지 계속해서 살펴봅시다.

두 번째 원리는, 우리에게 유죄를 선고하며 죄의 심히 죄됨을 보여주기 위해 율법을 주셨을 뿐 아니라 율법으로는 절대 구원받을 수 없음을 알려 주기 위해 율법을 주셨다는 것입니다. 이것은 역설이 아닙니다. 오히려 요점을 강조하는 말입니다. 하나님은 구원의 방편으로 율법을 주신 것이 아니라, 율법을 지킴으로 구원받을 수 없음을 보여주기 위해 율법을 주셨습니다. 제가 이렇게 말하는 근거를 제시해 보겠습니다. "율법이 육신으로 말미암아 연약하여 할 수 없는 그것을 하나님은 하시나니 곧 죄로 말미암아 자기 아들을 죄 있는 육신의 모양으로 보내어 육신에 죄를 정하사"(롬 8:3). 이것은 중대한 진술입니다. 율법은 사람을 구원할 수 없었습니다. 물론 하나님은 율법을 주시기 전에 이미 그 사실을 알고 계셨습니다. 여기에서 세대주의의 가르침이 결정적으로 무너져 내립니다. 그렇지 않습니까? 하나님은 모든 것을 알고 계십니다. 처음부터 끝까지 다 알고 계십니다. 그가 모르시는 것은 하나도 없습니다. 그는 율법이 아무도 구원하지 못한다는 것을 아셨습니다. "율법이……할 수 없는 그 것을……."

그렇다면 율법은 왜 아무도 구원하지 못할까요? "육신으로 말미암아 연약"하기 때문이라고 바울은 대답합니다. 여기에는 세 가지 주된 의미가 있다고 생각합니다. 첫째로, 율법은 너무 높은 수준을 요구하기 때문에 사람을 구원하지 못합니다. 이미 말했듯이 유대인들은 스스로 율법을 지키고 있다고 생각했습니다. 사도 바울도 한때 그렇게 생각했습니다. 그는 빌립보서 3장에 나오는 자전적인 진술에서 자신이 "율법의 의로는 흠이 없는 자"였다고 말합니다(빌 3:6). 그도 바리새인 시절에는 실제로 하나님의 율법을 지키고 있다고 생각했던 것입니다. 바리새인들은 누구나 그렇게 생각했습니다. 그들의 문제가 무엇이었을까요? 율법의 진정한 요구를 몰랐다는 것입니다. 율법의 요구를 멋대로 축소해 버렸다는 것입니다. 그들은 하나님의 율법을 인간이 지킬 수 있는 수준으로 끌어내렸습니다. 그리스도를 믿지 않는 훌륭한 자들, 스스로 의롭고 바르다고 생각하는 자들이 지금도 하고 있는 일이 이것입니다. 사람들은 낮은 기준을 정해 놓고 스스로 그 기준을 지키고 있다고 생각하며, 따라서 아무 문제가 없다고 생각합니다. 그렇지 않습니다. 바울의 말처럼 그것은 하나님의 의가 아닌 인간의 의에 불과합니다. 인간은 "우리가 특정한 행동을 금하고 선을 행하면 하나님은 만족하신다"라고 말합니다. 그러나 하나님은 그렇게 말씀하시지 않습니다.

그러면 뭐라고 말씀하십니까? 마음을 다하고 목숨을 다하고 뜻을 다하고 힘을 다하여 하나님을 사랑하라고, 이웃을 자신같이 사랑하라고 말씀하십니다(마 22:37-40 참조). 이것이 율법의 요구입니다. 여러분이 뭐라고 주장하든 상관없습니다. 하나님은 이렇게 말씀하십니다. 지금 여러분은 누구에게나 존경받는 아주 훌륭하고 좋은 사람일지도 모릅니다. 그러나 전 존재를 다해 하나님을 사랑하고 있습니까? 그렇지 못하다는 것을 저는 입증해 보일 수 있습니다. 그렇게 훌륭한 자기 자신의 모습에 만족하며 자신과 자신의 행동에 자부심을 느끼는 사람, 그래서 주 예수 그리스도의 필요성을 보지 못하는 사람은 무서운 죄인입니다. 죄인 중에 괴수라고도 할 수 있습니다. 자신은 아무 죄도 짓지 않았고 잘못도 범하지 않았기 때문에 군이 하나님의 아들이 오실 필요가 없다고 말하는 영적 교만과 자기만족의 죄보다 큰 죄는 없기 때문입니다.

사람들은 왜 그런 말을 하는 것일까요? 반복하건대, 자기들 나름대로 죄를 규정해 버리기 때문입니다. 그들은 살인하거나 간음하거나 술 취한 적이 없습니다. 그러나 중상이나 교만이나 질투나 시기나 속물근성이라는 측면에서도 과연 무죄할까요? 그들은 이런 것을 죄로 여기지 않습니다. 자기들 나름대로 죄를 규정해 버립니다. 그러나 하나님은 달리 규정하십니다. 사람들은 율법이 얼마나 높은 수준을 요구하는지 모릅니다. 율법은 전 존재를 다해 하나님을 사랑할 것과 자기 자신을 사랑하듯이 이웃을 사랑할 것을 요구합니다. 하나님의 영광을 위해 살 것을 요구합니다. 이미 보았듯이 율법의 관심은 동기와 욕망에 있습니다. 바울은 "탐내지 말라"라는 말씀 앞에 엎어졌습니다. 여러분, 이것이 율법이 요구하는 수준입니다. 탐내기만 해도 죄인이라는 것입니다.

율법이 어떤 수준을 요구하는지 보여주는 또 다른 구절을 찾아보겠습니다. 이제껏 제가 일반적인 측면에서 설명한 내용을 바울은 이렇게 요약합니다. "사랑은 이웃에게 악을 행하지 아니하나니 그러므로 사랑은 율법의 완성이니라"(롬 13:10). 사랑이 넘치지 않는다면 율법을 이루지 못한 것입니다. 율법의 완성은 사랑이기 때문입니다. 다른 구절도 찾아봅시다. "내가 할례를 받는 각 사람에게 다시 증언하노니 그는 율법 전체를 행할 의무를 가진 자라"(갈 5:3). 율법 전체를 행해야 합니다! 율법에 대한 최종적인 진술은 야고보서에 나옵니다. 스스로 의롭다고 여기는 자에게 반드시 읽혀야 할 서신이 바로 야고보서입니다. 믿음으로 의롭다 하심을 얻는다는 사실을 납득하지 못하는 사람이 있다면 야고보서를 읽히십시오. 제 말이 이상하게 들립니까? 야고보의 말을 직접 들어 보기 바랍니다. "누구든지 온 율법을 지키다가 그 하나를 범하면 모두 범한 자가 되나니"(약 2:10). 율법의 99.999퍼센트를 지켜도 구원받지 못한다는 것입니다! 아무리 작은 것을 놓쳐도 실패라고 야고보는 말합니다. 이것이 율법이 요구하는 수준입니다! 율법은 절대적이고 완벽한 순종을 요구합니다. 어떠한 양해 조건도, 도망갈 구멍도, 흔히 말하는 '빠져나갈 구석'도 주지 않습니다. 전적으로 순종하지 않으면 아예 순종하지 않은 것으로 여깁니다. 이것이 율법입니다. 이런 율법을 과연 누가 지킬 수 있겠습니까! 이런 율법의 특질과 요구를 고려할 때, 율법은 사람을 의롭게 하려고 주신 것이 아님을 분명히 알 수 있습니다.

"율법이 육신으로 말미암아 연약하여 할 수 없는 그것"이라는 말씀의 두 번째 의미, 즉 율법이 우리를 구원하지 못하는 두 번째 이유는 우리에게 전적인 책임을 맡긴다는 데 있습니다. 율법은 우리를 찾아와 "그렇다. 이것이 네가 할 일이다. 네가 이 일을 해야 한다"라고 말합니다. 그러나 나는 연약한 존재입니다. "육신으로 말미암아 연약"한 존재입니다. 죄인입니다. 그뿐 아니라 내 속에는 모순이 있습니다. 로마서 7장이 다루는 중대한 주제가 이것입니다. 사도 바울은 말합니다.

우리가 율법은 신령한 줄 알거니와 나는 육신에 속하여 죄 아래에 팔렸도다. 내가 행하는 것을 내가 알지 못하노니 곧 내가 원하는 것은 행하지 아니하고 도리어 미워하는 것을 행함이라. 만일 내가 원하지 아니하는 그것을 행하면 내가 이로써 율법이 선한 것을 시인하노니……내 속 곧 내 육신에 선한 것이 거하지 아니하는 줄을 아노니 원함은 내게 있으나 선을 행하는 것은 없노라(롬 7:14-16, 18).

단순히 율법에 동의하거나 "훌륭해! 정말 저렇게 살아야 해" 하면서 감탄만 하면 되는 것이 아니라는 점에 주목하십시오. 율법은 찬양의 대상이 아니라 실천의 대상입니다.

내가 원하는 바 선은 행하지 아니하고 도리어 원하지 아니하는 바 악을 행하는도다(롬 7:19).

우리가 다 그렇지 않습니까?

그러므로 내가 한 법을 깨달았노니 곧 선을 행하기 원하는 나에게 악이 함께 있는 것이로다. 내 속사람으로는 하나님의 법을 즐거워하되 내 지체[몸] 속에서 한 다른 법이 내 마음의 법과 싸워 내 지체 속에 있는 죄의 법으로 나를 사로잡는 것을 보는도다. 오호라, 나는 곤고한 사람이로다. 이 사망의 몸에서 누가 나를 건져 내랴?(롬 7:21-24)

그렇습니다. 율법은 우리에게 전적인 책임을 맡깁니다. 나는 말합니다. "그렇다. 나는 하나님의 율법이 선하고 훌륭함을 알기에 그것을 지킬 것이며, 그것을 지키고 싶다." 그래서 율법을 지켜 보려 하지만 실패합니다. 내 지체 속에 있는 다른 법이 나를 주저앉힙니다. 지키고 싶은데 지킬 수가 없습니다. 객관적으로 볼 때 분명히 잘못된 일이고 그러면 안 된다는 것을 알면서도 그렇게 합니다! 이것이 우리의 삶이요 경험입니다. 나는 "속에 선한 것이 거하지" 않게 생겨 먹은 존재입니다(롬 7:18). 그래서 이렇게 모순된 짓을 계속합니다. 다시 말해서 율법은 우리가 해야 할 일을 알려 주는 것이 고작입니다. 율법이 어떻게 상황을 더 악화시키는지는 이미 살펴보았습니다. 죄인인 우리는 율법을 들으면 들을수록 더 정욕에 사로잡혀 죄를 짓게 됩니다. 율법이 잘못되었기 때문이 아닙니다. 우리가 심히 잘못되었기 때문입니다.

> 그런즉 선한 것이 내게 사망이 되었느냐? 그럴 수 없느니라. 오직 죄가 죄로 드러나기 위하여 선한 그것으로 말미암아 나를 죽게 만들었으니 이는 계명으로 말미암아 죄로 심히 죄되게 하려 함이라(롬 7:13).

율법을 구원의 방편으로 주시지 않았다는 말에 담긴 마지막이자 세 번째 의미는, 율법은 우리를 전혀 돕지 못한다는 것입니다. 해야 할 일을 알려 주는 것만으로는 충분치 않습니다. 해야 할 일이 무엇인지는 누구나 알지 않습니까? 여기에 인생의 전적인 비극이 있습니다. 알면서도 못하는 것입니다. 율법은 "이렇게 하라!"라고 말합니다. 그런데 나는 할 수가 없습니다. 율법은 나에게 전적인 책임을 맡깁니다. 사도들은 이 진리를 알았습니다. 사도행전 15:10의 놀라운 진술이 말하는 바도 이것입니다. 사도 베드로는 바로 이 문제를 논의하기 위해 예루살렘에서 열린 초대교회 회의에 참석했습니다. 그는 말했습니다. "지금 너희가 어찌하여 하나님을 시험하여 우리 조상과 우리도 능히 메지 못하던 멍에를 제자들의 목에 두려느냐?" 그리스도인이 된 이방인들도 율법을 지켜야 하며 할례를 비롯한 율법의 의무를 이행해야 한다고 주장하는 자들이 있었습니다. 베드로의 요지는 "자, 율법을 고집하지 마라. 그것은 메지 못할 멍에다. 아무도 그 멍에를 제대로 메지 못했다"라는 것입니다.

요컨대 율법은 구원을 위해 주신 것이 아닙니다. 오히려 율법으로는 아무도 구원받을 수 없음을 알리고자 주신 것입니다.

마지막으로 율법을 주신 이유에 대한 세 번째 원리를 살펴봅시다. 하나님이 율법을 주신 이유가 무엇입니까? 율법을 주실 때 염두에 두신 진정한 목적, 근본적인 목적이 무엇입니까? 세 가지 원리중 마지막 단계로 다룰 것은 이것입니다. 첫 번째 원리는 율법을 구원의 방편으로 주신 것이 아니라 죄 때문에 주셨다는 것이었고, 두번째 원리는 죄의 죄됨을 알리고자 주셨다는 것이었습니다. 이제 살펴볼 세 번째 원리는 "우리를 그리스도에게로 인도하기 위해" 주셨다는 것입니다! 제가 "율법은 모세로 말미암아 주어진 것이요 은혜와 진리는 예수 그리스도로 말미암아 온 것이라"라는 17절 말씀에 왜 이토록 큰 관심을 쏟는지 이제 이해가 될 것입니다. 왜 이토록 열심히 율법을 무시하거나 정죄하거나 조롱하면 안 된다고 하는지, "율법은 중요치 않다"라고 말하거나 "그리스도와 은혜를 믿는 그리스도인은 율법에 신경 쓸 필요가 없다"라고 말해선 안 된다고 하는지 이해가 될 것입니다. 이런 태도의 문제점이 보이지 않습니까? 율법은 궁극적으로 우리를 그리스도께로 인도하기 위해 주어진 것입니다. 우리는 절대 자기 힘으로 구원받을 수 없다는 사실, 철저히 무력하고 가망 없는 존재라는 사실을 알리기 위해 주어진 것입니다.

이처럼 자기 힘으로 구원받을 수 없다는 사실을 인정하지 않는데서 어려움이 발생합니다. 자기 힘으로 구원받을 수 있다고 믿기 때문에 그리스도를 믿지 않고, 그의 구원을 받아들이지 않는 것입니다. 세워지기 위해서는 먼저 무너져야 합니다. 옛적에 시므온이 주의 모친에게 했던 말을 상기해 보십시오. "이는 이스라엘 중 많은 사람을 패하거나 흥하게 하며 비방을 받는 표적이 되기 위하여 세움을 받았고"(눅 2:34). 은혜를 받으려면 먼저 비참한 걸인으로서 자신의 궁극적인 무력함을 절감해야 합니다. 그런데 그것을 절감케 하는 것은 하나님의 율법밖에 없습니다. 오직 율법만이 우리에게 유죄를 선고하며 우리를 승복시킵니다. 이제껏 말했듯이 율법의 참된 본질을 아는 순간 우리는 자신이 아무 가망 없는 존재임을 발견하게 됩니다. 백 퍼센트 순종! 그것은 불가능합니다! 내 지체 속에 "한 다른 법"이 있습니다. 내 자아는 분열되어 있습니다. 나는 율법을 지킬 수 없습니다! 차라리 포기하는 편이 낫습니다. 이처럼 율법이 내 속에서 일하기 시작하면 절망적인 부르짖음이 터져 나오게 되어 있습니다.

내 손의 수고로

율법의 요구 채울 수 없고

쉼 없는 열심과

늘 흘리는 눈물로도

죄 속할 수 없나이다.

주여, 오직 주께서 구원해 주셔야 하나이다.

—오거스터스 탑레이디Augustus Toplady

갈라디아서에 나오는 사도 바울의 장엄한 표현을 빌려서 말해 보겠습니다. "믿음이 오기 전에 우리는 율법 아래에 매인 바 되고 계시될 믿음의 때까지 갇혔느니라"(갈 3:23). 율법을 주신 이유가 여기 있습니다. 이미 살펴보았듯이 이것이 바울이 전개한 논리의 종착점입니다. 그는 하나님이 복음을 통해 아브라함에게 주신 은혜의 교리를 밀쳐 내려고 율법을 주신 것이 아니라고 했습니다. 당연합니다! 그런 의도로 율법을 주셨다면 하나님은 모순된 분이 됩니다. 하나님은 이미 주신 약속을 폐하고자 율법을 주신 것이 아닙니다.

그러면 무엇 때문에 율법을 주셨습니까? 약속이 성취될 때까지 우리를 가두어 두고자 주셨습니다. 무슨 짓을 해도 자기 힘으로 구원받을 수 없음을 보여주고자 주셨습니다. 사람들은 갇혀 있었습니다. 하나님의 약속이 이루어질 때까지 갇혀 있었습니다. 하나님은 아브라함에게 처음 이 약속을 주셨고, 사랑하시는 아들을 보내 우리 대신 온전히 행하게 하심으로 이 약속을 이루셨습니다. 그때까지 사람들은 함구한 채 갇혀 있었습니다! 오, 저는 흠정역의 번역이 마음에 듭니다.* 이제껏 생각지 못했는데, 상당히 좋은 번역입니다. 율법이 여러분에게 뭐라고 하는지 압니까? 함구하라고 합니다! 자기 의에 대해, 자기 선함에 대해, 큰 희생에 대해 아무 말 하지 말고 함구하라고 합니다. 함구하십시오! 하나님과 의로운 관계를 맺으려는 어떤 시도도 하지 말고 티끌과 재 가운데 엎드려 손으로 입을 막고 함구해야 합니다. 세상에서 가장 훌륭한 사람이라도, 가장 도덕적이고 윤리적인 사람이라도 굵은 베옷을 입고 티끌을 무릅쓰며 엎드려야 합니다. 함구하십시오!

더 나아가 바울은 갈라디아서 3:24에서 이렇게 덧붙입니다. "이같이 율법이 우리를 그리스도께로 인도하는 초등교사가 되어." 지금도 마찬가지입니다. 다시금 주장하는 바, 이 초등교사의 인도 없이 그리스도께 나아갈 자는 아무도 없습니다. 회심하고 중생했다고 하면서도 "회개한 적이 없다"라고 말하는 사람을 저는 이해하지 못합니다. 그런 복음은 성경에 없습니다. "그리스도께 복 받고 싶고 이런저런 것들을 받고 싶어서 나왔습니다"라고 말하는 사람, 자신이 절망적인 죄인인 줄 모르고 나오는 사람은 진정으로 그리스도께 나온 것이 아닙니다. 율법은 믿음으로 의롭다 하심을 얻도록 우리를 그리스도께로 인도해 주는 초등교사입니다. 이 일을 위해 율법을 주신 것입니다. 바로 이것이 율법을 주신 이유에 대한 영감 있는 설명입니다. 율법을 무시하지 마십시오. 요한복음 1:17을 곡해하지 마십시오. 율법을 차 버리지 마십시오. 평가절하하지 마십시오. 그

---

* 흠정역은 "갇혔느니라"를 "shut up"으로 옮겨 놓았다.

166

것은 요한의 의도가 아닙니다. 요한은 우리를 그리스도와 그리스도가 주신 영광으로 인도하기 위해 율법을 주셨다는 점을 밝히려 합니다. 율법의 목적은 그리스도의 탁월성을 강조하는 데 있습니다.

그러므로 유대인들을 비롯하여 행위로 의롭다 하심을 얻으려 하는 모든 이들의 오류에 제대로 대처하는 방법은 율법을 무시하는 것이 아니라 제대로 사용하는 것입니다. 율법에 대한 제 설교를 듣고 '그래, 율법대로 하면 그리스도인이 될 수 있어'라고 생각하며 집으로 돌아간다면 저는 율법을 그릇되게 전한 것이고 잘못 전한 것입니다. 반면에, '난 정말 아무 소망이 없는 자로구나. 나 아닌 누군가가 구원해 주지 않는 한 이대로 끝장이로구나'라고 생각한다면 율법을 제대로 전한 것입니다. 이것이 유대인들에게 줄 수 있는 답변입니다. 율법을 거부하고 전하지 않는 것이 아니라 제대로 전해야 합니다. 다시 한 번 사도 바울의 말을 인용하겠습니다.

율법은 사람이 그것을 적법하게만 쓰면 선한 것임을 우리는 아노라.

율법을 반납하려는 자들에게 바울은 "아니, 그것은 잘못이다"라고 말합니다.

알 것은 이것이니 율법은 옳은 사람을 위하여 세운 것이 아니요 오직 불법한 자와 복종하지 아니하는 자와 경건하지 아니한 자와 죄인과 거룩하지 아니한 자와 망령된 자와 아버지를 죽이는 자와 어머니를 죽이는 자와 살인하는 자며 음행하는 자와 남색하는 자와 인신매매를 하는 자와 거짓말하는 자와 거짓 맹세 하는 자와 기타 바른 교훈을 거스르는 자를 위함이니 이 교훈은 내게 맡기신 바 복되신 하나님의 영광의 복음을 따름이니라(딤전 1:9-11).

이것이 율법을 바르게 바라보고 바르게 사용하는 태도입니다. 율법에 대한 저의 관심은 신학적인 것이 아닙니다. 일차적으로는 목회적인 것입니다. 율법의 문제로 고민하는 사람들이 거의 매주일 저를 찾아와 말합니다. "제 과거와 죄에 대해 말씀드릴 게 있는데요……." 그러면 저는 그 사람이 율법의 문제를 제대로 이해하지 못하고 있음을 간파하고, 이렇게 묻습니다.

"지금 본인이 죄인이라고 고백하시는 겁니까?"

"오, 그렇습니다. 저는 무서운……."

"당신은 믿음으로 의롭다 하심을 얻을 권리가 있습니다."

"하지만 목사님이 실상을 아시면……."

"제가 실상을 아느냐 모르느냐는 중요치 않아요. 그리스도는 경건하지 않은 자를 위해 죽으신 분이요 경건하지 않은 자를 의롭다 하시는 분입니다."

과연 자신이 용서받을 수 있을까 의심하며 확신을 갖지 못하는 사람들을 보면서 느끼는 바는 '내가 좀 더 잘 살면 될 텐데'라는 생각이 여전히 그들을 사로잡고 있다는 것입니다. 그 죄만 제거하고 그 죄만 끊으면 아무 문제가 없으리라고 생각합니다. 이것은 그들이 여전히 율법 아래 머물고 있다는 뜻입니다. 여전히 율법을 구원과 해방의 수단으로 간주하는 애초의 오류에 빠져 있다는 뜻입니다.

사랑하는 여러분, 이제 분명히 알겠습니까? "율법의 행위로 그의 앞에 의롭다 하심을 얻을 육체가 없나니 율법으로는 죄를 깨달음이니라"(롬 3:20). 율법은 여러분에게 유죄를 선고함으로써, 여러분을 무너뜨리고 함구시키며 완전히 무력한 상태로 방치함으로써, 유일한 구원자 되시는 우리 주 예수 그리스도께로 인도해 주는 초등교사이자 선생의 역할을 합니다. "율법은 모세로 말미암아 주어진 것이요 은혜와 진리는 예수 그리스도로 말미암아 온 것이라."

8

율법의 참된 본질(2)

은혜의 표지판

율법은 모세로 말미암아 주어진 것이요 은혜와 진리는 예수 그리스도로 말미암아 온 것이라. **요 1:17**

지금까지 우리는 율법의 진정한 역할과 목적을 살펴보았습니다. 율법은 우리에게 하나님을 계시해 주기 위해, 하나님의 성품과 그 거룩하심을 알려 주기 위해, 하나님과 우리의 관계를 알려 주기 위해 주어진 것임을 알았습니다. 또한 하나님이 우리에게 요구하시고 기대하시는 높은 수준을 보여줌으로써 우리 죄를 드러내기 위해, 오직 하나님만 우리의 필요를 채우실 수 있음을 알려 주기 위해 주어진 것임을 알았습니다. 죄의 심히 죄됨을 드러내기 위해, 죄가 가볍고 피상적인 것이 아니라 우리 존재 깊은 곳에 자리 잡고 있는 것임을 보여주기 위해—이 또한 같은 목적입니다—주어진 것임을 알았습니다.

이것은 우리가 마지막으로 살펴볼 요점, 즉 우리의 철저하고 전적인 무력함과 절망으로 연결됩니다. 지난번에는 "율법의 진정한 임무와 역할은 초등교사로서 우리를 그리스도께로 인도하여 데려가는 것"이라는 말로 설교를 마쳤습니다. 율법은 구원의 방편으로 주어진 것이 아닙니다. 갈라디아 3장에 나오는 사도의 표현을 빌리자면 우리를 가두고 함구시켜 그리스도께로 이끌어 가기 위해, 모든 출구와 피할 길을 막아 그리스도를 대면케 하기 위해 주어진 것입니다.

이제 우리는 다음과 같이 주장할 수 있는 단계에 이르렀습니다. 율법에 대해 알아야 할 가장 중요한 사실은 율법이 은혜를 가리키는 지시봉이자 표지판이라는 것입니다. 이것은 기본적인 주장입니다. 율법은 그리스도를 가리킵니다. 모세는 주 예수 그리스도를 가리키며 주님이 오셔야 하는 이유를 알려 줍니다. 다시 말해서 복음의 서론 내지 도입부로서 율법보다 좋은 것은 없습니다. 이것이 율법의 진정한 역할입니다. 율법은 은혜의 도입부, 우리 주와 구주 되신 예수 그리스도의 오심을 준비하는 도입부입니다. 이를테면 강림절이 시작되는 이 시점에 그의 오심을 예비하는 길목이 되어 준다고 할 수 있습니다.* 요한이 복음서 서문에서 하고 있는 일이 이것입니다. 요한은 말씀이 어떻게 육신이 되셨는지, 율법과 관련하여 왜 육신이 되셔야만 했는지 알려 줍니다. 더 구체적으로 말하자면 인간을 참으로 구원하고 해방하기 위해 육신이 되셔야만 했던 이유를

---

* 이 설교는 1962년 11월 25일에 전해졌다.

알려 주는 것입니다.

이것이 율법과 은혜의 관계, 모세와 그리스도의 관계를 이해하는 핵심 열쇠입니다. 양자를 대립관계로 보는 태도가 완전히 잘못된 것이라는 사실을 제가 왜 그토록 강조했는지 이제 이해가 될 것입니다. 율법을 무시하는 태도나 율법의 기능을 과대평가하여 의지하려는 태도, 율법을 구원의 수단 내지 방편으로 여기는 태도가 얼마나 잘못된 것인지도 깨달았을 것입니다. 현관은 집이 아닙니다. 도입부는 주제가 아닙니다. 예비단계는 본 단계가 아닙니다. 율법과 은혜의 관계도 이와 같습니다. 두 가지를 분리시켜서도 안 되지만, 율법을 구원과 해방의 방편으로 격상시켜 중심부에 두어서도 안 됩니다. 그리고 우리는 아주 중요한 단계에 도달했습니다. 율법이 그리스도를 가리킨다는 사실, 우리를 가두어 그리스도께로 인도한다는 사실을 알게 된 것입니다. 이것이 율법이 할 수 있는 일이요 율법이 해야 하는 일입니다. 그러나 율법의 역할은 여기까지입니다. 지난번에 살펴본 구절을 기억할 것입니다. "율법이……할 수 없는 그것을"(롬 8:3). 율법이 할 수 있는 일이 있고, 할 수 없는 일이 있습니다.

이제 율법이 은혜의 도입부이자 은혜를 가리키는 지시봉이라는 사실에 비추어 율법과 은혜의 관계를 다시 살펴보되, 여러 가지 예를 통해 살펴보도록 하겠습니다. 첫 번째는 이것입니다. 실제로 율법은 그 존재 자체로 은혜를 가리키는 역할을 합니다. 하나님이 천사를 통해 모세에게 처음 율법을 주셨을 때 이미 그 속에 은혜의 요소가 들어 있었습니다. 무엇을 보면 알 수 있을까요? 자, 의식법을 보면 알 수 있습니다. 이 점을 꼭 기억해야 합니다. 하나님은 모세에게 십계명과 도덕법만 주신 것이 아니라 이른바 의식법도 함께 주셨습니다. 의식법은 동일한 계시, 동일한 예비과정의 한 영역이자 일부분입니다.

우리는 의식법을 통해 번제와 소제와 희생에 대해, 수소와 염소의 피, 암송아지의 재와 여러 가지 정결예식에 대해 많은 것을 알 수 있습니다. 오늘날 사람들은 출애굽기 후반부와 레위기, 민수기를 힘겹게 읽으면서 "이해가 안 돼. 도무지 무슨 소린지 모르겠어. 대체 이런 것들이 우리와 무슨 상관이 있다는 거지? 대부분 공중보건상의 이유 등으로 그 당시 이스라엘 자손들에게 준 세부지침들 아니야?" 하며 불평하는 경우가 많습니다. 이런 혼동에 대한 대답은 "의식법의 목표와 목적은 은혜의 절대적인 필요성을 보여주려는 데 있다"라는 것입니다. 하나님은 자신에게 나아올 수 있는 유일한 길을 이스라엘 자손들에게 친히 가르치시고 보여주시기 위해 의식법을 주셨습니다. 이스라엘은 자신의 백성이라는 것, 자신의 백성에게는 일정한 행위와 행동이 요구된다는 것을 알려 주신 다음, 의식법을 통해 그의 임재 앞에 나아갈 수 있는 길을 열어 주셨습니다.

저는 이 의식법을 주신 분이 바로 하나님이었다는 사실을 강조하고 싶습니다. 이스라엘 백성 스스로 생각해 낸 것이 아닙니다. 모세 혼자 고안해 낸 것도 아닙니다. 하나님이 친히 모세를 산으로 불러올려 하나하나 계시해 주셨습니다. 진영으로 돌아가 하나님이 보여주신 그대로 시행할 것을 명하셨습니다. 모세가 받은 의식법, 모세와 이스라엘 자손이 시행해야 했던 의식법에 담긴 아주 실제적인 의미가 이것입니다. 의식법은 궁극적으로 하나님께 나아가는 길을 보여줍니다.

의식법에 담긴 또 다른 의미가 있습니다. 백성들이 짐승을 잡아야 했던 이유가 무엇입니까? 수소의 머리에 손을 얹어야 했던 이유가 무엇입니까? 죽인 소의 피를 대제사장이 모아 하나님 앞에 뿌려야 했던 이유가 무엇입니까? 그 모든 의식에 담겨 있는 의미가 무엇입니까? 아침저녁으로 어린양을 잡아서 바쳐야 했던 이유가 무엇입니까? 목적이 무엇입니까? 그 대답은 오직 하나, 이스라엘 자손에게 죄 사함이 필요하다는 사실을 알려 주시기 위해서라는 것입니다. 하나님이 의식법을 통해 친히 죄 사함의 방편과 수단과 방법을 마련하셨다는 사실을 여러분도 알아챘을 것입니다. 의식법은 온전한 은혜인 동시에 율법의 일부입니다. 율법과 은혜를 대립관계로 보는 태도가 잘못된 이유가 여기 있습니다. 율법 안에 은혜가 있습니다. 율법은 은혜의 필요성을 보여줍니다. 이것이 율법이 전하는 한 가지 메시지입니다. 이스라엘 자손들이 어떻게 이 모든 의식을 통해 스스로 하나님의 은혜에 의존해야만 하는 존재임을 배우고 상기하게 되었는지 살펴보면 흥미롭습니다. 하나님은 계명을 주시며 지킬 것을 명하셨습니다. 그리고 동시에 "자, 너희는 이 계명들을 지키지 못할 것이다. 그래서 내가 이것을 준비했다"라고 하시면서, 그들이 이행할 세세한 의식법을 주셨습니다. 이처럼 율법 안에 이미 은혜의 요소가 들어 있었습니다.

그뿐만이 아닙니다. 율법은 이 모든 번제와 희생과 앞서 말한 모든 의식들이 전부가 아님을 분명하고 확실하게 밝힘으로, 예언적인 방식으로 은혜를 가리키고 있습니다. 성경은 율법의 모든 것이 모형과 그림자에 불과하다고 말합니다. 모형과 그림자의 주요 기능은 단 한 가지, 장차 임할 일을 가리키는 데 있습니다. 히브리서 기자의 말처럼 모형과 그림자는 일시적인 것입니다. 히브리서 7장과 9장에 이에 대한 가르침이 풍성하게 나옵니다. 예컨대 9장은 이렇게 말합니다.

이 장막은 현재까지의 비유니 이에 따라 드리는 예물과 제사는 섬기는 자를 그 양심상 온전하게 할 수 없나니 이런 것은 먹고 마시는 것과 여러 가지 씻는 것과 함께 육체의 예법일 뿐이며 개혁할 때까지 맡겨 둔 것이니라(히 9:9-10).

이것은 완벽한 요약입니다. 모든 의식은 일시적인 것, "개혁할 때까지"만 존재하는 것입니다. 율법이 '예언적인 방식으로' 은혜를 가리킨다는 말의 의미가 바로 이것입니다. 이스라엘 자손들은 가나안으로 가기 위해 애굽을 떠날 때 유월절 양을 잡고 그 피를 문설주와 인방에 발랐습니다. 이것은 그 자체로 중요한 의식이었습니다. 맞습니다. 그러나 이 의식의 주요한 기능은 장차 오실 하나님의 어린양을 가리키는 데 있었습니다. 번제와 희생과 다른 모든 의식법의 조항들도 마찬가지입니다. 전부 장차 올 위대한 원형을 가리키고 지시하며 보여주고 있습니다. 그 모든 것은 실체가 아닌 그림자입니다. 본체가 아닌 예비과정입니다. 이처럼 율법은 예언적인 방식으로 은혜를 가리킵니다. 모든 의식은 일시적인 예비과정에 불과합니다.

이처럼 의식법을 통해 모세는 그리스도를 가리키고 있으며, 율법은 은혜를 가리키고 있습니다. 이 점을 계속 기억하지 못했던 것이야말로 이스라엘 자손들의 가장 중대한 잘못이었습니다. 그들은 자신들이 드리는 제사와 희생으로 충분하다고 생각했습니다. 제사와 희생만 드리면 더 이상 할 일이 없다고 생각했습니다. 선지자들이 내내 지적했던 잘못이 이것이었습니다.

오늘날 이른바 고등비평가들은 선지자들의 메시지를 종종 오해하곤 합니다. 그들은 제사장들과 선지자들 사이에 반목이 있었다고 주장합니다. 하나님이 이스라엘을 애굽에서 인도해 내셨을 때에는 분명히 번제와 희생을 요구하셨는데, 선지자들은 하나님이 번제와 희생을 원치 않으신다고 계속 주장했다는 점이 바로 그 증거라는 것입니다. 또한 시편 50편 같은 예언적인 시들에 이 점을 입증하는 중대한 진술들이 나온다고 덧붙입니다. "이는 삼림의 짐승들과 못 산의 가축이 다 내 것이며"(시 50:10). 이런 점들을 고려할 때 제사장과 선지자 사이에 전면대립이 있었다는 것입니다. 물론 그것은 전적인 오해입니다.

선지자들이 주장한 바는 "하나님이 제사와 희생을 명하신 것은 분명하지만, 그것으로 충분하다거나 그것만 하면 된다거나 그것으로 마음의 예배와 진정한 순종과 복종을 대신할 수 있다고 하신 것은 아니다"라는 것입니다. 이스라엘 백성은 순종을 중시하지 않았습니다. 번제와 희생만 드리면 된다고 생각했습니다. 그러면 문제될 게 하나도 없다고, 하나님도 그것을 기뻐하신다고 생각했습니다. 선지자들은 바로 그런 태도를 규탄했던 것입니다.

이 점이 우리와 무슨 상관이 있으며 우리에게 왜 중요한지 알겠습니까? 개신교가 로마 가톨릭을 비롯한 모든 형태의 가톨릭을 비판하는 내용이 바로 이것 아닙니까? "네가 하고 싶은 대로 해라. 그러고 나서 사제를 찾아가 고백하면 된다. 그러면 전혀 문제될 게 없다"라는 주장을 우리는 비판합니다. 그러나 사실상 개신교도도 그들과 다를 바가 없습니다. 개신교도도 선행으로 악행을 상쇄할 수 있다고 생각하며, 넉넉한 기부로 다른 측면의 부족함을 채울 수 있다고 생각합니다. 이 또한 번제와 희생을 의지하는 태도이며, 번제와 희생을 효력 있는 의식, 즉 사효적 효력ex opere operato이 있는 의식으로 의지하는 태도입니다. 이것은 잘못된 성례관입니다. 이런 성례관을 가진 자들은 물이나 빵이나 포도주 자체에 무슨 신비한 힘이 있는 것처럼, 선행 자체에 우리를 자동적으로 해방시켜 주는 신비한 힘이 있는 것처럼 생각합니다. 거듭 말하지만 절대 율법 자체를 충분한 것으로 여겨서는 안 됩니다. 저는 율법 스스로 이 사실을 알려 주고 있다고 주장하는 바입니다. 율법은 말합니다. "너희에게는 죄 사함이 필요하며, 죄 사함의 길을 열어 주시는 하나님이 필요하다. 이런 의식들은 너희 죄를 잠시만 덮어 줄 뿐이다. 너희는 이 법의 울타리 안에서 장차 임할 일과 장차 오실 이를 기다려야 한다."

이처럼 율법 자체가 그리스도를 가리키며, 은혜를 가리킵니다. 실제로 이 점을 알려 주는 구절이 있습니다. 하나님은 모세에게 다음과 같이 이스라엘 자손에게 말할 것을 명하셨습니다. "네 하나님 여호와께서 너희 가운데 네 형제 중에서 너를 위하여 나와 같은 선지자 하나를 일으키시리니 너희는 그의 말을 들을지니라"(신 18:15). 하나님께 율법을 받아 전한 모세는 "그렇다. 나는 장차 오실 다른 선지자를 가리키는 자에 불과하다. 너희는 그의 말을 들어야 한다"라고 했습니다.

이것이 첫 번째 원리입니다. 이제 두 번째 원리를 말씀드리겠습니다. 율법은 그 존재 자체로 은혜를 가리킬 뿐 아니라 그 가르침과 함축된 의미를 통해서도 은혜를 가리킵니다. 이것은 아주 중요한 주제입니다. 율법은 은혜의 절대적인 필요성을 보여줍니다. 공로를 쌓거나 율법을 준수함으로써 의로워질 수 있다는 생각이 완전히 그릇된 이유가 여기 있습니다. 그렇다면 율법은 어떻게 은혜의 필요성을 보여줄까요? "이 법은 다름 아닌 하나님의 법이기 때문에 지켜야 한다"라고 말함으로써 보여줍니다. 이러한 율법의 의미를 깨닫는 순간, 그 모든 조항을 빠짐없이 다 지켜야 한다는 사실을 깨닫게 됩니다. 율법을 참으로 이해하는 순간, 인간의 선함에 대해 더 이상 떠들지 않게 되며 선량하고 자비로운 행위나 활동에—그 자체로는 중요한 일임에도 불구하고—관심을 쏟지 않게 됩니다. 하나님의 율법이 절대적인 수준을 요구한다는 것, 그 모든 조항을 백 퍼센트 지키지 않는 한 하나님을 만족시킬 수 없다는 것을 알게 됩니다.

주님은 산상설교의 결정적인 구절에서 이 점을 아주 명확하게 짚어 주셨습니다. "내가 율법이나 선지자를 폐하러 온 줄로 생각하지 말라. 폐하러 온 것이 아니요 완전하게 하려 함이라. 진실로 너희에게 이르노니 천지가 없어지기 전에는 율법의 일점일획도 결코 없어지지 아니하고 다 이루리라"(마 5:17-18). 이것은 우리가 살펴보고 있는 측면에 대한 긴요하고도 핵심적인 진술입니다. 율법은 하나님의 법입니다. 중요한 것은 의나 품위나 선에 대한 우리의 생각이 아니라 하나님의 요구와 요청입니다. 그런데 하나님의 요구는 절대적인 것입니다. 그렇습니다. 율법은 "이를 행하라. 그러면 살리라"라고 벽력같이 외치는 동시에(눅 10:28), 우리가 하나님 앞에서 유죄 선고를 받은 죄인임을 보여줍니다. 이처럼 율법은 항상 복음의 도입부 역할을 합니다. 이 점을 가장 특징적으로 진술하는 본문은 아마도 로마서 3장일 것입니다. 바울은 항상 다음과 같은 방식으로 복음을 소개합니다.

우리가 알거니와 무릇 율법이 말하는 바는 율법 아래에 있는 자들에게 말하는 것이니 이는 모든 입을 막고 온 세상으로 하나님의 심판 아래에 있게 하려 함이라. 그러므로 율법의 행위로 그의 앞에 의롭다 하심을 얻을 육체가 없나니 율법으로는 죄를 깨달음이니라(롬 3:19-20).

율법은 유죄를 선고합니다! 우리의 실패를 보여줍니다. 복음은 그 다음에 등장합니다.

이제는 율법 외에 하나님의 한 의가 나타났으니 율법과 선지자들에게 증거를 받은 것이라.

율법과 선지자들은 복음을 증언했습니다.

곧 예수 그리스도를 믿음으로 말미암아 모든 믿는 자에게 미치는 하나
님의 의니 차별이 없느니라. 모든 사람이 죄를 범하였으매 하나님의 영
광에 이르지 못하더니 그리스도 예수 안에 있는 속량으로 말미암아 하
나님의 은혜로 값없이 의롭다 하심을 얻은 자 되었느니라(롬 3:21-24).

이것은 율법 및 선지자들과 은혜의 관계를 완벽하게 설명해 줍니
다. 요점은 율법이 그 가르침과 거기에 함축된 의미를 통해 은혜의
절실하고도 절대적인 필요성을 보여준다는 것입니다. "의인은 없나
니 하나도 없으며……온 세상으로 하나님의 심판 아래에 있게 하려
함이라"(롬 3:10, 19). 율법은 죄 사함의 필요성을 보여줍니다. 이것
이 율법의 중요한 일이요 역할입니다. 율법을 먼저 알아야 죄를 깨
달을 수 있습니다. 이 필수적인 예비단계를 거쳐야 구원의 교리를
참으로 이해할 수 있습니다. 내가 실패자요 죄인이요 망한 자요 용
서받아야 할 자임을 먼저 알아야 합니다. 다시 말해서 다음과 같은
사람임을 알아야 하는 것입니다.

빈손 들고 앞에 가
십자가를 붙드네.

나는 무력한 자요 아무 소망 없는 자요 씻음을 받아야 할 더러운 자
입니다. 그래서 생명 샘으로 달려갈 수밖에 없습니다.

그저 무력하게 은혜를 구하네.*

─오거스터스 탑레이디

무력함은 은혜의 도입부입니다.

이처럼 율법은 은혜의 절대적인 필요성을 보여줍니다. 이것이 우리가 은혜의 도입부요 지시봉 역할을 하는 율법의 가르침에서 찾아내고 끌어낼 수 있는 첫 번째 요점입니다. 이제 두 번째 요점을 말씀드리겠습니다. 율법이 그 가르침을 통해 아주 분명하게 알려 주는 사실은 오직 은혜만 우리를 구원하기에 충분하다는 것입니다. 이 또한 결정적이고 중대한 주제이며, 실제로 종교개혁의 원천이 된 주제입니다. 은혜의 교리는 중대한 진리입니다. 16세기에 루터 Martin Luther와 다른 종교개혁자들이 크게 재발견한 진리가 바로 이것이었습니다. 그런데 우리가 은혜에 전적으로 의존해야 하는 존재라는 진리를 율법만큼 잘 보여주고 입증해 주는 것은 없다는 점을 저는 강조하고 싶습니다. 율법이야말로 은혜의 도입부, 유일한 도입부라고 말하는 이유가 여기 있습니다.

기독교의 구원과 관련하여 많은 이들이 겪는 혼란은 대부분 율법의 일을 경험치 못한 데서 비롯됩니다. 율법에 대한 성경의 가르침을 제대로 모르기 때문에 혼란을 겪는 것입니다. 율법이 자기 속에서 일하는 것을 경험한 사람은 오직 은혜만 자신을 구원할 수 있음을 깨닫습니다. 에베소서 2장에 나오는 바울의 위대한 주장이 바

* 찬송가 188장 3절 다시 옮김.

로 이것입니다. 사도는 이 점을 반복해서 지적하고 있습니다.

긍휼이 풍성하신 하나님이 우리를 사랑하신 그 큰 사랑을 인하여 허물로 죽은 우리를 그리스도와 함께 살리셨고(너희는 은혜로 구원을 받은 것이라) 또 함께 일으키사 그리스도 예수 안에서 함께 하늘에 앉히시니 이는 그리스도 예수 안에서 우리에게 자비하심으로써 그 은혜의 지극히 풍성함을 오는 여러 세대에 나타내려 하심이라. 너희는 그 은혜에 의하여 믿음으로 말미암아 구원을 받았으니 이것은 너희에게서 난 것이 아니요 하나님의 선물이라. 행위에서 난 것이 아니니 이는 누구든지 자랑하지 못하게 함이라. 우리는 그가 만드신 바라. 그리스도 예수 안에서 선한 일을 위하여 지으심을 받은 자니 이 일은 하나님이 전에 예비하사 우리로 그 가운데서 행하게 하려 하심이니라(엡 2:4-10).

사도는 왜 이 점을 그토록 강조하는 것일까요? 왜 거듭해서 "너희는 그 은혜에 의하여 믿음으로 말미암아 구원을 받았"다고, "행위에서 난 것이 아니"라고, 결국 "우리는 그가 만드신 바"라고 말하는 것일까요? 자, 그는 우리의 구원이 전적인 은혜로 이루어진다는 점을 확실히 밝힙니다. 이것은 결정적으로 중요한 기본 사실입니다. 혹시 이 자리에 비그리스도인이 있다면, 그는 여전히 자기 자신을 의지하는 탓에 믿지 않는 것이 분명합니다. 어떤 모양, 어떤 형태로든 자신의 선이나 성취나 행위를 의지하는 탓에 믿지 않는 것입니다. 그런 사람들에게 은혜는 걸림돌이 됩니다. 은혜는 값없이 구원받는다는 뜻이며, 우리가 하는 일이 아무것도 없다는 뜻입니다. 그런데 인간은 그런 것을 좋아하지 않습니다. 인간은 자신의 선에 가치가 있다고 생각합니다. 자신의 도덕적인 삶에 어느 정도 의미가 있다고 생각합니다. 그래서 항의합니다. "교회 안에서 성장하며 선하고 신앙적인 삶을 살아온 우리나 교회 근처에는 얼씬도 하지 않은 형편없는 런던 불량배나 매한가지라는 겁니까?"

복음의 대답은 "그렇다. 매한가지다!"라는 것입니다.

"우리는 성경을 읽는데요?"라는 항의에도 "성경 읽는 일 자체를 의지하는 것은 무의미하다"라고 합니다.

"우리가 행한 선한 일들은 다 어쩌고요?"

다 부질없다는 것입니다! 더러운 누더기에 불과하다는 것입니다! 가치가 없다는 것입니다! 이것이 신약성경의 중요한 가르침입니다.

은혜는 유대인에게 늘 걸림돌이 되었습니다. 그들은 은혜를 믿지 못했습니다. 유대인이나 이방인이나 똑같이 하나님의 은혜를 의지해야 한다는 생각 자체를 모욕으로 느꼈습니다. 하나님이 주신 율법에 대한 조롱으로 느꼈습니다. 그래서 은혜를 가르치시는 그리스도를 신성 모독자 취급했습니다. 그들은 도저히 그의 가르침을 따를 수가 없었습니다. 그들에게 이방인은 단순한 이교도가 아니라 개였습니다. "약속의 언약들에 대하여는 외인이요—언약 밖에 있는 자요—세상에서 소망이 없고 하나님도 없는 자"였습니다(엡 2:12). 그런데 어떻게 그런 자들과 경건하고 신앙적인 하나님의 백성들이 매한가지라는 것입니까? 그러나 로마서 3장을 인용할 때 말했듯이, 이방인이나 유대인이나 아무 차이가 없다는 것이 사도의 전적인 주장입니다. "······차별이 없느니라. 모든 사람이 죄를 범하였으매 하나님의 영광에 이르지 못하더니"(롬 3:22-23). 인간은 모두 이 공통분모로 수렴됩니다.

이처럼 유대인이나 이방인이나 차별이 없음을 증명해 주는 것이 무엇입니까? 율법입니다. 제가 내내 주장해 왔고, 전적으로 주장하는 바가 이것입니다. 우리의 극심한 절망과 무력함을 보여주는 것은 다름 아닌 율법입니다. 거듭 말하지만, 자신의 절망과 무력함을 깨닫지 못한 사람은 아직 율법을 모르는 것이며 율법의 일을 경험해 보지 못한 것입니다. 초등교사의 실제적인 가르침을 받아 보지 못한 것입니다. 이 점에서 율법은 지금도 반드시 필요합니다. 오직 율법만이 철저히 은혜만 의지해야 하는 우리의 실상을 깨우쳐 줍니다. 어떻게 깨우쳐 줍니까? 자, 이 점은 이미 살펴보았으니 잠깐만 상기시키고 넘어가겠습니다. 우리는 하나님 보시기에 죄인일 뿐 아니라 완전히 무능하고 무력한 죄인, 완전히 절망적인 죄인입니다.

사도 바울은 에베소서 2장에서 이러한 우리의 상태를 잘 요약해 주고 있습니다. 우리의 실상이 어떻습니까? 사도는 우리가 다 "이 세상 풍조를" 따랐다고 말합니다(엡 2:2). 마귀의 지배를 받았다고 말합니다. "전에는 우리도 다 그 가운데서 우리 육체의 욕심을 따라 지내며 육체와 마음의 원하는 것을 하여 다른 이들과 같이 본질상 진노의 자녀이었더니"(엡 2:3). 전에는 우리도 다 이런 상태에 있었다는 것입니다. 지금도 모든 사람이 이런 상태에 있다는 것입니다. 사도는 자신도 여기에 포함시키고 있습니다. 우리는 다 하나님 앞에 죄인입니다. 단순히 죄인이기만 한 것이 아닙니다. 단순히 거기에만 그치는 것이 아닙니다. 우리는 타락했습니다. 왜곡되어 있습니다. 바울이 말하는 "욕심", 육체에도 있고 마음에도 있는 욕심의 지배를 받고 있습니다. 그 욕심에서 벗어나질 못합니다. 우리는 다 욕심의 피조물입니다.

"하지만 전 간음한 적이 없습니다. 그런 게 '욕심'이지요."

물론 그것도 욕심입니다. 저도 동의합니다. 그렇다면 "육체와 마음의 원하는 것"은 무엇이겠습니까? 울화와 분노도 간음 못지않은 욕심이며, 시기와 질투와 악의와 야심도 똑같은 욕심입니다. 이런 것들이 불면을 가져옵니다. 이런 것들 때문에 잠을 설치는 사람은 욕심의 지배와 통제를 받고 있는 것입니다. 우리는 다 이런 욕심을 가진 죄인들입니다. 죄인들일 뿐 아니라 왜곡된 자들입니다. 본성 자체가 부패한 자들입니다.

그뿐만이 아닙니다. 우리는 다 죽은 자들입니다! "그는 허물과 죄로 죽었던 너희를 살리셨도다"(엡 2:1). 우리는 영적으로 죽어 있는 자들입니다. 여러분은 하나님을 알고 있습니까? 하나님을 실재하는 분으로 느끼고 있습니까? 그렇지 않다면 죽어 있는 것입니다! "전 아주 선하게 살아왔는데요"라고 말할 수 있습니다. 그러나 제 질문은 선하게 살았느냐는 것이 아닙니다. 영적으로 살아 있느냐는 것입니다. 영적으로 살아 있다는 표시는 하나님을 알고 사랑하는 것입니다. 어린 아기는 부모를 사랑합니다. 아는 것은 많지 않지만 본능적으로 사랑합니다. 영적으로 살아 있는 사람도 마찬가지입니다. 그러므로 우리 자신에게 적용해 볼 시금석은 이것입니다. 우리는 하나님을 알고 있습니까? 주 예수 그리스도를 사랑하고 있습니까? 하나님과 그리스도를 실재하는 분으로 느끼고 있습니까? 하나님을 사랑하고 있습니까? 이것은 주님이 친히 제시하신 시금석입니다. 이 질문들에 그렇다고 대답하지 못하는 사람은 영적으로 죽어 있는 것입니다. 이렇게 죽은 상태에서 선한 일과 선한 행동을 한들 무슨 소용이 있겠습니까? 다 조화造花에 불과합니다. 조화는 생명도 없고 가치도 없습니다. 사도 바울은 이것을 알았습니다. 그래서 전에 의지하던 모든 것을 배설물로 여겼습니다. "……그리스도를 얻고 그 안에서 발견되려 함이니 내가 가진 의는 율법에서 난 것이 아니요 오직 그리스도를 믿음으로 말미암은 것이니"(빌 3:8-9). 이것을 보게 해주는 것이 바로 율법입니다. 우리의 행위로는 충분치 않습니다. 하나님은 완전함을 요구하십니다.

그렇습니다. 나는 죄인입니다. 무력한 존재입니다. 연약한 존재입니다. 소망이 없는 존재입니다. 이 상태로는 아무것도 할 수가 없습니다. 여생을 수도원 골방에서 지내면서 금식하고 분투하며 이른바 경건한 삶을 산다고 해도 궁극적으로 나아질 게 없습니다. 루터가 필연적으로 발견한 사실도 이것이었고, 율법이 보여주는 사실도 이것입니다. 로마서 7장에는 이 모든 내용이 완벽하게 요약되어 있습니다. 바울은 율법의 참된 가치를 깨닫고 그것을 지키려 했습니다. 그런데 자신의 지체 속에 "한 다른 법"이 있는 것을 발견했습니다(23절). "내가 행하는 것을 내가 알지 못하노니……도리어 미워하는 것을 행함이라"(롬 7:15). 그렇습니다. "오호라, 나는 곤고한 사람이로다!"(롬 7:24) 이것은 은혜를 구하는 외침입니다. 율법은 나를 완전히 무너뜨립니다. 꼼짝하지 못하게 만듭니다. 손가락 하나 움직이지 못하게 합니다. 나는 허물과 죄로 죽어 있습니다. 이처럼 율법이 절실하고 절대적인 은혜의 필요성을 입증해 주기 전까지 구원은 임하지 않습니다.

이처럼 율법의 가르침은 첫 번째로 은혜의 필요성을 보여주며, 두 번째로 오직 은혜로만 구원받는다는 사실을 알려 줍니다. 율법의 가르침이 세 번째로 하는 일은 은혜가 무엇인지 알려 주는 것입니다. 은혜는 하나님이 조건 없이 거저 베푸시는 호의입니다. 무가치한 자들에게 베푸시는 자비입니다. 은혜는 구원이 전적으로 하나님의 하나님되심에서 비롯되며, 하나님의 하나님되심 때문에 이루어진다고 말합니다. 구원은 순전히 하나님의 본질에서 나오는 결과물입니다. 내 속에 구원받을 만한 요소가 있는 것이 아닙니다. 그러므로 무엇이든 내게 있는 요소를 구원에 끌어들이는 것은 은혜를 부인하는 짓입니다. 그런 짓을 하는 이들이 많습니다. 로마 가톨릭의 전적인 비극도 여기에 있습니다. 로마 가톨릭은 은혜에 대한 이야기를 많이 합니다. 심지어 아이들에게 세례를 주는 물에도 은혜가 있다고 가르치며, 거룩하게 변한 빵과 포도주에도 은혜가 있다고 가르칩니다. 그런 식으로 은혜를 전달할 수 있다고 가르칩니다! 선행도 강조합니다. 그것을 '신인협력synergism', 즉 '동역'이라고 부릅니다. 나와 은혜가 함께 일한다는 것입니다. 아니, 그렇지 않습니다! 그것은 은혜를 부인하는 태도입니다. 은혜는 구원이 전적으로, 완전히 하나님께로부터만 나온다는 뜻입니다. 처음부터 끝까지 하나님이 다 이루신다는 뜻이며, 나는 아무런 기여도 하지 못한다는 뜻입니다.

"하지만 내 믿음이 기여하지 않습니까?"라고 물을 수 있습니다.

아닙니다! 자신이 믿어서 구원받았다는 것은 은혜를 부인하는 말입니다. 자신이 죽은 자임을 알면서도 그런 말을 합니까? 성경은 우리가 심히 병들었다고 말하지 않습니다. 허물과 죄로 죽었다고 말합니다. 말 그대로 죽었다는 것입니다! 죽은 자는 아무것도 할 수 없습니다. 그러니까 하나님이 다 하실 수밖에 없습니다. "행위에서 난 것이 아니니 이는 누구든지 자랑하지 못하게 함이라"(엡 2:9). 행위를 신뢰하는 것은 은혜를 부인하는 짓입니다. 그래서는 안 됩니다! "너희는 그 은혜에 의하여 믿음으로 말미암아 구원을 받았으니 이것은 너희에게서 난 것이 아니요 하나님의 선물이라"(엡 2:8).

율법은 내가 구원에 조금도 기여할 수 없음을 보여줍니다. 설사 최고의 기여라 해도 "더러운 옷"이나 "배설물"에 불과한데 어떻게 구원에 영향을 줄 수 있겠습니까?(사 64:6, 빌 3:8) 어찌 되었든 간에 나는 죽은 자입니다. 영적으로 죽은 자입니다! 이처럼 율법은 은혜의 본질, 즉 은혜가 조건 없이 거저 베푸시는 하나님의 호의라는 점을 입증해 줍니다. 사도는 다음과 같이 이 점을 자세히 설명합니다.

긍휼이 풍성하신 하나님이 우리를 사랑하신 그 큰 사랑을 인하여 허물로 죽은 우리를 그리스도와 함께 살리셨고(너희는 은혜로 구원을 받은 것이라)

우리는 생명을 받아야 합니다. 태胎 속에서 아무것도 못하고 기다리는 아이가 살아나듯이 살아나야 합니다.

또 함께 일으키사 그리스도 예수 안에서 함께 하늘에 앉히시니

왜 이렇게 하실까요?

이는 그리스도 예수 안에서 우리에게 자비하심으로써 그 은혜의 지극
히 풍성함을 오는 여러 세대에 나타내려 하심이라(엡 2:4-7).

"은혜"의 의미가 무엇입니까? 우리의 구원이 전적으로 하나님의 본
질에서 나온다는 것입니다. 하나님이 그 자비 때문에, 사랑 때문에,
한량없는 은혜 때문에 우리를 구원해 주신다는 것입니다.

이 점을 분명히 짚고 넘어갑시다. 우리가 부르짖었기 때문에 하
나님이 그 응답으로 아들을 세상에 보내 주신 것이 아닙니다. 절대
아닙니다! 심지어 우리 안에 부르짖는 마음을 주시는 분도 하나님
입니다! 하나님이 우리에게 응답하시는 것이 아니라, 우리로 하여금
하나님께 응답하게 하시는 것입니다. 처음에도, 마지막에도, 언제나
행하시는 분은 하나님입니다. 우리의 구원은 전적으로, 완전히 하
나님에게서 나옵니다. 은혜의 의미는, 우리 속에 구원받을 만한 요
소가 있기 때문에 구원받는 것이 아니라 우리가 이런 사람들임에도
불구하고 구원받는다는 것입니다. 하나님의 사랑 때문에, 인자 때문
에, 긍휼 때문에, 자비 때문에, 은혜의 "지극히 풍성함" 때문에 구원
받는다는 것입니다(엡 2:7). 유일하게 하나님을 움직이는 요인은 바

로 그분 자신의 영광스러운 본성입니다. 이것이 은혜입니다.

이와 관련된 위대한 진술을 더 찾아보겠습니다.

우리가 아직 연약할 때에 기약대로 그리스도께서 경건하지 않은 자를 위하여 죽으셨도다. 의인을 위하여 죽는 자가 쉽지 않고 선인을 위하여 용감히 죽는 자가 혹 있거니와 우리가 아직 죄인 되었을 때에 그리스도 께서 우리를 위하여 죽으심으로 하나님께서 우리에 대한 자기의 사랑을 확증하셨느니라. 그러면 이제 우리가 그의 피로 말미암아 의롭다 하심을 받았으니 더욱 그로 말미암아 진노하심에서 구원을 받을 것이니

이제 나오는 말을 들어 보십시오.

곧 우리가 원수 되었을 때에 그의 아들의 죽으심으로 말미암아 하나님과 화목하게 되었은즉 화목하게 된 자로서는 더욱 그의 살아나심으로 말미암아 구원을 받을 것이니라(롬 5:6-10).

이것이 우리에 대한 진리입니다. 우리는 죄인이요 왜곡된 자들이요 하나님을 미워하는 원수들입니다. 아무 힘도 없고 소망도 없고 생명도 없는 죽은 자들입니다. 그래서 하나님이 모든 것을 다 하셨습니다. 이것이 은혜입니다. 하나님이 처음부터 인간의 마음에 기록해 두신 율법, 후에 모세를 통해 이스라엘 자손에게 주신 율법은 이사실을 입증해 줍니다. 은혜가 무엇인지 알려 줍니다. 내 속에 구원받을 만한 요소가 하나도 없다는 것, 그러므로 구원은 전적으로, 완

전히 하나님 안에 있을 수밖에 없으며 하나님께로부터 나올 수밖에 없다는 것을 알려 줍니다.

이것은 네 번째 요점으로 연결됩니다. 율법의 가르침은 그리스도 안에 있는 하나님의 은혜가 우리에게 무슨 일을 해주어야 하며 실제로 무슨 일을 해주는지 미리 알려 주고 보여줍니다. 다시 말해서 복음 메시지가 어떤 것이어야 하는지 예언적으로 미리 알려 주는 것입니다. 저는 이 점이 아주 놀랍다고 생각합니다. 예수 그리스도의 복음이 어떤 것인지 알고 싶습니까? 제가 알려 드리겠습니다. 율법이 가장 먼저 필요하다고 말하는 것이 무엇입니까? 죄 사함입니다. 복음은 바로 그 죄 사함을 선포합니다.

이것이 전부일까요? 죄 사함만 받으면 될까요? 아닙니다. 율법은 나에게 유죄만 선고하는 것이 아니라 내 본성 또한 비틀리고 왜곡되고 부패했음을 보여줍니다. 내 안에 선한 구석이 하나도 없다는 것, 내가 죽어 있다는 것을 알려 줍니다. 그렇다면 나는 복음에서 무엇을 얻어야 합니까? 복음이 내게 주어야 하는 것이 무엇입니까? 오, 첫째는 죄 사함이요, 그 다음은 새로운 출생과 새로운 본성, 새로운 창조입니다! 복음은 율법이 요구하는 바로 그것을 주겠다고 선언합니다! 나는 죄 사함을 받아야 할 뿐 아니라 하나님과 함께 거하고 동행하며 교통하고 순종해야 합니다. 그렇기 때문에 율법이 가리키는 이 은혜의 선물이 반드시 필요합니다. 어둠을 사랑하고 빛을 미워하는 옛 본성 대신 어둠을 미워하고 빛을 사랑하는 새 본성이 필요합니다. 율법은 이것이 복음의 두 번째 요소가 될 것을 미리 보여줍니다. 그리고 복음은 실제로 그것을 줍니다.

율법은 세 번째이자 마지막으로 내게 능력이 필요함을 알려 줍니다. 나는 율법의 의미와 영적인 성격을 알았습니다. 그러나 내 안에는 여전히 "선을 행하는 것"이 없습니다(롬 7:18). 새 본성을 얻었고 지각도 생겼지만, 그것만으로 어떻게 새 삶을 살아 나간단 말입니까? 내게는 능력이 필요합니다. 복음은 하나님의 성령이 오셔서 내 안에 거하시며 능력이 되어 주실 것이라고 말합니다. "우리 가운데서 역사하시는 능력대로 우리가 구하거나 생각하는 모든 것에 더 넘치도록 능히 하실 이에게……"(엡 3:20). "두렵고 떨림으로 너희 구원을 이루라. 너희 안에서 행하시는 이는 하나님이시니 자기의 기쁘신 뜻을 위하여 너희에게 소원을 두고 행하게 하시나니"(빌 2:12-13).

여기에서 우리는 율법과 은혜, 모세와 주 예수 그리스도 간의 가장 흥미로운 관계를 발견하게 됩니다. 여러분, 양자를 분리하지 마십시오. 대립관계로 보지 마십시오. 율법을 내치지 마십시오. 그러지 마십시오! 이제 여러분은 율법이 반드시 필요하다는 것을 알았습니다! 율법은 우리를 은혜로 인도해 주는 표지판입니다. 율법은 그리스도를 가리킵니다. 복음을 가리킵니다. 절실하고 절대적인 은혜의 필요성을 보여줍니다. 그리고 그리스도 안에 있는 하나님의 은혜를 보여줍니다. 하나님이 주시는 은혜의 선물이 무엇인지 보여줍니다. 죄 사함! "구속받고 치료받고 회복되고 용서받는 것!"* 하나님과 화목해지고 그의 자녀가 되는 것! 하나님의 성령이 내 안에

---

* 찬송가 19장 1절 다시 옮김.

장막을 치시고 강력하게 일하심으로 결국 내가 하나님 앞에 설 수 있도록, 하늘의 온전함과 거룩한 임재의 거룩하심에 합당해질 수 있도록 준비시켜 주시는 것! "율법은 모세로 말미암아 주어진 것이요 은혜와 진리는 예수 그리스도로 말미암아 온 것이라." "율법이 우리를 그리스도께로 인도하는 초등교사가 되어"(갈 3:24). 율법은 우리를 그 울타리 안에 가두어 그리스도께로 나아가게 합니다. 율법은 은혜의 도입부입니다. 은혜를 요구하며, 은혜를 내다봅니다. 철저하고 완전하게 은혜에 복종하도록 나를 인도해 줍니다. 하나님은 이처럼 율법을 통해 내가 죽어 있다는 것, 그러므로 살아나야 한다는 것을 깨우쳐 주십니다.

> 양심에 눌려 머뭇대거나
> 자격을 갖추려는 헛된 꿈을 꾸지 말라.
> 주가 요구하시는 자격은
> 오직 네게 그가 필요함을 아는 것.
> 성령이 발하시는 이 빛을
> 그가 친히 네게 주시리라.
> ―조셉 하트Joseph Hart

우리의 구원은 전적으로, 오로지, 절대적으로, 전부 하나님께로부터 나옵니다. "너희는 은혜로 구원을 받은 것이라." 무한하고 영원한 은혜로 자기 백성을 찾아와 구속하신 하나님께 영광을 돌립시다.

9

율법과 그리스도인의 관계

율법은 모세로 말미암아 주어진 것이요 은혜와 진리는 예수 그리스도로 말미암아 온 것이라. 요 1:17

'하나님이 모세를 통해 이스라엘 자손에게 주신 율법'에 관한 성경의 가르침을 제대로 이해하는 것이야말로 우리 주와 구주 되신 예수 그리스도 안에서, 그를 통해 주시는 은혜의 복음으로 들어가는 유일하고 참된 도입부임을 우리는 알았습니다. 이제껏 살펴보았듯이 율법은 우리에게 죄 사함과 새로워지는 일과 능력이 필요함을 보여주며, 은혜는 그 필요를 채워 줍니다. "하나님의 약속은 얼마든지 그리스도 안에서 예가 되니 그런즉 그로 말미암아 우리가 아멘하여 하나님께 영광을 돌리게 되느니라"(고후 1:20). 율법이 보여주고 입증하는 바대로, 은혜는 타락한 인간의 필요를 채워 줍니다. 복음의 영광은 은혜가 이처럼 타락이 야기한 모든 문제를 실제로 해

195

결해 줄 뿐 아니라 그보다 무한히 더 큰 일도 해준다는 데 있습니다. 사도 요한은 대조를 통해 이 점을 보여줍니다. "율법은 모세로 말미암아 주어진 것이요." 율법은 제 역할을 다했지만 그 이상의 일은 할 수 없었습니다. 그러나 감사하게도 "은혜와 진리"가 "예수 그리스도로 말미암아[그리스도를 통해, 그리스도 안에서]" 왔습니다.

우리는 지금 한 걸음 한 걸음, 한 단계 한 단계 앞으로 나아가고 있는 중입니다. 이제 우리가 던져야 할 중요한 질문은 이것입니다. 하나님의 아들이 오신 일과 그 아들 안에 있는 하나님의 은혜 및 진리에 비추어 볼 때, 율법과 그리스도인 신자는 어떤 관계에 있는 것일까요?

제가 보기에—사실 이것은 제 경험을 통해 알게 된 사실로서, 다른 목회자들도 이에 동의하리라 생각합니다—지금 우리가 다루는 율법의 문제보다 현실적으로 더 중요한 문제는 없습니다. 왜 그럴까요? 율법의 문제야말로 모든 측면과 모든 단계에서 우리의 위치에 영향을 끼치기 때문입니다. 율법의 정확한 본질과 역할을 모르는 탓에 주 예수 그리스도를 자신의 구주와 구속자로 믿지 못하는 이들이 많습니다. 믿음으로 의롭다 하심을 얻는다는 교리의 가장 큰 적은 행위로 의롭다 함을 얻는다는 주장입니다. 다시 말해서 이 또한 율법의 문제인 것입니다. 사람들은 율법의 메시지가 무엇인지 모릅니다. 앞서 보았듯이 율법을 제대로 알면 더 이상 행위를 의지할 수가 없습니다. 그러므로 복음 전파의 관점에서 보나 그리스도인의 삶으로 들어가는 도입부라는 관점에서 보나 율법보다 더 중요한 문제는 없다고 거듭 말하는 바입니다.

그뿐만이 아닙니다. 그리스도인이 된 이후에 다시 혼란에 빠져 율법 아래로 되돌아가는 바람에 어려움을 겪는 이들이 많습니다. 개중에는 죄를 짓고 나서 자신이 정말 그리스도인일까 의심하며 괴로워하는 이들도 있습니다. 마귀가 공격하고 도전해 오는 것도 문제입니다. 마귀는 우리가 죄 짓기를 기다렸다가 다시 얽어매려 듭니다. 거짓 가르침도 혼란을 일으킵니다. 로마서와 갈라디아서는 이 문제를 다루고 있습니다. 지금도 가장 절실하게 필요한 것이 율법에 대한 가르침입니다. 구원의 확신과 관련하여 이 가르침은 지극히 중요합니다. 자신과 율법의 관계를 분명히 모르는 탓에 구원을 확신하지 못하는 그리스도인들이 아주 많습니다. 성화와 관련해서도 율법과 자신의 관계를 반드시 알아야 합니다. 단지 그것을 몰라서 성화를 오해하고 반율법주의의 죄에 빠지는 경우들이 있습니다. 자, 이제 제가 왜 이것이야말로 우리가 함께 고찰해야 할 가장 실제적인 문제 가운데 하나라고 말하는지 알려 드리겠습니다.

내내 지적했듯이, 다른 모든 문제들과 마찬가지로 율법의 문제를 이해하는 데에도 두 가지 위험이 따릅니다. 한편으로는 미진하게 이해할 위험이 있고, 또 한편으로는 과도하게 이해할 위험이 있는 것입니다. 항상 둘 중 한 가지 위험에 빠지기가 쉽습니다. 어떤 이들은 충분히 이해하지 못하고, 어떤 이들은 지나치게 이해합니다. 마귀는 이 일에 주력합니다. 우리를 붙잡아 주저앉히거나, 부추겨 선을 넘어가게 만듭니다. 교리 자체를 확신하지 못하게 만들거나, 지나치게 강조해서 실질적인 장애물로 변질시킵니다. 그 예는 얼마든지 들 수 있습니다. 우리는 한쪽으로 치우치기 쉬운 사람들입니다. 여기에 우리의 어려움이 있습니다. 율법과 그리스도인 신자가 과연 어떤 관계에 있는지 살펴봅시다. 이 주제를 다루기 위해 해야 할 일은 율법과 그리스도인의 관계를 분명하고도 확실하게 밝혀 주는 성경 본문을 찾아보는 것입니다. 세 가지 항목으로 나누어 제시해 보겠습니다.

첫째로, 사도 바울은 "그리스도는 모든 믿는 자에게 의를 이루기 위하여 율법의 마침이 되시니라"라고 말한 다음(롬 10:4), 10장 나머지 부분에서 이 말의 의미를 설명합니다. 여기에서만 이 말을 하는 것이 아닙니다. 앞에서도 이미 이 말을 했습니다. 예컨대 3장을 보십시오.

그러므로 율법의 행위로 그의 앞에 의롭다 하심을 얻을 육체가 없나니 율법으로는 죄를 깨달음이니라. 이제는 율법 외에 하나님의 한 의가 나타났으니 율법과 선지자들에게 증거를 받은 것이라. 곧 예수 그리스도를 믿음으로 말미암아 모든 믿는 자에게 미치는 하나님의 의니 차별이 없느니라. 모든 사람이 죄를 범하였으매 하나님의 영광에 이르지 못하더니 그리스도 예수 안에 있는 속량으로 말미암아 하나님의 은혜로 값없이 의롭다 하심을 얻은 자 되었느니라(롬 3:20-24).

사도는 같은 진리를 아주 훌륭하게 표현하고 있습니다. 실제로 그가 로마서를 쓴 것은 순전히 이 점을 분명하고 확실하게 짚어 주기 위해서였습니다. 1장을 보십시오. "내가 복음을 부끄러워하지 아니하노니─바울은 이른바 이중부정을 사용하여 복음이 얼마나 자랑스러운지 강조하고 있습니다—이 복음은 모든 믿는 자에게 구원을 주시는 하나님의 능력이 됨이라. 먼저는 유대인에게요 그리고 헬라인에게로다—사도가 복음을 자랑스러워하는 진정한 이유가 이제 나옵니다—복음에는 하나님의 의가 나타나서 믿음으로 믿음에 이르게 하나니 기록된 바 오직 의인은 믿음으로 말미암아 살리라 함과 같으니라"(롬 1:16-17). 사도는 이 사실을 자랑합니다. 이 사실이 그를 회심으로 이끌었습니다. 이 사실이야말로 기독교 복음의 토대이자 기초인 것이 분명합니다. 로마서는 하나님의 의, 믿음으로 말미암는 의가 나타났다는 이 사실을 설명하는 책입니다. 로마서를 기록한 목적, 갈라디아서를 비롯한 다른 많은 서신서들을 기록한 전적인 목적이 여기 있습니다. 이것은 기본적인 진술이자 그리스도인과 율법의 관계에 대해 가장 먼저 알아야 할 사실입니다.

모든 그리스도인의 당면 문제는 "어떻게 의를 얻을 것인가?" 하는 것입니다. 의로워지지 않으면 하나님 앞에 설 수 없기 때문입니다. 대체 어떻게 해야 의롭고 거룩하신 하나님 앞에 설 수 있습니까? 의의 옷을 입어야 하는데 어떻게 그 옷을 얻을 수 있습니까? 이것이 우리의 질문입니다. 옛적에 욥도 같은 질문을 던졌습니다. "인생이 어찌 하나님 앞에 의로우랴?"(욥 9:2) 하나님은 율법을 통해 자신이 어떤 의를 요구하시는지 알려 주셨습니다. 그런 의를 행하면 받아 주겠다고 하셨습니다. "모세가 기록하되 율법으로 말미암는 의를 행하는 사람은 그 의로 살리라 하였거니와"(롬 10:5). 그러나 우리는 그런 의를 행할 수 없기 때문에 율법의 정죄를 받습니다. 이에 대해 바울이 제시하는 해결책은 이것입니다. "그리스도는 모든 믿는 자에게 의를 이루기 위하여 율법의 마침이 되시니라"(롬 10:4).

이것이 무슨 뜻일까요? 다음과 같이 설명해 보겠습니다. 강림절이 시작되었습니다.* 하나님의 아들 주 예수 그리스도가 세상에 오신 이유가 무엇입니까? 그 대답은 "모든 믿는 자에게 의를 이루기 위하여 율법의 마침이" 되고자 오셨다는 것입니다. 율법을 분명히 모르는 사람은 성육신과 사복음서의 메시지를 제대로 이해할 수 없다고 저는 감히 주장하는 바입니다. 이 점은 다음 주일 오전에 좀 더 자세히 살피기로 하고, 지금은 원리만 제시하고 넘어가겠습니다. 주 예수 그리스도는 하나님과 우리의 관계 및 율법이 야기하는 문제와 짐을 해결하려고 세상에 오셨습니다. 우리 스스로 율법의 짐을 감당할 수 없기 때문에 오신 것입니다. 바울의 말처럼 모든 사람이 죄를 범하여 하나님의 영광에 이르지 못하게 되었기 때문에(롬 3:23), 율법으로는 죄를 깨닫는 것밖에 할 수 없기 때문에 오신 것입니다(롬 3:20). 이처럼 그리스도는 하나님을 만족시킬 만한 의를 얻어야 하는 우리의 문제를 해결하려고 오셨습니다. 이것이 "의를 이루기 위하여 율법의 마침이" 되셨다는 말의 의미입니다.

"그리스도는……율법의 마침이 되시니라." 그렇다면 어떻게 율법의 마침이 되셨을까요? 크게 두 가지 측면에서 율법의 마침이 되셨습니다. 여기에 복음의 영광이 있습니다. 바로 이것이 복음이 가르치는 우선적인 원리이자 우리가 서 있는 토대입니다. 첫째로, 그는 율법에 온전히 순종하심으로 율법의 마침이 되셨습니다. 앞서

---

* 이 설교는 1962년 12월 2일에 전해졌다.

살펴보았듯이 율법이 요구하는 바가 이것입니다. 바울이 갈라디아 교인들에게 입증해 준 사실, 야고보가 더욱 더 강조한 사실은 "누구든지 온 율법을 지키다가 그 하나를 범하면 모두 범한 자가" 된다는 것이었습니다(약 2:10). 따라서 우리는 모두 죄인입니다. 그런데 주님은 어떤 면에서도 실패하시지 않았습니다. 하나님의 율법을 완벽하게 이행하시고 이루셨습니다. 다름 아닌 우리를 위해 그렇게 하셨다는 것을 기억하십시오! 그는 우리의 대표자로 오셨습니다. 새 사람, 둘째 아담, 마지막 아담, 마지막 인간으로서 하나님의 율법에 온전히 순종하셨습니다. 이것은 반드시 필요한 일이었습니다.

둘째로 필요한 일이 또 있었습니다. 우리는 단순히 율법을 지키고 이행하는 데 실패한 자들이 아니라 적극적으로 율법을 깨뜨린 자들입니다. 이미 살펴보았듯이 우리는 율법 앞에 죄인입니다. 율법은 우리의 죄와 허물에 대해 벽력같이 형벌을 선고합니다. 우리 앞에 있는 율법의 형벌은 하나하나 정확하게 시행될 것이 틀림없습니다. 이것은 복음이 말하는 기본적이고도 근본적인 사실입니다. 율법이 죄에 대해 선고한 형벌은 시행될 것이며 시행되어야만 합니다. 은혜의 영광스러운 메시지가 여기에서 등장합니다. 요한은 말합니다. "율법은 모세로 말미암아 주어진 것이요 은혜와 진리는 예수 그리스도로 말미암아 온 것이라." 이것은 주님이 율법의 명령을 완벽히 이행하셨을 뿐 아니라 율법이 사람들에게 선고한 형벌도 전부 담당하셨다는 뜻입니다. 그럼으로써 믿는 모든 자들의 의를 위해 율법의 "마침"이 되셨습니다. 다른 자들이 아닌 믿는 자들을 위해 율법의 "마침"이 되신 것입니다.

그리스도 예수 안에 있는 은혜의 메시지는 주 예수 그리스도가 우리의 대표자로서 형벌을 다 담당하셨기에 하나님이 우리에게 의를 주신다는 것입니다. 이것은 그리스도인이라면 마땅히 기뻐할 메시지입니다. 그래서 바울이 그토록 복음을 자랑스러워했던 것입니다. 우리는 믿음으로 하나님의 의, 하나님께로부터 나오는 의, 주 예수 그리스도의 의를 받습니다. 바울이 이 이야기를 줄기차게 하는 것도 그리 놀랄 일이 아닙니다. 그는 다메섹으로 가던 길에서 이 가슴 벅찬 사실을 발견했고, 이 발견이 이후 그의 삶을 바꾸어 놓았습니다. 그는 그때까지 땀 흘리고 애쓰며 살았던 모든 삶이 잘못된 것이요 헛된 것임을 불현듯 깨달았습니다. 그리고 이 큰 의를 받았습니다. 그가 빌립보 교인들에게 하는 말을 들어 보십시오.

또한 모든 것을 해로 여김은 내 주 그리스도 예수를 아는 지식이 가장 고상하기 때문이라. 내가 그를 위하여 모든 것을 잃어버리고 배설물로 여김은 그리스도를 얻고 그 안에서 발견되려 함이니 내가 가진 의는 율법에서 난 것이 아니요 오직 그리스도를 믿음으로 말미암은 것이니 곧 믿음으로 하나님께로부터 난 의라(빌 3:8-9).

바울은 의를 얻었습니다! 그래서 기뻐했습니다.

이처럼 첫 번째 일반적인 원리는, 그리스도가 우리의 의를 위해 율법의 마침이 되셨다는 것입니다. 이 말의 실제적인 의미가 무엇일까요? 여러 가지 추론을 통해 설명해 보겠습니다. 첫째로, 구원을 생각할 때에는 항상 율법을 기준으로, 율법과 우리의 관계에 비추어서 생각해야 합니다. 이 말이 놀랍게 들립니까? 이것은 오늘날 큰 인기를 누리고 있는 복음주의 설교, 즉 "율법은 개의치 않고 그리스도만 제시"하는 설교에 정면으로 배치되는 말입니다. 그렇습니다! 율법을 분명히 모르는 사람은 그리스도를 절대 알 수가 없습니다. 구원을 생각하려면 오직 율법을 기준으로 생각해야 합니다. 느낌을 기준으로 생각하면 안 됩니다. 이것은 골치 아픈 문제입니다. 그렇지 않습니까? 우리는 말합니다. "지금 나는 어떤 느낌이 들지? 구원받았다는 느낌이 들지 않는다. 내가 신자라는 느낌이 들지 않는다." 많은 이들의 문제가 여기 있습니다. 자신의 느낌이나 기분이나 상태에 의지하는 것입니다. 그들은 구원의 확신과 구원 그 자체를 혼동함으로써 혼란에 빠집니다. 그러나 구원을 생각할 때는 무엇보다 율법을 기준으로 삼아야 합니다.

육에 속한 사람에게 중대한 문제는 무엇을 느끼느냐가 아니라 하나님의 율법 아래에서 어떤 상태와 형편에 있느냐는 것입니다. 이 점이 중요합니다. 행복하냐 비참하냐는 그만큼 중요하지 않습니다. 세상 법을 생각해 보아도 그렇지 않습니까? 저와 여러분의 느낌은 중요치 않습니다. 법을 어겼느냐 아니냐가 중요할 뿐입니다. 다른 차와 부딪쳤을 때 아주 불쾌했다고 말할 수 있지만, 그 말이 상황을 정리하는 데 무슨 도움을 주지는 못합니다. 문제는 여러분이 법을 어겨서 그 차와 부딪쳤느냐 아니냐, 즉 여러분에게 법적인 책임이 있느냐 없느냐 하는 것입니다. 느낌은 하등 중요치 않습니다. 법은 객관적인 것입니다. 구원도 이런 관점에서 생각해야 합니다. 우리는 느낌에 따라 지옥에 가는 것이 아닙니다. 바리새인과 세리에 대한 주님의 비유에서 바리새인이 얼마나 만족해합니까? 그는 자신에게 아무 문제가 없다고 느꼈습니다. 오, 느낌은 얼마나 기만적인 것인지요! 스스로 대견해하는 사람은 소망이 없습니다. 아무 소망이 없습니다! 구원을 생각할 때는 항상 율법을 기준으로 삼아야 합니다. 구원은 객관적인 문제입니다. 하나님 앞에서 어떤 위치, 어떤 자리에 있느냐 하는 문제입니다.

서둘러 덧붙일 말이 있습니다. 첫째 추론은 항상 율법을 기준 삼아 구원을 생각해야 한다는 것이지만, 둘째 추론은 어떤 모양, 어떤 방식으로든 우리가 율법을 지킴으로 구원받는다고 생각하면 안 된다는 것입니다. 왜 안 될까요? 이 두 가지 추론은 서로 모순되지 않습니다. 오히려 논리적으로 긴밀히 엮여 있습니다. 우리가 율법을 지킴으로 구원받는다고 생각하면 안 되는 것은 그리스도가 우리 대신 율법을 지키셨기 때문입니다. 바로 이 지점에서 은혜가 등장하여 그리스도가 적극적으로, 또 소극적으로 우리를 대신해 주셨음을 알려 줍니다. "그리스도는 모든 믿는 자에게 의를 이루기 위하여 율법의 마침이 되시니라." 이 의는 믿음으로 얻는 의입니다. 여러분은 율법의 온전한 요구가 무엇인지 알며, 그리스도가 대신 그 요구를 충족시켜 주셨다는 것도 압니다. 바울은 로마서 10장에서 의는 전적으로 믿음에 달린 일이라고 말합니다. 그런데 유대인들의 문제는 믿음이 아닌 율법의 행위로 의를 얻으려 하는 데 있었습니다. 그 결과, 그들은 이스라엘 백성임에도 밖으로 쫓겨나고 이방인들이 안으로 들어오게 되었습니다. 이것이 둘째 추론입니다.

자기 모습과 행위를 바라보고 의지하면 안 됩니다. 절대 안 됩니다! 여러분 중에는 50년 전에 이미 회심해서 은혜 가운데 성장해 온 분, 놀라운 발전을 거듭해 온 분이 있을지 모릅니다. 그렇다고 해서 자기 속에 있는 것이나 이제껏 해온 일, 또는 현재의 모습을 의지한다면, 은혜의 자리를 떠나 율법 아래로 되돌아간 것입니다. 사도는 갈라디아서 2:21에서 말합니다. "내가 하나님의 은혜를 폐하지 아니하노니 만일 의롭게 되는 것이 율법으로 말미암으면 그리스도께서 헛되이 죽으셨느니라." 우리는 그리스도를 통해 의로워집니다. 모든 측면, 모든 단계에서 그가 이루신 의를 통해 의로워집니다. 이것이 은혜의 메시지입니다. 하나님은 그 한없는 은혜와 선함으로 신자들을 원래 모습이 아닌 그리스도 안에 있는 모습으로 바라보십니다. 우리가 아닌 그리스도를 바라보십니다. 그리스도 안에 있는 우리를 바라보십니다.

이제 두 번째 일반적인 원리를 살펴봅시다. 그리스도는 우리를 율법 아래에서 구원하셨습니다. "죄가 너희를 주장하지 못하리니 이는 너희가 법 아래에 있지 아니하고 은혜 아래에 있음이라"(롬 6:14). 이 점 또한 분명히 알아 둡시다. 이것은 첫 번째 원리에 대한 정의定義이자 더 자세한 설명입니다. 이 말에는 그리스도가 우리를 율법의 정죄에서 구원하셨다는 뜻이 담겨 있습니다. 하나님 앞에서 우리의 위치, 하나님과 우리의 관계를 결정짓는 것은 더 이상 율법이 아니라 우리 대신 율법을 이루신 그리스도입니다. 이 큰 구원을 정말 충분히 기뻐하려면 이 점을 아주 분명하게 알아야 합니다. 이와 관련된 중대한 본문들을 찾아보겠습니다. "너희가 법 아래에 있지 아니하고 은혜 아래에 있음이라"라는 첫 번째 본문은 이미 찾아보았으니, 이번에는 로마서 7장을 찾아봅시다.

> 형제들아,……너희는 그 법이 사람이 살 동안만 그를 주관하는 줄 알지 못하느냐? 남편 있는 여인이 그 남편 생전에는 법으로 그에게 매인 바 되나 만일 그 남편이 죽으면 남편의 법에서 벗어나느니라. 그러므로 만일 그 남편 생전에 다른 남자에게 가면 음녀라. 그러나 만일 남편이 죽으면 그 법에서 자유롭게 되나니 다른 남자에게 갈지라도 음녀가 되지 아니하느니라. 그러므로 내 형제들아, 너희도 그리스도의 몸으로 말미암아 율법에 대하여 죽임을 당하였으니 이는 다른 이 곧 죽은 자 가운데서 살아나신 이에게 가서 우리가 하나님을 위하여 열매를 맺게 하려 함이라(롬 7:1-4).

이것은 엄청난 진술입니다. 계속해서 로마서 8장도 보기 바랍니다.

> 그러므로 이제 그리스도 예수 안에 있는 자에게는 결코 정죄함이 없나니 이는 그리스도 예수 안에 있는 생명의 성령의 법이 죄와 사망의 법[네게 사형을 선고하는 법]에서 너를 해방하였음이라(롬 8:1-2).

갈라디아서 2:19의 중대한 진술도 보십시오. "내가 율법으로 말미암아 율법에 대하여 죽었나니." 정말 중요한 말 아닙니까! 바울은 단순히 "율법에 대하여 죽었나니"라고 하지 않고 "내가 율법으로 말미암아 율법에 대하여 죽었나니 이는 하나님에 대하여 살려 함이라"라고 말합니다.

무슨 뜻일까요? 요약해서 설명해 드리겠습니다. 성경은 우리가 "율법에 대하여 죽었"기 때문에 더 이상 율법 아래 있지 않다고 말합니다. 앞서 지적했듯이 주 예수 그리스도가 적극적으로, 또 소극적으로 율법을 이루심으로써 율법과 우리의 관계가 바뀌었습니다. 그리스도 안에 있는 한, 율법은 우리에게 아무 말 하지 못합니다. 그리스도께 아무 말 하지 못하기 때문에 우리에게도 아무 말 하지 못합니다. 그리스도가 세상에 오셔서 "여자에게서", "율법 아래에" 나셨습니다(갈 4:4). 세상에 계시는 동안에는 율법 아래 사셨지만, 죽으시고 부활하시고 승천하시면서 율법과의 관계를 완전히 청산하셨습니다. 그렇기 때문에 그리스도 안에 있는 우리 역시 율법에 대해 죽었으며, 율법을 지키느냐 아니냐에 따라 하나님과의 관계 및 우리의 신분과 지위가 좌우되던 상황에 대해 죽었습니다. 이것이 그리스도가 우리를 위해 하신 일입니다.

제가 즐겨 인용하는 오거스터스 탑레이디의 찬송이 이 점을 완벽하게 묘사해 주고 있습니다.

율법도, 하나님도
두렵지 않도다.
구주의 순종과 피
내 모든 죄 가려 주시니.

그렇습니다! 우리도 이렇게 고백해야 합니다. 이 가르침을 이해한 사람은 이렇게 고백하지 않을 수 없습니다. 이제 여러분은 "율법도,

하나님—거룩하신 하나님—도 두렵지 않도다"라고 말할 수 있습니다. 왜 그럴까요? "구주의 순종과 피"가 내 모든 죄를 가려 주시기 때문입니다. 율법은 이제 나한테 아무 말도 할 수 없습니다. 나는 그리스도 안에서 율법의 모든 요구를 충족시켰습니다. 오거스터스 탑레이디만 이 교리를 찬송으로 표현한 것이 아닙니다. 기독 신앙의 근본 교리에 대한 입장이 판이하게 달랐던 찰스 웨슬리도 다음과 같이 고백했습니다.

나 이제 정죄가 두렵지 않도다.
예수와 그 안에 있는 모든 것 내 것이니,
살아 있는 머리 되신 주 안에 살면서
거룩한 의의 옷 입고
영원한 보좌 앞 담대히 나아가
그리스도를 통해 내 것이 된 면류관을 얻으리라.

두 사람의 고백은 전적으로 일치합니다. 모든 그리스도인은 그들과 같은 위치에 있어야 합니다. "나 이제 정죄가 두렵지 않도다!" "그러므로 이제 그리스도 예수 안에 있는 자에게는 결코 정죄함이 없나니"(롬 8:1). 우리는 더 이상 율법 아래 있지 않습니다. 주 예수 그리스도를 믿기 전까지는 율법 아래 있었습니다. 그러나 그리스도가 율법을 완전히 지키셨기 때문에 더 이상 율법 아래 있지 않습니다. 하나님 앞에 서기 위해 우리 스스로 율법을 통과하고 율법을 넘어설 필요가 없습니다. 하나님이 우리를 율법 위로 올려 주셨습니다.

실제로 우리는 "율법에 대하여" 죽었습니다.

　이번에는 실제적인 추론들을 살펴보겠습니다. 첫째로, 마귀의 고소와 이의를 귀담아들으면 안 됩니다. 마귀는 우리 모두를 시험하고 정죄함으로써 우리 자신이 그리스도인임을 믿지 못하게 하려 듭니다. 여러분, 마귀가 여러분을 이렇게 시험하지 않는다면 두렵건대 무언가 잘못된 것입니다. 마귀는 가장 위대한 성도들을 이렇게 시험했습니다. 이것이 참된 확신과 막연한 심리상태의 차이점입니다. 그리스도인에게는 반드시 마귀가 찾아오게 되어 있습니다. 그는 "형제들을 참소하던 자"요 대적으로서(계 12:10), 특히 그리스도인이 죄를 지었을 때 구원의 확신을 흔들려고 찾아옵니다. 그럴 때 절대 마귀의 말에 넘어가면 안 됩니다. 그 말에 능히 대답할 줄 알아야 합니다. 그리스도인에게는 시험이 와도 대답할 말이 있습니다. 이것이 그리스도인의 위치입니다.

　둘째로, 정죄감을 느끼면 안 됩니다. 정죄감에 사로잡혀 낙담해 버리면 안 됩니다. 성경은 자신을 점검해 보라고 말합니다. 그런데 자신을 점검해 보면 아주 비참해질 것 같습니다. 맞습니다. 비참해집니다. 중요한 것은 그 비참한 심정에 계속 머물지 않는 것입니다. 이 또한 그리스도인을 자처하는 비그리스도인과 참된 그리스도인 간의 차이입니다. 스스로 그리스도인이라고 믿지만 사실상 자기 행위를 의지하는 사람은 마귀의 말에 심히 낙담할 수 있습니다. 그러나 참된 그리스도인은 "괜찮아. 내가 실패했다는 건 인정하지만, 내 의는 나에게 있는 게 아니라 그리스도께 있는 거니까" 하면서 낙담하지 않습니다. 이처럼 그리스도인에게는 대답할 말이 있기 때문에 절대 정죄감에 짓눌리지 않습니다.

셋째로 훨씬 더 실제적인 이야기를 하자면, 단순히 죄를 짓거나 실패했다고 해서 자신의 구원을 의심하거나 의문을 품어서는 안 됩니다. 많은 그리스도인들이 이 점에서 걸려 넘어집니다. 그들이 죄를 짓고 나서 하는 말은 이것입니다. "아, 나는 그리스도인일 리가 없어. 그리스도인은 이런 짓을 하지 않는다고. 대체 어떻게 이런 짓을 할 수 있었을까? 하지만 이게 바로 나야. 난 정죄받아야 할 죄인이야." 그래서 하나님께 나아가기를 두려워합니다. 이런 사람은 율법과 자신의 관계를 모르고 있는 것입니다. 율법이 여러분을 비난한다 해도 여러분에게는 대답할 말이 있습니다. "그리스도가 이미다 책임지셨다. 다른 모든 죄뿐 아니라 이 죄를 위해서도 죽으셨다. 나는 자유다."

실제적인 넷째 추론은, 자신이 어떤 위치에 있는지 확실히 아는 것이야말로 그리스도인의 의무라는 것입니다. 구원을 기뻐하고 그리스도 예수를 즐거워하는 것이야말로 그리스도인의 의무라는 것입니다. 이것은 명백한 사실입니다! 복음의 가르침과 은혜의 메시지가 주어졌습니다. 이제 나는 율법 아래 있지 않습니다. 그리스도 안에서 율법에 대해 죽었습니다. 이 사실을 알고 믿는 사람은 당연히 기뻐하게 되어 있습니다! 대체 무엇이 그 확신을 가로막겠습니까?

"아, 제 마음상태를 몰라서 그런 말을 하는 겁니다!" 하는 분이 있을지도 모르겠습니다.

여러분, 여전히 자신의 마음상태에 집착하는 사람은 율법과 자신의 관계에 대한 복음의 메시지를 모르고 있는 것입니다.

"그래도 내가 과거에 했던 짓, 지금까지 해온 짓, 지금 하고 있는 짓, 앞으로 할 수 있는 짓을 알면 그런 말 못할 걸요"라고 말할 수도 있습니다.

여러분이 무슨 짓을 했든 상관없습니다! 그 모든 것은 이미 그리스도 안에 있습니다. 그렇지 않다면 여러분 자신이 아직 그리스도 밖에 있는 것입니다. 이것이 우리 확신의 토대입니다. 확신은 그리스도인의 사명이요 의무입니다. 확신에 대해 배우고 알아야 합니다.

"아, 하지만 난 확신이 느껴지지 않는데……"라고 말할지도 모르겠습니다.

그 또한 상관없습니다. 저는 이 설교를 시작하면서 구원을 생각할 때는 율법을 기준으로 삼아야 한다고, 하나님과 여러분의 관계 및 여러분이 서 있는 위치를 기준으로 삼아야 한다고 했습니다. 그리스도가 여러분 대신 이미 율법을 이루셨습니다. 그러니 기뻐하십시오! 이것이 논거입니다. 필연적인 논거입니다. 우리는 다음과 같이 고백하는 위치에 이르러야 합니다.

예수의 피와 의
내 아름다움, 내 영광의 옷이니
불타는 세상 속에서 이 옷 차려입고
기쁨으로 내 머리를 들리이다.
―친첸도르프Nikolaus von Zinzendorf

이것이 확신을 얻는 방법입니다. 율법 아래 있는 자기 모습을 보고,

그 모든 율법을 이루신 그리스도를 보아야 합니다. 그리스도 안에서, 오직 그 안에서 기뻐해야 합니다. 자, 이것이 두 번째로 중요한 일반적 원리입니다.

세 번째 원리를 살펴봅시다. 그리스도는 우리에게 성령을 주심으로 능히 율법을 이루게 해주십니다. 이 말을 불편하게 여기거나 싫어할 분들이 있을 것입니다. "그리스도가 율법의 마침이 되셨다면서요. 그러면 이제 율법과 나는 아무 상관이 없는 것 아닙니까?"라고 반박할지도 모릅니다.

그렇게 말하지 마십시오. 그렇게 말하면 안 됩니다. 왜 안 되는지 알려 드리겠습니다. 그리스도는 우리에게 성령을 주심으로 능히 율법을 지키고 이행하게 해주십니다. 이 진리를 처음 두 진리만큼 영광스럽게 생각하지 않는다면 여러분의 구원관에 문제가 있는 것입니다. 이 원리도 다른 원리들 못지않게 놀라운 것입니다. 그러므로 다음과 같이 자문해 보는 것보다 좋은 시금석이 없습니다. "은혜가 하는 일은 우리에게 율법을 이룰 능력을 주는 것"이라는 말을 들었을 때 여러분은 기쁨을 느꼈습니까?

은혜를 생각할 때는 반드시 율법의 관점에서 생각해야 합니다. 하나님의 은혜를 단순한 탈출구나 죄 사함의 방편이나 우리를 해방시켜 주는 도구로 생각하면 안 됩니다. 그런데 우리는 그렇게 생각하고 싶지 않습니까? 우리는 은혜가 그런 것이기를 바랍니다. "가서 너 하고 싶은 대로 해라. 원하는 만큼 죄를 지어라. 그래도 괜찮다. 너는 율법 아래 있지 않고 은혜 아래 있으니까"라고 말해 주길 바랍니다. 그러나 그것은 입에 올리기도 무서운 생각입니다. 은혜의 교리에 위배되는 생각이며, 은혜의 교리를 우습게 만드는 생각입니다. 가장 큰 저주인 반율법주의입니다. 아니, 저는 여기에서도 더 나아가 "은혜가 하나님의 율법을 지키고 그대로 살 수 있는 능력을 주지 못한다면 마귀가 하나님을 이긴 것이다!"라고까지 말하고 싶습니다.

"어떻게 그런 말을 합니까?" 하는 분이 있을지 모르겠습니다.

제가 이렇게까지 말하는 이유를 말씀드리겠습니다. 마귀는 인간을 타락시킴으로써 하나님께 불순종하게 만들었을 뿐 아니라 자기 종으로 삼아 버렸습니다. 하나님께 순종하며 그의 율법을 지킬 수 있는 능력 자체를 빼앗아 버렸습니다. 구원은 이처럼 마귀가 했던 일을 완전히 무력화시키고 되돌리는 것입니다. 그러므로 당연히 하나님의 율법을 지키며 그 율법대로 살 수 있는 능력을 회복시켜 주는 일이 포함되어야 합니다. 구원이 죄 사함은 받되 계속 실패하면서 사는 것을 의미한다면 마귀가 하나님을 이긴 셈이 됩니다. 그러나 마귀는 이기지 못했습니다! 하나님의 은혜로 완전히 패배했습니다. 주 예수 그리스도가 세상에 오신 것은 단순히 죄만 사해 주시기 위해서가 아니었습니다. 물론 감사하게도 그 일도 해주셨습니다. 죄 사함이 없다면 우리는 아무것도 얻지 못할 것이며 어떤 소망도 품지 못할 것입니다. 이처럼 죄 사함은 가장 먼저 필요한 일이지만, 유일하게 필요한 일은 아닙니다.

그리스도인들이여, 거듭 말하지만 지금은 강림절입니다. 하나님의 아들 그리스도가 하늘 궁정을 떠나 세상에 오신 이유가 무엇입니까? 성경의 말을 들어 보십시오. "아들을 낳으리니 이름을 예수라

하라—그 이유가 무엇입니까?—이는 그가 자기 백성을 그들의 죄에서 구원할 자이심이라 하니라"(마 1:21). 그는 죄책에서 우리를 구원해 주실 뿐 아니라 죄 그 자체에서도 구원해 주시려고 세상에 오셨습니다. 이 점을 절대 잊지 맙시다. 주님 자신도 산상설교에서 이 점을 말씀하셨습니다. "내가 율법이나 선지자를 폐하러 온 줄로 생각하지 말라. 폐하러 온 것이 아니요 완전하게 하려 함이라"(마 5:17). 오직 믿음으로 의롭다 하심을 얻는다는 교리의 위대한 옹호자인 사도 바울의 말을 다시 들어 보십시오. 그는 우리가 율법에 대해 죽었기 때문에 더 이상 율법 아래 있지 않다고 말합니다. "그런즉 우리가 믿음으로 말미암아 율법을 파기하느냐? 그럴 수 없느니라. 도리어 율법을 굳게 세우느니라"(롬 3:31). 은혜가 율법을 제거하거나 무시하거나 무효화한다고 생각하지 마십시오. 절대 그렇게 생각하지 마십시오.

앞서 인용한 말씀으로 다시 돌아가 보겠습니다. 바울은 말합니다. "죄가 너희를 주장하지 못하리니—왜 주장하지 못할까요?—이는 너희가 법 아래에 있지 아니하고 은혜 아래에 있음이라"(롬 6:14). 사도의 말에 유의하기 바랍니다. 지금 여러분은 율법 아래 있지 않고 은혜 아래 있기 때문에 죄가 여러분을 주장하지 못한다는 것입니다. 그리스도가 성육신하신 한 가지 목적이 여기 있습니다. 바울의 말을 들어 보십시오.

율법이 육신으로 말미암아 연약하여 할 수 없는 그것을 하나님은 하시나니 곧 죄로 말미암아 자기 아들을 죄 있는 육신의 모양으로 보내어 육신에 죄를 정하사 육신을 따르지 않고 그 영을 따라 행하는 우리에게 율법의 요구가 이루어지게 하려 하심이니라(롬 8:3-4).

이것은 아주 명백한 사실입니다. 로마서 13장도 보기 바랍니다.

모든 자에게 줄 것을 주되 조세를 받을 자에게 조세를 바치고 관세를 받을 자에게 관세를 바치고 두려워할 자를 두려워하며 존경할 자를 존경하라.

사도는 지금 그리스도인 신자들에게 이 말을 하고 있습니다.

피차 사랑의 빚 외에는 아무에게든지 아무 빚도 지지 말라. 남을 사랑하는 자는 율법을 다 이루었느니라. "간음하지 말라, 살인하지 말라, 도둑질하지 말라, 탐내지 말라" 한 것과 그 외에 다른 계명이 있을지라도 "네 이웃을 네 자신과 같이 사랑하라" 하신 그 말씀 가운데 다 들었느니라. 사랑은 이웃에게 악을 행하지 아니하나니 그러므로 사랑은 율법의 완성이니라(롬 13:7-10).

십계명은 지금도 유효합니다. 우리는 지금도 십계명을 지켜야 합니다. 이것은 그리스도인 신자들에게 주는 권면입니다. 사랑하라! 우리는 서로 사랑해야 합니다. 왜 사랑해야 합니까? "사랑은 율법의 완성"이기 때문입니다. 이처럼 우리는 모든 계명을 지켜야 하는데, 은혜가 바로 그렇게 할 수 있는 능력을 줍니다.

마지막으로 바울이 디도에게 쓴 놀라운 말을 보겠습니다.

> 모든 사람에게 구원을 주시는 하나님의 은혜가 나타나 우리를 양육하
> 시되[가르치시되]

무엇을 가르치십니까?

> 경건하지 않은 것과 이 세상 정욕을 다 버리고 신중함과 의로움과 경건
> 함으로 이 세상에 살고 복스러운 소망과 우리의 크신 하나님 구주 예수
> 그리스도의 영광이 나타나심을 기다리게 하셨으니 그가 우리를 대신하
> 여 자신을 주심은

왜 자신을 주셨을까요?

> 모든 불법에서 우리를 속량하시고 우리를 깨끗하게 하사 선한 일을 열
> 심히 하는 자기 백성이 되게 하려 하심이라(딛 2:14).

이처럼 그리스도는 우리에게 성령을 주심으로 율법을 이루게 하십
니다. 이것이 기독교입니다. 기독 신앙은 "너 하고 싶은 대로 해라.
원하는 만큼 죄를 지어라. 은혜가 다 덮어 줄 것이다"라고 말하지
않습니다. 오히려 그 반대입니다. "죄 사함을 받았으니 이제 성령의
능력을 받아 율법대로 살고 율법을 지킴으로 하나님을 기쁘시게 하
라"라고 말합니다.

제가 마지막으로 할 말이 바로 이것입니다. 은혜는 우리에게 율법을 지킬 능력을 줍니다. 오직 은혜만 이 능력을 줍니다. 사도가 로마서 7장에서 하는 말을 들어 보십시오. "그러므로 내 형제들아, 너희도 그리스도의 몸으로 말미암아 율법에 대하여 죽임을 당하였으니 이는 다른 이 곧 죽은 자 가운데서 살아나신 이에게 가서—무엇을 위해 갑니까?—우리가 하나님을 위하여 열매를 맺게 하려 함이라"(롬 7:4). 전에는 율법과 결혼해서 죽은 행실을 낳았습니다. 그런데 이제 그리스도와 결혼한 결과가 무엇입니까? 하나님이 태초에 뜻하신 바를 행하며 율법을 지키는 선한 행실의 아름다운 열매를 맺는 것입니다. 그렇습니다. 그리스도가 그렇게 할 수 있는 능력을 주십니다.

로마서 7:6을 보십시오. "이제는 우리가 얽매였던 것에 대하여 죽었으므로 율법에서 벗어났으니 이러므로 우리가 영의 새로운 것으로 섬길 것이요 율법 조문의 묵은 것으로 아니할지니라." 우리는 율법을 지키되 새로운 방법으로 지킵니다. 전에는 조문을 지키려 했지만 이제는 영으로 지키는 것입니다. 로마서 14:17도 보기 바랍니다. "하나님의 나라는 먹는 것과 마시는 것이 아니요 오직 성령 안에 있는 의와 평강과 희락이라." 이 구절도 보십시오. "주는 영이시니 주의 영이 계신 곳에는 자유가 있느니라"(고후 3:17). 이것은 바울이 율법의 문제를 다루면서 한 말입니다. 우리에게는 자유가 있다는 것입니다. 우리는 율법을 문자적으로 지키고자 헛되이 애쓰지 않는다는 것입니다. 자유롭고 즐겁고 기쁜 마음으로 지킨다는 것입니다.

요한의 첫 번째 서신에 나오는 놀라운 진술도 보기 바랍니다. "하나님을 사랑하는 것은 이것이니 우리가 그의 계명들을 지키는 것이라. 그의 계명들은 무거운 것이 아니로다"(요일 5:3). 그리스도 인과 비그리스도인의 차이가 여기 있습니다. 비그리스도인은 사실 상 하나님의 율법을 미워합니다. 율법을 지키려 하지만 실패합니다. 그들에게 율법은 끔찍한 짐이요 "무거운 것"입니다. 그리스도인은 어떻습니까? 자, 그리스도인에게 그의 계명은 무거운 것이 아닙니다. 그리스도인은 하나님의 율법을 사랑합니다. 율법을 지키고 싶어 하며, 율법을 지킬 능력이 있습니다.

이것이 율법과 그리스도인의 관계입니다. 비그리스도인은 마치 적성에 맞지 않는 피아노를 억지로, 기계적으로, 힘들게 연습하는 어린아이와 같습니다. 그에 비해 훌륭한 연주자는 그 본성과 연주 가 한데 어우러져 있기 때문에 연주 자체를 의식하지 않고 곡 해석 에 집중하면서 편안하고 우아하게 연주합니다. "그의 계명들은 무 거운 것이 아니로다." 그리스도는 우리에게 성령을 주셨습니다. 그 리스도 안에 계셨던 성령이 지금 우리 안에도 계시기에 "자신을 죄 에 대하여는 죽은 자요 그리스도 예수 안에서 하나님께 대하여는 살아 있는 자로" 여겨야 합니다. 죽은 자 가운데서 살아난 자답게 "새 생명 가운데" 행해야 합니다. 우리는 은혜의 능력으로 하나님의 율법을 실천하며 그 율법대로 살 수 있는 위치, 태초에 뜻하신 모습 대로 살 수 있는 위치에 이르렀습니다.

이 세 가지 원리를 잊지 맙시다. "그리스도는 모든 믿는 자에게 의를 이루기 위하여 율법의 마침이 되시니라"(롬 10:4). 그는 우리를 율법 아래에서 구원하시고, 율법을 지키지 않아도 의를 얻을 수 있도록 율법에 대해 죽게 하시며, 율법의 정죄에서 우리를 풀어 주십니다. 그리고 감사하게도 새로운 출생과 내주하시는 성령을 통해 우리 스스로 율법을 지키고 따를 수 있는 능력을 주십니다. "육신을 따르지 않고 그 영을 따라 행하는 우리에게 율법의 요구가 이루어지게 하려 하심이니라"(롬 8:4).

기본적으로 율법을 떠나 구원을 생각하는 일은 없어야 합니다. 율법과 은혜를 바르게 구별할 때, 이중의 오류─행위로 의롭다 하심을 얻으려는 오류, 하나님의 은혜에 무엇보다 큰 오명을 씌우는 반율법주의의 오류─를 피할 수 있습니다. "율법은 모세로 말미암아 주어진 것이요 은혜와 진리는 예수 그리스도로 말미암아 온 것이라." 하나님의 이름을 찬송합시다! "말할 수 없는 그의 은사로 말미암아 하나님께 감사하노라"(고후 9:15).

10

풍성하고 부요한 은혜

율법은 모세로 말미암아 주어진 것이요 은혜와 진리는 예수 그리스도로 말미암아 온 것이라. **요 1:17**

우리는 한동안 지극히 중요하고도 중대한 요한복음 서문 17절을 살펴보았습니다. 하나님의 은혜, 우리 주 예수 그리스도 안에 있는 은혜의 축복이 진정 어떤 것이며 우리에게 무슨 일을 해주는지 제대로 이해하고 인식하기 위해서였습니다. 우리는 17절이 결코 율법의 가치를 훼손하지 않는다는 점을 강조했습니다. 하나님이 친히 율법을 주셨다는 것, 율법은 전능하신 하나님의 구원 계획과 목적에서 아주 특별한 역할을 감당한다는 사실을 살펴보았을 뿐 아니라 그럼에도 불구하고 율법은 예비단계에 불과하다는 것, 그리스도를 가리키는 표지판과 안내판에 불과하다는 것을 살펴보았습니다. 사도 바울의 위대한 표현을 빌리자면, 율법은 "우리를 그리스도께로 인도하는 초등교사"입니다(갈 3:24). 이제 우리가 살펴본 내용에서 몇 가지 요점을 추론해 보고자 합니다. 17절을 대할 때마다 떠오르는 질문은, 요한이 왜 굳이 이런 식으로 표현했을까 하는 것입니다. 그 대답은 분명 은혜의 탁월성을 나타내기 위해서라는 것입니다.

요한은 율법의 가치를 훼손하지 않아도 은혜의 탁월성을 나타낼 수 있음을 보여주려 합니다. 예수 그리스도 안에서 은혜와 진리가 왔다는 것을 알림으로써 자신의 복음서를 읽는 그리스도인들이 마땅히 기뻐하고 자랑하게 하려 합니다. 사도는 그리스도인들이 믿기는 하지만 충분히 이해하지는 못하는 내용들을 일깨우기 위해 이 복음서를 썼습니다. 과연 우리는 마땅히 기뻐해야 할 만큼 기뻐하고 있습니까? 이것은 강림절에 어울리는 질문입니다. 우리 주 예수 그리스도의 은혜를 생각할 때 진심으로 하나님을 찬양하고 싶은 열망과 기쁨이 솟구칩니까? "말할 수 없는 그의 은사로 말미암아 하나님께 감사하노라"라는 고백이 절로 터져 나옵니까?(고후 9:15) 요한은 이처럼 자신의 복음서를 읽는 자들이 기뻐할 수 있는 방식으로 복음을 제시하고자 했습니다. 첫 번째 서신을 쓸 때도 마찬가지였습니다. 그는 "너희로 우리와 사귐이 있게 하려 함이니 우리의 사귐은 아버지와 그의 아들 예수 그리스도와 더불어 누림이라"라고 말한 다음, "우리가 이것을 씀은 너희의 기쁨이 충만하게 하려 함이라"라고 밝힙니다(요일 1:3-4). 이것이 요한이 첫 번째 서신을 쓴 이유였습니다. 그는 우리가 더 이상 율법 아래 있지 않고 은혜 아래 있다고 말합니다. 그리고 우리가 이 사실을 이해하길, 우리가 받은 기업이 정확히 무엇인지 깨닫길 바랍니다.

주 예수 그리스도가 세상에 오신 것은 우리에게 은혜와 진리를 주시기 위해서였습니다. 성육신의 전적인 의미와 목적이 여기 있었습니다. 그리스도인들이 그 은혜를 충분히 누리길 바랐던 요한은 17절에서 율법이 과거에 했던 일과 은혜를 대조해서 보여줍니다. 이미 살펴보았듯이 율법은 반드시 필요한 놀라운 일들을 많이 했지만, 그 주된 역할은 장차 임할 은혜를 가리키는 데 있었습니다. 그런데 마침내 은혜가 왔으니 마음껏 차지하고 누리자는 것입니다. 하나님이 의도하신 대로 그 은혜를 맛보자는 것입니다.

우리는 율법의 역할과 목적뿐 아니라 율법과 관련된 그리스도인 신자의 위치를 알아보았습니다. 이번에는 좀 더 적극적인 측면에서 은혜를 살펴보려 합니다. 은혜가 실제로 주는 혜택이 무엇인지, 우리가 은혜를 기뻐해야 하는 이유가 무엇인지 살펴보려 합니다. "율법은 훌륭한 것이지만 그 역할은 여기까지다. 마침내 은혜와 진리가 왔다"라고 요한은 말합니다. 히브리서 기자도 같은 말을 합니다. "그[우리 주]는 더 좋은 약속으로 세우신 더 좋은 언약의 중보자시라"(히 8:6). 사실 이 위대한 서신 전체가 요한복음 1:17에 대한 주석이라고 해도 무방할 것입니다. 로마서나 갈라디아서도 마찬가지입니다. 전부 같은 말을 하고 있습니다. 이 모든 서신서는 우리가 아주 신중하고 정밀하게 살펴보고 있는 이 구절에 대한 중대한 해설이라고 할 수 있습니다.

히브리서 기자가 말하는 "더 좋은 약속으로 세우신 더 좋은 언약"이란 무엇일까요? 자, 다음과 같이 질문해 봅시다. 은혜가 율법보다 뛰어난 점이 무엇입니까? 어떤 의미에서 "더 좋은 약속"이라는 것입니까? 어떤 의미에서 "더 좋은 언약"이라는 것입니까? 요한이 "율법은 모세로 말미암아 주어진 것이요 은혜와 진리는 예수 그리스도로 말미암아 온 것이라"라고 기쁘게 말할 수 있었던 이유가 무엇입니까? 은혜로 인해 더해진 것이 무엇입니까? 추가된 것이 무엇입니까? 우리가 살펴볼 내용이 이것입니다. 좀 전에 부른 찰스 웨슬리의 찬송가 가사를 빌리자면, 저는 여러분의 마음을 조율하고 싶습니다. 조율이 필요하다고 생각합니다. 노래는 영혼의 상태를 반영합니다. 우리가 마지막 찬송을 부를 때 나팔 소리가 울렸습니까? 승리의 기쁨이 있었습니까? 우리 마음은 복음에 맞추어 조율될 필요가 있습니다! 복음 메시지를 이해한 사람, 복음 메시지를 깨닫고 기뻐하는 사람의 모습이 나타나야 합니다. 하나님의 백성은 원래 기뻐하는 사람들입니다. 확신 없이 주저하는 불행한 사람들, 의심하며 머뭇거리는 사람들이 아닙니다. 절대 아닙니다! 이것이 신약성경의 전적인 메시지입니다.

그렇다면 은혜와 율법은 어떻게 다를까요? 은혜가 가져온 더 좋은 것이 무엇일까요? 일단 이 두 가지 측면에 집중해 보도록 합시다. 첫 번째 중대한 차이점은, 은혜는 준다는 것입니다. 율법은 아무 것도 주지 않습니다. 오히려 요구합니다. 계산서를 내밀면서 "여기 청구서가 있다. 지불할 수 있는가?"를 묻습니다. 은혜는 완전히 다릅니다. 모든 사람이 요한복음 3:16을 좋아하는 이유가 여기 있습니다. "하나님이 세상을 이처럼 사랑하사 독생자를 주셨으니……." 하나님은 그리스도 안에서 아무것도 요구하시지 않습니다. 그의 강림과 관련하여, 복음 메시지와 관련하여 아무것도 요구하시지 않습니다. 은혜는 주는 것입니다. "……주셨으니……보내신 것은!" 이 것이 은혜의 용어입니다.

이 점이 매우 중요합니다. 은혜에는 법적인 성격이 없습니다. 반면에, 율법은 그 본질상 당연히 법을 따지게 되어 있습니다. 사도가 로마서 6:23에서 사용하는 용어들이 이 점을 아주 놀랍게 보여줍니다. "죄의 삯은 사망이요 하나님의 은사는 그리스도 예수 우리 주 안에 있는 영생이니라." 삯은 그동안 한 일의 결과를 정확하게 계산하는 것입니다. 그렇습니다. 원장元帳과 회계 장부를 보고 계산하는 것입니다. 법의 특징이 늘 그렇듯이 정확한 것입니다. 그러나 은혜의 영역으로 넘어가면 완전히 새로운 세상이 펼쳐집니다. 더 이상 삯이 언급되지 않습니다. 은혜는 하나님이 그냥 주시는 선물입니다!

주님은 포도원 일꾼에 대한 위대한 비유에서 이 원리를 단번에 확인해 주셨습니다. 포도원 주인은 아침에 일찍 온 일꾼들에게 하루 품삯인 한 데나리온을 약속했습니다. 그 다음에 또 다른 일꾼들을 고용하며 "상당하게" 줄 것을 약속했습니다. 그중에는 제11시가 되어서야 간신히 고용된 일꾼들도 있었습니다. 마침내 품삯을 정산하는 시간이 되었을 때, 가장 먼저 온 일꾼들은 가장 늦게 온 일꾼들이 자신들과 같은 삯을 받는 것을 보고 깜짝 놀랐습니다. "이건 불공평합니다. 정당치가 못해요. 종일 더위를 견디며 수고한 우리와 맨 나중에 온 저자들에게 같은 삯을 주다니요. 이건 옳지 않습니다" 라고 항의했습니다.

주님은 왜 이 비유를 말씀하셨을까요? 주님의 목적은 한 가지입니다. 그들이 더 이상 율법 아래 있지 않고 은혜 아래 있음을 가르치려 하신 것입니다. 포도원 주인이 말한 요지는 이것입니다. "내가 내 맘대로 할 권리가 없느냐? 너희는 나와 계약할 때 약속받은 정당한 삯을 받았으니 불평할 자격이 없다. 너희는 한 데나리온을 받고 일하기로 했고, 딱 그만큼 일했다. 그러니 한 데나리온을 받아 가면 그만이다. 내 것도 내 맘대로 쓸 수 없단 말이냐?"(마 20:1-15 참조) 주님은 "나는 은혜를 베푸는 자"라고 말씀하십니다. 그는 한 시간 밖에 일하지 않은 자들에게도 하루 품삯을 주시는 분입니다. 이것이 은혜와 율법의 차이점입니다. 은혜는 주고, 율법은 요구합니다.

더 나아가 은혜는 주되, 값없이 준다는 점을 강조하고 싶습니다. 이것이 복음의 큰 특징입니다. 이 점을 가장 완벽하게 진술해 놓은 구절은 로마서 3:24입니다. 사도 바울은 여기에서 아주 인상적인 표현을 쓰고 있습니다. "그리스도 예수 안에 있는 속량으로 말미암아 하나님의 은혜로 값없이 의롭다 하심을 얻은 자 되었느니라." 값없이! 사도는 이에 앞서 아무도 마땅한 값을 치를 수 없다는 점을 설명했습니다. "모든 사람이 죄를 범하였으매 하나님의 영광에 이르지 못하더니"(롬 3:23). "온 세상으로 하나님의 심판 아래에 있게 하려 함이라"(롬 3:19). "의인은 없나니 하나도 없으며"(롬 3:10). 이처럼 온전히 무력하고 아무 소망이 없는 빈털터리였던 우리를 하나님이 "값없이" 의롭다 해주셨다는 것입니다.

이 점은 지난번에 이미 고찰했기 때문에 다시 다루지는 않겠습니다. 사랑하는 여러분, 오직 믿음으로 의롭다 하심을 얻게 되어 기쁩니까? 여러분의 모습과 아무 상관 없이 용서받은 것을 알고 있습니까? 오거스터스 탑레이디처럼, 모든 인간이 다음과 같은 처지에 있는 것을 알고 있습니까?

> 빈손 들고 앞에 가
> 십자가를 붙드네.*

"값없이 의롭다 하심을 얻은 자 되었느니라!" "물로 나아오라……
너희는 와서 사 먹되 돈 없이, 값없이 와서 포도주와 젖을 사라"(사
55:1). 그렇습니다! 이것이 기독교가 전하는 구원입니다. 복음적인
선지자 이사야는 이 구원을 얼핏 내다보았습니다. 이제 자신의 어
둠과 무가치함을 바라보지 마십시오. 과거에 한 짓들도 돌아보지
마십시오. 그것들은 전혀 중요치 않습니다. 여러분은 절대 구원에
합당한 값을 치를 수 없습니다. 그저 빈털터리로 나아가야 합니다.
모든 사람이 그렇게 나아가야 합니다. 구원은 하나님이 값없이 주
시는 선물입니다! 값없이 주시는 은혜입니다! 이것이 기독교 구원
의 영광스러운 메시지입니다.

은혜의 또 다른 측면을 살펴보겠습니다. 은혜는 주되 값없이 줄
뿐 아니라 아주 풍성하게 줍니다. 저는 이 점을 강조하고 싶습니다.
요한복음 서문 16절이 말하는 바가 이것입니다. "우리가 다 그의 충
만한 데서 받으니 은혜 위에 은혜러라." 이것은 은혜 위에 은혜가
임하고, 그 은혜 위에 또 은혜가 임한다는 뜻입니다. 끝없이 흘러나
온다는 것입니다. 파도가 밀려오듯 한없이 밀려온다는 것입니다.

* 찬송가 188장 3절.

값없이, 풍성하게 주시는 하나님의 은혜를 요한은 이렇게 표현하고 있습니다. 어떤 의미에서 이것이야말로 요한복음 전체의 큰 주제라고 할 수 있습니다. 예수께서 사마리아 여인에게 하신 말씀에도 이 주제가 나타납니다. "이 물을 마시는 자마다 다시 목마르려니와 내가 주는 물을 마시는 자는 영원히 목마르지 아니하리니 내가 주는 물은 그 속에서 영생하도록 솟아나는 샘물이 되리라"(요 4:13-14).

> 넘치는 은혜,
> 내 모든 죄 덮는 은혜 주께 있사오니,
> 치유의 샘 넘치게 부으사
> 내 속까지 깨끗이 씻어 주옵소서.
> 생명 샘이신 주님을
> 값없이 마시게 하옵소서.
> ─찰스 웨슬리

요한복음 6장에 나오는 다른 표현도 보십시오. "예수께서 이르시되 나는 생명의 떡이니 내게 오는 자는 결코 주리지 아니할 터이요 나를 믿는 자는 영원히 목마르지 아니하리라"(요 6:35). 그렇습니다! 이 구절들은 은혜가 그만큼 풍성히 주어진다는 것을 말하고 있습니다. 여러 가지 면에서 이 가르침을 가장 놀랍게 표현해 놓은 로마서 5장도 찾아봅시다. 바울은 5장에서 이 가르침을 구체적으로 설명하는데, 사실은 주님의 영광스러운 말씀을 간단히 해설한 것에 지나지 않습니다. 그중에 몇 구절을 찾아보겠습니다.

"그러나 이 은사는 그 범죄와 같지 아니하니……은혜로 말미암은 선물은 많은 사람에게 넘쳤느니라"(15절). 바울은 서로 반대되는 요소, 즉 "범죄"와 "은혜로 말미암은 선물"이 있다고 말합니다. 그러나 단순히 이것만 알면 안 된다고, 이 두 가지가 정확한 등가물이 아니라는 사실 또한 알아야 한다고 지적합니다. 하나님의 은혜는 단지 우리의 허물과 죄를 상쇄하는 데 그치지 않는다는 것입니다. 그렇습니다! 은혜는 범죄보다 훨씬 더 풍성하게 흘러넘친다는 것이 바울의 요점입니다. 값없는 은사는 범죄에 딱 해당되는 만큼만 주어지지 않습니다. "한 사람의 범죄를 인하여 많은 사람이 죽었은즉—자, 그 다음에 나오는 말을 들어 보십시오—더욱 하나님의 은혜와 또한 한 사람 예수 그리스도의 은혜로 말미암은 선물은 많은 사람에게 넘쳤느니라." 그렇습니다. 바울은 '넘치는 은혜'의 개념을 부각시키고자 합니다. 이 구절을 볼 때 존 버니언John Bunyan의 「죄인 괴수에게 넘치는 은혜Grace Abounding to the Chief of Sinners」라는 책 제목이 바로 떠오르지 않습니까? 그 다음 구절도 보기 바랍니다.

"또 이 선물은 범죄한 한 사람으로 말미암은 것과 같지 아니하니"(16절). 이 선물은 범죄를 덮을 만큼만 주어지지 않는다고 바울은 다시 말합니다. 한 사람 아담이 죄를 지었고, 그 결과가 뒤따라왔습니다. 또 다른 한 사람 그리스도가 구원에 필요한 일을 하셨고, 그 결과도 뒤따라왔습니다. 이렇게만 보면 두 가지가 정확한 등가물인 것 같습니다. 그러나 그렇지 않습니다. 사도는 "같지 아니하니"라고 말합니다. 왜 같지 않을까요? "심판은 한 사람으로 말미암아 정죄에 이르렀으나 은사는 많은 범죄로 말미암아 의롭다 하심에" 이르기 때문입니다. 보다시피 은혜가 범죄를 훨씬 능가합니다.

"한 사람의 범죄로 말미암아 사망이 그 한 사람을 통하여 왕노릇하였은즉—이제 요점이 나옵니다—더욱 은혜와 의의 선물을 넘치게 받는 자들은 한분 예수 그리스도를 통하여 생명 안에서 왕노릇하리로다"(17절). 이 구절 또한 같은 요점을 말하고 있습니다.

"율법이 들어온 것은 범죄를 더하게 하려 함이라. 그러나 죄가 더한 곳에 은혜가 더욱 넘쳤나니"(20절). 이것은 번역자들이 애를 먹는 구절입니다. "은혜가 더욱 넘쳤나니"라는 사도의 표현을 제대로 옮기기가 거의 불가능하기 때문입니다. 율법의 결과로 죄가 넘치게 되었지만, 은혜는 그보다 훨씬 더 풍성하게 흘러넘쳤습니다. 바울은 바로 이 점을 말하고자 합니다.

"이는 죄가 사망 안에서 왕노릇한 것같이 은혜도 또한 의로 말미암아 왕노릇하여 우리 주 예수 그리스도로 말미암아 영생에 이르게 하려 함이라"(21절). 그렇습니다. 사도는 자기만의 완벽한 방식으로 '더욱', '넘치다', '흘러넘치다'라는 개념을 분명하게 부각시키고 있습니다! 은혜는 주는 것입니다! 값없이 주는 것입니다! 오, 부요하게 주는 것입니다!

좀 더 살펴봅시다. 사도가 고린도후서 8:9에서 하는 말을 들어 보십시오. "우리 주 예수 그리스도의 은혜—제가 지금 이야기하고 있는 은혜—를 너희가 알거니와 부요하신 이로서—어느 정도의 부요를 말하는 것일까요? 오, 하나님의 부요, 영원한 부요, 모든 것을 포괄하는 부요를 말하는 것입니다—너희를 위하여 가난하게 되심은—이것을 보면 은혜가 어느 정도로 풍성하게 흘러넘치는지 짐작할 수 있습니다—그의 가난함으로 말미암아 너희를 부요하게 하려 하심이라." 은혜는 줍니다. 무엇을 줍니까? 하나님의 부요를 줍니다! 그리스도는 영광의 궁정을 비롯한 모든 영광의 표지를 버리고 마구간에서 태어나셨습니다. 어린양 대신 산비둘기를 바쳐야 할 만큼 가난한 부모 밑에 태어나셨습니다(눅 2:24). 이것을 보면 하나님이 은혜를 얼마나 부요하게 주시는지 알 수 있습니다.

다음 장으로 넘어가면 사도의 입에서 다시 한 번 감사의 말이 터져 나오는 것을 보게 됩니다. 무엇 때문에 감사합니까? "말할 수 없는 그의 은사로 말미암아 하나님께 감사하노라." 도저히 말로 표현할 수가 없다는 것입니다. 어떤 어휘로도 설명할 수가 없다는 것입니다. 말할 수도 없고 표현할 수도 없다는 것입니다. 우리가 받는 은혜는 그 정도로 큰 것입니다.

이번에는—이미 말했듯이 이것은 신약의 큰 주제이기에 무궁무진하게 더 이야기할 수 있습니다—에베소서에 나오는 특히 놀라운 진술을 들어 봅시다. "우리는 그리스도 안에서 그의 은혜의 풍성함을 따라 그의 피로 말미암아 속량 곧 죄 사함을 받았느니라"(엡 1:7). "그의 은혜의 풍성함!" 이것은 시작에 불과합니다. 늘 그렇듯이 사도는 흥분하고 있습니다. 이야기를 진전시켜 나갈수록 점점 더 그 경이로움에 빠져들고 있습니다. 이것은 1장에 나오는 표현인데, 2장의 표현도 보기 바랍니다. "그 은혜의 지극히 풍성함을 오는 여러 세대에 나타내려 하심이라"(엡 2:7). 앞에서는 "그의 은혜의 풍성함"이라고 하더니, 여기서는 "그 은혜의 지극히 풍성함"이라고 합니다. 그뿐만이 아닙니다. 3장에서는 이렇게 말합니다. "모든 성도 중에 지극히 작은 자보다 더 작은 나에게 이 은혜를 주신 것은—무엇 때문에 주셨습니까?—측량할 수 없는 그리스도의 풍성함을 이방인에게 전하게 하시고"(엡 3:8). 풍성함, 지극히 풍성함, 측량할 수 없는 풍성함! 그렇습니다. 은혜는 측량할 수 없을 만큼 큰 것입니다. 감히 측량할 엄두를 낼 수 없을 만큼 큰 것입니다.

사도 요한은 요한복음 서문 17절에서 이 위대한 가르침을 빼어나게 표현하고 있습니다. "우리가 다 그의 충만한 데서 받으니 은혜 위에 은혜러라." 은혜에는 끝이 없습니다. 영생하도록 솟아납니다. 하나님의 혜택을 풍성히 공급하며 영생하도록 솟아납니다. 이 주제를 다루는 데에는 야고보도 뒤지지 않습니다. "너희 중에 누구든지 지혜가 부족하거든 모든 사람에게 후히 주시고 꾸짖지 아니하시는 하나님께 구하라"(약 1:5). 하나님은 그냥 주시는 분이 아니라 후히 주시는 분입니다.

다른 측면도 서둘러 살펴보겠습니다. 하나님은 은혜를 주시되, 여러 가지 다양한 방식으로 주십니다. 사도 베드로의 말을 인용해 보겠습니다. "각각 은사를 받은 대로 하나님의 여러 가지 은혜를 맡은 선한 청지기같이 서로 봉사하라"(벧전 4:10). 하나님의 은혜는 "여러 가지"입니다. 그 형태와 표현이 한없이 다양합니다. 베드로가 말하려는 바가 무엇일까요? 하나님이 주시는 다양한 은혜를 다 찾아볼 수는 없겠지만, 일부나마 살펴보겠습니다.

막아 주시는 은혜에 대해 생각해 본 적이 있습니까? 하나님이 여러분을 막아 주신 일에 대해 감사해 본 적이 있습니까? 하나님이 막아 주시지 않았다면 어떻게 되었겠습니까? 지금도 때때로 막아 주시지 않는다면 어떻게 되겠습니까? 은혜는 앞으로 나아가도록 촉구할 뿐 아니라 때로 이렇게 저지하기도 합니다. 일찍이 어떤 이는 이렇게 고백했습니다.

> 내 길의 보호자요
> 인내하시는 목자시여, 당신이 없었다면
> 전 얼마나 자주
> 멸망 길로 가 버렸을까요.
> ─로렌스 투티엣Lawrence Tuttiett

화나 분노나 억울함이 솟구칠 때 우리를 저지하는 손길이 있습니다. 부드럽고 조용한 그 손길이 우리를 붙잡아 차분하고 편안하게 진정시켜 주고, 함부로 행동하지 않도록 저지해 줍니다. 저는 우리가 마침내 영광에 이르러 각자의 인생 여정을 되돌아볼 때, 무엇보다 자신을 막아 주신 은혜에 감사할 것이라는 생각을 간혹 합니다. 여러분도 이 은혜를 느끼지 않았습니까? 하나님이 홀연히 여러분을 막아 주시지 않았습니까? 다른 말로는 그 경험을 설명할 수가 없습니다. 막 무언가를 하려는데 하나님이 저지하십니다. 시편 73편은 "나의 걸음이 미끄러질 뻔하였으니"라는 말로 이 경험을 훌륭하게 표현하고 있습니다(2절). 거의 미끄러질 뻔했는데 미끄러지지 않았다는 것입니다! 하나님의 집으로 발길을 돌리게 되었고, 거기서 마땅히 깨달아야 할 바를 깨달았다는 것입니다. 막아 주시는 은혜를 경험했다는 것입니다. 이것이 은혜가 나타나는 한 가지 방식입니다.

이번에는 붙잡아 주시는 은혜, 시련과 환난과 고난 중에 붙잡아 주시는 은혜에 대해 생각해 봅시다. 오, 이보다 더 놀라운 은혜가 있을까요! 저는 고린도후서 12장에 나오는 위대한 사도 바울의 말에서 이에 대한 고전적인 설명을 찾아볼 수 있다고 생각합니다. 사도는 자기 육체의 "가시"를 제거해 주시기를 세 번이나 기도했습니다. 그 가시 때문에 앞으로 계속 나아갈 수도 없고 무슨 일을 할 수도 없다고 생각했습니다. 어떻게 육체에 가시를 품은 채 살아갈 수 있겠습니까? 그런데 하나님이 그에게 뭐라고 하셨는지 보십시오. "내 은혜가 네게 족하도다"(고후 12:9). 바울은 그 말씀이 옳다고 생각했습니다. 그래서 "내가 약한 그때에 강함이라"라고 고백했습니다(고후 12:10). "이제 나는 내 약점을 자랑하겠다. 이 약점이 없었다면 나를 붙잡아 주시는 하나님의 은혜를 경험치 못했을 것이다"라고 했습니다.

어둠이 주의 얼굴 가려도
변치 않는 그 은혜에 기대리라.
바람이 세차고 강하게 불어도
그 휘장 안에 닻을 내리리라.
위태한 모래밭에 서지 않고
굳건한 반석이신 그리스도 위에 서리라.*
—에드워드 모트Edward Mote

여러분, 여러분은 이처럼 붙잡아 주시는 은혜를 알고 있습니까? 하나님은 "후히" 주십니다. 은혜 위에 은혜를 주십니다. 넘치게 주십니다. 풍성하게 주십니다. 시련과 환난의 때에, 사방으로 포위되어 거의 넘어질 찰나에 여러분을 붙잡아 주시는 은혜를 알고 있습니까? 하나님이 여러분을 붙잡아 주시고 세워 주시고 떠받쳐 주시는 은혜를 느끼고 있습니까?

이번에는 시험—안팎의 시험—이라는 관점에서 은혜를 살펴봅시다. 이와 관련하여 야고보는 그의 서신 4장에서 놀라운 말을 하고 있습니다. "간음한 여인들아—문자 그대로 간음한 여인들이 아니라 세상적인 마음으로 영적인 간음을 저지른 모든 사람을 가리키는 말입니다—세상과 벗 된 것이 하나님과 원수 됨을 알지 못하느냐? 그런즉 누구든지 세상과 벗이 되고자 하는 자는 스스로 하나님과 원수 되는 것이니라. 너희는 하나님이 우리 속에 거하게 하신 성령이 시기하기까지 사모한다 하신 말씀을 헛된 줄로 생각하느냐?"(약 4:4-5)

과연 우리가 세상을 피할 수 있을까요? 세상에 저항할 수 있을까요? 6절에 그 해결책이 나옵니다. "그러나 더욱 큰 은혜를 주시나니 그러므로 일렀으되 하나님이 교만한 자를 물리치시고 겸손한 자에게 은혜를 주신다 하였느니라." 세상, 육신, 마귀와 싸우는 우리에게 하나님은 그냥 은혜를 주시는 것이 아니라 더욱 큰 은혜, 충분한 은혜, 어떤 환경이나 형편에도 모자람이 없는 은혜를 주십니다. 그러므로 우리는 다음과 같이 기도해야 합니다.

* 찬송가 539장 2절 다시 옮김.

오, 하나님의 어린양이

그 상처 난 옆구리로 날 품으시네.

나 안전하고 평안히 거할 곳

오직 그곳뿐.

사방에 덫과 원수 가득하고

마음속에 근심이 가득할 때

오직 날 찾아와 만나 주는 은혜만이

날 정결하게 지켜 주네.

　　　―제임스 조지 덱James George Deck

그렇습니다! 다시 말씀드리겠습니다.

내 모든 죄를 덮는 은혜,

풍성한 은혜 주께 있나이다.

그 넘치는 치료의 샘물로

내 속을 씻으시고 정결히 지키소서.

　　　―찰스 웨슬리

그렇습니다! 우리를 붙잡아 주시는 놀라운 은혜가 있습니다.

　　여러 가지 다양한 은혜의 또 다른 측면인 지켜 주시고 보전해 주시는 은혜도 잠시 살펴봅시다. 바울은 빌립보 교인들에게 "너희 안에서 착한 일을 시작하신 이가 그리스도 예수의 날까지 이루실 줄을 우리는 확신하노라"라고 했습니다(빌 1:6). 이것은 빌립보서의

중대한 주제입니다. "나는 비천에 처할 줄도 알고 풍부에 처할 줄
도 알아……내게 능력 주시는 자 안에서 내가 모든 것을 할 수 있
느니라"(빌 4:12-13). 앞서 살펴본 대로, 바울은 고린도 교인들에게
하나님의 충분한 은혜에 대해 이야기한 바 있습니다. 그런데 빌립
보 교인들에게도 "나의 하나님이……너희 모든 쓸 것을 채우시리
라"라고 말합니다(빌 4:19). 오거스터스 탑레이디도 같은 이야기를
합니다.

주가 그 선함으로 시작하신 일을
능한 팔로 이루시리.
주의 약속은 예와 아멘이니
취소된 적 없도다.

장래 일이든 현재 일이든
땅의 것이든 위의 것이든
주의 약속 폐할 수 없고
내 영혼 그 사랑에서 끊을 수 없도다.

우리를 값 주고 사신 은혜가 우리를 지켜 주고 보전해 줍니다. 주
님은 "그들을 내 손에서 빼앗을 자가 없느니라"라고 하십니다(요
10:28). 은혜는 한번 잡은 것을 놓는 법이 없습니다. "은혜에서 떨
어"지기란 불가능합니다(갈 5:4). 우리를 능하게 하시고 보전하시
며 지켜 주시는 하나님의 은혜가 '성도의 최종적인 견인'을 보장합

니다.

앞서가시는 은혜, 우리 앞에서 행하시며 길을 예비해 주시는 은혜도 있습니다. 막상 도착해 보면 은혜가 앞서 와 있습니다. 시편 기자는 늘 이 점을 찬양했습니다.

이처럼 은혜의 모습은 다양합니다. 거의 무한할 정도로 다양합니다. 이것이 율법과 은혜의 큰 차이점입니다. 오, 하나님이 주시는 은혜여! 사랑하는 여러분, 여러분은 은혜 위에 은혜를 받고 있습니까? 우리는 이 은혜를 누려야 할 사람들입니다. 그래서 요한이 이 복음서를 쓴 것입니다. 바로 이 은혜가 요한복음 서문의 요지입니다. 요한복음의 나머지 부분은 전부 이 넘치는 은혜, 차고 넘치는 은혜, 풍성한 은혜에 대한 설명입니다. 우리는 이 은혜를 알고 있습니까? 이 은혜를 받고 있습니까? 이 은혜를 마땅히 기뻐해야 할 만큼 기뻐하고 있습니까? 성탄절과 강림절이 의미하는 바가 무엇입니까? 바로 이 은혜를 누리게 하시려고 그리스도가 오셨다는 것을 알고 있습니까? 버림받은 듯한 심정으로 그나마 가지고 있는 약간의 기독 신앙을 필사적으로, 간신히 붙잡고 있는 것은 아닙니까? 오, 그것은 부끄러운 일입니다! "내 은혜가 네게 족하도다!"(고후 12:9) 주님의 은혜는 차고 넘치는 것입니다. 우리의 필요를 뛰어넘는 것입니다. 한없이 부어지는 것입니다. 영생하도록 솟아나는 샘물입니다.

율법과 은혜의 두 번째 큰 차이점에 대해 서둘러 한마디만 하겠습니다. 은혜는 이처럼 줄 뿐 아니라 왕노릇합니다. "죄가 사망 안에서 왕노릇한 것같이 은혜도 또한 의로 말미암아 왕노릇하여 우리

주 예수 그리스도로 말미암아 영생에 이르게 하려 함이라"(롬 5:21).
이 또한 신약성경의 중대한 주제입니다. "왕노릇"한다는 것이 무
슨 뜻일까요? 은혜에 권세가 있다는 뜻입니다. 율법의 전적인 문제
점은 이런 권세가 없다는 것입니다. "율법이 육신으로 말미암아 연
약하여 할 수 없는 그것을 하나님은 하시나니 곧 죄로 말미암아 자
기 아들을 죄 있는 육신의 모양으로 보내어 육신에 죄를 정하사"(롬
8:3). 율법 자체가 잘못된 것은 아닙니다. 그러나 율법은 말만 할 뿐,
실제로 해주는 것이 없습니다. 능력도, 도움도 주지 못합니다. "이
것을 하라"라고 명령할 뿐, 실행은 우리에게 맡겨 버립니다! 은혜
의 영광은 이런 율법과 달리 권세를 가지고 왕노릇한다는 데 있습
니다. 이것이 "왕노릇"이라는 표현에 담긴 의미입니다. 권세가 없는
군주는 허수아비에 불과합니다. 왕노릇하지 못합니다. 왕노릇의 핵
심은 권세와 권위와 실행력에 있습니다. 권세를 가진 군주의 말은
곧 명령입니다. 반드시 지켜지고 실행됩니다.

　은혜가 하는 일이 무엇입니까? 지난 설교의 결론을 좀 더 충분
히 설명하기 위해 한 가지 측면만 강조하겠습니다. 은혜는 하나님
의 큰 계획과 목적을 실현시킵니다. 그 목적이 무엇입니까? "모든
불법에서 우리를 속량하시고 우리를 깨끗하게 하사 선한 일을 열심
히 하는 자기 백성이 되게" 하는 것입니다(딛 2:14). 지난주에 저는
하나님의 명령은 무거운 것이 아니라는 말로 설교를 마쳤습니다(요
일 5:3). 그리스도 안에서 하나님의 은혜가 임한 것은, 우리를 용서
하시고 의롭다 하시기 위해서일 뿐 아니라 우리로 하여금 하나님
이 원하시는 삶을 살며 그 명령을 지키게 하시기 위해서입니다. 이

것이 하나님의 목적입니다. 은혜는 우리가 이렇게 살 수 있게 해줍니다. 그래서 그리스도인에게는 하나님의 명령이 무겁지 않은 것입니다.

무슨 뜻인지 설명해 보겠습니다. 반복하지만, 은혜는 강력한 것입니다. 왕노릇하는 것입니다. 어떻게 왕노릇합니까? 에베소서 2장은 은혜가 우리를 살려 낸다고 말합니다. 사도 바울은 은혜의 개념을 소개하며 이렇게 이야기합니다. "긍휼이 풍성하신 하나님이 우리를 사랑하신 그 큰 사랑을 인하여 허물로 죽은 우리를 그리스도와 함께 살리셨고(너희는 은혜로 구원을 받은 것이라)"(엡 2:4-5). 은혜가 이 일을 한다고 사도는 말합니다. 은혜는 역동적인 힘입니다. 여러분은 죄로 인해 죽어 있었고 묻혀 있었습니다. 그런데 살아났습니다. 은혜가 살려 낸 것입니다! 은혜가 왕노릇함으로써 죽은 자들에게 생명을 불어넣어 그리스도와 함께 벌떡 일어나게 만든 것입니다. 은혜는 우리를 살려 냅니다. 거듭나게 합니다. 더 나아가 거룩하게 합니다. 하나님의 거룩한 율법대로 살 수 있게 합니다. 그래서 우리에게는 율법이 무겁지 않은 것입니다.

"더 좋은 언약"에 대해 이야기하는 히브리서 8:6의 의미도 살펴봅시다. "그러나 이제 그는 더 아름다운 직분을 얻으셨으니 그는 더좋은 약속으로 세우신 더 좋은 언약의 중보자시라." 히브리서 기자가 하려는 말이 무엇입니까? 어떤 점에서 은혜가 율법보다 뛰어나다는 것입니까? 그 대답이 여기 나옵니다. 새 언약이 옛 언약보다 좋은 점이 무엇입니까? 우리가 구약 백성이 아닌 신약 백성임을 자랑하는 이유가 무엇입니까? 모세의 사람이라고 하지 않고 그리스도의 사람이라고 말하는 이유가 무엇입니까? 그 대답이 여기 나옵니다. 은혜와 율법의 중대한 차이점이 여기 나옵니다.

> 이 언약은 내가 그들의 열조의 손을 잡고 애굽 땅에서 인도하여 내던 날에 그들과 맺은 언약—하나님이 모세를 통해 주신 언약, 율법—과 같지 아니하도다. 그들은 내 언약 안에 머물러 있지 아니하므로 내가 그들을 돌보지 아니하였노라. 또 주께서 이르시되 "그날 후에 내가 이스라엘 집과 맺을 언약은 이것이니"

이제 그 차이점이 나옵니다.

> "내 법을 그들의 생각에 두고 그들의 마음에 이것을 기록하리라. 나는 그들에게 하나님이 되고 그들은 내게 백성이 되리라"(히 8:9-10).

이것이 기독교입니다. 기독교는 율법을 폐하지 않습니다. 제가 왜 내내 이 점을 강조했는지 이제 알겠습니까? 그리스도인은 "나는 그리스도인이므로 율법과 무관하다"라고 말하지 않습니다. 그렇습니다. 기독교가 하는 일, 하나님의 은혜가 하는 일은 율법을 여러분의 정신과 마음에 기록하는 것입니다. 이것이 은혜와 율법의 차이점입니다. 이제 율법은 우리 밖에 있지 않고 안에 있습니다. 모세를 통해 주신 율법은 "돌판"에 있었습니다. 그러나 이제는 돌판에 있지 않고 우리 안에 있습니다. 그래서 바울이 고린도 교인들에게 다음과 같이 말할 수 있었던 것입니다.

너희는 우리의 편지라. 우리 마음에 썼고 뭇 사람이 알고 읽는 바라. 너희는 우리로 말미암아 나타난 그리스도의 편지니 이는 먹으로 쓴 것이 아니요 오직 살아 계신 하나님의 영으로 쓴 것이며 또 돌판에 쓴 것이 아니요 오직 육의 마음판에 쓴 것이라(고후 3:2-3).

이 구절 또한 정확히 같은 진리를 말하고 있습니다. 모세의 율법은 우리 밖에 있었고 돌판에 있었습니다. 돌판 위에서 "이를 행하라. 그러면 살리라"라고 벽력같이 외쳤습니다(눅 10:28). 그러나 이제는 우리 안에 있습니다. 이것이 율법과 은혜의 차이점입니다. 얼마나 놀라운 차이점인지 모릅니다. 사도 요한은 바로 이 차이점 때문에 그리스도인이 죄 가운데 살 수 없다고 말합니다. 여러분도 이것을 알고 있습니까? 요한의 말을 들어 보십시오. "죄를 짓는 자─죄 가운데 계속 살아가는 자, 죄 가운데 드러누워 죄의 지배를 받는 자, 죄가 습관이 되어 버린 자─는 마귀에게 속하나니 마귀는 처음부터 범죄함이라. 하나님의 아들이 나타나신 것은 마귀의 일을 멸하려[무위로 돌리려] 하심이라─이제 사도가 하는 말을 들어 보십시오─하나님께로부터 난 자마다 죄를 짓지 아니하나니─절대 죄를 짓지 않는다는 뜻은 아닌 것이 분명합니다. 정말 그렇다면 세상에는 그리스도인이 한 명도 없을 것입니다. 이것은 하나님께로부터 난 자는 죄를 계속 짓지 않는다는 뜻입니다. 왜 그럴까요?─이는 하나님의 씨가 그의 속에 거함이요 그도 범죄하지 못하는 것은 하나님께로부터 났음이라"(요일 3:8-9).

자, 요한은 지금 죄 없는 완벽한 상태를 가르치려는 것이 아닙니다. '그리스도인 안에 하나님의 씨가 있다는 것은 죄의 노예로 계속 살아갈 수 없다는 뜻'임을 가르치려는 것입니다. 그리스도인은 하나님께로부터 난 자들로서, 그들 안에 있는 씨가 죄의 상태에 빠지지 않도록 지켜 줍니다. 다시 말해서 이제는 율법이 우리 밖이 아닌 안에 있는 것입니다. 바울이 빌립보서 2:12-13에서 말하는 바도 이것입니다. "두렵고 떨림으로 너희 구원을 이루라—왜 그래야 할까요?—너희 안에서 행하시는 이는 하나님이시니 자기의 기쁘신 뜻을 위하여 너희에게 소원을 두고 행하게—그의 계명과 율법을 행하게—하시나니." 그렇습니다. 하나님이 우리 안에서 행하심으로써 우리로 그의 율법을 행하게 하십니다.

"내 법을 그들의 생각에 두고"라는 표현도 보십시오(히 8:10). 이것은 놀라운 말씀입니다. 이제는 우리가 하나님의 율법을 이해한다는 것입니다. 율법 아래 있는 자들의 문제는 어린아이 같다는 데 있습니다. 부모는 아이에게 이런저런 것들을 하지 말라고 금합니다. 그래서 하고 싶은 것을 못하게 될 때 아이는 억울해합니다. 부모가 제지하는 이유를 이해하지 못하며, 하지 말라고 금하는 목적을 이해하지 못합니다. 하고 싶은 일이 있을 때 부모의 허락을 받아야 한다는 것은 알지만, 막상 부모가 "안 돼!" 하고 거절하면 마지못해 따르면서도 가혹하고 부당한 처사로 여기며 불평합니다. 율법 아래 있는 자들의 모습이 바로 그렇습니다. 그러나 율법이 마음에 새겨진 사람은 그 이유를 이해합니다. 철이 들면 부모의 격려뿐 아니라 제지에 대해서도 감사하게 되는 이치와 같습니다. 그때는 부모의 훈육에 감사하게 되며, 해야 할 일과 하지 말아야 할 일을 가르쳐 준 것에 감사하게 됩니다. "내가 어렸을 때에는……생각하는 것이 어린아이와" 같았습니다. 그러나 이제는 장성한 어른이 되었습니다 (고전 13:11). 율법이 마음에 새겨지면 지각이 생겨나고, 율법 조문이 아닌 정신의 중요성을 깨닫게 됩니다. 이것은 아주 놀라운 발견입니다. 단순히 조문만 읽었을 때는 율법이 싫었습니다. 그런데 그 정신과 목표와 목적을 알게 되면서 율법이 즐거워지기 시작합니다.

"내 법을 그들의 생각에" 두시면 어떻게 될까요? 첫째로, 율법이 마음에 쓰여지면 하나님의 성품 그 자체 때문에 율법이 필연적으로 존재해야 한다는 사실을 깨닫게 됩니다. 감히 말하지만, 하나님은 십계명을 주셔야만 했습니다. 그의 거룩한 성품이 문자화된 것이 십계명입니다. 그렇기 때문에 그리스도인들은 십계명을 보고 놀라거나 억울해하지 않습니다. 하나님의 성품에서 십계명이 나왔다는 것을 알며, 십계명이 절대적으로 옳고 본질적으로 옳다는 것을 압니다. 오늘날 온 세상이 십계명을 지킨다면 즉시 낙원이 될 것입니다. 마음에 율법이 쓰여 있는 사람은 이것을 압니다.

둘째로, 율법이 마음에 쓰여지면 하나님의 계명을 마땅히 기뻐하게 됩니다. 바울은 에베소서 2:10에서 말합니다. "우리는 그가 만드신 바라. 그리스도 예수 안에서 선한 일을 위하여 지으심을 받은 자니 이 일은 하나님이 전에 예비하사 우리로 그 가운데서 행하게 하려 하심이니라." 다시 말해서 여러분이 거듭난 것은 이런 삶을 살기 위해서입니다. 율법이 마음에 쓰여 있는 사람은 이런 놀라운 삶을 살 수 있게 된 것에 대해 감사를 느낍니다. 불평하지 않습니다. "내가 이런 삶을 살 수 있다니 정말 놀랍다!" 하며 감격합니다. 억울해하지 않습니다. 기뻐합니다. 한마디로 요약하면, 하나님이 거룩하시기 때문에 나도 거룩해져야 함을 깨닫는 것입니다. "내가 거룩하니 너희도 거룩할지어다"(벧전 1:16). 이것을 깨달은 사람은 더 이상 율법에 대해 억울한 감정을 느끼지 않습니다. 하나님이 "나는 너희가 이렇게 살길 바란다. 왜냐하면 이것이 내 모습이기 때문이다. 내가 거룩하니 너희도 거룩해야 한다"라고 말씀하심을 알기 때문에 "복음은 편협하게 금지만 한다"라고 반발하지 않습니다. 오히려 "이것이 하나님의 삶이고, 나 또한 그 삶을 살아야 한다"라고 받아들입니다.

셋째로, 율법이 마음에 쓰여지면 소망이 놀라운 동기로 작용하게 됩니다. "주를 향하여 이 소망을 가진 자마다 그의 깨끗하심과 같이 자기를 깨끗하게 하느니라"(요일 3:3). 참으로 천국에 갈 것을 믿는 사람, 천국에 가길 원하는 사람은 그에 합당한 자가 되기 위해 준비한다고 요한은 말합니다. 천국에 가길 원한다고 하면서도 기독교를 편협하게 느끼며 이생의 삶을 최대한 누리려 하는 사람, 이생의 삶을 살고 싶어 하는 사람은 사실상 논리적으로 사고할 줄 모르는 어리석은 자입니다. 하나님의 계명을 지키는 삶이 억울하게 느껴지는 사람은 영원토록 하나님의 얼굴을 바라보며 지내게 될 천국에 대해 한마디도 말아야 합니다! "주를 향하여 이 소망을 가진 자마다 그의 깨끗하심과 같이 자기를 깨끗하게 하느니라." 율법이 마음에 쓰여 있는 사람은 이렇게 합니다.

다시 말해서 하나님이 말씀하시는 바는 이것입니다. "내 법을 그들의 생각과 마음에 써 주겠다. 새로운 기질을 주겠다. 돌 같은 마음 대신 살 같은 마음을 주겠다. 내 법을 지키고 싶어 하게 만들겠다. 내 법을 사랑하게 만들겠다. 이제 그들은 정죄받아도 율법을 미워하지 않을 것이다. 죄를 짓고 정죄받아도 '이 정죄는 지당하다. 내가 어리석었다. 해선 안 될 짓을 했다. 난 무가치한 자다. 오, 어떻게 이런 날 용서해 주실 수 있을까!'라고 승복할 것이다."

참된 그리스도인은 율법의 정죄에 반박하지 않습니다. 순순히 인정하고 자백합니다. 겸손하고 경건하게 회개합니다. 그렇습니다. 거듭난 이들은 말합니다. "난 당연히 하나님의 율법을 지킬 것이다. 하나님을 기쁘시게 하기 위해 지킬 것이다. 하나님은 날 위해 독생자를 이 땅에 보내 주셨다. 그토록 부요하신 분이 날 살리기 위해 가난해지셨다. 그러므로 이제 내가 해야 할 일은 내가 얼마나 그분을 사랑하고 그분께 감사하는지 보여드리는 것이다. 어떻게 보여드릴 수 있을까? 그의 계명을 지키며 그가 원하시는 대로 살아야 한다." 이처럼 하나님의 법을 알고 사랑하며 즐거이 지키게 하기 위해 "내 법을 그들의 생각에 두고 그들의 마음에 이것을 기록하리라[새기리라]"라고 하신 것입니다.

급하고 부족하게나마 은혜의 탁월성에 대해 살펴보았습니다. 바로 이 때문에 은혜가 탁월한 것입니다! 은혜는 후히 줍니다. 풍성히 살게 해줍니다. 능력을 줍니다. 왕노릇합니다. 하나님의 모든 백성이 점도 없고 흠도 없고 주름 잡힌 것도 없이 하나님 보시기에 아름답고 온전하며 영광스러워질 때까지 계속 왕노릇합니다. 그리하여 하나님이 우리를 자기 백성이라 부르기를 부끄러워하시지 않게 해주며, 그리스도 또한 우리를 자기 형제라 부르기를 부끄러워하시지 않게 해줍니다. 사랑하는 여러분, 이 은혜를 기뻐하고 있습니까?

"율법은 모세로 말미암아 주어진 것이요 은혜와 진리는 예수 그리스도로 말미암아 온 것이라"라고 말할 수 있습니까? 우리를 붙잡아 주시는 은혜의 소나기에 흠뻑 젖어 보았노라 말할 수 있습니까? 우리는 그런 위치에 있습니까? 마땅히 그런 위치에 있어야 합니다. 이것이 크리스마스와 성육신과 십자가의 죽음을 비롯한 모든 사건에 담긴 전적인 의미입니다. 오, 성령으로 우리의 총명을 밝히사 은혜의 승리와 영광을 보게 해달라고 다 함께 구합시다!

11

충만한 진리

율법은 모세로 말미암아 주어진 것이요 은혜와 진리는 예수 그리스도로 말미암아 온 것이라. 본래 하나님을 본 사람이 없으되 아버지 품속에 있는 독생하신 하나님이 나타내셨느니라. 요 1:17-18

17절에 대한 연구를 계속해 봅시다. 이제부터 보여드리겠지만, 18절은 17절 후반부에 대한 설명입니다. 지금까지는 율법과 은혜의 대조를 통해 모세와 주 예수 그리스도에 대해 고찰해 보았습니다. 그런데 17절이 대조하는 대상이 한 가지 더 있습니다. 율법과 은혜를 대조했듯이, 율법과 진리를 대조하는 것입니다. 이번에는 이 두 번째 대조를 살펴보겠습니다.

한 번 더 말씀드리지만, 요한이 이런 식으로 두 가지를 대조하는 것은 율법이나 모세를 폄하하기 위해서가 아니라 은혜와 진리 및 주 예수 그리스도의 탁월성을 밝히기 위해서라는 점을 기억하는 일이 아주 중요합니다. 제가 자꾸 이 말을 하는 것은 '그리스도의 시대가 왔으니 이제 율법은 폄하하고 무시하며 우리와 무관한 것으로 여겨도 된다'라고 생각하는 이들이 너무나 많다는 사실을 잘 알기 때문입니다. 이런 가르침이 왜 잘못되었는지는 이미 충분히 살펴보았다고 생각합니다. 예컨대 요한복음 5장에는 이런 말씀이 나옵니다. "너희가 성경에서 영생을 얻는 줄 생각하고 성경을 연구하거니와 이 성경이 곧 내게 대하여 증언하는 것이니라"(요 5:39). 물론 여기에서 주님이 말씀하시는 "성경"은 구약성경을 가리킵니다. 주님은 구약성경이 자신을 언급하며 증언한다는 점을 분명히 밝히셨습니다.

그리고 나중에 훨씬 더 분명하게 말씀하십니다. "모세를 믿었더라면 또 나를 믿었으리니 이는 그가 내게 대하여 기록하였음이라"(요 5:46). 그러므로 모세와 율법의 가르침을 폄하하는 것은 명백한 잘못입니다. 요한복음 서문 17절의 목적은 율법을 쓸모없다고 무시하려는 데 있는 것이 아니라, 하나님이 아주 영광스럽게 주셨음에도 불구하고 불완전하다는 점을 보여주려는 데 있습니다. 율법은 완전치 못했습니다. 율법에 없는 충만함이 주 예수 그리스도께 있었습니다. 이 점을 알려 주려는 것이 요한이 17절을 기록한 의도입니다. 반복하지만, 하나님은 영광스럽게 율법을 주셨습니다. 율법은 감당해야 할 역할이 있었고, 실제로 그 역할을 잘 감당했습니다. 그럼에도 율법은 예비단계에 불과했습니다. 은혜의 측면에서도 그러하고, 진리의 측면에서도 그러합니다. 복되신 주와 구주 되신 그리스도 안에서, 그리스도를 통해 충만하게 나타난 진리와 비교해 볼 때 율법이 어떻게 불완전한지 지금부터 살펴보겠습니다.

첫 번째로는 진리와 진리의 계시라는 관점에서 율법의 불충분성과 불완전성을 전체적으로 살펴볼 것이며, 두 번째로는 아주 중요하고 특별한 한 가지 측면에서 율법의 불완전성을 살펴볼 것입니다. 첫 번째 항목을 고찰할 때 발견하게 되는 사실은 신약성경이 이에 대해 아주 자주, 매우 분명하게 언급한다는 것입니다. 첫째로, 율법은 진리를 전달하되 모형과 그림자로 전달한다는 점에서 불완전합니다. 모형과 그림자는 신약성경 기자들이 율법의 불완전성이라는 측면을 부각하기 위해 사용하는 용어들로서, 관심 있게 살펴보면 정말 놀랍습니다. 예컨대 골로새서 2:16-17에 나오는 사도 바울의 말을 보십시오. "그러므로 먹고 마시는 것과 절기나 초하루나 안식일을 이유로 누구든지 너희를 비판하지 못하게 하라. 이것들은 장래 일의 그림자이나 몸은 그리스도의 것이니라." 율법과 진리의 차이는 모형·그림자와 몸·실체·실재 간의 차이입니다.

골로새서 2:16-17과 비슷한 진술을 좀 더 찾아보겠습니다. 히브리서 8:4-5을 보십시오. 히브리서 기자는 언약의 이행을 포함한 모든 측면에서 두 언약을 대조합니다.

예수께서 만일 땅에 계셨더라면 제사장이 되지 아니하셨을 것이니 이는 율법을 따라 예물을 드리는 제사장이 있음이라. 그들이 섬기는 것은 하늘에 있는 것의 모형과 그림자라. 모세가 장막을 지으려 할 때에 지시하심을 얻음과 같으니 이르시되 "삼가 모든 것을 산에서 네게 보이던 본을 따라 지으라" 하셨느니라.

여기에도 같은 용어가 사용되고 있습니다. 율법은 위대한 실재 그 자체가 아니라 "하늘에 있는 것의 모형과 그림자"라는 것입니다. 히브리서 기자는 9장에서도 같은 요점을 지적하며, 첫 장막에서 율법 아래 일어난 일에 대해 다음과 같이 이야기합니다.

이 장막은 현재까지의 비유니 이에 따라 드리는 예물과 제사는 섬기는 자를 그 양심상 온전하게 할 수 없나니 이런 것은 먹고 마시는 것과 여러 가지 씻는 것과 함께 육체의 예법일 뿐이며 개혁할 때까지 맡겨 둔 것이니라(히 9:9-10).

즉, 율법은 잠정적이고 일시적인 것, 모형과 실례와 그림자에 불과하다는 것입니다. 10:1에서도 같은 말을 합니다. "율법은 장차 올 좋은 일의 그림자일 뿐이요 참 형상이 아니므로—그러므로 명백하게—해마다 늘 드리는 같은 제사로는 나아오는 자들을 언제나 온전하게 할 수 없느니라."

이것은 율법과 진리의 중요한 차이점이자, 사실상 요한복음 1:17에 대한 설명이라고 할 수 있습니다. "율법은 모세로 말미암아 주어진 것이요……진리는 예수 그리스도로 말미암아 온 것이라." 그림·암시·실례와 진리 그 자체는 다른 것입니다. 율법 아래 있던 것들은 표상에 불과했고, 따라서 실제적인 한계가 있었습니다. 히브리서 10:4은 말합니다. "이는 황소와 염소의 피가 능히 죄를 없이 하지 못함이라." 황소와 염소의 피는 죄를 없애는 데 필요한 것이 아니었습니다. 그것으로는 죄를 없앨 수 없었습니다. 그것은 우리 주와 구주 되신 그리스도 안에서, 그리스도를 통해 완성될 일을 가리키는 그림자와 표상과 예시에 불과했습니다. 이것이 첫 번째 차이점입니다. 그리스도는 위대한 원형이자 진리이자 실체입니다. 히브리서 10:5의 표현을 빌리자면 "몸"입니다. 모형과 그림자가 암시하고 지시하는 실체 그 자체입니다. 그래서 신약성경이 주님을 진리라고 부른 것이며, 주님도 자신을 그렇게 부르신 것입니다. "내가 곧 길이요 진리요 생명이니"(요 14:6). 그는 "세상의 빛"입니다(요 9:5). 육신이 된 진리입니다. 그분 자신이 진리입니다.

세례 요한이 사용한 표현을 보면 이 점이 가장 잘 와 닿을 것입니다. "이튿날 요한이 예수께서 자기에게 나아오심을 보고 이르되 보라, 세상 죄를 지고 가는 하나님의 어린양이로다"(요 1:29). 이것이 차이점입니다. 이 양은 그동안 인간이 바쳤던 양, 매일 아침저녁 바쳤던 어린양이나 유월절 양과 다릅니다. 그 양들은 다 그림 내지는 실례에 불과했습니다. 그런데 그 양들이 한결같이 가리키던 어린양, 하나님의 어린양, 하나님이 친히 준비하신 어린양이 마침내 오신 것입니다. 하나님이 이 양을 준비하신 것은 다른 양들처럼 단순히 죄를 덮어 주시기 위해서가 아니었습니다. 다른 양들의 피는 개혁의 때가 올 때까지 잠시 죄를 덮는 역할만 했습니다. 그런데 마침내 때가 이르러, 세상 죄를 지고 가실 하나님의 어린양이 오셨습니다. 이것이 세례 요한의 선포입니다. 이렇게 율법을 통해 전달된 진리, 암시하고 시사하며 얼핏 보여주는 진리와 성자의 본체를 통해 충만하고도 영광스럽게 찾아온 진리를 서로 대조해 보면, 이 측면에서 율법이 얼마나 불완전한 것이었는지 알 수 있습니다.

둘째로, 율법의 불완전한 진리와 그리스도 안에 있는 충만한 진리가 어떻게 대조되는지 살펴봅시다. 히브리서 기자는 다음과 같은 말로 자신의 위대한 편지를 시작합니다. "옛적에 선지자들을 통하여 여러 부분과 여러 모양으로 우리 조상들에게 말씀하신 하나님이……." 옛적에는 하나님이 선지자들을 통해 여러 부분과 모양과 방식으로 조상들에게 진리를 계시하셨다는 것입니다. 그렇습니다! 구약성경에는 진리가 여기저기 조금씩 나옵니다. 이것이 구약성경의 특징입니다. 전체적으로 완성되어 있지 못합니다. 강림절을 맞이하여 주님에 대한 구약의 예언들을 살펴보면서 그 여러 측면—주님이 태어나실 곳과 태어나실 시기, 장차 있을 일들—이 어떻게 제시되고 있는지 찾아보면 흥미로울 것입니다. "여러 부분과 여러 모양으로!" 이 선지자는 이 부분을, 저 선지자는 저 부분을 예언했습니다. 이것이 율법—모세의 글과 선지서를 포함한 구약성경 전체—의 특징입니다.

진리 그 자체이신 주님과 비교할 때 율법의 불완전성을 보여주는 또 한 가지 아주 중요한 차이점이 있습니다. 사도 바울은 골로새 교인들에게 말합니다. "그 안에는 지혜와 지식의 모든 보화가 감추어져 있느니라"(골 2:3). 우리 주와 구주 되신 복되신 그리스도 안에 모든 진리가 들어 있다는 것입니다. 단순한 암시가 아니라는 것입니다. 진리의 이런저런 작은 파편들이 아니라는 것입니다. 그리스도는 온전한 진리라는 것입니다. 세상의 빛이라는 것입니다. 불완전한 데가 한 군데도 없다는 것입니다. 부분이나 모양이나 조각이나 파편이 아닌 진리 전체가 이 한분 안에 들어 있다는 것입니다.

또 다른 차이점을 살펴봅시다. 실제로 구약성경이 말하는 것은 약속들입니다. 아주 놀라운 약속들입니다. 참으로 "보배롭고 지극히 큰 약속"들입니다(벧후 1:4). 하나님은 태초에 에덴동산에서 약속을 주신 이후 계속해서 약속들을 주셨습니다(창 3:15). 맞습니다. 그럼에도 그것들은 약속에 불과했습니다. 이 점이 놀라운 것으로서, 그리스도인은 항상 이 점을 기억해야 합니다. 히브리서 기자가 11장에서 구약의 위대한 성도들을 열거하며 어떻게 말하는지 보십시오. "이 사람들은 다 믿음으로 말미암아 증거를 받았으나 약속된 것을 받지 못하였으니―그들은 약속의 성취를 보지 못한 상태에서 그 약속이 가리키는 곳을 향해 나아갔습니다―이는 하나님이 우리를 위하여 더 좋은 것을 예비하셨은즉 우리가 아니면 그들로 온전함을 이루지 못하게 하려 하심이라"(히 11:39-40). 이처럼 약속과 소망과 가능성밖에 없었는데도, 그들은 그것을 굳게 붙잡았습니다. 믿음이란 그런 것입니다. "믿음은 바라는 것들의 실상이요 보이지 않는 것들의 증거니"(히 11:1).

구약에 나오는 믿음의 인물들은 약속을 받았고, 그 약속에 따라 살았으며, 그 약속의 성취를 고대했습니다. 그러나 그것이 전부였습니다. "율법은 모세로 말미암아 주어진 것이요 은혜와 진리는 [우리 주] 예수 그리스도로 말미암아 온 것이라"라고 말하는 것이 정당한 이유가 여기 있습니다. 그렇다면 진리는 어떻게 그리스도로 말미암아 왔을까요? 자, 사도 바울은 이번에도 자신만의 방식으로 이 점을 설명해 줍니다. "하나님의 약속은 얼마든지 그리스도 안에서 예가 되니 그런즉 그로 말미암아 우리가 아멘 하여 하나님께 영광을 돌리게 되느니라"(고후 1:20). 그리스도는 모든 약속의 성취입니다.

구약성경을 죽 읽으면서 모든 약속의 목록을 작성해 보십시오. 그리스도야말로 그 모든 약속의 해답이요 성취임을 발견할 것입니다. 이것이 율법과 그리스도의 차이점입니다. 하나님이 모세를 통해 영광스럽게 주신 율법은 그 자체로 위대한 것이었음에도 불구하고 약속과 가능성과 소망 그 이상은 되지 못했습니다. 그런데 그리스도가 그것을 성취해 주셨습니다.

마지막으로, 우리 주와 구주 되신 복되신 그리스도와 모세를 대조해 봅시다. 요한이 대조하는 방식을 살펴보면 흥미롭습니다. "율법은 모세로 말미암아 주어진 것이요―요한은 율법과 모세, 두 가지로 말하고 있습니다―은혜와 진리는 예수 그리스도로 말미암아 온 것이라." 요한은 율법과 은혜, 율법과 진리를 대조할 뿐 아니라 모세와 주 예수 그리스도를 대조합니다. 신약 복음의 탁월성과 우월성, 완전함과 충분함을 부각시키기 위해 아주 의도적으로 이렇게 대조하는 것입니다. 다시 말해서 요한은 모세와 주님의 대조를 통해 진리의 측면에서 율법과 은혜가 어떻게 다른지 더욱 선명하게 보여주고 있습니다.

모세와 주님의 차이점이 무엇입니까? 이 질문에 대답하기 위해 히브리서로 다시 돌아가 봅시다. 성경을 활용하는 법을 알면 그리 많은 주석이 필요치 않습니다! 성경 자체가 최고의 주석입니다. 히브리서가 어떻게 말하는지 보십시오.

그러므로 함께 하늘의 부르심을 받은 거룩한 형제들아, 우리가 믿는 도리의 사도이시며 대제사장이신 예수를 깊이 생각하라. 그는 자기를 세우신 이에게 신실하시기를 모세가 하나님의 온 집에서 한 것과 같이 하셨으니 그는 모세보다 더욱 영광을 받을 만한 것이

왜 더욱 영광을 받을 만하십니까?

마치 집 지은 자가 그 집보다 더욱 존귀함 같으니라. 집마다 지은 이가 있으니 만물을 지으신 이는 하나님이시라. 또한 모세는 장래에 말할 것을 증언하기 위하여 하나님의 온 집에서 종으로서 신실하였고 그리스도는 하나님의 집을 맡은 아들로서 그와 같이 하셨으니 우리가 소망의 확신과 자랑을 끝까지 굳게 잡고 있으면 우리는 그의 집이라(히 3:1-6).

이 구절은 우리가 다루는 주제를 완벽하게 설명해 줍니다. 모세와 주님의 차이는 집 자체와 집 지은 자의 차이와 같습니다. "집 지은 자가 집보다 낫다"라고 말한다고 해서, 집을 우습게 보거나 쓸데없다고 비하하거나 무시하는 것은 아닙니다. 당연히 아닙니다. 이것은 상대적인 차이입니다. 율법은 지금도 엄연히 존재하는 하나님의 법입니다. 그러나 율법보다 더 큰 분이 오셨습니다. 요한이 말하는 바가 바로 이것입니다. 모세와 주님의 차이는 집 자체와 그 집의 창작자·설계자·제작자·건축자—설명서에 따라 계획하고 만들어 낼 수 있는 지성과 이해력과 창의력을 갖춘 자—의 차이와 같습니다.

히브리서 기자가 모세와 복되신 주님을 대조하는 두 번째 방식은 종과 아들로 보는 것입니다. 모세는 위대한 인물이었음에도 종에 불과했습니다. 아무리 종이 위대하고 주인의 아들이 어리다 해

도 둘을 비교할 수는 없습니다. 모세는 구약성경에 우뚝 서 있는 위대한 종입니다. 맞습니다. 그러나 종이 아무리 발돋움을 하고 높이 올라간다 한들 아들에게 비할 수 있겠습니까? 더구나 이 아들은 만물을 지으신 분, 곧 하나님이십니다. "집마다 지은 이가 있으니 만물을 지으신 이는 하나님이시라"(히 3:4). 우리는 이것을 알고 있습니다. "[하나님이] 이 모든 날 마지막에는 아들을 통하여 우리에게 말씀하셨으니 이 아들을 만유의 상속자로 세우시고 또 그로 말미암아 모든 세계를 지으셨느니라"(히 1:2). 모세를 통해 받은 진리는 종에게 받은 것이지만, 주 예수 그리스도를 통해 받은 진리는 아들께 직접 받은 것입니다. 그렇습니다. "본래 하나님을 본 사람이 없으되 아버지 품속에 있는 독생하신 하나님이 나타내셨느니라"(요 1:18).

히브리서 기자는 마지막으로 진리에 관한 증언·가르침과 진리 그 자체를 대조합니다. "모세는 장래에 말할 것을 증언하기 위하여 하나님의 온 집에서 종으로서 신실하였고"(히 3:5). 모세는 그 이상의 일을 할 수 없었습니다. 그는 가리키고 증언하는 증인에 불과했습니다. 방향을 알려 주고 진리가 올 것을 알려 주는 자에 불과했습니다. 그러나 주님께는 충만한 진리가 있습니다. 이미 말했듯이, 주님은 자신이 진리임을 여러 번 천명하셨습니다. 그는 "세상의 빛"입니다(요 9:5). 요한이 서문에서 말하듯이 "참 빛, 곧 세상에 와서 각 사람에게 비추는 빛"입니다.

이것이 오늘 본문이 보여주는 일반적인 차이점입니다. 이제 요한이 염두에 두었던 것이 분명한 특별한 적용을 살펴보겠습니다. 요한은 자신이 말하는 진리가 사실상 하나님에 관한 진리임을 밝히고 있습니다. "율법은 모세로 말미암아 주어진 것이요 은혜와 진리는 예수 그리스도로 말미암아 온 것이라. 본래 하나님을 본 사람이 없으되 아버지 품속에 있는 독생하신 하나님이 나타내셨느니라." 요한의 특별한 적용은 하나님에 대한 진리와 관련되어 있습니다. 궁극적인 진리는 하나님에 대한 진리입니다. 우리가 말하는 '진리'는 사실상 하나님에 대한 진리를 가리키는 말이며, 하나님을 아는 지식을 가리키는 말입니다. 요한은 드디어 이 지식을 얻을 수 있게 된 것을 기뻐했습니다. 그가 여기에서 말하는 요지는 "이제야말로 우리는 하나님을 알 수 있게 되었다"라는 것입니다.

그는 "본래 하나님을 본 사람이 없으되"라는 말로 서두를 떼고 있습니다. 이것은 단순히 육안으로 하나님을 본 사람이 없다는 뜻이 아닙니다. 하나님은 영이시기 때문에 그 형태나 모양을 본 사람이 없다는 뜻이 아닙니다. 물론 그 뜻도 포함되지만, 그 뜻이 전부는 아닙니다. 요한은 하나님을 아는 참된 지식을 가진 자가 없다는 뜻에서 본 사람이 없다고 말합니다. 사람들은 잘 모르는 것이 있을 때 "안 보인다I don't see that"라는 표현을 씁니다. 여기에서도 마찬가지입니다. "하나님을 본 사람이 없으되"라는 것은 '하나님에 대한 진리를 온전히 깨달은 사람이 이제껏 없었다'라는 뜻입니다. 인간이 하나님에 대한 진리를 온전히 깨닫기란 불가능합니다. 모세와 그리스도의 대조는 이 면을 이해하는 데 특히 도움을 줍니다. 모세는 여러 가지 면에서 하나님께 가장 가까이 나아갔던 사람이었기에 이 면을 아주 영광스럽게 보여줄 수 있습니다.

철학자들은 하나님께 가까이 가 본 적이 없습니다. 그래서 추측만 할 뿐, 실제로 아는 바가 하나도 없습니다. 제 말이 과장된 것 같습니까? 절대 그렇지 않습니다! 철학자들은 하나님에 대해 아는 바가 하나도 없습니다. 그들이 어떻게 하나님을 알겠습니까? 그들의 능력은 유한한데, 하나님은 무한하십니다. 철학자들은 추론이 가능하다고 생각하지만, 그 추론은 권위가 없는 것이며 따라서 승인할 수 없는 것입니다. 그저 "혹 하나님을 더듬어 찾아 발견"할 수 있을까 하는 마음으로 진리를 모색하며 하나님을 추구해 보는 것이 고작입니다(행 17:27). 바울이 아덴 사람들에게 말했듯이, 그들이 할 수 있는 일은 그것이 전부입니다. 그러므로 비그리스도인 철학자가 하나님에 대해 떠드는 말에 신경 쓸 필요가 없습니다. 그들이 하는 말은 완전히 무가치하고 무익합니다. 철학자들은 유한한 죄인이기에 본질적으로 하나님을 알 수가 없습니다. 그래서 때때로 자신들의 사상을 바꾸고 신을 바꾸는 것이며, 텔레비전 인터뷰를 할 때 모순된 말을 하는 것입니다. 불교든 다른 종교든, 모든 거짓 종교는 인간의 철학에 불과합니다. 그들이 하는 말은 다 오류에 빠지기 쉬운 인간, 유한한 인간의 견해에 근거한 한낱 추측에 불과합니다.

그러나 모세는 그런 철학자들과 완전히 다른 범주에 속해 있습니다. 그는 의자에 앉아 "하나님에 대한 내 생각과 의견은 이렇다"라는 말로 글을 시작한 적이 없습니다. 절대 그런 입장을 취한 적이 없습니다. 그는 계시를 받았습니다. 그가 받은 진리가 무엇이었습니까? 그 충분한 대답이 출애굽기에 나옵니다. 무엇보다 먼저 그가 시내 산에서 받은 것은 율법과 다른 많은 규례들이었습니다. 성경은 하나님이 모세와 "대면"하여 말씀하셨다고 기록합니다(신 5:4). 그러나 주의하십시오. 곧 설명하겠지만, 그가 실제로 하나님의 얼굴을 보았던 것은 아닙니다. 여기에서 "대면"했다는 것은 그만큼 친밀하게 말씀하셨음을 나타내는 표현일 뿐입니다. 하나님은 모세에게 말씀하셨고, 모세는 그 사실을 알았습니다. 그는 하나님의 임재 안에 들어갔고, 그로 인해 바울이 고린도후서 3장에서 말한 광채가 얼굴에 나타났습니다.

여기에서 요점은 모세가 산에 올라가 40일 동안 하나님과 함께 지내며 계시를 받았다는 것, 하나님이 그에게 진리를 아는 지식을 주어 백성들에게 전하게 하셨다는 것입니다. 우리는 그 지식이 십계명에 완벽하게 담겨 있는 것을 봅니다. 하나님은 그 외에도 많은 정보를 주셨습니다. 그래서 모세가 철학자들과 다른 범주에 속해 있다는 것입니다. 모세뿐 아니라 다른 선지자들도 전부 다른 범주에 속해 있습니다. "성경의 모든 예언은 사사로이 풀 것이 아니니……오직 성령의 감동하심을 받은 사람들이 하나님께 받아 말한 것임이라"(벤후 1:20-21). 그들은 계시를 받았습니다! 그중에서도 모세는 최고의 방식으로 계시를 받았습니다. 물론 선지자들도 거룩한 영감이 임할 때 일종의 황홀경에 빠지곤 했습니다. 그러나 모세는 시내 산에서 기이할 만큼 친밀한 상태에서, 이를테면 하나님과 얼굴을 맞댄 상태에서 40일을 보냈습니다.

모세가 율법만 받은 것은 아닙니다. 출애굽기 33장에 기록된 특별한 사건을 보십시오. 그는 기이할 정도로 담대하게 "주의 영광을 내게 보이소서"라고 구했고, 하나님은 그럴 수 없다고, "나를 보고 살 자"가 없다고 하셨습니다(출 33:18, 20). 감히 하나님을 보고도 견딜 수 있는 사람은 없습니다. 사람이 하나님을 보기란 불가능합니다. 그러나 하나님은 모세를 위해 다음과 같은 일을 해주겠다고 하셨습니다.

> 여호와께서 이르시되 "내가 내 모든 선한 것을 네 앞으로 지나가게 하고 여호와의 이름을 네 앞에 선포하리라. 나는 은혜 베풀 자에게 은혜를 베풀고 긍휼히 여길 자에게 긍휼을 베푸느니라." 또 이르시되 "네가 내 얼굴을 보지 못하리니 나를 보고 살 자가 없음이니라."

하나님은 연이어 말씀하십니다.

> 여호와께서 또 이르시기를 "보라, 내 곁에 한 장소가 있으니 너는 그 반석 위에 서라. 내 영광이 지나갈 때에 내가 너를 반석 틈에 두고 내가 지나도록 내 손으로 너를 덮었다가 손을 거두리니 네가 내 등을 볼 것이요 얼굴은 보지 못하리라"(출 33:19-23).

그것은 참으로 놀랍고도 특별한 사건이었습니다. 모세는 인간이 이해할 수 없는 하나님의 영광을 얼핏 보았습니다! 그렇습니다. 그는 하나님이 지나가시는 모습, 말하자면 하나님의 "등"을 얼핏 보았습니다. 물론 얼굴은 보지 못했습니다. 오, 그러나 영광은 분명히 보았습니다. 영광이 온전히 나타나는 모습을 본 것은 아니지만, 그 끝자락은 얼핏 보았습니다. 그럼에도 그것은 비상하고 놀라운 경험이었습니다. 이처럼 모세는 계시를 통해 하나님에 대한 진리를 받았습니다. 맞습니다. 그러나 알다시피 거기에는 한계가 있었습니다. 모세는 진리를 증언하고 가리키며 위대한 계시를 통해 자신이 들은 내용을 반복해서 들려주는 일 이상을 할 수 없었습니다.

구약성경도 마찬가지입니다. 주님은 아브라함에 대해 이렇게 말씀하셨습니다. "너희 조상 아브라함은 나의 때 볼 것을 즐거워하다가 보고 기뻐하였느니라"(요 8:56). 맞습니다. 그는 "멀리서" 보았습니다(히 11:13). 구약의 다른 인물들이나 율법이 전해 주는 하나님에 대한 지식에도 같은 한계가 있었습니다. 율법도 하나님의 성품을 어느 정도는 알려 줍니다. 그의 거룩하심과 의로우심과 공평하심을 알려 줍니다. 율법이 가장 확연하게 보여주는 면이 바로 이것입니다. 이 면이 과거에도 사람들을 두렵게 했고, 지금도 사람들을 두렵게 하고 있습니다. 선지자들에게도 같은 한계가 있었습니다. 사도 베드로는 특이한 표현을 사용하여 이 점을 보여줍니다. "이 구원에 대하여는 너희에게 임할 은혜를 예언하던 선지자들이 연구하고 부지런히 살펴서 자기 속에 계신 그리스도의 영이 그 받으실 고난과 후에 받으실 영광을 미리 증언하여 누구를 또는 어떠한 때를 지시하시는지 상고하니라"(벧전 1:10-11). 선지자들은 진리의 통로였습니다. 하나님은 그들을 통해 진리를 주셨습니다. 그렇다고 그들이 진리를 다 이해했던 것은 아닙니다. 그래서 그들은 진리를 연구했고 그것을 이해하고자 애를 썼습니다. 과연 무슨 일이 일어날지, 언제 일어날지, 어떻게 일어날지 상고했습니다. 자신들이 전하는 진리를 기이히 여기며 이해하고자 애를 썼습니다.

주님이 친히 말씀하셨듯이, 위대한 선지자들의 계보에 마지막으

로 이름을 올린 세례 요한도 진리의 일부밖에 보지 못했습니다. 주
님은 "여자가 낳은 자 중에 요한보다 큰 자가 없도다"라고 하셨습
니다(눅 7:28). 그럼에도 요한복음 1장은 요한에 대해 이렇게 말합니
다. "하나님께로부터 보내심을 받은 사람이 있으니 그의 이름은 요
한이라. 그가 증언하러 왔으니 곧 빛에 대하여 증언하고 모든 사람
이 자기로 말미암아 믿게 하려 함이라. 그는 이 빛이 아니요 이 빛에
대하여 증언하러 온 자라"(요 1:6-8). 그렇습니다. 요한도 그 이상은
할 수가 없었습니다. 15절은 다시 말합니다. "요한이 그에 대하여
증언하여 외쳐 이르되 내가 전에 말하기를 내 뒤에 오시는 이가 나
보다 앞선 것은 나보다 먼저 계심이라 한 것이 이 사람을 가리킴이
라 하니라." 그의 한계가 보입니까? 주님은 5장에서 더 분명하게 말
씀하십니다.

요한은 켜서 비추이는 등불이라. 너희가 한때 그 빛에 즐거이 있기를 원
하였거니와 내게는 요한의 증거보다 더 큰 증거가 있으니 아버지께서
내게 주사 이루게 하시는 역사 곧 내가 하는 그 역사가 아버지께서 나
를 보내신 것을 나를 위하여 증언하는 것이요(요 5:35-36).

그렇습니다. 위대한 입법자 모세와 그 후에 등장한 강력한 선지자
들, 그리고 마지막 선지자이자 선구자이자 사자使者였던 요한은 진
리의 증인들에 불과했습니다. 말하자면 영광의 등만 얼핏 본 사람들
이었던 것입니다. 우리에게 귀중한 정보를 주고 하나님에 대한 진리
를 어느 정도 가르쳐 주었지만, 그 이상은 하지 못했습니다. 그런데

이제 예수 그리스도로 말미암아 "은혜와 진리"가 찾아왔습니다. 사도 요한이 서문에서 어떻게 이 점을 지적하는지 보십시오. "본래 하나님을 본 사람이 없으되 아버지 품속에 있는 독생하신 아들이 나타내셨느니라"(흠정역). 이 구절을 번역하는 데 큰 어려움이 있고* 어느 쪽이 옳다고 분명히 단정 지을 수는 없지만, "본래 하나님을 본 사람이 없으되 아버지 품속에 있는 독생하신 하나님이 나타내셨느니라"라고 옮겨야 한다는 것이 상당히 권위 있는 견해입니다.** 그는 "독생하신" 분입니다. "독생하신 하나님"입니다. "이 말씀은 곧 하나님이시니라." 그는 하나님, 영원하신 성자 하나님입니다.

요한은 이 점을 좀 더 강력하게 표현하기 위해 "아버지 품속에 있는"이라는 말을 사용합니다. "품속에" 있다는 것은 그만큼 가깝고 친밀한 사이라는 뜻입니다. 비밀을 털어놓는 사이라는 뜻입니다. 다른 이들에게는 말하지 않는 것도 품속에 있는 사람에게는 털어놓는 법입니다. 모세는 부르심을 받아 산에 올라갔습니다. 맞습니다. 그러나 아버지 품속에 있었다고 할 수는 없습니다. 하나님은 그를 바위틈에 두시고 손으로 덮으셨습니다. 그런데 이제 아버지 품속에 있는 분, 독생하신 분, 아버지의 사랑을 받는 분, 영원부터 영원까지 모든 비밀을 긴밀히 공유하시는 분, 모든 것을 아시는 분이 친히 오신 것입니다.

---

* 여기에 언급된 번역상의 어려움은 그리스어 원문과 관련된 것이다. 최상의 증거에 따르면, 흠정역처럼 "독생하신 아들"로 옮기는 편이 나은 듯하다.

** 우리말 성경 개역개정판은 후자로 번역하고 있다.

주님도 두 범주를 거듭 대조하셨습니다. 니고데모에게 하신 말씀을 들어 보십시오. "너는 이스라엘의 선생으로서 이러한 것들을 알지 못하느냐? 진실로 진실로 네게 이르노니 우리는 아는 것을 말하고 본 것을 증언하노라. 그러나 너희가 우리의 증언을 받지 아니하는도다"(요 3:10-11). 요한복음 3:13도 보기 바랍니다. "인자 외에는 하늘에 올라간 자가 없느니라." 세상의 위대한 철학자들은 땅에 매인 사람들이요 땅에 속한 땅의 사람들입니다. 그런 자들이 하나님에 대해 무슨 말을 할 수 있겠습니까? 하나님에 대해 무엇을 알수 있겠습니까? 하나님에 대해 함부로 추측하며 모독하는 모든 말들은 규탄받아 마땅합니다! 그들은 하늘에 올라가 보지 못했습니다! 하나님은 땅이 아닌 하늘에 계신 분입니다. 우리가 서로의 생각을 분석하듯 분석하고 해부할 수 있는 대상이 아닙니다. "하늘에서 내려온 자 곧 인자 외에는 하늘에 올라간 자가 없느니라." 그리스도는 땅에서 말씀하시는 동안에도 여전히 하늘에 계셨습니다. 그는 하늘에서 오신 분이며, 여전히 하늘에 계신 분입니다. 하나님의 얼굴을 친히 보신 분입니다. 하나님 품속에 있는 분입니다. 그러므로 그의 말씀에는 권위가 있습니다.

좀 더 뒷부분을 보면 주님이 "진실로 진실로 너희에게 이르노니 아브라함이 나기 전부터 내가 있느니라"라고 말씀하시는 장면이 나옵니다(요 8:58). "너희는 아브라함을 의지하며 그를 조상이라고 부른다. 그의 자손으로서 많은 것을 아노라 자부한다. 물론 너희는 많은 것을 안다. 이방인들보다 많은 것을 안다. 그러나 잘 들어라. 아브라함이 나기 전부터 내가 있었다! 나는 전에도 항상 있었고, 앞으로도 항상 있을 것이다."

요한복음 10:30도 보십시오. "나와 아버지는 하나이니라." 이보다 더 확실한 말씀은 없습니다. 그러나 더 도움이 되는 말씀은 있습니다. 제자들은 주님이 곧 떠나신다는 이야기를 듣고 크게 낙담하며 근심했습니다. 그러자 주님이 말씀하셨습니다. "너희는 마음에 근심하지 말라. 하나님을 믿으니 또 나를 믿으라"(요 14:1). 그러나 여전히 기뻐할 수 없고 만족할 수 없었던 불쌍한 빌립은 "주여, 아버지를 우리에게 보여주옵소서. 그리하면 족하겠나이다"라고 했습니다. "주님이 떠나신다니 걱정입니다. 그러나 주님이 떠나셔도 하나님만 보여주시면 만족하겠습니다"라는 것입니다. 성경은 이렇게 말합니다. "예수께서 이르시되 빌립아, 내가 이렇게 오래 너희와 함께 있으되 네가 나를 알지 못하느냐? 나를 본 자는 아버지를 보았거늘 어찌하여 아버지를 보이라 하느냐?"(요 14:8-9) "아버지 품속에 있는 독생하신 하나님이 나타내셨느니라."

사도 바울이 이 가르침을 어떻게 설명하는지도 찾아봅시다. 사도가 되어 진리를 전하게 된 바울은 이렇게 말합니다. "우리가 다 수건을 벗은 얼굴로 거울을 보는 것같이—무엇을 봅니까?—주의 영광을 보매 그와 같은 형상으로 변화하여 영광에서 영광에 이르니 곧 주의 영으로 말미암음이니라"(고후 3:18). 고린도후서 4:4에서 주님을 어떻게 묘사하는지도 보십시오. "그리스도의 영광의 복음의 광채가 비치지 못하게 함이니 그리스도는 하나님의 형상—하나님의 확실한 초상肖像—이니라." 이어서 6절에 나오는 위대한 진술은 이 것입니다. "어두운 데에 빛이 비치라 말씀하셨던 그 하나님께서 예수 그리스도의 얼굴에 있는 하나님의 영광을 아는 빛을 우리 마음에 비추셨느니라." 무엇 때문에 비추셨습니까? 그 대답이 여기 나옵니다. 하나님의 영광을 알게 하려고 비추신 것입니다. "등"에 있는 영광을 알게 하려고 비추셨습니까? 아닙니다. "예수 그리스도의 얼굴"에 있는 영광을 알게 하려고 비추셨습니다. 지나가는 영광을 얼핏 보는 데서 그치는 것이 아니라 "예수 그리스도의 얼굴"에 있는 영광을 보게 하려고 비추셨습니다. "나를 본 자는 아버지를 보았거늘."

거듭 말하지만 히브리서 기자는 이 진리를 아주 놀랍게 진술하고 있습니다. 하나님이 아들을 통해 우리에게 말씀하셨는데, 이 아들은 "하나님의 영광의 광채시요 그 본체의 형상"이라는 것입니다 (히 1:3). 이보다 더 확실한 말은 없습니다! 그리스도는 하나님을 정확하게 보여주는 초상이요 형상이요 모양입니다! 하나님의 모든 것이 그리스도 안에 다 있습니다. 사도 바울은 골로새서 2:9에서 그 안에 "신성의 모든 충만이 육체로 거하"신다고 말합니다. 요한이 여기에서 말하는 바가 바로 이것입니다. "율법은 모세로 말미암아 주어진 것이요 은혜와 진리—하나님에 관한 진리와 지식—는 예수 그리스도로 말미암아 온 것이라. 본래 하나님을 본 사람이 없으되 아버지 품속에 있는 독생하신 하나님이 나타내셨느니라." 그리스도는 하나님을 설명해 주셨고, 나타내 주셨으며, 알려 주셨습니다. 우리는 그리스도 안에서 하나님을 보고 하나님을 압니다. 그리스도 안에서 그 영광이 충만히 나타나는 것을 봅니다. 하나님과 하나님의 성품, 하나님의 능력, 하나님의 영광, 하나님의 사랑, 하나님의 하나님되심, 하나님의 오래 참으심, 하나님의 공평하심, 하나님의 의로우심을 봅니다. 하나님이신 진리를 봅니다!

그렇다면 주님은 어떻게 하나님을 설명해 주셨을까요? 어떻게 하나님을 나타내 주셨을까요? 무엇보다 먼저 가르침을 통해 나타내 주셨습니다. 주님은 사람들이 하나님의 사랑을 감상적으로 생각하지 않도록 그를 "거룩하신 아버지"라고 부르셨습니다. "하늘에 계신 우리 아버지여, 이름이 거룩히 여김을 받으시오며!"(마 6:9)

또한 감사하게도 탕자의 비유를 통해 하나님의 성품을 가르쳐 주셨습니다. 바리새인들은 구약성경의 연구자로서 하나님에 대해 많은 것을 아노라 자부했지만, 사실은 눈이 멀어 하나님이 어떤 분인지 모르고 있었습니다. 그래서 예수 그리스도가 세리와 죄인들과 어울리시는 것을 보며 "보라, ……포도주를 즐기는 사람이요 세리와 죄인의 친구로다"라고 비난했습니다(눅 7:34).

오, 주님은 "너희는 하나님에 대해 아무것도 모른다"라고 하시면서 탕자의 비유를 드셨습니다(눅 15:11-32). "하나님은 이런 분이다. 방탕한 자식일지라도, 악을 사랑하는 자식일지라도 다시 돌아오길 바라는 아버지의 심정을 가지신 분이다. 그토록 기다리고 고대하던 자식이 돌아올 때 뛰어나가 맞아 주시고 안아 주시는 분이다. 하나님은 바로 이런 분이다!"라고 하셨습니다. 이처럼 주님은 하나님에 대해 가르쳐 주셨습니다! "독생하신 하나님이 나타내셨느니라." 구약성경에는 이런 이야기가 나오지 않습니다. 이것은 오직 주 예수 그리스도만 하실 수 있는 이야기입니다.

또한 주님은 자신의 삶을 통해 하나님에 대한 진리를 계시해 주셨습니다. 자신의 행동과 행위와 행실을 통해 하나님을 계시해 주셨습니다. 그의 자비와 긍휼을 보십시오. 사랑의 마음을 보십시오. 고통당하는 불쌍한 자들, 곤경에 빠진 자들을 돕기 위해 언제든지 걸음을 멈추셨던 것을 보십시오. 그는 아무도 멸시하시지 않았습니다. "상한 갈대를 꺾지 아니하며 꺼져 가는 심지를 끄지 아니하"셨습니다(마 12:20). 주님은 "이것이 내 모습이며, 하나님의 모습이다"라고 하셨습니다.

오, 무엇보다 주님은 십자가에서 하나님을 계시해 주셨습니다. 하나님의 공평과 거룩하심과 의에 대해 알고 싶다면 갈보리 언덕의 십자가를 보십시오. 감사하게도 "그 놀랍고 거룩한 사랑"*과 긍휼과 자비와 연민을 보게 될 것입니다. 그 모든 것이 십자가에 달리신 예수 그리스도의 얼굴에서 흘러나오는 모습을 보게 될 것입니다. "독생하신 하나님이 나타내셨느니라." 그리스도는 이처럼 가르침을 통해, 자신의 삶과 생활을 통해, 죽음과 부활을 통해, 자신의 모든 것을 통해 하나님을 나타내 주셨습니다. 하나님에 대한 충만한 계시, 최종적인 계시가 여기 있습니다.

또한 우리는 주님 안에서 하나님의 지혜, 특히 구원과 관련된 하나님의 지혜를 보게 됩니다. 바울은 말합니다. "우리는 십자가에 못 박힌 그리스도를 전하니 유대인에게는 거리끼는 것이요 이방인에게는 미련한 것이로되"(고전 1:23). 왜 십자가에 못 박힌 그리스도를 전했을까요? 그리스도야말로 "하나님의 능력이요 하나님의 지혜"

---

* 찬송가 147장 4절 다시 옮김.

이기 때문입니다(고전 1:24). 구약성경은 여러 모양으로 구원의 방법을 암시해 줍니다. 이를테면 유월절 어린양이 있습니다. 그 어린양을 보면, 구체적인 방법까지는 몰라도 내 죽음을 면해 줄 피를 하나님이 예비하시리라는 것은 짐작할 수 있습니다. 물론 그 이상은 알 수 없습니다. 어린양은 하나의 그림입니다. 그렇습니다. 신뢰할수는 있지만 다 알고 이해할 수는 없습니다. 이것이 모형과 그림자의 한계입니다. 그러나 그리스도를 보면, 바울이 고린도 교인들에게 "예수 그리스도와 그가 십자가에 못 박히신 것 외에는 아무것도 알지[또한 전하지] 아니하기로 작정"했다고 말한 이유를 알게 됩니다(고전 2:2). 그가 이렇게 말한 것은 우리가 지금까지 살펴본 구원의 방법—나의 행위나 선함이 아니라 오직 믿음으로 의롭다 하심을 얻는 방법—이 바로 십자가에 있기 때문입니다. 율법이 하지 못한 일을 그리스도가 하셨습니다. 모든 측면에서 구원을 완성하셨습니다.

고린도전서 1:30을 인용해서 설명해 보겠습니다. "너희는 하나님으로부터 나서 그리스도 예수 안에 있고 예수는 하나님으로부터 나와서 우리에게 지혜와 의로움과 거룩함과 구원함이 되셨으니." 하나님은 이 모든 것을 그리스도 안에 두셨습니다. 이것이 하나님의 지혜입니다. 그리스도는 지혜가 되셨습니다. 하나님이 그 안에 지혜를 두셨습니다. 칭의를 두셨고, 성화를 두셨습니다. 그리고 우리를 "그리스도 안에" 있게 하셨습니다. 전에 아담 안에 있었던 것처럼, 이제 그리스도 안에 있게 하신 것입니다. 교회는 그리스도의 몸이 되었습니다. 모세가 이런 것을 가르쳤습니까? 선지자들이 이런 것을 가르쳤습니까? 당연히 가르치지 못했습니다. 아니, 가르칠 수가 없었습니다. 이 지혜는 오직 그리스도 안에 있는 것입니다. 그리스도로 말미암아 이 진리가 왔습니다. "너희는 그리스도의 몸이요 지체의 각 부분이라"(고전 12:27). 그리스도가 머리요, 우리는 그 머리에 연결된 지체의 각 부분입니다.

그뿐만이 아닙니다. 우리는 그리스도 안에서 모든 세대를 위한 하나님의 큰 계획과 목적을 깨닫습니다. 에베소서 1:10을 보십시오. "하늘에 있는 것이나 땅에 있는 것이 다 그리스도 안에서 통일되게 하려 하심이라." 오직 그리스도가 오셔서 이 사실을 알려 주셨습니다. 그리스도가 오시기 전 사람들은 이 사실을 분명하게 몰랐습니다. 물론 그때도 암시와 시사는 있었습니다. 그러나 이 사실이 완전하고도 명백하게, 공개적으로 밝혀진 것은 그리스도가 오신 이후입니다.

한 가지만 말씀드리고 설교를 마치겠습니다. 주님은 "내가 길이요 진리요 생명이니 나로 말미암지 않고는 아버지께로 올 자가 없느니라"라고 하셨습니다(요 14:6). 다른 길은 없습니다! 오직 그리스도를 통해서만 아버지께 갈 수 있습니다. 오, 모세의 율법을 비롯한 다른 길로는 하나님을 부분적으로밖에 알 수 없습니다. 위대한 창조자요 심판자로는 알 수 있지만, 아버지로는 알 수 없습니다. 하나님을 아버지로 알 수 있는 길은 오직 그리스도 안에 있습니다. 오직 그리스도만 이것을 알려 주십니다.

구약과 신약, 모세와 그리스도가 어떻게 다른지 이제 알겠습니까? 그렇습니다. 구약이 도달할 수 있는 최고치는 "아버지가 자식을 긍휼히 여김같이"입니다(시 103:13). "여김같이!" 주님이 "오, 아버지 같은 하나님"이라고 부르라 하셨습니까? 아닙니다! "우리 아버지!", "아빠, 아버지!"라고 부르라 하셨습니다. 그는 우리에게 아들의 영, "양자의 영"을 주셨습니다. "양자의 영을 받았으므로 우리가 아빠 아버지라고 부르짖느니라"(롬 8:15). 우리는 더 이상 "멀리서" 하나님을 예배하지 않습니다. 물론 하나님은 멀리 계시는 분입니다. "가까이 가지 못할 빛에 거하시고 어떤 사람도 보지 못하였고 또 볼 수 없는 이"시요 영원하시고 영존하시는 분입니다(딤전 6:16). 그러나 그리스도 안에 있으면 심지어 저 같은 사람조차 감히 하나님을 "내 아버지"라고 부를 수 있으며, 다른 이들과 함께 "우리 아버지"라고 부를 수 있습니다!

율법은 모세로 말미암아 주어졌습니다. 그러나 하나님에 대한 진리, 나를 가족으로 입양해 주시고 자녀 삼아 주시며 두려움과 공포로 예배하는 대신 담대함과 확신으로 보좌 앞에 나아가 "아빠, 아버지"라고 부를 수 있게 해주시는 구주 하나님에 대한 진리와 지식은 오직 주 예수 그리스도 안에서만, 주 예수 그리스도를 통해서만 옵니다. "아버지 품속에 있는 독생하신 아들"만 우리에게 하나님을 나타내 주십니다.

12

성육신

율법은 모세로 말미암아 주어진 것이요 은혜와 진리는 예수 그리스도로 말미암아 온 것이라. **요 1:17**

우리는 17절을 연구하면서 율법이 은혜와 진리를 가리킨다는 것을 분명하게 알았습니다. 더 나아가―우리는 계속 한 단계씩 더 나아가고 있습니다―율법은 은혜와 진리를 가리킬 뿐 아니라 구원을 위해 은혜와 진리를 요구한다는 것도 알았습니다. 저는 여기에서 더 나아가 율법은 은혜와 진리가 와야 한다고, 그것도 한 사람을 통해 와야 한다고, 하나님의 아들이 세상에 오신 바로 그 방법과 방식으로 와야 한다고 요구한다는 점을 밝히고 싶습니다.

우리는 요한복음 1:17이 대조로 가득 차 있는 것을 보았고, 지난번에는 모세와 주 예수 그리스도가 전체적으로 어떻게 대조되는지 살펴보았습니다. 우리가 짚어 본 요점들에 더하여 한 가지 더 지적할 점은, 모세가 율법에 꼭 필요한 존재는 아니었다는 것입니다. 하나님은 모세를 통해 율법을 주셨지만 모세가 아닌 다른 사람을 통해서도 얼마든지 주실 수 있었습니다. 대리자나 일종의 중재자, 또는 지도자가 필요했기에 모세를 택하셨을 뿐입니다. 모세는 위대하고 비범한 인물이었지만, 그렇다고 율법에 꼭 필요한 존재는 아니었습니다. 우리는 히브리서 첫 절을 통해 하나님이 구약 시대에 여러 부분과 여러 모양으로 계시를 주셨음을 알았습니다. 모세 이후에 여러 선지자들이 등장했고, 각자 부분적으로 조금씩 계시를 받았습니다. 특정 선지자가 꼭 필요했던 경우는 단 한 번도 없었습니다. 하나님은 계시를 전달하는 수단과 통로로 그들을 사용하셨습니다. 그들의 성격과 재능과 직무와 사역을 살펴보면 아주 다양했던 것을 알 수 있습니다.

그런데 이제 영역이 바뀌어, 예수 그리스도를 통해 은혜와 진리가 오게 되었습니다. 저는 이 은혜와 진리가 오직 그를 통해서만 올 수 있었다는 점, 정확히 그 방법과 방식으로만 올 수 있었다는 점을 입증하고자 합니다. 모세는 꼭 필요한 존재가 아니었지만, 예수 그리스도는 꼭 필요한 존재였습니다. 그리스도가 없었다면 은혜와 진리는 오지 못했을 것입니다.

여기에서 제기되는 질문은 "왜?"라는 것입니다. 한 문장으로 전체적인 답을 드릴 수 있습니다. 율법은 우리의 상태와 형편과 필요를 드러냄으로써 오직 성육신과 그에 따르는 모든 일들이 있어야만 그 필요를 채울 수 있음을 보여줍니다. 죄의 심히 죄됨과 우리의 죄책과 무능함을 폭로하면서, 그렇기 때문에 신인神人이 반드시 와야 하며 성육신과 그에 따르는 모든 일이 있어야 할 것을 요구합니다. "말씀이 육신이 되어 우리 가운데" 거하실 것을 요구합니다. 하나님의 아들이 오신 바로 그 방식으로 영원한 영광을 떠나 세상에 오실 것과 그가 와서 행하셨던 그 모든 일을 하실 것을 요구합니다. 이제 이 점을 함께 분석하고 조사해 봅시다.

첫 번째 과제는 왜 진리가 예수 그리스도를 통해서만, 오직 그 방식으로만 와야 했는지 설명하는 것입니다. 지난번에 우리는 오직 그리스도만—"아버지 품속에 있는 독생하신 하나님", 아버지와 가장 친밀하신 분, 모든 비밀을 공유하시는 분, 완벽하고 온전한 지식을 가지고 계신 분만—성부를 우리에게 해석해 주시고 설명해 주시며 묘사해 주실 수 있음을 분명하게 알았습니다. 다른 사람은 그 일을 할 수 없습니다. 그 어느 때에도, 그 어떤 의미에서도 하나님을 본 자가 없었고 하나님을 볼 수 있는 자도 없었습니다. 여기에서 '본다'는 것은 단순히 육안으로 본다는 말이 아닙니다. 하나님과 그의 하나님되심을 실제로 알고 이해하는 것을 다 포괄하는 말입니다. 바로 이 점에서 모든 철학은 궁극적으로 어리석을 뿐 아니라 교만합니다. 본질적으로 완전히 불가능한 일을 시도하기 때문입니다. 그런데 하나님의 아들이 오셨습니다. 그는 아버지의 "충만"이시기에 아버지에 대한 진리를 실제로 알려 주실 수 있었습니다. 다시 말해서, 하나님을 계시할 수 있는 존재는 오직 하나님밖에 없습니다. "네가 하나님의 오묘함을 어찌 능히 측량하며 전능자를 어찌 능히 완전히 알겠느냐?"(욥 11:7) "이 세상이 자기 지혜로 하나님을 알지 못하므로"(고전 1:21). 당연합니다! 세상은 알 수 없습니다. 우리는 죄인일 뿐 아니라 유한한 존재인데 하나님은 무한하신 분입니다. 그러므로 오직 아버지 품속에 있는 독생자만 하나님을 나타내실 수 있습니다. 우리는 이 핵심 전제에서 출발해야 합니다.

알다시피 여기에서 즉시 제기되는 문제가 한 가지 있습니다. 구약성경은 "나를 보고 살 자가 없음이니라"라고 말합니다(출 33:20). 하나님은 하나님이시기에 하나님을 보고도 살 수 있는 사람은 아무도 없습니다. 율법에 전제된 문제가 바로 이것입니다. 율법은 하나님의 존재와 성품, 거룩하심과 공평하심과 의로우심을 어느 정도 계시해 주면서, 그렇기 때문에 아무리 하나님을 알려 해봐야 소용이 없다고 말합니다. 그저 함구한 채 하나님이 친히 계시해 주시는 것을 들어야 한다고 말합니다. 여기에 우리의 어려움이 있습니다. 하나님을 보고도 살 수 있는 사람은 없습니다. 이것이 어떻게 성육신을 이해하는 실제적인 열쇠가 되는지, '진리를 진술하는 것만으로는 안 되고 진리가 직접 와야 했던 이유'를 알려 주는지 설명함으로써 이 점을 부각시켜 보겠습니다. 진리는 반드시 직접 와야 했습니다. 직접 나타나야 했습니다. 어떤 형태, 어떤 모양, 어떤 방식으로든 하나님을 보지 못한 채 하나님을 알 수는 없습니다. 그러나 타고난 상태 그대로 하나님을 보고도 살 수 있는 사람은 아무도 없습니다.

우리가 진리를 알 수 있으려면, 반드시 하나님의 아들이 베들레헴의 아기로 태어나셔야 했습니다. 말씀이 육신이 되셔야 했습니다. 그 이유를 강조하기 위해 몇 가지 예를 들어 보겠습니다. 성경 자체가 아주 흥미로운 단서를 제공해 주고 있습니다. 예컨대 변화산에서 일어난 사건을 보십시오. 베드로와 야고보와 요한을 데리고 변화산에 오르신 주님은 그들 앞에서 변화되셨습니다. 그의 옷은 빨래하는 자가 더 이상 희게 할 수 없을 정도로 새하얘졌습니다. 이렇게 주님은 홀연히 변화되심으로 그 영광을 나타내셨습니다. 성경에는 이 사건과 관련된 중요한 사실이 한 가지 나오는데, 오직 누가만 이것을 기록해 놓았습니다. "베드로와 및 함께 있는 자들이 깊이 졸다가……"(눅 9:32). 왜 깊이 졸았을까요? 오, 눈부신 영광 때문이었습니다. 그 다음에 나오는 내용은 이것입니다. "이 말 할 즈음에 구름이 와서 그들을 덮는지라. 구름 속으로 들어갈 때에 그들이 무서워하더니"(눅 9:34). 신성과 하나님의 영광을 얼핏 보기만 했는데도 이런 영향이 나타났습니다. 몸이 무거워지며 졸음이 몰려왔고 두려움이 엄습했습니다. 그때 구름이 이를테면 사이에 끼어들어 영광을 직접 보지 못하도록 가림으로써 제자들을 도와주었습니다. 이것은 한 가지 예에 불과합니다.

또 다른 예를 들어 보겠습니다. 사도 바울이—아직 다소의 사울이었던 시절에—다메섹으로 가다가 겪은 일을 여러분도 알 것입니다. 그는 자신만만하고 유능하며 성경에 능통한 인물이자 하나님을 가르치는 선생으로서 스스로 하나님을 잘 알고 있다고 생각했습니다. 그런데 영화로우신 주 예수 그리스도를 한 번 얼핏 본 것만으로도 눈이 멀어 맥없이 길에 쓰러져 버렸습니다. 대체 무슨 일이 일어난 것일까요? 오, 예수 그리스도의 얼굴에 나타난 하나님의 영광을 육안으로 얼핏 본 것만으로도 도저히 감당할 수가 없어서 쓰러져 버린 것입니다.

한 가지 예를 더 들어 보겠습니다. 요한은 계시록 서두에서 하나님의 계시와 이상이 어떻게 임했는지 기록하고 있습니다. 그는 말합니다. "내가 볼 때에 그의 발 앞에 엎드러져 죽은 자같이 되매"(계 1:17). 이상 중에 상징적으로 영화로우신 주님의 모습을 본 것만으로도 거의 죽은 자같이 되었다는 것입니다. "나를 보고 살 자가 없음이니라"(출 33:20). 그럼에도 불구하고 우리는 하나님을 보아야만 합니다. 진리를 반드시 알아야 하는데, 하나님을 보지 못하면 진리를 알 수가 없기 때문입니다. 그 해결책이 무엇입니까? 바로 성육신입니다. 하나님이 육신을 입고 오시는 것입니다! 찰스 웨슬리는 더 이상 덧붙일 것이 없을 정도로 완벽하게 이 점을 묘사해 놓았습니다.

육신을 입으신 하나님을 보라.
육신이 되신 하나님을 찬양하라.*

바로 이것입니다! "크도다 경건의 비밀이여, 그렇지 않다 하는 이 없도다. 그는 육신으로 나타난 바 되시고"(딤전 3:16). "그 안에는 신성의 모든 충만이 육체로 거하시고"(골 2:9). 그리스도는 우리를 위해 자신을 나타내시는 동시에 감추셨습니다. 우리는 도저히 하나님을 볼 수 없습니다. 보는 즉시 죽습니다. 그럼에도 하나님을 보아야 하고 알아야 합니다. 이런 우리에게 하나님을 나타내 보여주실 수

---

* 찬송가 126장 2절 다시 옮김.

있는 분은 오직 "아버지 품속에 있는 독생하신 아들"뿐입니다. 아들은 우리가 감당할 수 있고 견딜 수 있는 방식으로 오셨습니다. 그리하여 우리는 하나님을 보고서도 살 수 있게 되었습니다. 하나님이 육신을 입으심으로 이 일이 가능해진 것입니다. 아들이 오심으로 우리는 하나님을 볼 수 있게 되었습니다. 마태복음 첫 장이 말하는 바 그대로입니다. "그의 이름은 임마누엘이라 하리라 하셨으니 이를 번역한즉 하나님이 우리와 함께 계시다 함이라"(마 1:23). "말씀―하나님이신 말씀―이 육신이 되어 우리 가운데 거하시매."

우리가 이해하고 깨달아야 할 첫 번째 주제가 이것입니다. 진리는 반드시 이 방식으로 와야 했습니다. 몇 가지 명제만으로 하나님에 대한 진리를 제대로 전달할 수는 없습니다. 이미 살펴보았듯이 옛적에도 부분적이고 단편적으로 조금씩 계시가 주어졌지만, 오, 그것으로는 충분치도 않았고 적절치도 않았습니다. 그저 사람들을 격려하고 인도하는 역할만 해주었을 뿐입니다. 그래서 아들이 직접 오셨습니다! 그는 반드시 이 방식으로 오셔야 했습니다. 다른 방식으로 오셨다면 우리 모두 눈이 멀고 말았을 것입니다. 그래서 성육신이 필요한 것입니다. 이처럼 율법 자체가 성육신을 요구하고 있습니다. 성육신이 없이는 하나님이신 진리를 결코 알 수 없습니다.

두 번째로, 은혜의 관점에서 성육신을 살펴봅시다. 은혜가 왜 꼭 이 방식으로 와야 했는지 살펴봅시다. 이것을 설명하는 방법 및 열쇠가 갈라디아서 4:4에 나옵니다. 사도 바울은 말합니다. "때가 차매 하나님이 그 아들을 보내사 여자에게서 나게 하시고 율법 아래에 나게 하신 것은……." 그렇습니다. 이것이 성육신에 대한 설명입니다. 하나님은 왜 이런 방식으로 아들을 보내셨을까요? 왜 이 두 가지 일이 필요했을까요? 율법이 이 두 가지 일을 요구했고 이 두 가지 일을 고집했기 때문입니다. 즉, 우리가 율법으로부터 구원을 받으려면 이 두 가지 일이 반드시 필요합니다. 5절이 연이어 말하듯이 그리스도는 "율법 아래에 있는 자들을 속량하시기" 위해 반드시 여자에게서 나셔야 했고 율법 아래 나셔야 했습니다. 이것이 무슨 뜻일까요?

다 같이 살펴봅시다. 이 두 가지 측면이 필요했던 이유가 대체 무엇입니까? 다음과 같이 대답할 수 있습니다. 첫째로, 우리의 대표자는 인간이어야 하고 사람이어야 하기 때문입니다. 왜 그럴까요? 우리가 사람이기 때문입니다. 이 요점에 담긴 의미가 항상 제대로 인식되는 것은 아닙니다. 문제는 이것입니다. 사람은 타락했습니다. 죄에 빠졌습니다. 수치의 자리로 떨어졌습니다. 인류 전체가 타락해 버렸습니다. 따라서 율법은 당연히 형벌을 요구합니다. 또 어떤 의미에서는 마귀도 다음과 같은 이유로 사람이 우리의 대표자가 되어야 한다고 주장합니다. 하나님은 만물을 만드셨습니다. 그리고 그 창조 활동의 정점은 사람의 창조였습니다. 하나님의 형상대로 지어진 사람이야말로 창조의 최고봉이었습니다. 하나님이 지으신 그 모든 것을 보시니 보시기에 좋았습니다. 이것은 그가 보시기에 자랑스럽고 기뻤다는 말로도 번역될 수 있습니다. 그런데 마귀가 끼어들어 사람을 시험함으로써 타락이 일어났습니다. 하나님이 이루신 최고의 성취가 실패로 돌아간 듯했습니다. 마귀는 즉시 하나님을 조롱하기 시작했습니다. "당신이 지으신 사람을 좀 보세요! 당신의 형상대로 지은 존재, 큰 목적을 갖고 지은 창조의 최고봉이 저 모양이네요! 저 꼴을 좀 보시지요!"

그러므로 하나님의 공정성과 정당성을 지키기 위해서는 인류를 구속하고 회복할 자로서 반드시 사람이 와야만 합니다. 하나님이 단순히 용서를 선포하신다고 해결될 일이 아닙니다. 그것은 율법의 입장에서도 해결책이 되지 못할 뿐 아니라 마귀도 결코 만족시킬 수 없습니다. 하나님이 타락한 사람에게 단순히 "네가 저지른 모든 짓에도 불구하고, 너의 실상에도 불구하고 나는 너를 용서한다"라고 말씀하신다면 마귀는 계속 의기양양하게 떠들 것입니다. "사람을 용서하신다니, 좋습니다. 하지만 저 꼴을 좀 보세요. 여전히 엉망이잖아요. 용서하시기 전이나 지금이나 가망이 없기는 마찬가지라고요. 당신이 지으신 태초의 모습과는 여전히 거리가 멀잖아요." 제가 "그리스도의 죽음을 도덕적인 영향력의 관점에서만 설명하려 드는 자들은 복음의 기초도 모르는 것"이라고 말하는 이유가 여기 있습니다. 그들은 속죄는 고사하고 성육신조차 이해하지 못합니다.

마찬가지 이유로, 천사를 대표자로 보내는 것 또한 적절한 대책이 못 됩니다. 사람이 실패했으니, 사람이 성공해야 합니다. 실패하지 않는 완벽한 사람을 내놓지 않는 한, 하나님은 자신의 정당성을 입증하실 수 없고 마귀에게 답변하실 수 없으며 그의 조롱과 비웃음을 잠재우실 수 없습니다. 우리의 대표자와 구속자는 여자에게서 태어난 사람이어야 합니다. 실제로 여자의 몸에서 태어나야 하고, 실제로 사람이 되어야 합니다.

초창기의 어떤 이단들처럼―주님의 몸이 환영에 불과하다고 주장했던 이른바 가현설주의자, 영지주의자들처럼—하나님이 육신의 껍질을 쓰고 나타났다는 생각 또한 요점을 완전히 놓치고 있습니다. 정말 그랬다면 마귀는 만족하지 못했을 것입니다. "그렇군요. 나나 내 유혹을 견뎌 낼 사람이 없다는 걸 아시니 이렇게 아들에게 육신의 껍질을 씌워서라도 보내셔야 했겠지요. 하지만 당신은 사람을 최고의 업적으로 내세우셨습니다. 그렇다면 사람이 정말 견디고 이기고 승리할 수 있는지 보여주셔야 하지 않습니까?"

이처럼 우리의 구속자는 반드시 "여자에게서" 태어나야 하며, 저와 여러분처럼 실제로 인간의 본성을 가져야 합니다. 육신의 껍질만 쓴 하나님으로는 안 됩니다. 우리를 위해 일할 자, 우리를 대신해서 하나님을 만족시킬 자는 반드시 우리와 같은 사람이어야 합니다. 그래서 히브리서 2장 말씀이 중요한 것입니다.

만물이 그를 위하고 또한 그로 말미암은 이[하나님]가 많은 아들들을 이끌어 영광에 들어가게 하시는 일에 그들의 구원의 창시자를 고난을 통하여 온전하게 하심이 합당하도다(히 2:10).

"많은 아들들!" 그리스도는 많은 아들들을 이끄시는 분입니다.

거룩하게 하시는 이[주 예수 그리스도]와 거룩하게 함을 입은 자들[믿는 자들]이 다 한 근원에서 난지라. 그러므로 형제라 부르시기를 부끄러워하지 아니하시고(히 2:11).

바로 다음에 나오는 구절들도 이 진리를 확증해 주지만, 이것을 훨씬 더 명백하게 제시하는 14-15절을 찾아보겠습니다.

> 자녀들은 혈과 육에 속하였으매

우리 그리스도인은 혈과 육을 나눈 자녀들입니다.

> 그도 또한 같은 모양으로 혈과 육을 함께 지니심은 죽음을 통하여 죽음
> 의 세력을 잡은 자 곧 마귀를 멸하시며 또 죽기를 무서워하므로 한평생
> 매여 종노릇하는 모든 자들을 놓아 주려 하심이니

히브리서 기자는 소극적인 측면부터 이야기합니다.

> 이는 확실히 천사들을 붙들어 주려 하심이 아니요

이 말은 "천사들을 도우려고 손을 내미신 것이 아니요"라고 옮길
수도 있습니다.

> 오직 아브라함의 자손을 붙들어 주려 하심이라(히 2:16).

히브리서 기자는 계속해서 같은 점을 강조합니다.

> 그러므로 그가 범사에 형제들과 같이 되심이 마땅하도다. 이는 하나님

의 일에 자비하고 신실한 대제사장이 되어 백성의 죄를 속량하려 하심이라. 그가 시험을 받아 고난을 당하셨은즉 시험받는 자들을 능히 도우실 수 있느니라(히 2:17-18).

이것은 우리가 반드시 알아야 할 중대한 교리입니다. 우리에게는 우리를 대표하고 구원해 줄 존재가 필요한데, 그는 반드시 사람이어야 합니다. 우리가 혈과 육을 가진 사람이므로 그도 사람이어야 합니다. 반드시 여자에게서 난 사람이어야 합니다. 그렇기 때문에 "말씀"이 진정한 의미에서 "육신"이 되어야 하는 것입니다.

둘째로, 여자에게서 나야 한다는 말만으로는 충분치 않습니다. 율법 아래 나야 한다는 말도 덧붙여야 합니다. 왜 그럴까요? 우리의 대표자로서 우리가 충족시켜야 할 요구를 대신 충족시켜야 하기 때문입니다. 이것이 요한복음 1:17에 대한 설명입니다. 그는 성자 하나님이었지만 동시에 사람으로서 율법의 요구를 충족시키셔야 했습니다. 실제로 그는 모든 율법을 지키셨습니다. 출생 시에는 비둘기를 제물로 바치고 할례를 받으셨습니다. 유대인으로 성장하던 시기에는 회당에 출석하며 율법의 요구를 숙지하셨습니다. 율법은 우리에게 이런 것들을 요구합니다. 그러므로 그에게도 이런 것들을 요구하는 것이 당연합니다. 그렇지 않으면 우리의 대표자가 되실 수 없습니다. 그는 율법을 지키시되 완벽하게 지키셔야 했습니다. 그가 율법에 완벽하게 순종하시지 않았다면 우리를 율법의 저주에서 구하시지 못했을 것입니다. 그리스도는 자신을 위해서가 아니라 우리를 위해서, 우리의 대표자로서 율법을 지키셨습니다. 둘째 아담이자

'마지막 사람'으로서 하나님의 율법에 완전히 순종하셨습니다.

이것이 우리가 다루는 문제의 전반부입니다. 아직 후반부가 남아 있습니다. 앞서 말했듯이 그것은 우리가 다 죄책이 있으며 율법의 정죄 아래 있다는 것입니다. 그렇습니다. 율법은 "범죄하는 그 영혼"이 죽어야 할 것을 벽력같이 요구합니다(겔 18:4, 20). 그에 따르면 우리는 종말을 맞아야 하고, 하나님 앞에서 영원히 떨어져 나가야 합니다. 그런데 그리스도가 우리의 대표자로서 여자에게서 나셨고 율법 아래 나셨습니다. 왜 그렇게 나셨습니까? 우리 대신 율법의 형벌을 담당하시기 위해서였습니다. 이에 대한 완벽한 설명 또한 히브리서 2장에 나옵니다.

우리가 천사들보다 잠시 동안 못하게 하심을 입은 자

이 말은 그가 천사로 오시지 않고 육신을 가진 사람으로 오셨다는 뜻입니다. 구약시대에는 여러 번 천사로 오셨지만 이제 사람으로 오셨다는 뜻입니다. 무엇 때문에 그렇게 오셨습니까?

곧 죽음의 고난 받으심으로 말미암아 영광과 존귀로 관을 쓰신 예수를 보니

이제 우리는 그를 볼 수 있습니다.

이를 행하심은 하나님의 은혜로 말미암아 모든 사람을 위하여 죽음을

맛보려 하심이라(히 2:9).

그는 여자에게서 나셔야 했고, 율법 아래 나셔야 했습니다. 그렇지 않았다면 죽으실 수 없었을 것이고 우리의 죄책과 그에 대한 율법의 형벌을 담당하시지 못했을 것입니다. 하나님은 죽으실 수가 없습니다. 그래서 그는 여자에게서 나셔야 했고, 육신이 되셔야 했으며, 율법 아래 나셔야 했습니다.

　이것은 놀라운 사실입니다. 율법 자체가 성육신을 요구합니다. 주님은 사람이 되셔야만 했습니다. 그렇지 않으면 율법의 대상이 되지 않았을 것이고, 적극적으로나 소극적으로나 율법을 지키실 수 없었을 것이며, 율법의 모든 요구에 응하실 수 없었을 것입니다. 그러면 우리를 구원하실 수 없습니다. 그렇기 때문에 성육신이 반드시 필요한 것입니다. 성육신이 없으면 율법도 만족시킬 수 없고, 마귀도 만족시킬 수 없습니다.

　더 할 말이 있습니다. 우리의 대표자는 이렇게 사람이면서도 하나님이어야 합니다. 신적인 존재여야 합니다. 그가 사람이자 하나님이 아니었다면 설사 십자가에서 죽어 장사되었다 해도 우리를 구원하시지 못했을 것입니다. 단순한 사람에 불과했다면 우리 죄의 무게와 죄책에 짓눌려 뭉개졌을 것입니다. 우리 짐에 짓눌려 망하고 죽었을 것입니다. 하나님에게서 영원히 분리되는 죽음을 도저히 감당하지 못했을 것입니다. 그러나 그리스도는 사람이자 하나님이었습니다. 이것이 성육신의 의미입니다. 그는 사람이 되신 하나님, 육신이 되신 말씀이었습니다. 사람이 되었다고 해서 하나님이 아닌 것이 아니었습니다. 여전히 하나님으로서 육신이 되셨습니다. 히브리서 2:14에 나오듯이 하나님으로서 인간의 본성을 취하셨습니다. 아버지 품속에 있는 독생하신 하나님으로서 세상에 내려와 우리 가운데 거하셨습니다.

주님이 사람이자 하나님이라는 것은, 바로 그렇기 때문에 죽음의 문제를 다루실 수 있다는 점에서 의미심장하고 중요한 사실입니다. 요한이 그의 복음서에서 어떻게 말하는지 들어 보십시오. "내가 내 목숨을 버리는 것은 그것을 내가 다시 얻기 위함이니 이로 말미암아 아버지께서 나를 사랑하시느니라. 이를 내게서 빼앗는 자가 있는 것이 아니라 내가 스스로 버리노라"(요 10:17-18). 주님 외에는 아무도 이렇게 말할 수 없습니다! 십자가 사건을 주님이 사람에게 목숨을 빼앗긴 일로 보는 터무니없는 자들은 대체 어떻게 그런 생각을 하는 것일까요? 그들은 십자가 사건을 전혀 이해하지 못합니다! 평화주의의 전적인 오류는 이처럼 갈보리 언덕의 십자가에서 일어난 사건을 완전히 오해하는 데 있습니다. "나는 버릴 권세도 있고 다시 얻을 권세도 있으니 이 계명은 내 아버지에게서 받았노라 하시니라"(요 10:18). 주님 외에는 아무도 이렇게 말할 수 없습니다. 죽음을 정면으로 쳐다보며 "내가 널 상대해 주겠다. 내가 널 뚫고 나가겠다!"라고 말할 수 없습니다. 주님은 이 땅에 육신으로 계실 때에도 여전히 죽음의 주인이었습니다. 이 점이 아주 중요합니다. 신약성경도 계속 이 점을 강조합니다. 사도 베드로가 오순절 날 예루살렘에서 설교할 때 어떻게 설명했는지 들어 보십시오. "그가 하나님께서 정하신 뜻과 미리 아신 대로 내준 바 되었거늘 너희가 법 없는 자들의 손을 빌려 못 박아 죽였으나 하나님께서 그를 사망의 고통에서 풀어 살리셨으니 이는 그가 사망에 매여 있을 수 없었음이라"(행 2:23-24). 사람은 다 죽습니다. 베드로는 조상 다윗도 이 땅에 살았지만 죽었다고 말합니다. 그러나 다윗의 후손인 이분은 죽음에 매여 있을 수 없었습니다. 그는 연이어 시편 16편을 인용합니다. "이는 내 영혼을 음부에 버리지 아니하시며 주의 거룩한 자로 썩음을 당하지 않게 하실 것임이로다"(행 2:27). 그렇습니다. "거룩한 자"이기 때문에, 인간이자 하나님이기 때문에 죽음에 매여 있을 수 없습니다. 이처럼 인간이자 하나님인 분만이 우리의 죄책을 담당하실 수 있고, 율법이 그 역할을 다하게 하실 수 있으며, 율법을 이행하실 수 있습니다.

또한 주님께는 죽음을 뚫고 나와 승리할 능력이 필요한데, 그는 하나님이었기에 그렇게 하실 수 있었습니다. 베드로는 후에 성전 미문 밖에서 군중에게 설교하면서 주님을 "생명의 주"라고 불렀습니다(행 3:15). 그는 생명을 만드시고 지으신 분이기에 죽음보다 강하십니다. 사도 바울이 로마의 그리스도인들에게 편지하면서 "그의 아들에 관하여 말하면 육신으로는 다윗의 혈통에서 나셨고 성결의 영으로는 죽은 자들 가운데서 부활하사 능력으로 하나님의 아들로 선포되셨으니 곧 우리 주 예수 그리스도시니라"라고 말한 것도 놀랄 일이 아닙니다(롬 1:3-4). 부활은 그가 하나님이라는 것을 입증하는 사건입니다. 하나님이 아니었다면 부활하시지 못했을 것입니다. 아담이 완벽한 사람이었음에도 죄 때문에 죽은 것처럼 주님도 죄 때문에 죽으셨을 것입니다. 사도는 고린도 교인들에게도 "사망을 삼키고 이기리라"라고 말합니다(고전 15:54). 당연합니다! 그는 죽음까지 다스리시는 주인이요 정복자입니다.

히브리서는 이 점을 다음과 같이 설명합니다. "멜기세덱과 같은 별다른 한 제사장이 일어난 것을 보니 더욱 분명하도다. 그는 육신에 속한 한 계명의 법을 따르지 아니하고 오직 불멸의 생명의 능력을 따라 되었으니"(히 7:15-16). 이것이 다른 이들은 할 수 없었던 일을 주님이 하실 수 있었던 이유이자 비결입니다. "이러한 대제사장은 우리에게 합당하니 거룩하고 악이 없고 더러움이 없고 죄인에게서 떠나 계시고 하늘보다 높이 되신 이라"(히 7:26). 이 모든 요구에 응하실 수 있는 분은 오직 한분, 사람이자 하나님인 예수뿐입니다. "율법은 약점을 가진 사람들을 제사장으로 세웠거니와 율법 후에 하신 맹세의 말씀은 영원히 온전하게 되신 아들을 세우셨느니라"(히 7:28). 그는 "항상 살아" 계십니다(히 7:25). 그가 계시록의 환상을 통해 요한에게 친히 하신 말씀을 들어 보십시오. "곧 살아 있는 자라. 내가 전에 죽었었노라. 볼지어다, 이제 세세토록 살아 있어 사망과 음부의 열쇠를 가졌노니"(계 1:18). 그는 주인입니다. 승리자입니다. 율법이 요구하는 짐을 지고 죽었다가 다시 살아나신 분, 맨 나중 원수를 정복하신 분입니다. 그는 우리를 위해 죄인이 되셨으며, 죽음과 무덤을 이기고 살아나셨습니다.

지금 우리가 입증하려는 주제가 이것입니다. 율법은 은혜가 와야 할 것을 요구합니다. 그것도 이런 방식으로 와야 할 것을, 영원하신 하나님이 사람이 되시고 말씀이 육신이 되셔야 할 것을, 신성과 인성을 공히 가진 존재―신인神人, 인간이자 하나님인 존재, 한 인격에 두 본성을 지닌 존재—가 우리의 구원자로 와야 할 것을 요구합니다. 한 가지 더 말하고 싶은 요점이 있습니다. 우리의 구주가 사람이면서 하나님이어야 하는 또 한 가지 이유는 구원의 열매를 주시려는 데 있습니다. 어떻게 구원의 열매를 주실까요? 자, 다음과 같이 주십니다. 율법은 새로운 본성, 새로운 마음, 새로운 시각, 새로운 삶의 필요성을 상정합니다. 우리는 그리스도 안에서, 그리스도를 통해 그것을 얻습니다. 그는 인류를 새롭게 회복시키시고 시작하시는 분입니다. "많은 형제 중에서 맏아들"입니다(롬 8:29).

저와 여러분이 구원을 받으려면 신의 성품에 참여해야 합니다. 어떻게 참여할 수 있습니까? 지금 이 모습으로는 불가능합니다. 신성한 것과 죄 있는 것은 서로 섞일 수 없기 때문입니다. 그 해결책은 우리가 그의 성품, 즉 신인의 성품을 받는 것입니다. 우리는 주 예수 그리스도께 그 성품을 받습니다. 우리는 그에게서 태어나고 그에게서 나옵니다. 인간의 본성이 아담에게서 비롯되었듯이, 신의 본성은 그리스도에게서 비롯됩니다. 우리는 그에게서 새로운 생명과 새로운 본성을 받습니다. 그래서 그가 우리를 "형제라 부르시기를 부끄러워하지 아니하"시는 것입니다(히 2:11). 구원받는다는 것은 옛 본성이 개선된다는 뜻이 아닙니다. 새로운 본성을 받는다는 뜻이며 다시 태어난다는 뜻입니다.

구원은 여기에서도 더 나아갑니다. 신약성경은 우리가 "그리스도 안에" 있게 된다고, 그와 연합하게 된다고, 교회는 그리스도의 몸이 되고 우리는 그 "지체의 각 부분"이 된다고 말합니다(고전 12:27). 어떻게 그렇게 될 수 있을까요? 그 대답 또한 같습니다. 그가 사람이자 하나님이기에 그렇게 될 수 있는 것입니다. 그가 사람이 되시지 않았다면 우리는 그와 연합할 수 없을 것입니다. 그가 신인으로서 중재자가 되셨기 때문에 연합할 수 있는 것입니다. 그는 머리요 우리는 지체입니다. 우리는 그 안에서, 그를 통해 인간성을 부여받고 힘을 얻으며 다른 모든 것을 공급받습니다. 이와 관련하여 바울이 에베소서에서 보여주는 놀라운 그림이 있습니다. 그는 그리스도가 몸의 머리임을 밝힌 다음 이렇게 말합니다. "그에게서 온몸이 각 마디를 통하여 도움을 받음으로 연결되고 결합되어 각 지체의 분량대로 역사하여 그 몸을 자라게 하며 사랑 안에서 스스로 세우느니라"(엡 4:16). 이것이 구원입니다. 마귀에게 이 답변을 내놓아야 합니다. 우리는 그리스도 안에 살면서 그로부터 능력과 힘과 양분을 받으며 생명을 유지하는 데 필요한 모든 것을 받습니다. 살아 계신 머리로부터 모든 것이 흘러나오고 주어집니다.

또 다른 표현을 원한다면 이 구절을 보십시오. "그가 위로 올라가실 때에 사로잡혔던 자들을 사로잡으시고 사람들에게 선물을 주셨다 하였도다"(엡 4:8). 주님은 자신의 일을 완성하셨기에 성령을 보내 주실 수 있었습니다. 놀랍고도 경이로운 사실은 하나님이 그리스도께 한량없이 주셨던 성령을 우리에게도 주신다는 것입니다. 물론 그리스도께는 한량없이 주셨고 우리에게는 어느 정도 주시지만, 여하튼 동일한 성령을 주십니다. 이처럼 그리스도 안에 계셨던 성령이 우리 안에도 계시기에 "주께서 그러하심과 같이 우리도 이 세상에서 그러하니라"라고 말할 수 있습니다(요일 4:17). 주님이 사람이자 하나님이 아니었다면 이런 일은 일어나지 않았을 것입니다.

그의 성육신과 죽음, 그리고 그 후에 있었던 모든 일의 궁극적인 결과로 성령이 오셨습니다.

마지막으로, 우리를 긍휼히 여기시는 대제사장과 관련하여 참으로 위로가 되는 말씀을 드리겠습니다. 히브리서 기자는 이 점을 반복해서 이야기하고 있습니다.

그러므로 그가 범사에 형제들과 같이 되심이 마땅하도다. 이는 하나님의 일에 자비하고 신실한 대제사장이 되어 백성의 죄를 속량하려 하심이라. 그가 시험을 받아 고난을 당하셨은즉 시험받는 자들을 능히 도우실 수 있느니라(히 2:17-18).

이 말도 들어 보십시오. "우리에게 있는 대제사장은 우리의 연약함을 동정하지 못하실 이가 아니요 모든 일에 우리와 똑같이 시험을 받으신 이로되 죄는 없으시니라"(히 4:15). 그가 사람이 되시지 않았다면 시험을 받지 않았을 것입니다. "하나님은 악에게 시험을 받지도 아니하시고 친히 아무도 시험하지 아니하시느니라"(약 1:13). 그러나 그는 "모든 일에 우리와 똑같이 시험을 받으"셨습니다. 왜 그랬을까요? 사람이 되시고 육신이 되셨기 때문입니다. 성육신하셨기 때문입니다. 그는 여자에게서 나고 율법 아래 났기에 시험을 받으셨습니다. 히브리서 기자는 이 점을 반복해서 이야기하며 자랑스러워합니다. 그가 계속해서 하는 말은 이것입니다.

대제사장마다 사람 가운데서 택한 자이므로 하나님께 속한 일에 사람

을 위하여 예물과 속죄하는 제사를 드리게 하나니

대제사장은 다음과 같은 사람이어야 합니다.

> 그가 무식하고 미혹된 자를 능히 용납할 수 있는 것은 자기도 연약에
> 휩싸여 있음이라. 그러므로 백성을 위하여 속죄제를 드림과 같이 또한
> 자신을 위하여도 드리는 것이 마땅하니라(히 5:1-3).

요점은 주 예수 그리스도가 우리를 위해 이 모든 일을 하셨다는 것
입니다. 그는 사람의 체질을 가지셨기에 우리 체질이 어떠한지 잘
아십니다. 이 땅에 살면서 직접 겪어 보셨기에 시험의 압박이 얼마
나 큰지 잘 아시며, 세상과 육신과 마귀와 싸우기가 얼마나 힘든지
잘 아십니다. "모든 일에 우리와 똑같이 시험을 받으신 이로되 죄
는 없으시니라." 그는 우리의 무지를 아시고 연약함을 아십니다. 그
는 사람들과 더불어 사셨습니다. 육신이 되어 이 땅에 사는 동안 자
신의 영원한 지식을 제한하셨습니다. 그렇기 때문에 우리가 확신을
가지고 담대하게 은혜의 보좌 앞에 나아가 "긍휼하심을 받고 때를
따라 돕는 은혜를" 얻을 수 있는 것입니다(히 4:16).

그 슬픔의 사람
가슴 찢는 온갖 고통 겪으셨네.
—마이클 브루스Michael Bruce

주님은 이 땅에 사셨습니다. 그래서 잘 아십니다. "말씀이 육신이 되어 우리 가운데 거하시매." 율법은 모든 점에서 성육신을 요구합니다. 반드시 사람이 올 것을 요구합니다. "여자에게서" 나고 "율법 아래" 날 것을 요구합니다. 그러면서도 하나님일 것을 요구합니다. 사람이자 하나님일 것을 요구합니다. 율법은 모세로 말미암아 주어졌고, 감사하게도 은혜와 진리는 예수 그리스도 안에서, 예수 그리스도에 의해, 예수 그리스도로 말미암아 왔습니다. 사람이자 그리스도인 예수야말로 하나님의 기름부음을 받은 영원하시고 영존하시는 구주입니다.

제가 알고 이해하는 바로는 이것이 크리스마스와 그 의미를 제대로 바라보는 태도입니다. 크리스마스를 감상적으로 대하는 것이야말로 오늘날의 비극이 아닐까요? 사랑하는 여러분, 지금은 노래하기 전에 먼저 생각할 때입니다. 아무 생각 없이 부르는 찬송은 가치가 없습니다. 그래서 오늘밤 우리가 이른바 캐롤 예배를 드리지 않고 이런 예배를 드리는 것입니다. 이 모든 사실을 알아야 합니다! 이 사실들을 모른 채 부르는 찬송은 웃음거리나 그보다 못한 것이 되기 쉽습니다. "율법은 모세로 말미암아 주어진 것이요 은혜와 진리는……" 은혜와 진리는 반드시 와야만 했습니다. 그것만이 우리가 은혜와 축복을 경험할 수 있는 길이요, 그리스도를 알고 그 안에서 기뻐하며 영원토록 그에게 영광을 돌릴 수 있는 길이었기 때문입니다. "말할 수 없는 그의 은사로 말미암아 하나님께 감사하노라!"(고후 9:15) "크도다 경건의 비밀이여……그는 육신으로 나타난 바 되시고"(딤전 3:16).

13

어떻게 미래를 맞이할 것인가?

태초에 말씀이 계시니라. 이 말씀이 하나님과 함께 계셨으니 이 말씀은 곧 하나님이시니라. 그가 태초에 하나님과 함께 계셨고 만물이 그로 말미암아 지은 바 되었으니 지은 것이 하나도 그가 없이는 된 것이 없느니라. 그 안에 생명이 있었으니 이 생명은 사람들의 빛이라. 빛이 어둠에 비치되 어둠이 깨닫지 못하더라. 하나님께로부터 보내심을 받은 사람이 있으니 그의 이름은 요한이라. 그가 증언하러 왔으니 곧 빛에 대하여 증언하고 모든 사람이 자기로 말미암아 믿게 하려 함이라. 그는 이 빛이 아니요 이 빛에 대하여 증언하러 온 자라. 참 빛 곧 세상에 와서 각 사람에게 비추는 빛이 있었나니 그가 세상에 계셨으며 세상은 그로 말미암아 지은 바 되었으되 세상이 그를 알지 못하였고 자기 땅에 오매 자기 백성이 영접하지 아니하였으나 영접하는 자 곧 그 이름을 믿는 자들에게는 하나님의 자녀가 되는 권세를 주셨으니 이는 혈통으로나 육정으로나 사람의 뜻으로 나지 아니하고 오직 하나님께로부터 난 자들이니라. 말씀이 육신이 되어 우리 가운데 거하시매 우리가 그의 영광을 보니 아버지의 독생자의 영광이요 은혜와 진리가 충만하더라. 요한이 그에 대하여 증언하여 외쳐 이르되 "내가 전에 말하기를 내 뒤에 오시는 이가 나보다 앞선 것은 나보다 먼저 계심이라 한 것이 이 사람을 가리킴이라" 하니라. 우리가 다 그의 충만한 데서 받으니 은혜 위에 은혜러라. 율법은 모세로 말미암아 주어진 것이요 은혜와 진리는 예수 그리스도로 말미암아 온 것이라. 본래 하나님을 본 사람이 없으되 아버지 품속에 있는 독생하신 하나님이 나타내셨느니라. **요 1:1-18**

성경의 이 중대한 본문에는 우리가 그동안 충분히 시간을 들여 살펴보았던 분명하고도 특별한 메시지뿐 아니라 우리에게 더할 나위 없이 중요한 일반적 메시지가 함축되어 있습니다. 이 점을 밝히기 위해 이번에는 본문 전체에 주의를 환기시키고자 합니다. 마침 오늘이 신년* 첫 주일인 만큼 더더욱 이 본문에 주의를 환기시키고 싶습니다. 지금 우리는 알 수 없는 미래를 앞두고 있습니다. 저는 이런 세상 속에 살면서도 확신과 자신감을 가지고 무슨 일이 일어날지 모르는 미래를 맞이할 수 있는 유일한 방법을 알려 드리고자 합니다. 다들 알고 있듯이 세상은 문제와 고통과 죄와 악과 당혹스러운 일들로 가득합니다. 그리고 무엇보다 불확실합니다. 미래를 예언하려는 것 자체가 무익하고 어리석은 시도입니다. 아니, 기독교적인 관점에서 보면 미래에 대해 너무 많은 것을 알려 드는 것 자체가 죄라고까지 말할 수 있습니다. 그리스도인은 그리스도 밖에 있는 세상과 완전히 다른 위치에 있는 사람들입니다. 저는 이 점을 보여드리고자 합니다.

거듭 말하지만, 그리스도인이 미래를 맞이하는 방식은 오직 한 가지, 즉 자신이 믿는 바를 확실히 붙잡는 것입니다. 그리스도인이 믿는 몇 가지 기본 전제가 있습니다. 그것을 알고 인정하며 그것에 따라 살면, 미래가 어찌 되든 두려워하거나 불안해하지 않고 맞이할 수 있습니다. 차분하고 침착하게, 평안과 기쁨으로 맞이할 수 있습니다. 그 무엇에도 방해받거나 흔들리지 않고 안식할 수 있는 위

---

* 1963년.

치에 이를 수 있습니다. 제가 요한복음의 위대한 서문에 주의를 환기시키는 것은, 이 서문이 그 전제들을 명확하게 보여주고 있기 때문입니다.

물론 서문을 읽다 보면, 어떤 의미에서 성경 전체의 메시지가 요약되어 있음을 알게 됩니다. 성경의 중대하고도 독특한 특징은, 전부 66권이나 되는데 다 한 메시지를 전한다는 것입니다. 한 메시지가 그 많은 다양한 책들을 관통하고 있습니다. 물론 형태는 제각기 다릅니다. 힘들여 그 메시지를 찾아내야 하는 경우도 있고, 그 메시지가 너무나 분명해서 놓치려야 놓칠 수 없는 경우도 있습니다. 어찌 되었든 본질적으로는 모든 성경이 동일한 하나의 메시지를 전하고 있습니다. 그러므로 저는 역사상—각 개인의 역사를 보나 보편 교회를 이루는 각 교회들의 역사를 보나—중대한 이 시점에 이러한 기본 전제들을 철저하고도 확실하게 짚어 보는 것보다 중요한 일은 없다고 주장하는 바입니다. 이 전제들을 모르면 우리의 미래는 불확실해질 뿐 아니라 불행해집니다. 더 나아가 우리는 사실상 기독교적으로 사고하지 않는 것이며, 그리스도인으로서 제 역할을 못하는 것입니다.

기독 신앙은 모호한 감정이 아닙니다. 그리스도인의 삶은 진리에 기초하고 있습니다. 우리는 이 점을 계속 고찰해 왔습니다. "율법은 모세로 말미암아 주어진 것이요 은혜와 진리는 예수 그리스도로 말미암아 온 것이라." 이 진리를 붙잡아야 합니다. 예배당에 머무는 동안만 행복감—원래 생활하던 세상으로 돌아가면 점차 증발해 버릴 행복감—을 제공하는 것은 제 임무가 아닙니다. 그것은 기독교와 거의 정반대되는 심리학에 불과합니다. 기독교는 이 진리를 이해하는 것, 이 진리가 무엇인지 아는 것, 어떤 상황에서도 이 진리를 적용하는 것입니다. 기독교는 진리입니다. 적용해야 할 진리, 우리 안에서 활발하게 역사하시는 성령을 힘입어 능히 적용할 수 있는 진리입니다.

이제 요한복음 서문이 제시하는 기본적이고 일차적인 원리들을 상기시켜 보겠습니다. 첫 번째 원리는 이 세상이 하나님의 소유라는 것입니다. "태초에 말씀이 계시니라. 이 말씀이 하나님과 함께 계셨으니 이 말씀은 곧 하나님이시니라. 그가 태초에 하나님과 함께 계셨고 만물이 그로 말미암아 지은 바 되었으니 지은 것이 하나도 그가 없이는 된 것이 없느니라." 출발점으로 삼기에 참으로 좋은 원리 아닙니까? 그 모든 모순에도 불구하고, 그 모든 현실에도 불구하고, 우리가 살고 있는 세상은 하나님의 것입니다. 우연의 산물이 아닙니다. 예기치 않게 우발적으로 생겨난 것이 아닙니다. 맹목적이고 비인격적인 힘들의 상호작용 속에서 어쩌다 생겨난 것이 아닙니다.

물론 지배적이고 대중적인 세계관은 세상을 우연의 산물로 보는 것입니다. 이것이 이른바 과학적 인본주의자들—사실상 대다수 인본주의자들—의 입장입니다. 여기에서 제가 말하는 '세상'은 실재의 물질적인 구조와 역사를 포괄하는 모든 것을 의미합니다. 저들의 견해에 따르면 세상에는 의미도 없고 목적도 없습니다. 그저 우연의 산물일 뿐입니다. 언제 무슨 일이 벌어질지 모릅니다. 바로 다음 순간 무슨 일이 벌어질지 모릅니다. 그렇습니다. 그저 최선의 경우를 기대하는 수밖에 없습니다. 내가 아무런 의미도 없고 이유도 없는 세상에 어쩌다 태어나서 살아가는 잠시 동안만이라도 상황이 좀 편안하고 견딜 만하게 돌아가길 바랄 뿐입니다.

이 세계관을 살펴보느라 시간을 낭비할 마음은 없습니다. 그러나 이것이 대다수 비그리스도인들의 입장이며, 과학적 인본주의자들 내지는 고故 피셔H. A. L. Fisher 같은 역사가들의 입장입니다. 역사 연구에 평생을 바쳤던 피셔는 이 세상에 분명한 목적이나 의미나 의도는 없다는 결론에 도달했습니다. 물론 하나님을 믿지 않는 자들이 이런 결론에 도달하는 것은 당연한 일입니다. 그러나 그리스도인인 우리의 주장은 절대 그렇지 않다는 것입니다. 이 세상은 하나님의 소유라는 것입니다. 따라서 무의미하지 않다는 것입니다. 하나님이 목적을 가지고 창조하셨다는 것입니다. 모든 피조물에는 의미가 있습니다. 모든 우주와 역사와 사건에는 의미가 있습니다. "전능하신 하나님이 창조하셨다"라고 말할 때 바로 뒤따라오는 결론이 이것입니다. 이 생각은 우리에게 큰 위로를 줍니다.

자신이 우연이나 운명이나 맹목적이고 비인격적인 힘들의 희생자에 불과하다고 느끼는 것, 삶이나 개인이나 우주나 인류에게 아무 목적이 없다고 느끼는 것보다 무서운 일은 없습니다. 거듭 말하지만, 인생 자체가 무의미하다고 느끼는 것보다 절망스러운 일은 없습니다. 그런데 이 중대한 기본 전제는 그렇지 않다고 말합니다. 하나님이 계신다는 것입니다! 그 하나님이 창조하셨다는 것입니다! 하나님이 인간을 포함한 우주 전체를 창조하신 데에는 분명한 목표와 의도와 목적이 있습니다.

우리가 이 세상과 이 세상의 삶에 일어나는 일들을 항상 이해할 수 있는 것은 아니지만, 그럼에도 거기에 목적과 의미가 있다는 사실을 아는 것이 유익합니다. 아이들을 보면 알 수 있지 않습니까? 아이들은 주변에서 벌어지는 일들의 의미를 몰라도 부모를 신뢰합니다. 부모가 다 알고 있고 이해하고 있음을 믿기에 아무 걱정 없이 모든 것을 맡긴 채 태평하게 지냅니다. 우리도 마찬가지입니다. 항상 모든 일의 의미를 알고 이해하는 것은 아니지만 '이 세상은 하나님이 만든 하나님의 것이기에 의미가 있다'는 사실을 잊지 않습니다.

같은 요점을 다른 방식으로 설명해 보겠습니다. 세상은 우리 것이 아닙니다. 저는 무엇보다 이 사실로 인해 하나님께 감사를 드립니다. 세상을 우리 것으로 여기는 태도는 세상을 무의미하다고 여기는 태도만큼이나 해롭습니다. 인간은 몇 가지 발견을 했다는 단순한 이유만으로 자기 힘을 과신하며 우쭐댑니다. 인간의 위대함을 폄하하고 싶지는 않지만, 자기 과신만큼 어리석은 것은 없습니다. 사실 인간은 아는 바가 거의 없습니다! 그런데도 세상을 자기 것이라고 생각합니다! 세상을 자기 뜻대로 움직일 수 있고 명령할 수 있다고, 발전시킬 수 있고 개혁할 수 있다고 생각합니다. 우리는 지금 그 노력의 결과를 보고 있습니다! 세상은 인간의 것이 아닙니다. 거듭 말하지만, 감사하게도 인간의 것이 아닙니다. 감사하게도 세상과 세상의 미래는 인간의 지식과 통제력과 권력에 달려 있지 않습니다. 이 생각 또한 우리에게 큰 위로를 줍니다.

미래가 인간의 손에 달려 있다면 어떻게 되겠습니까? 20세기는 인간이 권력과 통제력을 행사할 때 어떻게 되는지에 대해 아주 좋은 증거를 보여주었습니다. 그리스도인들이여, 세상이 우리 것이 아니라고 생각하니 날아갈 것 같지 않습니까? 감사하게도 세상은 우연의 산물이 아닐 뿐 아니라 인간이 계획하거나 창조해 낸 인간의 소유물이 아닙니다. 세상은 인간의 권력과 통제력 아래 있지 않습니다. 인간의 권한 밖에 있습니다. 우리 그리스도인들은 오늘날 인간의 비참한 실패를 보면서 세상이 하나님의 것이라는 사실, "빛이 있으라" 하셨던 그 하나님이 세상을 만드셨다는 사실에 감사를 드리게 됩니다. 창세기 첫 장 말씀대로 "태초에 하나님이" 세상을 만드셨습니다! 요한복음 첫 장 말씀대로 "태초에 말씀이" 계셨습니다!

그리스도인은 항상 여기에서 출발해야 합니다. 그리스도인과 비그리스도인은 출발점부터 다릅니다. 우리는 이 광대하고 복잡한 우주와 역사, 우리가 알고 있고 관련되어 있는 모든 일이 다 하나님께로부터 나온 하나님의 것이라는 생각, 그러므로 모든 일에 목적이 있다는 생각, 모든 일이 하나님의 손안에 있다는 주요한 생각에서 출발합니다. 이것이야말로 무슨 일이 있어도 놓치지 말아야 할 첫 번째 전제입니다.

여기에 즉시 따라오는 두 번째 전제를 살펴보겠습니다. 이 세상이 하나님의 소유라는 주요한 전제를 제시한 다음 서둘러 짚어 보아야 할 것은 하나님의 허용적인 뜻에 대한 교리입니다. 요한복음 서문에 바로 이 교리가 나오는데, 의도적으로 오늘 본문에 국한해서 살펴보도록 하겠습니다. "그 안에 생명이 있었으니 이 생명은 사람들의 빛이라"라는 구절 다음에 나오는 말은 이것입니다. "빛이 어둠에 비치되 어둠이 깨닫지 못하더라." 여기에서 '깨닫다'라는 단어는 '숙달하다'라는 뜻으로도 볼 수 있고 '파악하다'라는 뜻으로도 볼 수 있습니다. 어느 쪽이 정확한지는 단정할 수 없습니다. 어쩌면 두 가지 뜻이 다 맞을 수도 있습니다. 여하튼 제가 지금 강조하고 싶은 점은 어둠이 분명히 존재하는 현실이라는 것입니다. 이 점이 아주 중요합니다.

첫 번째 전제에 대해 이렇게 생각할 수 있습니다. "아, 좋습니다. 참 위로가 되는 생각이네요. 하지만 단순히 심리학적인 생각이나 희망사항에 불과한 건 아닐까요? 당신은 현실을 외면하고 있습니다. 세상은 하나님의 것이라고 말하면서 어떤 시인처럼 '하나님이 하늘에 계시니 세상은 평안하구나'*라고 하는데 현실은 그렇지가 못해요. 세상은 문제투성이입니다. 당신이 시적인 상상과 약간의 쿠에이즘Coueism**에 빠져 행복하게 느끼는 것일 뿐입니다. 당신은 세상이 하나님의 것이라고 말하는데, 세상의 실상을 한번 보십시오. 세상의 어둠을 한번 보라고요. 이제껏 당신이 말한 하나님이나 하나님이 통제하시는 세상에 대한 이야기와 우리 앞에 있는 이 명백한 현실이 서로 어울린다고 생각합니까?"

자, 다행히도 본문이 그 문제를 다루고 있습니다. "어둠"의 존재가 일차적인 전제입니다. 어둠은 분명히 존재합니다. 성경은 그 사실을 감추지 않습니다. 오히려 분명하고 확실하게 밝힙니다. 그러면

---

* 브라우닝Robert Browning, '피파의 찬가Pippa's Song'.

** "나는 날마다 모든 면에서 좋아지고 있다"라는 말을 반복하는 식의 자기암시요법.

서도 하나님의 허용적인 뜻이라는 중대한 교리를 소개함으로써 어둠의 존재를 이해할 수 있도록 도와줍니다. 하나님이 무에서 유를 창조하신 전능하신 분이라면 어떻게 어둠과 악이 생겨날 수 있었는지 설명할 필요가 있습니다. 성경은 이와 관련하여 중대한 교리를 제시합니다. 이것은 깊은 신비입니다. 성경은 하나님이 분명히 악의 존재를 허용하셨다고 말합니다.

왜 허용하셨는지는 모릅니다. 추측할 수는 있지만, 어디까지나 추측에 불과함을 기억해야 합니다. 성경은 우리가 헤아릴 수 없는 뜻으로 악을 허용하셨다고만 말할 뿐입니다. 약간의 추측이라도 원한다면 다음과 같이 설명할 수 있습니다. 완전성이라는 개념에는 필연적으로 '선택과 의지의 자유'가 포함됩니다. 하나님이 지으신 천사와 인간 모두 선택의 자유—악을 선택할 수도 있는 자유—를 가지고 있습니다. 우리는 여기에서 악의 가능성을 찾아볼 수 있습니다. 그러나 추측에 과도한 관심을 쏟기보다는 하나님이 무한하고 전능한 능력으로 악의 출현과 등장을 허용하셨다는 중대한 사실에 주목하기 바랍니다. 그럼으로써 하나님은 그 영원한 영광의 일부를 드러내셨습니다. 절대 잘못될 수 없는 기계적인 우주를 만드실 수도 있었지만, 그렇게 하시지 않았습니다. 위대한 천상의 존재들과 인간을 창조하실 때는 더더욱 그렇게 하시지 않았습니다. 하나님은 그들을 기계적인 존재가 아닌 인격체로 만드셨습니다. 자유의 개념이 들어오는 지점, 악과 잘못된 선택의 가능성이 생겨나는 지점이 바로 여기입니다.

하나님은 창조의 완전성을 나타내시기 위해 악이 들어올 여지를 남겨 두셨습니다. 하나님이 악을 만드신 것이 아닙니다. 허용하신 것입니다. 성경 역사를 읽어 보면 이 점을 아주 분명하게 보여주는 사례들을 쉽게 찾아볼 수 있습니다. 성경의 가르침에도 악의 기원에 대한 암시가 나오고, 구약 역사에도 하나님이 어떤 이들을 저지하거나 막으실 수 있었음에도 허용하시는 장면들이 계속해서 나옵니다. 수많은 개인들의 사례나 이스라엘 민족 전체의 사례에서 분명하게 확인할 수 있습니다. 우리는 여기에서 하나님이 악하고 해롭고 불쾌한 일들이 일어나도록 허용하신다는 교리를 끌어내게 됩니다. 거듭 말하지만, 저는 이것이야말로 알 수 없는 미래를 앞두고 있는 우리에게 참으로 위로를 주는 생각이요 교리라고 생각합니다. 미래를 제대로 바라보아야 합니다. 악한 일들이 일어난다고 해서 하나님의 통제를 넘어서거나 벗어난 것이 아닙니다. 절대 아닙니다. 오히려 정반대로, 하나님이 그 일들이 일어나도록 허용하시고 허락하시는 것입니다.

이 말을 들을 때 떠오르는 명백한 예들이 있지 않습니까? 사람들에게—특히 첫 수업을 하기도 전에 다 안다고 생각하는 사람들에게—무언가를 가르치기에 아주 좋은 방법은 흔히 말하듯 "한번 해봐" 하는 것입니다. 여러분이 누군가에게 자전거 타기를 가르치려는데 "나도 탈 줄 알아" 하면서 아는 척하면, 바로 안장에서 손을 떼고 넘어지게 내버려 두어야 합니다. 그래야 제대로 배우기 시작합니다. 여러분은 그 사람이 마음대로 하도록 허용합니다. 그렇다고 통제력을 잃은 것은 아닙니다. 안장을 잡아줄 수도 있지만 그렇게 하지 않을 뿐입니다. 마찬가지로, 상황이 나빠진다는 것은 하나님이 잠시 통제력을 행사하시지 않는다는 뜻입니다. 하나님이 상황이 나빠지도록 허용하시며 허락하신다는 뜻입니다. 하나님이 그렇게 하시는 데에는 우리가 헤아릴 수 없는 중대한 목적들이 있는데, 그중 한 가지는 앞서 암시했듯이 우리를 가르치시려는 것입니다.

그 예는 구약 역사에 무궁무진하게 나옵니다. 하나님이 율법을 주셨음에도 백성들이 듣지 않자, 하나님은 그들이 곤경에 빠지도록 허용하셨습니다. "사악한 자의 길은 험하"다는 것을 깨닫게 하셨습니다(잠 13:15). 대적들이 일어나게 두셨습니다. 하나님의 백성인 이스라엘 자손이 애굽에 사로잡히고 바벨론 군대에게 패했던 것을 생각하면 놀랍지 않습니까? 하나님은 왜 자기 백성을 지켜 주시지 않았을까요? 그 대답은 자기 백성임에도 대적에게 정복당하도록 허용하셨다는 것입니다. 하나님은 그 일을 허용하셨습니다. 이스라엘을 위해 그 일을 허용하셨습니다. 이것은 하나님의 허용적인 뜻이 어떤 것인지 보여주는 중대한 예입니다.

좀 더 일반적인 교훈을 말씀드리겠습니다. 이 또한 제게 위로가 되는 교훈입니다. 결론부터 말하자면 이렇습니다. 무슨 일이 일어나도 놀라지 마십시오. '그리스도인이 되면 더 이상 나쁜 일이 생기지 않을 것'이라는 어리석은 믿음보다 큰 오해는 없습니다. 그것은 기독교가 아닙니다. 기독교 메시지는 오히려 정반대로 가르칩니다. 주님을 보십시오. 주님이 세상에서 어떤 대접을 받았는지 보십시오. 말씀이 육신이 되셨는데 "머리 둘 곳"조차 없었습니다(마 8:20). 주님이 무슨 일을 겪으셨는지 보십시오! 그는 "종이 주인보다 크지 못하"다고 하셨습니다(요 13:16). 하나님은 악이 자신의 아들을 대적하도록 허용하셨고, 악이 우리를 대적하는 것도 허용하십니다. 그러니 알 수 없는 미래에 무슨 일이 일어난다 해도 놀랄 필요가 없습니다.

훨씬 더 중요한 점이 있는데, 그것은 무슨 일이 일어나도 절망하거나 낙심하지 말라는 것입니다. 다시 말해서 막 시작된 이 한 해 동안 "대체 왜 이런 일이 생긴 걸까? 과연 하나님이 계시기는 한 걸까? 과연 복음은 참된 것일까?"라고 묻는 사람이 있다면, 그는 하나님의 허용적인 뜻에 대한 교리를 잊어버린 것입니다. 우리는 하나님에 대해 유치하고 마술 같은 개념을 가지고 있습니다. '나는 전능하신 하나님의 자녀이니 나쁜 일은 생기지 않을 것'이라고 생각합니다. 그렇지 않습니다! 하나님의 허용적인 뜻에 대한 이 교리를 기억하십시오. 자신의 바람과 완전히 어긋나는 상황이 벌어져도 '이 상황이 도무지 이해되지 않지만, 여기에도 분명히 목적이 있고 목표가 있을 것이다'라고 생각하십시오. "우리가 알거니와 하나님을 사랑하는 자 곧 그의 뜻대로 부르심을 입은 자들에게는 모든 것이 합력하여 선을 이루느니라"(롬 8:28). 이 교리는 낙담과 절망과 무력감에 대한 중대한 해독제입니다. 이것이야말로 그리스도인에게 반드시 필요한 교리입니다. 이 교리가 결정적인 낙심과 절망에 빠지지 않도록 지켜 줄 때가 많습니다.

제가 여기에서 찾아낸 세 번째 원리는 하나님이 세상에 관여하신다는 것입니다. 이 또한 요한복음 서문의 중요한 요점입니다. "하나님께로부터 보내심을 받은 사람이 있으니 그의 이름은 요한이라.……말씀이 육신이 되어 우리 가운데 거하시매." 하나님이 말씀을 보내셨습니다. "율법은 모세로 말미암아 주어진 것이요—하나님은 모세에게 율법을 주셨습니다—은혜와 진리는 [하나님으로부터] 예수 그리스도로 말미암아[통해] 온 것이라." 하나님이 계속 행동하셨습니다. 이것은 하나님이 세상에 관여하신다는 것을 가르치는 교리입니다. 우리의 유일한 소망이 이 교리에 있습니다. 이 교리가 없다면 우리는 지금 이 자리에 있지 않을 것이요 미래에 대해서도 소망을 품지 못할 것입니다. 기독교 메시지의 핵심은 세상이 이러함에도 불구하고 하나님이 버리시지 않는다는 데 있습니다. 요한은 이 중대한 사실을 도처에서 강조합니다. "하나님이 세상을 이처럼 사랑하사 독생자를 주셨으니"(요 3:16). 하나님은 세상에 관여하십니다.

세상은 하나님의 것임에도 불구하고 하나님께 반역하고 죄를 지었습니다. 타락하고 저주를 받아 악해지고 더러워지고 온통 어두워졌습니다. 이것은 분명한 현실입니다. 이에 대한 하나님의 해결책은 그럼에도 불구하고 여전히 세상에 관심을 쏟으시는 것입니다. 애초에 세상을 다 쓸어버리실 수도 있었습니다. 한순간에 멸망시켜 버리실 수도 있었습니다. 세상에 등을 돌리시고 "나 없이 살 수 있으면 그렇게 해봐라!" 하실 수도 있었습니다. 실제로 어느 정도는 그렇게 하시기도 했습니다. 대홍수가 한 가지 예입니다. 그러나 그 홍수조차 이 교리를 입증하는 증거가 됩니다. 하나님은 세상을 버리시지 않았습니다. 버리신 것처럼 보였지만 버리시지 않았습니다. 하나님은 자신의 때에, 자신이 원하는 지점에 개입하심으로 계속 세상에 관심을 보이십니다. 궁극적으로 세상을 방치하시지 않습니다.

이 교리에 이렇게 소극적인 측면만 있는 것은 아닙니다. 하나님의 관심은 단지 세상에 등을 돌리시지 않는 모습으로만 나타나지 않습니다. 아주 적극적인 모습으로도 나타납니다. 이 점에서 과학적 인본주의자들과 세속 역사가들의 무지가 드러납니다. 세속 역사를 연구하는 이들은 역사에 아무런 계획이나 목적이나 결말이나 종착점이 없다고 말합니다. 그러나 성경은 전혀 다른 결론을 제시합니다. 역사에 하나의 실마리가 있고 목표와 계획이 있음을 보여줍니다. 처음과 끝이 있음을 보여줍니다. 하나의 목적이 웅대하게 전개되고 진행되는 것을 보여줍니다. 이것이 성경 전체의 중대한 메시지이자 요한복음 서문의 중대한 메시지입니다.

성경은 하나님이 세우신 구원 계획의 역사요 그 구원 계획에 대한 설명입니다. 하나님의 구원 계획을 다루는 책입니다. 자, 들어 보십시오. "말씀이 육신이 되어 우리 가운데 거하시매." 하나님이 아들을 세상에 보내셨습니다. 요한은 서문 곳곳에서 그 이야기를 하고 있습니다. 모세에 대해서는 뭐라고 하는지 보십시오. "율법은 모세로 말미암아 주어진 것이요……." 하나님이 모세에게 율법을 주셨습니다. 모세와 모세가 율법을 전한 이스라엘 자손의 존재 자체가 하나님께 계획이 있음을 보여주는 표시요 증거였습니다. 하나님이 이스라엘 나라를 만드셨습니다. 그들 자신의 생각처럼 그들끼리 복을 누리며 즐겁게 살게 하시기 위해서가 아니라 그들을 통해, 그들을 매개로 온 세상에 말씀하시기 위해, 그리고 마침내 그들을 통해 독생자를 세상에 보내시기 위해 그렇게 하셨습니다. 이것이 하나님의 목표였습니다. 사도 바울의 말처럼 이스라엘 자손은 하나님의 말씀을 맡은 자들이었습니다(롬 3:2). 왜 맡았습니까? 증인이 되기 위해서, 하나님과 그의 진리를 증언하는 유일한 증인이 되기 위해서였습니다.

구약성경을 죽 읽어 보면, 그 큰 계획이 어떻게 전개되어 나갔는지 볼 수 있습니다. 하나님이 어떻게 한 민족을 부르시고 그들을 종살이에서 끌어내셨는지, 어떻게 율법을 주시고 약속의 땅으로 인도해 주셨는지, 왕을 주시고 선지자들을 보내 주셨는지 볼 수 있습니다. 하나님이 그 모든 일을 하셨습니다. 거듭 말하지만, 이 사실은 우리에게 큰 위로를 줍니다. 이것은 하나님이 세상에 관심을 가지고 계시며 세상을 위한 계획과 목적을 가지고 계신다는 증거입니다. 이보다 더 명확한 증거는 없습니다.

세상을 향한 하나님의 큰 관심은 예수 그리스도께 이르러 한층 더 분명하게 나타납니다. "은혜와 진리는 예수 그리스도로 말미암아 온 것이라." 하나님은 아들을 친히 보내실 정도로 세상에 관심을 쏟으셨습니다. 이보다 더 큰 관심은 없습니다. "하나님이 세상을 이처럼 사랑하사 독생자를 주셨으니." 하나님과 함께 계셨던 말씀, 태초에 하나님과 함께 계셨던 성자 하나님이 육신이 되어 우리 가운데 거하신 것보다 더 놀라운 열은 없습니다. 말씀이 직접 인간의 무대에 등장해서 인간의 본성을 취하시고 우리와 같은 사람이 되셨습니다. 거듭 말하지만 이것은 하나님이 세상에 관심을 쏟으시며 세상을 염려하신다는 중대한 사실을 보여주는 사건입니다. 우리 그리스도인들이 항상 기억해야 할 점이 이것입니다.

사람들은 신문이나 세속 역사책을 읽으면서 말합니다. "아무 뜻도 없고 의미도 없어. 그저 모든 게 돌고 돌 뿐이지. 아니, 사실은 점점 더 나빠지고 있어." 그렇지 않습니다! 그렇게 말하는 자들에게 내놓을 대답은, 역사를 보되 그 너머까지 보라는 것입니다. 다른 역사, 하나님의 역사까지 보라는 것입니다. 그러면 세상을 향한 하나님의 관심을 확인해 줄 큰 계획과 목적이 선명하게 보인다는 것입니다. 이것은 기독교적 소망의 한 축을 이루는 교리입니다. 이 교리가 없으면 소망도 없습니다. 이 세상에 아무 소망도 없습니다. 세상은 지푸라기라도 잡으려 듭니다. 어리석게도 새해가 올 때마다 이런저런 결심을 하며, '새해에는 무언가 달라지겠지. 집권당이 바뀌면 뭐라도 달라지겠지' 기대합니다. 워낙 소망이 없고 절망적이다 보니 그런 지푸라기라도 잡으려 드는 것입니다. 세상이 이렇게 하는 것은 하나님이 세상에 관심을 쏟으신다는 이 교리를 모르기 때문입니다.

계속해서 살펴봅시다. 네 번째 전제 내지 원리는, 세상이 이러함에도 불구하고 하나님의 목적과 계획은 틀림없고 확실하게 이루어진다는 것입니다. 이것이 마지막 위로입니다. 들어 보십시오. "그가 세상에 계셨으며 세상은 그로 말미암아 지은 바 되었으되 세상이 그를 알지 못하였고 자기 땅에 오매 자기 백성이 영접하지 아니하였으나." 이것이 우리의 위로입니다.

"이것이 위로라구요? 사람들이 거부했다면서요?"라고 묻는 이가 있을 것입니다.

그렇습니다. 저는 이 사실에서 위로를 받습니다. 성경은 하나님이 아들을 통해 만물을 지으셨다고, 그 아들이 실제로 세상에 와서 사셨고 우리 가운데 거하셨다고 말합니다. "세상은 그로 말미암아 지은 바 되었으되 세상이 그를 알지 못하였고—마음을 파고드는 표현이 이제 나옵니다—자기 땅—자기 소유지, 자기 백성—에 오매 자기 백성이 영접하지 아니하였으나." 우리가 알아야 할 점이 이것입니다. 이 세상은 하나님의 것이었음에도 그를 알아보지 못했습니다. 하나님의 아들은 유대 민족을 찾아오셨고, 유대 민족으로 태어나셨습니다. 유대인으로 "다윗의 혈통에서" 나셨습니다(롬 1:3). 이처럼 자기 소유지, 자기 백성을 찾아오셨는데도 백성은 그를 능멸하고, 거부하고, 십자가에 못 박았습니다. 이것은 냉혹하지만 엄연한 사실입니다. 동시에 가장 큰 위로를 주는 사실이기도 합니다. 이처럼 자기 백성이 거부했음에도 불구하고 그는 세상에 오셨고, 지금도 세상에서 일하고 계십니다. 그리고 장차 다시 오실 것입니다.

구원은 우리 때문에 주시는 것이 아니라, 우리와 상관없이 주시는 것입니다. 행위로 의롭다 하심을 얻을 수 있다는 가르침이 결정적인 이단인 이유가 여기 있다고 저는 생각합니다. 자신이 그만큼 괜찮은 사람이기 때문에 하나님이 복을 주신다고 믿는 것보다 더 비기독교적인 생각은 없습니다. 새해 첫 주일 아침을 맞이하여 이런 생각은 말끔히 청산하기로 합시다. 자신이 괜찮은 사람이기 때문에 그리스도인이 되었다고 생각합니까? 아무에게도 해를 끼치지 않고 좋은 일을 많이 했기 때문에 복을 받는다고 생각합니까? 논의를 더 진전시키기 전에, 그런 사람이야말로 누구보다 그리스도인의 자리에서 멀리 떨어져 있는 자라는 점을 지적해야겠습니다. 그런 사람은 술주정뱅이나 창녀보다 더 소망이 없는 자입니다. 우리는 우리 모습과 상관없이 구원받습니다! 하나님의 아들이 "자기 땅"에 오셨는데도 "자기 백성"은 영접하지 않았습니다. 그렇다고 달라질 것은 전혀 없었습니다. 하나님의 계획은 계속 진행되었습니다.

그 예 또한 구약성경에서 쉽게 찾아볼 수 있습니다. 저 비참한 이스라엘 자손을 보십시오. 비참하다는 말 외에 달리 무슨 말을 할 수 있겠습니까? 오늘날 비참한 교회나 비참한 그리스도인들도 그들과 전혀 다를 바가 없습니다. 이스라엘 자손은 하나님의 백성이었습니다. 그런데도 무슨 짓을 했는지 보십시오. 그들은 원망하고 불평했습니다. 열국의 신들을 좇고 열국처럼 살고 싶어 했습니다. 항상 하나님을 대적하고 하나님의 계획을 방해했습니다. 하나님의 계획을 망칠 수 있는 모든 짓을 다 찾아서 했습니다. 그럼에도 불구하고 하나님은 아들을 세상에 보내셨습니다. 하나님의 계획은 그들의 상태에 좌우되지 않았습니다. 하나님은 그들과 상관없이, 그들의 반발이나 고집이나 한없는 어리석음과 상관없이 계획을 실행하셨습니다. 우리가 함께 살펴보고 있는 이 위대한 서문에 함축된 내용이 이것입니다. "자기 땅에 오매 자기 백성이 영접하지 아니하였으나."

어떤 이는 말할지 모릅니다. "그래, 다 끝난 거야. 하나님의 계획이고 뭐고 다 끝난 거라고. 그렇게 경이롭게 세상을 창조하셨지만 결국 다 망가져 버렸고, 그 망가진 세상에 아들까지 보내셨지만 아무 소용이 없었잖아? 결국 사람들이 거부해 버렸으니 말이야."

말도 안 되는 소리입니다! 하나님의 계획은 우리가 아닌 하나님께 달려 있습니다. 하나님은 인간의 어리석음과 상관없이, 인간의 무익함과 상관없이 자신의 계획을 이루어 나가십니다. 그 계획의 절차와 단계들을 보십시오. 한 치도 흔들림이 없습니다. 이것이 놀라운 점입니다. 하나님의 계획을 방해할 수 있는 것은 하나도 없습니다. 눈이 내리고 얼음이 언다고 해서, 선로가 고장 난다고 해서 중단되지 않습니다. 하나님이 보내시는 속달우편은 단 1초도 늦지 않고 정각에 도착합니다! 구약성경을 읽어 보십시오. 대홍수 이전의 상황이 어떠했는지 보십시오. 모든 것이 제멋대로 돌아가는 듯했습니다. 그러나 하나님은 때를 정해 놓고 계셨습니다. 정확히 언제 홍수를 보낼지 정해 놓고 계셨습니다. 그래서 노아에게 방주를 지으라고 하셨고, 정한 때가 오자 홍수를 보내셨습니다. 노아! 아브라함! 모세! 세례 요한! 이들은 모두 하나님이 정해 놓으신 정확한 때에 등장했습니다. 사람들이 듣고 받아들일 준비가 되었을 때 등장한 것이 아닙니다. 절대 아닙니다! 언제나 상황은 최악이었습니다. 모세를 보십시오. 그는 자기 백성이 애굽에서 종살이를 하던 한없이 절망적인 시기에 태어났습니다. 상황은 중요치 않습니다. 어떤 상황에서도 하나님의 계획은 이루어집니다. 하나님이 정해 놓으신 때에 정확하게 이루어집니다. 하나님과 하나님의 능력에서 비롯된 계획이기 때문에 한 치도 어김없이 이루어집니다.

다시 서문으로 돌아가서 읽을 말씀은 이것입니다. "하나님께로부터 보내심을 받은 사람이 있으니 그의 이름은 요한이라." 여기에서 주목을 끄는 것은 요한이 "보내심"을 받았다는 표현입니다. 누가복음 3장은 이렇게 시작됩니다.

디베료 황제가 통치한 지 열다섯 해 곧 본디오 빌라도가 유대의 총독으로, 헤롯이 갈릴리의 분봉 왕으로, 그 동생 빌립이 이두래와 드라고닛 지방의 분봉 왕으로, 루사니아가 아빌레네의 분봉 왕으로, 안나스와 가야바가 대제사장으로 있을 때에 하나님의 말씀이 빈 들에서 사가랴의 아들 요한에게 임한지라(눅 3:1-2).

"난 그런 이름들에는 관심이 없습니다. 내가 원하는 건 진리라고요. 그런 이름들이 나와 무슨 상관이 있습니까? 난 관심 없어요!"라고 말하는 똑똑한 이들이 있습니다.

여러분도 관심이 없습니까? 그렇다면 영적인 눈이 먼 것입니다. 여러분은 왜 이런 이름들이 성경에 기록되어 있다고 생각합니까? 이 이름들의 의의가 무엇이라고 생각합니까? 누가는 왜 이런 자들이 세상 곳곳을 다스리고 있을 때 하나님의 말씀이 세례 요한에게 임했다는 점을 굳이 밝히는 것일까요? 그 대답은 오직 한 가지로서, 어느 주석가가 완벽하게 설명한 바 있습니다. 그 주석가는 이 인명 목록에 열국의 운명을 손에 쥐고 있던 세상 최악의 불한당들이 망라되어 있다고 했습니다! 그런 시기에 말씀이 임한 것입니다. 세상이 발전하고 위대한 이상주의자와 도덕가들이 나라를 주도하던 시기에 임한 것이 아닙니다. 절대 아닙니다! 이런 불한당들이 세력을 잡고 있었을 때, 하나님이 자신의 종인 세례 요한에게 말씀을 보내셨습니다.

항상 그렇습니다. "말씀이 육신이 되어." 언제 말씀이 육신이 되셨습니까? "때가 차매" 육신이 되셨습니다(갈 4:4). 하나님은 항상 이렇게 일하십니다. 저는 여기에서 마지막 소망과 위안을 발견합니다. 세상을 위한 하나님의 큰 계획을 저지하고 좌절시키기 위해 세상과 육신과 마귀와 지옥이 온갖 짓을 다함에도 불구하고 그의 계획은 계속 진행됩니다. 마귀, 지옥, 인간과 상관없이 하나님의 아들은 세상에 오셨고, 그들과 상관없이 지금도 계속 일하고 계시며, 그들과 상관없이 장차 다시 오실 것입니다. 이 모든 사실을 깨달았던 사도 바울은 로마서 8장 끝에서 이렇게 말합니다. "내가 확신하노니 사망이나 생명이나 천사들이나 권세자들이나 현재 일이나 장래 일이나 능력이나 높음이나 깊음이나 다른 어떤 피조물이라도 우리를 우리 주 그리스도 예수 안에 있는 하나님의 사랑에서 끊을 수 없으리라"(롬 8:38-39). 그렇습니다. 우리와 상관없이, 이 세상과 상관없이, 하나님의 계획은 확실하고도 분명하게 이루어집니다. 세상이 무슨 짓을 해도 달라지지 않습니다. 하나님의 계획은 반드시 이루어집니다. 이 사실을 붙잡으십시오.

마지막으로 한마디만 더 하겠습니다. 이런 세상에 살고 있는 백성을 하나님이 어떻게 사랑하시며 어떻게 공급해 주시는지 보십시오. "율법은 모세로 말미암아 주어진 것이요 은혜와 진리는 예수 그리스도로 말미암아 온 것이라." 오, 이 은혜여! "말씀이 육신이 되어……우리가 그의 영광을 보니 아버지의 독생자의 영광이요 은혜와 진리가 충만하더라.……우리가 다 그의 충만한 데서 받으니 은혜 위에 은혜러라." 그렇습니다! 하나님은 자기 백성에게 은혜를 공급하십니다. 하나님이 사랑하는 아들 안에서 이미 하신 일을 볼 때 다른 일들도 해주실 것이 확실합니다. "본래 하나님을 본 사람이 없으되 아버지 품속에 있는 독생하신 하나님이 나타내셨느니라." 베들레헴에 나신 분은 영원하신 하나님의 아들이자 영원하신 말씀이었습니다. 하나님의 친아들, 사랑하시는 아들이었습니다.

저의 논지는 이것입니다. 하나님이 그 아들을 세상에 보내셨고, 아들은 우리를 위해 육신이 되셨습니다! 이것은 믿기 힘들 정도로 충격적이고 엄청난 사실입니다! 하나님이 우리를 위해, 우리의 유익을 위해, 우리의 복을 위해, 우리의 궁극적인 구원을 위해 아들을 세상에 보내셨습니다. 오직 그 이유 때문에 아들은 세상에 오셨습니다.

또는 이렇게 생각해 봅시다. 아들은 세상에서 "죄인들이 이같이 자기에게 거역한 일을 참으"셨습니다(히 12:3). 왜 참으셨습니까? 우리를 위해 참으셨습니다! 사복음서를 읽어 보십시오. 사람들이 그를 어떻게 대했는지 보십시오. 공격하고 조롱하고 야유하고 비웃고 불신했습니다. 오, 그가 견디신 일들을 보십시오! 그리고 기억하십시오. 그는 여러분을 위해, 저와 여러분을 위해, 우리의 구원을 위해, 우리를 불쌍히 여기시고 우리 연약함을 공감해 주시는 대제사장이 되기 위해 그 모든 일을 참으셨습니다. 장차 여러분에게 무슨 일이 닥칠지 어찌 알겠습니까? 버림받을 수도 있고, 매를 맞을 수도 있고, 오해를 살 수도 있고, 고초를 겪을 수도 있습니다. 언제 무슨 일이 닥칠지 모릅니다. 그러나 무슨 일이 닥치든 이 사실을 기억하십시오. 하나님의 아들은 여러분을 위해 그 모든 것을 참으셨습니다!

그뿐만이 아닙니다. 이 성찬상의 떡과 포도주가 일깨워 주듯이, 하나님의 아들은 십자가의 죽음으로 나아가셨습니다. 하나님이 그를 십자가로 보내셨습니다. "우리 모두의 죄악을 그에게 담당시키셨"습니다(사 53:6). 하나님이 직접 그를 치셨습니다. "우리로 하여금 그 안에서 하나님의 의가 되게" 하려고 "죄를 알지도 못하신 이를 우리를 대신하여 죄로" 삼으셨습니다(고후 5:21). "그리스도 안에 계시사 세상을 자기와 화목하게 하시며 그들의 죄를 그들에게 돌리지 아니"하셨습니다(고후 5:19). 여러분, 하나님이 그 모든 일을 하셨습니다. 바로 여러분을 위해 그렇게 하셨습니다!

그러므로 우리가 주장하는 바는 이것입니다. 위대한 사도 바울은 로마서에서 이 빛나는 주장을 했습니다. "우리가 원수 되었을 때에 그의 아들의 죽으심으로 말미암아 하나님과 화목하게 되었은즉 화목하게 된 자로서는 더욱 그의 살아나심으로 말미암아 구원을 받을 것이니라"(롬 5:10). 이것을 잘 알아야 합니다. 하나님이 아들을 아끼지 않고 죽음에 내주시면서 여러분을 위해 하신 그 일이야말로 자기 백성에게 모든 좋은 것을 아끼지 않고 주신다는 확고부동한 증거입니다. 여러분을 위해 하나님이 하실 수 있는 가장 큰 일—아들이 죄책을 지고 형벌을 받도록 내버려 두시는 일—도 하셨는데, 그보다 못한 자비나 은혜나 축복을 주시지 않을 리가 없습니다. 큰 일이 이루어졌으면 작은 일은 절로 따라오게 되어 있습니다. 하나님은 가장 큰 일을 하셨습니다. "자기 아들을 아끼지 아니하시고 우리 모든 사람을 위하여 내주신 이가 어찌 그 아들과 함께 모든 것을 주시지 않겠느냐?"(롬 8:32) 하나님은 우리의 위로, 행복, 평안, 기쁨, 안녕, 최종적인 영화榮化, 천국의 완성과 영원한 영광 가운데 얻을 충만한 구원에 필요한 모든 것을 주십니다.

이처럼 요한복음 서문에는 우리 신앙의 기본 전제들이 담겨 있습니다. 이 전제들을 붙잡고 절대 놓치지 맙시다. 무슨 일이 닥치든 이것을 기억합시다. 이것은 진리입니다. 하나님께 토대를 둔 영원한 진리입니다. 결코 우리를 실망시키지 않는 진리입니다. 이것이 새해를 맞이하는 방법이요, 불확실하고 알 수 없는 미래를 맞이하는 방법입니다. 예수 그리스도로 말미암아 자기 백성에게 은혜와 진리를 보내 주신 하나님을 찬양하십시오.

14

알다, 영접하다, 믿다

그가 세상에 계셨으며 세상은 그로 말미암아 지은 바 되었으되 세상이 그를 알지 못하였고 자기 땅에
오매 자기 백성이 영접하지 아니하였으나 영접하는 자 곧 그 이름을 믿는 자들에게는 하나님의 자녀
가 되는 권세를 주셨으니. **요 1:10-12**

이제 요한복음 1:10-12을 살펴보겠습니다. 오늘 아침에는 12절에
나오는 중대한 교리―우리에게 "하나님의 자녀가 되는 권세"를 주셨다
는 교리―대신, 본문에 나오는 세 단어를 고찰해 볼 생각입니다. 그
단어는 10절의 알다, 11절의 영접하다, 13절의 믿다로서, 주 예수 그
리스도와 우리의 관계를 묘사하는 데 사용된 말들입니다. 우리는
그리스도를 알고, 영접하고, 믿습니다.

　제가 왜 이 세 단어에 주의를 환기시키는지 설명해 보겠습니다.
우리가 한동안 요한복음 서문을 고찰한 이유는 요한을 감동시켜 이
복음서를 쓰게 만든 동기가 무엇인지 정확하게 알아보려는 데 있었
습니다. 요한은 20장 말미에서 이렇게 밝힙니다. "예수께서 제자들

앞에서 이 책에 기록되지 아니한 다른 표적도 많이 행하셨으나 오직 이것을 기록함은 너희로 예수께서 하나님의 아들 그리스도이심을 믿게 하려 함이요 또 너희로 믿고 그 이름을 힘입어 생명을 얻게 하려 함이니라"(요 20:30-31).

요한의 주된 관심사는 목회적인 데 있었습니다. 단순히 신학 논문 한 편을 쓰려는 데 있지 않았으며, 편지를 받는 이들의 정신을 계몽하려는 데 있지도 않았습니다. 그는 오직 이 복음서를 읽는 자들이 더 깊고 심오한 자리로 나아가게 되길, 즉 그리스도인의 삶을 누리게 되길 바랐습니다. 다시 말해서 확신의 문제에 관심이 있었던 것입니다.

어떤 의미에서 이것은 모든 신약성경에 해당되는 말이기도 합니다. 그 당시 복음은 말로 전파되었다는 점을 항상 첫 번째로 명심해야 합니다. 복음은 사람들의 입에서 입으로 전해졌습니다. 1세대 그리스도인들은 말을 통해 그리스도인이 되었습니다. 그 당시 사람들은 우리와 달리 신약성경 같은 문서를 접하지 못했습니다. 신약성경은 대부분 초대교회의 삶에 발생한 상황들 때문에 기록되었습니다. 거짓 가르침이 등장했고, 마귀가 혼란을 일으켰으며, 오류와 이단의 유혹이 있었습니다. 사실상 모든 성경은 신자들이 확신을 가지고 믿음에 굳게 설 수 있도록 돕기 위해 기록되었습니다. 복음서도 주로 불신자가 아닌 신자들을 위해, 즉 신자들이 이미 믿고 있는 바를 더 확실히 알도록 도와주기 위해 기록되었습니다. 누가는 복음서 서문에서 이 목적을 밝히고 있으며, 요한이나 마태나 마가도 같은 목적을 밝히고 있습니다.

앞서 보았듯이, 요한은 확실성과 확신이라는 문제에 특별한 관심을 기울이고 있습니다. 우리도 같은 목적으로 이 위대한 서문을 연구해 왔습니다. 제가 볼 때 이것은 의심할 여지가 없는 분명한 사실입니다. 이제 우리가 생각해 보아야 할 중대한 질문은 "오늘날 교회는 왜 대중을 복음 메시지로 이끌지 못하는가?"라는 것입니다. 사람들이 아무 관심 없이 교회 밖에 머무는 이유가 무엇입니까? 이에 대한 주된 대답은 오직 한 가지뿐이라는 것이 점점 더 분명해지고 있다고 저는 생각합니다. 사람들이 이처럼 교회 밖에 머무는 것은, 우리 그리스도인들이 세상에서 가장 놀랍고 훌륭한 진리를 가지고 있고, 믿고 있고, 붙잡고 있다는 인상을 주지 못하는 탓입니다. 우리가 기쁨과 평안의 원천을 가진 사람들로 보인다면, 인간의 전 존재를 경이와 놀라움과 전율로 가득 채워 줄 만한 무언가를 가진 사람들로 보인다면, 곤경에 빠진 불행한 세상은 즉시 주목할 것입니다. 다시 말해서 그리스도인들이 오히려 온갖 문제들과 이해하기 힘든 일들에 빠져서 허우적거리는 것처럼 보일 때가 너무나 많기 때문에 사람들이 계속 교회 밖에 머무는 것입니다. 실제로 교회 밖에 있는 사람들보다 그리스도인들이 훨씬 더 불행해 보일 때가 허다합니다. 세상은 교회를 불쌍한 자들의 집합소처럼 바라봅니다. 교회 자신은 생명과 기쁨과 행복이 있노라 주장하지만, 바깥사람들의 눈에는 비참한 삶이 신앙의 주된 결과물인 듯 보이는 것입니다. 이것은 당연히 경악할 만한 일이요, 변명의 여지 없는 심각한 죄입니다. 그러므로 우리의 가장 시급한 임무는 구원과 신앙과 소망에 대해 전적인 확신을 갖는 것이며 모든 면에서 흔들리지 않는 확실성을 확보하는 것이라고 저는 주장하는 바입니다. 요한이 복음서를 쓴 목적도 사람들을 확신의 자리로 인도하려는 데 있었고, 우리가 이 서문을 함께 연구하는 목적도 확신의 자리에 이르려는 데 있습니다. 우리는 학문적이고 신학적인 태도로 이 서문을 연구하거나 정신의 계몽을 위해 초연하고 객관적인 태도로 성경을 연구하는 것이 아니라는 사실, 그리스도인으로서 더욱 효율적이고 강력한 역할을 감당하기 위해, 이 시대의 어둠을 밝히는 하늘의 광명이 되기 위해, 무엇보다 우리가 "말할 수 없는 영광스러운 즐거움으로 기뻐"하는 사람들임을 세상에 보여주기 위해 성경을 연구하는 것이라는 사실을 명심하기 바랍니다.

요한이 이 목적을 위해 사용한 방법은 무엇일까요? 서둘러 상기시켜 보겠습니다. 그는 우리가 분명히 알아야 할 원리가 몇 가지 있다고 말합니다. 가장 먼저 알아야 할 것은 이 세상의 어둠입니다. 악의 힘, 마귀의 힘, 지옥의 힘이 있다는 것을 조금이라도 의심하는 자는 마귀가 언제 어디서든 마음껏 사용할 수 있도록 자발적으로 붙잡혀 있는 포로이자 먹잇감이라 해도 과언이 아닙니다. 그리스도인은 무엇보다 자신이 이렇게 어두운 세상에 살고 있다는 사실부터 알아야 합니다. 바울은 에베소서 마지막 장에서 이것을 아주 완벽하게 알려 주고 있습니다. "우리의 씨름은 혈과 육을 상대하는 것이 아니요 통치자들과 권세들과 이 어둠의 세상 주관자들과 하늘에 있는 악의 영들을 상대함이라"(엡 6:12). 이 사실부터 분명히 알아야 합니다.

그 다음으로 분명히 알아야 할 것은 모세를 통해 주신 율법입니다. 우리는 '구원이 무슨 일을 해주는지 제대로 모르는 탓에 기쁨과 확신을 누리지 못하는 이들이 많다'는 사실을 살펴보고자 했고, 저는 그 의도대로 잘 살펴보았다고 생각합니다. 그들은 이미 구원을 받아 그리스도인으로 인정받는 자들입니다. 그런데도 깊이와 능력과 일관성과 기쁨이 없는 것은 자신들이 무엇으로부터 구원을 받았는지 제대로 모르기 때문입니다. 자기 자신과 관련하여 어떤 구원을 받았는지 제대로 모르기 때문이며, 율법과 자신의 관계 및 마지막 심판과 자신의 관계라는 측면에서 어떤 구원을 받았는지 제대로 모르기 때문입니다. '율법의 일'이 철저히 이루어질수록 주님과 그의 구원을 자랑하는 마음이 커지게 마련이며 행복과 기쁨 또한 커지게 마련입니다.

스위트피를 잘 길러 원예 전시회 일등상을 받은 사람이 있었습니다. 비결이 무엇이냐는 저의 질문에 그는 이렇게 대답했습니다. "아, 그 비결은 이겁니다. 줄기를 높고 길게 키우고 꽃을 멋지게 피우려면 그만큼 뿌리를 깊이 내리게 해야 합니다. 그런데 사람들은 땅을 충분히 깊게 파질 않아요. 참호를 파듯 깊이 파야 하는데 말이지요. 높이 올리고 싶은 만큼 깊이 파야 합니다." 참으로 맞는 말입니다! 그리스도인의 삶도 마찬가지입니다. 율법은 우리 속을 깊이 파 내려갑니다. 그리하여 우리가 하나님 앞에 얼마나 심각한 죄인인지, 얼마나 비참하고 공허한 존재인지 폭로합니다.

주님이 바리새인 시몬의 집에 가셨을 때, 한 여자가 들어와 주님의 발을 눈물로 씻고 머리털로 닦았습니다. 여자가 이런 짓을 하도록 내버려 두시는 것을 보고 놀라는 바리새인에게 주님은 말씀하셨습니다. "사함을 받은 일이 적은 자는 적게 사랑하느니라"(눅 7:47). 이것은 죄를 더 많이 지으라는 말이 아닙니다. 자기 죄의 깊이와 죄 사함의 필요성을 절실히 깨달을수록 주님을 향한 사랑과 기쁨이 커진다는 말입니다. 그러므로 율법의 일에 대해 분명히 알아야 하며, 율법 아래 태어난 인간이 어떤 위치에 있는지 분명히 알아야 합니다. "율법은 모세로 말미암아 주어진 것이요 은혜와 진리는 예수 그리스도로 말미암아 온 것이라."

지난번에는 그리스도인이 항상 굳게 확신해야 할 중대한 기본 전제들이 있다는 점, 그 전제들을 분명히 알아야 세상에서 무슨 일을 겪고 어떤 실망을 경험하며 어떤 불리한 상황에 처해도 즉각적으로 신앙에 회의와 의구심을 품지 않는다는 점, "과연 하나님의 말씀이 맞는 걸까? 내가 정말 그리스도인이 맞는 걸까?" 하고 의심하지 않는다는 점을 살펴보았습니다. 그렇습니다! 그리스도인이 절대 이의를 제기하지 않는 전제들이 있습니다. 확실하게 붙잡는 전제들이 있습니다. 자명한 진리들이 있습니다. 그리스도인의 확신과 자신감은 그 진리에서 나옵니다.

다음 주제를 살펴봅시다. 여러 면에서 당연히 가장 중요한 주제는 주 예수 그리스도와 우리의 관계입니다. 그리스도인은 하나님만 믿는 것이 아닙니다. 물론 하나님을 믿지만, 또한 그리스도를 믿습니다. 주님이 요한복음 뒷부분에서 친히 말씀하신 것과 같습니다. "하나님을 믿으니 또 나를 믿으라"(요 14:1). 다시 말해서 그리스도인들은 구약 시대에 유대인들이 가졌던 확신보다 훨씬 더 큰 확신을 가져야 할 사람들입니다. 유대인들은 확신을 가지고 있었습니다. 지식을 가지고 있었습니다. 아브라함은 모든 것이 어려운 상황 속에서도 하나님을 믿었습니다. 바랄 수 없는 중에 바랐습니다. 확신했습니다. 말씀을 믿었습니다. "믿음이 없어 하나님의 약속을 의심하지 않고 믿음으로 견고하여져서 하나님께 영광을 돌리며"(롬 4:20). "갈 바"를 몰랐지만 누가 동행해 주시는지 분명히 알고 떠났던 아브라함처럼(히 11:8), 구약성경에 나오는 다른 믿음의 인물들도 모든 것을 버리고 고향을 떠났습니다. 그들은 확신을 가지고 있었습니다. 그런데 우리의 주장은, 하나님의 아들이시요 우리 주와 구주 되신 복되신 예수 그리스도를 통해, 그리스도 안에서 이루어진 일로 인해 우리는 그들보다 무한히 더 큰 확신을 가져야 한다는 것입니다.

그리스도인이 확신을 갖는 첫 단계는 주 예수 그리스도와 자신의 관계를 확인해 보는 것입니다. 저는 목회적 차원에서 이 점을 설명하고 싶습니다. 목회하는 내내 교인들이 저를 찾아와 물었던 것이 바로 그리스도인의 삶에 마땅히 있어야 할 행복과 확신의 문제였습니다. 그들은 "다른 그리스도인들이 다 누리는 것을 저는 누리지 못하는 것 같아요"라고 했습니다. 그리스도인인데도 그에 합당한 기쁨과 확신이 없다는 것입니다. 자신감이 없다는 것입니다. 기쁨과 확신을 얻고자 노력했지만 얻지 못했다는 것입니다. 그런데 제가 살펴보면 출발점 자체가 잘못된 경우가 많았습니다. 처음부터 출발해야 하는데 중간에서 출발해 버린 것입니다.

우리가 다루고 있는 요한복음 서문은 처음부터 출발하게 해줍니다. 다 된 줄 알고 단계를 건너뛸 위험이 늘 있습니다. 우리처럼 교회와 기독교 가정과 기독교 전통에서 성장한 사람들은 특히 더 그렇습니다. 그리스도인이 아닌데 그리스도인이라고 가정해 버릴 무서운 위험성이 있습니다. 기초를 다지지 않으면 건물을 세울 수 없는 것이 당연합니다. 다른 예를 들자면, 개울이 오염되었을 때 가장 먼저 조사해야 할 것은 수원지의 오염 상태입니다. 물을 정화하겠다고 하류에 약품을 투입하는 것은 시간과 돈과 에너지의 낭비일 뿐입니다. 마찬가지로 그리스도인을 자처하지만 자신이 무엇을 믿는지도 모르고 그리스도를 믿는다는 말의 의미도 모르는 사람이 있을 때, 출발점부터 점검해 보지 않고 다른 개선책을 강구하는 것은 무익한 짓입니다.

거듭 말하지만, 막연한 가정에 따라 행동하면 안 됩니다. 자기점검은 그리스도인의 변함없는 의무입니다. 사도 바울은 고린도 교인들에게 "너희는 믿음 안에 있는가 너희 자신을 시험하고 너희 자신을 확증하라"라고 했습니다(고후 13:5). 혼란에 빠져 있던 고린도 교회에 그가 말한 요지는 이것입니다. "자, 처음으로 돌아가 보자. 출발점에 무슨 문제가 없는지 확인해 보자." 1963년이 시작된 지 불과 얼마 되지 않은 이 새해 벽두에* 자신의 위치를 점검해 보는 것은 아주 유익하고 올바른 일이라고 저는 말하고 싶습니다. 무언가 잘못된 것 같다면, 만족스럽지도 않고 행복하지도 않다면, 남들은 다 기독 신앙에서 무언가를 얻는데 자신만 얻지 못하는 것 같다면, 출발점부터 다시 점검해 보아야 합니다.

* 이 설교는 1963년 1월 13일에 전해졌다.

여러분도 이와 관련된 예들을 무수히 알 것입니다. 차가 갑자기 멈추어 서서 꼼짝도 하지 않을 때 정비사들이 하는 말이 무엇입니까? "연료 계통을 살펴보세요. 기름이 있나요? 그것부터 확인하세요. 카뷰레터도 보시고요. 문제가 뭐든 간에 그것부터 확인해야 합니다. 그리고 전기 계통을 보십시오. 모든 게 꽉 조여져 있나요? 연결이 풀린 데는 없습니까? 아주 단순하고 사소한 고장일 수 있어요. 기본적인 문제부터 확인하고 큰 문제로 넘어가야 합니다." 사실 저도 아주 기본적인 실수를 한 적이 있습니다. 차가 멈추면 가장 먼저 연료 탱크에 기름이 있는지부터 확인해야 합니다! 처음부터 차근차근 살펴보아야 합니다. 운전을 하는 분들은 제 말이 무슨 뜻인지 알 것입니다. 세세한 부분을 들여다보며 씨름하다가 전문가를 불러 보면, 의외로 간단하고 기초적이고 일차적인 데 문제의 원인이 있는 경우가 많습니다. 그런 기본적인 생각조차 못했다는 것이 낯 뜨거울 정도입니다. 그리스도인의 삶도 마찬가지입니다. 거듭 말하지만, 처음으로 돌아가야 합니다. 어떤 것도 쉽게 가정해 버리지 말아야 합니다. 요한은 서문에서 처음부터 출발하게 만들고 있습니다. 우선되는 원리들과 기본적인 전제들부터 되짚어 보고 있습니다.

감정에서 출발하면 안 됩니다. 물론 감정을 점검해야 할 때도 있지만, 감정을 출발점으로 삼으면 안 됩니다. 제 지인들 중에도 자신이 무엇을 믿는지 모르는 것이 문제인데도, 엉뚱하게 특정한 감정을 느껴 보고자 수년씩 애를 쓰는 이들이 있습니다. 감정은 다른 무언가에 수반되는 결과물입니다. 그런데 감정 자체를 출발점으로 삼으면 결국 시간을 낭비하게 됩니다.

성령의 열매를 통해 삶을 점검하는 일을 먼저 해서도 안 됩니다. 물론 그 일 자체는 아주 유익한 것입니다. 그리스도인은 자신에게 성령의 열매가 있는지 살펴봄으로써 확신을 얻을 수 있습니다. 요한도 첫 번째 서신에서 이렇게 말합니다. "우리는 형제를 사랑함으로 사망에서 옮겨 생명으로 들어간 줄을 알거니와"(요일 3:14). 예컨대 그의 계명들이 "무거운 것"이 아님을 경험한 사람은 자신이 그리스도인임을 확신할 수 있습니다(요일 5:3). 그러나 그 자체를 출발점으로 삼으면 안 됩니다. 기초가 잘못된 상태에서 성령의 증거를 찾아 봐야 소용이 없습니다. 성령의 증거는 처음이 아니라 마지막에 확인해야 합니다.

그러면 어디에서 출발해야 할까요? 바로 이분, 주 예수 그리스도에게서 출발해야 합니다. 그리스도와 자신의 관계에서 출발해야 합니다. 그 관계가 제대로 되어 있는지부터 분명하게 확인해야 합니다. 요한은 다음과 같이 이 일을 도와줍니다. 그는 서문에서 주 예수 그리스도가 처음부터 인류를 둘로 갈라놓으셨다고 말합니다. 필연적으로 그럴 수밖에 없다는 것을 주님도 친히 지적하신 바 있습니다. "내가 세상에 화평을 주러 온 줄로 생각하지 말라. 화평이 아니요 검을 주러 왔노라"(마 10:34). 주님은 태어나실 때부터 검의 역할을 하셨습니다. 헤롯왕과 동방의 박사들을 갈라놓으셨습니다. 그를 제거하려는 자들과 예배하려는 자들을 갈라놓으셨습니다.

복음서에 나오는 주 예수 그리스도의 생애를 읽어 보면, 주님이 항상 분열의 원인이 되셨던 것을 알 수 있습니다. 모든 것을 버리고 그를 따르는 자들이 있었는가 하면 등지는 자들이 있었고, 돌로 치려 하는 자들이 있었는가 하면 눈물로 발을 씻고 머리털로 닦는 자들이 있었습니다. 이처럼 주님은 분열시키십니다! 놀랍지만 엄연한 사실입니다. 그 후로 오늘날에 이르기까지 주님은 계속 분열을 일으키셨습니다. 세상을 둘로 갈라놓으셨습니다. 그리스도인과 비그리스도인으로 갈라놓으셨습니다. 이처럼 요한이 제시하는 주된 시금석들에 비추어 자신을 점검해 보는 일이 아주 중요합니다.

믿음의 기초를 점검해 보는 일이 아주 중요한 이유가 또 있습니다. 복음 메시지는 주 예수 그리스도야말로 기독 신앙의 절대적인 중심이라고 말합니다. 주님은 "나로 말미암지 않고는 아버지께로 올 자가 없느니라"라고 하셨습니다(요 14:6). 요한복음 서문도 "만물이 그로 말미암아 지은 바 되었으니 지은 것이 하나도 그가 없이는 된 것이 없느니라"라고 말합니다. 주님을 떠나서는 하나님을 제대로 알 수가 없습니다. "본래 하나님을 본 사람이 없으되 아버지 품속에 있는 독생하신 하나님이 나타내셨느니라." 이 일은 오직 주님께 달려 있습니다. 그렇기 때문에 주님과 우리의 관계를 살펴볼 때 어떤 부분도 당연시하고 건너뛰어서는 안 됩니다. 우리는 그리스도를 통해 하나님께 나아갑니다. 하나님의 모든 복은 그를 통해, 그로 말미암아 오게 되어 있습니다. 주 예수 그리스도 안에 쌓여 있는 지혜와 은혜와 지식의 모든 보화를 성령이 우리에게 전해 주십니다. 그러므로 그리스도와 우리의 관계를 분명히 확인해 보는 것보다 중요하고 시급하며 긴요한 일은 없는 것이 확실합니다.

요한은 주 예수 그리스도와 참된 그리스도인의 관계에 나타나는 세 가지 특징을 알려 줍니다. 첫째는, 그리스도를 아는 것입니다.

10절은 반대의 측면에서 이 점을 밝히고 있습니다. "그가 세상에 계셨으며 세상은 그로 말미암아 지은 바 되었으되 세상이 그를 알지 못하였고." 이것이 첫 단계입니다. 가장 낮은 단계라고 해도 좋습니다. 주님이 이 세상, 자기 세상, 친히 만든 세상에 오셔서 자기 백성들 틈에 사셨는데도 세상은 그를 알지 못했습니다. 바리새인과 서기관과 사두개인들이 주님을 어떻게 대했는지 살펴보면 이 점을 확인할 수 있습니다. 그들은 주님을 알지 못했습니다. 사도 바울은 "이 세대의 통치자들"이 다 알지 못했다고 말합니다. "이 지혜는 이 세대의 통치자들이 한 사람도 알지 못하였나니 만일 알았더라면 영광의 주를 십자가에 못 박지 아니하였으리라"(고전 2:8).

'알다'라는 말의 첫 번째 의미는 알아본다는 것, 누구인지 알아본다는 것입니다. 물론 유대의 종교 당국자들은 이 점에서 전부 참담하게 실패했습니다. 그들은 주님을 보면서 "이자가 누구냐?"라고 했습니다. 한 인간, 한 남자로만 보면서 "이자, 이 목수는 대체 누구냐?"라고 했습니다. "이 사람은 배우지 아니하였거늘 어떻게 글을 아느냐?"라고 했습니다(요 7:15). "이자가 하나님을 모독한다"라고 했습니다. 정말 이상하게도 하나님의 아들, "육신이 되어 우리 가운데" 거하시는 말씀을 뻔히 눈으로 보면서 이렇게 말한 것입니다. 그들은 주님을 알아보지 못했습니다. 반면에, 요한은 주님을 보면서—동일인물을 보면서—"우리가 그의 영광을 보니 아버지의 독생자의 영광이요 은혜와 진리가 충만하더라"라고 했습니다.

이처럼 '알다'라는 단어에는 알아보는 일이 포함되어 있습니다. 물론 이것은 아주 기본적이고 기초적인 요소입니다. 오늘날 세상에는—안타깝지만 교회 안에도—늘 '예수'만 이야기하는 자들이 많이 있습니다. 그들을 잘 보십시오. '주 예수 그리스도'라고 부르는 경우가 거의 없습니다. 항상 '그리스도'가 아니라 '예수'라고 부르며, '구주'가 아니라 '스승'이라고 부릅니다. 대체 왜 그럴까요? 자, 궁극적으로 그들이 믿는 대상은 예수라는 한 인간이기 때문입니다. 그들에게 예수는 위대한 선생에 불과합니다. 그들은 하나님의 아들, 육신이 되신 말씀 앞에 놀라움을 느끼지 않습니다. 그렇습니다. 그들의 주된 관심은 갈릴리에 살았던 나사렛 예수라는 선생에게 집중되어 있습니다. 이것이 주님에 대한 세상의 전반적인 태도입니다. 그 이상 나아가지 못합니다. 그것이 고작입니다. 그들은 주님을 알지 못합니다. 그가 참으로 영원하신 하나님의 아들이라는 사실을 알지 못합니다. 성육신이 얼마나 불가사의하고 기이한 사건인지 알지 못합니다. 주님을 알아보지 못합니다. 믿지 않는 세상은 눈이 멀어 있습니다. 사도 바울은 이 점을 아주 명확하게 지적했습니다. "만일 우리의 복음이 가리었으면 망하는 자들에게 가리어진 것이라. 그중에 이 세상의 신이 믿지 아니하는 자들의 마음을 혼미하게 하여 그리스도의 영광의 복음의 광채가 비치지 못하게 함이니 그리스도는 하나님의 형상이니라"(고후 4:3-4). 믿지 않는 자들은 그리스도를 알지 못합니다.

'알다'라는 말에는 이처럼 알아본다는 의미뿐 아니라 인정한다는 의미도 담겨 있습니다. 안다는 것은 이 영광에 대해, 그가 누구신지에 대해, 성육신의 비밀과 경건의 비밀—"육신으로 나타난 바" 되신 하나님(딤전 3:16)—에 대해 안다는 뜻일 뿐 아니라 그것을 인정하고 놀라움과 경이감에 사로잡힌다는 뜻입니다. 성경에 흔히 나오는 용례에서 볼 수 있듯이, '알다'라는 말에는 이처럼 더 풍부한 의미가 함축되어 있습니다. 하나님이 이스라엘 자손에게 "내가 땅의 모든 족속 가운데 너희만을 알았나니"라고 말씀하신 것은 단순히 그들의 존재를 아신다는 뜻이 아니었습니다. 오, 그들을 친밀하게 아시고 그들에게 관심을 쏟으시며 염려하신다는 뜻이었습니다. 서문에 나오는 '알다'라는 말도 마찬가지입니다.

안다는 것은 단지 복음서나 신앙서적 몇 권을 통해 '나사렛 예수'에 대한 일정한 사실들을 읽고, 초연하고 지적인 태도로 그 내용을 숙지한다는 뜻이 아닙니다. 오, 안다는 것은 그 이상을 의미합니다. 인정하는 것, 알아보았기에 인정하는 것을 의미합니다. "아, 이런 일들이 있었구나. 하나님이 독생자를 보내셨구나. 그 아들이 세상에 살면서 이런 일들을 하셨구나" 하며 놀라워하고 기이히 여기는 것입니다. 그를 아는 자들은 삶의 주된 관심을 그에게 집중시키게 되어 있습니다. "말씀이 육신이 되어 우리 가운데" 거하셨다는 사실, 하나님의 영원하신 아들이 죄 있는 육신의 모양을 입고 시간의 세계 속에 오셨다는 사실이 그들의 일거수일투족에 영향을 끼치게 되어 있습니다.

이 첫 단어에 대한 고찰을 마치면서 한 가지 묻겠습니다. 여러분은 그를 알고 있습니까? 그를 알기에 모든 사고의 중심이 그에게 맞추어져 있습니까? 그를 알기에 주일뿐 아니라 날마다 그를 생각하고 있습니까? 그가 삶 전체의 토대가 되시며 삶의 방향을 결정하십니까? "그가 세상에 계셨으며 세상은 그로 말미암아 지은 바 되었으되 세상이 그를 알지 못하였고." 세상은 그가 오신 것을 알지 못했습니다. 오신 분이 누구신지 알지 못했습니다. 설사 주 예수 그리스도가 인간 역사에서 사라진다고 해도 아무렇지 않을 사람들이 오늘날 많이 있습니다. 그들은 실제로 그를 알지 못하는 것이며, 알아보지 못하는 것입니다. 하나님의 아들이 오셔서 우리 가운데 거하셨다는 사실이 그들의 삶에는 아무런 영향도 끼치지 않습니다.

첫 번째 단어는 여기까지 살펴보고, 이제 두 번째 단어로 넘어가겠습니다. 두 번째 단어는 '영접하다'입니다. "자기 땅에―자기 백성에게―오매 자기 백성이 영접하지 아니하였으나 영접하는 자……." 이것은 '알다'보다 더 경험적인 단어입니다. 앞서 설명했듯이 '알다'라는 단어에도 경험적인 요소가 있습니다만, '영접하다'라는 단어는 거기에서 한 단계 더 나아갑니다. 여기에서 영접한다는 것은 환영한다는 뜻입니다. 반가운 마음을 표현한다는 뜻입니다. 누가 문을 두드려서 나가보니 친한 친구가 와 있습니다. 여러분은 반색하며 어서 들어오라고 재촉합니다. 단지 친구를 알기만 하는 것이 아니라, 알아보고 인정하기만 하는 것이 아니라, 영접하는 것입니다. 반색하며 열렬히 환영하는 것입니다.

이처럼 '영접하다'라는 말은 우리를 한 단계 더 진전시킵니다. 성경은 "귀신들도 믿고" 떤다고 말합니다(약 2:19). 주님이 이 땅에 계실 때 많은 귀신들이 그를 알아보았습니다. "나는 당신이 누구인 줄 아노니 하나님의 거룩한 자니이다"(눅 4:34). 귀신들은 이처럼 그를 알아보았고 그가 누구신지 알았지만 영접하지는 않았습니다. 바리새인과 그 비슷한 무리들의 이야기를 읽어 보면 주님을 알아보지 못했을 뿐 아니라 오히려 분개했던 것을 명백히 알 수 있습니다.

이것은 영접하는 것과 반대되는 태도입니다. 그들은 주님이 백성을 가르치신다는 사실에 분개했습니다. 주님은 교육받은 바리새인이 아니었습니다. 소속된 학파가 없었습니다. 자신들의 부류가 아니었습니다. 그들은 이 건방진 자가 대체 누구냐고 했습니다. 주님의 가르침을 못마땅해하고 불쾌해했습니다. 지나치게 건방지다고 생각했습니다. 자신들을 죄인 취급하는 것에 심히 분개했습니다.

자, 이 점이 아주 중요합니다. 스스로 주 예수 그리스도를 믿는다고, 그를 알고 인정한다고, 그를 영접했다고 생각하는 이들이 있습니다. 그러나 그의 말씀을 정확히 알려 주면서 그 가르침의 진정한 의미와 핵심을 설명해 주면 화를 냅니다. "그리스도인이 되려면 거듭나야 합니다"라고 하면 "내가 왜 거듭나야 합니까? 난 잘못한 적이 없습니다. 아무도 해친 적이 없어요. 심한 죄를 짓고 산 사람한테 큰 변화가 필요하다고 말한다면 이해하겠지만 나 같은 사람한테 그런 말을 하다니……!" 하며 불쾌해합니다. 이렇게 반응하는 사람은 주 예수 그리스도를 영접하지 않는 것입니다. 그리스도를 거부하는 것입니다.

"인자가 온 것은 잃어버린 자를 찾아 구원하려 함이니라"(눅 19:10), "나는 의인을 부르러 온 것이 아니요 죄인을 부르러 왔노라"(막 2:17)라는 주님의 말씀을 읽을 때, 또는 그가 세리와 죄인들을 영접하시는 장면을 볼 때 여러분이 보이는 반응은 무엇입니까? 우리는 항상 자신이 그리스도를 알아본 것으로 가정하며 영접한 것으로 가정합니다. 그러나 정말 그렇습니까? 여기에서 문제가 미묘해집니다. 그리스도를 영접한다는 것은 그와 관련된 모든 것을 받아들인다는 뜻입니다. 그의 모든 가르침과 거기 함축된 모든 의미를 받아들인다는 뜻입니다. 악하고 저주받아 아무 소망 없는 자신을 구원해 줄 것은 세상 어디에도 없다는 사실, 그렇기 때문에 그리스도가 십자가에서 죽으셔야만 했다는 사실을 진정으로 믿는다는 뜻입니다. 그것을 믿는 자는 사도 바울처럼 "미쁘다, 모든 사람이 받을 만한 이 말이여. 그리스도 예수께서 죄인을 구원하시려고 세상에 임하셨다 하였도다. 죄인 중에 내가 괴수니라"라고 고백하게 됩니다(딤전 1:15). 이것이 그리스도를 영접한다는 말에 담긴 의미입니다.

이것은 아주 중대한 문제입니다. 얼마나 중대한지 알려 드리겠습니다. 서문은 세례 요한에 대해 이렇게 말합니다. "하나님께로부터 보내심을 받은 사람이 있으니 그의 이름은 요한이라. 그가 증언하러 왔으니 곧 빛에 대하여 증언하고 모든 사람이 자기로 말미암아 믿게 하려 함이라." 요한은 그리스도에 관해 아주 놀라운 증언을 했습니다. 1장 뒷부분에는 요한이 "보라, 세상 죄를 지고 가는 하나님의 어린양이로다"라고 외치는 장면이 나옵니다(요 1:29). 자, 이것을 보면 그가 그리스도를 알았을 뿐 아니라 영접했다고 추론할 만하지 않습니까? 그런데 마태복음 11장 서두에 기록된 내용은 이것입니다. "요한이 옥에서 그리스도께서 하신 일을 듣고 제자들을 보내어 예수께 여짜오되 오실 그이가 당신이오니이까? 우리가 다른 이를 기다리오리이까?"(마 11:2-3)

대체 무슨 문제가 있었던 것일까요? 오, 제가 말씀드리겠습니다. 거의 여섯 달 동안이나 옥에 갇혀 있던 불쌍한 요한은 아프고 춥고 지치고 피곤했습니다. 그가 두 제자를 보내 이런 질문을 한 이유가 무엇입니까? 주님에 대한 확신이 조금씩 흔들리기 시작했기 때문입니다. 왜 확신이 흔들렸을까요? 자신이 기대했던 일을 하시지 않았기 때문입니다. 결국 요한도 유대인이었습니다. 메시아가 위대한 왕으로 와서 큰 군대를 소집하여 로마인들을 몰아내시고, 이스라엘을 세상 최고의 나라로 다시 세우실 것이라는 유대인의 생각을 그도 어느 정도 갖고 있었습니다. 하나님의 나라를 물리적인 것으로 생각했고, 유대 민족이 왕과 함께 승리의 행렬 맨 앞에 설 것을 기대했습니다. 그런데 주님은 그런 일을 하시지 않았습니다. 오히려 갈릴리에서 많은 시간을 보내셨습니다. 예루살렘에 올라가 왕으로 나서시지 않았습니다. 지극히 평범한 자들과 어울리며 기적을 행하셨습니다. 주님이 요한에게 보내신 대답은 이것입니다.

너희가 가서 듣고 보는 것을 요한에게 알리되 "맹인이 보며 못 걷는 사람이 걸으며 나병환자가 깨끗함을 받으며 못 듣는 자가 들으며 죽은 자가 살아나며 가난한 자에게 복음이 전파된다" 하라. 누구든지 나로 말미암아 실족하지 아니하는 자는 복이 있도다(마 11:4-6).

이 말은 "내가 하는 일이나 내가 하지 않는 일 때문에, 내가 하는 말이나 내가 하지 않는 말 때문에 네 마음이 상할 수 있다"라는 뜻입니다. 주님을 있는 모습 그대로 받아들이라는 것입니다! 주님을 영접한다는 것은 그의 모든 말씀을 믿을 뿐 아니라 그의 모든 말씀을 기뻐하는 것입니다.

신약성경은 그리스도의 십자가가 많은 이들에게 거리끼는 것이었다고 말합니다. "유대인에게는 거리끼는 것이요……"(고전 1:23). 메시아가 십자가에 못 박히다니! 그것은 도저히 있을 수 없는 일이었습니다! 위대한 구원자요 강력한 왕인 메시아가 어째서 사형대에 못 박힌단 말입니까? 그것은 유대인들에게 걸림돌이었습니다! 처음에는 그들도 분명히 주님께 관심을 가졌습니다. "이 사람은 아주 특별하게 말하는걸. 게다가 이 사람이 하는 일들을 봐! 그런데 갑자기 십자가라니!"

또 헬라인들이 볼 때 그의 죽음은 순전히 어리석은 것이요 "미련한 것"이었습니다(고전 1:23). 구원은 나무에 달려 죽는 사건으로 이루어지는 것이 아니라 철학과 사상으로 이루어진다는 것이 그들의 주장이었습니다! 십자가의 죽음으로 구원받는다는 것은 터무니없는 헛소리에 불과했습니다. 지적인 철학자들은 지금도 십자가를 헛소리로 치부하며 비웃습니다. 예수를 선생으로 존경하기는 하지만 영접하지는 않습니다. 그의 죽음을 받아들이지 않습니다. 그 죽음에 대한 예수의 설명을 받아들이지 않습니다. 그의 부활을 받아들이지 않습니다. 부활을 믿지 않습니다. 그런 일은 있을 수 없다고 말합니다.

영접한다는 것은 알아보고 인정한다는 의미에서 그리스도를 알뿐 아니라 그가 하신 모든 일을 받아들인다는 뜻이며, 하나님의 아들이 오셔서 그 모든 일을 하셨다는 사실을 기뻐한다는 뜻입니다. 여러분은 왜 그를 영접했습니까? 대답은 한 가지입니다. 자신에게 그리스도가 절실히 필요함을 깨달았기 때문입니다. 자신의 연약함과 공허함과 죄를 깨달은 사람은 주님을 있는 그대로 받아들입니다. "그리스도야말로 내가 원하는 분이다. 누군가 날 위해 죽어야 하고 누군가

내게 힘과 능력을 주어야 하는데, 그리스도가 바로 그렇게 하셨다"라
고 고백합니다. 그리스도를 영접합니다. 단순히 그를 알고 알아보는
데서 더 나아가 그를 영접합니다. 그리고 다음과 같이 고백합니다.

내가 주께로
지금 가오니
골고다의 보혈로
날 씻어 주소서.*
　　　―루이스 하트소우Lewis Hartsough

이것이 영접하는 것입니다!

이것은 그 다음 단어로 연결됩니다. "영접하는 자 곧 그 이름을
믿는 자들에게는 하나님의 자녀가 되는 권세를 주셨으니." 요한은
아무렇게나 이 단어들을 쓴 것이 아닙니다. 단순히 다양한 단어들
을 동원하려고 처음에는 '알다'라는 말을, 다음에는 '영접하다'라는
말을, 마지막에는 '믿다'라는 말을 쓴 것이 아닙니다. 그의 관심은
문체에 있지 않았습니다. 실제로 그는 그리 훌륭한 문장가가 아니
었습니다. 그의 관심은 진리에 있었습니다. 그래서 각각 다른 진리
를 가리키기 위해 이 세 단어를 사용했습니다. "그 이름을 믿는 자
들"이라는 말은 우리를 한 단계 더 진전시킵니다. 처음부터 사도들
이 전한 중대한 메시지가 바로 이것이었습니다. 오순절 날 베드로

* 찬송가 186장 후렴.

340

의 설교를 들은 사람들은 소리쳤습니다. "형제들아, 우리가 어찌할 꼬?" 그러자 베드로는 대답했습니다. "너희가 회개하여 각각 예수 그리스도의 이름으로 세례를 받고 죄 사함을 받으라"(행 2:37-38). 바로 이것입니다!

여행 중에 전도자 빌립을 만난 에디오피아 내시도 마찬가지였습니다. 내시는 복음에 대한 설명을 듣고, 바로 믿었습니다. 그는 "보라, 물이 있으니 내가 세례를 받음에 무슨 거리낌이 있느냐?"라고 했고, 빌립이 "네가 마음을 온전히 하여 믿으면 가하니라"라고 하자, "내가 예수 그리스도께서 하나님의 아들인 줄 믿노라"라고 고백했습니다(행 8:36-37). 이것이 그 이름을 믿는 것입니다. 빌립보 간수도 마찬가지였습니다. 그는 "선생들이여, 내가 어떻게 하여야 구원을 받으리이까?"라고 물었습니다. 그에 대한 유일한 대답은 "주 예수를 믿으라. 그리하면 너와 네 집이 구원을 받으리라"라는 것입니다(행 16:30-31). 간수는 바로 믿었습니다.

'믿다'라는 말의 의미를 요약해 보겠습니다. "이름"은 권세와 능력을 나타냅니다. 주 예수 그리스도의 이름을 믿는다는 것은 그리스도뿐 아니라 그가 행하신 모든 일을 믿는다는 뜻입니다. 사도행전 3장에 이에 대한 완벽한 설명이 나옵니다. 베드로와 요한이 성전 미문에 앉아 있던 자에게 기적을 행하자, 두 사람의 힘으로 앉은뱅이가 나았다고 생각한 무리들이 모여들었습니다. 그들에게 베드로는 물었습니다.

이스라엘 사람들아, 이 일을 왜 놀랍게 여기느냐? 우리 개인의 권능과

경건으로 이 사람을 걷게 한 것처럼 왜 우리를 주목하느냐?(행 3:12)

자, 이제 그가 하는 말을 들어 보십시오.

> 그 이름을 믿으므로 그 이름이 너희가 보고 아는 이 사람을 성하게 하
> 였나니 예수로 말미암아 난 믿음이 너희 모든 사람 앞에서 이같이 완전
> 히 낫게 하였느니라(행 3:16).

여기에서 "이름"은 주님의 권세, 생명의 권세를 의미합니다. 주 예
수 그리스도의 이름을 믿는다는 것은 그를 의지하고 신뢰한다는 뜻
입니다. 그가 누구신지 알아보고 유일한 구원의 길로 세상에 오신
것을 환영할 뿐 아니라, 거룩하신 구주의 모든 영광을 절대적으로
신뢰하며 그리스도와 그가 행하신 일을 철저히 의지한다는 뜻입니
다. 다시 말해서 주 예수 그리스도를 믿는다는 것은 그가 세상에 오
신 이유, 하나님이 그를 보내신 이유를 알고 깨닫는 것입니다. 인간
이 율법 아래 혹독한 정죄를 받고 아무 소망 없이 망할 존재임을 깨
닫는 것이며, 율법의 저주에서 우리를 구원해 줄 유일한 방법으로
그리스도가 오셨음을 깨닫는 것입니다. 믿는 자들은 그 사실에 자
신을 의탁합니다. 그 사실을 믿고, 받아들이며, 신뢰합니다.

> 오직 내 믿음은
> 내 죄악을 속하려 죽으신 주님께 있도다.
> ―작자 미상

이것이 주 예수 그리스도를 믿는 자들의 고백입니다. 그들은 말합니다.

> 빈손 들고 앞에 가
> 십자가를 붙드네.
> 의가 없는 자라도
> 도와주심 바라고
> 생명 샘에 나가니
> 맘을 씻어 주소서!*
> ―오거스터스 탑레이디

이것이 그리스도인의 고백입니다.

> 큰 죄에 빠진 날 위해
> 주 보혈 흘려 주시고
> 또 나를 오라 하시니
> 주께로 거저 갑니다.**
> ―샬롯 엘리엇Charlotte Elliott

그리스도를 믿는다는 것은 바로 이런 것입니다. 그리스도인은 더

---

* 찬송가 188장 3절.
** 찬송가 339장 1절.

이상 자기 자신을 믿지 않고, 다른 사람을 믿지 않으며, 세상의 발전을 믿지 않습니다. "육신이 되신 말씀, 날 위해 갈보리 언덕 십자가에 달려 죽으시고 다시 살아나신 분, 하나님 우편에 앉아 계신 분, 항상 살아서 날 위해 기도하시는 분 외에는 그 누구도, 그 무엇도 믿지 않겠다"라고 말합니다. 그렇습니다! 그들은 자기 자신을 버리겠다고 선언하며, 자신의 선과 의와 모든 것을 버리겠다고 선언합니다. '하나님의 아들이 날 사랑하여 날 위해 자신을 주셨다'는 사실만 철저히 의지합니다.

사도 바울의 말로 요약해 보겠습니다. "예수는 하나님으로부터 나와서 우리에게 지혜와 의로움과 거룩함과 구원함이 되셨으니"(고전 1:30). 그리스도는 나의 전부입니다. 내가 아는 모든 것은 그가 가르쳐 주신 것입니다. 그는 나의 지혜가 되셨습니다. 나의 죄책도 담당해 주셨습니다. 내가 받을 형벌을 대신 받으시고 자신의 의를 내게 주셨습니다. 그는 나의 의요 나의 거룩함입니다. 나 혼자라면 여전히 소망이 없겠지만, 이제는 그리스도 안에서 능력을 공급받습니다. "우리가 다 그의 충만한 데서 받으니 은혜 위에 은혜러라."

궁극적으로 주 예수 그리스도는 나의 구원이요 나의 영광입니다. 그가 죽은 자들 가운데서 살아나셨기에, 그 안에 있는 나 또한 죽은 자들 가운데서 살아날 것을 압니다. 그가 주신 성령이 이 사실을 증언해 주십니다. 사도는 로마 교인들에게 이 사실을 생각하라고 했습니다. "예수를 죽은 자 가운데서 살리신 이의 영이 너희 안에 거하시면 그리스도 예수를 죽은 자 가운데서 살리신 이가 너희 안에 거하시는 그의 영으로 말미암아 너희 죽을 몸도 살리시리라"

(롬 8:11). 확실합니다! 예수는 지금 이 순간에도 "하나님으로부터 나와서 우리에게 지혜와 의로움과 거룩함과 구원함"이 되십니다! 저의 확신은 하나님의 아들이 날 구원하시려고 세상에 와서 살다가 죽으셨고 다시 살아나셨다는 것입니다. 이것이 저의 유일한 확신입니다.

어떤 아름다운 토대도 마다하고
오직 예수의 이름에만 기대노라.
위태한 모래밭 대신
굳건한 반석 그리스도 위에 서리라.*
―에드워드 모트

과거를 극복하려 할 때 의지할 분은 오직 그리스도입니다. 지금 현재 의지할 분도 오직 그리스도입니다. 미래에 의지할 분도 오직 그리스도입니다. "너희 안에 계신 그리스도시니 곧 영광의 소망이니라"(골 1:27). 이것이 그의 이름을 믿는다는 말의 의미입니다.

이렇게 해서 사도가 복음서 서두, 곧 서문에서 사용하는 세 단어를 살펴보았습니다. 이 단어들을 분명히 모르면서 다른 주제로 넘어가면 안 됩니다. 여러분은 그리스도를 알고 있습니까? 그리스도를 영접했습니까? 모든 면에서 하나님의 아들을 믿고 있습니까? 그러면 이제 기초를 닦은 것입니다. 그 위에 계속 세워 나가면 됩니다.

* 찬송가 539장 1절 다시 옮김.

이제 우리는 다른 주제들을 다룰 준비를 마쳤습니다. 사도는 그 여러 주제들이 흘러나오는 수원지와 샘과 근원이 바로 주 예수 그리스도라고 말합니다. 예수는 육신이 되신 말씀이요, 우리 가운데 거하셨던 분이요, "아버지 품속에 있는" 분이요, 영원히 살아서 성부, 성령과 함께 통치하시는 분이요, 영원토록 영광스러우신 성자 하나님입니다.

15

하나님의 자녀가 되려면

영접하는 자 곧 그 이름을 믿는 자들에게는 하나님의 자녀가 되는 권세를 주셨으니 이는 혈통으로나 육정으로나 사람의 뜻으로 나지 아니하고 오직 하나님께로부터 난 자들이니라. 요 1:12-13

이제 사도가 요한복음 서문에서 제시하는 일련의 단계들 중 다음 단계를 다룰 차례입니다. 그리스도인의 삶을 참으로 충만하게 누리고 믿음과 구원의 온전한 확신을 얻기 위해 반드시 알아야 할 진리들이 있습니다. 우리는 사도가 제시하는 순서대로 그 진리들을 한 가지씩 살펴볼 것입니다. 사도가 복음서와 첫 번째 서신을 쓴 목적—이미 여러 번 상기시켰고 앞으로도 계속 상기시켜야 할 목적—은 우리에게 확신과 자신감을 주며 마땅히 누려야 할 그리스도인의 삶을 누리게 할 뿐 아니라 그리스도인으로서 감당해야 할 역할을 감당케 하려는 데 있습니다. 이 일들은 항상 같이 가게 되어 있습니다. "여호와로 인하여 기뻐하는 것이 너희의 힘이니라"(느 8:10). 모든 그리스도인에게 궁극적으로 필요한 것은 확신입니다. 확신이야말로 경건에 이르는 길이요, 기독 교회가 참으로 활발하게 움직일 수 있는 길입니다. 이처럼 확신은 모든 것의 열쇠이자 비결입니다. 사도들도―사도들조차!―오순절 성령 세례를 통해 큰 확신을 얻고 난 후에야 사도행전에 기록된 것처럼 하나님께 쓰임받을 수 있었고 거룩한 담대함으로 설교할 수 있었습니다.

우리는 그동안 요한이 제시하는 중대한 단계들을 일부 살펴보았습니다. 그 모든 단계들의 중심은 주님에 대한 진리를 아는 데 있습니다. 율법을 생각할 때, 또한 우리를 둘러싸고 있고 우리 안에 들어와 있는 어둠을 생각할 때, 반드시 그리스도가 계셔야 한다는 사실을 알아야 합니다. 지난번에는 사도가 제시한 요점―주님을 알고 영접하고 믿는 것이 기본적이고 필수적인 단계라는 것―을 살펴보았습니다. 사도는 주님을 알고 영접하고 믿을 때 반드시 그 다음 단계로 나아가게 된다고 말하는데, 이제 그 단계를 살펴보고자 합니다.

첫 번째로 강조할 점이 있습니다. '그 이름을 믿는다'는 것은 단순히 그리스도와 관련된 다수의 명제에 지적으로 동의한다는 말이 아니라 이른바 '의지하는 신앙'을 가리키는 말입니다. 신뢰와 의지의 요소가 반드시 있어야 합니다. 주님에 대한 옳고 바른 교리들만 믿으면 되는 것이 아닙니다. 참으로 주님을 영접하고 믿는다는 것은 그런 것이 아닙니다. 그렇습니다. '그 이름을 믿는다'는 것은 성경이 알려 주는 특정한 방식으로 주님을 바라보는 것이며, 율법의 작용으로 알게 된 자신의 절실한 필요들을 채워 주실 분으로서 그를 의지하는 것입니다.

요한은 계속해서 주님을 의지하는 참된 신앙을 가진 사람, 주님을 진심으로 믿고 참으로 영접한 사람은 세상에서 가장 놀라운 사실을 알게 된다고 말합니다. 그것은 바로 자신이 하나님의 자녀가 되었다는 사실입니다. "영접하는 자 곧 그 이름을 믿는 자들에게는 하나님의 자녀가 되는 권세를 주셨으니 이는 혈통으로나 육정으로나 사람의 뜻으로 나지 아니하고 오직 하나님께로부터 난 자들이니라." 사도 요한은 이 말을 통해 성경의 중대한 기본교리, 기초교리를 소개합니다.

다음과 같이 살펴봅시다. 구원은 단순히 죄 사함을 받고 하나님 보시기에 의롭다 하심을 얻는 것만을 의미하지 않습니다. 물론 그 의미도 있습니다. 우리에게 가장 먼저 필요한 것이 바로 죄 사함입니다. 피고석에 앉은 죄인에게 첫 번째로 필요한 것이 석방이듯이, 우리 모두에게 가장 먼저 필요한 것은 죄 사함입니다. 무엇보다 우리는 죄인입니다. 단순히 병든 환자가 아닙니다. 죄는 병이 아닙니다. 우리에 대해 가장 먼저 지적해야 할 사실은 우리가 정죄 아래 있다는 것입니다. 하나님 앞에 죄인이기에 용서와 사면과 의롭다 하심이 필요하다는 것입니다. 주 예수 그리스도를 믿는 자는 누구나 믿음으로 의롭다 하심을 받습니다. 그러나 그것이 구원의 전부는 아닙니다. 우리의 비극은 이 단계에 멈추어 버린 채 용서받고 과거를 씻고 천국에 가는 것만이 기독교의 전부인 양 생각할 때가 너무나 많다는 것입니다. 은혜 안에서 거룩하게 자라나는 일, 곧 성화도 구원의 전부는 아닙니다. 물론 성화 또한 긴요하고 필수적인 단계입니다. 죄의 책임뿐 아니라 죄의 권세에서도 구원받는 것은 놀라운 일입니다. 그러나 이 큰 구원에 죄 사함과 성화만 있는 것은 아닙니다. 구원의 가장 놀라운 점은 하나님 앞에서 우리의 지위와 신분이 바뀐다는 것, 하나님과 우리의 관계 자체가 완전히 바뀌고 새로워진다는 것입니다.

죄 사함을 받아도 여전히 예전과 같은 사람일 수 있습니다. 성령의 가르치심과 일하심으로 조금은 나아진다 해도 본질적으로는 여전히 예전과 같은 사람일 수 있습니다. 그러나 그리스도인들은 다릅니다! 기독교 메시지의 영광은 그 이상을 말한다는 데 있습니다. 우리는 실제로 "하나님의 자녀"가 됩니다! 반복하지만, 이것이야말로 가장 가슴 벅찬 교리가 아닐 수 없습니다. 요한은 서문에서 이 교리를 분명히 밝히고 있습니다. 그가 이처럼 서문에서 미리 밝히는 것은, 우리가 하나님의 자녀가 된다는 이 교리야말로 요한복음의 주요 주제 중 하나이기 때문이라고 생각합니다. 이것은 모든 사람이 익히 아는 사실입니다. 니고데모가 밤에 주님을 찾아와 대화를 나누는 요한복음 3장의 유명한 일화를 보면 이에 대한 상세한 설명이 나옵니다. 요한일서—예컨대 3장—의 중대한 주제도 이것입니다. 아마도 이것은 요한에게 특별히 맡겨진 교리가 아니었을까 하는 생각이 듭니다. 물론 요한만 이 교리를 가르친 것은 아닙니다. 사용하는 용어는 각기 다르지만 신약성경 기자들 모두가 이 교리를 가르치고 있습니다.

그렇다면 이 말에 담긴 정확한 의미는 무엇일까요? 요한은 자신이 앞으로 설명해 나갈 엄청난 진리들을 서문에 다 모아 놓았습니다. 서곡이나 서문은 원래 이런 역할을 합니다. 앞으로 전개될 주제들을 미리 암시해 주는 것입니다. 우리가 하나님의 자녀가 된다는 것은 요한이 복음서에서 중요하게 다루는 주제이자 우리의 주관적인 관점에서 볼 때에도 가장 중요한 주제입니다. 그런데 구체적인 내용으로 들어가기 전에 주목해야 할 점이 두 가지 있습니다. 첫 번째는 "아들"과 "자녀"가 어떻게 다른가 하는 것입니다. 흠정역에는 "영접하는 자 곧 그 이름을 믿는 자들에게는 하나님의 아들이 되는 권세를 주셨으니"라고 되어 있습니다. 실제로 요한이 쓴 단어는 "아들"이 아닌 "자녀"였다는 점에서 이것은 유감스러운 번역입니다.* 요한은 복음서뿐 아니라 서신서에서도 늘 "아들" 대신 "자녀"라는 단어를 썼습니다. 이와 대조적으로 사도 바울은 "아들"이라는 말을 주로 썼습니다. 그는 이 말을 더 선호했던 것으로 보입니다.

이 시점에서 굳이 두 단어를 구분하는 이유가 무엇일까요? 물론 요한 자신이 의도적으로 두 단어를 구분했기 때문입니다. 그가 "아들" 대신 "자녀"라는 말을 선택한 것은 아주 의미심장합니다. 이 두 단어에는 다음과 같은 차이가 있습니다. "아들"은 좀 더 객관적인 단어로서, 이를테면 입양을 통해 생겨나는 지위나 신분 등을 나타냅니다. 따라서 "아들"이라고 할 때는 그 사람, 또는 그 아이의 신분에 따르는 특혜와 특권을 가리킵니다. 즉, 관계의 외적이고 객관적인 면을 강조하는 것입니다. 반면에, "자녀"는 내적인 면, 즉 부모와 같은 본성을 가지고 있다는 면을 강조하는 단어입니다. 그런 점에서 이 말은 중생의 개념과 바로 연결됩니다. 이것이 엄밀한 철학

---

* 우리말 성경 개역개정판은 후자로 번역해 놓았다.

적 관점에서 볼 때 두 단어에 나타나는 본질적인 차이점입니다. 이렇게 보면 요한이 "아들" 대신 "자녀"라는 말을 택한 것도 그리 놀랄 일이 아닙니다. 요한이 실제로 "영접하는 자 곧 그 이름을 믿는 자들에게 하나님의 자녀가 되는 권세를 주셨으니"라고 말했다는 이 사실을 알아두는 것이 유익합니다.

우리가 미리 알아두어야 할 두 번째 요점 또한 아주 중요합니다. 성경은 하나님과 그 자녀의 관계에 대해 가르칠 때 항상 우리 주와 구주 되신 예수 그리스도의 관점에서 가르칩니다. 그리스도와 별개로 이 관계만 가르치는 경우는 없습니다.

어떤 이는 반박할 것입니다. "하지만 사도행전을 보면 사도 바울이 아덴에서 설교할 때 우리는 다 '그의 소생'이라고 하지 않습니까?(행 17:28) 모든 사람이 다 하나님의 자녀 아니냐고요? 대체 무슨 권리로 이 가르침이 항상 예수 그리스도와 연관된다고 말하는 겁니까?"

'모든 사람이 다 하나님의 자녀'라는 것은 오늘날 큰 인기를 얻고 있는 견해입니다. 이른바 '하나님의 보편적인 아버지되심'을 가르치고 있습니다. 이것은 교회 밖에 있는 사람들이 고수하는 견해이자 그들이 굳이 예배당을 찾지 않는 이유이기도 합니다. 사람들은 스스로 하나님의 자녀라고 여기며—어쨌든 하나님을 믿으니까—그렇기 때문에 아무 문제가 없다고 생각합니다. 교회도 사실상 같은 사상을 가르치고 있습니다. 세상의 비극은 모든 사람이 하나님의 자녀임을 모르는 데 있으며, 따라서 설교의 진정한 사명 및 복음 선포의 핵심은 이 좋은 소식을 알리는 데 있다는 것입니다. 현재 교회 안에 있는 많은 이들이 복음에 대해 이런 생각을 가지고 있습니다. 그들은 말합니다. "하나님은 우리 모두를 사랑하신다. 하나님은 우리 모두의 아버지시다. 문제는 사람들이 이것을 모르고 이 기적인 육신의 삶을 산다는 데 있다. 그러므로 그리스도인들은 곳곳에 나아가 하나님이 그들을 사랑하신다는 것과 본인들이 인식하든 못하든 하나님의 자녀라는 사실을 알려야 한다. 사람들이 원하는 대로 살도록 내버려 두라. 어찌 되었든 그들은 하나님의 자녀이며, 결국 모든 것이 잘될 것이다. 그토록 오랫동안 이것을 모르고 지내 왔다니 얼마나 부끄럽고 참담한 일인가!"

이에 대한 답변이 우리가 살펴보고 있는 12절에 나온다고 저는 생각합니다. 다른 성경을 더 찾아볼 필요도 없습니다. 그 견해와 대조되는 가르침이 여기 나옵니다. "자기 땅에 오매 자기 백성이 영접하지 아니하였으나 영접하는 자—모든 사람이 아니라 영접하는 자—곧 그 이름을 믿는 자들에게는 하나님의 자녀가 되는 권세를 주셨으니." 이 구절 자체가 '하나님의 보편적인 아버지되심'이라는 거짓말 내지는 오류에 대한 최종적이고 완벽한 답변입니다. 정말 모든 사람이 하나님의 자녀라면 하나님의 아들이 굳이 세상에 오실 필요가 없었을 것입니다. 모든 사람이 이미 하나님의 사랑을 받는 하나님의 자녀이고 결국 다 구원받을 텐데 왜 굳이 성육신이 필요하겠으며, 요한이 서문에서 이런 엄숙한 말을 하겠습니까? 요한복음뿐 아니라 성경의 다른 책들이 제시하는 답변은 오직 하나님의 아들 안에서만, 오직 그 아들을 통해서만 자녀가 될 수 있다는 것입니다. 모든 사람이 아닌 "영접하는 자"만 자녀가 될 수 있다는 것입니다.

사도행전 17장의 인용구절을 볼 때―같은 방향에서 이 점을 지적하는 다른 구절들도 찾아볼 때―'아버지되심'이라는 말은 하나님이 만유의 창조자라는 의미에서만 사용됩니다. 이 점에서 인류는 하나입니다. 모든 사람은 하나님이 지으신 피조물입니다. 문맥을 살펴보면 이 점을 확연하게 알 수 있습니다. 성경은 절대 모순되지 않습니다. 한쪽에서는 "영접하는 자"에게만 하나님의 자녀가 되는 권세를 주신다고 하고, 다른 쪽에서는 모든 사람이 이미 하나님의 자녀이므로 그 사실만 알려 주면 된다고 하지 않습니다. 구약과 신약을 처음부터 끝까지 읽어 보면, 하나님의 자녀와 그렇지 않은 자들 사이에 큰 간극이 있는 것을 알 수 있습니다.

모든 인류가 자동적으로 하나님의 자녀가 된다고 주장할 경우, 신약성경 대부분이 완전히 무의미해집니다. 신약성경은 언제나 우리 주 예수 그리스도 안에서만, 오직 그를 통해서만 모든 혜택을 얻는다고 가르칩니다. 요한복음 14장에서 주님이 친히 하신 말씀을 들어 보십시오. "내가 곧 길이요 진리요 생명이니 나로 말미암지 않고는 아버지께로 올 자가 없느니라"(요 14:6). 다른 길은 없습니다. 실제로 모든 혜택은―칭의든, 성화든, 영화든―그리스도를 통해 옵니다. 그렇습니다. 특히 하나님의 자녀가 되려면 반드시 그를 통해 나아가야 합니다. 요한복음 서문이 말하듯이, 그는 하나님의 영원한 아들이었으며 지금도 하나님의 아들입니다. 그렇기 때문에 하나님의 자녀가 되고 아들이 되려면 반드시 그를 통해 나아가야 합니다. 그는 영구한 아들의 신분을 가지신 분입니다. 그가 세상에 오신 것은 우리도 그 신분에 참여케 하며 그 신분을 공유케 하시기—물론 그리스도와 똑같은 의미에서 아들이 되는 것은 아니지만—위해서였습니다. 우리는 오직 그를 통해서만 아들이 됩니다. 요한복음 1:12이 말하는 모든 내용에 유의하는 일이 중요합니다. 모든 사람이 절로 하나님의 자녀가 되는 것이 아닙니다. 자녀가 되기 전에 먼저 필요한 일이 있습니다. 구원의 좋은 소식은 모든 사람이 이미 하나님의 자녀이며 늘 하나님의 자녀였다는 것이 아니라, 이제야말로 하나님의 자녀가 될 수 있다는 것입니다. 이것이 진정한 복음 선포입니다.

12절을 표면적으로 볼 때, 미리 생각할 문제가 두 가지 있습니다. 먼저 12절이 가르치는 내용을 알아야 합니다. 요한은 "영접하는 자 곧 그 이름을 믿는 자들에게는 하나님의 자녀가 되는 권세를 주셨으니"라고 말합니다. 여기에서 "권세"란 무엇일까요? 이것은 흥미로운 단어로서, 그 뜻을 명확하게 파악하는 일이 꼭 필요합니다. "권세"의 의미를 다음과 같이 설명하는 사람들이 있습니다. 그들은 주 예수 그리스도를 믿으면 하나님의 자녀가 될 가능성이 생긴다고 말합니다. 즉, "권세"를 가능성으로 해석하는 것입니다. 그 가능성을 실현하는 주체, 어느 쪽을 택할지 결정하는 주체는 당사자입니다. 그 가능성을 붙잡는 사람은 하나님의 자녀가 됩니다. 사람들은 종종 이렇게 가르쳐 왔습니다. 12절에 대한 로마 가톨릭의 공식적인 가르침도 이것입니다.

그러나 저는 그 해석이 완전히 잘못된 것임을 밝히고 싶습니다. "권세"라고 번역된 그리스어를 보십시오. 이것은 아주 흥미로운 단어로서, 신약성경에서 다양한 의미로 102회 사용되고 있습니다. 그러나 무언가를 할 수 있는 물리적, 도덕적, 영적 힘이라는 의미로 사용된 경우는 단 한 번도 없습니다. "권세"는 '권한'을 의미합니다. 즉, '하나님의 자녀가 되는 권한'을 주신다는 것입니다. 또한 '권리'나 '특권' 내지는 '영예'를 의미하기도 합니다. 사실 저는 장 칼뱅 Jean Calvin보다 더 이 말을 잘 설명할 수는 없다고 생각합니다. 그는 이것이 '그럴 만하다고 인정받다'라는 뜻이라고 했습니다. 즉, "영접하는 자 곧 그 이름을 믿는 자들에게는 하나님의 자녀가 될 만하다고 인정받는 권리를 주셨으니"라고 옮길 수 있는 것입니다. 이 점이 중요합니다. 반복하지만, 12절은 우리에게 무슨 결정권을 주신다는 뜻이 아닙니다. 주님을 믿는 자들을 하나님의 자녀가 되는 영예로운 자리로 옮겨 주신다는 뜻입니다. "권세"는 양자택일의 가능성이 아닙니다. 그리스도를 알고 영접하고 믿음으로써 얻는 영예입니다.

이 두 가지―믿는 일과 하나님의 자녀가 되는 영예―중에 무엇이 먼저냐 하는 것은 흥미로운 주제로서, 종종 사람들 사이에 논란거리가 되어 왔습니다. 이것은 제가 보기에도 흥미로운 주제지만 구원에 본질적으로 중요한 문제는 아닙니다. 어떤 의미에서 이 두 가지는 동시에 발생하기 때문에 따로 분리할 수가 없는 것 같습니다. 그래도 굳이 무엇이 먼저인지 밝히라고 한다면, "육에 속한 사람"에 대한 성경의 여러 구절들―예컨대 "육에 속한 사람은 하나님의 성령의 일들을 받지 아니하나니 이는 그것들이 그에게는 어리석게 보임이요"(고전 2:14), "육신의 생각은 하나님과 원수가 되나니 이는 하나님의 법에 굴복하지 아니할 뿐 아니라 할 수도 없음이라"(롬 8:7) 같은 말씀들―을 고려할 때 출생이 먼저라고 하겠습니다. 육에 속한 사람이 어떻게 주 예수 그리스도를 믿고 하나님의 자녀가 될 수 있겠습니까? 성경은 그럴 수 없다고, 육에 속한 사람은 믿을 수 없다고 말합니다. 그는 복음을 거부하고 미워하며 "미련한 것"으로 여깁니다. 바울이 에베소 교인들에게 보낸 편지에도 중대한 진술이 나옵니다. "허물과 죄로 죽었던 너희를 살리셨도다"(엡 2:1). 죄로 죽어 있는 우리를 하나님이 살리셨다는 것입니다. 이처럼 믿고 하나님의 자녀가 되게 하시는 분은 오직 하나님입니다. 이 일들이 일어나는 시점을 규명하는 것이 지적으로는 흥미로운 주제겠지만, 지금 우리가 집중해야 할 진리는 오직 하나님이 이 일을 하신다는 것이라고 생각합니다. 믿게 하는 것도, 하나님의 자녀가 되게 하는 것도 다 하나님의 일입니다. 하나님이 행하시는 일, 하나님이 주 예수 그리스도를 통해 행하시는 일입니다. 하나님이 우리를 영예로운 자녀의 자리로 옮겨 주십니다.

그 다음으로 살펴볼 단어는 "되는"입니다(이 모든 것은 우리를 이 중대한 진리의 핵심과 중심으로 인도해 주는 아주 중요하고 매력적인 단어들이므로 반드시 살펴볼 필요가 있습니다). "영접하는 자 곧 그 이름을 믿는 자들에게는 하나님의 자녀가 되는 권세를 주셨으니." 이 또한 흥미로운 단어입니다. 우리는 주 예수 그리스도가 하나님의 아들이 '되셨다'는 말을 들어 본 적이 없습니다. 그는 항상 하나님의 아들이었기 때문에 새삼 아들이 '되실' 수가 없습니다. 집집이 찾아다니며 이와 다른 견해를 가르치는 책을 파는 거짓 선생들이 있습니다. 그들은 그리스도가 영구한 아들의 신분을 가지신 분이요 아버지와 동등하신 분이요 아버지처럼 영원하신 분임을 믿지 않는다고 말합니다. 자신들은 그것을 부인하는 '여호와의 증인'이라고 말합니다. 그런 자들에게 내놓을 답변은 이것입니다. 성경은 단 한 번도 그리스도가 하나님의 아들이 되셨다고 말하지 않습니다. 오직 육신이 되셨다고 말할 뿐입니다. 14절을 보십시오. "말씀이 육신이 되어." 그리스도는 하나님의 영원하신 아들입니다. 영원한 신성을 가지고 계신 분입니다. 그는 육신이 되셔야 했지만 아들이 되실 필요는 없었습니다. 원래 하나님의 아들이었기 때문입니다. 그러나 우리는 하나님의 자녀가 되어야 합니다. 이것이 중요한 요점입니다. '하나님의 보편적 아버지되심'의 교리가 왜 잘못된 것인지를 보여주는 더 구체적인 증거이기도 합니다. 우리는 원래 하나님의 자녀가 아니었기 때문에 자녀가 되어야 합니다. 사실 우리는 "다른 이들과 같이 본질상 진노의 자녀"였습니다(엡 2:3).

저는 하나님의 자녀가 되기 전에 아주 분명하고 실제적인 변화가 일어난다는 점을 강조하기 위해 사도가 아주 의도적으로 "되는"이라는 단어를 썼다고 생각합니다. 그는 "영접하는 자들에게는 하나님의 자녀라고 불리는 영예를 주셨으니"라고 말하지 않습니다. 그렇게 말해도 놀라웠겠지만, "하나님의 자녀가 되는 권세를 주셨으니"라는 말만큼 놀랍지는 않았을 것입니다. 그리스도인은 예전처럼, 또는 예전보다 조금 낫게 살면서 하나님의 자녀라는 이름만 얻는 것이 아닙니다. 절대 아닙니다! 우리는 실제로 하나님의 자녀가 됩니다. 실제로 변화가 일어납니다. 요한은 그 변화가 무엇인지 아주 조심스럽게 이야기해 줍니다. 이것이 13절에 나오는 "하나님께로부터 난 자들"이라는 표현에 담긴 의미입니다. 우리는 하나님의 자녀가 되기 전에 하나님의 자녀로 태어납니다. 여기에 사용된 모든 단어들의 전적인 강조점은 실제로 큰 변화가 일어난다는 데 있습니다. 신분과 지위만 주시는 것이 아닙니다. 신분과 지위는 사람들도 얼마든지 줄 수 있습니다. 아이를 입양해서 자녀의 신분을 주고 모든 특권 및 그 밖의 혜택을 줄 수 있습니다. 그러나 그 아이의 본성을 바꾸지는 못합니다. 그런데 이 구절의 요점은 실질적인 본성의 변화가 일어난다는 것입니다. 실제적인 의미에서 말씀이 육신이 되신 것처럼, 그리스도를 영접하는 자들도 실제적인 의미에서 하나님의 자녀가 된다는 것입니다. 요한의 말처럼 정말 새로 태어난다는 것입니다.

이제 "하나님의 자녀"라는 표현을 살펴봅시다. 이 또한 명확하게 정의 내릴 필요가 있는 말입니다. 제가 이렇게 일일이 정의를 내리는 것은, 앞에서도 말했듯이 이 말들의 의미를 제대로 모르는 데 우리 대부분의 문제가 있기 때문입니다. 그저 "우리는 하나님의 자녀"라고 하면서 더 이상 생각하려 들지 않습니다. 그러나 그리스도인으로서 우리가 어떤 사람들인지 제대로 알려면, 이 말들을 깊이 파고들어 그 의미를 온전하게 파악해야 합니다. "하나님의 자녀!" 그렇습니다. 우리는 자녀의 이름을 얻었습니다. 거듭 말하지만, 자녀의 이름뿐 아니라 자녀의 본성도 얻었습니다. 명칭만 얻은 것이 아닙니다. 세상도 다 아는 사실이지만, 명칭을 얻었다고 사람 자체가 달라지는 것은 아닙니다. 사람은 예전과 똑같습니다. 우리는 어리석게도 명칭이 달라지면 사람도 달라진 것처럼 여기는데, 절대 그렇지 않습니다. 그러나 그리스도인들의 경우는 다릅니다.

요한이 말하는 "하나님의 자녀"는 당사자의 변화와 무관한 영예

로운 명칭이 아닙니다. 절대 아닙니다! 여기에는 실제적인 변화가
수반됩니다. 우리가 하나님의 자녀라는 사실에는 자녀로서 부모를
닮는다는 의미, 부모의 본성을 물려받는다는 의미, 하나님과 친부
모 자식 간의 관계를 맺는다는 의미가 담겨 있습니다. 하나님같이
바뀐다는 의미가 담겨 있습니다! 그렇습니다. 하나님의 자녀가 된
다는 것은 우리의 필수적인 능력과 인식과 감정에 변화가 일어난다
는 뜻입니다. 성경은 이러한 효과에 대해 여러 곳에서 많은 이야기
를 하고 있습니다. 예컨대 갈라디아서에 나오는 바울의 말을 들어
보십시오. "너희가 다 믿음으로 말미암아 그리스도 예수 안에서 하
나님의 아들이 되었으니"(갈 3:26). 베드로후서 1:4에 나오는 장엄
한 진술도 들어 보십시오. 베드로는 우리가 정말 문자 그대로 "신성
한 성품에 참여"하게 된다고 말합니다. 이것은 엄청난 말로서, 이것
을 깨닫지 못하는 것이야말로 비극이 아닐 수 없습니다. 사도의 말
을 들어 보십시오.

> 하나님과 우리 주 예수를 앎으로 은혜와 평강이 너희에게 더욱 많을지
> 어다. 그의 신기한 능력으로 생명과 경건에 속한 모든 것을 우리에게 주
> 셨으니 이는 자기의 영광과 덕으로써 우리를 부르신 이를 앎으로 말미
> 암음이라. 이로써 그 보배롭고 지극히 큰 약속을 우리에게 주사 이 약속
> 으로 말미암아 너희가 정욕 때문에 세상에서 썩어질 것을 피하여 신성
> 한 성품에 참여하는 자가 되게 하려 하셨느니라(벧후 1:2-4).

요한이 서문에서 강조하고 있는 바도 이것입니다. "하나님의 자녀"

라는 말에는 이 모든 의미가 담겨 있습니다. 우리가 실제로 하나님을 닮아 간다는 의미가 담겨 있습니다.

요한일서는 우리가 살펴보는 이 구절을 아주 훌륭하게 해설해 줍니다. 요한은 하나님의 자녀가 되는 일에 어떤 의미가 함축되어 있는지 설명합니다. 특히 사랑의 관점에서 "하나님의 자녀"라는 말의 의미를 확장하고 있습니다. 하나님은 사랑입니다. 그런데 자녀는 부모를 닮게 되어 있으므로, 가인처럼 형제를 사랑하지도 않으면서 하나님의 자녀라고 말해 봐야 의미가 없습니다. 사도는 말합니다. "우리는 형제를 사랑함으로 사망에서 옮겨 생명으로 들어간 줄을―다시 말해서 우리가 하나님의 자녀인 줄을―알거니와"(요일 3:14). 계명도 마찬가지입니다. 계명은 하나님의 것으로서, 하나님의 성품을 반영하며 하나님이 무엇을 기뻐하시는지 알려 줍니다. 그러므로 하나님의 자녀라고 하면서 그의 계명을 지키지 않는 것은 모순입니다. 그런 사람은 "거짓말 하는 자"입니다(요일 2:4, 4:20). 계명은 하나님의 것이기에, 자녀는 계명을 사랑하게 되어 있습니다. 이 설명의 요점은 '하나님의 자녀가 된다는 것은 곧 하나님의 성품에 참여하며 그 성품을 삶으로 나타낸다는 뜻'이라는 것입니다.

주님은 똑같은 사랑의 문제에 대해 이렇게 가르치셨습니다. "너희 원수를 사랑하며 너희를 박해하는 자를 위하여 기도하라"(마 5:44). 왜 그래야 할까요? 아버지가 그렇게 하시기 때문입니다. "이는 하나님이 그 해를 악인과 선인에게 비추시며 비를 의로운 자와 불의한 자에게 내려주심이라"(마 5:45). 주님은 "그러므로 하늘에 계신 너희 아버지의 온전하심과 같이 너희도 온전하라"라고 하십니다

(마 5:48). 우리가 하나님의 자녀임을 입증하려면 하나님처럼 모든 관계에서 사랑을 나타내야 합니다. 전에 애써 지적했듯이, 여기에서 사랑은 궁극적인 사랑을 가리키는 말이 아니라 사람을 대하는 태도를 가리키는 말입니다.

이처럼 요한복음 서문은 하나님의 아들이 세상에 오신 것—"말씀이 육신이" 되신 것—은 우리를 하나님의 자녀로 삼아 신성한 성품에 참여케 하시기 위해서라고 말합니다. 요한이 특별히 유대인들을 염두에 두고 이 말을 했다는 견해에—오직 자신들만 하나님의 자녀라고 생각하는 것이 유대인들의 전적인 문제였으므로—저는 기꺼이 동의하는 바입니다. 12절에서 요한은 그런 자들을 향해 "영접하는 자 곧 그 이름을 믿는 자들에게는"이라고 말합니다. 요한이 사용하는 중대한 표현대로 영접하는 자는 "누구나whosoever"* 하나님의 자녀가 된다는 것입니다. 영접하는 자는 누구나, 유대인이든 이방인이든 가리지 않고 하나님의 자녀가 되는 권세를 받는다는 것입니다. 이것이 신약성경이 전하는 중대한 복음입니다. "거기에는 헬라인이나 유대인이나 할례파나 무할례파나 야만인이나 스구디아인이나 종이나 자유인이 차별이 있을 수 없나니"(골 3:11). 요한복음 서문은 이것을 선포하고 있습니다.

요한이 분명히 염두에 두었을 사실이 또 한 가지 있습니다. 유대인들은 아브라함의 자손이라는 것을 큰 자랑거리로 여겼습니다. 요

---

* 우리말 성경에는 일일이 번역되어 있지 않지만, 흠정역에는 요한복음, 요한서신, 요한계시록에 총 24회 사용되고 있다.

한복음 8장에는 주님이 자신을 믿는 것처럼 보이는 유대인들에게 이렇게 말씀하시는 장면이 나옵니다. "너희가 내 말에 거하면 참으로 내 제자가 되고 진리를 알지니 진리가 너희를 자유롭게 하리라." 그러자 점잔을 빼며 서 있던 자들이 항의했습니다. "우리가 아브라함의 자손이라. 남의 종이 된 적이 없거늘 어찌하여 우리가 자유롭게 되리라 하느냐?"(요 8:31-33) "아브라함의 자손!" 요한은 말합니다. "내 말을 들으라. 말씀이 육신이 되어 우리 가운데 거하셨다고 선포하는 복음, 하나님이 그 백성을 돌보사 속량하셨다고 선포하는 복음의 영광이 여기 있다(눅 1:68). 그리스도 안에서, 그리스도를 통해 너희는 아브라함의 자손이 아닌—물론 그것도 놀랍고 영광스러운 신분이지만—참 하나님의 자녀가 된다. 아브라함의 자손 정도가 아니라 하나님의 가족이 되는 것이다. 전능하신 하나님의 자녀가 되는 것이다!" 이것이 복음입니다. 하나님의 독생자, 육신이 되어 우리 가운데 거하신 말씀을 알고 영접하고 믿으면, 이방인이든 외인이든 개든 잃은 자든 타락한 자든 극악한 자든 다 하나님의 자녀가 된다는 것입니다. 요한은 이것을 알아야 한다고 말합니다.

이제 이 중대한 주제의 작동 원리라고 할 수 있는 마지막 측면을 살펴보겠습니다. 우리는 원래 하나님의 자녀가 아닙니다. 그렇기 때문에 하나님의 자녀가 되어야 합니다. 어떻게 자녀가 될 수 있습니까? 이것은 긴요한 질문입니다. 13절에 나오는 대답은 하나님께로부터 나야 한다는 것입니다. "혈통으로나 육정으로나 사람의 뜻으로 나지 아니하고 오직 하나님께로부터 난 자들이니라." 그런데 불행히도 이 구절 또한 제가 볼 때 아주 잘못 해석해서 소개하는 이들이 있습니다. 이런 긴요한 문제가 제기될 때마다 원수가 적극적으로 나서서 방해하는 것은 당연한 일 아니겠습니까? 많은 이들이 "하나님께로부터 난 자들"이라는 말을 단수로 번역해야 한다고 주장합니다. 즉, "혈통으로나 육정으로나 사람의 뜻으로 나지 아니하고 오직 하나님께로부터 난 자"라고 번역함으로써, 우리 주와 구주되신 예수 그리스도의 동정녀 탄생을 가리키는 말로 만들어야 한다는 것입니다.

불행히도 초대교회 교부 중 한 사람인 이레네우스Irenaeus가 그렇게 가르쳤습니다. 그리고 역시 초대교회 교부였던 테르툴리아누스Tertullianus가 그 생각을 받아들여 옹호했습니다. 이 해석을 채택하고 가르치는 자들은 늘 있었습니다. 20세기에 이 견해를 대중화하는 데 가장 크게 기여한 사람은 고故 윌리엄 템플William Temple 대주교일 것입니다. 그는 요한복음을 다루는 자신의 경건한 주석에서 이 견해를 주장했습니다. 공정하게 이야기해 보겠습니다. 그는 초대교회의 가장 훌륭한 사본들이 이 해석을 지지하지 않는다는 점을 인정합니다. 실제로 가장 훌륭한 사본들을 포함한 대부분의 사본들이 복수로 번역하는 쪽을 지지하고 있습니다.

그런데 어찌된 셈인지 사람들은 단수로 번역하는 쪽을 택했습니다. 물론 교부들 중에는 동정녀 탄생의 교리에만 관심을 기울인 나머지 이 번역을 택한 이들도 있었습니다. 그것은 부끄러운 짓이었습니다. 굳이 그렇게 하지 않아도 동정녀 탄생의 교리를 입증해줄 구절들이 충분히 있기 때문입니다. 또한 중생의 교리를 불편하게 여겨 이 구절을 단수로 보기를 선호한 이들도 있었습니다. 그러나 시대를 막론하고 사람들이 크게 합의한 견해는 이 구절을 복수로 보아야 한다는 것입니다. 즉, 그리스도의 동정녀 탄생을 가리키는 표현이 아니라 "영접하는 자 곧 그 이름을 믿는 자들에게는 하나님의 자녀가 되는 권세를 주셨으니"라는 앞 구절을 설명하는 말로 보아야 한다는 것입니다.

12절에서 말하는 일은 어떻게 일어납니까? 우리는 어떻게 하나님의 자녀가 됩니까? 사도는 '태어남으로써' 된다고 말합니다. 다시 말해서 거듭남과 중생이라는 중대한 교리를 소개하는 것입니다. 앞서 말했듯이, 서문의 역할은 요한복음의 주요 주제들을 미리 모아서 보여주려는 데 있습니다. 이 주제는 3장에 다시 등장합니다. "사람이 늙으면 어떻게 날 수 있사옵나이까?" 니고데모는 왜 이런 질문을 했을까요? 그리스도가 "진실로 진실로 네게 이르노니 사람이 거듭나지 아니하면 하나님의 나라를 볼 수 없느니라"라고 말씀하셨기 때문입니다(요 3:3-4). 주님은 이어서 거듭남에 대해 자세히 가르쳐 주십니다.

사도 바울도 정확히 같은 교리를 가르쳤습니다. "누구든지 그리스도 안에 있으면 새로운 피조물이라. 이전 것은 지나갔으니 보라, 새 것이 되었도다"(고후 5:17). 야고보도 그의 서신 1장에서 "그가 그 피조물 중에 우리로 한 첫 열매가 되게 하시려고 자기의 뜻을 따라 진리의 말씀으로 우리를 낳으셨느니라"라고 했습니다(약 1:18). 이 놀라운 출생에 대한 가르침과 관련해서도 보편구원론universalism이라는 거짓말이 등장했습니다. 그러나 베드로는 첫 번째 서신에서 분명하게 밝힙니다. "너희가 거듭난 것은 썩어질 씨로 된 것이 아니요 썩지 아니할 씨로 된 것이니 살아 있고 항상 있는 하나님의 말씀으로 되었느니라"(벧전 1:23). 신약성경 기자들은 전부 같은 교리─거듭남이라고 해도 좋고, 두 번째 출생이나 중생이나 새 창조라고 해도 좋습니다─를 가르치고 있습니다.

이제 거듭남의 소극적인 측면을 살펴봅시다. 우리가 경험하는 출생은 어떠한 것입니까? 앞서 보았듯이 하나님의 자녀가 되려면 '거듭나야' 합니다. 우리는 원래 하나님의 자녀가 아닙니다. 복음은 모든 사람이 하나님의 자녀임을 깨닫기만 하면 된다고 말하지 않습니다. 절대 그렇게 말하지 않습니다! 복음이 전하는 메시지는, 우리가 마땅히 지옥으로 갈 수밖에 없는 진노의 자녀들임에도 그리스도와 그가 하신 일을 믿고 의지함으로써 하나님의 자녀가 될 수 있다는 것입니다.

새로운 출생이 어떻게 이루어지는지 보십시오. 소극적인 측면부터 살펴봅시다. 첫째는 "혈통"으로 되지 않는다는 것입니다. 실제로 사도는 복수를 사용해서 "혈통들"로 되지 않는다고 말합니다. 여기에서 "혈통들"이란 누구를 가리키는 말일까요? 이 또한 아브라함으로부터 대대손손 모든 것을 물려받는다고 믿었던 유대인들에게 날리는 직격탄이라고 할 수 있습니다. 유대인들은 "우리는 아브라함의 자손"이라고 하면서(요 8:39 참조), 자신들이 훌륭한 혈통을 계승했다고 주장했습니다. 그런데 요한은 그렇지 않다고, 그런 "혈통들"로는 거듭날 수 없다고 말합니다.

둘째로, 이 점을 명확히 밝히기 위해 요한은 "육정"으로도 되지 않는다고 덧붙입니다. 이것은 무엇을 가리키는 말일까요? 자연적인 생식, 즉 육신적인 욕망의 결과로 이루어지는 평범한 인간의 출산을 가리키는 말입니다. 물론 거기에 잘못된 점은 하나도 없습니다. 이렇게 자연적인 생식이 이루어지도록 정하신 분, 이 방법으로 인간이 세상에 번성하도록 정하신 분은 하나님입니다. 그것은 정상적인 출생의 방식입니다. 남자와 여자가 사랑에 빠져서 결혼하고 아이를 낳는 것은 당연한 일입니다. 그러나 그리스도인의 출생은 다릅니다! 자연적인 생식의 요소가 전혀 끼어들지 못합니다. 하나님의 자녀가 되는 일은 민족적인 혈통과 상관이 없을 뿐 아니라 우리가 속한 물리적인 집안과도 아무 상관이 없습니다. 다시 말해서 부모가 그리스도인이라고 해서 그리스도인이 되는 것이 아닙니다. 하나님의 자녀가 되는 일은 자연적인 유전이나 생식이나 인간의 출산으로 이루어지지 않습니다.

셋째로, 이 일은 "사람의 뜻"으로도 되지 않습니다. 무슨 뜻일까요? "육정"과 "사람의 뜻"이 어떻게 다를까요? 하나님의 자녀가 되는 일은 자연적인 생식의 과정으로 이루어지지 않는다는 말에 이렇게 항의하는 사람이 있을지 모릅니다. "글쎄요, 인간의 영향이나 가르침, 학습, 지식, 웅변이 그런 결과를 가져올 수도 있지요. 단순히 정신적인 영향력이나 양육의 문제 아닐까요? 기독교적인 교육과 인간적인 노력을 통해 하나님의 자녀가 만들어지는 것이지요." 그렇지 않습니다. 하나님의 자녀가 되는 일에는 그런 요소가 완전히 배제됩니다. 그런 요소가 전혀 끼어들지 못합니다.

이처럼 요한은 세 가지 부정을 통해 인간의 활동 자체를 배제하고 있습니다. "혈통으로나 육정으로나 사람의 뜻으로 나지 아니하고." 다시 말해서 하나님의 자녀가 되는 일은 인간과 아무 상관이 없다는 것입니다! 그리고 나서 그는 "하나님께로부터"라는 적극적인 표현을 사용합니다. 물론 우리가 한동안 고찰했던 율법에 대한 가르침을 이해한 사람이라면 이 말을 이해하는 데 아무 어려움이 없을 것입니다. 율법을 통해 자신이 아무것도 할 수 없는 존재임을 분명히 알았을 것이기 때문입니다. 우리는 멸망할 죄인들일 뿐 아니라 무력하고 절망적인 자들입니다. 우리 지체 속에 우리를 끌어 내리는 한 법이 있습니다(롬 7:23 참조). 하나님의 길이 좋고 그 길로 가고 싶은데도, 심지어 모든 상황이 그 길로 가기에 유리한데도 몸이 움직이질 않습니다. "내 속 곧 내 육신에 선한 것이 거하지 아니하는 줄을 아노니"(롬 7:18). 나는 죄 아래 팔린 죄의 종입니다. "곤고한 사람"입니다!(롬 7:24)

그뿐만이 아닙니다. 우리는 "육에 속한 사람"이 어떻게 하나님의 원수가 되어 그의 뜻에 굴복하지 않는지 분명히 알고 있습니다. "육에 속한 사람은 하나님의 성령의 일들을 받지 아니하나니 이는 그것들이 그에게는 어리석게 보임이요 또 그는 그것들을 알 수도 없나니 그러한 일은 영적으로 분별되기 때문이라"(고전 2:14). 그러나 괜찮습니다. 주님은 "허물과 죄로 죽었던" 자를 살리시기 때문입니다(엡 2:1). 우리 자신은 생명을 만들어 낼 수 없습니다. 오직 새롭게 태어나야 합니다. 새로운 생명, 새로운 사람, 새로운 본성, 새로운 존재로 태어나야 합니다. 이 일을 하실 수 있는 분은 창조자밖에 없습니다. 그래서 바울은 에베소서 2:10에서 이렇게 말합니다. "우리는 그가 만드신 바라. 그리스도 예수 안에서 선한 일을 위하여 지으심을 받은 자니." 이 모든 내용이 서문에 들어 있습니다.

정말 놀랍습니다! 이 모든 가르침이 얼마나 간명하게 압축되어 있는지 모릅니다. 물론 세세한 내용은 따로 살펴보아야 하겠지만, 핵심은 여기 다 담겨 있습니다. 서문은 이 짧은 범위 안에서 하나님의 자녀가 되는 것이 전적으로 하나님께 속한 일임을 보여줍니다. 특정 민족으로 태어났다고 해서, 특정 민족에 속했다고 해서 그리스도인이 되는 것이 아닙니다. 특정 부모의 자녀라고 해서 그리스도인이 되는 것도 아닙니다. 인간적인 활동으로, 최고의 고상한 노력으로 그리스도인이 되는 것 또한 아닙니다. 그런 방법으로는 절대 그리스도인이 될 수 없습니다. 그리스도인이 되는 것은 전적으로 하나님께 속한 일입니다.

다시 야고보의 말로 돌아가 봅시다. "자기의 뜻을 따라 진리의 말씀으로 우리를 낳으셨느니라"(약 1:18). 이것이 하나님의 자녀가 되는 원리입니다. 물론 요한이 이것까지 말하지는 않습니다. 여러분도 서문에 이런 내용까지 나오길 기대하지는 않을 것입니다. 이 일은 말씀으로 이루어지며, 성령으로 이루어집니다. 주님도 니고데모에게 "영으로" 나야 한다고 하셨습니다. 야고보의 말처럼 "진리의 말씀"으로, 그리고 성령으로 태어나야 합니다. 베드로는 우리가 "하나님의 말씀으로" 거듭난다고 말합니다(벧전 1:23). 우리는 말씀을 통해, 성령이 말씀을 사용하심으로 거듭납니다. 말씀의 씨를 사용하시는 성령의 활동과 능력으로 잉태되고, 새 생명을 얻으며, 새 본성을 얻고, "새사람"이 됩니다. 이 "새사람"만 하나님의 자녀입니다. "혈통으로나 육정으로나 사람의 뜻으로 나지 아니하고 오직 하나님께로부터 난 자"만 하나님의 자녀입니다. 성부만 우리를 낳으실 수 있습니다. 아버지이신 하나님이 우리를 낳으십니다.

여러분, 이것이 그리스도인이 된다는 말의 의미입니다. 영적으로 가장 교만한 자들을 제외하면 아무도 이 교리를 다 이해한다고 말하지 못할 것입니다. "사랑하는 자들아, 우리가 지금은 하나님의 자녀라"(요일 3:2). 지금! 여러분은 지금 자신이 하나님의 자녀라고 생각하고 있습니까? 하나님의 자녀답게 행동하고 있습니까? 하나님의 자녀임을 자랑하고 있습니까? 요한은 이 때문에 복음서를 썼다고 말합니다. "너희는 이것을 아는 것 같지 않다. 그래서 내가 이 복음서를 쓴 것이다"라고 말합니다. 장 칼뱅의 말처럼 "하나님의 아들이 사람의 아들이 되심으로써 죄를 지은 사람의 아들들이 하나님의 아들이 되었"습니다. 오, 우리가 진정 하나님의 자녀임을 성령을 통해 생생히 알게 해주시길 원합니다!

16

성부, 성자와 우리의 관계

영접하는 자 곧 그 이름을 믿는 자들에게는 하나님의 자녀가 되는 권세를 주셨으니 이는 혈통으로나 육정으로나 사람의 뜻으로 나지 아니하고 오직 하나님께로부터 난 자들이니라. 요 1:12-13

지금까지 여러 각도에서 이 두 구절을 살펴보았고, 지난주에는 주 예수 그리스도를 믿는 자, 곧 그리스도를 알고 영접하는 자는 하나님의 자녀가 되는 영예와 특권을 받는다는 놀라운 메시지의 관점에서 고찰해 보았습니다. 이것은 요한이 복음서 서문 초두에서 제시하는 중요한 진리이자 우리가 절대 놓치지 말아야 할 진리입니다. 그리스도인은 단순히 죄 사함만 받지 않습니다. 물론 죄 사함도 받습니다만, 굳이 참담한 심정으로 "단순히"라는 말을 덧붙일 수밖에 없는 것은 이것을 기독교의 전부로 여기는 그리스도인들이 너무나 많기 때문입니다. 그들의 관심은 온통 죄 사함에만 집중되어 있습니다. 사람은 누구나 죄의식이 있고, 그 죄의식에서 벗어나길 원합니다. 그런데 그리스도의 피로 죄 사함을 받는다고 하니까 덥석 달려들어 안주해 버리는 것입니다. 그러나 기독교의 핵심은 죄 사함에 있지 않습니다. 어떤 의미에서 죄 사함은 하나의 예비단계, 하나님과 진정한 관계를 맺기 전에 거치는 예비단계에 불과합니다.

기독교의 목적은 단순히 죄만 사해 주려는 데 있는 것이 아니라 온전히 회복시켜 하나님께 나아가게 하려는 데 있습니다. 사도 베드로는 "우리를 하나님 앞으로 인도"하시려고 그리스도가 세상에 와서 고난을 받으셨다고 말합니다(벧전 3:18). 기독 신앙의 핵심이 여기 있습니다. 기독교는 인간을 회복시켜 주며, 아담 안에서 누렸던 지위를 되찾아 줍니다. 이것이 사도 요한이 제시하는 진리로서, 반복하건대 이 진리를 고찰하는 것이 중요합니다. 이 진리를 깨닫고 붙잡지 못하면 참된 구원의 기쁨을 얻을 수 없으며, 그리스도인의 삶에 대한 자부심과 자유로움과 해방감도 얻을 수 없습니다. 신약성경은 그리스도인의 신분과 위치를 크게 강조합니다. 그런데 우리는 자신의 주관적인 기분이나 상태나 상황에 얽매여 시간을 낭비할 때가 많습니다. 우리 대부분의 주된 문제점은 자신이 누구이며 어떤 사람들인지, 그리스도 안에서 어떤 존재가 되었는지 깨닫지 못한 채 누군가의 표현대로 "영혼의 홍역과 볼거리"를 앓는 것입니다.

어떤 종류의 영적 침체든 최상의 치료책은 자신이 누구이며 어떤 사람인지 객관적으로 아는 것입니다. 이 방법은 거듭나지 않은 일반인들에게도 효과가 있습니다. 사람들은 자기 나라나 집안에 자부심을 느낍니다. 그 자부심이 어려운 위기 때마다 자극제와 원동력이 됩니다. 이 예를 영적인 영역으로 끌어올려 무한히 확장시키면, 신약성경이 그리스도인에게 말하는 바를 이해할 수 있습니다. 우리 앞에 있는 12-13절이 하는 말도 이것입니다. 요한은 우리 그리스도인들에게 가능한 일이 무엇이며 우리가 어떤 사람들이 되도록 작정되어 있는지 알려면 무엇보다 먼저 하나님의 아들이 세상에 오신 일, 즉 성육신의 영광스러운 진리를 깨달아야 한다고 말합니다. 그래서 그 진리를 서문의 중심에 두고 있습니다.

그러나 이 또한 구원의 전부는 아닙니다. 요한은 구원을 받으면 하나님의 자녀가 된다는 사실을 바로 일깨우고자 합니다. 저는 지난 설교를 마치면서 "하나님의 아들이 사람의 아들이 되심으로써 죄를 지은 사람의 아들들이 하나님의 아들이 되었다"라는 장 칼뱅의 말을 인용했습니다. 본문이 말하는 바가 바로 이것입니다. 제가볼 때 이 주제를 고찰하는 다음 단계는 다음과 같이 자문해 보는 것입니다. 우리는 그리스도인의 삶에 주어진 이 혜택을 누리고 있습니까? 그리스도인의 삶을 기쁨과 자유의 삶으로 여기고 있습니까? "하나님의 자녀들의 영광의 자유"를 조금이라도 알고 있습니까?(롬 8:21)

그리스도인의 삶은 단순히 의무를 수행하거나 과업을 수행하는 삶이 아닙니다. 억지로 자기 의지를 거슬러 살면서 약간의 보람을 느끼는 삶이 아닙니다. 그런 것은 기독교가 아닙니다! 한낱 종교일 뿐입니다! 종교적인 사람에게 전형적으로 나타나는 태도가 바로 그것입니다. 반면에, 그리스도인은 기쁨과 영광과 승리와 찬양이 넘칩니다. 신약성경은 그 이야기로 가득합니다. 그리스도인들이 얼마나 기쁨으로 충만했던지, 세상에서 사형을 선고받고 원형경기장에 사자 밥으로 던져졌을 때조차 하나님을 찬양했습니다. 그리스도를 위해 능욕받기에 합당한 자로 여겨 주심을 감사하며 하나님을 찬양했습니다.

그리스도인들이여, 사도 요한의 말에 비추어 자신을 점검해 보십시오. 우리도 그들과 같은 위치에 있습니까? 주님을 기뻐하고 있습니까? 주님을 기뻐하는 것이 자신의 힘이라고 고백할 수 있습니까? 그럴 수 없다면, 조금이라도 미심쩍거나 주저되는 바가 있다면, 자신이 그리스도 예수 안에서 어떤 존재가 되었는지 제대로 이해하지 못한 것이며 깨닫지 못한 것입니다. "영접하는 자 곧 그 이름을 믿는 자들에게는 하나님의 자녀가 되는 권세를 주셨으니." 우리가 던져야 할 질문은 이것입니다. 우리는 자신이 하나님의 자녀임을 알고 있습니까? 깨닫고 있습니까? 성경의 설명을 기계적으로 읽고 "우리는 그리스도를 힘입어 하나님의 자녀가 될 수 있다"라고 말하는 것만으로는 부족합니다. 반복하건대, 실제로 자녀의 삶을 누려야 합니다. 이론이나 머리로만 알면 안 됩니다. 실제적이고 경험적으로 알아야 합니다. 그러므로 생각으로나 삶으로나 마음으로나 이 점에 대해 조금이라도 미심쩍은 바가 있고 주저되는 바가 있다면, 처음부터 다시 점검해 보는 것이 가장 좋습니다.

신약성경은 우리가 하나님의 자녀임을 확실히 알 수 있도록 많은 시금석들을 제공하고 있습니다. 사실 그것은 당연한 일입니다. 신약성경은 바로 그리스도인들을 위해 기록된 책이기 때문입니다. 이 점을 잊지 맙시다. 복음서도 마찬가지입니다. 복음서는 세상이 아닌 교회를 위해 기록된 책입니다. 제가 볼 때 요즘 사람들은 이 점을 쉽게 잊어버리는 것 같습니다. 복음서는 신자들의 신앙을 격려하기 위해 기록된 책입니다. 서신서도 마찬가지입니다. 그러므로 신약성경이 거의 모든 곳에서 이런 시금석들을 적용하는 것도 그리 놀랄 일이 아닙니다. 물론 다른 책들에 비해 더 철저하게 이 일을 하는 책들도 있습니다. 요한일서는 거의 전적으로 이 목적을 위해 기록된 서신입니다. 한 주석가가 자신이 쓴 요한일서 주석서에 「생명의 시금석」이라는 제목을 붙였습니다.* 그만큼 요한일서는 이 문제와 관련된 훌륭하고 심오한 시금석들을 많이 제시하고 있습니다. 사도는 1장과 2장 여러 곳에서 "이렇게 하면, 또는 하지 않으면 너희의 신앙고백은 무가치하고 너희는 하나님께로부터 난 자가 아니며 참된 하나님의 자녀가 아니다"라고 주장합니다. 이런 식으로 여러 가지 시금석들을 제시해 줍니다. 그 밖에도 성경에 나오는 시금석들이 많이 있습니다.

사도 바울이 로마서 8:14에서 제시하는 분명한 시금석은 이것입니다. "무릇 하나님의 영으로 인도함을 받는 사람은 곧 하나님의 아들이라." 이것은 확신의 문제를 다루는 신약성경의 전형적인 방법입니다. 에베소서 5:1에서도 바울은 말합니다. "그러므로 사랑을 받는 자녀같이 너희는 하나님을 본받는 자가 되고." 그는 연이어 서로 사랑하고 도울 것을 명하며 삼가야 할 것들을 알려 줍니다. 우리

---

* 로우Robert Law, 「생명의 시금석: 요한일서 연구The Tests of Life: A Study of the First Epistle of St. John」(Kerr Lectures), 1909년 초판 발행, T. & T. Clark.

가 진정한 하나님의 자녀임을 확인하기 위해 사용할 수 있는 자원은 얼마든지 많습니다. 자신이 정말 하나님의 자녀인지 미심쩍은 생각이 듭니까? 바로 떠올릴 수 있는 인간사에 비추어서 자연스럽게 생각해 봅시다. 우리는 어떻게 친자 여부를 확인합니까? 어떻게 부모 자식 관계나 가족 관계를 확인합니까? 몇 가지 분명한 시금석이 있는데, 신약성경이 제시하는 순서에 따라 살펴보도록 하겠습니다.

앞서 보았듯이, 자신이 진정한 하나님의 자녀인지 확인하는 첫 번째 시금석은 주 예수 그리스도와 자신의 관계입니다. 이것이 출발점입니다. 왜 그럴까요? 하나님은 영이신데, 성경이 말하는 대로 "본래 하나님을 본 사람이 없으되 아버지 품속에 있는 독생하신 하나님이—친히 오심으로써 영이신 하나님을—나타내" 주셨기 때문입니다(요 1:18). "그는 육신으로 나타난 바" 되셨습니다(딤전 3:16). 그러므로 그에게서 출발해야 합니다.

또한 우리가 주 예수 그리스도에게서 출발해야 하는 것은, 그가 오셔서 그 모든 일을 하시지 않았다면 우리는 결코 하나님의 자녀가 될 수 없었을 것이기 때문입니다. 이 점은 이미 다루었으니 다시 다룰 필요가 없을 것입니다. 이것은 분명한 시금석입니다. 주 예수 그리스도와 우리의 관계를 살펴보면 우리가 하나님께로부터 난 자녀인지 아닌지 확인할 수 있습니다. 요한복음 서문은 우리가 이미 고찰한 세 단어로 이 시금석을 설명합니다. 우리는 그를 알고 있습니까? 이 세대의 통치자들은 알지 못했습니다. 그러나 그리스도인은 그가 누구신지 압니다. 그가 하나님의 아들이심을 압니다. 우리는 그를 영접했습니까? 바리새인과 서기관들은 영접하지 않았습니다. "자기 백성이 영접하지 아니하였으나." 또한 우리는 그의 이름을 믿고 있습니까?

요한은 자신의 첫 번째 서신 5:1에서 이 이야기를 하고 있습니다. "예수께서 그리스도이심을 믿는 자마다 하나님께로부터 난 자니." 그렇습니다. 여기에 믿음의 내용이 분명히 담겨 있지 않습니까? "믿는 자"란 예수가 그리스도시요 메시아시요 구원자이심을 믿는 자를 가리킵니다. "오, 그럼요. 주 예수 그리스도에 대한 사실들을 당연히 믿고말고요. 전 항상 그것을 믿어 왔습니다"라고 말하는 것만으로는 충분치 않습니다. 이렇게 말하는 사람은 사실상 믿지 않는 자임을 스스로 드러내는 것입니다. 예수가 그리스도이심을 믿는다는 것은 자신이 아무 소망 없는 죄인이요 사형선고를 받은 악한 죄인이라는 사실을 알고 고백한다는 뜻입니다. 더러운 누더기 같은 의義밖에 없는 나, 심령이 가난한 나, 내 삶을 보고 애통하는 나, 의에 주리고 목마른 나를 채워 줄 분이 오직 주님뿐임을 알고 고백한다는 뜻입니다. 이것이 믿음의 내용입니다. 기계적인 진술이나 지적인 동의만 하면 되는 것이 아닙니다. 절대 아닙니다! 그를 믿는다는 것은 자신을 전적으로 그분께 맡기고 의탁한다는 뜻이며, 주님 외에는 어디에서도 소망을 찾지 못한다는 뜻입니다. 이것은 아주 분명한 시금석입니다. "예수께서 그리스도이심을 믿는 자마다—그것을 믿는 자라야—하나님께로부터 난 자"입니다.

스스로 의롭다고 믿는 종교적인 사람들은 사실상 예수가 그리스도이심을 믿지 않는 것입니다. 입으로는 믿는다고 말하지만 실제로 자기 선을 의지하고 자기 삶과 행위를 의지하는 사람들은 예수가 그리스도이심을 믿지 않는 것입니다. 그들에게는 구주가 필요치 않습니다. 마치 "하나님이여, 나는 다른 사람들[과]……같지 아니함을 감사하나이다"라고 기도한 바리새인과 같습니다(눅 18:11). 그들은 그리스도가 십자가에서 죽으셔야만 했던 이유를 모릅니다. 그들은 하나님께로부터 나지 않았습니다. 반면에, 자신이 참으로 무력하고 절망적인 존재임을 깨닫고 그리스도 예수를 자랑하는 자들은 어떻게 하는지 빌립보서 3:3을 통해 알아보겠습니다. 사도 바울은 이렇게 요약하고 있습니다. "하나님의 성령으로 봉사하며 그리스도 예수로 자랑하고 육체를 신뢰하지 아니하는 우리가 곧 할례파라." 그렇습니다! 이것이 예수가 그리스도이심을 믿는다는 말의 의미입니다. 하나님께로 난 자는 "육체를 신뢰하지 아니하고", 메시아요 구원자이신 예수 그리스도를 자랑하며 그에게 자신을 전적으로 의탁합니다.

이 주제를 계속 다룰 필요는 없을 것입니다. 그러나 반드시 짚고 넘어가야 합니다. "영접하는 자에게는 하나님의 자녀가 되는 권세를 주셨으니." 여러분, 제가 이 말을 하는 것은 여러분을 위로하기 위해서입니다. 여러분은 에드워드 모트처럼 정직하게 고백할 수 있습니까?

내 소망 오직
예수의 피와 의에 있도다.
어떤 아름다운 토대도 마다하고
오직 예수의 이름에만 기대노라.

위태한 모래밭 대신

굳건한 반석 그리스도 위에 서리라.

이렇게 정직하게 고백할 수 있다면, 단언하건대 여러분은 하나님의 자녀입니다. 이 두 가지는 항상 같이 가게 되어 있습니다. "예수께서 그리스도이심을 믿는 자마다 하나님께로부터 난 자"입니다. 하나님께로부터 날 자가 아니라 하나님께로부터 난 자입니다. 이런 고백을 한다는 것 자체가 하나님께로부터 난 자라는 증거입니다. 첫 번째 시금석인 성자와 우리의 관계는 여기까지 다루도록 하겠습니다.

이제 두 번째 시금석인 성부와 우리의 관계를 살펴볼 차례입니다. 이 영역에도 무한히 많은 시금석들이 있는데, 그것들을 구체적으로 알려 드리겠습니다. 지금은 권면할 때가 아니라 점검할 때입니다. 제가 알기에 이보다 더 중요한 주제는 없습니다. 나는 하나님의 자녀입니까, 아닙니까? 하나님의 자녀는 어떤 것도 "우리를 우리 주 그리스도 예수 안에 있는 하나님의 사랑에서 끊을 수 없"기에 무슨 일이 닥쳐도 결국은 무사할 것을 압니다(롬 8:39). 이것은 세상에서 가장 크고 강력한 안전망입니다. 그렇다면 성부와 우리의 관계를 어떻게 검증할 수 있을까요? 자신이 하나님의 아들임을 어떻게 알 수 있을까요? 각 항목별로 여러 구절을 찾아가며 설명해 보겠습니다.

첫째로, 하나님의 자녀는 자신이 하나님께 속했다는 사실을 분명히 압니다. 자녀는 소속감을 느끼게 마련입니다. 자녀는 부모에게 속한 존재요 가족의 일원입니다. 일부러 믿으려 애쓰지 않아도 절로 그것을 알고 느낍니다. 그렇습니다. 논리적으로 증명할 필요가 없습니다. 절로 알게 됩니다. 자녀는 남들과 다른 관계를 아버지와 맺습니다. 의식 깊은 곳에서, 기본적으로 그 사실을 인식합니다.

하나님의 자녀도 마찬가지입니다. 하나님께 소속감을 느낍니다. 세상 사람들은 그런 소속감을 느끼지 못합니다. 그들이 보기에 하나님은 괴물이자 폭군일 뿐입니다. 하나님을 생각하면 두려움과 적개심이 솟아납니다. 그러나 그리스도인은―논리적으로 설명하거나 분석하거나 이해하지는 못하더라도―자신이 하나님과 그 백성의 무리에 속해 있음을 느끼고 감지하며 인식합니다. 성경에는 이에 대한 표현이 많이 나옵니다. 제가 볼 때 시편 73편 마지막 절도 그중에 하나입니다. 환난과 시험 속에서 비참한 심정을 토로하던 시인은 마침내 평정을 되찾고 이렇게 시를 끝맺습니다. "하늘에서는 주 외에 누가 내게 있으리요? 땅에서는 주밖에 내가 사모할 이 없나이다"(시 73:25). 그가 최종적으로 깨달은 바가 바로 이것이었습니다. 이제 자신은 경건치 못한 자들, "살찜으로 그들의 눈이 솟아나며" "죽을 때에도 고통이 없"는 자들의 성공에 개의치 않는다는 것입니다(시 73:7, 4). 전에는 그 때문에 괴로워했지만 이제는 괴로워하지 않는다는 것입니다. 이제 자신에게 중요한 분은 오직 하나님뿐이라는 것입니다!

여러분은 자신이 하나님의 자녀임을 알고 있습니까? 참으로 알고 있습니까? 아니면 하나님이 나와 상관없는 존재, 이따금 무섭게 떠오르는 존재에 불과합니까? 이를테면 하나님과 무난한 관계를 유지하기 위해 이런저런 일들을 해야 할 것 같은 부담감을 느낍니까? 여러분은 어느 쪽입니까? 알다시피 전자는 부모 자식 관계, 곧 자녀 의식을 느끼는 관계이고, 후자는 왕 내지는 황제와 평범하고 보잘것 없는 일반 국민의 관계, 곧 법적이고 외적인 관계입니다.

성부와 우리의 관계를 검증하는 두 번째 방법을 좀 더 자세히 설명해 보겠습니다. 하나님의 자녀는 하나님의 관점에서 삶을 바라봅니다. 자녀의 삶은 아버지와 엮여 있게 마련이므로 본능적으로 아버지의 관점에서 모든 것을 생각하고 바라보게 되어 있습니다. 아주 넓게 보면, 사도 바울이 아덴에서 사용했던 표현이 이에 해당됩니다. "우리가 그를 힘입어 살며 기동하며 존재하느니라"(행 17:28). 맞습니다. 그러나 이것은 철학적인 말입니다. 자녀는 여기에서 더 나아갑니다. 철학적으로 아는 것은 아니지만, 현실적으로 더 잘 압니다. '부전자전'이라는 말도 있듯이, 자녀는 모든 것을 아버지의 눈으로 바라봅니다. 제가 볼 때 이것은 아주 근본적이고 기초적인 사실인데도, 사람들은 쉽게 잊어버리는 경향이 있습니다.

반복하건대, 그리스도인은 항상, 으레 하나님의 관점에서 모든 것을 생각하고 바라보게 되어 있습니다. 말하자면 이것이 그들의 기본적인 시각이요 접근법입니다. 결국 우리는 두 가지 인생관 중 하나를 따라 살게 되어 있습니다. 하나님의 전적인 통치와 통제 아래 살든지, 아니면 하나님 없이 사는 것입니다. 하나님의 자녀는 하나님 중심의 삶, 하나님이 통제하시는 삶을 삽니다. 하나님의 친아들인 주님조차 "내가 스스로 아무것도 하지 아니하고 오직 아버지께서 가르치신 대로 이런 것을 말하는 줄도 알리라"라고 하셨으니다(요 8:28). 이 말씀의 요지는 "나는 아버지가 주신 것만 알고, 행하고, 말한다"라는 것입니다. 주님은 모든 삶의 중심을 하나님께 맞추셨습니다. 명백히 그렇게 하셨습니다. 그는 모든 면에서 하나님의 전적인 통제를 받으셨습니다. 무슨 일이 생기든 그의 통제를 받으셨습니다. 십자가의 죽음을 앞에 두고, 모든 사람의 죄를 담당할 때 닥치게 될 무서운 결과를 두려워하시면서도 "내 원대로 마시옵고 아버지의 원대로 되기를 원하나이다"라고 하셨습니다(눅 22:42). 모든 하나님의 자녀는 필연적으로 이렇게 하게 되어 있습니다. 이것은 본인도 깜짝 놀랄 만한 변화입니다.

세상에는 두 가지 시각이 있습니다. 요한은 첫 번째 서신에서 이 점을 분명히 밝힙니다. "이 세상이나 세상에 있는 것들을 사랑하지 말라. 누구든지 세상을 사랑하면 아버지의 사랑이 그 안에 있지 아니하니"(요일 2:15). 우리가 사랑해야 할 것이 무엇입니까? "하나님의 일"입니다(막 8:33). 그리스도인은 더 이상 세상에 매여 있지 않습니다. 물론 비그리스도인은 여전히 매여 있습니다. 그들은 세상의 관점과 범주에서 생각합니다. 그렇다고 그들이 다 악독한 죄인이나 난봉꾼이라는 말은 아닙니다. 오히려 아주 존경스러운 사람일 수 있습니다. 그럼에도 세상의 시각을 가진 세상의 사람이라는 사실에는 변함이 없습니다. 그에게는 하나님과 하나님의 계시가 개입할 여지가 전혀 없습니다. 자신과 다른 사람의 이성을 의지하며, 인간의 지식과 학문을 의지합니다.

물론 그리스도인도 실수하고 실패할 수 있습니다. 그럼에도 그들의 모든 삶은 근본적으로 하나님께 매여 있습니다. 그들은 세상을 어떻게 바라볼까요? 아, 더 이상 예전의 눈—세상적인 눈—으로 바라보지 않습니다. 세상을 꿰뚫어 봅니다. "세상을 이기는 승리는 이것이니 우리의 믿음이니라"(요일 5:4). 그리스도인은 "육신의 정욕과 안목의 정욕과 이생의 자랑"을 알아봅니다(요일 2:16). 비그리스도인은 알아보지 못합니다. 오직 그리스도인만 알아봅니다. 왜 그럴까요? 하나님의 자녀이기 때문입니다. 그리스도인은 참으로 놀랍고 영광스러운 것이 무엇인지 알기에 더 이상 세상을 멋지게 생각하지 않습니다.

그렇다면 그리스도인의 생각이나 전반적인 사고는 어떨까요? 생각의 기조는 어떨까요? 오, 이것은 중요한 문제입니다! 이 이야기를 오래 할 필요는 없을 것입니다. 그러나 저는 사람들의 말과 실제 생각의 차이가 얼마나 큰지 점점 더 확인하게 됩니다. 낱낱의 말을 들어 보면 참된 그리스도인이요 하나님의 자녀 같은데, 실제 생각의 기조를 살펴보면 전혀 그렇지 않은 이들이 있습니다. 올바른 문구를 익혀 앵무새처럼 되풀이한다고 실제 생각도 하나님의 자녀답게 하는 것은 아닙니다. 정말 하나님의 자녀인지 아닌지 확인하려면 근본적인 시각과 태도를 살펴보아야 합니다. 물론 자녀도 실족할 수 있고, 아주 틀린 말—심지어 그것만 들으면 신앙이 없는 것처럼 보이는 말—을 할 수 있습니다. 그러나 전체적인 시각과 분위기나 말투를 보면 하나님의 자녀임을 알 수 있습니다. 오, 사랑하는 여러분, 이 점을 분명히 알아야 합니다. 우리의 생각은 경건합니까? 성경적입니까? 이것은 모든 종류의 생각에 해당되는 질문입니다. 반복하건대, 그리스도인은 모든 것을 아버지의 관점에서 바라보게 되어 있습니다.

좀 더 나아가 보겠습니다. 어떤 순서로 말해야 좋을지 분별하기가 매우 어렵지만, 분명한 사실 한 가지는 자녀에게는 사랑이 있다는 것입니다. 하나님의 자녀에게는 하나님을 사랑하는 마음이 있습니다. "귀신들도 믿고 떠느니라"(약 2:19). 귀신들은 하나님을 믿지만 미워합니다. 그러나 자녀는 사랑합니다. 사도 바울은 "육신의 생각은 하나님과 원수가 되나니 이는 하나님의 법에 굴복하지 아니할뿐 아니라 할 수도 없음이라"라고 했습니다(롬 8:7). 이것은 자녀와 정반대되는 모습입니다. 자녀는 하나님을 사랑합니다. 자신이 잠깐 잘못해도 아버지가 여전히 사랑해 주심을 알고 감사를 드립니다. 그리스도인은 하나님이 누구신지 알며 그가 귀한 아들을 통해 해주신 일이 무엇인지 알기에 감사드리지 않을 수가 없습니다. 자신을 구원하기 위해 말씀이 육신이 되어 인간 가운데 거하신 것을 믿는 자는 당연히 감사하게 되어 있고, 하나님께 사랑을 느끼게 되어 있습니다. 습관적이거나 관습적이거나 관례적이거나 율법적이거나 두려움에서 비롯된 관계가 아니라 본질적으로 감사하고 찬양하며 고마워하고 사랑하는 관계를 맺게 되어 있습니다. 이것은 필연적인 결과입니다.

요한은 자신의 서신에서 그 뚜렷한 차이를 밝히고 있습니다. "만일 우리가 하나님과 사귐이 있다 하고 어둠에 행하면……"(요일 1:6). 물론 말도 중요합니다. 그러나 진정한 시금석은 그가 어떤 사람이냐 하는 것입니다. "품행이 곧 그 사람이다"라는 말이 있습니다. 품행을 보면 그가 어떤 사람인지 알 수 있다는 것입니다. 기독교적인 의미에서는 더욱 그렇습니다. 간단하지만 심오한 질문을 자신에게 던져 봅시다. 하나님에 대한 우리의 감정은 무엇입니까? 사랑입니까? 제 질문은 온 마음과 목숨과 뜻과 힘을 다해 하나님을 사랑하느냐는 것이 아닙니다. 그 대답은 이미 알고 있습니다. 제 질문은 스스로 하나님을 사랑함을 아느냐는 것입니다. 다음과 같이 말할 수 있느냐는 것입니다.

> 주여, 제 사랑 작고 약한 것이
> 큰 불만이오나

그리고 연이어 이렇게 고백할 수 있습니까?

> 그래도 주를 사랑하고 경배하오니,
> 오, 더 사랑하는 은혜를 주소서.
> ─윌리엄 쿠퍼William Cowper

그렇습니다! 자녀는 이렇게 말합니다. 자녀는 자신의 사랑이 보잘것없다는 것, 작고 미약하다는 것, 빈약하다는 것을 압니다. 그러나 그런 사랑도 사랑입니다. 흔들리는 사랑도 사랑입니다. 아무리 사랑이 미약해도 하나님이 그들의 아버지라는 사실에는 변함이 없습니다.

세 번째 시금석을 오해하지 않도록 네 번째 시금석을 바로 알려드리겠습니다. 그 시금석은 존경입니다. 존경은 아버지의 이름에 합당한 참된 자녀에게 반드시 나타나는 요소입니다. 자녀는 아버지를 사랑하는 동시에 존경합니다. 아버지의 명령과 지시가 싫을 때도 있지만 근본적으로는 아버지를 존경합니다. 존경하지 않는 자녀와 존경받지 못하는 아버지는 아주 불쌍한 사람들입니다.

　현대인은 이 점을 이해하기 어려울 수도 있습니다. 어떤 연로한 설교자가 "하나님 곧 우리 주 예수 그리스도의 아버지"라는 사도 바울의 말을 설교하면서 "바울은 왜 하나님을 이렇게 표현했을까요? 왜 그냥 '그리스도의 아버지'라고 하거나 '우리 아버지 하나님'이라고 하지 않았을까요?"라고 물었던 것이 기억납니다. 저는 그 설교자의 설명이 상당히 마음에 들었습니다. 그는 이렇게 말했습니다. "우리는 이 표현에서 성령의 친절한 배려를 발견하게 됩니다. 안타깝게도 '아버지'라는 말을 들을 때 사랑과 자비와 선함과 관심과 정의와 긍휼을 떠올리지 못하는 이들이 많다는 것을 성령은 아십니다. '아버지'라는 말을 들을 때 오히려 공포와 두려움의 대상, 술 취한 짐승의 모습을 떠올리는 이들이 많음을 아시는 것입니다. 만약 성경이 '우리 아버지 하나님'이라고 했다면 그런 이들은 도움을 받기는커녕 오히려 오해를 했을 것입니다. 그래서 성령이 '하나님 곧 우리 주 예수 그리스도의 아버지'라고 말하도록 사도를 인도하신 것입니다. 우리는 그리스도의 모습을 봅니다. 그에 대한 기록을 읽습니다. 그는 아버지를 닮으셨습니다. 그러므로 그의 아버지는 내 아버지와 다르시다는 것을 알 수 있습니다."

　우리가 살고 있는 이 시대는 아버지다운 것이 무엇이며 아들다운 것이 무엇인지 제대로 알지 못합니다. 이것이 오늘날 훈육의 붕괴를 가져온 원인인 것이 분명합니다. 문제는 이것입니다. 요즘 아이들이 부모를 존경하거나 아버지를 존경합니까? 그렇다고 아이들과 젊은이들만 너무 몰아붙이지는 맙시다. 청소년들이 비행을 저지르고 어린아이들과 젊은이들이 실패하는 책임은 확실히 부모에게 있습니다. 부모가 일차적인 책임을 져야 합니다. 신문이나 문학작품들을 읽어 보면 오늘날 부모에 대한 존경심을 찾아보기가 힘들다는 것, 우리가 목도하고 있는 반항의 부분적인 원인은 부모답지 못한 부모, 자녀의 존경을 받을 만하지 못한 부모에게 있다는 것을 알게 됩니다.

그러나 하늘에 계신 아버지와 자녀의 관계에서는 당연히 존경심이 절대적인 중심요소이자 필수요소입니다. 많은 이들이 쉽게 "하나님을 사랑한다"라고 말하는데, 그런 말은 아무 가치가 없습니다. 친하고 편한데도 떨리는 관계가 있습니다. 신약성경은 유치한 감상주의를 가르치지 않습니다. "사랑하는 하나님" 같은 표현을 쓰지 않습니다. 이런 식으로 하나님을 친밀하게 부르는 것을 영성의 표시로 여기는 자들이 있는데, 성경은 한 번도 그런 표현을 쓰지 않습니다. 하나님의 아들조차 그를 "거룩하신 아버지"라고 부르셨고, 우리에게도 "하늘에 계신 우리 아버지여—우리 아버지가 맞습니다! 그러나 하늘에 계신 분입니다—이름이 거룩히 여김을 받으시오며"라고 기도하라고 가르치셨습니다. 사랑과 존경은 양립 불가능한 것이 아닙니다. 실제로 이 두 가지는 같이 갑니다. 존경이 없는 사랑은 사랑이 아닙니다. 로맨틱 영화에 나오는 유치한 감상주의를 보십시오. 그것은 사랑이 아닌 욕정이요 유치한 열병입니다. 사랑에는 반드시 존경이 따르는 법입니다. 하나님을 향한 사랑은 특히 더 그렇습니다. 참된 자녀는 아버지를 사랑할 뿐 아니라 전지하고 전능하신 분으로 존경하며 우러러봅니다. 참된 부모 자녀 관계에는 반드시 존경이 나타나게 마련입니다.

말로만 "하나님을 늘 사랑합니다"라고 하지 맙시다. 하나님을 존경합니까? 거룩한 두려움을 느낍니까? 비겁한 두려움을 느끼느냐는 것이 아닙니다. "두려움에는 형벌이 있음이라"라고 할 때 그런 두려움을 느끼느냐는 것이 아닙니다(요일 4:18). 히브리서 기자가 "경건함과 두려움으로 하나님을 기쁘시게 섬길지니 우리 하나님은 소멸하는 불이심이라"라고 할 때 그 두려움을 느끼느냐는 것입니다(히 12:28-29). "성소에 들어갈 담력을 얻었나니"라고 말한 사람이 이 말도 했다는 점을 기억하십시오(히 10:19). 거룩한 담력과 존경은 모순되지 않습니다. 경배와 경외는 모순되지 않습니다. 실제로 이 두 가지는 같이 갑니다. 이 두 가지를 분리시키면 어김없이 길을 잃게 되며, 하나님을 자애롭기만 한 아버지—만사를 눈감아 주며 못본 체하는 아버지, 모든 사람을 사랑하는 아버지, 성자를 믿든 말든, 어떤 모습 어떤 모양으로 살든 말든 개의치 않고 모든 사람을 천국에 보내 주는 아버지—로 여기게 됩니다. 그렇습니다! 사랑과 존경은 같이 갑니다! "하늘에 계신 우리 아버지여, 이름이 거룩히 여김을 받으시오며 나라가 임하시오며……."

다섯 번째 특징, 다섯 번째 시금석은 가족을 자랑스러워하는 것입니다. 늘 그렇지 않습니까? 가족에 대한 자부심은 잘못된 것이 아닙니다. 오히려 정당한 것입니다. 훌륭하고 건전한 것입니다. 자녀는 가족을 인생 최고의 선물로 여기며 자랑합니다. 물론 건전한 자부심도 죄가 끼어들어 오용하면 악하고 이기적인 것으로 변질됩니다. 국가에 대한 자부심도 마찬가지입니다. 그 자체는 잘못된 것이 아닙니다. 신약성경은 자연스러운 애국심을 못마땅해하거나 정죄하지 않습니다. "옳든 그르든 내 나라가 먼저다!"라고 할 때만 죄가 되는 것입니다. 이런 구성단위들을 만드시고 정하시며 존재케 하신 분은 하나님입니다. 자신이 태어나고 속한 가족과 자리를 자랑스러워하는 것은 자연스러운 반응입니다. 우리는 하나님의 자녀라는 사실을 자랑스러워합니까? 인생 최고의 선물로 여깁니까? 하나님과 기독교와 신앙에 대해 이야기하기는 쉽습니다. 오, 그러나 새롭게 태어난 하나님의 자녀, "혈통으로나 육정으로나 사람의 뜻으로 나지 아니하고 오직 하나님께로부터 난" 자녀는 자신에게 무슨 일이 일어났는지 알고, 자신의 신분에 자부심을 느끼며, 그 신분을 자랑합니다. 이것을 인생 최고의 크고 놀라운 선물로 여깁니다.

논리적인 순서상 당연히 뒤따르는 여섯 번째 시금석은 하나님을 더 알고 싶어 한다는 것입니다. 아이는 아버지와 놀기를 좋아합니다. 밤마다 아버지를 기다리다가 아버지가 돌아오는 즉시 달려들고 매달립니다. 가지고 놀던 장난감도 저만치 집어던지고 잊어버린 채 아버지하고만 놀려 듭니다. 이것이 자녀의 본능이요 천성입니다. 영적인 영역에서도 마찬가지입니다. 저는 헨리 드러먼드Henry Drummond가 「영적인 세계의 자연법칙Natural Law in the Spiritual World」이라는 책에서 주장한 내용에는 동의하지 않습니다만, 영적인 영역에도 자연법칙이 있고 그 법칙을 따라야 한다는 말은 옳다고 생각합니다. 우리는 하나님을 더 알고 싶어 합니까? 세상의 위대한 인물들은 더 알고 싶어 하지 않습니까? 우리는 위대한 인물들을 알고 지내는 특권을 얻고 싶어 합니다. 그런 특권에 대해 이야기하고, 그런 특권 얻는 것을 자랑스러워하며, 그런 특권을 얻기 위해 돈을 씁니다. '상류층' 내지는 '상위 10퍼센트'에 편입되고 싶어 합니다. 오, 사랑하는 여러분, 이 법칙, 이 자연법칙에 비추어 자신을 점검해 보십시오. 여러분은 하나님을 더 알고 싶어 합니까? 가능한 한 그 앞에서 많은 시간을 보내고 싶어 합니까? 그와 함께 있기 위해 기꺼이 다른 것들을 밀어 두고 잊어버립니까? 이 말이 무슨 뜻인지 여러분도 알 것입니다. 여러분은 성경이나 기도회나 그리스도인들의 모임을 통해 하나님을 만나며, 부분적으로는 그 방법을 통해 하나님을 알아 갑니다. 그러나 스스로, 좀 더 직접적인 방식으로도 하나님을 알아 가야 합니다.

더 나아가 이 항목에 속한 일곱 번째 시금석을 말씀드리겠습니다. 물론 다른 시금석들도 있지만 오늘은 여기까지만 다루겠습니다. 부모가 평소와 다른 특별한 사랑의 징표를 주거나 칭찬을 하거나 만면에 미소를 띠거나 깊은 사랑의 표현을 해주는 것보다 가슴 벅찬 일이 또 있을까요? 자녀의 인생에 그보다 더 가슴 벅찬 일은 없습니다. 어떤 것도 그에 비할 수가 없습니다. 영적인 영역에서도 마찬가지입니다.

하나님이 내게 사랑을 표현해 주시고 나타내 주시는 것, 더 가까이 다가와 주시는 것, 이를테면 하나님이 날 사랑하시며 기뻐하신다는 표시나 영적인 감동이나 마음을 어루만져 주시는 애정을 주시는 것이야말로 인생 최고의 기쁨이자 감격이라고 진심으로, 솔직하게 말할 수 있습니까? 하나님의 미소를 볼 수만 있다면, 그 영원한 사랑으로 날 사랑하신다는 다정한 사랑의 표현을 받을 수만 있다면 세상 전부라도 기꺼이 내놓겠다고 솔직하게 말할 수 있습니까? 삶 속에서 듣거나 겪거나 아는 그 어떤 일도, 여러분이 하나님의 자녀이며 하나님이 여러분을 사랑하신다는 것을 친히 알려 주시는 그 순간에 미치지 못한다고 말할 수 있습니까? 이것은 오직 하나님의 자녀만 할 수 있는 말입니다. 오직 하나님의 자녀만 이것을 경험하고 이렇게 고백합니다.

하나님은 이처럼 "무서워하는 종의 영"이 아닌 "양자의 영"을 우리에게 주어 "아빠 아버지"라고 부르게 하시려고 독생자를 세상에 보내 주셨습니다!(롬 8:15)

17

성부와 우리의 관계

성부의 목적

영접하는 자 곧 그 이름을 믿는 자들에게는 하나님의 자녀가 되는 권세를 주셨으니 이는 혈통으로나 육정으로나 사람의 뜻으로 나지 아니하고 오직 하나님께로부터 난 자들이니라. 요 1:12-13

우리는 하나님의 자녀가 되는 방법을 살펴보았고, 지난주부터는 우리가 정말 하나님의 자녀가 되었는지 점검하며 확인해 보는 중입니다. '하나님의 자녀가 되는 일'은 단순한 흥밋거리나 이론적 진리가 아닙니다. 하나님은 우리가 지적이고 기계적인 성경 연구에 머물게 두시지 않습니다. 그런 연구는 거의 아무런 도움이 되지 못합니다. 지식으로 머리는 부풀려 줄지 몰라도, 개인의 경험 및 매일의 삶과 일상에는 영향을 끼치지 못합니다. 우리가 받은 특권을 확신하지 못하고 하나님이 우리에게 자녀의 권세와 권리를 주셨다는 말씀의 의미를 이해하지 못한 상태에서 서문을 계속 연구하는 것은 무의미한 일입니다. 그래서 우리는 서문의 중대하고 영광스러운 진술에 따라 우리가 정말 하나님의 자녀가 되었는지 점검하는 작업을 시작했고, 인간사에 비추어 가며 계속 그 점을 살펴보고 있는 중입니다.

지난번에는 성자와 우리의 관계부터 점검해야 하는 이유를 고찰했습니다. 우리에게 자녀의 권리를 주시는 분이 바로 하나님의 독생자이기 때문에, 그 이름을 믿지 않으면 하나님의 자녀가 될 수 없기 때문에 그 관계부터 점검해야 한다는 것을 알았습니다. 그러고 나서 성부와 우리의 관계를 고찰하되 주로 주관적인 관점에서, 즉 하나님 아버지와 우리의 개인적인 관계 및 그 관계에 대한 우리의 인식이라는 관점에서, 아버지를 향한 사랑과 새 신분에 대한 자부심, 아버지를 알고자 하는 갈망, 아버지에 대한 존경심이라는 관점에서 살펴보았습니다. 그러나 아직도 살펴볼 점들이 남아 있습니다. 우리가 주관적인 시금석부터 살펴본 것은, 그것이 부모 자녀 관계에 첫 번째로 나타나는 특징이기 때문입니다. 그러나 자기기만의 위험성이 늘 있기에, 그 시금석들만큼 가치 있고 긴요한 시금석들을 더 살펴보아야 합니다. 많은 시금석들을 적용할수록 우리에게 더 유익하고 우리 신분도 더 안전해집니다. 이번에는 우리가 하나님의 자녀라는 것을 알 때 필연적으로 따라오는 결과가 무엇인지 알아보겠습니다. 이 시금석들은 좀 더 실제적인 성격을 띠고 있습니다.

예를 들어 다음과 같은 시금석이 있습니다. 성부와 우리의 관계를 검증하는 여덟 번째 시금석은, 자녀는 늘 부모의 일에 관심을 갖는다는 것입니다. 이것은 지난번에 지적한 특징들과 논리적으로 연결되는 특징입니다. 아버지를 자랑스러워하고 아버지와 자신의 관계를 자랑스러워하는 자녀는 자연히 아버지의 일에 관심을 갖게 되어 있습니다. 이것은 우리가 경험을 통해 잘 알고 있는 사실입니다. 영적인 영역에서도 마찬가지입니다. 그러므로 우리 자신에게 실제적인 질문을 던져 봅시다. 우리는 하나님의 이름과 하나님의 이름이 영광을 얻는 일에 얼마나 큰 관심을 가지고 있습니까?

알다시피 국민들은 자기 나라의 이름을 자랑스러워합니다. 현 상황이 바로 그 증거입니다.* 영국도 과거에 그러했다는 것을—오늘날의 지위나 실상과는 별개로—우리는 잘 알고 있습니다. 가문도 마찬가지입니다. 사람들은 자기 가문의 이름을 자랑스러워합니다. 가문과 부모의 이름에 영광이 되는 일이라면, 왕조나 가문의 시조에게 영광이 되는 일이라면 무엇이든 마다치 않습니다.

성경은 하나님의 영광에 대한 이 갈망이 자녀에게 항상 나타난다는 점을 분명하고도 확실하게 밝히고 있습니다. 신약성경뿐 아니라 시편을 비롯한 구약성경 여러 곳에 그 구절들이 나옵니다. 예컨대 애가를 보십시오. 예레미야가 얼마나 괴로워합니까! 자기 자신이나 자기 처지 때문에 괴로워한 것이 아닙니다. 하나님의 이름이 모독당하는 현실 때문에 괴로워한 것입니다. 이스라엘이 실패한 것도 비통한 일이었지만, 하나님의 이름이 열국 앞에서 비천해진 것은 더더욱 비통한 일이었습니다. 그래서 그는 울었습니다. 애가에는 그의 감정이 아주 사적이면서도 극적이고 강렬하게 묘사되어 있습

---

* 1963년 1월 말, 프랑스 드골 대통령이 영국의 유럽경제공동체(EEC) 가입에 첫 번째 거부권을 발동한 일을 가리키는 말인 듯하다.

니다. 그는 자기 눈에서 눈물이 물같이 흘러내린다고, 자기 마음이 녹아내리고 무너져 내린다고 말합니다. 하나님의 이름이 더러워지고 땅에 떨어졌다는 것 때문에 비통한 심정을 주체치 못합니다.

오늘날 적용하기에 아주 좋은 시금석이 바로 이것입니다. 여러분도 하나님의 이름이 모독당하고 매도당하는 것을 볼 때 비통함을 느낍니까? 상처를 받습니까? 그리스도인은 하나님을 모독하는 말을 들으면서 재미있어 하지 않습니다. 재치있는 말로 여기지 않습니다. 하나님의 지극히 거룩한 이름을 건드리는 것을 아주 싫어합니다. 누가 그런 말을 하면 아주 비통해합니다. 참고 견디질 못합니다. 그러므로 다음과 같이 묻는 것은 아주 좋은 시금석이 됩니다. 하나님을 모독하는 말을 들을 때 우리는 어떤 느낌이 듭니까? 마치 자기 자신이 모독당한 듯한 느낌이 듭니까?

더 나아가 다음과 같은 점들도 생각해 봅시다. 우리는 세상과 모든 피조세계가 하나님께 속한 하나님의 것임을 알고, 그 관점에서 모든 것을 향유하고 있습니까? 우리는 어떤 세계관을 가지고 있습니까? 어떤 우주관을 가지고 있습니까? 하나님의 자녀는 세상을 "주의 손가락으로 만드신" 작품으로 봅니다(시 8:3). 그의 손으로 빚으신 영광스러운 창작물로 봅니다. 하나님의 관점에서 인류와 역사 전체와 세상에 일어난 일들을 바라보며, 하나님의 관점에서 지금 세상에 살고 있는 인류를 바라봅니다. 인간이 인간을 만든 것이 아니라 하나님이 인간을 만드셨음을 압니다. 인간은 하나님의 존재와 영광과 위엄을 반영하는 존재임을 압니다.

이제 우리가 적용할 시금석이 되는 질문은 이것입니다. 우리의 창조관은 무엇입니까? 하나님을 배제하고 모든 것을 하나님 없이 설명하는 과학 이론을 기꺼이 채택하고 있는 것은 아닙니까? 세상을 어떤 폭력적인 세력이나 무생물적인 힘의 발현으로 여깁니까, 아니면 하나님이 만드신 피조물로 여깁니까? 하나님의 자녀인 그리스도인은 세상을 하나님의 영토와 소유물로 여겨 즐거워하고 기뻐하며 관심을 쏟습니다. 자기 자신만을 위해 이기적으로 살지 않습니다. 세상은 아버지가 만드시고 지금도 붙잡고 계신 아버지의 것이기에, 세상에 있는 모든 것에 관심을 쏟습니다.

이 점은 훨씬 더 시급한 관련성이 있는 시금석으로 연결됩니다. 그리스도인에게 특별히 나타나는 특징은 하나님이 세상에 대해 목적을 가지고 계심을 안다는 것입니다. 요즘 같은 시대에는 특히 "하나님이 인류와 온 세상에 대해 목적을 가지고 계심을 아느냐?" 하는 것이야말로 가장 훌륭하고 정교한 시금석이 된다고 저는 생각합니다. 이것을 아는 사람은 그리스도인들뿐입니다. 그리스도인들 외에는 아무도 이것을 믿지 않습니다. 하나님을 믿는다고 하지만 기독교적인 관점을 가지고 있지 않고 성자에 대한 진리를 믿지 않는 사람, 중생하지 못한 사람, "혈통으로나 육정으로나 사람의 뜻으로 나지 아니하고 오직 하나님께로부터" 나지 못한 사람은 하나님의 목적을 알지도 못하고 이해하지도 못합니다. 심지어 거듭나서 믿음을 가지고 있는데도 하나님의 목적에 대해 아는 바가 거의 없는 이들 또한 많은 것 같습니다.

이번에도 인간사에 비추어서 생각해 보면, 이 점을 분명히 이해하는 데 도움이 될 것입니다. 신생아는 지각이 거의 없는 상태이

·기 때문에 지금 우리가 이야기하는 부모의 일에 대해 전혀 생각할 수가 없습니다. 지각이 자란다는 것은 그만큼 성장하고 발전한다는 표시입니다. 그래서 이것이 시금석이 되는 것입니다. 그리스도인—특별히 성숙한 그리스도인—은 하나님이 세상에 대해 큰 목적을 가지고 계심을 알며 그 목적에 관심을 갖습니다. 자신도 그 목적 덕분에 그리스도인이 되었음을 압니다. 창조된 인간이 타락했을 때 이미 하나님이 구속과 구원의 큰 계획과 목적을 세우셨음을 알며, 성경 이야기 속에서 그 계획과 목적이 어떻게 이루어져 왔는지 압니다. 그리스도인은 역사에 주목하지만, 그렇다고 세속 역사에 진정한 관심을 갖는 것은 아닙니다. 또 다른 역사, 구속의 역사, 구원의 역사를 침해하거나 실증하는 경우에 한해서 관심을 갖습니다. 하나님의 목적은 모든 시대에 걸쳐 이루어져 왔으며, 온갖 반대에도 불구하고 장차 영광스럽게 완성될 것입니다. 하나님의 자녀는 그 목적에 지대한 관심을 갖게 되어 있습니다.

이번에도 인간사에 비추어 생각해 보십시오. 아버지는 중대한 계획이나 목적이 있을 때 자녀에게 알려 줍니다. 자녀가 그 계획에 관심이 있고 그 계획에 대해 알고 싶어 한다는 것을 알기 때문입니다. 아무한테나 알려 주지는 않습니다. 가족들한테만 은밀히 알려 줍니다. 그 계획과 목적은 실행에 옮겨지고, 마침내 놀라운 결과를 가져옵니다. 자녀는 그 비밀에 참여합니다. 신약성경이 말하는 바가 바로 이것입니다. 신약성경은 "하나님의 비밀", 곧 구속이라는 중대한 계획과 목적에 대해 알려 줍니다. 이 계획은 세상에 감추어져 있다는 점에서 비밀입니다. 사도 바울은 고린도전서에서 이 점을 완벽하게 설명해 주고 있습니다.

오직 은밀한 가운데 있는 하나님의 지혜를 말하는 것으로서 곧 감추어졌던 것인데 하나님이 우리의 영광을 위하여 만세 전에 미리 정하신 것이라. 이 지혜는 이 세대의 통치자들이 한 사람도 알지 못하였나니 만일 알았더라면 영광의 주를 십자가에 못 박지 아니하였으리라. 기록된 바 "하나님이 자기를 사랑하는 자들을 위하여 예비하신 모든 것은 눈으로 보지 못하고 귀로 듣지 못하고 사람의 마음으로 생각하지도 못하였다" 함과 같으니라. 오직 하나님이 성령으로 이것을 우리에게 보이셨으니 (고전 2:7-10).

놀라운 점은 하나님이 자녀들에게 이 비밀을 알려 주신다는 것입니다. 거듭 말하지만, 세상은 하나님의 은밀한 목적을 전혀 알지 못합니다. 우주 전체를 재창조해서 원래 모습으로 회복시키신다는 계획, 아니 그보다 훨씬 더 놀라운 모습으로 회복시키신다는 계획, 하나님의 자녀들로 세상을 가득 채우신다는 중대한 계획을 전혀 알지 못합니다. 이것이 세상에 대한 하나님의 목적입니다. 그 목적은 지금도 계속 진행되는 중입니다. 통찰력을 얻은 하나님의 자녀는 이 사실을 알고 주시합니다. 그렇다고 세속 역사에는 아무 관심 없이 신문조차 읽지 않는다는 뜻은 아닙니다. 다만 신문 기사에 매달리지 않는다는 뜻이며, 정치인들의 활동에 모든 희망을 걸지 않는다는 뜻입니다.

상황은 호전되는가 싶다가도 금세 악화된다는 것을 우리는 알고 있습니다. 늘 그래 왔습니다. 문명의 역사는 부침을 겪게 마련이며, 결국 실질적인 진보는 이루어지지 않습니다. 전진과 후퇴를 거듭할 뿐입니다. 우리는 이 사실에 놀라거나 낙담하지 않습니다. 상황이 아주 절망적으로 악화되고 있다고 생각하지 않습니다. 그렇습니다! 우리는 모든 사건을 관장하는 목적이 있음을 압니다. 모든 사건 안에서, 모든 사건을 통해 이루어지는 목적, 모든 사건에 영향을 주는 하나님의 독자적인 목적이 있음을 압니다. 하나님의 자녀가 되어 이 신비한 비밀을 알게 되면 온통 그 생각에 사로잡혀 지대한 관심을 쏟게 마련입니다. 이제 제가 묻고 싶은 점은 이것입니다. 여러분은 이러한 하나님의 목적을 생각할 때 가슴이 벅차오릅니까? 하나님의 자녀는 이 위대한 목적에 큰 관심을 쏟게 되어 있습니다.

하나님 나라와 관련된 성경의 중대한 가르침을 좀 더 세분해서 살펴보겠습니다. 주님이 주로 전하신 주제가 이것이었습니다. 구약 성경이 계속 이야기한 주제도 이것이었고, 선지자들이 관심을 쏟은 주제도 이것이었습니다. 주님과 사도들은 이 나라―'이미 와 있는' 나라, '지금 오고 있는' 나라, '장차 올' 나라―를 전했습니다. 교회의 관점에서―교회는 하나님 나라의 현재 형태이므로―더 쉽게 설명해 보겠습니다. 하나님의 자녀는 하나님 나라의 시민입니다. 자녀와 시민은 서로 바꾸어 쓸 수 있는 단어들입니다. 사도 바울은 "우리의 시민권은 하늘에 있는지라"라고 했습니다(빌 3:20). 당연합니다! 우리는 "성도들과 동일한 시민이요 하나님의 권속"입니다(엡 2:19). 두 가지다 맞는 말입니다. 우리는 하나님의 자녀인 동시에 하나님 나라의 시민입니다. 하나님 나라의 현재 형태이자 그리스도의 몸인 교회의 일원입니다.

교회는 살아 계신 하나님의 것입니다. 그러므로 다음과 같이 아주 간단하고 실제적인 질문으로 자신을 점검해 볼 수 있습니다. 우리는 하나님의 교회와 나라에 관심이 있습니까? 교회의 상태에 관심이 있습니까? 요즘 같은 때 우리가 하나님의 자녀인지 아닌지 검증해 보기에 이보다 더 좋은 시금석은 없습니다. 교회는 하나님의 공동체요 하나님의 백성입니다. 눈에 보이지 않는 하나님 나라는 지금 이 땅에서 교회의 형태로 존재합니다. 그러므로 하나님의 교회를 염려하며 교회에 관심을 갖느냐 하는 것보다 더 확실하게 성부와 우리의 관계를 검증해 주는 시금석은 없습니다.

이 시금석이 어떻게 작용하는지는 여러분도 알 것입니다. 이것은 성부와 우리의 관계를 검증해 주는 시금석일 뿐 아니라 우리가 그 관계 안에서 얼마나 성장했느냐를 검증해 주는 시금석이기도 합니다. 자녀는 아버지와 가족의 일에 점점 더 관심을 갖게 마련입니다. 그 관심은 나이가 들수록 더 커지고 진지해집니다. 어릴 때는 주로 자기 자신이나 자기 즐거움, 자기 행복, 아버지가 주는 혜택에 관심을 갖습니다. 그것은 잘못된 것이 아니라 아주 자연스러운 현상입니다. 흔히 말하듯이 아이의 몸에 어른의 머리가 얹혀 있을 수는 없는 노릇입니다. 중요한 점은, 자녀가 점점 자라고 성숙해질수록 자기 자신과 자기가 얻는 혜택에 대한 관심은 줄어드는 반면 하나님의 이름과 영예와 영광에 대한 관심은 커진다는 것이며 하나님과 그 일의 성공에 대한 관심은 커진다는 것입니다. 이처럼 교회에 대한 관심의 정도는 하나님의 자녀라는 신분을 검증하기에 아주 좋은 시금석입니다. 우리는 어떤 태도로 교회를 대합니까? 어떤 태도로 예배당에 옵니까? 무언가를 얻기 위해 옵니까? 하나님 나라의 도래와 완성을 바라기 때문에 옵니까?

다른 말로 물어 보겠습니다. 하나님의 교회가 멸시와 조소와 조롱과 모독을 당할 때 비통한 마음이 듭니까? 오늘날 교회를 조롱하는 태도가 만연해 있습니다. 우리는 예레미야보다 유리한 위치에 있는 사람들입니다. 예레미야는 그리스도의 오심과 그 모든 영광을 내다보았습니다. 아주 멀리서 내다보았습니다. 그러나 저와 여러분은 그 모든 일을 뒤돌아보는 위치에 있으며, 그 모든 일이 이미 일어난 시대에 살고 있습니다. 이미 그리스도가 오셨고, 성령이 충만히 임하셨습니다. 예레미야는 예루살렘이 폐허가 되고 원수에게 약탈당하며 조롱거리가 되는 것을 보면서 몸이 다 아프도록 눈물을 쏟아 내며 울었습니다. 비통한 심정으로 심히 낙담한 가운데 애가를 썼습니다. 예레미야는 그토록 비통해했는데, 우리는 어떻습니까? 교회의 상태를 보며 비통해하고 있습니까? 얼마나 자주 교회를 생각합니까? 얼마나 자주 교회 때문에 눈물 흘립니까? 얼마나 자주 교회를 위해 기도합니까? 얼마나 자주 하나님의 나라인 교회의 완성을 위해 기도합니까? 얼마나 자주 하나님이 일어나 복을 부어 주시길 간구합니까?

이 점은 굳이 인간사에 비추어 보지 않아도 알 것입니다. 아버지의 이름에 합당한 자녀는 아버지의 사업이 기울 때 깊이 염려합니다. 불안해하고 안타까워합니다. 자신이 할 수 있는 일은 없는지 고민합니다. 이것이 당연한 반응입니다. 그렇다면 하나님의 자녀는 얼마나 더 염려해야겠습니까? 하나님의 자녀는 하나님 나라의 확장과 완성에 관심을 갖게 마련입니다. 하나님 나라를 확장시키고 널리 알리며 복음을 널리 알리기 위한 일에 관심을 갖게 마련입니다. 교회와 교회의 선교 사업, 교회의 확장, 구원의 좋은 소식을 전하는 일에 얼마나 관심이 있느냐 하는 것은 성부와 우리의 관계를 검증하기에 아주 좋은 시금석입니다.

이런 것들을 분명히 모르면서 하나님의 자녀이길 기대할 수 있겠습니까? 자녀에게는 이런 특징들이 나타납니다. 기독교와 구원이 주는 혜택에만 관심을 갖는 것은 위험한 일입니다. 물론 혜택이 있는 것은 맞지만, 그것은 자녀에게만 해당되는 혜택입니다. 실제로 자녀답게 사는 자들만 그 특별한 축복을 기대할 자격이 있습니다. 자녀의 증거는 하나도 없는데 말로만 자녀라고 주장하며 축복을 기대해 봐야 아무 소용이 없습니다. 요즘 같은 시대에 교회의 상태를 보면서 참으로 비통해하는 것, 하나님을 바라보며 하나님께 탄원하는 것, 부흥을 갈망하며 황폐해진 옛 땅이 다시 회복되어 세차고 강하고 힘 있게 일어서는 모습을 간절히 보고 싶어 하는 것보다 더 좋은 자녀의 증거를 저는 알지 못합니다. 이론적으로 자녀라고 생각하기는 쉽습니다. 그러나 실제로 자녀의 모습이 나타나야 합니다.

이 항목에 속한 마지막 요점은 이것입니다. 하나님의 자녀는 항상 최종적인 승리와 완성을 갈망하며 앞을 내다봅니다. 하나님의 목적을 참으로 아는 사람은 영광의 날이 다가오고 있다는 사실을 압니다. 성경 전체가 그날을 가리키고 있고, 그날을 고대하고 있습니다. 하나님의 계획, 하나님의 목적, 하나님의 나라가 마침내 가시적이고 외적으로 드러날 날이 오고 있습니다. 그리스도가 땅과 바다 이 끝에서 저 끝까지 온 세상을 통치하실 날이 오고 있습니다. 그 영광의 날이 오고 있습니다! 하나님이 만물 위에 임하실 날이 오고 있습니다! 만유가 되시고 만유 안에 계실 날이 오고 있습니다! 영광이 오고 있습니다! 하나님의 자녀라면 이 사실에 무심할 수가 없습니다. 그것은 자연스럽지 못한 일입니다. 현재의 즐거움에만 관심이 있고 아버지의 계획과 목적과 일에는 별 관심이 없는 사람은 설사 하나님의 자녀라도 심히 불쌍한 자녀라 해야 할 것입니다.

이와 관련하여 마지막으로 할 말이 있습니다. 마리아와 요셉은 열두 살 된 아들 예수를 데리고 예루살렘으로 올라갔습니다. 그런데 돌아오는 길에 문득 찾아보니 예수가 없었습니다. 아들을 잃어버린 것입니다. 사방을 찾아 헤맸지만 어디에도 없었습니다. 그래서 다시 예루살렘까지 올라가 보니, 성전에서 율법 박사들과 논증하며 논쟁하고 계셨습니다. 마리아가 왜 부모를 따라오지 않았느냐고 꾸짖자 주님은 대답하셨습니다. "내가 내 아버지의 일에 관계하여야 될 줄을 알지 못하셨나이까?"(눅 2:49) 자신이 하늘 아버지의 일을 해야 한다는 사실을 몰랐느냐는 것입니다. 이처럼 주님은 하나님 나라의 일을 염려하셨습니다. 그래서 열두 살에도 그에 대해 논증하고 논쟁하셨습니다. 입양을 통해, 새로운 출생을 통해 하나님의 자녀가 된 우리도 마땅히 같은 염려와 관심을 가져야 합니다.

사랑하는 여러분, 여러분은 하늘 아버지의 일을 얼마나 깊이 염려하고 있습니까? 얼마나 자주 생각하고 있습니까? 주일에만 생각합니까, 매일 생각합니까? 여러분은 아버지의 일에 대해 묵상하고 있습니까? 아버지의 일을 위해 기도하고 있습니까? 아버지의 일을 더 잘 알기 위해 성경을 읽고 있습니까? 이것은 여러분 자신의 기쁨을 위해서도 중요한 질문이지만, 영원을 결정지을 심판을 위해서도 중요한 질문입니다. 영광이 임한 다음에야 자신이 이생에서 전혀 성장하지 못한 채 이기적인 어린애로 살았다는 사실을 발견하는 것, 아버지의 일은 제쳐두고 자기 자신과 자신의 쾌락과 흥밋거리만 생각하는 어린애, 아니 거의 갓난애로 살았다는 사실을 발견하는 것보다 더 무서운 일이 있겠습니까? 이것은 하나님의 자녀인 우리와 하나님의 관계를 검증하는 아주 철저한 시금석입니다.

우리가 해야 할 말은 이것입니다.

오, 하나님이시여, 주의 나라가 임하게 하소서.
오, 그리스도시여, 주의 통치를 시작하소서.
—루이스 헨슬리Lewis Hensley

우리는 이렇게 노래할 수 있습니까? 이 악한 세상에서 하나님에 대한 모독과 불경건과 교만을 목격할 때마다 "오, 주님이 속히 오셔서 이 모든 악을 폐하시고, 원수를 멸하시며, 빛과 진리와 아름다움과 기쁨과 거룩함으로 가득한 영광스러운 나라를 세워 주셨으면!" 하는 말이 절로 나옵니까? 그런 갈망이 느껴집니까? "아멘, 주 예수여, 오시옵소서"라는 말로 계시록을 끝맺은 요한의 심정이 이해됩니까? 그리스도인들은 주변에 만연한 악을 보면서 혐오감만 느끼는 것이 아니라 이 위대한 날이 오기를 고대하는 사람들이며 그날이 반드시 올 것을 확신하는 사람들입니다. 이처럼 아버지가 만물 위에 임하실 날, 모든 원수가 영벌에 떨어질 날이 올 것을 아는 자녀는 그 영광에 대한 기대감에 사로잡히게 되어 있습니다. 그날을 생각하며 기뻐하게 되어 있습니다. 그날을 간절히 고대하게 되어 있습니다.

아버지와 우리의 관계를 검증하는 아홉 번째 시금석은—물론 각 시금석들은 서로 연결되어 있습니다—하나님을 기쁘시게 하려는 열망이 있느냐 하는 것입니다. 자녀가 자랄수록 이 열망도 커지게 마련입니다. 자녀가 자라고 성장할수록 기쁘시게 하려는 열망도 커집니다. 사실 이것이야말로 성장하고 있다는 표시 아닙니까? 순전한 자기중심주의와 이기심, 소유욕, 마냥 받기만 하려는 데서 벗어나 다른 사람들에게 관심을 갖는 모습이 나타날 때 우리는 자녀가 많이 자란 것을 알게 됩니다. 자신이 어떤 혜택을 누리며 살아왔는지 아는 자녀는 아버지께 감사하고 싶어 하며, 아버지를 기쁘게 함으로써 그 감사를 표현하고 싶어 합니다. 하나님과 우리의 관계에서 이 열망은 당연히 계명을 지키는 일로 나타나게 되어 있습니다.

지난번에 보여드렸듯이, 요한일서보다 더 이 주제를 잘 설명해 주는 책은 없습니다. 요한일서는 하나님과 우리의 관계를 검증하는 시금석들을 아주 훌륭하게 모아서 제시해 줍니다. 그 시금석들을 보면 우리에게 생명이 있는지 없는지, 우리가 진정한 하나님의 자녀인지 아닌지 검증할 수가 있습니다. 요한은 말합니다. "하나님을 사랑하는 것은 이것이니 우리가 그의 계명들을 지키는 것이라. 그의 계명들은 무거운 것이 아니로다. 무릇 하나님께로부터 난 자마다 세상을 이기느니라. 세상을 이기는 승리는 이것이니 우리의 믿음이니라"(요일 5:3-4). 하나님의 자녀는 그의 계명을 기뻐한다는 것, 참으로 즐겁게 계명을 수행한다는 것을 요한은 강조합니다.

이 또한 우리의 신분을 검증해 주는 철저하고 정교한 시금석입니다. 하나님의 계명이 훌륭한 사회법이라는 것을 알아보고 탄복하는 이들이 있습니다. 심지어 모세를 "최초의 보건부 장관"이라고 부르는 사람도 있습니다. 사실 그럴 만합니다. 그 관점에서 보아도 하나님의 계명은 훌륭하기 때문입니다. 산상설교의 가르침과 도덕률에 탄복하는 이들도 있습니다. 그들은 산상설교가 사회에 매우 유익하다고 주장하면서 실제로 적용해 보고자 시도합니다. 그러나 육에 속한 사람에게 하나님의 율법을 지킨다는 것은 무겁고 부담스러운 일이요 본성을 거스르는 일입니다. 그들은 하나님의 계명이 온통 금지하고 제한하고 억제한다고 생각합니다. 온갖 금지조항의 집합체라고 생각합니다.

그러나 요한의 가르침에 따르면, 하나님의 자녀는 율법을 무겁게 느끼지 않습니다. 왜 그럴까요? 거듭났기 때문입니다. 새로운 성향을 받았기 때문입니다. 하나님의 자녀는 완전히 새로운 눈으로 모든 것을 바라봅니다. 율법을 지키는 일도 그들에게는 더 이상 의무가 아니라 아버지를 기쁘시게 하는 방편이 됩니다. 이 주제를 계속 다룰 필요는 없을 것입니다. 인간사에 비추어 생각해 보면 완벽하게 이해가 되리라 생각합니다. 자신이 상대방과 어떤 관계를 맺고 있는지 깨닫는 순간, 즉 사랑의 요소가 개입되는 순간 의무감은 사라집니다. 사랑하는 것과 의무를 정확히 수행하는 것은 완전히 다른 일입니다. 사랑에 빠지면 무엇을 억지로 할 필요가 없습니다. 무엇이든 즐겁게 할 뿐 아니라 더 하고 싶어집니다. 하나님의 자녀와 계명의 관계가 그렇습니다.

아주 쉽게 요약해 보겠습니다. 여러분은 기독교가 편협하다고 생각합니까? 그렇다면 아직 하나님의 자녀가 아닌 것입니다. 하나님의 자녀라면 율법을 편협하다고 생각할 리가 없습니다. 자녀는 죄를 미워합니다. 죄가 하나님이 지으신 완벽한 세상에 침투하여 재앙을 불러왔다고 생각하기 때문입니다. 죄란 하나님에 대한 증오요 반역입니다. 그래서 그들은 죄를 미워합니다. 시편 기자는 말합니다. "여호와를 사랑하는 너희여, 악을 미워하라"(시 97:10). 이것은 훌륭한 논리입니다. 하나님을 사랑하는 자는 당연히 악을 미워하게 되어 있습니다. 자, 그리스도인이 되는 편이 그래도 나을 것 같고 주일 아침마다 교회에 가는 것이 옳을 듯해서 교회에 다니고 있다면, 여전히 그런 태도를 가지고 있다면, '기독교를 몰랐으면 좋았을 걸' 하는 생각이 가끔 들지만 이미 기독교를 알았기 때문에 감히 계명을 지키지 않을 용기는 없고 어쨌든 계명을 지키는 게 자신에게 도움이 되길 바라는 마음으로 마지못해 지키고 있다면, 사랑하는 여러분, 여러분은 하나님의 자녀와 거의 정반대되는 자리에 있는 것입니다. 두려움 때문에, 율법과 율법주의 때문에 억지로 계명을 지키는 것은 기독교가 아닙니다!

그리스도인들은 시편 기자처럼 "내가 주의 법을 어찌 그리 사랑하는지요!"라고 고백하는 자들입니다(시 119:97). 그들은 하나님의 계명을 무겁게 느끼지 않습니다. 하나님을 반영하는 계명이 본질적으로 옳다는 사실, 전적으로 옳다는 사실을 압니다. 그들은 하나님을 닮고 싶어 합니다. 억지로 율법을 지키고자 자신을 채찍질하지 않습니다. 스스로 큰 희생을 치르고 있다는 피해의식에 빠지지도 않습니다. 하나님을 예배하거나 하나님의 집에 가거나 성경을 읽거나 그리스도인의 삶을 사는 것을 희생으로 느끼는 사람은 아직 그리스도인이 아닙니다. 스스로 그리스도인이라고 속이는 것일 뿐이며, 자신이 가지고 있는 약간의 도덕을 기독교적인 용어로 포장하는 것일 뿐입니다. 참된 기독교에는 해방감이 있습니다. 자유로움이 있습니다. 사랑이 있습니다. 기쁨이 있습니다.

여러분, 여러분은 하나님을 예배하는 일이 즐겁습니까? 범사에 하나님을 기쁘시게 하고 싶은 마음이 있습니까? 그의 명령을 듣고 순종하는 것이 최고로 즐겁습니까? 바로 이것이 자녀의 시금석입니다. 그리스도인에게 하나님은 더 이상 엄격한 입법자가 아닙니다. 영원한 사랑으로 독생자를 세상에 보내 죽게 하심으로 우리를 자녀 삼아 주신 아버지입니다. 요한은 이것을 다음과 같이 표현하고 있습니다. "사랑 안에 두려움이 없고 온전한 사랑이 두려움을 내쫓나니 두려움에는 형벌이 있음이라. 두려워하는 자는 사랑 안에서 온전히 이루지 못하였느니라"(요일 4:18). "누구든지 하나님을 사랑하노라 하고 그 형제를 미워하면 이는 거짓말하는 자니 보는 바 그 형제를 사랑하지 아니하는 자는 보지 못하는 바 하나님을 사랑할 수 없느니라"(요일 4:20). 지금 우리는 하나님의 계명을 어떤 태도로 대하고 있습니까? 하나님의 계명과 어떤 관계를 맺고 있습니까? 혹시 계명을 지키지 않을 때 닥칠 결과가 두려워서 지키는 것은 아닙니까? 오, 그것은 형벌을 무서워하는 비겁한 두려움입니다. 온전한 사랑은 그런 두려움을 내쫓는다고 요한은 말합니다. 그런 두려움은 히브리서 12:28이 말하는 두려움이 아닙니다! 질문의 형태로 표현해 보겠습니다. 여러분은 기독교가 좋습니까? 그리스도인의 삶을 사는 것이 즐겁습니까? 거룩해지려고 노력하는 것이 즐겁습니까? 아버지를 기쁘시게 하며 그의 이익을 도모하는 자녀는 필연적으로 그 즐거움을 느끼게 되어 있습니다.

열 번째로, 소극적인 시금석을 제시해 보겠습니다. 이 또한 요한일서에 나오는 시금석입니다. 그리스도인은 계속해서 죄에 거하지 않습니다. 이것은 아주 심오한 가르침입니다. 오늘날 사람들은 지나치게 감상적인 말보다 명쾌한 말이 더 좋다고 합니다. 자, 그렇다면 이 말을 들어보십시오. "만일 우리가 하나님과 사귐이 있다 하고—이 말을 하기 직전에 요한은 하나님을 '빛'으로 묘사한 바 있습니다. '하나님은 빛이시라. 그에게는 어둠이 조금도 없으시다는 것이니라'—어둠에 행하면—자, 그런 사람에 대해 할 수 있는 말은 한 가지뿐입니다—거짓말을 하고 진리를 행하지 아니함이거니와"(요일 1:6). 빛과 어둠은 서로 섞일 수 없고, 하나님과 벨리알도 서로 섞일 수 없습니다. 만약 여러분이 그리스도를 믿고 하나님의 자녀가 된 것을 기뻐한다고 하면서도 여전히 예전의 어두운 삶을 산다면, 제가 할 수 있는 말은 한 가지뿐입니다. 여러분은 그리스도인이 아닐 뿐더러 거짓말하는 자입니다!

알다시피 이것은 신약성경 기자들이 계속해서 강조하는 가르침입니다. 그들은 우리를 아주 잘 파악하고 있습니다! 한 번 말해서는 안 된다는 것을 잘 알고 있습니다. 우리는 쉽게 잊어버리는 사람들입니다. 그래서 요한은 방금 한 말을 2장에서 다시 반복합니다. "그를 아노라 하고 그의 계명을 지키지 아니하는 자는 거짓말하는 자요 진리가 그 속에 있지 아니하되"(요일 2:4). 이것은 따로 증명할 필요가 없는 분명한 사실입니다. 스스로 그리스도인이요 변화된 자요 하나님께로부터 난 자요 하나님을 아는 자라고 하면서 계명을 지키지 않는 자는 뻔뻔한 거짓말쟁이입니다. 그 속에 진리가 없는 자입니다. 영리한 마귀는 때로 거짓 확신을 줍니다. 가짜 체험을 하게 만들거나, 원하는 감정을 느끼게 하거나, 옳은 말을 하게 함으로써 거짓 확신을 줍니다. 그럴 때 적용할 수 있는 시금석은 이것입니다. 여러분에게는 새로운 본성이 있습니까? 새로운 성향이 있습니까? 여러분은 아버지를 닮았습니까? 아버지를 사랑합니까? 아버지의 이익을 도모합니까? 아버지를 기쁘시게 하는 것이 최고로 즐겁습니까? 그런 사람은 어둠에 행하지 못합니다. 아니, 어둠에 행할 수가 없습니다.

자, 저는 요한이 할 말을 앞질러 말했습니다. 이제 그의 말을 들어 보십시오. "자녀들아, 아무도 너희를 미혹하지 못하게 하라"(요일 3:7). 초대교회에는 그리스도인들을 속이는 거짓 선생들이 있었습니다. 일종의 축소된 기독교, 대가 없이 모든 것을 제공하며 아무것도 요구하지 않는 기독교, 친절하고 유쾌하고 편안한 기독교를 전하는 자들은 어느 시대에나 있었습니다. "아무도 너희를 미혹하지 못하게 하라!" 항상 교회를 괴롭혀 온 거짓말은 '지름길'이 있다는 것입니다. 사교들은 이런 지름길의 전문가로서, 교회에 들어와 모든 것을 간편하게 만들어 버립니다.

> 아무도 너희를 미혹하지 못하게 하라. 의를 행하는 자는 그의 의로우심
> 과 같이 의롭고 죄를 짓는 자는 마귀에게 속하나니 마귀는 처음부터 범
> 죄함이라. 하나님의 아들이 나타나신 것은 마귀의 일을 멸하려 하심이
> 라. 하나님께로부터 난 자마다 죄를 짓지 아니하나니 이는 하나님의 씨
> 가 그의 속에 거함이요 그도 범죄하지 못하는 것은 하나님께로부터 났
> 음이라. 이러므로 하나님의 자녀들과 마귀의 자녀들이 드러나나니 무릇
> 의를 행하지 아니하는 자나 또는 그 형제를 사랑하지 아니하는 자는 하
> 나님께 속하지 아니하니라(요일 3:7-10).

이것이 무슨 뜻일까요? "의를 행하는 자"가 의를 행하는 것은 그 본
성이 의롭기 때문이라는 것입니다. 하나님이 의로우신 것처럼 의롭
기 때문이라는 것입니다. 반면에, "죄를 짓는 자"는 죄를 지음으로
써 스스로 마귀에게 속한 자임을 드러냅니다. 마귀야말로 "처음부
터 범죄"한 자이기 때문입니다. 요한은 "하나님의 아들이 나타나신
것은 마귀의 일을 멸하려 하심이라"라고 말합니다. 그렇습니다. 우
리는 여기에서 요한복음 서문으로 되돌아가게 됩니다. 서문의 위대
한 선언은 이것입니다. "태초에 말씀이 계시니라. 이 말씀이 하나님
과 함께 계셨으니 이 말씀은 곧 하나님이시니라.……말씀이 육신
이 되어 우리 가운데 거하시매." 무엇 때문에 우리 가운데 거하셨습
니까? 그 대답은 "마귀의 일을 멸하"시기 위해서라는 것입니다. 마
귀의 일을 무위로 돌리시고 폐하시기 위해서라는 것입니다. 그렇기

때문에 "하나님께로부터 난 자마다 죄를 짓지" 않는다고 요한은 말합니다. "이는 하나님의 씨가 그의 속에 거함이요 그도 범죄하지 못하는 것은 하나님께로부터 났음이라." 이것이 무슨 뜻일까요?

'어떤 죄라도 지으면 그리스도인이 아니다'라는 뜻은 아닌 것이 분명합니다. 그렇다면 과거에도, 지금도 그리스도인은 존재하지 않을 것입니다. 죄를 짓지 않는 사람은 한 명도 없기 때문입니다. 요한은 1:8에서 이미 이 점을 밝힌 바 있습니다. "만일 우리가 죄가 없다고 말하면 스스로 속이고 또 진리가 우리 속에 있지 아니할 것이요." 그렇습니다. 그리스어 동사의 현재진행형 시제가 그 의미를 아주 명확히 밝혀 주고 있습니다. 요한이 말하는 바는 '그리스도인은 계속해서 죄를 짓거나 죄의 삶을 살지 않는다'는 것입니다. 그러나 마귀에게 속한 자는 계속해서 죄의 삶을 삽니다. 그리스도인이 되기 전까지는, 하나님께로부터 나기 전까지는, 그 누구도 죄 가운데 사는 삶과 죄에 빠져 있는 상태에서 벗어나지 못합니다. 아무리 발버둥쳐도 여전히 수렁 속입니다. 절대 헤어 나오지 못합니다. 그런데 그리스도인이 되는 즉시 그 수렁에서 벗어나 하나님 나라의 새 땅으로 옮겨집니다. 물론 그 나라 안에서 넘어질 수도 있고 죄를 지을 수도 있습니다. 맞습니다. 그러나 죄의 나라로 다시 돌아가거나 죄에 드러눕거나 죄에 완전히 빠지는 것은 아닙니다. 이것이 요한이 말하는 바입니다.

예전에 두 가지 그래프를 통해 이 점을 설명했던 것이 기억납니다. 두 개의 선線을 상상해 보십시오. 하나는 도덕적인 사람들의 기본적인 삶을 그린 선입니다. 특별한 결심을 하거나 무슨 병에 걸리거나 누군가의 죽음을 보고 잠시 마음을 다잡을 때는 기본선 위로 올라가지만, 얼마 가지 않아 원래 자리로 돌아갑니다. 이것이 도덕적인 사람들의 인생행로입니다. 조금 올라갔다가 다시 떨어지기를 반복하는 것입니다. 그들의 기본선은 언제나 아래 있습니다. 그렇다면 그리스도인들은 어떨까요? 그들의 인생행로는 어떨까요? 그들의 기본선은 위에 있습니다. 가끔 아래로 떨어지기도 하지만, 다시 돌이키고 올라가 기본선을 유지합니다. 기본선 자체가 아래 있는데 올라가려고 노력하는 것과, 하나님의 아들이 높여 놓으신 선을 따라가다가 가끔씩 떨어지는 것은 엄연히 다른 일입니다. 이것이 요한일서 3:7-10에 대한 해석입니다.

자신이 정말 그리스도인인지, 아니면 그저 그리스도인이 되려고 애쓰는 도덕적인 사람에 불과한지 알고 싶다면, 이 시금석을 적용해 보십시오. 비그리스도인은 불쑥불쑥 선한 모습을 보이거나 선해지려는 노력을 하지만, 그리스도인은 이따금 잘못을 범합니다. 제가 던지는 질문은 이것입니다. 여러분의 인생행로는 어떻습니까? 여러분의 기본선은 어느 쪽에 있습니까? 여러분의 삶은 근본적으로 거룩한 삶입니까? 이 질문에 대답해야 합니다. 사도 요한은 이 점을 명확히 밝히고 있습니다. 우리는 하나님의 자녀이기 때문에 계속해서 죄의 삶을 살 수가 없다는 것입니다. 그것은 불가능한 일이라는 것입니다. "하나님의 씨가 그의 속에 거함이요 그도 범죄하지 못하는 것은 하나님께로부터 났음이라. 이러므로 하나님의 자녀들과 마귀의 자녀들이 드러나나니." 그리스도인은 악한 죄의 삶을 계속 살지 못합니다.

자, 한 가지만 더 설명하고 설교를 맺겠습니다. "하지만 때때로 죄의 삶을 사는 그리스도인들이 있던데요"라고 말하는 분이 있을 것입니다. 맞습니다. 그런 자들을 우리는 타락한 그리스도인이라고 부릅니다. 그렇다면 그리스도인이 되려고 애쓰는 사람과 타락한 그리스도인은 어떻게 다를까요? 자, 필수적인 시금석은 이것입니다. 타락한 그리스도인은 반드시 돌아오게 되어 있습니다. 거듭난 그리스도인이요 훌륭한 그리스도인인 줄 알았는데 언제부터인가 계속해서 죄를 짓고 하나님의 일을 조롱하며 교회 근처에는 얼씬도 하지 않은 채 여생을 살다가 죽었다면, 그는 그리스도인이 아닙니다! 그와 달리, 타락한 그리스도인은 아무리 중한 죄를 짓더라도 계속 그 자리에 머물지는 않습니다. 잠시 동안은 머물러도 죽을 때까지는 머물지 않습니다. 반드시 빠져나옵니다. 본인 자신이 그 상태를 견디지 못합니다. 죄를 짓고 타락한 그리스도인은 비참함을 느낍니다. 예전처럼 마냥 죄를 즐기지 못합니다. 한편으로는 죄를 즐기면서도 다른 한편으로는 죄를 미워합니다. 갈등과 혼란 속에서 자기 자신을 미워합니다. 죄를 즐기는 것처럼 보이지만 사실은 비참하게 지냅니다. "하나님의 씨가 그의 속에 거함이요." 그 씨가 반드시 그를 다시 데려옵니다. 그는 필연적으로 돌아올 수밖에 없습니다. 하나님께로부터 난 자이기 때문에 돌아올 수밖에 없습니다. 하나님이 다시 데려오십니다. 이처럼 하나님의 자녀는 잠시 죄를 지을 수는 있어도 죄의 삶에 계속 '거할' 수는 없습니다.

다루어야 할 시금석들이 아직 남아 있지만 오늘은 여기까지만 다루겠습니다. 오, 하나님이 우리에게 자신을 점검하는 은혜를 주시

기를! "자녀들아, 아무도 너희를 미혹하지 못하게 하라!" 지금 자신
이 하나님의 자녀인지 아닌지 확인해 보는 것보다 더 시급한 일은
없습니다. 현재의 삶을 생각해도 시급한 일이요, 곧 죽음이 찾아온
다는 사실과 영원한 세계의 영광이 기다리고 있다는 사실을 생각해
도 시급한 일입니다. 우리가 정말 하나님의 자녀인지 아닌지 확인
해 봅시다. 단순히 신앙적인 말이나 진술을 하는 데 만족하지 맙시
다. 피상적인 증거에 만족하지 맙시다. 자신이 정말 하나님의 자녀
인지 아닌지 확실하게 알아봅시다. 오늘 함께 살펴본 시금석들을 적
용함으로써 장차 닥칠 일에 대비합시다.

18

성부, 성령과 우리의 관계

영접하는 자 곧 그 이름을 믿는 자들에게는 하나님의 자녀가 되는 권세를 주셨으니 이는 혈통으로나 육정으로나 사람의 뜻으로 나지 아니하고 오직 하나님께로부터 난 자들이니라. **요 1:12-13**

"하나님의 자녀가 된다는 것은 무엇인가?"라는 중대한 주제를 고찰하는 다음 단계, 제가 볼 때 논리적이고 필연적으로 뒤따라오는 아주 실제적인 단계는 죄를 지을 때 어떤 느낌이 드는지 자문해 보는 것입니다. 이 질문이 이상하게 느껴질 수도 있지만, 저는 이것이야말로 가장 귀중하고 정교한 시금석이라는 점을 밝히고 싶습니다. 용서받을 수 없을 만큼 심한 죄를 지었을 때 우리가 보이는 반응은 어떤 것입니까? 인간사에 비추어 생각해 보면 다음과 같은 영적 원리들을 발견하게 됩니다.

첫째로, 하나님의 자녀는 죄를 지어도 영영 망했다고 느끼지 않습니다. 이것은 하나님의 참 자녀와 거짓 자녀를 구분하는 가장 좋

은 시금석 가운데 하나입니다. 우리는 하나님의 자녀도 죄를 짓는
다는 것을 알았습니다. 여러분도 기억하겠지만, 요한 자신이 이 점
을 지적했습니다. "나의 자녀들아, 내가 이것을 너희에게 씀은 너희
로 죄를 범하지 않게 하려 함이라. 만일 누가 죄를 범하여도 아버지
앞에서 우리에게 대언자가 있으니 곧 의로우신 예수 그리스도시라"
(요일 2:1). 자, 여기 죄를 지은 그리스도인이 있습니다. 그가 참 자녀
라면 죄를 지었다고 해서 자신은 영영 망했고 이제 그리스도인도
아니라고 느끼지는 않을 것입니다. 그렇게 느낀다면, 그는 여전히
자기 행위로 의롭다 하심을 얻으려 하는 자요 "하나님의 독생자의
이름을 믿지" 않는 자인 것이 분명합니다(요 3:18). 사실상 자기 행
위로 그리스도인이 된다고 믿는 자인 것입니다. 이처럼 이 시금석
은 우리가 하나님의 자녀인지 아닌지 소극적인 측면에서 훌륭하게
검증해 줍니다.

둘째로, 참된 하나님의 자녀는 죄를 지었다고 해서 단순한 두려
움—형벌에 대한 두려움—에 사로잡히지 않습니다. 요한은 첫 번째
서신 4장 말미에서 이 점을 밝히고 있습니다. "이로써 사랑이 우리
에게 온전히 이루어진 것은 우리로 심판 날에 담대함을 가지게 하
려 함이니 주께서 그러하심과 같이 우리도 이 세상에서 그러하니
라." 그가 연이어 하는 말은 이것입니다. "사랑 안에 두려움이 없
고 온전한 사랑이 두려움을 내쫓나니 두려움에는 형벌이 있음이라.
두려워하는 자는 사랑 안에서 온전히 이루지 못하였느니라"(요일
4:17-18). 그는 앞서 16절에서 이렇게 말했습니다. "하나님이 우리
를 사랑하시는 사랑을 우리가 알고 믿었노니 하나님은 사랑이시라.

사랑 안에 거하는 자는 하나님 안에 거하고 하나님도 그의 안에 거하시느니라"(요일 4:16). 형벌을 두려워하는 사람은 하나님의 자녀가 아니라고, 완전한 사랑은 그런 두려움을 내쫓는다고 요한은 말합니다. 죄를 지었을 때 주로 느끼는 감정이 심판에 대한 두려움이요 율법에 대한 불안과 공포라면, 참 자녀가 아니라고 추정할 만한 충분한 증거가 있는 것입니다.

셋째로, 제가 귀중하게 여기는 소극적인 원리는 이것입니다. 죄를 지었을 때 주로 느끼는 바가 자기 기준이 무너졌다거나 자기 경력에 흠결이 생겼다는 것이라면, 그 또한 하나님과 잘못된 관계에 있다는 표시입니다. 자기중심주의와 자기집착에 빠져 있다는 표시이며, 자기 행위로 의롭다 하심을 얻으려는 자리로 돌아가 버렸다는 표시입니다. 요한복음 서문은 이것이 복음 자체를 부인하는 태도라고 말합니다. 이미 살펴보았듯이 구원을 전적으로 좌우하는 것은 말씀이 육신이 되어 우리 가운데 거하셨다는 사실, 십자가에 못박혀 죽으시고 장사되시고 부활하시고 승천하셨다는 사실, 지금도 우리를 위해 간구하고 계신다는 사실입니다. 구원은 '하나님의 독생자의 이름을 믿는 것'입니다.

더 적극적으로 설명해 보겠습니다. 아버지의 이름에 합당한 자녀는 아버지의 뜻을 거스르고 죄를 지었을 때 어떻게 느낄까요? 율법을 어겼다고 느끼기보다는 아버지께 죄를 지었다고 느낍니다. 이것은 전혀 다른 문제이자 전혀 다른 감정입니다. 율법 아래 있는 사람은 시종일관 자기 자신과 자기 행동을 주시하며 자기 공로를 쌓으려 합니다. 옳은 일을 하면 가점 표시를 하고, 그렇지 못하면 감

점 표시를 합니다. 그것은 율법주의입니다. 그러나 하나님의 자녀가
되면 더 이상 기계적으로 율법을 지키는 관계가 아닌 인격적인 관
계—두 인격 간의 관계—를 맺게 됩니다. 그렇기 때문에 참 자녀는 죄
를 지었을 때 영영 망한 듯한 느낌이나 율법의 호된 질책을 받는 듯
한 느낌이나 또 다시 정죄당하는 느낌이 아니라, 그토록 친밀하고
인격적이었던 아버지와의 관계를 자신이 중단시키고 틀어 버렸다
는 느낌을 받게 됩니다.

　그리고 그 문제는 결국 해결이 됩니다. 자녀는 자신이 사랑에 상
처를 입혔다는 사실을 압니다. 그에게 죄는 더 이상 율법을 범하는
문제가 아니라 사랑에 상처를 입히는 문제, 자신이 사랑하고 자신
을 사랑하시는 분의 마음을 아프게 하는 문제가 됩니다. 그동안 향
유하고 누렸던 아름다운 관계를 중단시키고 틀어 버리는 문제가 됩
니다. 그는 자신을 실패자로 보기보다는 비열한 인간으로 봅니다.
독생자를 세상에 보내 주실 만큼 자신을 사랑해 주신 분의 마음에
상처와 슬픔을 드린 것을 부끄러워합니다. 그토록 영원한 사랑으로
자신을 사랑해 주신 분의 마음을 아프게 한 것을 부끄러워합니다.
여러분이 아는 인간관계에 비추어 설명해 보겠습니다. 영국의 법을
어기는 것과 여러분이 사랑하고 여러분을 사랑하는 이의 마음에 상
처와 슬픔을 주는 일은 엄청나게 다른 것입니다. 범주 자체가 아예
다릅니다.

　다윗의 말을 빌려 요약해 보겠습니다. 다윗은 무서운 죄—살인과
간음의 죄—를 지었습니다. 그러나 그를 참으로 괴롭게 하고 비통하
게 하고 가슴 찢어지게 한 것은 그 죄 자체가 아니었습니다. 그는 시

편 51편에서 이렇게 부르짖습니다. "내가 주께만 범죄하여 주의 목전에 악을 행하였사오니"(시 51:4). 그가 견딜 수 없었던 점이 바로 이것이었습니다. 이 때문에 도저히 자신을 용서할 수가 없었습니다. 물론 자신이 저지른 죄도 용서받지 못할 만큼 무섭고 악한 것이었지만, 오, 그보다 더 끔찍한 일은 자신을 이렇게 높여 왕으로 삼아 주신 하나님을 거스르고 그의 마음에 상처를 드린 것이었습니다. 자신에게 복을 쏟아 부어 주신 분, 그토록 놀랍게 자신을 선택해 주신 분을 거슬러 죄를 지은 것이었습니다. 그래서 비통해하며 회개했습니다. 시편 51편을 쓴 이유가 여기 있었습니다. 이것은 아주 귀중한 시금석입니다. 죄를 지었을 때 실제로 우리가 느끼는 감정이 무엇입니까? 하늘 아버지의 마음에 아픔과 상처와 슬픔을 드렸다는 회한입니까?

여기에서 알게 되는 점이 한 가지 더 있는데, 그 또한 놀랍습니다. 죄를 지었을 때 느끼는 감정을 떠나, 여러분이 실제로 하는 행동은 무엇입니까? 기도를 중단하는 것입니까? 곧바로 뛰어나가 명예를 회복하려 드는 것입니까? 자기 힘으로 삶을 개선하고 과오를 보상하고자 노력하는 것입니까? 이것이 여러분이 하는 일입니까? 자, 그렇다면 여러분은 또다시 행위와 율법 아래로 돌아가 버린 것입니다. 구원을 완전히 오해하고 있는 것이며, 사실상 성자의 이름을 믿지 않는 것입니다.

부모의 말을 어기고 실패했을 때, 부모를 거역하고 죄를 지었을 때, 자녀가 어떻게 합니까? 육신의 부모와 그 자녀의 관계에서나 하늘 아버지와 그 자녀의 관계에서나 놀라운 점이 바로 이것이라고 저는 생각합니다. 자녀가 어떻게 할지는 보지 않아도 알 수 있습니다. 여기에 사랑의 신비가 있습니다. 자녀는 철학자들의 생각과 정반대로 행동합니다. 부모에게 잘못을 저지른 자녀는 자신이 속상하게 만든 바로 그 부모에게 달려갑니다. 맨 마지막에야 마지못해 찾아갈 것 같은데, 사실은 맨 먼저 달려갑니다. 왜 그럴까요? 부모와의 관계 때문입니다. 이것은 철학적으로 이해하고 하는 행동이 아닙니다. 누구보다 자신을 사랑해 주고 누구보다 자신에게 많이 베풀어 준 부모를 아프게 했지만, 그럼에도 여전히 그 부모가 기꺼이 베풀어 줄 것을 아는 데서 나오는 행동입니다. 이것이 자녀의 위치입니다. 자기 자신은 용서하지 못해도 부모는 용서해 줄 것을 알기에 부모를 다시 찾는 것입니다.

주님이 친히 이야기해 주신 탕자의 비유에서 그 고전적인 예를 찾아볼 수 있습니다. 아버지의 마음을 상하게 하고 아프게 하고 슬프게 한 아들이 있었습니다. 그는 "먼 나라"에서 큰 곤경에 처하자 "일어나 아버지께" 돌아가야겠다고 생각했습니다(눅 15:18). 자신이 누구보다 마음을 상하게 하고 슬프게 한 분께 돌아가야겠다고 생각한 것입니다. 참 자녀는 하나님을 거슬러 죄를 지었을 때에도 그가 용서해 주실 것을 압니다. "그러나 사유하심이 주께 있음은 주를 경외하게 하심이니이다"(시 130:4). 다른 사람은 몰라도 하나님은 용서해 주실 것을 압니다.

이에 대한 중대한 진술이 구약성경에 나옵니다. 이 또한 다윗의 이야기입니다. 다윗은 큰 군사적 성공을 거둔 후 한껏 들뜨고 교만해진 나머지, 유다와 이스라엘 백성을 계수하라는 명령을 내렸습니다. 해서는 안 될 짓을 함으로써 하나님을 아프고 슬프게 했으며 그를 거슬러 죄를 지었습니다. 하나님은 그를 책망하셨습니다. 그리고 자신의 종인 선지자 갓을 보내 이렇게 말씀하셨습니다. "내가 네게 세 가지를 보이노니 너를 위하여 너는 그중에서 하나를 택하라. 내가 그것을 네게 행하리라." 다윗은 세 가지 형벌 중에 하나를 택해야 했습니다. 갓은 먼저 "왕의 땅에 7년 기근이 있을 것이니이까?"라고 물었습니다. 이것이 첫 번째 형벌이었습니다. 두 번째는 "왕이 왕의 원수에게 쫓겨 석 달 동안 그들 앞에서 도망하실 것이니이까?"라는 것이었고, 세 번째는 "왕의 땅에 사흘 동안 전염병이 있을 것이니이까?"라는 것이었습니다. 이에 대한 다윗의 대답을 보면 그가 과연 하나님의 자녀였다는 것을 알 수 있습니다. "내가 고통 중에 있도다—과연 그는 무슨 형벌을 택했을까요?—청하건대 여호와께서는 긍휼이 크시니 우리가 여호와의 손에 빠지고 내가 사람의 손에 빠지지 아니하기를 원하노라"(삼하 24:12-14).

그렇습니다. 두말할 필요가 없다는 것입니다. 사람의 손에 빠지기보다 전능하신 하나님의 손에 빠지겠다는 것입니다. "여호와께서는 긍휼이 크시니." 하나님의 자녀는 본능적으로 다윗처럼 행동합니다. 고통과 형벌을 받아도 자신이 아프게 한 바로 그 하나님께 받아야 사랑과 자비와 긍휼을 얻기가 더 쉽다는 사실을 아는 것입니다. 그래서 다윗은 여호와의 손에 빠지기를 원한다고 했습니다.

대조되는 예를 들어 이 점을 납득시켜 보겠습니다. 유다의 비극은 다윗처럼 반응하지 않았다는 데 있습니다. 이것은 그가 "멸망의 자식"임을 보여주는 최종적인 증거였습니다(요 17:12). 유다는 당국

자들의 환심을 사고자 주님을 배반하고 팔았습니다. 그러나 자신이 당국자들의 비열한 목적에 이용당했다는 사실을 곧 깨달았습니다. 그들은 유다에게 아무 관심이 없었습니다. 원하는 바를 얻은 것으로 그만이었습니다. 유다가 비참해하든 말든 상관치 않고 "더 이상 아무 말 하지 마라. 우리한테 와서 하소연하지 마라. 네가 알아서 처리해라"라고 했습니다. 혼자 남은 유다는 결국 나가서 목을 맸습니다. 그가 이렇게 한 것은 멸망의 자식이었기 때문입니다. 하나님의 자녀였다면 어떻게 했을까요? 자신이 배반한 바로 그분을 찾아갔을 것입니다. 주 예수 그리스도께 달려가 그 앞에 엎드린 채 "오, 대체 왜 그랬는지 모르겠습니다. 저를 불쌍히 여겨 주십시오!" 하며 자복했을 것입니다. 그리고 모든 문제가 해결되었을 것입니다. 그런데 그는 자녀가 본능적으로 하는 행동을 하지 않았습니다. 이것은 그가 자녀의 마음을 갖지 못했음을 보여주는 증거였습니다. 그는 자신의 비통함을 혼자 처리해 버렸습니다. 나가서 스스로 목을 매 버렸습니다.

그리스도인을 자처하는 사람이 죄를 지었다고 나가서 목을 매 버리는 것은—비유적인 의미에서—하나님의 자녀가 아니라는 증거입니다. 이것이야말로 하나님의 자녀인지 아닌지 검증해 주는 가장 철저하고도 정교한 시금석 중에 하나임이 분명합니다. 하나님을 거슬러 죄를 지었을 때 여러분은 어떻게 합니까? 어떻게 느끼고, 어떻게 반응합니까? 자녀의 본능이 있는 사람은 하나님께 돌아갑니다. 하나님께 달려가 그 품에 안깁니다. 자녀는 늘 그렇게 합니다. 거기에서 기이한 위로와 평안을 얻습니다.

이것이 아버지와 우리의 관계를 검증하는 마지막 시금석입니다. 참 자녀는 책망을 받아도 화해가 이루어질 것을 압니다. 아버지의 책망이 정당함을 인정하고 자신을 방어하지 않습니다. 자녀의 소원은 오직 아버지와 관계를 회복하는 것입니다. 자신의 하찮은 경력 따위가 아닌 관계의 회복이 유일한 관심사입니다! 아, 경력을 관리하는 사람은 그리스도인이 아닙니다. 그리스도인은 경력에 관심을 갖지 않습니다. 아버지와 자신의 관계에만 관심을 갖습니다. 오직 그 관계가 회복되었는지만 알고 싶어 합니다. 책망을 듣고 엄한 벌을 받아도 자신을 감싸는 사랑의 무게를 느낍니다. 예전의 관계가 회복되었음을 알며, 책망과 형벌도 사랑의 표현임을 압니다. "주께서 그 사랑하시는 자를 징계하시고 그가 받아들이시는 아들마다 채찍질하심이라"(히 12:6).

사랑하는 여러분, 여러분은 하나님의 자녀입니까? 자신이 죄에 어떻게 반응하는지 보면 바로 알 수 있습니다. 율법 아래 있는지, 하나님의 사랑 안에 있는지 바로 확인할 수 있습니다. "율법은 모세로 말미암아 주어진 것이요 은혜와 진리는 예수 그리스도로 말미암아 온 것이라." 여러분은 이 은혜의 영역 안에 들어와 있습니까? 여러분의 주요 관심사는 무엇입니까? 자신의 도덕과 정직과 경건입니까, 하나님의 사랑을 누리는 것입니까? 하나님이 자신을 기뻐하심을 알며, 어떤 것도 그 사랑을 가로막거나 그 관계를 깨뜨리지 못함을 확신하는 일에 무엇보다 큰 관심이 있습니까? 이것이 사랑을 검증하는 궁극적인 시금석이요, 아버지와 자녀의 관계를 검증하는 궁극적인 시금석입니다.

그 다음 주된 시금석을 살펴봅시다. 지금까지는 성자와 우리의 관계 및 성부와 우리의 관계를 살펴보았습니다. 그러므로 이제 당연히 성령과 우리의 관계를 살펴볼 차례입니다. 하나님과 우리의 관계는 삼위와 우리의 관계로 이루어지기 때문입니다. 기독교는 삼위일체—성부 하나님, 성자 하나님, 성령 하나님—를 믿습니다. 어느 한 분하고만 관계를 맺기란 불가능합니다. 주님도 "아들을 공경하지 아니하는 자는 그를 보내신 아버지도 공경하지 아니하느니라"라고 하셨고(요 5:23), 성령을 모독하는 죄는 결코 용서받지 못한다고 하셨습니다(마 12:31). 이처럼 성령과 우리의 관계 또한 우리가 참 하나님의 자녀인지 아닌지 검증해 주는 시금석인 것이 분명합니다. 물론 신약성경은 그 이야기로 가득합니다. "무릇 하나님의 영으로 인도함을 받는 사람은 곧 하나님의 아들이라"(롬 8:14).

여러분은 하나님의 영으로 인도함을 받고 있습니까? 이 질문에 대답해야 합니다. 그러려면 이 말의 의미부터 분명히 알아야 합니다. 하나님의 영으로 인도함을 받는다는 말이 무슨 뜻인지 정확하게 알아야 큰 위로와 확신을 얻을 수 있습니다! 하나님의 영으로 인도함을 받는 사람은 자신이 하나님의 자녀임을 압니다. 그러나 성경을 모르고 그 의미도 모르는 사람, 성경을 깊이 파서 보화를 캐내지 못하는 사람은 자녀의 확신을 얻지 못합니다. 하나님의 영으로 인도함을 받는다는 말이 무슨 뜻인지 알아야 확신과 자신감을 가질 수 있으며, 기쁨으로 참된 그리스도인의 역할을 다할 수 있습니다.

내 속에 성령이 계심을 아느냐 하는 것은 하나님의 자녀인지 아닌지 검증하기에 아주 좋은 시금석입니다. 다시 한 번 사도 바울의 말을 인용하겠습니다. "만일 너희 속에 하나님의 영이 거하시면 너희가 육신에 있지 아니하고 영에 있나니 누구든지 그리스도의 영이 없으면 그리스도의 사람이 아니라"(롬 8:9). 요한일서에는 또 어떻게 표현되어 있는지 보십시오. 사도 요한은 3:24에서 이렇게 말합니다. "우리에게 주신 성령으로 말미암아 그가 우리 안에 거하시는 줄을 우리가 아느니라." 이것이 대답입니다. 더 이상 말이 필요 없습니다. 4:13에도 대답이 나옵니다. "그의 성령을 우리에게 주시므로 우리가 그 안에 거하고 그가 우리 안에 거하시는 줄을 아느니라." 여러분은 하나님이 주시는 성령을 받았습니까?

"하지만 전 주 예수 그리스도를 믿습니다. 늘 믿어 왔지요"라고 말할지 모르겠습니다.

네, 그럴 것입니다. 그러나 "귀신들도 믿고" 떱니다(약 2:19). 다수의 명제에 지적으로 동의하기만 하면 되는 것이 아닙니다. '쉬운 믿음', '쉬운 신앙'을 주창하는 자들이 있습니다. 이것은 처음부터 교회의 삶을 괴롭혔던 문제였습니다. 요한은 첫 번째 서신에서 한때 신자로 함께 지냈던 사람들에 대해 이렇게 말합니다. "그들이 우리에게서 나갔으나 우리에게 속하지 아니하였나니 만일 우리에게 속하였더라면 우리와 함께 거하였으려니와 그들이 나간 것은 다 우리에게 속하지 아니함을 나타내려 함이니라"(요일 2:19). 그들은 교회에 가입했고 바른 명제에 동의했지만—입으로 신앙을 고백하지 않으면 초대교회에 가입할 수 없었습니다—진정으로 교회에 속한 것은 아니었습니다. 진정으로 속한 자들이었다면 함께 거했을 것입니다. 그들은 사실상 적그리스도와 거짓 선생들에게 속한 자들이었습니다. 여기에서 요점은 그들도 한때는 바른 말을 했다는 것입니다. 이처럼 입으로 하는 말은 충분한 시금석이 되지 못합니다. 처음에 참고할 수는 있겠지만 충분한 시금석으로 삼을 수는 없습니다. 더 깊이 검증해 보아야 합니다. 이처럼 거짓 영들과 적그리스도가 있기 때문에 그 영들을 시험하고 검증하는 일이 필요합니다. 모든 영이 하나님께 속한 것은 아니라고 요한은 말합니다. "사랑하는 자들아, 영을 다 믿지 말고 오직 영들이 하나님께 속하였나 분별하라"(요일 4:1). 따라서 우리에게는 이런 영들을 시험하고 검증할 방법이 필요합니다.

이제 우리 자신에게 적용할 시금석은 이것입니다. 하나님이 우리에게 성령을 주신 것을 알고 있습니까? 그리스도의 영이 우리 안에 거하고 계십니까? 그리스도의 영이 없는 자는 그리스도의 사람이 아닙니다. 이 말이 무슨 뜻일까요? 다음과 같이 설명해 보겠습니다. 그리스도의 영이 우리 안에 계심을 안다는 것은 적어도 우리 자신이 아닌 다른 존재가 계심을 인식한다는 뜻입니다. 누군가 우리 속에 계심을 인식한다는 뜻입니다. "내가 나 된 것"이 내 노력이나 의지나 결심으로 된 것이 아님을 안다는 뜻입니다(고전 15:10). 오, 다른 존재 덕분임을 안다는 뜻입니다! 가장 낮은 차원에서 설명하면 그렇습니다. 워즈워스의 시구를 빌려서 표현해 보겠습니다. 워즈워스가 원래 이런 뜻에서 쓴 말이 아니라는 것은 알지만, 이 맥락에 맞추어 인용해 보겠습니다.

나는 느꼈다
고상한 생각의

기쁨으로 나를 흔드는 존재를…….*

─윌리엄 워즈워스William Wordsworth

그렇습니다! 그리스도인은 누군가─어떤 '존재'─가 항상 계심을 인식합니다.

좀 더 높은 차원에서 설명해 보겠습니다. 사도 바울은 말합니다. "이제는 내가 사는 것이 아니요 오직 내 안에 그리스도께서 사시는 것이라. 이제 내가 육체 가운데 사는 것은 나를 사랑하사 나를 위하여 자기 자신을 버리신 하나님의 아들을 믿는 믿음 안에서 사는 것이라"(갈 2:20). 이제는 내가 사는 것이 아닙니다! 그리스도인은 필히 이 경험을 하게 됩니다. 성령이 자기 안에 계심을 알게 됩니다. 부분적으로는 자신에게 새로운 본성이 생겨난 것을 보고 그 사실을 압니다. 이렇게 두 요소가 공존한다고 해서 이중적이라고 말할 수는 없습니다. 그것은 적절치 못한 표현입니다. 여하튼 그리스도인은 자기 안에 두 요소가 있음을 압니다. 옛 본성이 여전히 남아 있다는 사실도 알지만, 그와 다른 무언가 또는 누군가가 존재한다는 사실도 압니다. 누군가 자기 삶을 통제하고 있다는 사실, "내가 나 된 것은 하나님의 은혜로 된 것"이라는 사실을 압니다! 모든 모습과 행동을 일일이 다 설명하지는 못하지만, 자기가 자기를 통제하지 않는다는 사실, 이를테면 자기가 자기 일을 꾸려 나가지 않는다는 사실을 압니다. 다른 존재가 자기를 다스리고 있음을 압니다. 그 존재를

---

* '틴턴 사원 몇 마일 위에서 지은 시 *Lines Composed a Few Miles above Tintern Abbey*'.

계속 의식합니다.

제가 아주 유익하다고 생각하는 방식으로 설명해 보겠습니다. 20세기에는 거의 듣기 힘들지만, 영적 생활을 깊이 다루었던 옛 저자들이 늘 강조했던 경험이 한 가지 있습니다. 조상들은 그것을 '버려짐desertions'이라고 불렀습니다. 이 말의 의미를 알겠습니까? 그 의미는 이것입니다. 마치 혼자 남겨진 듯한 느낌, 자기밖에 없는 듯한 느낌을 받을 때가 있습니다. "혈통으로나 육정으로나 사람의 뜻으로 나지 아니하고 오직 하나님께로부터" 거듭났을 때는 아주 복된 경험을 했습니다. 다른 존재, 다른 누군가를 쉽게 인식할 수 있었습니다. 성령이 오셨고, 그리스도의 영이 안에 계셨습니다. 그런데 이제 혼자라는 느낌, 그 다른 분이 떠나 버리신 것 같은 느낌이 듭니다. 청교도 저자들은 이러한 경험에 대해 많은 글을 남겼습니다. 교인들이 자신들의 목사요 영혼의 의사인 그들을 찾아와 "처음 주님을 만났을 때의 행복이 다 어디로 가버렸는지"* 물었기 때문입니다. "이젠 그 행복이 다 사라져 버렸습니다. 지금은 버림받아 홀로 남겨진 느낌이에요. 전에는 분명히 알았던 걸 이젠 하나도 모르겠습니다. 확신도 없고, 그저 비참한 심정뿐입니다"라고 토로했기 때문입니다.

제가 말하고 싶은 요점은 오직 하나님의 자녀만 이렇게 버려지는 경험을 한다는 것입니다. 비그리스도인은 성령이 그 안에 오신 적이 없기 때문에 이런 말을 할 수가 없습니다. 그들은 늘 그렇게 살

---

* 윌리엄 쿠퍼, '오, 하나님과 더 가까이 걸었으면O for a Closer Walk With God'.

있습니다. 늘 자기 힘으로 살았고, 늘 자기가 통제권을 행사했습니다. 다른 존재를 인식해 본 적이 없습니다. 이렇게 버려지는 경험을 하는 자는 오직 하나님의 자녀뿐입니다. 기이하게도 위로가 되지 않습니까? 이것은 아주 놀라운 사실입니다. 사랑하는 사람들은 불가피하게 이런 경험을 합니다. 진정한 연인들만 둘 사이에 미약한 구름이 서릴 때 무언가가 서로를 가로막고 있음을 느끼고 가슴 아파하는 법입니다. 사랑해 본 적이 없는 사람은 사랑의 열병이 무엇인지 모릅니다!

버려짐! 이것은 마치 관계가 단절된 것처럼 느껴지고 혼자 남겨진 것처럼 느껴지는 상태를 가리키는 말입니다. 아이들을 보십시오. 아버지나 어머니가 외면하는 것만큼 아이들의 마음을 아프게 하는 일이 없습니다. 아이들이 아버지나 어머니에게 매달려 어떻게든 자기 쪽으로 얼굴을 돌리게 하려고 애쓰는 모습을 본 적이 있을 것입니다. 또는 여러분 자신이 그런 경험을 해본 적이 있을 것입니다. 부모에게 외면당하는 것보다 더 무서운 일은 없습니다. 그것은 일종의 버려지는 경험입니다. 그럴 때 아이는 정말 버려진 듯한 느낌을 받습니다. 그보다 심한 벌은 없습니다. 그에 비하면 체벌은 아무것도 아닙니다. 외면당하느니 차라리 체벌당하는 편이 낫습니다! 부모가 자녀를 쳐다보지 않는 것, 이를테면 상관치 않기로 작정하는 것은 사랑을 죽이는 행동입니다. 이처럼 자신이 버려졌음을 알고 느낀다는 것은 곧 그가 하나님의 자녀라는 증거입니다.

다음과 같이 설명해 보겠습니다. 여러분이 하나님과 자신의 관계 때문에 근심하고 있다면, 자신이 정말 하나님의 자녀인지 아닌지 고통스럽게 회의하고 있다면, 그 자체가 여러분이 하나님의 자녀라고 추정할 만한 아주 강력한 증거라고 저는 단언하는 바입니다. 스스로 의롭다고 생각하는 사람은 그런 걱정을 하지 않습니다. 오히려 자신은 아무 문제가 없다고 생각하며 할 도리를 다 했다고 생각합니다. 잘못한 게 없기 때문에 필요한 것도 없다고 생각합니다. 마치 "하나님이여, 나는 다른 사람들 곧 토색, 불의, 간음을 하는 자들과 같지 아니하고 이 세리와도 같지 아니함을 감사하나이다"라고 했던 바리새인과 같습니다(눅 18:11). 그는 버려진다는 것이 무엇인지 전혀 알지 못합니다.

또 다른 시금석을 살펴보겠습니다. 성령이 있는 사람에게는 지각이 있습니다. 요한은 첫 번째 서신 2장에서 이 점을 두 번이나 지적합니다. "너희는 거룩하신 자에게서 기름부음을 받고 모든 것을 아느니라"(요일 2:20). 요한은 이 말을 하기 전에 적그리스도의 문제를 다루었습니다.

아이들아, 지금은 마지막 때라. 적그리스도가 오리라는 말을 너희가 들은 것과 같이 지금도 많은 적그리스도가 일어났으니 그러므로 우리가 마지막 때인 줄 아노라. 그들이 우리에게서 나갔으나 우리에게 속하지 아니하였나니 만일 우리에게 속하였더라면 우리와 함께 거하였으려니와 그들이 나간 것은 다 우리에게 속하지 아니함을 나타내려 함이니라(요일 2:18-19).

오늘날에도 이런 자들이 교회 밖으로 나가면 좋겠습니다! 그러나 안타깝게도 교회 안에 남아 있습니다. 교회가 그것을 용인하고 있습니다. 초대교회는 용인하지 않았습니다. 요한은 "너희는 거룩하신 자에게서 기름부음을 받고 모든 것을 아느니라"라고 말합니다. 그리고 다음과 같이 한 번 더 반복합니다.

> 너희는 주께 받은 바 기름부음이 너희 안에 거하나니 아무도 너희를 가르칠 필요가 없고 오직 그의 기름부음이 모든 것을 너희에게 가르치며 또 참되고 거짓이 없으니 너희를 가르치신 그대로 주 안에 거하라(요일 2:27).

"기름부음!" 거룩하신 자의 "기름부음!" 이것이 시금석입니다. 하나님의 자녀는 하나님의 진리를 알게 되어 있습니다. 이와 대조되는 모습을 살펴보겠습니다. 사도 바울은 고린도전서 2장에서 그 모습을 단번에 보여주고 있습니다.

> 육에 속한 사람은 하나님의 성령의 일들을 받지 아니하나니 이는 그것들이 그에게는 어리석게 보임이요 또 그는 그것들을 알 수도 없나니 그러한 일은 영적으로 분별되기 때문이라(고전 2:14).

그의 말을 들어 보십시오!

> 이 지혜는 이 세대의 통치자들이 한 사람도 알지 못하였나니 만일 알았더라면 영광의 주를 십자가에 못 박지 아니하였으리라(고전 2:8).

이 세대의 통치자들은 하나님의 진리를 알지도 못했고 깨닫지도 못했습니다.

> 기록된 바 "하나님이 자기를 사랑하는 자들을 위하여 예비하신 모든 것은 눈으로 보지 못하고 귀로 듣지 못하고 사람의 마음으로 생각하지도 못하였다" 함과 같으니라(고전 2:9).

인간은 원래 이것을 알지 못합니다. 이해하지 못할 뿐 아니라 오히려 깎아내립니다. 그들에게 기독교란 그리스도가 가르친 교훈의 탁월성을 인정하고 그것을 실천하고자 최선을 다하는 종교에 불과합니다. 속죄도, 구주도, 중생도, 성령도 필요치 않습니다. 그들은 이런 것을 믿지 않습니다. 이런 것은 다 기독교의 교리와 정의定義에 불과하다고 생각합니다. 입으로는 그리스도인이라고 하면서도 이렇게 주장합니다. 그러나 바울은 말합니다.

> 오직 하나님이 성령으로 이것을 우리에게 보이셨으니 성령은 모든 것 곧 하나님의 깊은 것까지도 통달하시느니라.……우리가 세상의 영을 받지 아니하고 오직 하나님으로부터 온 영을 받았으니 이는 우리로 하여금 하나님께서 우리에게 은혜로 주신 것들을 알게 하려 하심이라(고전 2:10, 12).

요한은 "기름부음이 너희 안에" 있다고 했습니다. 그가 철학자들이나 교회 지도자들에게 이 말을 한 것이 아니라는 점을 기억해야 합니다. 그는 대부분 종과 노예였던 아주 평범한 그리스도인들에게 이 편지를 썼습니다. 그런데도 이런 중대한—"태초부터 있는 생명의 말씀에 관하여는 우리가 들은 바요 눈으로 본 바요 자세히 보고 우리의 손으로 만진 바라"(요일 1:1)—주제들, 중대한 기독교 교리들을 다룬 것입니다. 그는 말합니다. "너희는 성령의 기름부음을 받았기 때문에 이런 것들을 알고 있다. 다른 자들은 교회에서 뛰쳐나감으로써 본색을 드러낸 반면, 너희는 여전히 교회 안에 있는 이유가 무엇이겠느냐? 그렇다. 진리를 알고 있고 이해하고 있기 때문이다. 성육신의 교리와 동정녀 탄생의 교리를 알고 있기 때문이다. 그리스도인을 자처하는 적그리스도들은 이 가르침을 부인한다!" 그들이 이 진리들을 아는 것은 성령이 알려 주셨기 때문이라고 요한은 말합니다.

사랑하는 여러분, 제가 묻고 싶은 점은 이것입니다. 여러분은 기독교의 진리를 즐거워합니까? 기독 신앙의 교리를 좋아합니까? 사람들의 말처럼 '예수'는 위대한 스승이요 훌륭한 본보기요 '신성을 얻을 만큼' 선한 삶을 살았던 인간이었을 뿐이라고 생각하는 것은 아닙니까? 세상 사람들과 똑같이 생각하는 것은 아닙니까? 여러분은 "태초에 말씀이 계시니라. 이 말씀이 하나님과 함께 계셨으니 이 말씀은 곧 하나님이시니라"라는 말, "말씀이 육신이 되어 우리 가운데 거하시매"라는 말을 진심으로 믿습니까? 이 진리들을 즐거워합니까? 이 진리들에 따라 삽니까? 그리스도가 누구이며 어떤 분인지 알기에 기적을 행하신 것이 당연하다고 생각합니까? 육신이 되신 말씀을 믿으며 그의 권위를 의지합니까? 기름부음을 받은 자들은 구약성경과 신약성경을 꺼끄러워하지 않습니다. 성경을 위대한 책으로, 따라야 할 본보기와 진리로 생각합니다. 구약성경도 즐거워하고 신약성경도 즐거워합니다. 기름부음을 받았기에 성경을 알고 이해합니다.

여러분도 기름부음을 받았습니까? 오직 하나님의 자녀만 기름부음을 받습니다. 교만하게 나서서 이렇게 말하는 자들이 있습니다. "물론 한때는 나도 일반적인 의미의 그리스도인이었지요. 하지만 이제는 기독교 교리를 받아들이지 않습니다. 다 떨쳐 냈어요. 난오직 기독교 윤리만 고수합니다." 세상은 이런 사람을 보며 "참 대단하다"라고 감탄합니다! 얼마 전 어떤 사람이 죽음의 자리에서 한 말도 이것이었습니다. 그러나 그 말은 앞뒤가 맞지 않습니다. 성령없이 기독교 윤리를 실천할 수는 없습니다. 그것은 불가능한 일입니다.

제가 던지고 싶은 질문은 이것입니다. 여러분은 기독교 교리를받아들였습니까? 기독교 교리를 즐거워합니까? 혹시 동정녀 탄생의 교리를 믿지 못하는 것은 아닙니까? 기적을 믿지 못하는 것은 아닙니까? 대속의 교리를 믿지 못하는 것은 아닙니까? 죄에 대한 진노의 교리를 믿지 못하는 것은 아닙니까? 자, 그렇다면 그리스도인이라고 말할 자격이 없다고 저는 생각합니다. '그리스도인이란 상냥하고 선하고 도덕적인 사람들, 자기 의지력으로 그리스도를 따르되 하나님께 약간의 도움을 받는 사람들'이라는 것은 적그리스도적인 생각입니다! 내쳐야 할 가르침입니다! 거룩하신 분의 기름부음을 받은 사람은 이 복된 진리를 이해합니다. 여러분은 기름부음을 받았습니까? 여러분 안에 있는 소망에 대한 이유를 말할 수 있습니까? 죽음을 앞에 놓고 어쩔 줄 모르는 이웃에게 구원의 길을 설명해 줄 수 있습니까? 그리스도인은 그렇게 할 수 있습니다. 기름부음을 받았기 때문에 그렇게 할 수 있습니다.

다음과 같이 설명해 보겠습니다. 여러분은 적그리스도를 알아봅니까? 그런 분별력이 있습니까? 요즘은 특히 이 질문이 필요한 때입니다. "누가 그리스도인이라고 말하거든, 그 사람이 무엇을 믿든 개의치 마라. 로마 가톨릭이 무엇을 전하든 말든, 마리아를 공동구속자Co-Redemptrix라고 부르든 말든 개의치 마라. 그게 뭐 그리 중요한가? 우리는 다 같은 그리스도인이다"라는 정신이 오늘날 널리 퍼져 있습니다. 과연 그럴까요? 과연 아무 차이가 없을까요? 오늘날 우리는 그 차이를 확인할 시금석을 가지고 있습니까? 초대교회 그리스도인들에게는 그 시금석이 필요했습니다. 오늘날 우리에게도 그 시금석이 필요합니다. 기독교라는 이름을 쓴다고 다 기독교가 아닙니다. 기독교라는 이름을 쓴다고 다 기독교로 받아 주었던 적은 역사상 단 한 번도 없습니다. 기독교에는 구체적이고 분명한 진리들이 있습니다. 거룩하신 자의 기름부음이 알려 주는 진리들이 있습니다. 여러분은 영을 다 믿습니까? "글쎄요, 저도 그 사람이 무슨 말을 했는지는 알고 있습니다. 그런 말을 하지 않았다면 더 좋았겠지만, 어쨌든 그 사람 자체는 아주 괜찮아요. 그 사람의 정신을 한번 보세요. 전 그보다 친절한 사람을 본 적이 없습니다"라고 말하는 것은 아닙니까? 그런 견해를 표명하는 것은 아닙니까? 그렇다면 여러분은 기름부음을 받지 못한 것입니다. 기독교를 격렬히 반대하는 괜찮은 사람들이 세상에는 많이 있습니다. 여러분에게는 그것을 분별할 줄 아는 기름부음이 있습니까? 하나님의 자녀에게는 이 기름부음이 있어야 합니다. 이것이 없다면 토대부터 다시 점검해 보는 것이 좋습니다.

이 특별한 주제에 대한 고찰을 마치면서 짚고 넘어갈 점이 한 가지 있습니다. 그리스도인은 구원의 진리와 방법을 깨닫는 일반적이고 지속적인 기름부음만 받는 것이 아니라—이것은 자랑거리가 못 됩니다. 자기 힘으로 깨닫는 것이 아니기 때문입니다. 그리스도인들도 전에는 진리를 모르던 사람들이었습니다—때때로 특별한 빛이 비추어지는 경험, 그리스도인만 맛볼 수 있는 가장 놀랍고도 떨리는 경험을 합니다. 이것은 일반적인 기름부음보다 더 큰 자녀의 증거임이 분명합니다. 설교자들은 이런 경험이 무엇인지 알 것입니다. 여러분도 성경을 읽다가 갑자기 말씀이 깨달아지는 경험을 여러 번 했을 것입니다. 마치 성령이 그 말씀을 지면에서 떼어내 눈앞에 펼쳐 주시는 것만 같습니다. 자신만을 위한 설교를—달리 표현해도 좋습니다—해주시는 것 같습니다. 그렇습니다. 그것은 일방적인 경험입니다. 여러분이 무엇을 했기 때문에 경험하는 것이 아닙니다. 일방적으로 주시는 은혜를 그저 받아들일 뿐입니다. 성령이 일방적으로 어떤 주제나 구절에 평소보다 밝은 빛을 비추어 주십니다. 이런 일을 하시는 분은 오직 성령뿐입니다.

지금 저는 일반적인 기름부음이 아닌 특별한 기름부음, 성령이 오셔서 무언가를 강조하시면서 "이것은 널 위한 말씀이다!"라고 짚어 주시는 특별한 경험에 대해 이야기하고 있습니다. 자, 이런 경험을 한 적이 있다면 편한 마음으로 집에 돌아가도 좋습니다. 여러분은 분명한 하나님의 자녀입니다! 지금 당장 고통을 겪고 있을 수도 있고, 병을 앓고 있을 수도 있고, 영적 성장이 중단되어 있을 수도 있고, 먹지 말아야 할 것을 먹고 있을 수도 있고, 나태하고 게으른 생활을 하고 있을 수도 있습니다. 여러분의 현 상태가 어떠한지 저는 알지 못합니다. 그럼에도 이런 특별한 빛을 경험한 적이 있다면, 여러분은 하나님의 자녀입니다. 전에 하나님의 자녀였던 사람은 지금도 하나님의 자녀이고, 앞으로도 하나님의 자녀입니다. 요한은 이것을 '거하다'라는 말로 표현하고 있습니다. 당연합니다! 하나님이 주신 생명을 다른 무언가나 누군가가 빼앗아 가는 일은 있을 수 없습니다. 절대 있을 수 없습니다. 일시적으로 불행해지거나 아버지와의 관계에서 흔들릴 수는 있습니다. 그럼에도 이전에 자녀의 증거가 있었다면, 지금도 분명히 자녀입니다.

주님께 달려가 감사드리고, 그 앞에 엎드려 매달리십시오. 그러면 그 얼굴을 돌려 다시 여러분을 바라보아 주실 것입니다. 그 거룩한 얼굴에 떠오른 미소를 보면서 여러분의 마음은 환하게 밝아지고 기쁨으로 가득찰 것입니다.

19

성령의 인도

영접하는 자 곧 그 이름을 믿는 자들에게는 하나님의 자녀가 되는 권세를 주셨으니 이는 혈통으로나 육정으로나 사람의 뜻으로 나지 아니하고 오직 하나님께로부터 난 자들이니라. 요 1:12-13

앞서 살펴보았듯이, 신약성경은 대부분 이미 믿는 자들에게 확신을
주기 위해 기록되었습니다. 믿는 자들에게 이 확신이 필요한 것은,
대적 마귀가 항상 구원의 기쁨을 빼앗고자 하며 주님 대신 자기 자
신과 자기 속을 들여다보게 하고 율법 아래 가두려 들기 때문입니
다. 그러나 요한이 상기시키듯이 "모세로 말미암아" 율법이 주어졌
고, "예수 그리스도로 말미암아" 은혜와 진리가 왔습니다. 우리는 더
이상 "진노를 이루게" 하는 율법 아래 있지 않습니다(롬 4:15). 사도
바울이 로마서 8:15에서 말하는 바대로입니다. "너희는 다시 무서
워하는 종의 영―율법 아래 있는 자의 영―을 받지 아니하고 양자의
영을 받았으므로 우리가 아빠 아버지라고 부르짖느니라."

우리는 지금 하나님의 자녀임을 확신할 수 있는 방법들을 알아보고 있는 중입니다. 첫 번째로 살펴본 것은 주 예수 그리스도와 우리의 관계였습니다. 이 부분을 가장 먼저 확인해 보아야 합니다. 자신이 진정 성자의 이름을 믿는지 확인해 보아야 합니다. 두 번째로 고찰한 것은 성부와 우리의 관계였습니다. 그리고 지금은 세 번째 시금석으로 성령과 우리의 관계를 살펴보고 있는 중입니다. 하나님의 자녀는 성부, 성자뿐 아니라 성령과도 관계를 맺게 되어 있습니다.

혼동이 없도록 지금 살펴보는 내용을 정확하게 설명해 보겠습니다. 저의 전적인 주장—신약성경에서 얼마든지 찾아볼 수 있는 주장—은 우리가 하나님의 자녀임을 확인할 수 있는 표지가 아주 많다는 것입니다. 인간사에 비추어 볼 때 아이가 부모의 자녀임을 알아볼 수 있는 근거가 많은 것처럼, 그리스도인들도 하나님의 자녀임을 알아볼 수 있는 근거가 많습니다. 제가 여러 표지와 시금석들을 제시하는 것은 당연히 여러분 스스로 그 점을 확인할 수 있게 하기 위해서입니다. 그렇다고 그 모든 표지와 시금석들이 온전히 다 나타나야 한다는 말은 아닙니다. 그것은 불가능합니다. 우리 중에 완전한 사람은 아무도 없습니다. 그렇습니다. 제가 제시하는 것은 이를테면 이상적인 자녀의 모습입니다. 그러나 감사하게도 우리가 완전히 성숙하지 못하고 이 모든 표지가 온전히 나타나지 않는다 해도, 어느 한 가지 표지가 확연하게 나타나거나 여러 가지 표지가 미약하게라도 나타난다면 하나님의 자녀라는 충분한 증거가 있는 것입니다. 불완전한 자녀도 자녀이기 때문입니다.

제가 이 말을 하는 것은 마귀가 우리를 넘어뜨리려고 항상 준비하고 있음을 알기 때문입니다. 제가 이 시금석들을 제시하는 데에는 이중의 목적이 있습니다. 첫째는 우리 자신을 점검하려는 것입니다. 알다시피 하나님의 자녀가 아닌데도 자녀인 것처럼 착각하도록 마귀가 속일 수 있습니다. 그래서 이 시금석들을 제시하여 확인케 하려는 것입니다. 그렇습니다. 늘 그렇듯 마귀는 지금 제가 하고 있는 이야기도 얼마든지 비틀어서 자신에게 유리하게 이용할 수 있습니다. 하나님의 자녀가 아닌데 자녀라고 착각하는 이들에게 실상을 알려 주기 위해 하는 말을 오히려 역이용하여 참 자녀들의 믿음과 확신을 흔들 수 있는 것입니다. 마귀는 제 말을 부풀려 "너한테는 이런 시금석들이 나타나지 않으니까 넌 하나님의 자녀가 아니야" 하면서 속이려 들 수 있습니다. 그럴 때 내놓을 대답이 바로 "하나님의 자녀라고 해서 완전할 필요는 없다"라는 것입니다. 저는 이 점을 강조하고 싶습니다. 우리가 던져야 할 긴요한 질문은, 비록 여러 면에서 불완전하고 미숙하고 보잘것없는 걸음마 단계라 할지라도 자녀의 증거가 나타나고 있느냐 하는 것입니다.

다음과 같이 설명해 보겠습니다. 여러분은 지금 자신에게 불만을 느끼고 있을지 모릅니다. 그런데 그 자체가 자녀의 좋은 표지입니다. 예수님의 비유에 나오는 바리새인은 전혀 그렇지 않았습니다. 오히려 자신 있게 앞에 나서서 "하나님이여, 나는 다른 사람들 곧……이 세리와도 같지 아니함을 감사하나이다"라고 했습니다(눅 18:11). 사랑하는 여러분, 자신에게 불만을 느낀다는 것 자체가 자녀의 표지입니다. 자신이 영 마뜩찮고 불만족스럽게 느껴진다는 것 자체가 아주 건전하고 훌륭한 자녀의 표지입니다. 그러니까 마귀가 찾아와 "아, 그래, 자녀의 표지가 좀 나타나긴 하지만 완전치 못하잖아"라고 공격해도, "그래, 완전치 못하지. 그게 내 고민이야. 하지만 걱정하지는 않아. 난 분명한 하나님의 자녀거든" 하고 대꾸하면 됩니다.

거듭 말하지만, 제가 가능한 한 많은 시금석을 제시하는 것은 우리 자신을 점검해 보기 위해서입니다. 이러한 본질적인 특징들은 오직 하나님의 자녀에게만 나타난다는 것이 제가 말하고 싶은 원리입니다. 이 관계는 특별한 관계입니다. 그렇기 때문에 불완전하더라도 이 관계의 특징이 나타나는 사람은 하나님의 자녀입니다. 작고 어린 자녀도 다 크고 성숙한 자녀 못지않게 분명한 하나님의 자녀입니다.

계속해서 살펴봅시다. 성령과 자녀의 관계를 검증하는 그 다음 시금석은 스스로 성령의 인도를 받고 있음을 아느냐 하는 것입니다. "무릇 하나님의 영으로 인도함을 받는 사람은 곧 하나님의 아들이라"(롬 8:14). 참으로 분명하지 않습니까? 사도가 로마서 8장 전반부의 상당부분을 "영"에 있는 자와 "육신"에 있는 자를 비교하는 데 할애하고 있다는 점에 주목하십시오. 하나님의 자녀와 그렇지 않은 자들을 구분 짓는 시금석이 바로 이것입니다. 이것은 중대한 차이점입니다. "그리스도 예수 안에 있는 생명의 성령의 법이 죄와 사망의 법에서 너를 해방하였음이라"(롬 8:2). 이것은 일부 그리스도인이 아니라 모든 그리스도인에게 해당되는 말입니다. 모든 그리스도인이 율법에서 해방되었습니다. 그리스도와 함께 율법에 대해 죽었습니다. 이제 그는 성령의 영역 안에 있습니다. 사도는 성령의 삶과 육신의 삶에 나타나는 특징들을 각각 짚어 주는데, 그중 한 가지가 바로 이것입니다. "무릇 하나님의 영으로 인도함을 받는 사람은 곧 하나님의 아들이라." 여러분은 하나님의 영으로 인도함을 받고 있습니까? 그렇다면 분명한 하나님의 자녀입니다.

이 구절을 그냥 읽고 넘어가기 쉽습니다. 그러나 확인해 보아야 합니다. 자신이 정말 하나님의 영으로 인도함을 받고 있는지 알아보아야 합니다. 그렇다면 이 구절이 의미하는 바가 무엇일까요? 몇 가지로 대답해 보겠습니다. "인도"는 강한 단어입니다. 모두가 동의하듯, 이것은 '억제력'을 의미합니다. 하나님의 영으로 인도함을 받는다는 것은 손을 붙잡힌 채 별 생각 없이 끌려간다는 뜻이 아닙니다. 그렇습니다. 여기에는 억제한다는 뜻이 들어 있습니다. 즉, '성령의 억제력을 느끼는 사람은 곧 하나님의 아들'이라는 것입니다.

그렇다면 '억제력'을 느낀다는 것은 무슨 뜻일까요? 압박감을 느낀다는 뜻입니다. 단호함을 느낀다는 뜻입니다. 이를테면 어깨를 내리누르는 힘을 느낀다는 것입니다. 말은 겁먹은 어린아이나 종이 아닌 주인이 고삐를 잡을 때 바로 알아차립니다. 고삐를 잡은 손길에 힘과 억제력과 통제력이 느껴지기 때문입니다. 그처럼 우리도 성령과 교류하고 교제할 때 그 힘을 느낍니다. 이에 대해 더 설명하지는 않겠습니다. 지난번에 그리스도인은 불완전하게나마 어떤 존재의 영향력을 인식한다는 점을 살펴보면서, 살짝 이 주제를 다루었습니다. 신약성경은 성령과 교류하고 교제하는 일에 대해 많은 이야기를 하고 있습니다. 바울은 "주 예수 그리스도의 은혜와 하나님의 사랑과 성령의 교통하심[사귐]이 너희 무리와 함께 있을지어다"라고 말합니다(고후 13:13). 성령의 인도를 받는 사람은 그의 존재를 인식합니다. 그가 자신과 함께하시며 자신을 인도하시고 이끌어 주시는 것을 인식합니다.

그렇다면 성령은 어떻게 우리를 인도하실까요? 이제부터 살펴보겠습니다. 일단 정도의 차이가 있다는 점에 유념하기 바랍니다. 거의 압박감을 느끼지 못할 정도로 가볍게 인도하실 수도 있고, 완전히 압도당할 정도로 강하게 인도하실 수도 있으며, 그 중간 정도로 인도하실 수도 있습니다. 그러나 아무리 가볍더라도 억제하시는 것을 느낀다면 성령이 여러분 안에 계신 것이며, 여러분은 하나님의 자녀임이 분명합니다. 성령의 억제는 어떻게 나타날까요? 자, 일반적인 억제와 특별한 억제로 크게 나누어 살펴보겠습니다.

첫째는 일반적인 억제와 압박입니다. 우리는 성령의 책망과 정죄를 받을 때 이것을 경험합니다. 다시 말해서 자기 자신 외에 다른 존재가 있음을 감지합니다. 그리스도인은 항상 타락의 유혹을 받으며, 적대적인 세상에서 세상과 육신과 마귀의 공격을 받습니다. 신문과 텔레비전을 비롯한 오만가지 것들이 넘쳐나는 현대세계에서 생각과 정신의 끈을 놓치기가 얼마나 쉬운지요! 우리는 모두 그 유혹에 노출되어 있으며, 하나님의 자녀임에도 불구하고 그 유혹에 넘어갈 수 있습니다. 그러나 계속 그 상태에 머물지는 못합니다. 그러기에는 마음이 영 불안합니다. 책망받고 정죄받는 느낌이 듭니다. 자녀가 늘 그렇듯 죄책감에 시달립니다. 자녀가 방에서 신나게 못된 짓을 하는데 부모가 불쑥 들어가면 화를 냅니다. 당연합니다! 그래도 부모는 부모이기에 개의치 않고 들어가서 중단시킵니다.

저와 여러분이 하나님의 자녀라면, 성령이 오셔서 화나게 하고 즐거움을 망치며 정죄하시고 책망하시는 일이 있을 것입니다. 그럴 때 저항하고 반항해 봐야 소용이 없습니다. 성령은 절대 우리를 그대로 두시지 않습니다. 왜 그럴까요? 하나님의 자녀는 하나님이 택하신 자이기 때문입니다. 무엇을 위해 택하신 자입니까? "그 아들의 형상을 본받게 하기" 위해 택하신 자입니다(롬 8:29). 지금 당장 여러분이 그것을 원하든 원치 않든 상관없이, 하나님은 그 목적지로 이끌어 가십니다. 여러분을 위해 계획해 놓으신 그 자리로 데려가십니다. 하나님은 여러분이 사랑하는 아들의 형상을 본받도록 정해 놓으셨습니다. 여러분이 가지 않으려 해도 하나님이 가게 하십니다. 혼내고 때려서라도 데려가십니다. 병이나 사고나 불운이나 재정적인 손실을 통해서라도 데려가십니다. 하나님의 방법은 무궁무진합니다. 이처럼 하나님의 자녀는 성령이 억제하십니다. 여러분은 이에 대해 알고 있습니까?

선량하고 도덕적인 사람이라고 해서 이에 대해 아는 것은 아닙니다. 자녀와 자녀 아닌 자들을 가르는 절대적인 차이점이 이것입니다. 도덕적인 사람도 때로 양심의 고통이나 신의 기준대로 살지 못한다는 자괴감을 느낍니다. 그러나 본질적인 차이점이 있습니다. 그리스도인은 이 동반자, 곧 성령이 자신을 다루시며 정죄하심을 감지합니다. 자신이 한 짓을 보여주심으로 부끄럽게 만드시는 것, 회개하고 하나님께 돌아오도록 촉구하시는 것을 느낍니다. 성령은 항상 이렇게 일하십니다.

이것이 억제의 한 가지 측면입니다. 또 다른 측면—아주 일반적인 측면—은 우리의 무기력한 상태를 흔드시는 것입니다. 저는 우리 대부분의 가장 큰 문제가 무기력과 게으름에 있다고 생각합니다. 게으른 그리스도인들이 교회를 가득 채우고 있습니다. 사업가나 전문분야 종사자들, 또는 취미생활을 하는 이들의 활동과 교회 생활을 한번 비교해 보십시오. 사람들이 축구를 비롯한 스포츠에 얼마나 열광하며 열심을 내는지 보십시오. 그런 사람들은 눈이 온다고 시합을 연기하지 않습니다. 서리가 내렸다고 주저앉지 않습니다. 작은 구실이 생긴 것에 반색하며 집안에 처박혀 있으려 하지 않습니다. 당연히 그러지 않습니다! 그런데 하나님의 백성들을 보십시오. 얼마나 무기력하고 게으르고 나태한지 모릅니다. 그런데 감사하게도 성령이 그런 우리를 흔들고 휘저으십니다.

오, 여러분, 살아 계신 하나님의 손에 떨어지는 것은 무서운 일입니다. 장담컨대, 여러분이 하나님의 자녀임에도 계속 무기력하고 게으르게 지낸다면 결코 무사하지 못할 것입니다. 하나님의 부요한 은혜를 빼앗기는 것은 물론이요 또 다른 대가도 치르게 될 것입니다. 자녀의 삶에는 충만한 영광이 있습니다. 그런데 우리는 그에 대해 얼마나 많이 알고 있습니까? 아는 게 전혀 없지 않습니까! 마음을 다하지 않으니까 모르는 것입니다. 그런데 감사하게도 성령은 우리를 이 상태로 내버려두시지 않습니다. 감사하게도 우리의 마음을 흔들고 휘저어 움직이게 하십니다. 계속 우리를 흔드십니다. 하나님이 계획하신 자리로 이끌어 가기 위해 계속 우리를 흔드십니다. 그가 흔드시는 방법을 일일이 알려 드릴 필요는 없을 것입니다.

여러분 스스로 찾아보기 바랍니다. 제가 묻고 싶은 것은, 이렇게 성령이 흔드시는 일에 대해 아는 바가 있느냐는 것입니다.

좀 더 구체적으로 성령의 인도와 사귐에 대해 살펴봅시다. 이 또한 일반적인 억제의 한 측면입니다.

"그런데 대체 인도라는 게 뭘 말하는 겁니까?"라고 묻는 이가 있을지 모르겠습니다.

자, 가장 큰 차원에서 설명해 보겠습니다. 그러면 제가 뭘 말하는지 이해할 수 있을 것이며, 낮은 차원에서 스스로 적용해 볼 수 있을 것입니다. 사도행전에는 이런 말이 나옵니다.

> 안디옥 교회에 선지자들과 교사들이 있으니 곧 바나바와 니게르라 하는 시므온과 구레네 사람 루기오와 분봉 왕 헤롯의 젖동생 마나엔과 및 사울이라. 주를 섬겨 금식할 때에 성령이 이르시되 "내가 불러 시키는 일을 위하여 바나바와 사울을 따로 세우라" 하시니(행 13:1-2).

다른 구절도 찾아봅시다. 15:28을 보면, 예루살렘 회의에 모인 사람들이 각 교회에 메시지를 보내는 장면이 나옵니다. 그들은 주저 없이 이렇게 말합니다. "성령과 우리는 이 요긴한 것들 외에는 아무 짐도 너희에게 지우지 아니하는 것이 옳은 줄 알았노니."

무슨 말일까요? 저는 이것이야말로 성령이 이끄심과 인도하심을 보여주는 중대한 예라고 주장하고 싶습니다. 사도행전에 나오는 이 두 경우에 성령이 어떻게 인도하셨다고 생각합니까? 제가 볼 때 귀에 들리는 음성으로 인도하셨던 것은 분명히 아닙니다. 성령이 인도하시는 방식은 우리의 정신과 마음에 압박을 가하시는 것입니다. 어떤 생각이 떠올라 마음의 중심을 차지하게 하시고, 모든 것이 그 방향을 가리키도록 상황을 조종하시는 것입니다. 여러분은 이에 대해 아는 바가 있습니까? 살면서 이런 압박을 경험한 적이 있습니까? 여러분의 과거에 이런 사례가 있었습니까? 비그리스도인은 이런 인도를 받지 못합니다. 특별한 자리와 위치로 이끌리는 경험이 무엇인지 알지 못합니다.

과거의 삶을 돌아보며 성령이 어떻게 인도하셨는지 살펴보십시오. 자신이 어떻게 지금과 같은 사람이 되었는지 생각해 보십시오. 여러분은 어떻게 이 자리에 오게 되었습니까? 어떻게 예배당에 오게 되었습니까? 다른 부류의 사람이 될 수도 있었을 텐데, 어떻게 이런 사람이 되었습니까? 무엇 때문에 이런 사람이 되었습니까? 스스로 결심했기 때문입니까? 자신의 삶을 돌아보면 그저 놀랍다는 생각이 들지 않습니까? '하나님이 다 하셨구나! 하나님이 여기까지 날 인도해 주셨구나!' 하는 생각이 들지 않습니까?

소극적인 측면에서 좀 더 살펴봅시다. 성령은 이처럼 적극적으로 인도하실 뿐 아니라 소극적으로도 인도하십니다. 사도행전 16:6-7이 그 예입니다. "성령이 아시아에서 말씀을 전하지 못하게 하시거늘 그들이—사도 바울과 그 일행을 가리키는 말입니다. 여기 나오는 인물이 다름 아닌 사도 바울이라는 점에 유념하기 바랍니다—브루기아와 갈라디아 땅으로 다녀가 무시아 앞에 이르러 비두니아로 가고자 애쓰되 예수의 영이 허락하지 아니하시는지라." 이것은 아주 흥미로운 구절일 뿐 아니라, 제가 볼 때 이 주제를 다루는 데에도 아주 유익하고 귀중한 구절입니다. 사도 바울 본인은 아시아에 가서 말씀을 전하고 싶었던 것이 분명합니다. 그런데 그가 막 떠나려 할 때 성령이 길을 막으셨습니다. 이처럼 성령은 앞으로 나아가게도 하시지만, 나아가지 못하게 저지하기도 하십니다.

오, 지성과 이성을 다 동원해서 온갖 요소를 고려한 후에 "자, 이 것은 분명히 내가 해야 할 일이다"라고 결정했는데 그 일을 할 수 없게 될 때보다 더 놀랍게 저지하시고 막으시는 성령의 인도를 경험하는 경우는 없습니다. 성령이 막으시는 방법에는 여러 가지가 있습니다. 이것도 그중에 하나입니다. 이성적으로는 나아갈 길이 환히 보여서 결정했는데, 무언가 꺼림칙한 느낌이 듭니다. 확신이나 기쁨이 없습니다. 성령이 막으시는 것입니다. 하나님의 자녀는 이렇게 성령이 막으실 때 감히 거스르지 않습니다. 거스르기를 두려워합니다. 성령의 인도에 동의합니다. 사도행전 16장의 사건이 그 예입니다. 성령이 여러 가지 요인과 상황을 조종하심으로 여러분이 계획했던 일을 막으실 수 있습니다. 이처럼 적극적인 인도와 소극적인 인도가 함께 작용합니다.

바울과 그의 일행은 비두니아에 가서 전도하려 했습니다. "비두니아로 가고자 애쓰되—그들은 이 일에 전력을 기울였습니다—예수의 영이 허락하지 아니하시는지라"(행 16:7). 성령이 이렇게 하실 때 우리는 갈등을 느낍니다. 머리로는 완벽하게 확신하는데, 영혼에 확신이 생기지 않습니다. 성령이 억제하시는 것입니다. 이처럼 성령은 적극적으로도 일하시고 소극적으로도 일하십니다. 지성에도 압력을 가하시고, 영혼—말하자면 감정—에도 압력을 가하십니다. 앞으로 나아가게도 하시고, 나아가지 못하게 막기도 하십니다.

이처럼 우리는 성령의 존재를 항상 인식합니다. 자신이 성령과 사귀며 교제하고 있다는 것, 자기 혼자 살고 있는 것이 아니라 성령의 붙들림을 받아 살고 있다는 것을 항상 인식합니다. 우리가 도망치거나 태만하게 미적거릴 때, 성령은 우리 어깨를 떠밀고 몸을 일으켜 앞으로 나아가게 하십니다. 반대로, 자기 확신과 육신의 열심으로 달려나가려 할 때는 붙잡아 세워 다시 생각하게 하십니다. 성령은 오직 하나님의 자녀한테만 이 두 가지 일을 해주십니다. 성령은 자녀들을 위해 보냄받으신 분이기 때문입니다. 주님은 마지막 설교에서 이렇게 말씀하셨습니다. "세상은 능히 그를 받지 못하나니 이는 그를 보지도 못하고 알지도 못함이라"(요 14:17). 오직 하나님의 자녀만 성령을 알 수 있습니다.

여러분은 성령의 인도에 대해 얼마나 알고 있습니까? 과거의 삶과 현재의 삶에서 이렇게 인도받은 예들을 찾아볼 수 있습니까? "내가 나 된 것은 하나님의 은혜로 된 것"이라고 말할 수 있습니까? 다시 말해서 "내가 나 된 것은 성령의 인도로 된 것"이라고 말할 수 있습니까? 성령이 내 죄를 깨우치시고, 회심하게 하시며, 믿게 하시고, 인도하십니다. 그래서 지금의 내가 있게 된 것입니다. 내가 나 된 것은 하나님의 은혜로 성령이 내 안에 거하시고 이끌어 주시고 인도해 주신 덕분이며, 억제해 주신 덕분입니다. 나는 내 것이 아닙니다. 나 혼자 독자적으로 살고 있는 것이 아닙니다. "내가 육체 가운데 사는 것은 나를 사랑하사 나를 위하여 자기 자신을 버리신 하나님의 아들을 믿는 믿음 안에서 사는 것이라"(갈 2:20).

좋습니다. 이 항목은 여기까지 다루도록 하겠습니다. 더 다룰 수도 있지만, 살펴보아야 할 항목이 남아 있습니다. 이제 그 부분을 살펴보겠습니다. 지금까지는 성령의 일반적인 인도하심과 억제하심을 다루었는데, 이제부터는 그 구체적인 증거들을 다루려 합니다. 여러분에게 훨씬 더 도움이 될 현실적인 부분을 다루고 싶기 때문입니다.

"아, 성령의 일반적인 압박이나 억제가 있다는 건 알겠습니다. 그런데 그에 대해 좀 더 확실하게 알고 싶습니다"라고 말하는 분이 있으리라 생각합니다. 그래서 좀 더 구체적으로 설명해 보려 합니다. 인생의 중대한 결정을 인도해 주시는 것 외에 성령이 인도해 주시는 일이 또 무엇이 있을까요? 여러 가지가 있는데, 그중 한 가지는 성경으로 인도해 주시는 것입니다. 성경은 성령의 책으로서, 성령은 항상 성경으로 우리를 인도하십니다. 항상 성경으로 나아가도록 촉구하시며, 성경을 즐거워하게 만드십니다. 서슴없이 말하지만, 성경을 전혀 좋아하지 않는 사람은 하나님의 자녀가 아닙니다. 이 경우에도 극단으로 치우치지 않도록 조심해야 합니다. 정말 조심해야 합니다! "갓난아기들같이 순전하고 신령한 젖을 사모하라. 이는 그로 말미암아 자라게 하려 함이라"(벧전 2:2). 갓난아기는 젖을 좋아합니다. 그러나 좀 더 자라서 아이가 되면 고집을 부리며 단 것만 찾기도 한다는 점을 기억하십시오. 아이가 해달라는 대로 다 해주면 안 됩니다. 이제 제가 묻고 싶은 점은 이것입니다. 여러분은 성경의 맛을 알고 있습니까? 성경 읽기를 즐거워하고 있습니까?

좀 더 구체적으로 살펴보겠습니다. 저의 주된 질문은 성경에서 지적인 즐거움을 느끼느냐는 것이 아닙니다. 성경에서도 얼마든지 지적인 즐거움을 느낄 수 있습니다. 제가 아는 이들 중에도 그런 사람들이 있습니다. 그들에게 성경 읽기는 십자말풀이에 불과합니다. 이처럼 거듭나지 않은 이들도 취미 삼아 성경을 읽을 수 있습니다. 성경은 훌륭한 책입니다. 성경을 읽고 연구하는 것보다 훌륭한 지적 작업은 없습니다. 색인이나 다양한 주제에 따라 성경을 뒤적이는 이들도 있고, 인물이나 예언 등의 주제에 관심을 보이는 이들도 있습니다. 지금 제가 묻는 것은 그런 즐거움을 느끼느냐는 것이 아니라 영적인 즐거움을 느끼느냐는 것입니다.

"당신이 말하는 영적인 즐거움이 뭡니까? 내가 느끼는 즐거움이 지적인 것인지 영적인 것인지 어떻게 알 수 있습니까?"라고 물을지 모릅니다.

자, 제가 아는 최고의 시금석은 이것입니다. 성경 연구가 여러분에게 어떤 영향을 끼치는지 자문해 보십시오. 대단한 지식과 이해를 얻었다는 자부심으로 우쭐해진다면, 자신이 정말 하나님의 자녀인지 다시 한 번 점검해 보는 것이 좋습니다. 그러나 더 겸손해지고 자신이 그리스도인인지 의심하게 된다면, 아주 좋은 자녀의 증거가 있는 것입니다. 성령이 나를 성경으로 인도하시고 성경 각 장에 빛을 비추시며 마음에 빛을 비추어 주시면—하나님의 자녀들에게 늘 해주시는 일을 해주시면—무엇보다 먼저 성경이 나에게 직접 말한다는 것을 알게 됩니다.

바리새인들에 관한 이야기를 읽을 때에도 2천 년 전 사람들의 이야기를 읽는 것이 아니라 마치 내 이야기를 읽는 것 같습니다. 다윗 같은 구약 인물들의 이야기를 읽을 때에도 무슨 역사책을 읽는 것이 아니라 내 이야기를 읽는 것 같습니다. "바로 내 이야기 네! 다윗한테 이런 면이 있다니 무섭구나. 나한테도 이런 면이 있는 데!" 하게 됩니다. 이처럼 성경이 자신에게 직접 말한다고 느끼는 사람은 하나님의 자녀입니다. 위선자에게는 절대 이런 일을 해주시지 않습니다. 지적인 관심으로만 성경을 읽는 자에게는 절대 이런 일을 해주시지 않습니다. 성경이 직접 자신에게 말을 하고 자신에 대해 이야기해 준다고 느끼는 사람, 성경을 보편적 진리나 교리의 모음집이 아니라 자신을 책망하고 정죄하는 말씀으로 느끼는 사람, 점점 더 주리고 목마르게 만드는 살아 있는 말씀으로 느끼는 사람은 하나님과 생생하고 영적인 관계—오직 성령으로만 가능한 관계—를 맺고 있는 것입니다.

비그리스도인의 비극은 평생 성경을 읽어도 달라지지 않는다는 데 있습니다. 두려운 말이지만, 기계적인 성경 연구 계획에는 무서운 위험이 도사리고 있습니다. 그저 할 일을 다 했다고 말하기 위해 정해진 분량대로 성경을 읽어 치울 위험이 있는 것입니다. 여러분, 성경이 날마다 여러분에게 말을 해줍니까? 그렇지 않다면 잠시 계획표를 밀어 두고, 한 구절만 택해서 묵상해 보길 권합니다. 그 구절을 이해하고자 애쓰며, 그 구절이 자신에게 무슨 말을 하는지 생각해 보십시오. 일 년에 정해진 횟수를 채우거나 성경읽기 계획표가 제시하는 횟수를 채우려고 그냥 읽어 치워서는 안 됩니다. 성경은 하나님의 말씀입니다. 영혼의 양식입니다. 성령이 여러분에게 주시는 메시지입니다. 과연 성경이 자신에게 말하고 있는지 확인해 보십시오. 말하고 있다면 하나님의 자녀라고 확신해도 좋습니다.

특별한 인도의 또 한 가지 측면은 기도로 이끄시는 것입니다. 이것이 우리의 동반자가 하시는 또 한 가지 일입니다. 주님이 육신을 입고 이 땅에 사셨던 때를 생각해 보십시오. 하나님은 그에게 성령을 한량없이 부어 주셨습니다(요 3:34). 그는 성령으로 충만한 분이었습니다. 그런데 그런 분의 삶에 나타났던 큰 특징이 무엇입니까? 기도의 삶을 사셨다는 것, 기도에 시간을 들이셨다는 것입니다. 그는 하나님의 아들이면서도 기도하셨습니다! 성령은 항상 기도하도록 촉구하시며 몰아가십니다. 어느 시대든 성도들의 생애를 읽어 보면, 그들이 불쑥불쑥 기도의 열망을 느꼈다는 증언을 접하게 됩니다. 본인들도 이유는 모르겠다는 것입니다. 영 다른 생각을 하고 있었는데, 갑자기 마음이 흔들리며 기도하고 싶은 충동이 느껴졌다는 것입니다.

오, 가장 낮은 차원에서 설명해 보겠습니다. 마음속에 충분히 기도하는 것 같지 않다는 느낌이 든다면, 더 기도하고 싶고 하나님과 더 가까이 교제하고 싶다는 생각이 든다면, 이를테면 사람이 얼굴과 얼굴을 맞대고 이야기하듯이 하나님과 얼굴을 맞대고 이야기하고 싶은 갈망이 있다면, 그것은 예외 없이 성령이 하시는 일입니다. 다시 말해서 제가 지금 제시하는 시금석은, 은혜 안에서 성장하여 영적인 사람이 될수록 기도하기를 즐거워하고 기도를 의지하게 되며 기도가 얼마나 큰 특권인지 절감하게 된다는 것입니다. 거듭 말하지만, 이렇게 참되고 진정한 열망을 느낀다는 것 자체가 성령의 인도를 받는 하나님의 자녀라는 증거입니다.

더 구체적으로 살펴봅시다. 바울은 로마서 8장에서 놀라운 말을 합니다. "이와 같이 성령도 우리의 연약함을 도우시나니 우리는 마땅히 기도할 바를 알지 못하나 오직 성령이 말할 수 없는 탄식으로 우리를 위하여 친히 간구하시느니라"(롬 8:26). 사도는 연이어 이것이 얼마나 귀한 일인지 알려 주고 있습니다. "마음을 살피시는 이가 성령의 생각을 아시나니 이는 성령이 하나님의 뜻대로 성도를 위하여 간구하심이니라"(27절). 특히 지금 우리가 고찰하는 측면을 이해하는 데 도움이 되는 구절은 26절입니다. "성령도 우리의 연약함을 도우시나니." 이것은 하나님의 자녀에게만 해당되는 말입니다. 하나님의 자녀임에도 연약할 수 있습니다. 연약한 자는 하나님의 자녀가 아니라는 마귀의 거짓말에 속지 마십시오. 충분히 다 자라지 않은 자는 자녀가 아니라는 거짓말에 속지 마십시오. 그렇지 않습니다! 성령은 연약한 자녀를 도와주십니다.

신약의 그리스도인들도 아주 연약했던 것 같습니다. 그래서 복음서와 서신서가 필요했습니다. 바울은 환난 속에서 탄식하는 그들에게 힘과 도움을 주기 위해 "성령도 우리의 연약함을 도우"신다고 말합니다. 무슨 일을 하고 무슨 말을 해야 할지 모를 정도로 힘겨운 상황, 하나님 앞에 무릎을 꿇었지만 무엇을 구해야 할지 모를 정도로 힘겨운 상황과 형편에 처할 때가 있습니다. 사도는 "그렇다. 바로 그때, 성령이 그 상황을 떠안고 하나님의 자녀인 너희를 위해 간구하기 시작하신다"라고 말합니다. 이런 간구는 대체 어떤 것일까요? 어떤 의미에서 여러분 자신은 간구할 내용을 알지 못합니다. 그저 "말할 수 없는 탄식으로" 탄식할 뿐입니다. 이 또한 그리스도인의 삶에 나타나는 가장 영광스러운 특징이자, 하나님의 자녀인지 아닌지 검증하는 가장 훌륭한 시금석입니다.

아이가 심한 혼란에 빠질 때가 있습니다. 자신의 작은 세계가 무너지고 모든 것이 어긋나서 마음이 무너질 때가 있습니다. 그럴 때 아이는 부모에게 달려갑니다. 혼란과 아픔과 슬픔에 겨워 한숨짓고 흐느낍니다. 그러면서 큰 안도감을 느낍니다. 아이는 자기 슬픔을 부모에게 전달합니다. 무슨 말을 하는 것이 아니라—너무 슬퍼서 말을 할 수도 없습니다—그냥 흐느끼며 탄식하면서도 자기 마음이 다 전달되었다는 것을 압니다. 하나님의 자녀도 마찬가지입니다. 제대로 기도하는 것이 아니라 "오……!" 하는 신음소리만 간혹 내뱉을 때가 있습니다. 그 신음소리에는 이제껏 기도했던 모든 말에 담긴 의미보다 더 많은 의미가 담겨 있습니다. 하나님을 향한 탄식과 갈망, 하나님께 달려가 그 품에 자신을 내던지는 심정이 담겨 있습니다. "당신은 내 아버지시니 모든 걸 아시지요. 말하지 않아도 다 아시지요" 하는 간절함이 담겨 있습니다. "말할 수 없는 탄식으로!" 그렇습니다. 나는 이렇게 탄식만 해도 됩니다. "마음을 살피시는 이가 성령의 생각을" 아십니다. "성령이 하나님의 뜻대로 성도를 위하여" 대신 간구해 주십니다.

달리 설명해 보겠습니다. 그렇게 탄식하고 나면, 머릿속은 완전히 뒤죽박죽이어서 뭐라고 설명할 수도 없고 이유를 댈 수도 없는데, 문득 모든 것이 해결된 듯한 느낌이 듭니다. 구체적으로 표현할 수는 없어도, 자신이 하고 싶었던 말을 하나님이 들으셨다는 느낌이 듭니다. 이것은 여러분이 하나님의 자녀라는 절대적인 증거입니다. 옆집 아이는 그런 경험을 하지 못합니다. 당연히 못합니다! 이것은 자녀만 할 수 있는 경험입니다. 부모 자식 간에만 가능한 일입니다. 한숨짓고 흐느끼며 갈망을 표현하려는 심정이 어떤 것인지 아는 사람은 하나님의 자녀이며 하나님의 영이 그 안에 계신 사람이라고 저는 단언하는 바입니다. 자녀는 비참한 수렁에서 이따금씩 "오……!"라고 탄식할 때 세상의 그 어떤 기쁨보다 큰 기쁨을 발견합니다.

아쉽지만, 오늘은 여기까지 다루겠습니다. 이 항목에서 고찰해야 할 측면들이 아직 남아 있습니다. 하나님이 허락하시면 다음에 그 측면—매일의 생활과 삶에서 성령이 우리를 이끄시고 인도하시며 억제하시는 방식—을 살펴보도록 하겠습니다. 그러나 이미 제시한 시금석들만으로도 여러분이 하나님의 자녀인지 아닌지 충분히 확인할 수 있을 것입니다. 그중에 한 가지라도 해당된다면, 하나님의 자녀임을 굳게 확신해도 좋습니다. 그 한 가지를 붙잡으십시오. 하나님께 나아가 감사드리고, 그 이름을 찬송하며, 그를 더 사랑하는 은혜를 달라고 구하십시오. 기꺼이 들어주실 것입니다.

20

성령과 말씀

영접하는 자 곧 그 이름을 믿는 자들에게는 하나님의 자녀가 되는 권세를 주셨으니 이는 혈통으로나 육정으로나 사람의 뜻으로 나지 아니하고 오직 하나님께로부터 난 자들이니라. **요 1:12-13**

저는 하나님의 자녀로서 확신을 갖는 일의 중요성을 밝히고자 애쓰는 중이며, 그 점을 분명히 하기 위해 여러 가지 시금석들을 적용하는 중입니다. 지금 우리가 고찰하는 주제는 성령과 우리의 관계입니다. 삼위 하나님은 하나이시기 때문에, 우리는 복되신 삼위 하나님 모두와 관계를 맺게 되어 있습니다. 성부, 성자뿐 아니라 성령과도 아주 특별한 관계를 맺게 되어 있습니다.

지난번에는 성령의 인도라는 중대한 주제를 고찰하되, 일반적인 인도와 특별한 인도로 나누어 고찰해 보았습니다. 그리고 특별한 인도에 대해 살펴보면서, 성령은 항상 우리를 성경으로 이끄신다는 것, 성경에 지적인 관심이 아니라 영적인 관심을 갖도록 이끄신다는 것을 알았습니다. 성경이 하나님의 말씀이자 생명의 말씀이라는 사실, 영혼의 양식이자 하늘의 만나라는 사실을 성령이 알려주신다는 것도 알았습니다. 또한 그가 우리를 기도로 이끄신다는 것을 알았으며, 그가 기도를 가르치시는 다양한 방식들을 살펴보았습니다.

이번에는 성령이 우리를 인도하시는 또 한 가지 특별한 방식, 즉 생활과 삶 내지는 실천과 행동의 영역에서 인도하시는 방식을 살펴보겠습니다. 이것은 아주 중대한 주제입니다. 무엇보다 우리가 이제껏 다룬 내용과 이 주제의 연관성을 파악하는 일이 중요합니다. 우리는 모두 체험에 대해 생각하길 좋아하고 그와 관련된 이야기를 하고 싶어 합니다. 성령이 우리 안에 계시며, 성경을 읽고 기도할 때 체험과 감정과 느낌을 주신다는 생각을 좋아합니다. 그러나 성령의 인도에 관한 신약성경의 가르침은 거기에서 그치지 않습니다. 성령이 실제 삶의 방식과 행동의 영역에서도 우리를 인도하심을 알려줍니다.

우리의 임무는 성경을 따르는 것이며 모든 면에서 성경의 인도를 구하는 것입니다. 여기에서 제가 강조하고 싶은 점은 성경의 놀라운 균형감입니다. 우리는 성경에서 몇 가지 내용만 취사선택하려는 경향이 있는데, 그것은 치명적인 습관입니다. 우리는 다 "주여, 주여" 하고 부르길 좋아하지만, 주님이 친히 말씀하셨듯이 그의 말씀대로 행하지 않고 그의 계명을 지키지 않으면서 그렇게 불러 봐야 아무 소용이 없다는 점을 기억해야 합니다. 주님이 반석 위에 세운 집과 모래 위에 세운 집의 비유를 통해 두 부류의 사람들에 대해 이야기하신 내용을 기억할 것입니다. "물론 우리는 그리스도인입니다. 신앙을 얼마나 기뻐하고 즐거워하는데요"라고 말하는 이들이 있습니다. 그들은 힘들여 기초를 닦는 대신 모래 위에 쉽게 집을 짓습니다. 그러나 시험이 닥치면 아무것도 남지 않습니다. 완전히 무너져 버립니다.

이처럼 신약성경은 성령과 관련하여 아주 실제적이고 일상적인 영역으로 우리를 이끌어 갑니다. 신약성경은 묻습니다. "그렇다. 성령이 너희에게 놀라운 체험, 말로 표현하기 힘들 만큼 놀라운 체험을 주실 수도 있다. 그런데 너희가 매일 살아가는 삶의 모습은 어떠하냐? 너희는 실제로 어떻게 살고 있느냐? 사람들과 어떻게 지내고 있느냐? 일상적인 일들을 어떻게 하고 있느냐?"

거듭 말하지만, 성경은 비범한 균형감을 보여줍니다. 두 가지 측면을 다 제시하며, 두 가지 측면을 똑같이 강조합니다. 이 균형감의 중요성을 설명해 보겠습니다. 아주 놀랍게도 그 완벽한 예가 될 만한 일이 최근에 일어났습니다. 저는 평소에 시사와 관련된 설교를 하지 않습니다만, 당시에 일어난 사건이 진리를 입증하는 데 도움이 되는 경우에는 간혹 활용하곤 합니다. 지금은 그 이야기를 하는 것이 최근에 소식을 듣고 상당한 혼란을 느꼈을 분들에게 약간의 도움이 되리라 생각합니다. 제가 말하려는 것은 퀘이커교의 전반적인 문제점 및 일부 퀘이커교도가 지난주에 공개한 성性에 관한 보고서의 내용입니다.

'성에 관한 퀘이커교의 견해Toward a Quaker View of Sex'라는 보고서를 읽고 깜짝 놀란 이들이 많습니다. 예컨대 혼전 성관계와 부부의 성관계를 다룬 부분이나 성도착에 대한 입장, 성도착을 명백하게 용인하는 방식을 보고 놀란 이들이 많습니다. 보고서는 이러한 행위들이 반드시 잘못된 것은 아니라고, 사랑을 제대로 바라보기만 하면 기존의 견해와 매우 다른 견해를 갖게 된다고 주장합니다. 우리는 여기에서 성령에 대한 신약성경의 중대한 가르침을 아주 실제적으로 입증해 주는 예를 보게 됩니다.

분명히 알아둘 점이 있습니다. 프렌드 교파Society of Friends에 소속된 퀘이커교도들은 유난히 선량하고 도덕적인 사람들로 늘 인정받아 왔습니다. 과거에도 그러했고, 지금도 그렇습니다. 그들은 집회 때 설교하고 가르치는 일이 중요하다고 믿지 않습니다. 그저 조용하고 소박하게 앉아서 성령의 행하심을 기다릴 뿐입니다. 함께 모여도 말을 해야겠다는 감동을 받는 이가 없으면 아무도 입을 열지 않습니다. "성령의 직접적이고 분명한 감동과 인도가 없는데 무슨 자격으로 말을 하겠는가?"라는 것이 그들의 입장입니다. 그 결과, 본인들이 자처하지 않았음에도 앞서 말했듯이 도덕과 윤리와 행동의 영역에서 특별히 정직한 자들이라는 생각, 가장 영적이고 계몽된 자들이라는 생각이 널리 퍼지게 되었습니다. 그러니 그런 자들이 이 보고서를 내놓았다는 사실에 사람들이 깜짝 놀란 것도 무리가 아닙니다.

그러나 이 보고서에 나오는 가르침은 퀘이커교의 전반적인 입장 및 시각에서 비롯된 필연적인 결과물이기에 전혀 놀랄 필요가 없다고 저는 말하고 싶습니다. 무슨 뜻인지 설명해 보겠습니다. 퀘이커교 가르침의 핵심이 무엇입니까? 자, 퀘이커교는 3백 년 전인 17세기에 시작되었습니다. 퀘이커교를 시작한 조지 폭스George Fox는 확실히 아주 훌륭하고 남다른 인물이었습니다. 또한 주저 없이 말하는 바, 성령으로 충만한 인물이었습니다. 그런데 그의 원래 가르침에 내재되어 있던 몇 가지 잘못된 경향이 급속히 부풀려지고 악화된 것이 문제입니다. 18세기에 크게 불거진 그 문제가 오늘날까지 지속되고 있습니다.

퀘이커교의 가르침이 무엇입니까? 그 가르침의 핵심은 다음과 같습니다. 그들은 이른바 '내적인 빛' 내지는 '내적인 증거', '내 안에 계신 그리스도'를 강조합니다. 이 점에서 17세기 청교도들과 갈라섰고, 이후 다른 그리스도인들과도 갈라서게 되었습니다. 그들은 설교나 진리를 설명하는 일의 중요성을 믿지 않을 뿐 아니라 성찬이나 세례 같은 성례도 지키지 않습니다. 왜 그럴까요? 자, 그런 것들은 중요치 않을 뿐 아니라 사실상 사람들을 크게 오도할 수 있다는 이유 때문입니다. "교회에 다니는 자들을 보라. 그들은 몇 가지 사실을 배워 앵무새처럼 반복하는 전통주의자에 불과하다. 그런 것이 대체 무슨 의미가 있는가? 그런 것이 삶에 영향을 주는가? 힘을 주는가? 당연히 아니다. 그들은 율법의 문자만 붙잡고 있는데, 그것은 죽은 문자에 불과하다. 그들은 성령의 삶에 대해 아는 바가 없다. 기독교의 본질은 생명과 영에 있는데, 교회는 수 세기를 지나면서 그것을 놓쳐 버렸다"라는 것입니다. 그러면서 자신들이 그것을 재발견하고 되찾았다고 주장합니다.

알다시피 퀘이커교의 가르침은 우리가 고찰하고 있는 주제와 아주 밀접한 관련이 있습니다. 조지 폭스를 비롯하여 퀘이커 운동을 시작한 이들은 성경을 믿었고 성경을 읽었습니다. 그러나 성경이 반드시 필요한 것은 아니라고 주장하는 경향이—그 발단은 조지 폭스 자신에게 있었습니다—곧 나타나게 되었습니다. 내적인 빛과 조명이 있고 하나님이 내 안에 계신 그리스도와 성령을 통해 직접 말씀하시는데, 성경이 무슨 필요가 있느냐는 것입니다. 직접적인 계시와 인도를 받을 수 있으니 굳이 외적이고 객관적으로 진리를 다룰 필요가 없다는 것입니다.

세월이 흐르면서 하나님의 말씀을 소홀히 하고 직접적인 조명을 강조하는 경향은 점점 더 강화되었습니다. 그들은 성경을 설명하는 그리스도인들에게 "당신이 뭐라 하든 난 이미 알고 있어요. 계시가 내게 임했고 날 찾아왔습니다. 난 빛을 받았습니다"라고 반박했습니다. 이처럼 그들은 말씀보다 내적인 경험을 강조했습니다. 시간이 흘러 18세기가 되고 19세기가 되면서 아예 성경이 필요 없다고 주장하는 이들까지 등장하게 되었습니다. 모든 퀘이커교도가 이런 극단적인 입장을 취하는 것은 아니지만, 오늘날 그들의 근본입장은 사실상 성경이 꼭 필요하지는 않다는 것입니다. 그들이 볼 때 성경의 주된 가치는 자신들이 내적인 빛을 가장 많이 받았다고 인정하는 '예수'의 모습을 보여주는 데 있습니다. 그 결과 퀘이커교는 점점 더 철학적인 성격을 띠게 되었고, 오늘날에는 기독교에서 멀리 떠나 버렸다고 서슴없이 말할 수 있을 정도가 되었습니다.

이제 이번 일이 의미하는 바를 살펴봅시다. 이번 일은 말씀 및 말씀의 가르침과 성령을 분리하는 순간 재난을 자초하게 되며 결국은 곤경에 봉착하게 된다는 점을 보여줍니다(이와 대조적으로 말씀은 강조하지만 성령은 언급하기 싫어하는 이들도 있다는 것을 알고 있습니다. 그들도 똑같이 잘못된 사람들입니다. 그러나 지금은 퀘이커교가 특별히 범하고 있는 오류를 집중적으로 살펴보도록 합시다). 그들의 신념이 불러온 필연적인 결과 중 한 가지는 원래 교리에서 대책 없이 멀어져 버린 것입니다. 지금은 대부분의 퀘이커교도가 유니테리언이 되어 버렸습니다. 더 이상 그리스도의 신성을 믿지 않습니다. 예수를 위인 내지는 위대한 종교적, 도덕적 스승으로 생각하며, 내적인 빛과 조명을 특별히 많이 받은 인물로 생각합니다. 그러니까 그에 대한 기록을 읽음으로써 유익을 얻고, 그를 따르기 위해 애쓰면 된다는 것입니다.

이처럼 그리스도의 위격을 잘못 이해하다 보니 그의 사역과 십자가 대속의 죽음도 잘못 이해할 수밖에 없습니다. 그들은 그리스도의 속죄 사역을 믿지 않을 뿐 아니라 그 필요성 자체를 느끼지 못합니다. 자신들처럼 모든 인간은 내적인 빛을 가지고 있기 때문에, 그 점만 깨닫는다면 굳이 중생할 필요가 없다는 것입니다. 죄를 죄로 인정하지 않기 때문에 그리스도가 죄의 형벌을 담당하기 위해 십자가에서 죽으실 필요가 없습니다. 그들은 "하나님은 사랑"이라고 주장합니다. 사랑의 하나님이 모든 사람에게 영적인 생명의 불꽃을 주셨기 때문에 그것만 타오르게 하면 된다는 것입니다. 모든 생각을 멈추고 가만히 귀를 기울이면 빛이 찾아온다는 것입니다. 이를테면 소리가 들리기 시작하면서 진리로 인도해 준다는 것입니다. 그러니 우리 안에 있는 이 불꽃, 이미 우리 안에 있는 이 빛이 그 역할을 다하도록 계기만 마련해 주면 된다는 것입니다.

성경의 가르침과 정통 기독교의 관점에서 볼 때 퀘이커교도들은 진리를 완전히 부인하는 사람들입니다. 그러나 우리가 살고 있는 이 악한 시대에 속한 자들은 그 사실을 모릅니다. 그들이 주장하는 논리는 이것입니다. "퀘이커교도들은 참 좋은 사람들입니다! 그들이 어떤 고생을 하는지 좀 보세요. 그들이 전시에 조직한 단체들이나 야전병원 활동이나 굶주리는 이들과 피난민을 위해 한 일들을 좀 보라고요. 그들의 선행을 보십시오!" 물론 이렇게 말하는 자들은 '그리스도인은 선행으로 되는 것'이라는 생각을 은연중에 드러냄으로써 자신들 역시 그리스도인이 아님을 드러내고 있습니다. 그들이 볼 때는 속죄도 필요 없고 새로운 출생도 필요 없습니다. 완벽한 오류에 빠져 있는 것입니다! 이처럼 "성령만 계시면 되고, 말씀이나 말씀의 가르침은 필요 없다"라고 말하는 순간, 필연적으로 교리에서 이탈할 수밖에 없다는 점을 저는 지적하고 싶습니다. 세월이 흐르면서 퀘이커교가 그렇게 되어 버렸습니다. 거듭 말하지만, 그들은 유니테리언에 지나지 않습니다.

좀 더 나아가 아주 흥미롭고 명백한 그 다음 단계를 살펴보겠습니다. 그것은 실천의 영역에서도 어긋나기 시작한다는 것입니다. 교리와 실천은 분리될 수 없습니다. "악한 동무들은 선한 행실을 더럽"힌다고 사도 바울은 말합니다(고전 15:33). 주 예수 그리스도가 문자 그대로 몸으로 부활하셨다는 교리를 놓고 사도가 고린도 교인들과 충돌한 이유가 여기 있습니다. 그들은 "예수 그리스도가 문자 그대로 무덤에서 부활했느냐 아니냐는 그리 중요치 않다. 우리에게 성령과 그의 가르침이 있는데 부활의 교리가 뭐 그리 중요하단 말인가?"라고 주장하는 거짓 선생들의 말에 귀를 기울였습니다.

그러나 바울은 교리가 중요하다고 말합니다. "그리스도께서 만일 다시 살아나지 못하셨으면 우리가 전파하는 것도 헛것이요 또 너희 믿음도 헛것이며……너희가 여전히 죄 가운데 있을 것이요" (고전 15:14, 17). "아니다! 부활은 반드시 필요하다! 교리가 중요치 않다고 말하지 마라"라는 것입니다. "악한 동무들은 선한 행실을 더럽히나니." 지금 온 세상이 보여주고 있듯이, 불경건은 항상 불의로 나아가게 되어 있습니다. 흥미로운 점은, 윤리적이고 도덕적인 삶으로 늘 칭송을 받아 온 퀘이커교도들이 결국 이 말씀의 정당성을 입증해 주었다는 것입니다. 그들은 이번 보고서를 통해 자신들이 실천의 영역에서 어긋나고 있음을 드러냈습니다. 그들은 분명히 혼전 성관계를 허용하고 용인합니다. 일정한 상황에서는 간음을 정당화하며 동성애를 옹호합니다. 물론 이것이 모든 퀘이커교도들의 입장은 아니라는 점을 저도 압니다. 그러나 이 보고서를 제출한 자들은 퀘이커교 최고의 지도자로 알려진 자들입니다. 강단에서 제가 이런 말을 하는 것에 대해 양해를 구하지는 않겠습니다. 신문과 텔레비전을 통해 이미 널리 알려진 사실이기 때문입니다. 지금은 교회가 이런 문제들에 대해 발언해야 할 때입니다.

"대체 그 보고서가 뭐가 잘못되었다는 거지요?"라고 물을 수 있습니다.

자, 첫째로 이 보고서를 쓴 자들은 제가 방금 말한 세 가지 사안에서 분명하고도 노골적으로, 그리고 공공연하게 성경의 가르침을 부인하고 있습니다. 성경의 가르침은 아주 명백합니다. 성경은 이 세 가지를 다 정죄합니다. 성경의 가르침은 누가 주신 것입니까? 하나님이 주신 것입니다. 바울은 디모데에게 "모든 성경은 하나님의 감동으로 된 것으로 교훈과 책망과 바르게 함과 의로 교육하기에 유익하니"라고 했습니다(딤후 3:16). 다른 사도들도 구약성경에 대해 같은 관점을 가지고 있었고, 주님도 같은 관점을 가지고 계셨습니다. 주님은 구약성경을 "하나님의 말씀"이라고 부르시면서 성경은 폐하지 못한다고 선언하셨습니다(요 10:35). 그런데 바로 이 성경이 혼전 성관계와 간음과 동성애를 정죄하는 것입니다. 구약성경은 간음과 성도착을 사형이나 사형에 버금가는 형벌로 처벌합니다. 그런데 현대적인 이해와 사상과 사고를 가진 자들은 성경의 가르침이 틀렸다고, 시대에 맞지 않는 구태의연한 가르침이라고 서슴없이 단언하며, 이제는 그런 가르침에서 벗어나야 한다고 주장합니다. 그런 가르침은 사랑이 아닌 율법주의로서, 사랑 대신 순결을 요구한다는 것입니다.

이미 살펴보았듯이 이에 대한 우리의 첫 번째 대답은 "그 모든 것은 성경이 반복하는 명백한 가르침을 노골적으로 전부 무시하는 생각"이라는 것입니다. 여러분도 원칙적으로 제 말에 동의하리라 믿습니다. 퀘이커교도들이 이 지경에 이르게 된 원인은 한 가지입니다. 이른바 '내적인 빛'만 의지하고, 말씀으로 점검해 보지 않은 탓인 것입니다. 그들은 내적인 빛만 강조합니다. 말씀도 똑같이 강조함으로써 균형을 유지하지 않습니다. 하나님의 객관적인 말씀보다 자신들의 느낌과 이해와 깨달음을 더 의지합니다.

지금 우리의 초점은 이와 관련하여 성경과 성경의 가르침을 옹호하려는 데 있지 않습니다. 그러나 성경의 가르침을 옹호하기가 어려운 것은 아닙니다. 성경은 왜 이런 일들을 잘못이라고 가르칠까요? '인간은 단순한 동물이 아니라 하나님의 형상대로 지어진 존재이며, 지성을 가지고 자신을 다스리고 훈육하고 억제할 수 있는 존재'라는 인간관을 가지고 있기 때문입니다. 인간은 마당에서 기르는 가축이 아니며, 밀림에 사는 짐승은 더더욱 아닙니다. 인간은 스스로 통제하고 억제할 수 있다는 점에서 동물과 구별됩니다. 이처럼 성경의 가르침은 인간 존재의 존엄성에 기초를 두고 있습니다. 성경은 하나님이 남자와 여자의 결혼을 정하셨다고 말합니다. "그 둘이 한 몸이 될지니라"(마 19:5). 부부는 가족의 신성함과 자녀의 유익을 보호하는 유일한 기본단위입니다. 이 점을 생각할 때 동성애는 재론의 여지 없는 잘못입니다. 자연 그 자체가 자연계의 순리를 거스르는 짓이라고 항변하는 잘못입니다. 그런데도 이들은 동성애를 정당화하고 있습니다.

우리가 볼 때 심각한 문제점은 퀘이커교도들이 하나님의 말씀을 무시함으로써 객관적인 기준을 상실했다는 것입니다. 이른바 빛을 받은 자들이 위원회로 함께 모여 앉아 성령의 인도를 기다립니다. 그렇게 기다리다 보면 반드시 올바른 인도를 받는다고 믿습니다. 그런데 그 인도가 정말 올바른 것인지 점검할 기준이 없습니다. 그들은 악한 영이 엄연히 존재하기에 "그 영들이 하나님께 속하였나" 시험하고 조사하고 판단해야 한다는 사실을 모릅니다(요일 4:1). 이것이 이른바 현대적인 깨달음과 이해의 실체입니다! 이처럼 퀘이커교도들은 성경의 명백하고 꾸밈없는 가르침을 교만하게 거스르고 있습니다.

그뿐만이 아닙니다. 이처럼 관점의 균형을 잃으면 사랑을 바라보는 관점도 완전히 비틀리게 되어 있습니다. 당연한 일이지만, 이 보고서는 모든 것을 사랑의 관점에서 설명합니다. 그들이 말하는 사랑은 평범한 자들이 이해하지 못하는 놀라운 감정입니다. 성도착자 정도나 되어야 그 사랑을 이해할 수 있고, 전문적인 문학자 정도나 되어야 그 사랑의 아름다운 개념을 알 수 있습니다. 나머지 평범한 사람들은 그 사랑의 관계가 얼마나 아름다운 것인지 인식하기 힘듭니다.

이런 주장에 대해 아주 간단하게 대답할 말이 있습니다. 성경은 세 종류의 "사랑"을 이야기합니다. 그중 하나는 동물적이고 육체적인 사랑, 곧 에로스*eros*입니다. 물론 이 사랑은 모든 사람 안에 있습니다. 하나님이 그렇게 만드셨습니다. 에로스 자체에는 아무 문제가 없습니다. 이보다 높은 차원의 사랑, 흔히 우정이라고 불리는 사랑을 그리스어로 필리아*philia*라고 합니다. 필리아는 에로스처럼 육체적이거나 원초적이거나 근본적인 사랑이 아닙니다. 서로를 이해하며 정신적인 애착을 느끼는 사랑입니다.

또한 인간에 대한 하나님의 사랑, 그 사랑에 대한 반응으로 인간이 보이는 사랑을 신약성경은 아가페*agape*라고 부릅니다. 아가페는 에로스나 필리아와는 완전히 다른 범주의 사랑입니다. 육체적인 사랑이 아닌 하나님의 사랑, 자비와 순결과 거룩함이 넘치는 사랑, 인간에게 주시는 하나님의 거룩한 사랑입니다. 요한복음 마지막 장을 보면 그 차이를 알 수 있습니다. 호숫가로 찾아오신 주님이 자신을 배반한 베드로에게 어떤 질문을 하셨는지 기억할 것입니다. "네가 이 사람들보다 나를 더 사랑하느냐?" 베드로는 대답했습니다. "저는 주님을 정말 좋아합니다." 그러나 주님의 질문은 좋아하느냐는 것이 아니었습니다. 사랑하느냐는 것이었습니다(요 21:15).

위대한 사도 바울은 고린도전서 13장 전체를 할애하여 아가페의 사랑을 다룹니다. 그는 하나님의 사랑에 대한 개념을 알려 주고자 했습니다. 그가 13장에서 말하는 요지는 이것입니다. "자, 이제부터 내가 이야기하는 사랑은 에로스나 필리아의 사랑이 아니라 하나님의 위대한 사랑이다. 이 사랑이 너희 속에 있어야 한다. 이 사랑이 없으면 아무것도 아니다. 사람의 방언과 천사의 말을 한다 해도, 크나큰 선행을 베푼다 해도, 산을 옮길 믿음이 있다 해도 의미가 없다. 그렇다면 아가페란 어떤 사랑일까?" 아가페는 자기중심적인 사랑이 아닙니다. 그렇다면 어떤 사랑이겠습니까? 바울은 이 사랑에 대해 설명합니다. 이 사랑에 딱 맞는 말을 찾을 수 없어서 길게 설명합니다.

저는 바로 이 부분에 퀘이커교 보고서의 비극이 있다고 생각합니다. 이 보고서의 작성자들은 가장 낮은 형태의 사랑인 에로스를 가장 높은 자리에 올려놓습니다. 성경이 사랑에 대해 가르치는 내용을 전혀 모르는 것입니다. 이 또한 내적인 빛을 의지하고 성경을 외면한 데서 비롯된 결과입니다. 그들은 사랑에 대한 성경의 가르침, 위대하고 영광스러운 가르침 대신 자신들의 사랑관에 비추어 모든 것을 정당화합니다. 그러다 보니 순결에 대해서도 잘못된 주장을 합니다. 기독 교회가 사랑보다 정절을 앞세웠다는 그들의 말은 사실이 아닙니다! 오, 개인적으로 정절을 앞세웠던 자들이 있었던 것은 저도 압니다. 참된 청교도를 자처했지만 사실상 율법주의자에 불과한 자들이 정절을 앞세웠습니다. 그러나 저는 그들을 그리스도인으로 여기지 않습니다. 그들은 도덕주의자들에 불과했습니다. 전반적으로 볼 때, 교회는 사랑보다 정절을 앞세운 적이 없습니다.

그러나 정절의 중요성은 강조했습니다. 왜 그랬을까요? 자, 정절이야말로 사랑의 시금석이기 때문입니다. 결국 이 시금석이 에로스와 아가페를 갈라놓습니다. 이 어리석은 자들은 율법과 사랑을 대조하며 두 가지가 반대된다고 말합니다. 이 문제를 다시 다룰 필요는 없을 것입니다. "율법은 모세로 말미암아 주어진 것이요 은혜와 진리는 예수 그리스도로 말미암아 온 것이라"라는 17절 말씀을 살펴볼 때 이미 충분히 다루었기 때문입니다. 지금부터 설명하겠지만, 율법과 사랑을 대척점에 두는 것은 치명적인 잘못입니다. 두 가지는 결코 반대되지 않습니다! 그렇습니다. 율법과 사랑은 같이 갑니다. 신약성경은 "너희가 말하는 사랑에 정절이 없다면, 그것은 사랑이 아닌 에로스다"라고 말합니다.

제가 이렇게 말하는 근거를 알려 드리겠습니다. 사도 바울은 로마서 13장에서 이 문제를 다룹니다. 12장까지는 차원 높은 교리들을 다루고, 13장부터 일상적인 삶과 생활의 차원으로 내려와 현실적인 문제를 다루는 것입니다. 그는 로마 교인들에게 위에 있는 권세에 복종할 것을 권하면서 이렇게 말합니다. "복종하지 아니할 수 없으니 진노 때문에 할 것이 아니라 양심을 따라 할 것이라. 너희가

조세를 바치는 것도 이로 말미암음이라"(롬 13:5-6). 요컨대 "우리
는 빛을 받은 그리스도인이니 더 이상 땅의 법에 매일 필요가 없다.
세금을 낼 필요도 없고 위에 있는 권세에 복종할 필요도 없다"라고
말하지 말라는 것입니다. 그것은 아주 그릇된 태도라는 것입니다.
기독교는 결코 무법하지 않다는 것입니다. 각자 알아서 살지 않는
다는 것입니다. 그러면 어떻게 해야 합니까? 자, 그의 말을 들어 보
십시오.

> 모든 자에게 줄 것을 주되 조세를 받을 자에게 조세를 바치고 관세를
> 받을 자에게 관세를 바치고 두려워할 자를 두려워하며 존경할 자를 존
> 경하라. 피차 사랑의 빚 외에는 아무에게든지 아무 빚도 지지 말라. 남
> 을 사랑하는 자는 율법을 다 이루었느니라(롬 13:7-8).

율법과 사랑을 대척점에 두면 안 됩니다. 율법을 지키지 않으면서
사랑을 말하면 안 됩니다.

> 남을 사랑하는 자는 율법을 다 이루었느니라. "간음하지 말라, 살인하지
> 말라, 도둑질하지 말라, 탐내지 말라" 한 것과 그 외에 다른 계명이 있을
> 지라도 "네 이웃을 네 자신과 같이 사랑하라" 하신 그 말씀 가운데 다
> 들었느니라. 사랑은 이웃에게 악을 행하지 아니하나니 그러므로 사랑은
> 율법의 완성이니라(롬 13:8-10).

그런데 이 어리석은 자들은 "아, 정절을 가장 중시해서는 안 된다.

사랑을 가장 중시해야 한다"라고 말합니다. 사랑과 율법을 대척점에 두는 것입니다. 거듭 말하지만, "사랑은 율법의 완성"입니다. 그러므로 오늘날 "사랑"이라고 부르는 것이 율법을 지키지 않는다면, 그것은 사랑이 아닌 정욕에 불과합니다. 에로스와 아가페를 구별할 줄 모르는 것입니다. 현실에 비추어 생각해 보면, 이 점을 아주 분명하게 알 수 있습니다.

"사랑은 이웃에게 악을 행하지 아니하나니." 그렇습니다! 사랑은 언제나 이웃의 유익을 생각합니다. 이 점을 구체적으로 이해할 필요가 있습니다. 하나님의 사랑이 마음에 뿌려진 사람은 자기 자신도 진정으로 사랑하고 다른 사람도 진정으로 사랑합니다. "첫째는 이것이니……네 마음을 다하고 목숨을 다하고 뜻을 다하고 힘을 다하여 주 너의 하나님을 사랑하라 하신 것이요 둘째는 이것이니 네 이웃을 네 자신과 같이 사랑하라 하신 것이라. 이보다 더 큰 계명이 없느니라"(막 12:29-31). 이것은 좋은 시금석입니다. 자기 자신—하나님의 피조물, 지금 눈에 보이는 자기 자신이 아닌 하나님의 자녀가 된 자기 자신—을 사랑해야 하고, 이웃도 자신같이 사랑해야 합니다. 이웃에게 악한 짓을 하면 안 됩니다. 자기 욕심이나 욕망이나 그 욕망을 채울 방법만 생각하지 말고, 그것이 이웃에게 끼칠 영향을 생각해야 합니다. 이웃을 존중하는 사람이라면 자기에게 무슨 욕심이 있든 간에 이웃에게 해를 끼치기보다는 자기 욕심을 누르고 꺾는 편을 택할 것입니다. 그런데 제가 볼 때 지금은 그런 태도 자체를 부인하는 시대입니다. 그것도 사랑의 이름으로 부인하는 시대입니다.

자, 여러분, 제가 퀘이커교에 대해 이야기한 것은 우리가 살펴보고 있는 이 중대한 주제의 실례를 제시하기 위해서였습니다. 성령과 말씀을 분리하는 것보다 치명적인 잘못은 없습니다. 이것이 퀘이커교가 시종일관 보여주는 전적인 비극입니다. 애초에 한쪽으로 치우쳤던 경향이 지금까지 계속 이어지고 있습니다. 이 보고서는 매우 지적이고 세련되고 수준 높은 형식을 갖추고 있음에도 불구하고 자신들의 실상을 그대로 노출하고 있습니다. 거듭 말하지만 퀘이커교의 입장은 하나님의 말씀과 성령을 분리하는 치명적인 잘못에서 비롯된 논리적이고 불가피한 결과물입니다.

하나님의 말씀인 성경은 어떻게 생겨났습니까? 성령이 쓰심으로 생겨났습니다. 베드로는 두 번째 서신에서 이렇게 말합니다. "예언은 언제든지 사람의 뜻으로 낸 것이 아니요—사람의 사적인 해석이나 생각에서 나온 것이 아니라는 말입니다. 그렇습니다! 사람이 정신적으로 무언가에 이끌려 쓴 것이 아닙니다—성령의 감동하심을 받은 사람들이 하나님께 받아 말한 것임이라"(벧후 1:21). 성령이 계시를 주셨고, 그 계시를 기록하고 쓰도록 지도하셨습니다. 그래서 이렇게 육안으로 볼 수 있는 객관적인 결과물이 생겨난 것입니다. 사도 바울은 디모데에게 이 점에 유념하라고, 그 성경에 비추어 모든 것을 점검하라고 말합니다. "성경은 능히 너로 하여금 그리스도 예수 안에 있는 믿음으로 말미암아 구원에 이르는 지혜가 있게 하느니라. 모든 성경은 하나님의 감동으로 된 것으로 교훈과 책망……에 유익하니"(딤후 3:15-16). 중요한 것은 주 예수 그리스도에 대한 저와 여러분의 생각이 아니라 성경의 계시입니다. 그런데 오늘날 어리석은 자들은 말합니다. "난 예수를 존경하고 그의 가르침을 좋아한다. 난 그를 따르기로 결심했다. 그러면 그리스도인이 된 것이다." 자, 좋습니다. 얼마든지 마음대로 말하라고 하십시오. 그러나 성경은 그렇게 말하지 않습니다.

이 책에 복종하지 않으면서 교리를 이해할 수는 없습니다. 성경은 교리의 보고寶庫입니다. 성경을 떠나 교리를 알 수는 없습니다. 오직 성경만 우리에게 진리를 알려 줍니다. 불현듯 놀라운 생각이 떠오를 때도 있습니다. 맞습니다. 그러나 저는 교회사에 기록된 사례들을 알고 있으며, 이단들이 어떻게 어긋난 길로 접어들게 되었는지 알고 있습니다. 사람들, 그것도 훌륭한 사람들이 하나님의 말씀으로 자기 생각을 점검해 보지 않고 내적인 깨달음에만 귀를 기울이다가 오류에 빠져 버렸던 것을 알고 있습니다. 하나님이 성경을 주신 이유가 무엇입니까? 우리를 악한 자의 계략에서 보호하기 위해서이며, 우리 자신의 "아름다운 생각"에서 보호하기 위해서입니다. 오, 교회사는 말씀과 성령을 분리하고 말씀을 무시한 자들, 말씀이 중요치 않다고 주장하며 "나는 빛을 받았고 깨달음을 얻었다"라고 주장했던 자들이 빚어낸 비극들로 얼룩져 있습니다.

약 25년 전에 이 주제를 다룬 책이 나왔습니다. 원제는 「과거의 분파 운동과 인도에 대한 실험Group Movements of the Past and Experiments in Guidance」으로서, 레이 스트레이치Ray Strachey라는 사람이 쓴 책입니다.* 스트레이치는 케직 운동을 시작한 한나 휘톨 스

---

* 런던 페이버 출판사에서 1934년 출간되었다. 제7장에서 오나이더 커뮤니티를 다루고 있다.

미스 가족의 일원이었습니다. 이 책은 19세기 미국에서 일어난 괴상한 신앙 운동에 대해 사실적이고 엄밀한 역사적 설명을 제공하고 있습니다. 스트레이치는 19세기에 다양한 분파들이 생겨났다고 말합니다. 그 분파들은 어떻게 생겨났을까요? 특별한 빛을 받았다고 주장하는 사람들 때문에 생겨났습니다. 이런 일이 얼마나 우습게 극단으로 치닫게 되는지 보여드리겠습니다. 오나이더 커뮤니티 Oneida Community로 알려진 공동체가 있었습니다. 이 공동체를 세우고 운영하던 인물을 따르는 자들이 상당히 많았습니다. 결국 그는 자신이 얼마나 빛과 성령으로 충만한지 실제로 몸에서 광선이 나온다는 주장을 하기에 이르렀습니다. 그가 가르친 결론은, 이러한 축복과 경험을 얻기 힘들 때 자신과 신체적 접촉을 하면 된다는 것이었습니다. 결국 그의 몸에서 발산되고 뿜어 나오는 축복을 받기 위해 남자든 여자든 그와 동침하는 사태가 벌어졌습니다.

"그건 너무 이상한 경우 아닙니까?"라고 할지도 모르겠습니다.

퀘이커교도들처럼 그도 처음에는 정통신앙을 고수하던 신자였습니다. 그런데 말씀에서 점점 멀어져 말씀의 인도가 아닌 직접적인 빛의 인도를 의지하다가, 성경의 기초만 알아도 누구나 잘못된 죄일 뿐 아니라 우스운 짓임을 뻔히 알 수 있는 일을 저지르는 지경까지 이른 것입니다.

이것은 한 가지 예에 불과합니다. 다른 예들도 많이 있습니다. 사교와 이단은 어느 시대에나 있었습니다. 그런 운동들이 한때 생겨나 번성하다가 재난과 추문으로 종지부를 찍는 단순한 이유는 바로 내적인 체험만 강조하는 데 있습니다. 여기에서 우리는 그들이 받았다고 주장하는 빛이 하나님이 아닌 마귀에게서 온 것이라는 결론을 내리게 됩니다. 가장 지적이고 윤리적이며 도덕적인 단체인 퀘이커교조차 말씀과 성령을 인위적으로 분리할 때 필연적으로 빚어지는 결과를 보여주었습니다. 그들은 하나님의 말씀에 불순종하고 그 거룩한 명령을 어기도록 사람들을 부추기는 무서운 자리에 이르고 말았습니다. 이 모든 것의 결말은 사회의 도덕적 혼란이며, 더 나아가 정치 분야를 포함한 모든 분야의 붕괴입니다. 말씀에 충실한 자는 이런 가르침에 끌려가지 않습니다. 하나님의 말씀이 그렇게 되지 않도록 미리 책망하고 정죄하기 때문이며, "이것은 하고 저것은 하지 말라"라고 알려주기 때문입니다.

여러분, 저는 지금 퀘이커교 자체를 공격하는 것이 아닙니다. 퀘이커교의 보고서는 한 예에 불과합니다. 그들이 자신들의 입장을 공적으로 표명했기 때문에, 저 또한 공적으로 답변할 권리가 있습니다. 그러나 저의 관심은 퀘이커교 자체에 있지 않습니다. 제가 관심을 갖는 점은 이것입니다. 사람들은 제가 성령의 인도에 대해 가르칠 때는 한껏 지지하다가도, 도덕의 영역 및 실제 일상생활과 삶에서도 우리를 인도하신다고 말하면 지지를 철회하고 반발하며 싫어합니다. 다시 한 번 강조하지만, 아무리 놀라운 빛을 받고 성경을 잘 안다 해도 죄의 삶을 살면 다 헛된 일이라는 것이 성경의 가르침입니다. "만일 우리가 하나님과 사귐이 있다 하고 어둠에 행하면 거짓말을 하고 진리를 행하지 아니함이거니와"(요일 1:6). 성경이 이처럼 성령과 말씀의 균형을 유지하는 것에 대해 하나님께 감사드리십시오. 성령이 말씀 위에 계시며 말씀을 통해 일하시는 것에 대해 감사드리십시오. 우리 모두 열린 마음과 정신으로, 어느 것 하나 빠뜨리지 말고, 성경 전체에 귀를 기울입시다.

21

현실 속의 거룩함

영접하는 자 곧 그 이름을 믿는 자들에게는 하나님의 자녀가 되는 권세를 주셨으니 이는 혈통으로나 육정으로나 사람의 뜻으로 나지 아니하고 오직 하나님께로부터 난 자들이니라. **요 1:12-13**

지금 우리는 성령의 인도를 받는다는 특별한 증거가 우리에게 나타나고 있는지 점검하는 중입니다. 우리는 성령이 인도하실 때 반드시 나타나는 증거가 무엇인지 살펴보면서, 그가 성경과 기도—몇 가지 유형의 기도—로 인도하신다는 사실을 알았습니다. 더 나아가 행동과 행실의 영역에서 인도하신다는 사실도 알았습니다. 이번에 다룰 주제도 그것입니다.

지난주에는 성령과 말씀을 분리하는 위험—성령의 인도라는 주제를 다룰 때 바로 제기되는 위험—과 관련된 일반적인 원리들을 다루는데 모든 시간을 할애했습니다. 우리는 '성에 관한 퀘이커교의 견해'라는 보고서로 최근에 주목받은 퀘이커교도들의 예를 고찰하면서,

성령과 말씀을 분리하는 태도와 성령의 직접적인 인도나 자극이나 감동만 있으면 말씀은 필요 없다는 주장이 얼마나 치명적인 잘못인지 알게 되었습니다. 현대의 이 확연한 실례가 명백하게 보여주듯이, 이것은 아주 심각한 위험입니다.

물론 퀘이커교도들만 이런 위험에 빠져 있는 것은 아닙니다. 오늘날 교회 안에서 말씀의 권위를 인정하지 않는 자들도 똑같은 위험에 빠져 있습니다. 유니테리언 교회를 자처하는 곳에만 유니테리언들이 있는 것이 아닙니다. 오, 안타깝지만 교회 곳곳에도 유니테리언들이 들어와 있습니다. 명백하고 객관적인 말씀의 가르침보다 자신의 이성과 직관과 통찰로 모든 것을 판단하는 똑같은 잘못을 저지르고 있습니다.

이처럼 행동과 행실의 영역에서, 도덕관을 비롯한 모든 관점의 영역에서 현대의 발전상이나 이론이 아닌 성령의 인도를 받아야 한다는 지극히 중요한 원리를 입증했으니, 이번에는 이 중대한 주제의 좀 더 실제적인 측면을 살펴보도록 합시다. 제가 볼 때 현실적인 세부사항을 다루기 전에 주목해야 할 일반적인 요점이 세 가지 있습니다. 첫 번째 요점은 행동과 행실의 영역에서 말씀을 통해 성령의 인도를 받는 일이야말로 무엇보다 실제적인 시금석이며, 따라서 가장 중요한 시금석이라는 것입니다. 앞서 보았듯이, 그리스도인을 위협하는 큰 위험 중에 반율법주의가 있습니다. 그들은 이미 구원받아 영원한 안전을 보장받았기 때문에 율법은 더 이상 중요치 않다고 여깁니다. 거듭난 사람은 아담 안에 있지 않고 율법 아래 있지 않기 때문에 마음대로 살아도 된다는 것입니다.

이것은 성경이 자주 다루는 무서운 위험입니다. 그리스도인은 율법과 죄에 대해 죽은 자들이라는 사실을 힘주어 가르쳤던 사도 바울은 반율법주의의 교사라는 원수들의 비난에 늘 노출되어 있었습니다. 그러나 사도는 말합니다. "그런즉 우리가 무슨 말을 하리요? 은혜를 더하게 하려고 죄에 거하겠느냐?"(롬 6:1) 이 말을 하기 전에 그는 "죄가 더한 곳에 은혜가 더욱" 넘친다고 했습니다(롬 5:20). 사람들은 그 말을 '죄를 지을수록 은혜를 경험하기 때문에 무슨 행동을 하느냐는 중요치 않다'라는 뜻으로 받아들였습니다. 그러나 사도는 "그럴 수 없느니라"라고 단언합니다(롬 6:2). 그것은 상상도 할 수 없는 일이라는 것입니다! 오직 믿음으로 의롭다 하심을 얻는다는 가르침, 우리와 그리스도의 연합에 대한 가르침, 우리를 찾아와 우리 안에 거하시는 성령에 대한 가르침을 오해한 데서 나온 주장이라는 것입니다. "너희도 너희 자신을 죄에 대하여는 죽은 자……로 여길지어다"(롬 6:11). "죄로부터 해방되어 의에게 종이 되었느니라"(롬 6:18).

행동은 아주 중요한 시금석입니다. 그런데 우리는 이 시금석을 좋아하지 않습니다. 감정과 체험의 영역에만 머물고 싶어 합니다. 주님이 친히 말씀하셨듯이, 마치 "주여, 주여, 우리가 주의 이름으로 선지자 노릇 하며……주의 이름으로 많은 권능을 행하지 아니하였나이까?" 하는 자들과 같습니다(마 7:22). 사랑하는 여러분, 저는 여러분이 매일 살아가는 생활과 삶과 윤리와 도덕에 영향을 끼치지 못하는 체험에는 전혀 관심이 없습니다. 그것은 성령이 주시는 체험이 아닙니다. 행동과 행실을 바라보는 시각과 태도에 아무런 변화가 없는 사람은 하나님께로부터 난 자가 아닙니다. 실제적인 변화가 전혀 없는 사람은 성령의 인도를 받고 있는 것이 아닙니다. 성령과 빛의 영을 가장한 악한 영, 거짓 영의 인도를 받고 있는 것입니다. 그렇습니다! 성령과 말씀이 굳게 결속되고 결합되어 있듯이, 새로운 출생과 새로운 행실 또한 굳게 결합되어 있습니다. 거듭 말하지만, 그렇기 때문에 행동과 행실이 아주 실제적인 시금석 역할을 하는 것입니다.

"난 사람들이 흔히 이야기하는 고양된 감정을 느껴 본 적이 없습니다. 황홀한 성령 체험도 해본 적이 없어요. 그런데 어떻게 내가 그리스도인인지 알 수 있지요?"라고 묻는 이가 있습니다.

그런 사람은 이 점을 확인해 보면 됩니다. 삶과 인생을 바라보는 자신의 시각에 변화가 생겼습니까? 그러면 그리스도인이라고 생각할 충분한 증거가 있는 것입니다. 이에 대해서는 앞으로 자세히 살펴보기로 하고, 지금은 반율법주의가 심각한 오류라는 원칙만 짚고 넘어가겠습니다. 그리스도인의 생활은 본질적으로 실제적인 생활입니다. 영적인 생활만이 아니라—이것이 오늘날 사람들의 오해인데—실제적인 생활입니다. 새롭게 태어나 성령의 영역에서 시작된 삶이 실제로 모든 일상사에 나타나게 되어 있습니다.

이것이 두 번째 일반적인 요점입니다. 성령의 생명 또는 성령 안에 있는 생명은 그리스도인의 삶과 체험에 실제로, 지속적으로 드러나게 되어 있습니다. "무릇 하나님의 영으로 인도함을 받는 사람은 곧 하나님의 아들이라"(롬 8:14). 바울은 진행형 시제를 써서 하나님의 영으로 계속 인도함을 받는 사람, 지속적으로 인도함을 받는 사람은 하나님의 아들이라고 말합니다. 저는 이 지속성을 강조하고 싶습니다. 그리스도인은 어쩌다 한 번 선하게 살거나 일 년 중 어느 특정 기간에만 선하게 사는 자들이 아닙니다. 예컨대 성경에는 사순절을 지지할 만한 근거가 나오지 않습니다. 전혀 나오지 않습니다! 더 나아가 사순절은 성경의 가르침에 반대되는 인간적이고 육체적인 전통에 불과하다는 점을 얼마든지 증명해 보일 수 있습니다. 그러나 굳이 그럴 필요 없이, 이 점을 완벽하게 설명해 주고 있는 골로새서 2장 마지막 부분만 찾아보아도 충분하리라 생각합니다.

> 아무도 꾸며낸 겸손과 천사 숭배를 이유로 너희를 정죄하지[현혹하지] 못하게 하라.

사도는 더 구체적으로 설명합니다.

> 너희가 세상의 초등학문에서 그리스도와 함께 죽었거든 어찌하여 세상에 사는 것과 같이 규례에 순종하느냐?(곧 붙잡지도 말고 맛보지도 말고 만지지도 말라 하는 것이니 이 모든 것은 한때 쓰이고는 없어지리라) 사람의 명령과 가르침을 따르느냐? 이런 것들은 자의적 숭배—인간의 의지력과 훈련을 연습하는 것—와 겸손과 몸을 괴롭게 하는 데는 지혜 있는 모양이나 오직 육체 따르는 것을 금하는 데는 조금도 유익이 없느니라(골 2:18, 20-23).

그렇습니다. 이것이 바울의 입장입니다. 우리 눈에는 사순절을 지키는 것이 대단한 일—"지혜 있는 모양"이나 "자의적 숭배"—로 보일 수 있습니다. 사순절 기간에 담배를 피우지 않거나 술을 마시지 않거나 이런저런 일들을 금하는 것이 자기를 부인하는 대단한 일로 보일 수 있습니다. 그러나 신약성경의 대답은 항상 성령의 인도를 따라야 한다는 것입니다. 항상! 특정 기간이나 인위적으로 정해 놓은 일정 기간 동안에만 따르면 안 됩니다. 절대 그러면 안 됩니다! 지속적으로 따라야 합니다. 항상 따라야 합니다. 사순절 기간에 자신을 부인해야 한다면, 평소에도 자신을 부인하는 것이 옳습니다.

이것은 아주 미묘한 문제입니다. 물론 사순절은 로마 가톨릭의 유물입니다. 가톨릭이라는 조직을 고려하면—사제에게 부여되는 권력 등을 고려하면—왜 이런 절기가 생겼는지 쉽게 이해할 수 있지만, 반복하건대 신약성경에는 그 근거가 나오지 않습니다. 사순절은 인간이 자의로 만든 지혜의 모양입니다. 하나님의 은혜에 인간의 행위를 덧붙인 것입니다. 근본적으로 로마 가톨릭의 가르침입니다. 그러니 이제 사순절은 청산해 버립시다. 그런 데 시간을 낭비하지 맙시다. 우리는 항상 성령의 인도를 따라야 합니다.

세 번째 일반적인 원리는, 성령이 행동과 행실의 영역에서 우리를 인도하실 때 결코 기계적으로 하시지 않는다는 것입니다. 물론 이것은 두 번째 원리의 연장선상에 있는 원리입니다. 성령의 인도를 따른다는 것은 우리에게 주어진 다수의 규칙과 규정을 따르는 것이 아닙니다. 거듭 말하지만, 이것은 아주 미묘한 문제이자 많은 그리스도인들이 자주 빠지는 함정입니다. 성령의 자유를 누리며 그의 인도에 따라 사는 것보다 엄격한 율법을 지키며 사는 편이 더 쉽습니다. 우리는 "이제 그리스도인이 되었으니 무엇을 하고 무엇을 하지 말아야 하는가?"를 묻습니다. 모든 것을 첫째, 둘째, 셋째로 규정하려 합니다! 이를테면 기독교를 일종의 훈련조교처럼 생각하는 것입니다. 물론 그 편이 훨씬 더 쉽습니다. 생각할 필요도 없고 긴장할 필요도 없기 때문입니다. 그러나 신약성경은 그렇게 가르치지 않습니다. 그것은 사도가 골로새서 2장 끝부분에서 비판하는 거짓 금욕주의의 전형적인 모습입니다.

그렇습니다. 성령은 좀 더 일반적인 방식으로 우리를 인도하십니다. 바울은 골로새서 3장에서 이렇게 말합니다. "그러므로 너희가 그리스도와 함께 다시 살리심을 받았으면 위의 것을 찾으라. 거기는 그리스도께서 하나님 우편에 앉아 계시느니라. 위의 것을 생각하고 땅의 것을 생각지 말라"(골 3:1-2). 자, 이것이 세 번째 원리입니다. 다시 말해서 "하나님의 자녀로서 너희가 누구이며 어떤 존재인지 알아야 한다. 자신이 하늘에 속한 백성임을 알고, 그곳을 사랑해야 한다"라는 것입니다. 단순히 "무엇을 하고 무엇을 하지 말아야 하는가?"를 묻지 마십시오. 그것은 기독교를 일종의 조견표로 치환하는 태도입니다. 신약성경이 가르치는 기독교는 그런 것이 아닙니다.

그렇습니다. '나는 어떤 존재인가? 혈통으로나 육정으로나 사람의 뜻으로 난 자가 아니라 하나님께로부터 난 자다. 그리스도께 속한 자요 그와 함께 기업을 받을 자다. 내 집은 저 위에 있다!'라고 생각해야 합니다. 이 사실에서 출발해야 하며 이 사실에 함축된 바에 따라 행동해야 합니다. 바울은 "이는 너희가 죽었고 너희 생명이 그리스도와 함께 하나님 안에 감추어졌음이니라"라고 말합니다(골 3:3). 이것은 신학적인 문제입니다! 그리스도 안에서 자신을 어떤 존재로 생각하느냐 하는 문제입니다! 무엇은 반드시 하고 무엇은 절대 해서는 안 된다는 식의 규칙이나 규정이나 규범의 문제가 아닙니다. 절대 아닙니다! 그것은 완전히 잘못된 기독교입니다. 기계적이고 인간적이며 도덕을 강요하는 기독교입니다. 물론 제도적인 기독교는 이렇게 하기를 좋아합니다. 그런 기독교는 성령의 자유가 무엇인지, 초대교회 그리스도인들이 어떻게 살았는지 전혀 알지 못합니다.

바울은 정해진 틀에 맞추라거나 도덕과 윤리와 행동과 행실에 대한 기계적인 개념에 순종하라고 명령하는 대신, 좀 더 일반적인 원리를 제시합니다. "우리 생명이신 그리스도께서 나타나실 그때에 너희도 그와 함께 영광중에 나타나리라"(골 3:4). 관점이 아예 다릅니다. "그리스도인으로서 난 뭘 해야 하지?"라고 묻는 대신, "난 그리스도인이다. 주님이 나타나실 때 그를 뵙고 그와 같이 될 사람이다! 자, 그러면 어떻게 해야 할까? 땅에 있는 지체를 죽여야 한다"라고 말하는 것입니다. 바울은 구체적인 설명을 통해 이 원리가 어떻게 작동하는지 보여줍니다.

세 번째 일반적인 원리를 요약해 보겠습니다. 교리에 근거하지 않은 행동, 그리스도 안에 있는 하나님의 자녀로서 자신이 누구이며 어떤 존재인지 아는 지식에 근거하지 않은 행실은 신약성경의 윤리와 도덕이 아닌 철학적이고 인간적인 도덕입니다. 신약의 서신서들을 분석해 보면, 중대한 교리를 먼저 다룬 다음 "그러므로"라는 말로 다음 이야기를 연결하는 것을 알 수 있습니다. 여러분의 행동과 행실이 이 "그러므로"에서 나오지 않는다면, 즉 교리의 결론으로 나오지 않는다면, 여러분은 거짓된 금욕주의에 빠져 있는 것입니다. 성령은 그런 식으로 자녀의 행동과 행실을 인도하시지 않습니다.

이렇게 해서 행동이라는 지극히 중요한 영역에 해당되는 일반적인 원리들을 살펴보았습니다. 계속해서 구체적인 항목들을 살펴보겠습니다. 제가 이렇게 하는 주된 이유는 이 연속 설교를 통해 하나님의 백성들을 위로하려는 데 있습니다. 저의 가장 우선적인 바람은 특정한 생활방식을 전수하려는 것이 아니라 구원의 확신을 주려는 것입니다. 구체적인 항목들을 다루는 가운데 자신을 점검해 보면서 "아, 난 여기 해당되니까 성령의 인도를 받고 있는 거로구나. 엄청난 체험은 못했지만—아, 그건 안타까운 일이지만!—이 체험만큼은 해보았다"라고 말할 수 있게 되길 바랍니다. 그렇다고 엄청난 체험을 비판하는 것은 아닙니다. 우리 모두 그런 체험을 해야 하고 그런 체험을 추구해야 합니다. 우리도 지금보다 더 충만히 하나님과 그리스도를 아는 경지에 이를 수 있습니다. 현 상태에 만족해 버리면 안 됩니다. 그러나 그런 엄청난 체험이 없어도 그리스도인이 될 수는 있습니다. 제가 이 말을 하는 것은 지금까지 비판해 온 오류에 스스로 빠졌기 때문이 아니라, 여러분이 자신을 점검하여 온전한 확신을 얻게 하기 위해서입니다.

그렇다면 어떤 구체적인 항목들이 있을까요? 대체 무엇을 보고 성령이 아주 실제적으로 나를 인도하고 계심을 알 수 있을까요? 첫 번째 대답이 빌립보서 2장에 나옵니다. "그러므로 나의 사랑하는 자들아, 너희가 나 있을 때뿐 아니라 더욱 지금 나 없을 때에도 항상 복종하여 두렵고 떨림으로 너희 구원을 이루라. 너희 안에서 행하시는 이는 하나님이시니 자기의 기쁘신 뜻을 위하여 너희에게 소원을 두고 행하게 하시나니"(빌 2:12-13). 그리스도인은 하나님이 자기 안에서 일하시면서 "소원을 두고 행하게" 하심을 인식합니다. 이 일을 하시는 분이 바로 성령입니다. 하나님은 성령으로, 성령 안에서, 성령을 통해 일하십니다. 우리에게 소원과 열망을 주어 행하게 하십니다.

저는 성령이 우리 안에서 일하심을 인식하는 것이야말로 큰 위로가 되는 아주 훌륭한 시금석이라고 생각합니다. 동시에 아주 정밀하고 철저한 시금석이라는 말도 덧붙이고 싶습니다. 이처럼 우리는 성령이 우리 안에서 일하심을 인식할 뿐 아니라, 그의 일하심과 우리의 욕심이 자주 충돌하는 것도 인식합니다. 성령은 우리를 방치하시지 않습니다. 조지 매더슨George Matheson의 표현을 빌리자면 "오, 사랑이 날 내버려 두지 않네!"라고 할 수 있습니다. 그리스도인으로 살면서도 세상과 세상의 매력, 세상의 생활방식, 세상의 사고방식에 마음을 빼앗길 수 있습니다. 자신도 의식하지 못하는 사이에 타락할 수 있습니다. 옛 생활로 돌아갈 수 있습니다. 일부러 그러는 것이 아니라 자신도 모르는 사이에 미끄러지고 떠내려가는 것입니다. 그런 생활을 다시 즐기다 보면 그 편이 오히려 멋지고 똑똑해보일 수 있습니다.

그런데 어느 순간 불안이 덜컥 발목을 잡습니다. 이렇게 세상적으로 살면 안 된다는 생각이 들기 시작합니다. 물론 여러분은 이렇게 불안해지는 것이 싫습니다. 계속 즐기면서 살고 싶습니다. 그래서 "어쨌든 난 그리스도인이야. 그리스도를 믿고 교인이 되었으니까" 하며 불안을 가라앉히려 듭니다. 그러나 성령은 "아니, 잘 생각해 봐라! 네가 정말 그리스도인이라면 어떻게 계속 이렇게 살 수 있겠느냐?"라고 물으십니다. 바로 이런 것이 소원을 두고 행하게 하시는 것입니다. 성령이 나에게 말을 거시고 불안하게 만드십니다. 책망하시고, 꾸짖으시고, 정죄하시고, 죄책감을 주십니다. "네가 마땅히 할 일은 이것이다"라고 하시면서 그동안 소홀히 했던 그리스도인의 의무를 상기시키십니다. 그동안 성경 읽기도 중단했고, 기도도 그만두었고, 교회도 가지 않았던 것을 상기시키십니다. 내 안에서 일하시며 "소원을 두고 행하게" 하시는 하나님을 거역하고 거슬렀던 것을 상기시키십니다. 사랑하는 여러분, 이 모든 것은 여러분이 그리스도인이라는 절대적인 증거입니다! "죄와 허물로" 죽어 있는 사람은 이런 경험을 하지 못합니다.

거듭나지 않은 불신자는 성령의 압박이 무엇인지 모릅니다. 이른바 '양심의 가책'은 느낄 수 있습니다. 그러나 양심의 가책과 성령의 압박은 완전히 다른 것입니다. 불신자는 단순히 자기 기준을 깨뜨렸다는 데 가책을 느낍니다. 그러나 그리스도인은 성령의 압박을 받습니다. 그럴 때 처음에는 도망치려 듭니다. 친구들과 돌아다니기도 하고, 신앙서적은 내팽개친 채 세상의 이런저런 이야기에 귀를 기울이기도 합니다. 그러나 성령이 그 상태로 계속 내버려 두시지 않습니다. 그 안에서 일하시며 책망하시고 불안하게 만드십니다. 다윗에게 나단 선지자를 보내신 것처럼 사람을 보내 질문을 던지십니다.

그가 이처럼 여러분 안에서 일하시는 것을 알고 있습니까? 죄를 짓고도 별 탈 없이 넘어갈 수 없다는 것을 알고 있습니까? 무가치한 죄의 삶을 마냥 즐기도록 허용하시지 않는 것을 알고 있습니까? 그가 계속해서 여러분을 책망하시고 꾸짖으시며 정죄하시고 죄를 폭로하시는 것을 느낍니까? 이것은 성령이 여러분을 인도하고 계신다는 표지입니다. 성령은 이처럼 의지와 열망의 영역에서도 인도하시고, 행동의 영역에서도 인도하십니다. 거룩한 열망도 주시고, 그것을 행할 에너지도 주십니다. 이 모든 것이 그에게서 나옵니다. 이처럼 그가 우리 안에서 일하시기 때문에 우리가 행할 수 있는 것입니다. 그가 일하시지 않으면 우리도 행할 수 없습니다. 행하고 싶어도 행할 힘이 없습니다. 우리는 "혈통으로나 육정으로나 사람의 뜻으로 나지 아니하고 오직 하나님께로부터" 난 자들입니다. 그래서 성령이 우리 안에 거하시며 에너지를 주십니다. 우리 안에서 일하시며 "자기의 기쁘신 뜻을 위하여 너희[우리]에게 소원을 두고 행하게" 하십니다(빌 2:13).

두 번째 항목은 이것입니다. 성령은 항상 우리 자신을 점검하도록 인도하십니다. 자기점검! 이것은 사순절이나 특별한 날에만 하는 일이 아니라 일 년 내내 해야 할 일입니다. 특별한 날에만 점검하는 것은 신약성경이 말하는 성령의 해방과 자유에 어울리지 않는 일이며 스스로 속이는 일입니다. 기억하십시오. 1월 1일만 자기점검의 날로 정하는 것은 스스로 속이는 일입니다. 자기점검은 달력

494

과 전혀 상관이 없습니다. 성령이 움직이시고 일하시면 항상 자기를 점검하게 됩니다.

그렇다면 자기점검이란 무엇일까요? 성령의 인도를 받는 사람은 "그리스도를 믿는다고 고백했으니 이제 다 되었다"라고 느끼거나 그렇게 말하지 않습니다. 할 일을 다 했으니 더 이상 애쓸 필요 없이 두 손 놓고 쉬면 된다고 생각지 않습니다. 성령의 인도를 받는 사람은 그런 생각을 할 수가 없습니다. 왜 그럴까요? 하나님의 아들이신 주 예수 그리스도를 닮도록 인도하시는 것이 바로 성령의 역할이기 때문이며, "너희는 거룩하라. 이는 나 여호와 너희 하나님이 거룩함이니라"라는 명령을 수행하시는 것이 바로 성령의 일이기 때문입니다(레 19:2). 이 점에서 성령은 '쉬운 믿음'의 방패막이가 되어 주십니다. 주 예수 그리스도를 믿는다는 고백만 하면 그리스도인이 된다는 생각에 빠지지 않도록 지켜 주십니다. 믿는다는 고백만 한다고 그리스도인이 되는 것이 아닙니다! "귀신들도 믿고 떠느니라"(약 2:19). 믿는다고 고백하는 자들은 많지만, 그 고백과 일치하는 삶을 사는 자들은 그만큼 많지 않습니다. "경건의 모양은 있으나 경건의 능력은 부인하니"(딤후 3:5). 신약성경은 이른바 '거짓 신앙고백자'들—신앙고백은 했지만 그리스도인은 아닌 자들—에 대한 경고로 가득합니다. 주님도 계속해서 경고하셨고, 서신서들도 곳곳에서 엄중히 경고합니다. 성령의 인도를 받는 사람은 그 위험을 두려워하기에 절대 자기만족에 빠지지 않으며, 무엇보다 피상적인 상태에 안주하지 않습니다.

사교—사교에 가까운 기독교도 포함하여—와 신약성경의 기독교를 가르는 중대한 차이점이 바로 이것입니다. 사교는 모든 것을 한 가지 행동으로 압축해 버립니다. "아주 간단해요. 정말 쉽다니까요! 이것만 하면 됩니다"라고 합니다. 마치 구멍에 동전만 넣으면 끝이라는 식입니다. 그들이 말하는 대로만 하면 원하는 게 다 이루어진다는 것입니다. 이것이 사교와 사교에 가까운 기독교의 특징입니다. 반면에, 신약성경의 기독교는 항상 성령의 인도에 기초를 둡니다. 성령은 인격이요 거룩하신 영입니다. 아무리 선한 사람도 그 앞에서는 악하고 무가치한 죄인임을 깨닫게 됩니다. 사교에 가입하는 자들은 가입서류에 서명하는 순간 할 일을 다한 것처럼, 모든 문제가 해결된 것처럼, 안전한 울타리 안에 들어간 것처럼 생각합니다. 그러나 참된 그리스도인은 "아니다. 난 이제 갓 태어나 새 생명을 얻은 데 불과하다"라고 말합니다.

나에게 새 생명이 있음을 알고 있습니까? 확신하고 있습니까? 사도 바울은 고린도 교회에 말합니다. "너희는 믿음 안에 있는가 너희 자신을 시험하고 너희 자신을 확증하라"(고후 13:5). 베드로도 똑같이 가르칩니다. "너희 부르심과 택하심을 굳게 하라"(벧후 1:10). 가정에 근거해서 살지 마십시오. 그럴듯하게 말만 하지 마십시오. 피상적인 상태에 안주하지 마십시오. 할 일을 다한 것처럼 생각하지 마십시오. 오, 하나님의 자녀로서 여러분이 어떤 존재인지 생각하십시오. 그것을 생각하고 자기점검을 시작하면, 바로 불만이 느껴질 것입니다. 자신이 결코 바르지 않다는 사실, 이제껏 해온 일들이 다 무가치하고 부족하다는 사실을 깨달을 것입니다. 성령은 항상 자기점검으로 인도하십니다. 문헌들을 찾아보면 위대한 성도들이 늘 이 일에 시간을 들였던 것을 알 수 있습니다. 사실 그들의 가장 큰 위험은 자기점검이 지나친 나머지 병적인 자기성찰에 빠지는 것이었습니다. 이렇게 말해도 될지 모르겠지만, 그럴듯하게 말하며 피상적인 상태에 안주하는 위험이나 자기 믿음이 거짓 믿음일 수도 있다는 사실 자체를 깨닫지 못하는 위험에 비하면 차라리 그 편이 훨씬 낫습니다. "너희 부르심과 택하심을 굳게 하라." 자신을 점검하고 "자신을 확증"하십시오. 말씀이 그렇게 할 것을 권하고 있으며, 성도들이 삶과 실천을 통해 그 예를 보여주고 있습니다.

다음과 같이 설명해 보겠습니다. 라오디게아 교인들처럼 될까 봐 염려하지 않는 사람은 그리스도인이 아니라고 저는 생각합니다. 성령의 인도와 지도를 받는 사람은 라오디게아 교회에 주시는 요한계시록 3장 말씀을 읽으면서 두려움을 느끼게 되어 있습니다.

아멘이시요 충성되고 참된 증인이시요 하나님의 창조의 근본이신 이가 이르시되 "내가 네 행위를 아노니 네가 차지도 아니하고 뜨겁지도 아니하도다. 네가 차든지 뜨겁든지 하기를 원하노라."

다시 말해서 그저 점잖기만 하다는 것입니다. 차지도 않고 뜨겁지도 않게 균형을 유지하면서, 품위 있고 정중하고 예의바르게 살려고만 한다는 것입니다.

"네가 이같이 미지근하여 뜨겁지도 아니하고 차지도 아니하니 내 입에서 너를 토하여 버리리라. 네가 말하기를 '나는 부자라. 부요하여 부족한 것이 없다' 하나 네 곤고한 것과 가련한 것과 가난한 것과 눈먼 것과 벌거벗은 것을 알지 못하는도다"(계 3:14-17).

이것은 전부 영적인 상태를 묘사하는 말들입니다. 자신이 이런 상태에 있음을 깨닫지 못하는 사람은 심각한 위험에 빠져 있는 것입니다.

"하지만 모든 사람이 그렇지 않습니까?"라고 말할지 모르겠습니다.

제 질문은 이런 상태에 빠질까 봐 두려워하는 마음이 있느냐는 것입니다. 여러분도 이들처럼 "나는 부자라. 부요하여 부족한 것이 없다"라고 말하는 것은 아닙니까? "난 그리스도인이 된 이후 한 번도 의심하거나 고민해 본 적이 없다. 난 분명히 확신한다!"라고 자부하는 것은 아닙니까? 자기 자신에 대해 한 번도 두려움을 느낀 적이 없는 것은 아닙니까? 그렇다면 이 말을 들으십시오. "귀 있는 자는 성령이 교회들에게 하시는 말씀을 들을지어다"(계 3:22). 성령은 여러분을 찾아와 물으십니다. "자, 너는 라오디게아 교인이 아니냐? 나쁜 의미에서 자기만족에 빠져 두 손을 놓고 있는 게 아니라고 자신할 수 있느냐?"

여러분, 이것은 아주 좋은 시금석입니다. 성령은 감찰하십니다! 하나님의 깊은 것도 감찰하시고 우리의 존재와 인격 깊은 곳도 감찰하십니다. 성령의 인도를 받는 자들은 성령께 자신을 감찰하실 시간을 드립니다. 그러면 우리 깊은 곳의 실상이 드러납니다. 거의 그리스도인이 아닌 것처럼 느껴질 정도입니다. 그럼에도 여전히 그리스도인이라고 확신하는 것은, 아무리 자신이 정죄받아 마땅한 부정한 자일지라도 하나님의 아들 예수 그리스도의 피가 모든 죄와 불의에서 깨끗케 해주신다는 것을 알기 때문입니다. 그래서 궁극적인 좌절과 절망에 빠지지 않습니다. 성령은 이처럼 자기점검으로 인도하십니다. 자기를 점검한다는 것은 성령이 인도하고 계신다는 명백한 증거입니다. 거듭 말하지만, 자기 자신에게 불안이나 두려움을 느껴 본 적이 없는 사람은 라오디게아 교인들처럼 되지 않도록 아주 주의 깊게 자신을 점검해 보아야 합니다.

좀 더 살펴보겠습니다. 성령은 이처럼 자기점검으로 인도하실 뿐 아니라 "거룩함을 향한 헐떡임"을 느끼게 하십니다. 이것은 적극적인 측면입니다. "너희 안에서 행하시는 이는 하나님이시니 자기의 기쁘신 뜻을 위하여 너희에게 소원을 두고 행하게 하시나니" "두렵고 떨림으로 너희 구원을 이루라"(빌 2:13, 12). 이 "두렵고 떨림"을 잊어서는 안 됩니다. 바로 이것을 위해 자기점검이 필요한 것입니다. 자기를 점검하는 자는 두려워하며 떨게 되어 있습니다. 여러분에게 이 "거룩함을 향한 헐떡임"이 있습니까? 정결한 마음에 대한 갈망! 순결한 마음에 대한 갈망! 성령이 인도하시면 반드시 이런 갈망이 생기게 되어 있습니다. 다윗은 그 갈망이 어떤 것인지 알고 있었습니다. "하나님이여, 내 속에 정한 마음을 창조하시고 내 안에 정직한 영을 새롭게 하소서"(시 51:10). 그는 자기가 지은 특정한 죄만 놓고 한탄하지 않았습니다. 그리스도인들도 자기의 죄만 놓고 한탄하지 않습니다. 도덕적인 사람은 "내가 어리석었어. 그런 짓을 하지 말걸"이라고 한탄하며 "앞으로는 잘해야지" 결심하는 데서 그칩니다. 그러나 그리스도인들은 그렇지 않습니다. 성령을 아는 자들은 다윗처럼 "하나님이여, 내 속에 정한 마음을 창조하시고 내 안에 정직한 영을 새롭게 하소서"라고 간구합니다. 또는 사도 바울이 로마서에서 외친 것처럼 "오호라, 나는 곤고한 사람이로다! 이 사망의 몸에서 누가 나를 건져내랴?"라고 외칩니다(롬 7:24).

이 갈망을 모르는 사람은 그리스도인이 아닙니다. 그리스도인일 수가 없습니다! 성령은 언제든 이런 갈망을 느끼게 만드십니다. 제가 말하고 싶은 점이 바로 이것입니다. 그렇다고 끊임없이 이런 갈망을 느낀다는 말은 아닙니다. 제가 볼 때 그것은 로마서 7장에 대한 올바른 해석이 아닙니다. 그러나 그 때가 언제든, 그 정도가 얼마만큼이든 자기 자신에게 궁극적인 절망을 느끼며 "내 속 곧 내 육신에 선한 것이 거하지 아니하는 줄을 아노니……오호라, 나는 곤고한 사람이로다!……누가 나를 건져내랴?"라고 외쳐 본 적이 없는 사람은 그리스도인이 아닌 것이 분명합니다(롬 7:18, 24). 그리스도인은 거룩함을 향한 헐떡임과 갈망을 느끼게 되어 있습니다!

오, 주님도 이것을 말씀하셨습니다. 누가 복 있는 사람입니까? "의에 주리고 목마른 자는 복이 있나니 그들이 배부를 것임이요"(마 5:6). 그렇습니다! 행복에 주리고 목마른 사람이 아닌 의에 주리고 목마른 사람이 복 있는 사람입니다. 그런 사람은 자신이 그리스도를 믿고 거듭난 교인이라는 사실에 만족하지 못합니다. 더 의로워지고 싶어 하고, 더 거룩해지고 싶어 합니다. 성령은 항상 이런 열망을 품도록 인도하십니다. 절대 두 손을 놓고 쉽게 두시지 않습니다. 믿기로 결단했으니 다 됐다고, 믿는다고 고백했으니 다 됐다고 만족하게 두시지 않습니다. 절대 그렇게 두시지 않습니다! 성령은 우리 안에서 일하시면서—그는 모든 그리스도인들 안에서 일하십니다—거룩함에 심히 주리게 하십니다. "오, 그분을 더 닮았으면! 오, 주 예수 그리스도를 더 닮았으면! 오, 더 의로워졌으면!" 하고 갈망하게 하십니다. 거룩함에 주리게 하시며 의에 목마르게 하십니다.

오, 하나님을 찬송하는 마음,
죄에서 풀려난 마음,
날 위해 값없이 흘리신 피를
항상 느끼는 마음을 주소서.
—찰스 웨슬리

이 시금석을 요약해서 표현해 보겠습니다. 행복해지려는 열망보다 거룩해지려는 열망이 큰 사람은 성령의 인도를 받는 사람입니다. 여러분은 거룩해지려는 열망이 더 크다고 말할 수 있습니까? "더 거룩해질 수만 있다면 무슨 일이 닥치든 상관없다"라고 말할 수 있습니까? 그런 사람은 고난이 와도 자신이 성령의 인도를 받는 하나님의 자녀임을 확신합니다. 하나님은 "사랑하시는 자를 징계[훈육]" 하신다는 것을 알기 때문입니다(히 12:6). 그는 어떤 징계를 받든 하나님께 감사를 드립니다. 시편 기자처럼 그 일을 돌아보며 "고난당하기 전에는 내가 그릇 행하였"는데 이제 바른 길을 가게 되었으니 오히려 "고난당한 것이 내게 유익"이라고 말합니다(시 119:67, 71). 고난을 당함으로—병에 걸리고 사고를 당하고 재정적 손실을 입음으

로—더 나은 사람이 되었으니 오히려 유익이라는 것입니다. 자신은
행복해지기보다 거룩해지고 싶다는 것입니다.

> 날 일으켜 세우는 것이
>
> 비록 십자가라 하더라도……
>
> 주께 더 나가기 원합니다.[*]
>
> —사라 플라워 애덤스Sarah Flower Adams

자, 여러분, 이 진리를 자신에게 적용해 보십시오.

이 주제와 관련하여 마지막으로 할 말이 있습니다. 그것은 이 모
든 사실의 당연한 귀결로서, 성령의 인도를 받는 자는 유혹을 점점
더 예민하게 감지하며, 죄가 조금만 가까워져도 떨며 부르짖는다는
것입니다. 죄를 지었을 때만 비통해하는 것이 아니라 죄에 다가가
기만 해도 비통해한다는 것입니다. "여호와를 사랑하는 너희여, 악
을 미워하라"(시 97:10). 악을 미워해야 할 만큼 미워하지 못해서 근
심이 됩니까? 좋아하면 안 될 것을 여전히 좋아해서, 부정한 것들에
여전히 마음이 끌려서 근심이 됩니까? 그런 것들 때문에 근심이 됩
니까? 그렇다면 성령이 안에 계신 것이고, 그렇지 않다면 성령이 안
에 계시지 않은 것입니다. 성령은 예민하신 분입니다. 죄의 기미만
보여도, 죄의 그림자만 어른거려도 바로 알아차리십니다. 죄의 유혹
과 유인과 접근과 첫 시도를 점점 더 예민하게 감지하는 자는 성령

---

[*] 찬송가 364장 1절 다시 옮김.

으로 충만한 사람이며, 성령의 인도를 받는 사람입니다.

사실 우리가 관심을 기울여야 할 것은 이런 구체적인 항목들보다 전반적인 접근법과 태도라는 점을 밝히고 싶습니다. 그러나 오늘은 여기까지 다루고, 이 문제는 다음에 살펴보겠습니다.

22

죄를 죽이라(1)

소극적인 접근법

영접하는 자 곧 그 이름을 믿는 자들에게는 하나님의 자녀가 되는 권세를 주셨으니 이는 혈통으로나 육정으로나 사람의 뜻으로 나지 아니하고 오직 하나님께로부터 난 자들이니라. **요 1:12-13**

사도 바울은 로마서 8:14에서 "무릇 하나님의 영으로 인도함을 받는 사람은 곧 하나님의 아들이라"라고 말합니다. 이것은 확실한 증거입니다. 하나님의 영으로 인도함을 받는 사람은 하나님의 자녀입니다. 그리스도인이 아니면 성령의 인도를 받을 수 없습니다. 그래서 우리는 "성령의 인도를 받는지 어떻게 아는가?" 하는 문제를 계속 검토하고 있는 중입니다. 우리는 성령이 성경과 기도로 인도하심을 알았습니다. 그리고 지난주부터는 특별히 일상생활의 영역 및 행동과 행실의 영역에서 어떻게 인도하시는지 살펴보고 있습니다. 성령은 자기점검으로 인도하시며, 의에 주리고 목말라하는 헐떡임과 갈망을 주십니다. 저는 이것이 아주 좋은 시금석이라고 했습니다. 행복해지기보다 거룩해지는 데 관심이 있는 사람은 분명한 그리스도인입니다. 이것은 오직 그리스도인에게만 나타나는 특징이기 때문입니다. 그러나 거룩해지기보다 행복해지는 데 관심이 있는 사람은 자신이 과연 그리스도인이 맞는지 의심해 보아야 합니다. 또한 설교 마지막 부분에서 그리스도인은 죄의 접근을 점점 더 예민하게 감지한다는 점도 살펴보았습니다.

그러나 성령의 인도에 대한 고찰이 다 끝난 것은 아닙니다. 우리가 다루어야 할 큰 주제가 아직 남아 있는데, 그것은 바로 '죄를 죽이는 일' 또는 '육신을 죽이는 일'입니다. 제가 이렇게 말하는 근거를 알려 드리겠습니다. 첫 번째로 찾아볼 본문은 역시 로마서입니다. 바울이 어떤 용어를 사용하는지 주목해서 보기 바랍니다. "그러므로 형제들아, 우리가 빚진 자로되 육신에게 져서 육신대로 살 것이 아니니라. 너희가 육신대로 살면 반드시 죽을 것이로되 영으로써 몸의 행실을 죽이면 살리니"(롬 8:12-13). 골로새서 3장에도 같은 교리를 가르치는 병행구절이 나옵니다. "그러므로 땅에 있는 지체를 죽이라. 곧 음란과 부정과 사욕과 악한 정욕과 탐심이니 탐심은 우상 숭배니라. 이것들로 말미암아 하나님의 진노가 임하느니라. 너희도 전에 그 가운데 살 때에는 그 가운데서 행하였으나"(골 3:5-7).

이것은 성령의 인도에서 아주 중요하고 본질적인 부분을 차지하는 일입니다. 앞서 보았듯이, 성령은 거룩하신 영입니다. 모든 면에서 죄와 정반대되시는 분입니다. 그러므로 성령의 통제와 인도를 받을수록 죄를 점점 더 미워하게 되며 적극적인 조처를 취하게 되는 것이 당연합니다. 머리로만 미워하는 것이 아닙니다. 진심으로 미워합니다. 그래서 적극적인 조처를 취하기 시작합니다. 시편 기자는 "여호와를 사랑하는 너희여, 악을 미워하라"라고 말합니다(시 97:10). 악을 미워하라! 물론 신약성경도 곳곳에서 이 점을 역설하고 있습니다.

이 주제를 본격적으로 다루기 전에 강조할 점이 있는데, 그것은 하나님이 우리에게 육신을 죽이라고 명하셨다는 것입니다. 즉, 이것은 명령입니다. 저절로 이루어지는 일이 아닙니다. 제가 이 점을 강조하는 것은 거룩해지기 위해 우리가 해야 할 일은 하나도 없다는 가르침, 저절로 거룩해진다는 유명하고도 대중적인 가르침이 널리 퍼져 있기 때문입니다. 그들은 "주님을 의지해라. 주님이 다 해주실 것이다. 주님이 대신 싸워 주실 것이다"라고 말합니다. 그러나 성경의 분명한 가르침은 "너희가 영으로써 몸의 행실을 죽이면 살리라"라는 것입니다. 거듭 말하지만, 이것은 여러분이 해야 할 일입니다. "그러므로 땅에 있는 지체를 죽이라." 이 점이 지극히 중요하며 절대적으로 중요합니다. 성경은 "주님께 전부 맡기면 저절로 거룩해진다"라고 말하지 않습니다.

오늘날에는 몸을 죽이는 일에 대한 교리, 죄와 육신을 죽이는 일에 대한 교리를 듣기가 거의 어렵습니다. 이 교리 자체가 거의 사라질 지경에 처해 있습니다. 그러나 한때는 교회의 삶과 설교에서 가장 중요한 자리를 차지했습니다. 이 교리는 다양한 모습과 형태로 성경에 등장하며, 모든 서신서에 등장합니다. 신약성경은 수동적인 태도를 가르치지 않습니다. 성령은 육신을 죽이게 하실 뿐 아니라 육신을 죽일 힘도 주신다고 가르칩니다. "너희가 영으로써 몸의 행실을 죽이면 살리니." 성령은 이 두 가지 일을 다 해주십니다. 내 힘으로는 육신을 죽이지 못합니다. 이 점에서 수도원 제도는 그 기반을 잃습니다.

이와 관련해서 짚고 넘어갈 점이 있습니다. 수도원 제도의 배후에 있는 근본사상은 여러 모로 정당한 것이었습니다. 적어도 출발했을 때는 그랬습니다. 그들은 그리스도인이 된 이상 과거의 세속적인 삶을 지속해서는 안 된다는 것을 알았습니다. 신약성경이 거룩함의 문제를 아주 심각하게 다룬다는 것, "감사하게도 그리스도인이 되었으니 이제 무슨 짓을 하든 상관없다"라는 주장은 잘못이라는 것을 알았습니다. 육신과 마귀가 세상에 엄연히 존재함을 알았습니다. 그들은 실패를 겪었고, 그에 대해 조처를 취해야 한다고 생각했습니다. 그래서 스스로 격리되기로, 세상을 떠나 공동체에서 살거나 은둔자가 되어 온전히 혼자 힘으로 살기로 결심했습니다. 그들은 엄격히 금식했고, 약대 털옷을 입었으며, 자기 몸을 학대했습니다. 그것이 "땅에 있는 지체[몸]를 죽이라"라는 바울의 명령에 순종하는 길이라고 생각했습니다.

이처럼 그들은 자기 힘으로 몸을 죽이려 했습니다. 극단적인 행동을 통해 몸을 죽이려 했습니다. 그러나 제가 볼 때 그것은 "영으로써 몸의 행실을 죽이라"라는 말에 담긴 바울의 생각과 거의 정반대되는 것입니다. 거듭 말하지만, 그들의 열망에는 찬사를 보내야 합니다. 그들은 기꺼이 세상의 모든 쾌락과 전도유망한 미래를 포기하고 세상이 제공하는 것들을 내버림으로써 자신들이 생각하는

'경건한' 자가 되고자 했습니다. 물론 그 방법은 통하지 않았고, 그들은 성공하지 못했습니다. 몸이 세상에서 벗어났다고 마음에서도 세상이 사라지는 것은 아닙니다. 몸은 세상에서 벗어나도 마음은 여전히 세상에 매여 있을 수 있습니다. 그들은 외로운 수도원 독방과 산꼭대기 동굴에도 상상력과 욕망이 존재함을 알았습니다. 그런 방법으로는 몸의 행실을 죽일 수 없었습니다. 그렇습니다. 몸의 행실을 죽이는 바른 방법은 성령을 힘입는 것입니다. 하나님은 우리 힘으로 도저히 몸의 행실을 죽이지 못한다는 것을 아셨기에 성령을 주셨습니다. 성령이 주시는 힘으로 몸의 행실을 죽일 수 있게 하셨습니다. 우리는 오직 성령의 힘으로만 바울의 명령을 이행할 수 있습니다.

주님이 손 마른 자를 고쳐 주신 사건보다 더 좋은 예는 없을 것입니다. 그는 손을 쓰지 못했습니다. 그의 손은 맥없이 달려 있는 무용지물에 불과했습니다. 그렇기 때문에 주님이 그를 고치시면서 하신 말씀을 얼핏 들으면 말이 안 된다는 생각이 듭니다. 주님은 손이 마비된 남자한테 "네 손을 내밀라"라고 하셨습니다(막 3:5). 손이 마비되었는데 어떻게 내밀라는 것입니까? 그런데 주님의 말씀을 들은 남자는 바로 손을 내밀었습니다. 다시 말해서 손을 내밀라고 명하심과 동시에 손을 내밀 힘을 주신 것입니다. 그러나 손을 내미는 행동 자체는 그 남자가 해야 했고, 그는 손을 내밀었습니다. 우리 주와 구주 되신 복되신 주님이 주신 힘으로 손을 내밀었습니다. 몸의 행실을 죽이는 일도 마찬가지입니다. "영으로" 해야 합니다. 수동적으로 맡기기만 하면 저절로 되는 것이 아닙니다. 절대 아닙니다! 여러분 자신이 해야 합니다. 여러분 자신이 몸의 행실을 죽여야 합니다.

어떻게 죽여야 할까요? 거듭 말하지만, 성경은 이에 대해 풍성한 가르침을 주고 있습니다. 얼마나 많은 가르침을 주는지 깜짝 놀랄 정도입니다. 이처럼 성령을 힘입어 우리가 무엇을 해야 하는지에 대한 교훈이 신약성경에 한가득 있는데도, 어떻게 하나도 보지 못하는 맹인처럼 "하나님이 하시도록 다 맡겨라. 너희가 할 일은 하나도 없다. 하나님이 대신 해주신다"라고 말하는 것일까요?

먼저 소극적인 측면에서 이 가르침을 살펴봅시다. 사도 바울은 "그러므로 형제들아, 우리가 빚진 자로되 육신에게 져서 육신대로 살 것이 아니니라. 너희가 육신대로 살면 반드시 죽을 것이로되 영으로써 몸의 행실을 죽이면 살리니"라고 말합니다(롬 8:12-13). 이 말이 무슨 뜻일까요? 바울은 우리가 그리스도인이 된 후에도 여전히 몸을 가지고 살기 때문에 죄가 그 몸을 이용하려 들고 그 몸에 거하려 든다고 말합니다. 이것이 우리의 당면 문제입니다. 내 영은 하늘에 있습니다. 그리스도 안에서 하늘의 처소에 앉아 있습니다. 맞습니다. 그러나 내 지체는 땅에 있습니다. 나는 여전히 "육체 가운데" 살고 있습니다. "이제 내가 육체 가운데 사는 것은 나를 사랑하사 나를 위하여 자기 자신을 버리신 하나님의 아들을 믿는 믿음 안에서 사는 것이라"(갈 2:20).

그러면 어떻게 해야 합니까? 자, 제가 볼 때 성경의 가르침은 죄의 진정한 성격과 특징을 반드시 알아야 한다는 것입니다. 지금 저는 "죄들"이라고 하지 않고 "죄"라고 했습니다. 물론 특정한 죄들도 다루어야 하지만, 죄 자체를 보지 못하고 특정한 죄들에만 집중하면 길을 잃게 됩니다. 거듭 말하지만, 죄 자체의 특징을 알아야 합니다. 성경은 죄에 대한 가르침으로 가득합니다. 창세기에서부터 그 가르침이 나옵니다. 죄의 심히 죄됨을 알아야 몸의 행실을 죽일 수 있습니다. 이것은 지극히 중요한 진리입니다. 죄는 하나님과 영원히 반대되는 것입니다. 하나님은 죄를 미워하시며, 저와 여러분에게도 온몸과 마음으로 죄를 미워하라고 하십니다. 그러면 실제로 어떻게 죄를 미워할 수 있을까요? 자, 성경에 나오는 여러 교훈을 분류해서 살펴보겠습니다.

사도 바울의 말부터 찾아봅시다. "너희는 열매 없는 어둠의 일에 참여하지 말라"(엡 5:11). 어둠의 일에는 아무 열매가 없다는 사실부터 알아야 합니다. 어둠의 일에는 아무 가치도 없고 아무 유익도 없습니다. 이 사실만 알아도 얼마나 좋을까요! 그리스도인들이 가능한 한 세상 가까이 붙어 살려 하는 이유가 무엇입니까? 죄를 만지작거리는 이유가 무엇입니까? 죄가 "열매 없는" 무익한 일이라는 것, 에너지의 낭비라는 것, 건질 게 하나도 없는 일이라는 것을 모르기 때문입니다. 열매 없는 일은 곧 "어둠의 일"입니다. 그러나 하나님은 "어둠이 조금도" 없는 "빛"입니다(요일 1:5). 그러므로 어둠의 일에는 손대지도 말고 관여치도 말아야 합니다.

시편 1편은 이렇게 시작됩니다. "복 있는 사람—행복한 사람—은 악인들의 꾀를 따르지 아니하며 죄인들의 길에 서지 아니하며 오만한 자들의 자리에 앉지 아니하고." 여러분은 어떤 길에 서 있습니까? 성령의 인도를 받는 사람은 악인들의 꾀를 따르지 않습니다.

죄인들의 길에 서지 않습니다. 죄인들이 즐겨 찾는 장소나 죄를 짓는 장소에 들락거리지 않습니다. 그 근처에도 가지 않습니다. 오만한 자들의 자리에 앉지 않습니다. 여러분은 어디에서 시간을 보냅니까? 성령의 인도를 받는 사람과 악인은 서로 정반대에 있는 자들입니다. 그래서 사도가 "참여하지 말라"라고 하는 것입니다. 어둠의 일에 관여치 마십시오. 어둠의 일을 되도록 멀리하십시오.

사도 베드로도 같은 것을 가르칩니다. "생명을 사랑하고 좋은 날 보기를 원하는 자는—그런 자는 어떻게 해야 합니까? 하나님이 하시도록 다 맡겨야 합니까? 아닙니다—혀를 금하여 악한 말을 그치며 그 입술로 거짓을 말하지 말고 악에서 떠나"(벧전 3:10-11). 여기 나오는 "떠나"는 아주 생생한 단어입니다. 말을 타고 시골길을 가는데—신경이 예민한 말의 습성을 아는 분은 이 상황이 잘 이해될 것입니다—고작 종이 한 장이 날리는 데 놀란 말이 펄쩍 뛰며 피하는 바람에 떨어질 뻔하는 장면을 그려 보십시오. "떠나!" 우리도 그 말처럼 죄를 보는 즉시 놀라며 피해야 합니다. "악에서 떠나 선을 행하고 화평을 구하며 그것을 따르라[추구하라]"(벧전 3:11). 이처럼 사도 베드로도 바울처럼 분명하고 확실하게 가르치고 있습니다. 그가 첫 번째 서신에서 시종일관 가르치는 바가 바로 이것입니다. 예컨대 4장에서는 이렇게 권합니다.

그리스도께서 이미 육체의 고난을 받으셨으니 너희도 같은 마음으로 갑옷을 삼으라. 이는 육체의 고난을 받은 자는 죄를 그쳤음이니 그 후로는 다시 사람의 정욕을 따르지 않고 하나님의 뜻을 따라 육체의 남은 때를 살게 하려 함이라. 너희가 음란과 정욕과 술 취함과 방탕과 향락과 무법한 우상 숭배를 하여 이방인의 뜻을 따라 행한 것은 지나간 때로 족하도다. 이러므로 너희가 그들과 함께 그런 극한 방탕에 달음질하지 아니하는 것을 그들이 이상히 여겨 비방하나(벧전 4:1-4).

신약성경은 정말 현대적인 책입니다! 요즘 사람들도 이렇게 살고 있지 않습니까? 베드로가 말하는 요점은, 우리는 이렇게 살면 안 된다는 것입니다. "이런 짓은 전에 충분히 해보지 않았느냐? 이제 더 이상 이런 짓에 시간을 낭비하지 마라. 이런 짓을 멀리하고, 일절 관여치 마라"라는 것입니다.

　데살로니가전서 5장에도 중대한 말씀이 나옵니다. "악은 어떤 모양이라도 버리라"(22절). 악은 어떤 모양, 어떤 형태라도 피해야 합니다. 예외를 두면 안 됩니다. 일절 관여치 말아야 합니다. 이보다 더 분명한 가르침이 있습니까? 이렇게 하는 사람은 이미 몸을 죽이기 시작한 것입니다. 확실합니다! 죄의 길에 서 있으면 죄를 짓게 됩니다. 이것은 순전한 상식입니다. 신약성경은 우리의 상식에 호소합니다. "너희는 어둠 속에 살다가 이제 빛 가운데 살게 된 것을 자랑한다. 좋다. 그렇다면 더 이상 '열매 없는 어둠의 일'에 관여치 마라. 어둠의 일을 멀리 해라. 악인들의 길에 서지 마라. 그 길의 종착점을 너희는 알고 있다. 성령의 인도를 받는 사람은 이것을 안다. 악인들의 길로 가려 해도 성령이 붙잡아 세워 그 길의 실상을 보게 하신다. 이것이 성령이 너희를 인도하시는 표지다"라고 말합니다.

　에베소서 4장에도 중대한 말씀이 나옵니다. "옛사람을 벗어 버리고"(22절). 바울은 과거의 방식대로 계속 살아가는 것에 대해 "너희는 그리스도를 그같이 배우지 아니하였느니라"라고 지적합니다 (20절). "그러므로 내가 이것을 말하며 주 안에서 증언하노니 이제부터 너희는 이방인이―이방인은 어떻게 합니까?―그 마음의 허망한 것으로 행함같이 행하지 말라"(17절). "그 마음의 허망한 것"을 누구보다 잘 아는 세대가 있다면 바로 우리 세대일 것입니다. 우리는 허망함의 정점을 보고 있습니다. 사람들이 오늘날 "그 마음의 허망한 것으로" 으스대며 내세우는 싱겁고 공허한 오락들을 보고 있습니다.

바울은 18-22절에서 연이어 말합니다. "그들의 총명이 어두워지고 그들 가운데 있는 무지함과 그들의 마음이 굳어짐으로 말미암아 하나님의 생명에서 떠나 있도다. 그들이 감각 없는 자가 되어―그들은 확실히 감각이 없습니다―자신을 방탕에 방임하여―그들이 해온 짓이 이것입니다. 그들은 자신을 방임한 채 모든 제약을 벗어 버렸노라고 공공연히 자랑하며 으스댑니다―모든 더러운 것을 욕심으로 행하되." 그들은 "더러운 것"을 옹호합니다. 욕심으로 행하는 "더러운 것"을 세상에서 가장 아름다운 것으로 추켜세웁니다. 그러나 사도는 말합니다. "오직 너희는 그리스도를 그같이 배우지 아니하였느니라. 진리가 예수 안에 있는 것같이 너희가 참으로 그에게서 듣고 또한 그 안에서 가르침을 받았을진대―사도는 정말 그에게서 들었느냐고 묻습니다. 이런 짓을 하는 자는 성령의 인도를 받지 않는 것이며, 따라서 정말 그에게서 들은 자가 맞는지 의심할 수밖에 없다고 합니다. 그리스도에게서 들은 자는 이런 짓을 즐길 수가 없습니다. 여기에서 사도가 말하는 진리란 무엇일까요? 이제 그 내용이 나옵니다—너희는 유혹의 욕심을 따라 썩어져 가는 구습[옛 생활방식]을 따르는 옛사람을 벗어 버리고."

옛사람을 벗어 버리라! 어떻게 하는 것이 옛사람을 벗어 버리는 것일까요? 자, 자세히 다룰 시간이 없으니 요약해서 말씀드리겠습니다. 옛사람을 벗어 버린다는 것은 곧 자기 자신에게 말을 한다는 뜻입니다. 그리스도인으로서 우리가 안고 있는 문제의 절반은 자기 자신에게 충분히 말하지 않는 데 있다고 생각합니다. 자기 자신에게 설교해야 합니다. 자기 자신을 붙잡고 이렇게 말해 주어야 합니다. "자, 네가 전에 어떤 사람이었는지 생각해 봐. 너는 더러운 자였다. 그리고 그 삶의 종착점은 이생에서 비참해지고 상실을 겪을 뿐 아니라 결국은 지옥으로 떨어지는 것이었다." 전에는 더러운 자였습니다. 악한 자였습니다. 정신과 시각 자체가 악했습니다. 그것이 자연스럽고 본능적인 모습이었습니다. 그런데 변화가 일어났습니다. 완전히 새로운 사람이 되었고, 새로운 인격이 되었습니다. 그렇다면 이제 "옛사람"과 관련된 것은 벗어 버리는 것이 당연합니다. "옛사람"은 늘 걸치고 다니던 옛 옷과 같습니다. 전에는 그것을 자랑스러워했고, 사람들도 그것을 나다운 모습으로 여겼습니다. 그런데 이제는 말합니다. "사람들한테 내가 달라졌다는 걸 보여주고 싶다. 날 보면 바로 변화를 알아채겠지. 그토록 자랑하던 요란한 옛 옷을 벗고 새 옷을 입은 걸 보면 '대체 무슨 일이지?' 하고 놀라워할 거다."

우리는 세상적인 시각과 사고방식을 비롯한 모든 것을 벗어 버린 자들입니다. "전에는 세상의 사람이었지만 이제는 아니다"라고 고백하는 자들입니다. 사도는 말과 생각뿐 아니라 실천의 영역에서도 철저히 옛사람을 벗어 버리라고 말합니다. "옛사람을 벗어 버리라!" 사순절 기간에만 잠시, 일시적으로 자아를 부인하도록 권하는 피상적 가르침과 달리* 신약성경이 얼마나 철저하게 가르치는지 이제 알았을 것입니다. 그렇습니다! 우리의 사순절은 영원히 계속됩니다! 옛사람을 영구히 벗어 버리십시오. "몇 주만 참으면 다시 예전처럼 살 수 있다"라고 말하지 마십시오. 그렇지 않습니다! 옛 생활은 영원히 끝났습니다.

그 다음으로 신약성경에 자주 나오는 단어를 살펴봅시다. 그것은 끊으라는 것입니다! 이 단어가 널리 알려지지 못한 것은 아마도 그 의미가 너무 축소된 탓일 것입니다. 사람들은 술을 끊는다고 할 때만 이 단어를 사용합니다. 그러나 이것은 훨씬 더 광범위한 영역에 적용되는 단어입니다. 사도 베드로의 말을 인용해 보겠습니다. 그는 목회자의 심정으로 이렇게 권합니다. "사랑하는 자들아······ 영혼을 거슬러 싸우는 육체의 정욕을 제어하라[끊으라]. 너희가 이방인 중에서 행실을 선하게 가져 너희를 악행한다고 비방하는 자들로 하여금 너희 선한 일을 보고 오시는 날에 하나님께 영광을 돌리게 하려 함이라"(벧전 2:11-12). 베드로가 그리스도인들에게 이 편지를 썼다는 사실을 기억하십시오. 그는 "회심하고 그리스도인이 되었으니, 이제 그 다음 단계로 나아가라. 빈손으로 칭의를 얻었듯이

---

* 로이드 존스는 1963년 사순절 기간에 이 설교를 했다.

빈손으로 성화를 얻어라. 너희가 아무것도 하지 않아도 죄는 사라지게 되어 있다"라고 말하지 않습니다. 절대 그렇게 말하지 않습니다! 오히려 "육체의 정욕을 제어하라[끊으라]"라고 말합니다. 왜 끊으라고 합니까? 그것이 "영혼을 거슬러" 싸우기 때문입니다.

그리스도인들은 영혼의 중요성을 압니다. 무엇보다 영혼이 중요함을 압니다. 몸보다, 외모보다, 성공보다 영혼이 중요함을 압니다. 영혼! 불멸의 영혼! 하나님과 나의 관계! 그런데 베드로는 "육체의 정욕"이 영혼의 가장 큰 유익에 해가 된다고 말합니다. 정욕의 형태가 무엇이냐는 중요치 않습니다. 저는 베드로가 말하는 "육체의 정욕"에 성性이나 술뿐 아니라 야망이나 질투나 시기 같은 감정도 포함되어 있다는 점을 상기시키고 싶습니다. 사도 바울은 에베소서에서 이것을 "육체와 마음의 원하는 것"이라고 나누어 표현하고 있습니다(엡 2:3). 육체의 욕심도 있고, 마음의 욕심도 있다는 것입니다. 베드로는 그 욕심을 다 끊으라고 말합니다.

육신을 죽여야 한다는 점을 분명히 하기 위해 사도 바울의 가르침을 다시 살펴보겠습니다.

내가 이르노니 너희는 성령을 따라 행하라. 그리하면 육체의 욕심을 이루지 아니하리라. 육체의 소욕은 성령을 거스르고 성령은 육체를 거스르나니 이 둘이 서로 대적함으로 너희가 원하는 것을 하지 못하게 하려 함이니라. 너희가 만일 성령의 인도하시는 바가 되면 율법 아래에 있지 아니하리라. 육체의 일은 분명하니 곧 음행과 더러운 것과 호색과 우상 숭배와 주술과 원수 맺는 것과 분쟁과 시기와 분냄과 당 짓는 것과 분열함과 이단과 투기와 술 취함과 방탕함과 또 그와 같은 것들이라. 전에 너희에게 경계한 것같이 경계하노니 이런 일을 하는 자들은 하나님의 나라를 유업으로 받지 못할 것이요(갈 5:16-21).

사랑하는 여러분, 욕심을 끊으십시오.

사도 바울은 개인에게도 같은 권면을 하고 있습니다. 자신의 제자인 디모데에게 하는 말을 들어 보십시오. "오직 너 하나님의 사람아, 이것들을 피하고—여기에서도 되도록 멀리 피하라고 합니다—의와 경건과 믿음과 사랑과 인내와 온유를 따르며 믿음의 선한 싸움을 싸우라—이것은 행동하라는 말입니다. 보다시피 성경은 계속해서 우리가 해야 할 일을 알려 줍니다—영생을 취하라"(딤전 6:11-12). 여러분이 나서서 취해야 합니다. 마냥 기다리고 있으면 안 됩니다. 이미 주신 영생을 여러분이 나서서 취해야 합니다! 빌립보서 3:12의 표현을 빌리자면, 잡힌 바 된 그것을 여러분이 붙잡아야 합니다.

영혼의 가장 크고 좋은 유익에 해로운 것들을 피하라는 가르침은 이 외에도 성경 여러 곳에 나옵니다. 그러나 지금은 다른 항목으로 넘어가도록 하겠습니다. 이를테면 지금까지는 외적인 것들을 살펴보면서, 가능한 한 그런 것들을 멀리하고 마음에서 끊어 내라는 명령, 이를 철저히 실천하라는 명령에 대해 생각해 보았습니다. 성경은 여기에서 더 나아가 좀 더 주관적이고 개인적인 영역도 다루고 있습니다. 제가 찾은 표현은 "내가 내 몸을 쳐 복종하게" 한다는 것입니다(고전 9:27). 이것은 사도 바울이 운동경기를 예로 들면서 한 말입니다. "운동장에서 달음질하는 자들이 다 달릴지라도 오직 상을 받는 사람은 한 사람인 줄을 너희가 알지 못하느냐? 너희도 상을 받도록 이와 같이 달음질하라. 이기기를 다투는 자마다 모든 일에 절제하나니"(고전 9:24-25).

올림픽 경기를 보십시오! 각종 국제경기를 보십시오! 큰 경기를 앞둔 선수들은 상당기간 술도 마시지 않고 담배도 피우지 않습니다. 그리고 멋진 경기를 펼칩니다! 사람들의 갈채를 받습니다! 육상선수들이나 크리켓선수들이 큰 경기를 앞두고 술과 담배를 멀리한다고 해서 편협하다고 비난하는 사람이 있습니까? 아무도 없습니다! 그런데 그리스도인이 술과 담배를 멀리하면 "편협한 기독교", "비참한 기독교"라고 비난합니다! 우리는 올림픽 경기와는 비교도 안 될 정도로 큰 경기를 뛰고 있는 사람들입니다. 세상의 그 어떤 경기보다 중요한 경기를 치르고 있는 사람들입니다. 그래서 사도가 이 예를 들면서 "너희도 상을 받도록 이와 같이 달음질하라"라고 말하는 것입니다. 물론 두 경기 사이에는 차이점이 있습니다. 올림픽 경기는 며칠 내지 몇 주만 치르는 것이기 때문에 일정 기간만 절제하면 됩니다. 경기를 끝내고 축하연을 벌일 수 있습니다! 그러나 그리스도인의 경기는 이생에서 끝나지 않고 계속됩니다.

너희도 상을 받도록 이와 같이 달음질하라. 이기기를 다투는 자마다 모든 일에 절제하나니 그들은 썩을 승리자의 관을 얻고자 하되

오, 그렇습니다. 그러나 세상은 썩을 관이라고 생각하지 않습니다. 애쉬즈 컵을* 보십시오! 각종 우승컵들을 보십시오! 정말 굉장하지

않습니까! 우리는 그런 컵들을 얻기 위해 절제하는 운동선수들을 존경합니다. 그런데 그리스도인은 어떤 사람들입니까?

> 우리는 썩지 아니할 것—결코 사라지지 않을 면류관!—을 얻고자 하노라. 그러므로 나는 달음질하기를 향방 없는 것같이 아니하고 싸우기를 허공을 치는 것같이 아니하며 내가 내 몸을 쳐 복종하게 함은 내가 남에게 전파한 후에 자신이 도리어 버림을 당할까 두려워함이로다(고전 9:24-27).

마지막 문장은 구원과 관련해서 하는 말이 아니라 바울 자신의 복음 사역과 관련해서 하는 말입니다. 사도는 상을 얻고자 했고 면류관을 얻고자 했습니다. 마치 그가 은혜에서 끊어질까 봐 두려워하는 것처럼 오해함으로써 이 경고의 요점을 놓쳐서는 안 됩니다. 이것은 은혜에서 끊어지는 일과는 아무 상관이 없는 말입니다. 마귀는 이런 식으로 성경의 요점과 취지를 왜곡하곤 합니다. 그렇습니다. 사도의 취지를 제대로 파악해야 합니다. 바울은 "내 몸을 쳐 복종하게" 한다고 말하는데, 대중적인 가르침은 "그래선 안 된다. 그것은 율법주의다. 하나님께 너를 맡겨라. 그러면 저절로 해결된다"라고 말합니다. 그렇지 않습니다! 사도는 자기 몸을 쳐서 복종시켰습니다. "그러므로 나는 달음질하기를 향방 없는 것같이 아니하고 싸우기를 허공을 치는 것같이 아니하며." 그가 말하는 요지는 이것

* 호주와 영국 간의 크리켓 경기 우승 트로피.

입니다. "나는 전심전력을 다해 이 경기에 집중하고 있다. 그런데 내 몸이 그 일을 방해하는 위험과 유혹이 될 수 있다는 걸 안다. 내 몸을 쳐서 복종시켜야 한다는 걸 안다. 그래서 실제로 그렇게 하고 있다." 여러분, 우리도 그렇게 해야 합니다.

로마서 8:13에도 같은 가르침이 나옵니다. "영으로써 몸의 행실을 죽이면……." 이것은 우리가 이해할 수 없는 큰 비밀입니다. 하나님은 우리를 몸과 영과 혼으로 지으심으로써 우리로 몸에 책임을 지게 하시고 몸과 영혼이 서로 영향을 주고받게 하셨습니다. "혼과 영과 및 관절과 골수를 찔러" 쪼개실 수 있는 분은 하나님의 영뿐입니다(히 4:12). 우리는 그럴 수가 없습니다! 그렇기 때문에 영혼에 영향을 주는 몸의 행실을 살펴야 하는 것입니다. 나를 낙담시키는 것, 하나님과 그리스도를 생각지 못하도록 가로막는 것, 그리스도 안에서 합당한 모습으로 살지 못하도록 가로막는 것이 삶 속에 있을 때 바로 알아보고 제거해야 합니다. 억제해야 합니다. 몸을 잘 다루어야 합니다.

알다시피 인간이 타락하여 죄인이 되기 전까지는 하나님이 주신 원래의 능력들이 충돌 없이 조화롭게 작용했습니다. 그런데 죄가 들어오면서 큰 능력일수록 큰 원수 노릇을 하게 되었습니다. 어떤 이들은 굉장한 상상력을 타고납니다. 그것은 놀라운 재능입니다. 그런 재능을 타고난 시인과 극작가들은 대단한 고전과 걸작들을 써냅니다. 그런데 그리스도인에게 상상력보다 더 큰 문젯거리가 있습니까? 자, 사도는 우리의 상상력도 쳐서 복종시켜야 한다고 말합니다. 상상력 자체는 놀라운 능력입니다. 맞습니다. 그러나 그 방향이 어긋나면 죄가 끼어듭니다. 마귀는 우리의 모든 능력을 언제든지 자기 목적에 이용하려 듭니다. 그렇기 때문에 이런 능력들을 통제할 필요가 있는 것입니다.

저는 앞서 말 탄 사람의 예를 들었습니다. 그렇게 힘과 기백이 넘치는 말이 있다고 한번 상상해 봅시다. 그런 말일수록 고삐를 단단히 잡아야 합니다. 힘이 넘치는 훌륭한 말을 타는 것은 흥미진진한 일입니다. 그러나 그런 말을 탈 때는 더욱 조심해야 합니다. 그런 말은 갑자기 앞으로 내달릴 수 있습니다. 사람을 태운 채 제멋대로 달려갈 수 있습니다. 그러다가 말을 탄 사람이 떨어져 죽는 경우도 생깁니다. 그렇기 때문에 힘이 넘치는 말일수록 더 단단히 붙잡고, 통제하고, 고삐를 죄어야 합니다. 이것은 "내 몸을 쳐 복종하게" 한다는 말이 무슨 뜻인지 보여주는 한 가지 예입니다. 여기에 해당되는 그리스어를 살펴보면 아주 흥미롭습니다. 실제로 바울이 한 말은 '나는 시퍼렇게 멍들 때까지 내 몸을 때리고 주먹질한다'는 것입니다. 원래 몸은 좋은 것입니다. 맞습니다. 그러나 그 힘과 활력이 지나치면 결정적인 위험요소로 작용할 수 있습니다. 그렇기 때문에 쳐서 복종시켜야 하는 것입니다. 무엇을 위해 그렇게 해야 합니까? 썩지 않는 면류관을 얻기 위해서입니다. 영혼을 위해서입니다. '최고의 날'을 위해서입니다.

아주 특별한 방식으로 이 점을 지적하신 주님의 말씀을 찾아보겠습니다.

만일 네 손이나 네 발이 너를 범죄하게 하거든 찍어 내버리라. 장애인이나 다리 저는 자로 영생에 들어가는 것이 두 손과 두 발을 가지고 영원한 불에 던져지는 것보다 나으니라. 만일 네 눈이 너를 범죄하게 하거든 빼어 내버리라. 한 눈으로 영생에 들어가는 것이 두 눈을 가지고 지옥불에 던져지는 것보다 나으니라(마 18:8-9).

이 말씀은 비유적으로 받아들여야 합니다. 불쌍한 은둔자들과 수도자들은 종종 문자 그대로 받아들였습니다. 이 점에서 잘못된 길로 접어들어 율법주의자가 되었습니다. 그러나 이것은 영적인 명령입니다. 비유적으로 손과 발을 찍어 내버리고 눈을 빼어 내버리라는 것입니다! 온 세상을 잘 보면서 죄를 짓느니, 맹인이 되더라도 하나님을 기쁘시게 하는 거룩한 사람이 되라는 것입니다.

　몸을 죽이는 일과 관련하여 반드시 찾아보아야 할 또 한 가지 놀라운 구절을 인용함으로써 이 항목의 고찰을 마치도록 하겠습니다. 사도 바울은 "육신의 일을 도모하지 말라"라고 합니다(롬 13:14). 이 구절이 나오는 놀라운 본문을 읽어 드리겠습니다. 번민에 빠졌던 성 아우구스티누스Aurelius Augustinus가 회심했을 때 읽은 말씀이 바로 이것이었습니다. 그는 "잡아서 읽으라Tolle lege"라는 음성을 듣고 이 말씀을 읽었습니다.

밤이 깊고 낮이 가까웠으니 그러므로 우리가 어둠의 일을 벗고 빛의 갑옷을 입자. 낮에와 같이 단정히 행하고 방탕하거나 술 취하지 말며 음란하거나 호색하지 말며 다투거나 시기하지 말고 오직 주 예수 그리스도로 옷 입고 정욕을 위하여 육신의 일을 도모하지 말라(롬 13:12-14).

신문이나 책을 읽을 때에도, 텔레비전을 보거나 라디오를 들을 때에도 조심해야 합니다. "육신의 일을 도모하지 말라!" 육신의 일은 부추기면 안 됩니다. 절대 부추기면 안 됩니다. 육신의 일은 굶겨야 합니다! 밥을 주지 말아야 합니다!

결국 우리의 결론은 싹부터 잘라 버리자는 것입니다. 죄가 접근해 올 때, 저만치 얼씬거릴 때 아예 외면해 버리자는 것입니다. 고려하거나 논쟁하려 들지 말자는 것입니다. 보이는 즉시 통째로 내치자는 것입니다. 나중보다는 처음에 내치기가 쉬운 법입니다. 처음에는 그렇게까지 힘들지 않습니다. 만지작거릴수록 힘들어지는 법입니다. 죄에 관여치 마십시오. 죄를 죽이고, 육신의 행실을 죽이고, 땅의 지체를 죽이십시오. 이것이 죄를 다루는 소극적인 방법입니다. 하나님이 우리에게 죄를 죽이는 은혜를 주시길 원합니다! 우리가 지금 어떤 경주를 하고 있는지 깨닫는 은혜를 주시길 원합니다! 우리를 기다리고 있는 저 썩지 않는 면류관을 보여주시길 원합니다!

23

죄를 죽이라(2)

적극적인 접근법

영접하는 자 곧 그 이름을 믿는 자들에게는 하나님의 자녀가 되는 권세를 주셨으니 이는 혈통으로나 육정으로나 사람의 뜻으로 나지 아니하고 오직 하나님께로부터 난 자들이니라. **요 1:12-13**

지금 우리의 관심사는 '그리스도인을 자처하는 사람은 자신이 정말 하나님의 자녀인지 확인해 보아야 한다'는 것입니다. 신약성경은 이를 검증할 여러 가지 시금석들을 제공하는데, 우리는 그중에서도 사도 바울이 로마서 8:14에서 제시하는 시금석을 고찰해 왔습니다. "무릇 하나님의 영으로 인도함을 받는 사람은 곧 하나님의 아들[자녀]이라." 우리는 이 말씀에 비추어 우리가 과연 성령의 인도를 받는다고 정직하게 말할 만한지 확인해 보고 있습니다. 이것은 아주 중대한 주제이기에 세분해서 살펴보아야 했습니다. 그리고 지금은 성령이 인도하시면 반드시 "몸의 행실을 죽이"게 된다는 측면을 다루는 중입니다. 소극적인 접근법은 살펴보았으니 이제 적극적인 접근법을 살펴봅시다. 물론 이 두 측면 다 반드시 필요한 것입니다.

항상 균형감을 잃지 않는 신약성경은 이 두 측면을 다 제시하고 있습니다. 그중에서도 소극적인 측면을 먼저 다룬 것은, 오늘날 그 측면을 무시하는 경향이 있기 때문입니다. 그렇다고 소극적인 측면에서만 몸의 행실을 죽이려 들면 안 됩니다. 그러면 그리스도인이 아니라 그저 도덕적이고 윤리적인 사람이 되어 버립니다. 이 점이 중요합니다. 빅토리아 시대의 거짓 기독교에 대한 반발이야말로 현대세계의 확연한 특징인 엄청난 방종과 끔찍하고 노골적인 죄악의 일부 원인—일부지만 확실한 원인—임이 분명하기 때문입니다.

여기에서 중요한 일은 빅토리아 시대 풍조와 기독교를 구분하는 것입니다. 빅토리아 시대 풍조는 대부분 기독교적이지 않을 뿐 아니라 기독교와 거의 정반대되는 것입니다. 빅토리아 시대 사람들은 기독교의 소극적인 측면밖에 모르는 일종의 율법주의에 빠져 있었습니다. 기독교의 교훈을 실천해야 할 이유도, 실천하는 기쁨도 알지 못했습니다. 억압적인 분위기에 눌려 기쁨보다는 비참함에 시달렸습니다. 그런 것은 기독교가 아닙니다. 우리가 소극적인 측면에 멈추지 않고 적극적인 측면을 살펴보려는 이유가 여기 있습니다. 적극적인 측면은 여러 가지 면에서 소극적인 측면보다 중요합니다.

한 가지 유추를 통해 설명해 보겠습니다. 전염병—유행성 감기나 장티푸스, 천연두 같은 신체적인 전염병—이 돌 때 항상 지켜야 할 수칙이 두 가지 있습니다. 첫째는, 가능한 한 전염병에 노출되지 않는 것입니다. 당연한 상식 아닙니까? 전염병이 돌 때 지나치게 덥거나 사람이 많은 곳에 가는 것은 좋지 않습니다. 전염될 만한 상황 자체를 피해야 합니다. 이것은 소극적인 수칙입니다. 더 중요한 두 번째 수칙은 저항력을 키우는 것입니다. 저항력을 충분히 키우면 전염병이 나도는 곳에 가도—물론 상식적으로는 그렇게 하지 않겠지만—크게 위험하지 않습니다.

지금까지 우리가 살펴본 것은 몸을 죽이라는 가르침의 소극적인 측면—모든 악의 모양을 피하는 일—이었습니다. 그러나 우리는 세상에서 계속 살아가야 할 사람들입니다. 악을 피해 보겠다고 저마다 수도사나 수녀가 될 수는 없는 노릇입니다. 지난번에도 살펴보았듯이 수도원 제도의 오류는 소극적인 측면, 이를테면 전염될 수있는 상황 자체를 피하려는 측면만 강조한다는 데 있습니다. 수도사나 은둔자가 됨으로써 전염의 가능성 자체를 차단하려 드는 것입니다. 그들은 사방에 높은 담을 쌓고 세상과 어울리지 않습니다. 그러면 시험에 들거나 악에 전염되거나 죄에 빠지지 않고 거룩해질 수 있다고 생각합니다. 그러나 그런 방법으로는 문제가 해결되지 않습니다. 그래서 적극적인 측면이 훨씬 더 중요하다는 것입니다. 아무리 조심하고 싶어도 온실 속에서만 살 수는 없는 노릇입니다. 무작정 피하기만 할 것이 아니라 저항력을 키워야 합니다. 그래야 전염을 일으키는 병균의 공격을 물리칠 수 있습니다. 영적 항체를 충분히 갖추면 병균과 접촉해도 감염되지 않습니다. 신약성경이 계속해서 가르치는 접근법이 바로 이것입니다.

다음과 같이 설명해 보겠습니다. 적극적으로 몸을 죽일 수 있는 방법이 무엇입니까? 이 또한 일반적인 영역과 구체적인 영역으로 나누어 살펴볼 수 있습니다. 제가 이렇게 하는 것은 이것이 신약성경의 구분법이자 유익한 구분법이기 때문입니다. 먼저 일반적인 영역을 살펴봅시다. 이에 해당되는 본문은 "새사람을 입으라"라는 것입니다 (엡 4:24). 우리는 "옛사람을 벗어 버리라"라는 소극적인 명령을 이미 들었습니다. 그런데 이제 "새사람을 입으라"라고 명하는 것입니다. 말하자면 벗은 채로 있지 말라는 것입니다. 소극적으로 옛 본성만 벗어 버리지 말라는 것입니다. 절대 그러지 말라는 것입니다!

그렇다면 어떻게 하는 것이 새사람을 입는 것일까요? 이와 관련하여 신약성경이 강조하며 가르치는 요점이 두 가지 있다고 생각합니다. 첫 번째는 체력을 기르고 저항력을 키우는 것입니다. 우리는 영적인 생각을 통해 새사람을 입습니다. 제가 왜 일반적인 영역과 구체적인 영역으로 나누어 설명하는지 이제 알 것입니다. 구체적인 행동을 하기 전에 생각부터 똑바로 해야 합니다. 그리스도인의 삶에서 벌어지는 전투의 절반은 생각하는 법, 영적으로 생각하는 법을 배우는 데 달려 있습니다. 이것을 가르치는 신약성경의 중대한 진술 두 가지를 찾아보겠습니다. 첫째는 로마서에 나옵니다. "너희는 이 세대를 본받지 말고 오직 마음을 새롭게 함으로 변화를 받아 하나님의 선하시고 기뻐하시고 온전하신 뜻이 무엇인지 분별하도록 하라"(롬 12:2). 정말 굉장한 말씀 아닙니까! "너희는 이 세대를 본받지 말고—그 다음에 해야 할 일이 무엇입니까?—마음을 새롭게 함으로—마음을 새롭게 하면 어떻게 될까요?—변화를 받아—변화를 받아 하는 일이 무엇입니까?—하나님의 선하시고 기뻐하시고 온전하신 뜻이 무엇인지 분별하도록 하라."

둘째는 에베소서 4장입니다. "너희는 유혹의 욕심을 따라 썩어져 가는 구습을 따르는 옛사람을 벗어 버리고 오직 너희의 심령이 새롭게 되어"(엡 4:22-23). 바울은 이 말에 이어 "새사람을 입으라"라고 말합니다. "심령이 새롭게" 되는 데 변화의 핵심이 있다는 것입니다. 정말 놀라운 말씀입니다! 오늘날 심리학과 관련된 이야기들이 난무하는 것을 보면 딱하기 그지없습니다. 진정으로 심리학을 알고 싶다면 성경을 읽어 보십시오. 성경이 분석해 줄 것입니다! 성경은 마음mind과 심령the spirit of the mind을 구분합니다. 심령보다 중요한 것이 없습니다.

그렇다면 바울이 말하는 "심령"이란 무엇일까요? 제가 설명해 보겠습니다. "심령"은 생각하는 방식을 가리키는 말입니다. 뇌는 하나의 도구이자 신체기관입니다. 그것도 아주 훌륭한 신체기관입니다. 그러나 실제로 각 사람을 구분 짓는 것은 뇌의 크기나 밀도나 구성이 아니라 "심령", 즉 행동을 조종하고 통제하는 능력입니다. 그 능력에 따라 위대한 사람이 되기도 하고 평범한 사람이 되기도 합니다. 그리스도인이 된다고 뇌 자체가 변하는 것은 아닙니다. 그 능력이나 기능이 변하는 것이 아니며, 아둔했던 사람이 명민해지거나 사고력이 빈약했던 사람이 별안간 위대한 사상가로 바뀌는 것이 아닙니다. 도구 자체는 변하지 않습니다. 그러면 무엇이 변할까요? 오, "심령"이 변합니다. 마음에 명령을 내리고 조정하는 능력이 변합니다. 중앙통제장치가 새롭게 바뀌어 뇌의 능력을 예전과 달리 사용하기 시작합니다.

이 세상을 본받지 말라는 사도 바울의 명령을 다른 말로 표현하면 세상의 방식과 정신과 시각에 지배당하지 말라는 것입니다. 신문이나 텔레비전이 여러분의 생각을 결정짓게 하지 말라는 것입니다. 현대적으로 말하자면 그렇습니다. 광고수단을 통제하고 생활과 유행의 유형을 결정짓는 소수의 지배를 받지 말고, 그들이 말하는 이른바 '해야 할 일'에 휘둘리지 말라는 것입니다. 에베소서 2:1-2을 보십시오. "허물과 죄로 죽었던 너희를 살리셨도다. 그때에 너희는 그 가운데서 행하여 이 세상 풍조—남들이 다 정신없이 돌리고 있는 인생의 쳇바퀴—를 따르고." 사람들은 '권력자들'—세상의 시각을 결정짓는 체제를 장악하고 있는 자들—의 명령을 무조건 추종합니다. 오, 그래서 심령의 변화가 필요한 것입니다. 이것이 첫 번째 요점입니다.

바울이 이 모든 내용을 명령의 형태로 제시한다는 것은 흥미로운 사실입니다. 그는 "그리스도인이 되면 저절로 심령이 새로워지고 변화된다"라고 말하지 않습니다. 앞서 보았듯이 이것도 부분적으로는 맞는 말이지만, 모든 과정을 포괄하는 말은 아닙니다. 중생하고 거듭난 사람에게는 원리가 심겨집니다. 그 원리를 발전시키고 적용하는 것은 저와 여러분의 몫입니다. 이 일은 저절로 이루어지지 않습니다. 다 맡기고 기다린다고 이루어지지 않습니다. 분명히 저와 여러분이 감당해야 할 몫이 있습니다. 그렇지 않다면 사도가 이렇게 명령하지 않았을 것입니다. 일종의 수동적 신앙을 가진 사람들, 모든 일이 저절로 이루어질 것이므로 자신은 생각할 필요도 없고 행동할 필요도 없다고 생각하는 자들보다 더 딱한 자들은 없습니다. 그렇지 않습니다. 우리 스스로 생각해야 합니다. 성경을 읽는 목적이 여기 있습니다. 성경은 우리에게 생각하는 법을 가르칩니다. 우리는 성경적으로 생각하는 법을 배워야 합니다. 성경이 우리에게 이런 요청을 한다는 것은 굉장한 일입니다. 신약성경이 이 일을 요청하고 있습니다.

사도가 또 어떤 방식으로 가르치는지 찾아봅시다. 그는 고린도 교인들에게 편지하면서, 이 세상 통치자들이 주님을 알아보지 못했다고 말합니다. 바로 눈앞에 계셨는데도 몰랐다는 것입니다. "이 지혜는 이 세대의 통치자들이 한 사람도 알지 못하였나니 만일 알았더라면 영광의 주를 십자가에 못 박지 아니하였으리라"(고전 2:8). 그들의 문제가 무엇이었습니까? 생각할 줄 몰랐다는 것입니다. "육에 속한 사람은 하나님의 성령의 일들을 받지 아니하나니 이는 그것들이 그에게는 어리석게 보임이요 또 그는 그것들을 알 수도 없나니 그러한 일은 영적으로 분별되기[이해되고 파악되기] 때문이라. 신령한 자는 모든 것을 판단하나―모든 것을 평가하고 이해할 줄 알지만―자기는 아무에게도 판단을 받지 아니하느니라"(고전 2:14-15). 세상 사람들은 그리스도인들을 보며 "사람이 왜 저렇게 됐지? 종교 콤플렉스에 걸려 약해져 버렸잖아!"라고 합니다. 우리를 전혀 이해하지 못하고 한없이 어리석게만 보는 것입니다. 아, 사도 바울은 묻습니다. "누가 주의 마음을 알아서 주를 가르치겠느냐?" 연이어 그가 덧붙이는 놀라운 말은 이것입니다. "그러나 우리가 그리스도의 마음을 가졌느니라"(고전 2:16). 바로 이것입니다!

바울은 기독교적으로, 영적으로 생각하고 있는지 확인해 볼 것을 권합니다. 영역에 따라 다르게 살지 말라고 말합니다. 교회에서는 기독교적으로 생각하고 세상에서는 딴판으로 살면 안 된다는 것입니다. 그렇습니다. 교회에서는 회사 동료들과 구별되는 모습으로 지내다가 월요일만 되면 원래대로 돌아가 버리는 사람들이 있습니다. 믿지 않는 자들과 다른 점이 하나도 없습니다. 그러나 바울은 다른 점이 있어야 한다고 말합니다. 그렇다고 어색하거나 모나게 굴라는 말이 아닙니다. 매사에 그들과 다른 관점에서 생각하라는 것입니다. 세상을 본받지 말라는 것입니다. 주 예수 그리스도의 모습대로 지음받은 자, 날마다 더 그를 본받기를 갈망하는 자는 그래선 안 된다는 것입니다. 영적으로 생각해야 한다는 것입니다. 그러면 많은 혼란과 함정을 피할 수 있다는 것입니다. 그리스도인은 해야 할 일과 하지 말아야 할 일만 생각하는 자들이 아닙니다. 절대 아닙니다! 그것은 율법 아래 있을 때의 모습입니다. 여러분은 '나는 그리스도인이다. 그러므로……'라고 생각해야 합니다. 심령이 새로워진 그리스도인으로서 생각하기 시작해야 합니다.

적극적으로 몸을 죽이는 일의 일반적인 영역 두 번째 항목을 다룸으로써 이 원리를 더 분명하게 설명해 보겠습니다. 첫 번째 항목은 심령이 새로워져야 한다는 것이었습니다. 두 번째 항목은 구원의 궁극적인 목표와 목적을 늘 인식해야 한다는 것입니다. 항상 이 전제에서 출발해야 합니다. 하나님이 우리를 구원하신 이유가 무엇입니까? 우리를 구원하신 목표와 목적이 무엇입니까? 신약성경의 대답은 이것입니다. 구원의 목적은 단순한 죄 사함에 있지 않습니다. 물론 우리는 죄 사함에 관심이 많고, 그것은 지극히 당연한 태도입니다. 죄 사함을 확신치 못하는 것보다 무서운 일은 없습니다. 그러나 죄 사함이 구원의 전부는 아닙니다. 죄 사함은 구원의 소극적인 측면에 불과합니다. 단순한 행복 또한 구원의 목적은 아닙니다. 물론 구원받으면 행복해지지만, 행복 자체가 구원의 목적과 목표는 아닙니다. 이 점에서 기독교를 사교처럼 변질시키는 자들이 워낙 많다 보니, 마치 기독교와 사교가 행복을 놓고 서로 경쟁하는 것처럼 보일 때가 자주 있습니다. 사교는 행복을 약속합니다. 모든 문제의 즉각적인 해결을 약속합니다. "이것만 붙잡으면 다시 걱정할 일도 없고 아플 일도 없다"라고 장담합니다. 이것은 사교나 하는 말이지, 기독교가 할 말은 아닙니다.

그렇다면 기독교의 궁극적인 목적과 목표는 무엇일까요? 신약성경의 대답을 살펴봅시다. 마태복음 첫 장에 바로 나옵니다. 천사는 요셉에게 말합니다. "이 일을 생각할 때에 주의 사자가 현몽하여 이르되 다윗의 자손 요셉아, 네 아내 마리아 데려오기를 무서워하지 말라. 그에게 잉태된 자는 성령으로 된 것이라. 아들을 낳으리니 이름을 예수라 하라. 이는 그가 자기 백성을 그들의 죄에서 구원할 자이심이라 하니라"(마 1:20-21). 단순히 정죄에서만 구원해 주시는 것이 아닙니다. 죄책에서만 구원해 주시는 것도 아닙니다. "자기 백성을 그들의 죄에서 구원할 자이심이라."

이 말을 훌륭하게 주석해 주는 구절을 요한일서에서 찾아보겠습니다. 요한은 아주 명쾌하게 밝힙니다. "하나님의 아들이 나타나신 것은 마귀의 일을 멸하려 하심이라"(요일 3:8). 이것은 포괄적인 말입니다. 단순히 죄만 사하는 것은 마귀의 일을 멸하는 것이 아닙니다. 하나님은 인간을 완전한 존재로 만드셨습니다. 그런데 마귀는 죄를 짓게 함으로써 불완전하게 만들었고, 모든 타락의 결과를 몰고 왔습니다. 이러한 마귀의 일을 멸하고 무력화하며 수포로 돌리려면, 인간을 원래의 완전한 상태로 회복시켜야 합니다. 구원의 궁극적인 목적이 여기 있습니다. 우리를 지옥문 밖까지만 간신히 끌어내려는 것이 아닙니다. 절대 아닙니다! 하늘까지 데리고 올라가려는 것입니다! 이 적극적인 측면을 생각해야 합니다.

사도가 데살로니가 교인들에게 밝힌 구원의 목표를 들어 보십시오. "하나님의 뜻은 이것이니 너희의 거룩함이라"(살전 4:3). 4:7도 보기 바랍니다. "하나님이 우리를 부르심은 부정하게 하심이 아니요 거룩하게 하심이니." 당연합니다! 디도서에 나오는 영광스런 진술도 보십시오.

모든 사람에게 구원을 주시는 하나님의 은혜가 나타나 우리를 양육하시되 경건하지 않은 것과 이 세상 정욕을 다 버리고 신중함과 의로움과 경건함으로 이 세상에 살고 복스러운 소망과 우리의 크신 하나님 구주 예수 그리스도의 영광이 나타나심을 기다리게 하셨으니 그가 우리를 대신하여 자신을 주심은

주님이 자신을 주신 이유가 무엇입니까? 십자가에서 죽으신 이유가 무엇입니까?

모든 불법에서 우리를 속량하시고 우리를 깨끗하게 하사 선한 일을 열심히 하는 자기 백성이 되게 하려 하심이라(딛 2:11-14).

이것이 구원의 목적이요 목표입니다. 이 점을 가장 영광스럽게 진술하고 있는 구절도 찾아보겠습니다. 사도 바울은 에베소서 5장에서 남편과 아내의 관계를 다루며 다음과 같이 말합니다.

> 남편들아, 아내 사랑하기를 그리스도께서 교회를 사랑하시고 그 교회를
> 위하여 자신을 주심같이 하라. 이는 곧 물로 씻어 말씀으로 깨끗하게 하
> 사 거룩하게 하시고

주님이 왜 자신을 주셨습니까? 단순히 형벌을 면케 하려고 주신 것이 아닙니다. 그것은 소극적인 측면입니다. 주님의 진정한 목표가 이제 나옵니다.

> 자기 앞에 영광스러운 교회로 세우사 티나 주름 잡힌 것이나 이런 것들
> 이 없이 거룩하고 흠이 없게 하려 하심이라(엡 5:25-27).

주님이 교회를 위하여 자신을 주신 것은 바로 이 일을 위해서입니다. 심령이 새롭게 된 자들은 항상 이 사실을 알고 마음 맨 앞자리에 새겨 놓아야 합니다. 해야 할 일과 해서는 안 될 일을 힘들게 기억할 것이 아니라, 이 사실을 마음에 새겨 놓아야 합니다. 이것이 새사람을 입고 심령이 새롭게 되어야 한다는 바울의 명령에 담긴 의미입니다.

계속해서 이 중대한 일반 원리가 어떻게 구체적으로 적용되는지 살펴보겠습니다. 구체적인 영역의 첫 번째 항목은 무엇보다 자

신의 위치를 알아야 한다는 것, 영적인 의미에서 자신이 어떤 존재인지 알아야 한다는 것입니다. 이것이 무슨 뜻일까요? 다음과 같이 자신에게 말해야 한다는 뜻입니다. "나는 그리스도인이다. 전과는 완전히 다른 사람이다. 새롭게 창조된 새 피조물이다. 좀 더 나은 삶을 살고자 애쓰는 자가 아니라 하나님의 자녀로 새롭게 지어진 자다. '영접하는 자, 곧 그 이름을 믿는 자들에게는 하나님의 자녀가 되는 권세를' 주신다. 이제 나는 그리스도와 함께 기업을 상속할 자다." 이것이 적극적으로 몸을 죽이는 방법입니다. 어떻게 하면 세상에 좀 더 많이, 좀 더 가까이 다가갈 수 있을까 궁리하지 말아야 합니다. 그런 생각 자체를 일축해 버려야 합니다. 그것이 육체적이고 세상적인 생각이요 세상을 본받는 태도임을 알아야 합니다. "자, 너는 완전히 새로운 피조물이다. 혈통으로나 육정으로나 사람의 뜻으로 난 자가 아니라—전에는 그런 자였지만—하나님께로부터 난 자다"라고 자신에게 말해야 합니다.

하나님께로부터 났다는 이 사실이 나에 대해 알려 주는 바가 무엇입니까? 이 사실을 생각할 때 나는 어떻게 살아야 합니까? 이번에도 로마서에 나오는 위대한 사도의 대답을 찾아봅시다. 오, 우리가 새로운 피조물이 된 것은 "죄가 더한 곳에 은혜가 더욱 넘쳤기" 때문입니다(롬 5:20). 그렇다고 "자, 이제 구원받았으니 아무 걱정할 필요가 없다. 무슨 짓을 해도 하나님의 사랑에서 끊어질 리가 없다. 이제 난 얼마든지 마음대로 살아도 된다. 난 자유다!"라고 말할 수 있을까요? "그럴 수 없다! 그것은 마귀의 거짓말이다"라고 사도는 말합니다. "그런즉 우리가 무슨 말을 하리요? 은혜를 더하게 하려고 죄에 거하겠느냐? 그럴 수 없느니라"(롬 6:1-2). 여러분의 이성과 논리에 호소하는 사도의 말을 들어 보십시오.

죄에 대하여 죽은 우리가 어찌 그 가운데 더 살리요? 무릇 그리스도 예수와 합하여 세례를 받은 우리는 그의 죽으심과 합하여 세례를 받은 줄을 알지 못하느냐? 그러므로 우리가 그의 죽으심과 합하여 세례를 받음으로 그와 함께 장사되었나니 이는 아버지의 영광으로 말미암아 그리스도를 죽은 자 가운데서 살리심과 같이 우리로 또한 새 생명 가운데서 행하게 하려 함이라. 만일 우리가 그의 죽으심과 같은 모양으로 연합한 자가 되었으면 또한 그의 부활과 같은 모양으로 연합한 자도 되리라. 우리가 알거니와 우리의 옛사람이 예수와 함께 십자가에 못 박힌 것은 죄의 몸이 죽어 다시는 우리가 죄에게 종노릇하지 아니하려 함이니라(롬 6:2-6).

심령을 새롭게 하려는 자들에게 필요한 작은 교훈이 여기 있습니다. 자신에게 다음과 같이 말하십시오.

"난 새사람이다. 이게 무슨 뜻일까? 죄에 대해 '죽었다'는 뜻이다. 어떻게 죄에 대해 죽었을까? '그리스도 안에' 있음으로써 죽었다. 난 죄 사함만 받은 것이 아니다. 절대 아니다! 난 새로운 본성을 받음으로 주 예수 그리스도의 일부가 되었으며, 그리스도가 머리로 계신 몸의 한 지체가 되었다. 그리스도와 연합하여 그 안에 거하게 되었다. 그렇다. 난 그리스도 안에 있기 때문에 그와 함께 못 박힌 것이다. 그가 못 박히셨을 때 같이 못 박힌 것이다. 그가 죽으셨을 때 나도 죽었고, 그가 묻히셨을 때 나도 묻혔으며, 그가 살아나셨을 때 나도 살아났다. 그리고 지금 그가 아버지와 함께 계시니 나도 아버지와 함께 있는 것이다. 이것은 논리적인 주장이다."

이렇게 하는 것이 영적인 생각입니다. 이 생각을 놓치지 않으면 대부분의 문제를 해결할 수 있습니다.

자신에게 계속 이렇게 말해야 합니다. 어느 날 갑자기 구원이 저절로 임하길 기다리면 안 됩니다. 절대 안 됩니다! 우리 자신이 구원을 이루어 나가야 합니다. 우리 자신이 이렇게 생각해야 합니다. 이 논증에 귀를 기울이고, 이 논증의 온당성을 알며, 이 논증에 동의해야 합니다. 이것이 중대하고도 심오한 신약성경의 가르침입니다. 죄의 영역과 지배로부터 벗어났다는 점에서 나는 죄에 대해 죽었습니다. 사도는 특히 로마서 6장에서 이 점을 설명하고 있습니다. "죄가 너희를 주장하지 못하리니 이는 너희가 법 아래에 있지 아니하고 은혜 아래에 있음이라"(롬 6:14). 이것은 우리가 그리스도와 함께 율법에 대해 죽었다는 뜻입니다. 그는 "여자에게서", "율법 아래에" 나시고(갈 4:4), 갈보리 언덕에서 죽으심으로 모든 면에서 율법을 이루셨습니다. 온전한 순종으로 적극적인 면에서 율법을 이루셨고, 십자가의 죽음으로 율법의 최종적인 형벌을 담당하셨습니다. 그와 함께 죽은 우리, 그 안에 있는 우리는 정죄의 도구인 율법과 완전히 결별했습니다. 이제 율법은 우리를 정죄하지 못합니다. 우리는 완전한 자유를 얻었습니다. "그러므로 이제 그리스도 예수 안에 있는 자에게는 결코 정죄함이 없나니"(롬 8:1).

그렇습니다. 죄에 대해 죽은 자는 죄의 권세에 대해서도 죽은 것입니다. 이것은 다시 죄를 짓지 않는다는 뜻이 아니라 죄의 영역에서 벗어났다는 뜻입니다. 그리스도는 죄의 영역에 오셨지만, 이제는 거기 계시지 않습니다. 그가 떠나실 때 그 안에 있는 우리도 함께 떠났습니다. 자신에게 이 말을 해야 합니다. 세상은 여전히 죄의 영역 안에 있습니다. 죄의 영역에 속한 채 죄의 뜻대로 움직이고 있습니다. 여전히 벗어나지 못하고 있습니다. 그리스도인이 아니면서도 아주 도덕적인 사람들이 있습니다. 그러나 율법 아래 있고 죄와 사탄의 지배 아래 있기는 마찬가지입니다. 그들이 무엇을 하느냐는 중요치 않습니다. 그리스도인이 아니라면 여전히 죄의 영역에 속한 것이며 거기 살고 있는 것입니다. 반면에, 그리스도인은 거기에서 벗어난 사람들입니다. 하나님과 그리스도와 빛의 영역으로 옮긴 사람들입니다.

그뿐만이 아닙니다. 이처럼 위치가 바뀐 자들은 아들의 형상을 본받게 되어 있습니다. 이미 살펴보았듯이, 이것이 하나님의 목적입니다. 이번에도 사도 바울의 말을 들어 보십시오. "우리가 알거니와 하나님을 사랑하는 자 곧 그의 뜻대로 부르심을 입은 자들에게는 모든 것이 합력하여 선을 이루느니라. 하나님이 미리 아신 자들을 또한 그 아들의 형상을 본받게 하기 위하여 미리 정하셨으니"(롬 8:28-29). 우리는 하나님께 나아갈 자들입니다. 영광으로 나아갈 자들입니다. 그렇습니다! 그리스도인이 된다는 말에는 이런 의미가 담겨 있습니다.

세상을 본받는 자들은 "몇 년만 더 일하고 은퇴해야지. 그때부터는 편하게 살면서 인생을 즐길 거야"라고 말합니다. 이것이 세상 사람들의 시각입니다. 그 이상을 생각지 못합니다. 그 시각으로 모든 일을 판단하고 결정합니다. 목표한 금액을 모으고 이런저런 것들을 주의 깊게 준비합니다. 자기 자신을 위한 계획인 만큼, 흔히 쓰는 표현대로 게임을 잘 풀어 나갑니다. 그런 사람에게 "언젠가 죽음이 찾아올 텐데요"라고 지적하면, "아, 왜 그런 병적인 생각을 합니까? 난 그런 생각 안 합니다. 한날 괴로움은 그날로 족한 법이지요"라고 대꾸할 것입니다. 이것이 세상의 생각입니다.

물론 무신론적인 견해 안에도 다양한 입장들이 있습니다. 사람들은 저마다 자기 관점에서 '좋은 삶'을 살고 싶어 합니다. 도덕 수준이 높아서 술도 마시지 않고 담배도 피지 않는 사람이 있는가 하면, 최근에 텔레비전에 나온 말처럼 "진정한 문화와 좋은 삶의 토대는 잘 먹고 마시는 것"이라고 생각하는 사람도 있습니다. 이것은 아주 지적인 사람이 매우 진지하게 한 말이었습니다. 그는 진심으로 이렇게 말했습니다. 더 지적인 주간지들을 읽어 봐도 먹고 마시는 일에 점점 더 많은 지면을 할애하는 것을 알 수 있습니다. 그들은 먹고 마시는 일이야말로 문화의 토대요 실제적이고 풍성한 삶의 토대라고, 문화적이고 좋은 삶의 토대라고 생각합니다. 또한 예술도 그러한 토대라고 생각합니다. 아주 도덕적인 사람들부터 문란하고 방종한 사람들에 이르기까지 모든 계층이 같은 생각을 하고 있습니다. 그들은 다 세상을 본받는 자들입니다.

그러나 그리스도인의 생각은 완전히 다릅니다. 그들은 세상을 본받지 않으며 마음을 새롭게 함으로 변화를 받습니다. 그들은 말합니다. "난 세상의 순례자와 나그네에 불과하다. 눈에 보이는 세상이 전부가 아니다. 이 세상은 그저 스쳐 지나가는 악한 곳일 뿐이다. 난 하나님의 자녀이며, 내 집은 하늘에 있다. 난 지금 그리로 가고 있는 중이다. 내 소원은 이 세상에서 원하는 삶을 설계하는 것이 아니다. 난 아들의 형상을 본받도록 지어진 자다. 하나님의 아들이 오신 것은 날 이 세상에서—아무리 좋은 세상이라도—끌어내 다른 세상을 준비케 하시기 위해서였다."

"우리가 지금은 하나님의 자녀라"라고 요한은 첫 번째 서신에서 말합니다(요일 3:2). 이것이 기독교적으로 생각하는 것이며 심령을 새롭게 하는 것입니다.

보라, 아버지께서 어떠한 사랑을 우리에게 베푸사 하나님의 자녀라 일컬음을 받게 하셨는가? 우리가 그러하도다. 그러므로 세상이 우리를 알지 못함은 그를 알지 못함이라.

세상은 주님을 알아보지 못했고, 당연히 우리도 알아보지 못합니다.

사랑하는 자들아, 우리가 지금은 하나님의 자녀라. 장래에 어떻게 될지는 아직 나타나지 아니하였으나 그가 나타나시면 우리가 그와 같을 줄을 아는 것은 그의 참모습 그대로 볼 것이기 때문이니

여기에서 나오는 결론은 한 가지뿐입니다.

주를 향하여 이 소망을 가진 자마다 그의 깨끗하심과 같이 자기를 깨끗

하게 하느니라(요일 3:1-3).

영적으로 생각한다는 것은 바로 이런 것입니다. 가만히 앉아서 죄의 요소들이 저절로 사라지길 기다리는 것이 아닙니다. 절대 아닙니다! 영적으로 생각한다는 것은 "나는 하나님의 자녀"라고 자신에게 말하는 것입니다. 이 말로 하루를 시작하십시오. 자신에게 말을 거십시오. 마음을 다잡으십시오. 자신이 누구인지 기억하십시오.

우리는 지금 몸을 죽이는 일의 적극적인 측면과 그 구체적인 실천 방안을 살펴보는 중입니다. 첫 번째는 자신이 누구인지 이해하고 깨닫는 것입니다. "나는 그리스도 안에 있는 자"라고 자신에게 말하는 것입니다. 두 번째는, 바울이 로마서 6:11에서 권하듯이 자신을 그리스도 안에 있는 자로 여기는 것입니다. "너희도 너희 자신을 죄에 대하여는 죽은 자요 그리스도 예수 안에서 하나님께 대하여는 살아 있는 자로 여길지어다." 그렇다면 어떻게 하는 것이 그렇게 여기는 것일까요? 이 말을 일종의 쿠에이즘*으로 변질시키는 이들이 있습니다. "난 죄에 대해 죽었다. 따라서 더 이상 죄를 짓지 않는다. 죄는 나를 휘두를 수 없다"라고 되뇌어야 한다고 생각하는 것입니다. 이 말을 주문처럼 외우면서 용기를 내야 한다고 생각하는 것입니다. 그러나 그것은 바울이 말하는 바가 아닙니다! 바울이 말하는 바는 '그리스도와 함께 죽은 자는 죄의 영역과 권세에 대해서도 죽었다는 사실을 믿어야 한다'는 것입니다. "죄는 나를 휘두

* 302쪽을 보라.

542

를 수 없다"라고 되뇌면서 굳이 자신을 설득할 필요가 없습니다. 그것은 엄연한 사실이기 때문입니다! 그 사실을 알고, 그 사실대로 살면 됩니다.

모두가 이해할 수 있도록 유명한 말을 인용함으로써 설교를 맺겠습니다. 넬슨Horatio Nelson 경은 사려 깊은 심리학자였습니다. 트라팔가르 전투가 있던 날 아침, 그는 수많은 규칙과 규정들이 나열된 목록을 병사들에게 하달하지 않았습니다. 한마디만으로도 충분하다는 것을 알았기 때문입니다. 그 한마디란 바로 이것이었습니다. "영국은 오늘 모든 병사가 자기 의무를 다하길 기대하고 있습니다." "영국은 기대한다!" 이 한마디로 충분했습니다! 신약성경이 우리에게 하는 말도 그것입니다. 자신이 누구인지 알라는 것입니다! 하나님이 기대하신다는 것입니다! 천국이 기대한다는 것입니다! 여러분의 조국이 오늘 여러분이 세상을 본받지 않고 자기 의무를 다하길 기대한다는 것입니다. 세상은 여러분의 적입니다. 여러분은 세상에 속한 자가 아니며, 마귀와 지옥에 속한 자가 아닙니다. 세상의 모든 것은 썩을 것이며 망할 것입니다. 그렇습니다. 천국이 기대하고 있습니다! "주를 향하여 이 소망을 가진 자마다 그의 깨끗하심과 같이 자기를 깨끗하게 하느니라"(요일 3:3).

여러분은 하루를 어떻게 시작하고 있습니까? 인생길을 어떻게 걸어가고 있습니까? "넘어지면 안 돼. 죄 지으면 안 돼" 다짐하고 또 다짐하면서 걸어가는 것은 아닙니까? 그러면 벌써 진 것입니다. 그것은 자기의 보잘것없는 도덕성에 집중하는 소극적인 태도입니다. 그러지 마십시오! "난 하나님의 자녀다! 그리스도가 죽으시면서까지 자신의 형상을 본받도록 구원하신 자다. 하늘의 권속이다. 아버지의 대변자로 살다가 마침내 그 앞에 설 자다. 그러므로! 나는 아버지께 합당한 자녀답게 이 길을 걸어갈 것이다" 하면서 출발하십시오.

"이같이 너희 빛이 사람 앞에 비치게 하여 그들로 너희 착한 행실을 보고 하늘에 계신 너희 아버지께 영광을 돌리게 하라"(마 5:16). 이 세대를 본받지 말고 오직 마음을 새롭게 함으로 변화를 받으십시오.

24

죄를 죽이라(3)

몸을 드리라

영접하는 자 곧 그 이름을 믿는 자들에게는 하나님의 자녀가 되는 권세를 주셨으니 이는 혈통으로나 육정으로나 사람의 뜻으로 나지 아니하고 오직 하나님께로부터 난 자들이니라. **요 1:12-13**

신약성경은 확신의 문제에 큰 관심을 기울입니다. 하나님은 우리를 자녀 삼으실 뿐 아니라 우리가 자녀임을 확인할 방법을 알려 주심으로써, 그 관계의 모든 혜택과 축복을 누리게 하셨습니다. 우리는 그동안 신약성경이 제시하는 여러 가지 시금석들을 살펴보았고, 지금은 성령의 인도라는 시금석을 살펴보는 중입니다. "무릇 하나님의 영으로 인도함을 받는 사람은 곧 하나님의 아들이라"(롬 8:14). 이것은 아주 귀중한 시금석입니다. 자신이 성령의 인도를 받는다는 것을 아는 사람은 하나님의 자녀라고 확신해도 좋습니다.

그렇다면 어떻게 성령의 인도를 받는다는 것을 알 수 있을까요? 우리는 여러 가지 측면에서 이 질문을 고찰해 왔으며, 이제 '죄를 죽이는 일'—'몸의 행실을 죽이는 일', '육신을 죽이는 일'이라고 해도 좋습니다—이라는 가장 중요한 가르침을 고찰하고 있습니다. 앞서 보았듯이, 성경은 여러 곳에서 이 주제를 다룹니다. 우리는 몸을 죽이는 과정에 소극적인 접근법과 적극적인 접근법이 있음을 알았습니다. 소극적인 접근법은 이미 다루었고, 지금은 적극적인 접근법을 살펴보는 중입니다. 이것은 다시 일반적인 영역과 구체적인 영역으로 나뉩니다. 적극적인 접근법의 '일반적인' 영역은 영적으로 생각하는 법을 배워야 한다는 것이었습니다. 영적으로 생각한다는 것은 첫째로 심령을 새롭게 하는 것이며, 둘째로 구원의 목표와 목적을 새기는 것입니다.

그 다음으로 우리는 적극적인 접근법의 구체적 영역 내지는 적용을 살펴보았습니다. 여기에서 첫 번째로 중대한 원리는 우리의 위치를 깨달아야 한다는 것입니다. 즉, 우리가 "그리스도 안에" 있는 "새로운 피조물"이라는 사실, 진정한 하나님의 자녀라는 사실을 알아야 한다는 것입니다. 우리는 홀로 사는 독자적인 존재가 아니라, 이를테면 집안의 평판을 걸머진 존재입니다. 사람들은 우리를 보고 하나님을 판단하게 되어 있습니다. 몸의 행실을 죽이려면 이처럼 우리가 누구이며 어떤 존재인지, 하나님이 우리에게 기대하시는 바가 무엇인지 생각하면서 하루를 시작해야 합니다. "하나님의 뜻은 이것이니 너희의 거룩함이라"(살전 4:3).

저는 지난 설교를 마치면서, 구체적인 영역의 두 번째 원리를 살짝 언급했습니다. 그것은 바울이 로마서 6:11에서 말하듯이, 자신을 하나님의 자녀로 여기는 것입니다. "이와 같이 너희도 너희 자신을 죄에 대하여는 죽은 자요 그리스도 예수 안에서 하나님께 대하여는 살아 있는 자로 여길지어다." 지난번에도 말했지만 이와 관련하여 큰 혼동을 겪는 이들이 많습니다. 일종의 쿠에이즘으로 오해하는 이들이 많은 것입니다. 그들은 바울이 "우리 속에는 죄가 없다. 따라서 우리는 죄를 짓지 않는다"라는 식의 주문을 외우라고 말하는 것처럼 오해합니다. 그러나 이 말은 그런 뜻이 아닙니다. 아니, 그런 뜻이 될 수가 없습니다. 그렇습니다. 이 말은 우리가 죄에 대해 죽음으로써 죄의 영역과 지배에서 벗어났다는 뜻입니다. 왜 이 뜻이 맞는지 말씀드리겠습니다. 바울은 주 예수 그리스도에 대해 "그가 죽으심은 죄에 대하여 단번에 죽으심이요 그가 살아 계심은 하나님께 대하여 살아 계심이니 이와 같이 너희도 너희 자신을⋯⋯여길지어다"라고 말합니다(롬 6:10-11). 주 예수 그리스도가 죄에 대해 단번에 죽으셨기 때문에 우리도 그와 함께 죄에 대해 죽었다는 것입니다. 이것이 사도의 논리입니다. 이것을 알면 모든 혼동이 해결됩니다.

주 예수 그리스도는 죄가 없었습니다. 그렇기 때문에 죄가 없다고 자신을 설득하시거나 납득시키실 필요가 없었습니다. 성경은 그가 "죄에 대하여 단번에 죽으"셨다고 말합니다. 그는 하늘을 떠나 세상에 오셨습니다. "여자에게서" 나셨고 "율법 아래에" 나셨습니다"(갈 4:4). 죄의 영역과 지배 아래, 이 세상의 신이요 "공중의 권세 잡은 자"인 마귀가 통치하는 세상에 오신 것입니다(엡 2:2). 그뿐 아니라 그는 우리 죄를 지시고 죄와 율법이 요구하는 자리로 나아가 십자가 죽음으로 단번에 죄를 처리하셨습니다. "그가 죽으심은 죄에 대하여 단번에 죽으심이요……이와 같이 너희도 너희 자신을 죄에 대하여는 죽은 자……로 여길지어다." 이처럼 '죄에 대해 죽는 일'은 위치와 관련된 문제입니다. 바울이 로마서 6장에서 하는 말은 "난 이제 죄와 사탄의 지배 아래 있지 않다"라고 선포하라는 것입니다.

바울은 몇 절 뒤인 로마서 6:14에서 이 진리를 명확하게 짚어 주고 있습니다. "죄가 너희를 주장하지 못하리니 이는 너희가 법 아래에 있지 아니하고 은혜 아래에 있음이라." 이것을 보면 바울이 자기암시를 권하는 것이 아님을 분명하게 알 수 있습니다. 우리는 우리 속에 죄가 없다고 자신을 설득할 필요가 없습니다. 그렇습니다. 우리 속에는 죄가 있습니다. 이 세상에 사는 한 죄가 계속 있을 수밖에 없습니다. 성경은 그 어디에서도 죄가 없다고 가르치지 않습니다. 죄의 잔재는 여전히 우리 속에 남아 있습니다. 그러나 죄의 영역과 지배와 통치에서는 벗어났습니다.

좀 더 살펴봅시다. 로마서 6장은 성화의 과정에서 몸의 행실을 죽이는 문제를 고찰하려 할 때 반드시 찾아보아야 할 본문입니다. 6장의 특징이 논리적인 설득에 있다는 사실을 여러분도 알아챘을 것입니다. 사도는 6장에서 논증을 확장시키고 있습니다. 그는 다음과 같이 이야기를 꺼냅니다.

그런즉 우리가 무슨 말을 하리요? 은혜를 더하게 하려고 죄에 거하겠느냐?(롬 6:1)

이에 대한 대답은 "오, 그럴 필요가 없다. 오직 너희 자신을 그리스도께 드리기만 하면 된다. 그러면 그가 다 알아서 해주신다. 하나님이 하시도록 전부 맡겨라"라는 것이 아니었습니다. 결코 아니었습니다! 그의 대응책은 논리적으로 추론하는 것이었습니다. 그는 말합니다.

그럴 수 없느니라. 죄에 대하여 죽은 우리가 어찌 그 가운데 더 살리요?(2절)

은혜를 더하게 하려고 죄에 거하는 것은 모순된 태도라는 것입니다. 불합리한 태도라는 것입니다. 자신의 위치를 파악하거나 이해하지 못한 데서 나온 태도라는 것입니다.

무릇 그리스도 예수와 합하여 세례를 받은 우리는 그의 죽으심과 합하여 세례를 받은 줄을 알지 못하느냐?(3절)

그리스도가 죄에 대해 단번에 죽으셨을 때 우리도 그와 함께 단번에 죽었습니다. 바울은 다음과 같이 이 중대한 논증을 계속해 나갑니다.

우리가 알거니와 우리의 옛사람이 예수와 함께 십자가에 못 박힌 것은 죄의 몸이 죽어 다시는 우리가 죄에게 종노릇하지 아니하려 함이니(6절)

이것이 요점입니다. 더 이상 죄에게 "종노릇"해서는 안 됩니다. 우리는 죄의 지배에서 벗어난 사람들입니다. 알다시피 바울은 논증의 형태로 이야기를 전개하고 있습니다. 우리도 논리적으로 따져 보아야 합니다. 이 일에 실패하는 탓에 그토록 많은 이들이 혼동을 겪는 것입니다. 제가 아는 사람들 중에도 바라는 일이 저절로 일어나기를, 죄가 저절로 사라지기를 평생 기다려 온 이들이 많습니다. 그러나 그런 일은 일어나지 않습니다.

물론 다양한 심리적 경험은 할 수 있습니다. 간혹 모든 문제가 한순간에 사라져 버렸다고 말하는 이들을 만나게 됩니다. 물론 그런 일이 일어날 수 있습니다. 기독교와 상관없이 그런 일이 일어날 수 있습니다. 한순간에 중대한 심리적 변화를 겪을 수 있습니다. 절대 끊지 못하던 것을 단번에 끊고 다시는 손대지 않을 수 있습니다. 그런 경험을 놓고 왈가왈부할 필요가 없습니다. 그것은 실제 사실입니다. 그러나 제가 하고 싶은 말은, 신약성경은 그렇게 가르치지 않는다는 것입니다. 신약성경은 계속해서 우리가 해야 한다고, 우리 스스로 추론해야 한다고 호소합니다. 그래서 바울이 다음과 같이 말하는 것입니다.

이와 같이 너희도 너희 자신을 죄에 대하여는 죽은 자요 그리스도 예수 안에서 하나님께 대하여는 살아 있는 자로 여길지어다(11절).

그가 연이어 하는 말은 이것입니다.

그러므로 너희는 죄가 너희 죽을 몸을 지배하지 못하게 하여 몸의 사욕에 순종하지 말고(12절)

이것이 사도의 논증입니다. 그의 논증을 끝까지 잘 따라가야 합니다.

그런즉 어찌하리요? 우리가 법 아래에 있지 아니하고 은혜 아래에 있으니 죄를 지으리요? 그럴 수 없느니라(15절).

그가 다음으로 논증하는 바는 이것입니다.

너희 자신을 종으로 내주어 누구에게 순종하든지 그 순종함을 받는 자의 종이 되는 줄을 너희가 알지 못하느냐? 혹은 죄의 종으로 사망에 이르고 혹은 순종의 종으로 의에 이르느니라. 하나님께 감사하리로다. 너희가 본래[전에는] 죄의 종[노예]이더니

그러나 이제 우리는 죄의 종이 아닙니다.

너희에게 전하여 준 바 교훈의 본을 마음으로 순종하여 죄로부터 해방되어 의에게 종이 되었느니라(16-18절).

앞서 보았듯이 해방되었다는 것은 더 이상 죄와 사탄의 지배를 받지 않는다는 뜻입니다. 죄가 우리에게 강제력을 행사하지 못한다는 뜻입니다. 예전처럼 권리를 행사하지 못한다는 뜻입니다. 우리는 하

나님의 나라로 옮겨졌습니다. 이런 의미에서, 오직 이런 의미에서 우리는 죄로부터 해방되었습니다. 이 사실을 객관적으로 알아야 합니다. 이것은 처음부터 끝까지 우리의 위치와 관련된 문제입니다.

여러분, 저와 여러분은 의의 나라에 속한 사람들입니다. 악한 세상에 여전히 살고 있지만, 악의 나라에 속한 세상 백성은 아닙니다. 요한은 "자녀들아, 너희는 하나님께 속하였고"라고 말합니다(요일 4:4). 반면에, "온 세상은 악한 자 안에" 있습니다(요일 5:19). 바울이 말하는 바가 바로 이것입니다. 이 모든 사실을 알고 이해해야 합니다.

바울은 연이어 말합니다.

너희 육신이 연약하므로 내가 사람의 예대로 말하노니(19절)

다시 말해서 자신의 논증을 따라오기 어려울 테니 이해를 돕기 위해 예를 들어 주겠다는 것입니다. '신약성경이 가르치는 성화의 방법, 육신을 죽이는 방법은 스스로 추론하고 교리를 적용하며 자기 위치를 깨닫는 것'이라는 점을 이보다 더 결정적으로 입증해 주는 증거가 있습니까? 성화가 저절로 이루어지도록 자신을 맡기기만 하면 되는 것이 아닙니다. 사도가 무슨 예를 드는지 보십시오.

전에 너희가 너희 지체를 부정과 불법에 내주어 불법에 이른 것같이 이제는 너희 지체를 의에게 종으로 내주어 거룩함에 이르라.

사도가 덧붙이는 말은 이것입니다.

너희가 죄의 종이 되었을 때에는 의에 대하여 자유로웠느니라(19-
20절).

다시 말해서 우리가 악의 나라에 있었을 때는 의의 나라와 아무 상
관 없는 그 나라 종이었다는 것입니다. 오, 그렇습니다. 그때도 간
혹 마음을 다잡은 적이 있었을 것입니다. 평소보다 좀 낫게 산 적도
있었을 것입니다. 실제로 아주 도덕적인 사람이었을지도 모릅니다.
그럼에도 여전히 의의 나라와 아무 상관 없는 이 세상 백성이었습
니다. "의에 대하여 자유"로운 자였습니다. 그렇다고 그때는 선한
면이 하나도 없었다는 말은 아닙니다. 이것은 주관적인 상태를 가
리키는 표현이 아니라 두 나라와 관련된 위치를 가리키는 표현입
니다. 즉, 의의 나라와 아무 상관이 없었다는 점에서 의에 대해 자
유로웠다는 것입니다.

이어서 바울은 중대한 질문을 던집니다. 성령의 인도를 받아 몸
의 행실을 죽이려는 자들은 반드시 이 질문을 던져야 합니다.

너희가 그때에 무슨 열매를 얻었느냐? 이제는 너희가 그 일을 부끄러워
하나니 이는 그 마지막이 사망임이라(21절).

이 점을 모르겠느냐고 사도는 묻습니다. 전에 하던 일에 무슨 보상
과 유익과 열매가 있었느냐는 것입니다. 과거의 삶을 돌아보면 부끄

럽지 않느냐는 것입니다. 그 당시에라도 얻은 것이 있었느냐는 것입니다. 하나도 없었다는 것입니다! 오히려 잃기만 했다는 것입니다.

> 이는 그 마지막이 사망임이라. 그러나 이제는 너희가 죄로부터 해방되고―새 영역으로 옮겨짐으로써 해방되고―하나님께 종이 되어 거룩함에 이르는 열매를 맺었으니 그 마지막은 영생이라(21-22절).

마지막 결론은 이것입니다.

> 죄의 삯은 사망이요 하나님의 은사는 그리스도 예수 우리 주 안에 있는 영생이니라(23절).

제가 하고 싶은 말은 이것입니다. 저와 여러분이 확실히 해야 할 일, 성령의 인도를 받는 사람이 하는 일은 이처럼 논리적으로 생각하는 것입니다. 다시 말해서 감정에 좌우되지 않는 것입니다. 내 마음에 와 닿느냐 아니냐, 내 마음에 드느냐 아니냐에 좌우되지 않는 것입니다. 남들이 하느냐 아니냐에 좌우되지 않는 것입니다. 모든 것을 자신의 위치에 대한 이 진리에 비추어 보면서 "이것이 과연 내 위치에 어울리는 일일까? 의의 나라 시민에게 어울리는 일일까? 죄로부터 해방된 자에게 어울리는 일일까?"를 묻는 것입니다. 이 결정적인 질문을 던지는 것입니다. 이 관점에서 "죄가 너희 죽을 몸을 지배하지 못하게" 하라는 사도의 명령을 따르는 것입니다(롬 6:12). 해방되었는데도 여전히 죄의 지배를 받는 것은 모순된 행동이요 어리석은 행동입니다.

바울은 로마서 8장에서 같은 명령을 반복합니다.

> 그러므로 형제들아, 우리가 빚진 자로되 육신에게 져서 육신대로 살 것
> 이 아니니라. 너희가 육신대로 살면 반드시 죽을 것이로다(롬 8:12-13).

사도가 "그러므로"라는 말을 쓰는 이유가 무엇일까요? 바로 직전에
한 말 때문입니다.

> 그리스도께서 너희 안에 계시면 몸은 죄로 말미암아 죽은 것이나 영은
> 의로 말미암아 살아 있는 것이니라. 예수를 죽은 자 가운데서 살리신 이
> 의 영이 너희 안에 거하시면 그리스도 예수를 죽은 자 가운데서 살리신
> 이가 너희 안에 거하시는 그의 영으로 말미암아 너희 죽을 몸도 살리시
> 리라(10-11절).

이 말의 의미는 다음과 같습니다. 그리스도인의 영혼은 이미 구원
받았지만, 몸은 아직 구원받지 못했습니다. 죄가 여전히 몸 안에
거하고 있습니다. 그러나 몸도 구원받을 날이 올 것입니다. 이 점
을 생각할 때 "육신에게 져서 육신대로" 살면 안 된다는 것입니다
(롬 8:12). 하나님의 자녀로서 천국에 갈 날을 고대한다고 하면서도
여전히 이 세상, 이 땅, 불의의 나라, 사탄의 나라 백성처럼 사는 것
은 모순이라는 것입니다. 그러지 말라고, 그것은 말도 안 되는 일이
라고 사도는 이야기합니다. 우리는 육신에 빚진 자가 아닙니다. 육

신과 우리의 관계는 끊어졌습니다. 이 중대한 원리를 항상 마음 첫 자리에 새겨 놓아야 합니다. 성령의 인도를 받는 사람은 그렇게 합니다.

그리스도인은 항상 이 원리를 생각하며, 이 논리를 따라갑니다. "그래, 누가 볼지도 모르는데 이런 짓을 하면 안 되지"라고 말하지 않습니다. 그것은 육신적인 세상의 논리입니다. 그리스도인은 "내가 어떤 존재인지 알면서 이런 짓을 할 수는 없다. 이것은 내 위치에 어울리지 않는 일이며 하나님과 내 관계에 어울리지 않는 일이다"라고 말합니다. 왜 무엇은 하고 무엇은 하지 말아야 하는지 그 이유를 몰라서 주저하거나 의아해하거나 혼란스러워하거나 짜증내지 않습니다. 절대 그러지 않습니다! 그리스도인은 그 필연적인 이유를 압니다.

이것은 중대한 원리로서 반드시 구체적으로 적용할 필요가 있습니다. 신약성경은 어떻게 적용해야 하는지 그 방법을 가르쳐 줍니다. 보다시피 이것은 우리 자신이 해야 할 일입니다. 우리 자신이 논리를 이해해야 하고, 구체적으로 적용해야 합니다. 그 말이 로마서에 여러 번 나옵니다. 예컨대 12:1을 보기 바랍니다. "그러므로 형제들아, 내가 하나님의 모든 자비하심으로 너희를 권하노니 너희 몸을 하나님이 기뻐하시는 거룩한 산 제물로 드리라. 이는 너희가 드릴 영적 예배니라"(마지막 표현에 구애될 필요는 없습니다. 중요한 말은 "너희 몸을 하나님이 기뻐하시는 거룩한 산 제물로 드리라"라는 것입니다). 바울은 문자 그대로 몸을 드리라고 합니다. 확신컨대, 많은 이들이 이 점에서 넘어지고 있으며 실패하고 있습니다. 우리는 이것을 일반적인 결단의 문제로 생각합니다. 주님께 자신을 드리는 중대한 결단을 했으니 됐다는 것입니다. 나를 맡겼으니 됐다는 것입니다! 최대고비를 넘겼으니 됐다는 것입니다! 그 다음 과정은 저절로 진행되고 완성되리라는 것입니다. 그렇지 않습니다! 우리는 계속해서, 구체적으로 우리 몸을 주님께 드리고 굴복시켜야 합니다.

자세히 설명해 보겠습니다. 로마서 6:12-13을 다시 보기 바랍니다. 사도 바울은 "죄가 너희를 지배하지 못하게 하라"라고 하지 않고 "죄가 너희 죽을 몸을 지배하지 못하게 하라"라고 합니다. 이것은 심오한 진술입니다.* 실제적인 측면에서 보면 신약성경 전체를 통틀어 가장 심오한 교리라고도 할 수 있습니다. 사도는 "죽을 몸"이라고 표현합니다. 순전히 영적인 차원에서만 우리 자신을 바라보면 안 됩니다. 결국 우리는 몸을 가지고 있고, 인생의 문제는 대부분 그 몸 때문에 발생합니다. 이 땅에 사는 한 우리는 몸을 가지고 살 수밖에 없습니다. 그렇기 때문에 죄가 우리 "죽을 몸을 지배하지 못하게" 해야 하는 것입니다. 우리는 그리스도와 함께 죽었고 그런 의미에서 죄에 대해 죽었기에, 영혼은 더 이상 죄의 지배를 받지 않습니다. 그러나 몸은 여전히 지배당할 위험이 있으며, 우리가 저지하지 않는 한 지배당하게 되어 있습니다. 그러므로 우리가 저지해야 합니다. 죄가 우리 죽을 몸을 지배하지 못하도록 저지해야 하며, 몸

---

* 원 설교에는 "우리는 몇 달까지는 아니어도 몇 주에 걸쳐 금요일 밤마다 이 구절을 살펴보았습니다"라는 말이 첨가되어 있다. 그 설교들은 「로마서 6장: 새사람*Romans Chapter 6: The New Man*」(Edinburgh: Banner of Truth Trust, 1973)에 수록되었다.

의 사욕에 순종하지 말아야 합니다.

그러려면 어떻게 해야 할까요? 그 구체적인 내용이 이제 나옵니다. 몸 전체를 드리겠다는 결심만 하면 되는 것이 아닙니다. "너희 지체를 불의의 무기로 죄에게 내주지 말고 오직 너희 자신을 죽은 자 가운데서 다시 살아난 자같이 하나님께 드리며―구체적으로―너희 지체를 의의 무기로 하나님께 드리라"(롬 6:13). 여기에서 "지체"란 단순히 몸의 여러 부분을 의미하는 말이 아니라―물론 그런 뜻도 있지만―몸을 통해 나타나는 영혼의 기능을 가리키는 말입니다. 구체적으로 몸을 드려야 합니다. 바울은 단순히 "너희를 드리라"라고 하지 않습니다. 그렇습니다. "너희 몸을 드리라"라고 합니다. 예컨대 눈을 하나님께 드리라는 것입니다. "나는 하나님의 자녀다. 그러니까 눈도 이제 내 것이 아니라 하나님의 것이다"라고 말하라는 것입니다. 악한 것은 쳐다보지도 말라는 것입니다. 구체적으로 그렇게 하라는 것입니다. 몸을 드리는 것은 한 번의 큰 결심으로 되는 일이 아닙니다. 절대 아닙니다! 계속해서 몸의 각 지체를 드려야 합니다. 사방의 온갖 것들이 자석처럼 눈길을 잡아끌어도 쳐다보지 말아야 합니다. 욥처럼 "내 눈과 약속"해야 합니다(욥 31:1). 욥이 말한 요지는 '항상 앞만 보았다'는 것입니다. 여러분, 이렇게만 해도 많은 문제를 피할 수 있습니다. "너희 지체를……하나님께 드리라"라는 것은 이처럼 눈과 손과 발을 포함한 몸 전체를 드리라는 뜻입니다.

그뿐만이 아닙니다. 마음과 생각도 드려야 합니다. 당연합니다! 하나님의 자녀라면 마땅히 그래야 합니다. "너희 안에 이 마음을 품으라"(빌 2:5). "우리가 그리스도의 마음을 가졌느니라"(고전 2:16). 나는 이제 내 마음을 예전처럼 쓸 권리가 없습니다. 새롭게 써야 합니다. 하나님께 드려야 합니다. 계속 드려야 합니다. 또 무엇을 드려야 할까요? 상상력을 드려야 합니다! 상상의 힘이 얼마나 무서운지 모릅니다! 행동으로는 죄를 짓지 않아도 상상으로 죄를 짓는 자들이 많습니다! 하나님이 보시기에는 다 똑같은 죄입니다. 여러분도 주님이 하신 말씀을 기억할 것입니다. "음욕을 품고 여자를 보는 자마다 마음에 이미 간음하였느니라"(마 5:28). 여러분의 지체를, 상상력을 "의의 무기로 하나님께" 드리십시오.

바울이 어떻게 이 원리를 거듭 강조하는지 보기 바랍니다. "전에 너희가 너희 지체를 부정과 불법에 내주어 불법에 이른 것같이 이제는 너희 지체를—지체 하나하나를 다—의에게 종으로 내주어 거룩함에 이르라"(롬 6:19). 이것이 몸의 행실을 죽이는 방법입니다. 몸의 각 지체가 여전히 옛 생활과 불의의 영역에 속한 일을 할 가능성이 있다는 점을 알아야 합니다. 몸의 지체를 하나씩 가지고 나아가 "이것을 드립니다. 이 지체를 전과 정반대되는 새로운 방식으로 사용하겠습니다"라고 아뢰어야 합니다.

왜 그래야 할까요? 고린도전서 6장 말미에 그 대답이 나옵니다. 바울은 말합니다. "너희 몸은 너희가 하나님께로부터 받은 바 너희 가운데 계신 성령의 전인 줄을 알지 못하느냐? 너희는 너희 자신의 것이 아니라. 값으로 산 것이 되었으니 그런즉 너희 몸으로 하나님께 영광을 돌리라"(고전 6:19-20). 영이 하나님의 것이듯, 몸도 하나님의 것입니다. 성령의 인도를 받고 성령이 상기시키시는 말씀을 듣는 자는 이렇게 삽니다. 이것이 신약성경이 말하는 거룩함입니다. 우리 몸이 성령이 거하시는 전임을 계속 상기해야 합니다. 하나님의 아들이신 주 예수 그리스도가 세상에 오셨을 때 어머니 마리아에게 받은 몸을 장막으로 삼아 거하셨듯이, 성령도 우리 몸을 장막으로 삼아 거하십니다. 몸을 다루려면 바로 이 사실을 기억해야 합니다. 수많은 규칙과 규정을 정해 놓고 잘 지켰나 못 지켰나 일일이 점검해야 하는 것이 아닙니다. 기계적인 율법을 부과하는 것이 아닙니다. 절대 그런 것이 아닙니다! 거룩하시고 아름다우신 영이요 진리의 영이신 성령이 내 안에 계신다는 사실을 계속 상기하면 됩니다. 그리스도인은 그렇게 합니다.

우리는 성령을 받았습니다. 성령이 우리 안에 늘 거하십니다. 우리는 이제 우리 것이 아닙니다. 하나님이 값을 주고 사셨습니다. 이처럼 성령이 몸 안에 거하시는 자는 자기 몸으로 하는 모든 일과 몸의 모든 지체, 부분, 도구가 다 성령과 관련되어 있음을 기억합니다. 도덕과 기독교가 가르치는 거룩함의 영구한 차이점이 무엇인지 압니까? 도덕적인 사람은 이에 대해 아는 바가 전혀 없다는 것입니다. 그러나 기독교, 본질적인 기독교는 자기 자신과 자신이 맺고 있는 관계와 위치를 알고 적용합니다. 논리적으로 따져 보고 추론합니다.

한 가지 덧붙일 말이 있습니다. 사도는 갈라디아서에서 이렇게 단언합니다. "그리스도 예수의 사람들은 육체와 함께 그 정욕과 탐심을 십자가에 못 박았느니라"(갈 5:24). 이 말이 무슨 뜻일까요? 이 말은 아주 중요하기 때문에 주의해서 해석할 필요가 있습니다. 이 말을 잘못 해석함으로써 무서운 속박의 굴레를 쓴 자들이 있습니다. 거짓 금욕주의자들이 바로 그런 자들입니다. 이 점을 설명하는 사도의 진술을 다시 보면서, 제 말의 의미를 밝혀 보겠습니다.

> 그러나 성령이 밝히 말씀하시기를 "후일에 어떤 사람들이 믿음에서 떠나 미혹하는 영과 귀신의 가르침을 따르리라" 하셨으니 자기 양심이 화인을 맞아서 외식함으로 거짓말하는 자들이라.

이제 나오는 말을 들어 보십시오.

> 혼인을 금하고 어떤 음식물은 먹지 말라고 할 터이나 음식물은 하나님이 지으신 바니 믿는 자들과 진리를 아는 자들이 감사함으로 받을 것이니라. 하나님께서 지으신 모든 것이 선하매 감사함으로 받으면 버릴 것이 없나니 하나님의 말씀과 기도로 거룩하여짐이라(딤전 4:1-5).

바울은 제가 말한 '거짓 금욕주의'에 대해 언급하고 있습니다. 거짓 금욕주의자들은 "그리스도 예수의 사람들은 육체와 함께 그 정욕과 탐심을 십자가에 못 박았"기 때문에 성性은 악한 것이고 참된 그리스도인은 절대 결혼하지 않는다고 주장합니다. 그러나 이것은 성경의 가르침에 반대되는 주장입니다. 성은 하나님의 선물입니다. 하나님은 우리를 남자와 여자로 만드셨고, 서로 매력을 느끼게 하셨습니다. 그 자체는 전혀 잘못된 것이 아닙니다. 오히려 합당한 것입니다. 하나님이 그렇게 정해 놓으셨습니다.

그렇다면 바울은 무슨 의미로 "육체를 십자가에 못 박았"다고 하는 것일까요? 자, "육체"라는 말에는 하나님의 선물을 거짓되고 그릇되게 사용한다는 뜻이 함축되어 있습니다. 이 차이가 중요합니다! 하나님의 모든 선물은 잘 사용하라고 주신 선한 것입니다. 그런데 그 선물을 이기적으로 오용하는 경우가 있습니다. 하나님의 모든 선물은 궁극적으로 그의 영광을 위해 사용해야 합니다. 그런데 그렇게 하지 않을 때 문제가 발생합니다. 기독교는 부자연스러운 일을 요구하지 않습니다. 문자적으로 손과 발을 찍어 내버리라고 하지 않습니다. 그것은 율법주의로 회귀하는 그릇된 가르침입니다. 비유적으로 찍어 내버리라는 것이지, 문자적으로 찍어 내버리라는 것이 아닙니다. 기독교는 몸을 바르게 사용하라고 가르칩니다. 앞서 말했듯이, 몸의 지체 하나하나를 의의 무기로 드리라고 가르칩니다. 하나님이 주신 모든 것은 하나님이 주셨다는 그 사실 때문에 옳고 선합니다. 바르게 사용하기만 하면 아무 문제가 없습니다. 이 주제를 더 다룰 필요는 없을 것입니다. 그러나 제가 말한 선물, 곧 성을 바르게 사용하는 방법은 부부 관계 안에서 사용하는 것임을 지적하고 넘어가야겠습니다. 성경이 정죄하는 것은 그 관계에서 벗어난 성입니다.

반복하건대 육체와 함께 그 정욕과 탐심을 십자가에 못 박는다는 말의 의미는 '참된 그리스도인은 절대 결혼하지 않는다'는 것이 아닙니다. 이런 오해 때문에 사도 바울을 비난하는 자들이 있는데, 그것은 잘못된 비난입니다! 앞서 보았듯이, 사도는 디모데전서 4장을 비롯한 여러 곳에서 그와 반대되는 개념을 가르칩니다. 그는 거짓 금욕주의를 규탄했습니다. 그렇습니다! 독신주의를 비롯하여 심히 비성경적인 내용들을 가르치는 로마 가톨릭의 전적인 잘못이 여기 있습니다. 성경의 가르침은 자아와 이기심에 기초한 모든 일을 못 박으라는 것입니다. 하나님이 그의 영광을 위해 주신 선물을 이기적인 목적에 이용하려는 모든 시도를 못 박으라는 것입니다. 이것이 바울이 말하는 바입니다. 그리스도인은 "그렇다! 지금까지는 내 이기적인 목적에 따라, 이기적인 목적을 위해 하나님의 선물을 이용했지만 이제는 그렇게 하지 않겠다"라고 선포합니다. 이렇게 선포하는 것, 이러한 기본태도를 고수하는 것이 바로 육체와 함께 그 정욕과 탐심을 십자가에 못 박는다는 말의 의미입니다. 물론 실패할 때도 있습니다. 그렇다고 그리스도인이 아닌 것은 아닙니다.

거짓 금욕주의에 빠지지 않도록 아주 조심해야 합니다. 반복하건대, 남자와 여자는 사랑하게 되어 있습니다. 서로 사랑에 빠지게 되어 있습니다. 그 자체는 전혀 잘못된 일이 아닙니다. 전적으로 합당한 일입니다. 성경은 결코 자연스러운 일을 정죄하지 않습니다. '일상생활을 떠나 수도사나 은둔자가 되는 것이야말로—수도원에 들어가지 않고 수도사처럼 사는 이들도 많습니다—육체를 십자가에 못 박는 일이요 몸의 행실을 죽이는 일'이라는 생각은 성경을 심각하게 오해한 데서 나온 것입니다. 제가 이 점을 강조하는 것은, 이런 생각으로 끊임없이 자신을 괴롭히는 이들이 많음을 알기 때문입니다. 그들은 자연스러운 일을 죄로 여깁니다. 그러나 성경은 자연스러운 일을 이기적인 목적으로 오용하는 경우에만 정죄합니다.

한 가지만 더 이야기하고 이 주제에 대한 고찰을 마치겠습니다. 우리가 그 다음으로 알아야 할 사실은, 육체를 못 박을 수 있는 능력이 이미 우리에게 주어졌다는 것입니다.

"그걸 어떻게 압니까?"라고 물을지 모르겠습니다.

자, 이 구절을 보면 알 수 있습니다. "너희가 영으로써 몸의 행실을 죽이면 살리니"(롬 8:13). 그 능력은 이미 주어졌습니다. 우리 안에 계신 성령이 바로 그 능력입니다. "무슨 문제나 고민이 있는가? 자, 더 이상 씨름하지 말고 주님께 맡겨라. 그러면 다 해결해 주신다"라는 것이 사실상 내주하시는 성령에 대한 교리를 부인하는 말인 이유가 여기 있습니다. 우리 안에 계신 성령은 우리 스스로 몸의 행실을 죽일 수 있도록 힘을 주십니다.

이 점을 특히 직설적으로, 분명하고 명쾌하게 진술하고 있는 구절을 찾아보겠습니다.

> 그러므로 형제들아, 우리가 끝으로 주 예수 안에서 너희에게 구하고 권면하노니 너희가 마땅히 어떻게 행하며 하나님을 기쁘시게 할 수 있는지를 우리에게 배웠으니 곧 너희가 행하는 바라. 더욱 많이 힘쓰라. 우리가 주 예수로 말미암아 너희에게 무슨 명령으로 준 것을 너희가 아느니라.

사도가 명령을 주었다는 표현에 주목하십시오. 그는 "너희는 구원을 받았다. 그러니 이제 2단계로 나아가 하나님이 하시도록 다 맡기면 된다"라고 하지 않았습니다. 절대 그러지 않았습니다!

> 하나님의 뜻은 이것이니 너희의 거룩함이라. 곧 음란을 버리고 각각 거

룩함과 존귀함으로 자기의 아내 대할 줄을 알고 하나님을 모르는 이방
인과 같이 색욕을 따르지 말고

사도는 분명하게 말합니다.

이 일에 분수를 넘어서 형제를 해하지 말라. 이는 우리가 너희에게 미리
말하고 증언한 것과 같이 이 모든 일에 주께서 신원하여 주심이라.

그 다음에 나오는 말은 이것입니다.

하나님이 우리를 부르심은 부정하게 하심이 아니요 거룩하게 하심이니
그러므로 저버리는 자는 사람을 저버림이 아니요 너희에게 그의 성령
을 주신 하나님을 저버림이니라(살전 4:1-8).

이보다 더 분명할 수 있습니까? 바울의 요지는 이것입니다. "하나님
이 우리를 부르신 것은 부정하게 하시기 위해서가 아니라—이방인
들은 부정하게 살며, 너희도 그리스도인이 되기 전에는 부정하게 살았지
만—거룩하게 하시기 위해서다. 자, 그렇다면 지금 너희는 다른 사
람들이나 나에게 불순종하는 것이 아니라 하나님께 불순종하는 것
이다. 육체를 못 박고 몸의 행실을 죽일 수 있도록 성령을 주신 하나
님께 불순종하는 것이다. 그러므로 너희는 어떤 변명도 할 수가 없
다. '제가 힘이 없어서……'라고 할 수가 없다. 하나님은 이미 너희
에게 성령을 주셨다. 너희 안에 계신 성령은 성경의 모든 권면을 따

르며 모든 계명을 이행하게 하실 수 있는 능력을 차고도 넘치게 가지고 계신다."

자, 이 주제는 여기까지 다루도록 하겠습니다. 제가 말하고 싶은 바는 이것입니다. 여러분이 평소에 이런 태도로 삶을 대하고 있으며 이런 생각을 하고 있다면, 저는 기꺼이 "여러분은 하나님의 자녀"라고 말하겠습니다. 이 모든 말을 무의미한 헛소리로 여기는 자는 하나님의 자녀가 아닙니다. 이 모든 말을 깨닫고 "아멘!"으로 받아들이는 자가 성령의 인도를 받는 사람이요 하나님의 자녀입니다. 계속 기쁘게 자녀의 길을 가면서, 죽은 자 가운데서 다시 살아난 자답게 자신을 하나님께 드리십시오.

25

죄를 죽이라(4)

믿음을 이루고 성령을 따라 행하라

영접하는 자 곧 그 이름을 믿는 자들에게는 하나님의 자녀가 되는 권세를 주셨으니 이는 혈통으로나 육정으로나 사람의 뜻으로 나지 아니하고 오직 하나님께로부터 난 자들이니라. **요 1:12-13**

우리가 계속 고찰하고 있는 이 중대한 진술은 저와 여러분을 하나님의 아들이자 자녀로 삼기 위해 성자 하나님이 하늘을 떠나 세상에 오셨다는 사실, 말씀이 육신이 되는 성육신 사건이 일어났으며 그 후의 모든 일들이 일어났다는 사실을 일깨워 줍니다. 이 놀라운 진술을 능가할 말은 없습니다. 그리스도인은 죄 사함을 받고 하나님과 화목케 된 사람들일 뿐 아니라 하나님의 가족으로 입양된 사람들이며, 우리 주와 구주 되신 복되신 예수 그리스도와 함께 크고 영광스러운 기업을 물려받을 공동상속자입니다. 이 사실을 알고, 믿고, 확신하고, 즐거워해야 합니다. 우리가 이 진리를 깨닫기 위해 시간을 투자하는 이유가 여기 있습니다. 제가 볼 때 우리는 아직도 충분히 깨닫지 못하고 있습니다. 그렇기 때문에 이 진리를 믿으면서도 찬양하지 못하는 것입니다.

자신이 얼마나 무서운 구덩이와 더러운 진창에서 건짐받았는지 알고 있습니까? 참으로 그것을 알고 믿는 자는 그 감격을 표현하게 되어 있습니다. 차 사고를 당했다가 구사일생으로 살아났거나 치명적인 병에 걸렸다가 가까스로 살아났다면, 주변 모든 사람에게 그 사실을 알리려 들지 않겠습니까? 벅찬 심정으로, 떨리는 목소리로 알리려 들 것입니다. 그리스도인은 슬퍼하는 자가 아니라 기뻐하는 자입니다. 위대한 사도는 말합니다. "주 안에서 항상 기뻐하라. 내가 다시 말하노니 기뻐하라"(빌 4:4).

이 기쁨은 제가 여러분에게 주는 것이 아닙니다. 사람이 주는 기쁨은 참된 기쁨이 아닙니다. 참된 기쁨은 가장 놀라운 이 진리를 깨닫는 데서 나옵니다. 우리의 영적 상태를 보면 이 진리를 얼마나 깨닫고 있는지 알 수 있습니다. 맥없이 슬퍼하는 교회는 하나님의 이름을 욕되게 하는 가짜 교회입니다. 오늘날 그토록 많은 사람들이 교회 밖에 머무는 것도 그리 놀랄 일이 아닙니다. 그들은 신나게 웃고 떠들며 사는 것처럼 보입니다. 축구경기장이나 운동경기장에서 떠드는 소리를 들어 보십시오. 열정과 흥분과 활력이 넘칩니다! 반면에, 교회는 자신들의 진리와 신앙조차 확신하지 못하는 것처럼 보입니다. 영생을 얻고 영원한 복을 상속받을 자들이 아니라 무거운 짐을 짊어진 채 여전히 무언가를 찾아 헤매는 자들처럼 보입니다. 그렇기 때문에 시간을 들여 이 가르침을 확실히 알아보는 일이 절실히 필요한 것입니다.

"우리는 하나님의 자녀"라고 습관처럼 말하는 데서 그치면 안 됩니다. 스스로 하나님의 자녀임을 분명하게 알아야 하며, 그 사실을 모든 사람에게 알려야 합니다. 다른 것들은 늘 자랑하지 않습니까? 자기 출생이나 집안이나 머리나 성취나 행운이나 놀랍게 찾아온 우연은 늘 자랑합니다. 그러면서도 가장 중요한 이 사실은 확신 없이, 주저하며, 거의 변명하듯 밝히는 것입니다. 제가 이 문제에 관심을 기울이는 것은, 하나님이 그리스도 안에서 허락하신 부요함을 누리게 하기 위해서뿐 아니라 오늘날 교회와 세상의 심각한 상태를 폭로함으로써 이 악한 시대를 살아가는 각 개인의 책임감을 일깨우기 위해서입니다.

우리는 자신이 성령의 인도를 받고 있는지 계속 확인해 보는 중입니다. 성령의 인도를 받고 있다고 의심 없이 확신하는 사람은 하나님의 자녀입니다. 이것은 우리 자신을 점검하기에 아주 좋은 시금석입니다. 그동안 우리는 성령이 인도하시는 여러 가지 방식들을 고찰해 왔으며, 얼마 전부터는 성경이 '몸의 행실을 죽이는 일'이라고 부르는 성령의 사역을 살펴보고 있습니다. 이 중대한 주제의 소극적인 측면은 이미 살펴보았고, 지금은 적극적인 측면을 살펴보는 중입니다. 우리가 실천해야 할 일, 구체적으로 실천해야 할 일들이 있습니다. 지난번에는 몸을 드리는 문제를 생각해 보았습니다. "너희 몸을 산 제물로 드리라"(롬 12:1). 이것은 몸의 모든 부분과 기능을 다 드리라는 말입니다. 자신의 모든 성향을 하나님의 영광과 하나님을 섬기는 일에 드리라는 말입니다.

제가 볼 때 그 다음으로 중대한 원리는 우리 자신이 꾸준히 이렇게 해야 한다는 점, 계속 이렇게 해야 한다는 점을 깨닫고 강조하는 일이 중요하다는 것입니다. 성경을 두 군데 찾아봄으로써 아주 쉽게 설명해 보겠습니다. 먼저 사도 베드로가 두 번째 서신 1장에서 한 말을 살펴봅시다. 베드로는 로마서 6장과 같은 교리를 다루되, 자신만의 강조점을 부각시키고 있습니다. 그는 첫 네 절에서 이 편지를 받는 자들이 누구이며 어떤 존재인지, 그들에게 가능해진 일이 무엇인지 알려 줍니다.

> 우리 하나님과 구주 예수 그리스도의 의를 힘입어 동일하게 보배로운 믿음을 우리와 함께 받은 자들에게 편지하노니(벧후 1:1)

그 다음에 하는 말이 무엇입니까?

> 그의 신기한 능력으로 생명과 경건에 속한 모든 것을 우리에게 주셨으니 이는 자기의 영광과 덕으로써 우리를 부르신 이를 앎으로 말미암음이라(3절).

우리의 생명과 경건에 필요한 모든 것이 주 예수 그리스도 안에서, 주 예수 그리스도를 통해 이미 주어졌다는 것입니다. 지난 설교의 마지막 요점이 이것이었습니다. 능력은 이미 주어져 있습니다. 성령의 능력이 이미 주어져 있으며, 그리스도가 우리 안에 거하고 계십니다. 이것은 모든 그리스도인들에게 해당되는 사실입니다. 우리는 능력을 받았습니다.

이로써 그 보배롭고 지극히 큰 약속을 우리에게 주사 이 약속으로 말미암아 너희가 정욕 때문에 세상에서 썩어질 것을 피하여 신성한 성품에 참여하는 자가 되게 하려 하셨느니라(4절).

그렇습니다. 이 점을 항상 첫 번째로 기억해야 합니다. 우리는 "정욕 때문에 세상에서 썩어질 것을" 피한 자들입니다. 세상은 썩어 있습니다. 정욕 때문에 썩어 있습니다. 이 점에 의구심을 품는 사람이 있을까요? 이런 세상이나 이런 삶을 멋지다고 생각하는 사람이 있을까요? 아무도 없습니다. 세상은 정욕 때문에 썩어 있습니다. 이것은 분명한 사실입니다. 그러나 우리는 그렇게 썩어질 것을 피하게 해주셨다고, 하나님이 그 뛰어난 능력으로 우리를 세상에서 구해 내 새 왕국, 새 나라로 옮겨 주셨다고 사도는 말합니다. 이것이 우리의 위치입니다. 사도는 여기에서 출발합니다. "이와 같이 너희도 너희 자신을 죄에 대하여는 죽은 자요—이제는 더 이상 썩어질 세상 사람이 아니라는 것입니다—하나님께 대하여는 살아 있는 자로 여길지어다"(롬 6:11). 사도 베드로는 "신성한 성품에 참여하는 자"라는 표현을 쓰고 있습니다. 우리가 계속 지적해 온 요점이 바로 이것입니다. 우리가 이런 존재임을 깨닫는 데서부터 출발해야 합니다. 우리의 영적 상태와 위치를 아는 데서부터 출발해야 합니다.

그리고 나서 어떻게 해야 합니까? 베드로는 5절에서 "그러므로"라는 말로, 즉 '이 모든 사실로 인해, 이 모든 사실을 생각할 때'라는 말로 이야기를 이어갑니다. 이것은 출발점에 불과하다는 것입니다. 반드시 필요한 출발점이지만, 거기 멈춰 있으면 안 된다는 것입니다.

"그렇다면 이제 어떻게 해야겠느냐?"라고 그는 묻습니다.

"자, 그리스도를 영접했고 믿음으로 의로워졌으니 이제 우리가 할 일은 제2단계로 나아가 믿음으로 거룩해지는 것이다. 우리의 노력으로 칭의를 얻지 않은 것처럼, 우리의 노력으로 성화를 얻는 것이 아니다. 아무것도 하지 말고, 그저 하나님이 하시도록 맡기고 넘겨 드려라. 그러면 저절로 거룩해진다"라고 주장하는 이들이 있습니다.

과연 그럴까요? 베드로의 말을 들어 보십시오.

그러므로 너희가 더욱 힘써―너희가 온 힘을 다해, 스스로 책임을 지고―너희 믿음에 덕을, 덕에 지식을, 지식에 절제를, 절제에 인내를, 인내에 경건을, 경건에 형제 우애를, 형제 우애에 사랑을 더하라(5-7절).

저와 여러분이 이렇게 해야 합니다. 이런저런 집회를 찾아다니며 "그 일"이 일어나기를, 저절로 거룩해지기를 기다리면 안 됩니다. 그렇습니다. 우리가 "더욱 힘써" 더해 나가야 합니다. 여기에서 "더하라"라는 것은 '갖추라', '보태라'는 뜻입니다. 이에 해당되는 그리스어를 보면 흥미롭습니다. 이것은 원래 연극에서 사용되던 말입니다. 이를테면 무대에서 일어나는 사건을 더 잘 갖추어 놓아야 할 필요가 있을 때, 더 자세한 설명을 보태야 할 필요가 있을 때, 그리스인들은 코러스를 등장시켰습니다. 그리스극의 코러스는 그렇게 도입된 것입니다. 코러스의 목적은 연극을 더 잘 '갖추고' 채움으로써 이를테면 좀 더 예술적으로, 좀 더 볼 만하게, 좀 더 충실하게 만드는 데 있었습니다. 이처럼 우리도 자신의 믿음에 여기 열거된 특질들을 갖추어 나가야 한다는 것입니다.

지금 제 관심은 우리 믿음에 더해야 하는 이런 특질들, 믿음의 단련에 필요한 특질들의 내용을 살펴보려는 데 있는 것이 아니라, 이 일을 우리 자신이 해야 한다는 것을 깨닫는 일의 중요성을 밝히려는 데 있습니다. 사도 베드로가 말하는 요지는 이것입니다. "그렇다. 너희는 그리스도인으로서 우리 하나님과 구주 예수 그리스도의 의를 힘입어 이 보배로운 믿음을 받았다. 이제 너희는 이 세상 사람이 아니다. 썩어질 자들이 아니다. 그리스도 예수 안에 있는 '새사람'으로서 처음부터 끝까지 믿음으로 살아가는 새로운 삶을 시작한 자들이다. 하지만 여기에서 멈추면 안 된다."

그러면 무엇을 해야 합니까? 베드로는 믿음을 이루라고 말합니다. 힘써 믿음을 이루라고 말합니다. 믿음을 이루려면 우리 자신이 힘써야 하고, 우리 자신이 집중해야 합니다. 이 일은 남이 대신 해줄 수 없습니다. 설교자가 대신 해줄 수 없습니다. 설교의 역할은 자극하고 촉구하는 것이지 대신 해주는 것이 아닙니다.

베드로는 "덕"과 "지식"의 측면에서 믿음을 이루라고 말합니다. 우리는 아는 게 너무 없습니다! 성경에 너무 무지합니다! 성경을 공부해야 하고 성경을 이해하도록 도와주는 책들을 읽어야 합니다. 성경을 읽고 소화해야 합니다. 성경을 붙잡고 씨름해야 합니다. 시간이 없다고 변명하지 마십시오. 성경 대여섯 절과 간단한 해설만 겨우 읽은 후 할 일을 다한 것처럼 안심하지 마십시오. 그것이 힘쓰는 것입니까? 절대 아닙니다! 힘쓴다는 것은 전력을 다한다는 뜻입니다. 철저히 한다는 뜻입니다. 정말 애쓴다는 뜻입니다. 성경을 읽기 위해 자기 자신을 엄격히 통제하고 훈련해야 합니다. 제어해야 합니다. 무슨 수를 써서라도 정신을 차려야 합니다. 필요하면 찬 수건이라도 이마에 얹어 놓아야 합니다. 앉지 말고 서서라도 읽어야 합니다. 무슨 짓을 해서라도 읽어야 합니다. 믿음에 덕을, 덕에 지식을, 지식에 절제를, 절제에 인내를, 인내에 경건을, 경건에 형제 우애를, 형제 우애에 사랑을 더하기 위해 힘써야 합니다. 이것은 계속 믿음을 훈련해야 한다는 뜻입니다. 여러 측면에서 믿음을 이루어 나가며 지속적으로 연습해야 한다는 뜻입니다. 베드로의 논증을 좀 더 따라가 봅시다. 그는 자신의 편지를 받는 이들의 상태를 잘 알고 있었습니다.

> 이런 것이 너희에게 있어 흡족한즉—너희가 이렇게 한다면, 너희 믿음에 이런 특질들을 갖추기 위해 크게 힘쓴다면—너희로 우리 주 예수 그리스도를 알기에 게으르지 않고 열매 없는 자가 되지 않게 하려니와 (8절)

이 말이 무슨 뜻일까요? 자, 베드로는 이야기합니다. "자, 너희도 알다시피 그리스도인이라고 해도 아무 쓸모가 없을 수 있고 열매가 없을 수 있다. 너희는 그리스도인으로서 하나님의 과수원에 옮겨 심겨진 자들이다. 맞다. 너희는 더 이상 광야에 있는 나무가 아니라 하나님의 과수원에 옮겨 심겨진 나무다. 그런데 문제는 열매가 거의 없어 사람들에게 도움을 주지 못한다는 것이다. 너희는 메말라 있다. 그렇다. 아무에게도 유익과 격려를 주지 못하고 있다. 충실한 열매를 풍성히 맺어 사람들에게 도움을 주는 귀한 나무들 틈에 초라하게 끼여 있을 뿐이다."

그래서 베드로가 하는 말은 이것입니다. "자, 너희가 이처럼 열매 없는 그리스도인이 된 이유는 하나다. 믿음에 필요한 것들을 갖추기 위해 힘쓰지 않았기 때문인 것이다." 가만히 앉아서 저절로 열매가 맺히길 기다리면 안 됩니다. 평생 그렇게 기다리기만 하기 때문에 20년이 지나고 30년이 지나도 변화가 없는 것입니다. 새로운 체험이 필요하다고 생각하는 것이 문제입니다. 여러분에게 필요한 것은 새로운 체험이 아닙니다. 여러분에게 필요한 것은 정신을 차리고, 마음을 다잡고, 힘써 믿음을 갖추어 나가는 일입니다. 그러면 "우리 주 예수 그리스도를 알기에 게으르지 않고 열매 없는 자가 되지" 않을 것이라고 베드로는 말합니다.

이것은 아주 놀라운 일입니다. 이런 특질들을 알고 연습할수록 더 큰 복을 받습니다. 당연하지 않습니까? 수령이 오래되었는데도 열매를 맺지 못하는 나무가 있다면 누구나 한번쯤 조사해 볼 것입니다. "대체 문제가 뭘까? 다른 나무들은 다 열매를 맺는데, 이 나무는 무슨 문제가 있어서 열매를 맺지 못하는 걸까?" 그렇게 살펴보다가 나무 주변의 땅이 너무 단단하다는 것을 발견할 수도 있습니다. 그러면 "그래, 쇠스랑을 가져와 땅고르기를 좀 해야겠어"라고 할 것입니다. 이것이 여러분이 해야 할 일이요 "힘써"야 할 일입니다. 여기에는 당연히 노력이 들고 수고가 듭니다. 그래도 해야 합니다. 열매를 원한다면 해야 합니다. 나무 자체에 문제가 있는 경우에는 또 그 경우대로 적절한 대책을 세워야 합니다. 약간의 퇴비나 비료가 필요할 수도 있습니다. 어떤 식으로든 치료해 주면, 나무가 힘을 내서 고개를 들기 시작할 것입니다. 그리고 다음 수확기에는 열매를 맺을 것입니다.

이것이 사도 베드로가 말하는 바입니다. 신약성경은 우리 자신이 이 일을 해야 한다는 점, 남이 대신 해주지 않는다는 점을 크게 강조합니다. 물론 불신자들은 여기 해당되지 않습니다. 그들은 죽어 있기 때문에 이런 요구 자체를 받지 않습니다. 그러나 "보배롭고 지극히 큰 약속"을 통해 생명을 얻은 자, "신성한 성품에 참여하는 자", "생명과 경건에 속한 모든 것을" 받은 자는 이렇게 해야 합니다.

그런데 그런 자들이 가만히 앉아 저절로 열매가 맺히기만 기다리는 것입니다! 그것은 신약성경의 가르침을 부인하는 태도입니다! 그러면 안 됩니다! 너희는 가서 힘쓰라고, 그래야 "우리 주 예수 그리스도를 알기에 게으르지 않고 열매 없는 자가 되지" 않는다고 베드로는 말합니다. 힘쓸수록 많은 열매가 맺힙니다. 그리스도를 알아갈수록 그 지식이 삶에 나타나 사람들에게 혜택을 주게 됩니다.

베드로는 이야기를 계속 이어나갑니다. 앞서 한 말만으로는 충분치 않았기 때문입니다.

이런 것이 없는 자—더욱 힘써 믿음을 채워 나가지 않는 자—는 맹인이라. 멀리 보지 못하고 그의 옛 죄가 깨끗하게 된 것을 잊었느니라(9절).

힘쓰지 않는 자는 자신이 지금 어디를 향해 나아가고 있는지 잊어버린 자, 아니 아예 모르는 자입니다! 그저 자신이 신자라는 사실에만 만족할 뿐입니다. 죄 사함을 받았다고 믿지만, 그 이상은 나아가지 못합니다. 구원의 온전한 의미를 알지 못합니다. 물론 구원에는 옛 죄가 깨끗하게 되는 일, 정욕으로 세상에서 썩어질 운명을 피하는 일이 포함되어 있습니다. 사탄의 나라에서 하나님이 사랑하시는 아들의 나라로 옮겨지는 일이 포함되어 있습니다. 그 모든 일이 포함되어 있습니다. 그런데 이런 사람은 썩어질 세상만 간신히 벗어난 자와 같습니다. 그렇다고 되돌아갈 마음이 있는 것은 아닙니다. 지옥에 가고 싶어 하지는 않습니다. 그러면서도 세상에 최대한 가까이 붙어 지내려 합니다. 그는 자신이 그곳에서 건짐받았다는 사실을 모릅니다. 멀리 내다보지 못합니다. 그리스도 안으로 옮겨진 자기 모습을 보지 못합니다. 하나님 나라의 영광을 보지 못하며, 자신을 위해 구원 안에 예비해 놓으신 놀라운 것들을 보지 못합니다. 눈이 멀어 "옛 죄가 깨끗하게 된 것을" 잊어버립니다. 열매를 맺는 비결은 이 모든 것을 보는 데 있습니다.

우리는 하루 단위, 시간 단위로 살아가는 삶을 고집합니다. 자기 기분과 감정과 상태를 살피면서 그 지배 아래 살아갑니다. 그렇게 얄팍하고 비참하게 세월을 보냅니다. 그럴 때 정신을 바짝 차리고 이렇게 말해야 합니다. "이봐, 넌 정욕으로 세상에서 썩어질 것을 피한 사람이야. 옛 죄가 깨끗하게 된 사람이라고." 그뿐 아니라 자신이 지금 어디를 향해 나아가고 있는지도 상기해야 합니다. 오늘 하루만 생각하면 안 됩니다. 이생의 시간이라는 관점에서만 생각하면 안 됩니다. 어떤 의미에서 여러분은 시간을 벗어나 있는 사람들입니다. 하나님 나라 시민입니다. 천국에 집이 있는 사람들입니다. 하늘의 시민권을 가진 사람들입니다. 위를 보고 사십시오. 눈을 크게 뜨십시오! 맹인처럼 끝없는 안개 속을 헤매지 말고, 저 멀리 빛나고 있는 영원한 영광을 보십시오! 그것을 바라보십시오!

바울은 "위의 것을 생각하고 땅의 것을 생각하지 말라"라고 말합니다(골 3:2). 베드로가 여기에서 말하는 바도 그것입니다. 여러분을 위해 저 위에 예비해 놓으신 것들을 보아야 합니다. 맹인이 되지 마십시오! 근시가 되지 마십시오. 여러분의 눈을 씻어 줄 능력, 말하자면 여러분의 시신경을 회복시켜 보이지 않는 것들을 보게 해줄 능력이 그리스도 안에 있음을 깨달으십시오. 모세처럼 "보이지 아니하는 자를 보는 것같이 하여" 참으십시오(히 11:27). 그렇습니다! 이것은 역설입니다! 그리스도인의 삶이 가지고 있는 영광스러운 역설입니다! 베드로는 이 논리의 온당성을 입증하고자 애를 씁니다. 이것은 논증입니다. 바울뿐 아니라 베드로도 같은 방식으로 논증합니다. 항상 베드로 쪽이 더 간단하기는 하지만, 본질적으로는 같은 논증입니다. 계속해서 살펴봅시다. 베드로가 하는 말이 무엇입니까? 그는 맹인이 되지 말고 근시가 되지 말라고 한 다음, 앞에서 썼던 표현을 다시 쓰고 있습니다.

그러므로 형제들아, 더욱 힘써 너희 부르심과 택하심을 굳게 하라.

이것은 자신을 구원하기 위해 노력하라는 뜻이 아닙니다. '너희는 부르심과 택하심을 받은 자다. 그런데 그 사실을 분명히 알고 확신하려면 내가 말하는 이런 일들에 더욱 힘써야 한다'는 뜻입니다. 부르심과 택하심은 여러분에게 달린 일이 아닙니다! 영원한 운명이 인간의 손에 달려 있다면 아무도 구원에 이르지 못할 것입니다. 어떻게 우리 힘으로 구원에 이르겠습니까? 감사하게도 내 구원을 보장해 주는 것은 '하나님이 나를 부르시고 택하셨다'는 사실입니다. 나는 그 사실을 알고 누려야 합니다. 그 부르심과 택하심을 굳게 하기 위해 믿음에 덕을, 덕에 지식을, 그리고 다른 것들을 더하는 일에 힘써야 합니다. 그러면 실족하지 않습니다.

　너희가 이것을 행한즉 언제든지 실족하지 아니하리라.

그뿐만이 아닙니다.

　이같이 하면 우리 주 곧 구주 예수 그리스도의 영원한 나라에 들어감을 넉넉히 너희에게 주시리라(10-11절).

베드로는 같은 점을 지적하고 있습니다. 이같이 하면 임종의 자리에서도 불안과 의심에 사로잡히지 않는다는 것입니다. "난 대체 어디로 가게 되는 걸까? 난 정말 그리스도인일까?"라고 묻지 않는다는 것입니다. 실낱같은 희망에 매달려 의심과 불안 속에 죽지 않는다는 것입니다. 결코 그렇게 되지 않는다는 것입니다! 이같이 하면 그리스도의 영원한 나라에 넉넉히 들어갈 것이라고 베드로는 말합니다. 깃발이 펄럭이고 뿔나팔 소리가 울려 퍼지는 가운데, 승리의 영예를 누리며 영원한 영광으로 들어갈 것이라고 말합니다.

존 웨슬리John Wesley는 "우리에게는 죽는 것도 좋은 일"이라고 했습니다. 그 말이 맞습니다! 확신의 교리는 감리교의 모든 분파를 아우르는 중대한 교리였습니다. 그 교리가 2백 년 전 대각성 운동의 기조가 되었습니다. 휫필드George Whitefield와 웨슬리와 동역자들은 늘 '확신'과 '확실성'에 대해 설교했습니다. 그 덕분에 교인들은 막연히 구원받길 바라는 마음으로 두려움과 공포와 의심과 불안 속에 죽지 않아도 되었습니다. 그들은 자신들이 갈 곳을 분명히 알았습니다! "내가 믿는 자를 내가 알고 또한 내가 의탁한 것을 그날까지 그가 능히 지키실 줄을 확신함이라"(딤후 1:12). "우리 주 곧 구주 예수 그리스도의 영원한 나라에 들어감을 넉넉히 너희에게 주시리라." 여러분, 이것이 위대한 사도 베드로의 논증입니다. 이러한 진리들을 알고 실천에 옮겨야 합니다.

이번에는 갈라디아서 5장에 나오는 사도 바울의 논증을 따라가 봅시다. 사용하는 언어만 다를 뿐, 바울도 거의 같은 이야기를 하고 있습니다. 거듭 말하지만, 원리를 아는 것이 중요합니다. 상세한 내용은 여유가 있을 때 살펴보도록 하고, 지금은 원리를 잘 파악하기 바랍니다. 그 원리는 다음과 같습니다. 바울은 일반적인 권면에서 출발합니다.

내가 이르노니 너희는 성령을 따라 행하라. 그리하면 육체의 욕심을 이루지 아니하리라(갈 5:16).

바울은 단언합니다. 성령을 따라 행하는 것이야말로 전적인 비결이라는 것입니다. 성령 안에서 살고, 성령께 집중하며, 성령 안에서 지내고, 성령 안에서 생활하는 것이야말로 비결이라는 것입니다. 이것은 "이와 같이 너희도 너희 자신을 죄에 대하여는 죽은 자요 그리스도 예수 안에서 하나님께 대하여는 살아 있는 자로 여길지어다"(롬 6:11), "너희가 육신에 있지 아니하고 영에 있나니"(롬 8:9)라는 구절의 또 다른 표현입니다. 바울은 이렇게 중대한 원리를 제시한 다음, 아주 흥미로운 설명을 이어 나갑니다. 그는 먼저 이 원리가 합당할 수밖에 없는 이유를 밝힙니다.

육체의 소욕은 성령을 거스르고 성령은 육체를 거스르나니 이 둘이 서로 대적함으로 너희가 원하는 것을 하지 못하게 하려 함이니라(17절).

"너희 그리스도인들은 이런 위치에 있음을 알아야 한다"라고 바울은 말합니다. 말하자면 자신이 어떤 존재가 되었는지 알아야 한다는 것입니다. 우리는 "새사람", 새 인격체가 되었습니다! 죄에 대해 죽었고, 율법에 대해 죽었습니다. 그리스도와 함께 새 생명을 받았습니다. "그리스도 예수 안에서 함께 하늘에" 앉아 있습니다(엡 2:6). 동시에 세상에서 몸을 가지고 살아가고 있습니다. 우리 안에 여전히 "육체"가 남아 있습니다. 바울은 몸을 잘못 사용하는 경우에 한해 "육체"라는 말을 쓰는데, 그것은 이 말에 대한 좋은 정의입니다. 지난주에 우리는 이 문제를 다루면서 몸에 있는 모든 것, 모든 본능은 하나님이 주신 것이라고 했습니다. 그 자체는 죄가 아니라고, 예컨대 성은 죄가 아니라고 했습니다. 그 본능을 잘못 사용하는 것이 죄입니다. 다시 말하지만, 그것이 "육체"입니다.

바울은 우리 안에 여전히 육체가 남아서 우리 안에 계시는 성령의 삶을 방해한다고 말하며, 이 두 가지가 서로 대적한다고 말합니다. 성령과 육체는 서로 싸웁니다. 성령은 여러분을 하나님 앞으로 이끌고 올라가려 하시고, 육체는 여러분을 땅으로 잡아내려 과거의 썩어질 것들로 돌아가게 만듭니다. 그런데 서로 반대되는 이 두 가지가 어떻게 묘한 방식으로 연결되어 있는지 알아야 한다고 사도는 말합니다. 그 묘한 방식이란 이것입니다. 육체에 굴복하면 육체만 보이고 성령은 사라집니다. 반대로, 성령을 따라 행하면 육체가 뒤로 물러나고 사라집니다.

바닷가 상점에서 구입할 수 있는 작은 기상관측기구가 이 관계를 잘 보여줍니다. 작은 집에 나무로 만든 남녀 인형이 들어 있습니다. 두 인형은 같은 나무판 위에 세워져 있습니다. 날씨가 좋으면 여자 인형이 앞으로 나오고, 날씨가 나쁘면 남자 인형이 앞으로 나옵니다. 두 인형이 동시에 나오는 법은 없습니다. 그것은 불가능합니다. 두 인형이 한 축을 중심으로 회전하기 때문에 하나가 나오면 하나는 반드시 들어가게 되어 있습니다. 우리 삶도 마찬가지입니다. 성령을 따라 행하면 육체의 욕심이 채워지지 않고, 육체의 욕심을 채우면 성령의 생명이 쇠약해집니다. 이처럼 두 가지는 서로 대적합니다. 절대 같이 갈 수 없습니다. "육체의 소욕은 성령을 거스르고 성령은 육체를 거스르나니." 이것은 전투입니다. 그리스도인에게는 항상 이런 전투가 있습니다. 이생에서 이 전투가 끝난다고 말하는 구절은 신약성경 어디에도 없습니다. 오히려 신약성경은 그 전투에 대처하는 법을 알려 주는데, 그것이 바로 성령으로 행하는 것입니다. 그러면 육체의 욕심이 이루어지지 않습니다.

"아, 하지만 전 육체가 저절로 사라지길 고대해 왔는데요"라고 말하는 사람이 있습니다.

그런 사람은 앞으로도 한없이 기다려야 할 것입니다. 한두 가지 면에서 마음을 편하게 해주는 심리적 경험은 할 수 있을지 몰라도, 육체는 결코 제하지 못할 것입니다. 몸의 구원은 마지막 부활 때 이루어집니다. 그때는 몸도 영광을 얻습니다. 그러나 이 세상에서 살아가는 동안에는 이 몸을 가진 채 씨름해야 하며, 성령을 따라 행함으로 육체를 이겨 내야 합니다. 그래서 바울이 그리스도인의 위치를 알아야 한다고 말하는 것입니다. 그것을 알아야 성령으로 행하게 되고, 그래야 육체의 욕심을 이루지 않습니다. 우리도 경험으로 알고 있지 않습니까? 성령을 따라 행할 때, 베드로가 권하는 일들에 힘쓸 때는 육체 때문에 걱정할 일이 별로 없습니다. 영적인 분위기가 잡혀 있을 때, 성경이나 성경과 관련된 좋은 책들을 읽고 마음이 고양되어 있을 때는 오히려 육체의 일들이 혐오스럽게 보입니다. 그러나 성령의 일들을 소홀히 하면 육체가 다시 매력적으로 보이기 시작합니다. 이것은 누구나 쉽게 하는 경험입니다. 당연히 그럴 수밖에 없습니다. 이 땅에 사는 동안 육체와 영은 한 회전축을 중심으로 돌게 되어 있습니다. 그래서 바울이 "너희는 성령을 따라 행하라. 그리하면 육체의 욕심을 이루지 아니하리라"라고 말하는 것입니다. 이 원리를 알아야 하며 그 반대의 원리도 알아야 합니다. 바울은 연이어 아주 흥미로운 이야기를 하는데, 이것은 성령의 인도를 다루는 기본적인 본문입니다.

> 너희가 만일 성령의 인도하시는 바가 되면 율법 아래에 있지 아니하리라(18절).

이것은 아주 심오한 말입니다. 제가 굳이 설명하지 않아도 로마서 7장만 읽으면 그 핵심 의미가 정확히 이해될 것입니다. 율법 아래 있는 동안에는—그리스도인이 되기 전에는 모든 사람이 율법 아래 있습니다—육체의 지배를 크게 받습니다. 사도는 율법이 오히려 문제를 악화시키는 것처럼 보인다고 말합니다. "우리가 육신에 있을 때에는 율법으로 말미암는—율법 때문에 자극을 받은—죄의 정욕—우리 속에 있는 죄의 정욕—이 우리 지체 중에 역사하여 우리로 사망을 위하여 열매를 맺게 하였더니"(롬 7:5). 다시 말해서 율법 아래 있으면 육체가 항상 승리하기 때문에 우리에게 승산이 없다는 것입니다. 단순한 도덕이 결국 실패할 수밖에 없는 이유가 여기 있습니다. 영국은 지난 40년간 기독교 없는 도덕을 가르치려 했습니다. 복음과 복음의 교리들을 제거한 후 예수의 도덕적인 가르침과 윤리만 가르치려 했습니다. 그러나 그 방법은 틀렸습니다! 율법 아래 있는 한, 율법이 계속 육체를 자극하기 때문에 매번 실패할 수밖에 없습니다.

"그러나 너희는 이제 율법 아래 있지 않다"라고 바울은 말합니다. "너희가 만일 성령의 인도하시는 바가 되면 율법 아래에 있지 아니하리라." 이제 새로운 상태가 되었기 때문에 실패를 피할 수 있다는 것입니다. "너희는 율법 아래 있는 세상에서 벗어났을 뿐 아니라 성령의 능력을 받았다"라는 것입니다. "그 능력이 너희에게 힘을 준다"라는 것입니다. 바울은 갈라디아서 5:23에서 이 점을 재미있게 표현하고 있습니다. 그는 성령의 열매들을 나열한 다음, "이같은 것을 금지할 법이 없느니라"라고 합니다. 이것은 굉장한 말입니다. 이렇게 살면 정죄당하지 않고 기쁨과 자유와 해방과 충만함을 누린다는 것입니다. "너희는 더 이상 율법 아래 있지 않다. 이제 육체의 영역에서 벗어났다는 사실을 알아야 한다. 율법 아래 있다는 것은 육체 안에 있다는 뜻이고, 성령 안에 있다는 것은 더 이상 율법 아래 있지 않다는 뜻이다. 이것을 알아야 한다. 너희 안에 성령의 능력이 있음을 알아야 한다"라는 것입니다. 그리고 나서 그는 이 원리를 더 잘 납득시키기 위해 이렇게 말합니다. "육체와 성령에 대한 논증이 어렵게 느껴지고 율법 아래 있는 상태에 대한 교리가 잘 이해되지 않는다면, 너희 수준에 맞추어 아주 쉽고 분명하게, 직설적으로 말해 주겠다. 육체를 따라 살지 마라." 왜 육체를 따라 살지 말아야 합니까? 그는 바로 이유를 밝힙니다.

육체의 일은 분명하니

육체의 일이 어떤 것들인지 보십시오.

곧 음행과 더러운 것과 호색과 우상 숭배와 주술과 원수 맺는 것과 분

쟁과 시기와 분냄과 당 짓는 것과 분열함과 이단과

이단의 실상은 우리도 알고 있지 않습니까? 이단의 수준이 얼마나 형편없는지 보십시오. "수학이 신"이라는 말까지 합니다!

투기와 술 취함과 방탕함과 또 그와 같은 것들이라.

이것들은 다 한 부류입니다. 그 면면을 한번 보십시오. 바울은 말합니다. "육체의 일이 어떤 것들인지 보라. 하나님께로부터 나서 영원한 복을 물려받을 천국 시민이 이런 짓을 계속할 수 있겠느냐?" 육체의 일들이 각각 얼마나 악하고 추한지 보십시오! 다 똑같습니다. 다 한 부류라는 것을 금세 알 수 있습니다. 다 마귀에게 속한 일들이요 육체에 속한 일입니다. "육체의 일!" 실상을 알면 이런 일을 계속할 수 없다고 사도는 말합니다. 오, 이제 마지막 부분을 보겠습니다.

전에 너희에게 경계한 것같이 경계하노니 이런 일을 하는 자들은 하나님의 나라를 유업으로 받지 못할 것이요(19-21절).

사람들은 다 이런 일을 합니다. "이단"도 그중에 하나임을 잊지 마십시오. 이단도 간음만큼 악합니다. 하나님은 인격이 아니라고 말하는 자는 다 이단입니다! 교회에서 어떤 지위를 차지하고 있든 하나님 나라 백성이 아닌 거짓말쟁이입니다! "이런 일을 하는 자들은 하나님의 나라를 유업으로 받지 못할 것이요." 이런 일을 하는 자들이 어떻게 하나님의 나라를 유업으로 받겠습니까?

바울은 그 반대도 보라고 말합니다.

오직 성령의 열매는 사랑과 희락과 화평과 오래 참음과 자비와 양선과 충성과 온유와 절제니 이 같은 것을 금지할 법이 없느니라(22-23절).

그리스도인으로서 이렇게 살아야 한다는 사실에 의구심을 품는 자는 틀림없이 눈이 먼 것입니다. 성령의 열매를 금지할 법은 없습니다. 하나님이 인정하시는 것은 오직 이것뿐입니다. 자, 바울은 모든 논증을 마무리하며 이렇게 말합니다.

그리스도 예수의 사람들은 육체와 함께 그 정욕과 탐심을 십자가에 못 박았느니라(24절).

이것이 사도의 최종결론입니다. 여기에 그의 전형적인 특징이 나타납니다. 먼저 일반적인 진술을 하고, 그에 따른 논증을 전개한 다음, 다시 일반적인 진술로 논리적이고 필연적인 결론을 밝히는 것입니다.

만일 우리─그리스도인─가 성령으로 살면 또한 성령으로 행할지니 (25절).

이렇게 간단한 사실을 우리는 모르는 것 같습니다. 그렇지 않습니까? 이 사실을 이해할 수 있도록 흥미로운 점을 한 가지 말씀드리겠습니다. 바울은 갈라디아서 5:16에서 "성령을 따라 행하라"라고 한 다음, 25절에서 "만일 우리가 성령으로 살면 또한 성령으로 행할지니"라고 말합니다. 흠정역은 두 구절 다 '행하다'라는 단어로 옮겨 놓았는데, 그 번역은 적절치 못합니다. 흥미롭게도 사도는 25절에서 다른 그리스어를 사용하고 있습니다. 그 말에 해당되는 더 나은 영어 단어를 찾기가 매우 어렵다는 점은 저도 인정합니다만, 그래도 두 단어의 차이는 알아 둘 필요가 있습니다. 이미 밝혔듯이 16절에 나오는 "행하라"는 아주 일반적인 단어로서 '그 안에서 살다', '그것에 열중하다', '그것을 하다'라는 뜻입니다. 그러나 25절에 나오는 "행할지니"는 좀 더 구체적인 단어입니다. 사도가 25절에서 사용하는 이 단어는 '군대 대형으로 행진하다', '보조를 맞추다', '걸음을 같이하다', '질서정연하게 걷다'라는 뜻을 가지고 있습니다. 이것은 군사용어입니다. 유사점이 보이지 않습니까? 서로 보조를 맞추어 걸으라는 것입니다. 앞서거나 뒤처지지 말라는 것입니다. 행과 열을 맞추어 옆 사람과 함께 행진하라는 것입니다. 걸음을 같이하여 군대 대형으로 행진하라는 것입니다. 다시 말해서 이것은 훈련과 적용에 해당되는 말입니다.

16절은 성령 안에서 살라는 일반적인 말을 합니다. 그러면 육체의 욕심을 이루지 않는다는 것입니다. 맞습니다. 그것은 일반적인 권면입니다. 사도가 연이어 구체적인 부분들을 설명한 후에 하는 말은 이것입니다. "자, 이 점을 생각하며 좌우를 살펴보아라. 이 사

람도 살펴보고 저 사람도 살펴보아라. 줄을 맞추어라. 대형을 유지
해라. 질서를 지켜라. 너희가 지금 무엇을 하는지 생각하고, 행진하
는 내내 가슴 벅차게 울려 퍼지는 하늘의 악대 소리에 맞추어 흔들
림 없이 굳세게 앞만 보고 걸어라. 너희는 시온을 향해 나아가는 자
들이다. 자, 줄을 맞추어라. 한눈팔지 마라. 늘어지거나 처지지 마라.
전열을 가다듬어라." 이것이 "우리가 성령으로 살면 또한 성령으로
행할지니"라는 말에 함축된 의미입니다. 누구라도 우리가 지나가
는 모습을 보며 "저 사람 좀 봐. 저 사람도 같이 가네! 정말 굉장한
데! 저들은 대체 어떤 자들이지? 아, 그리스도인들이로구나. 그리스
도인들이 자랑스러운 얼굴로 등을 꼿꼿이 편 채 경쾌하게 행진하고
있구나. 하나님의 자녀들이 시온을 향해 행진하고 있구나"라고 말
하게 하라는 것입니다.

하늘 왕의 자녀들아,

아름답게 노래하며 걸어가라.

―존 세닉John Cennick

그렇습니다! 여러분이 어떤 존재인지 사람들에게 알려야 합니다!
그러기 위해 훈련해야 합니다. 더욱 힘써야 합니다. 믿음을 갖추어
야 합니다. 악의 본질을 파악해야 합니다. 성령의 열매가 얼마나 영
광스러운 것인지 알아야 합니다. 여러분이 누구인지 알아야 합니다.
여러분이 장차 받을 상을 주시하고, 그것을 첫째가는 주요 관심사로
삼아야 합니다.

"너희는 성령을 따라 행하라. 그리하면 육체의 욕심을 이루지 아니하리라." 하나님 나라의 이 필연적인 논리를 이해하고 실천할 수 있는 힘을 우리에게 주시길 원합니다.

26

"그가 내 영광을 나타내리니"

영접하는 자 곧 그 이름을 믿는 자들에게는 하나님의 자녀가 되는 권세를 주셨으니 이는 혈통으로나
육정으로나 사람의 뜻으로 나지 아니하고 오직 하나님께로부터 난 자들이니라. 요 1:12-13

우리는 성령의 인도를 확인하는 여러 가지 방법들을 살펴보았으며,
지난주에는 이른바 '육체를 죽이는 일' 또는 '몸의 행실을 죽이는
일'에 대한 고찰을 마쳤습니다. 육체를 죽일 수 있게 해주시는 분은
성령입니다. 성령이 내내 우리를 인도하시며 소원을 주십니다.

　수난일을 앞둔 이 주일 아침,* 저는 또 다른 관점에서 성령의 인
도라는 주제를 살펴보고자 합니다. 성경 두 군데를 찾아봄으로써
살펴볼 수 있는데, 그중 첫 번째는 "그가 내 영광을 나타내리니"라
는 요한복음 16:14입니다. 주님은 제자들에게 진리의 성령에 대해

---

* 1963년 4월 7일.

말씀하시면서 성령이 와서 무슨 일을 하실지 알려 주십니다. "그가 내 영광을 나타내리니 내 것을 가지고 너희에게 알리시겠음이라." 이 구절과 더불어 살펴보고 싶은 구절은, 경험적인 차원에서 요한복음 16:14의 필연적 귀결이라고 할 수 있는 갈라디아서 6:14입니다. "내게는 우리 주 예수 그리스도의 십자가 외에 결코 자랑할 것이 없으니 그리스도로 말미암아 세상이 나를 대하여 십자가에 못박히고 내가 또한 세상을 대하여 그러하니라."

주 예수 그리스도의 영광은 성령의 인도라는 주제를 이루는 또한 가지 중요한 측면입니다. 특히 경험적인 관점에서 볼 때, 즉 우리가 하나님의 자녀인지 아닌지 검증하는 관점에서 볼 때 중요합니다. 두려운 일이지만, 하나님의 자녀가 아님에도 말로는 성경에 동의하며 신앙을 표명할 수 있습니다. 지적으로 진리에 동의할 수 있습니다. 진리를 알거나 체험하지 못했으면서도 "맞다"라고 수긍하는 형식적인 그리스도인이 될 수 있습니다. 그들은 진리가 자신에게 해당된다거나 자신에게 꼭 필요하다고 생각지 않습니다. 이러한 위험에 빠지지 않도록 특별히 조심해야 합니다. 이것은 우리가 진정 하나님의 자녀인지 아닌지 검증하는 가장 철저한 시금석 중에 하나입니다.

"그가 내 영광을 나타내리니"라는 주님의 말씀이 특히 중요한 시기가 있다면 바로 지금일 것입니다. 요즘 몇몇 나라에서 성령의 사역과 은사를 강조하는 운동들—위태로워 보이는 교회의 상태에 대처하고 교회의 일을 되살리려는 순수한 열망에서 시작된 운동들—이 일어나고 있는데, 성경의 가르침에 비추어 그 운동들을 점검해 보는 것이 옳습니다. 새로운 운동이 일어날 때 성급하게 추종하게 될 위험이 늘 있기 때문입니다. 이것이 인간의 성향이며, 그리스도인도 그러한 성향에서 자유롭지 못합니다. 때때로 이단이 등장한 이유가 여기 있습니다. 그러므로 자기 자신을 점검하고 검증해 볼 뿐 아니라 오늘날 여러 관점들에 대해 성경이 어떻게 가르치는지, 특히 더 깊은 체험을 원하는 사람들에 대해 어떻게 가르치는지 찾아볼 필요가 있습니다.

이제 "그가 내 영광을 나타내리니"라는 주님의 중대한 말씀을 살펴봅시다. 이것은 중심적인 기본 원리입니다. 주님은 제자들에게 성령을 곧 보내 주겠다고 하셨습니다. 그런데 성령 자신의 영광을 나타내게 하고자 보내시는 것이 아님을 명백히 밝히신다는 점에 주목해야 합니다. "그가 스스로 말하지 않고……내 영광을 나타내리니"(요 16:13-14). 이것은 성령 자신에 대한 말을 하시지 않는다는 뜻이 아니라 성령 자신의 말을 하시지 않는다는 뜻이며, 성령 자신의 생각을 표명하시지 않는다는 뜻입니다. 주님은 성령이 주님의 일을 나타내시고 설명해 주실 것이라고 하십니다. 성령은 일차적으로 성령 자신께 관심을 갖게 하거나 성령 자신께로 우리를 인도하기 위해 일하시는 것이 아니라, 주 예수 그리스도께로 인도하기 위해 일하십니다. 이것이 주님의 가르침입니다. 반복하지만 이것은 기초적이고 기본적인 원리입니다. 어느 시대에나 사람들이 거짓된 열광에 빠져 잘못을 범하게 된 대부분의 원인은 "그가 내 영광을 나타내리니"라는 이 말씀을 잊어버린 데 있었습니다.

성경은 항상 놀라운 균형감을 유지한다는 사실, 사람들이 그 균형감을 잃을 때마다 혼란에 빠진다는 사실을 기억해야 합니다. 성경이 이에 대해 뭐라고 하는지 보십시오. 주 예수 그리스도는 자신의 영광이 아닌 아버지의 영광을 나타내기 위해 세상에 왔다고 늘 말씀하셨습니다. 그런데 성령도 자신의 영광이 아닌 그리스도의 영광을 나타내기 위해 오셨습니다. 여기에서 끌어낼 수 있는 것이 바로 삼위일체라는 중대하고도 복된 교리입니다. 성부와 성자와 성령은 동등하시고, 영원하시며, 각각 다른 위의 영광을 위해 일하십니다. 그러므로 어느 위는 배제하고 어느 위는 강조하는 것은 잘못된 태도입니다. 교회는 때로 그런 잘못을 범하곤 했습니다. 교회 역사를 보면, 한 위만 지나치게 강조하던 시대나 시기가 있었던 것을 알 수 있습니다.

어떤 이들은 성부 하나님께 전적인 초점을 맞춥니다. 하나님을 믿고 예배하며 섬기는 일만 이야기하고, 주 예수 그리스도는 입에도 올리지 않습니다. 언제든 원할 때 하나님의 말씀을 듣고 그의 축복을 받으면 된다고 주장하며, 예수 그리스도에 대한 이야기는 한 마디도 하지 않습니다. 그런 이들이 쓴 책을 읽어보면 예수의 이름조차 찾아볼 수 없습니다. 온통 하나님 이야기뿐입니다! 또 어떤 이들은 성자 하나님만 강조합니다. 많은 이들이 성부와 성령을 까맣게 잊어버린 것 같다는 느낌을 받을 때가 간혹 있습니다. 그들은 주 예수 그리스도께만 기도하고 성부 하나님께는 기도하지 않습니다. 모든 활동과 헌신이 성자—그들이 "주"라고 부르는 성자—예수 그리스도께만 집중되어 있습니다. 이 또한 똑같이 잘못된 태도입니다. 그런가 하면 성령만 강조하는 이들, 성령만 중시하고 성령이 주시는 능력과 느낌과 감정 등만 중시하는 이들도 있습니다. 그들은 늘 성령과 그의 다양한 활동 및 사역만 이야기합니다.

성경 전체를 읽고 균형감을 유지하는 일이 아주 중요합니다. 삼위 하나님 중에 한 위만 강조하는 우를 범해서는 안 됩니다. 완벽한 균형을 유지해야 합니다. 성령은 놀라운 일들을 행하십니다. 신약성경을 읽다 보면 그 점에 강한 인상을 받게 됩니다. 주님도 성령이 임하신 후에 공적인 사역을 시작하셨습니다. 또한 오순절 사건과 사도행전에 기록된 초대교회의 역사를 어떻게 잊을 수 있겠습니까? 그렇습니다. 성령은 놀라운 일들을 행하십니다. 그러나 성령 자신에게 관심을 끌고자 그렇게 하시는 것은 아닙니다. "그가 내 영광을 나타내리니!" 이 주제를 다룰 때 출발점으로 삼아야 할 점이 바로 이것입니다.

두 번째 추론 내지는 원리—좀 더 실제적이고 경험적인 원리—를 말씀드리겠습니다. 성령은 우리가 성령 자신을 자랑하거나 성령의 영광을 나타내도록 인도하시지 않을 뿐 아니라, 성령이 주시는 체험을 자랑하도록 인도하시지도 않습니다. 체험의 영역에서는 훨씬 더 미묘한 문제가 발생합니다. 성령은 크고 영광스럽고 놀라운 체험을 주십니다. 이로 인해 하나님께 감사드리십시오. 성령의 특별한 임무는 그리스도가 완성하신 사역을 묵상하게 하시며 속죄의 결과물을 가져다주시는 것입니다. 우리를 새롭게 태어나게 하시고 새로운 출생에 뒤따르는 모든 혜택을 가져다주시는 것입니다.

성령은 비범하고 경이롭고 놀라운 일들을 행하실 수 있으며, 실제로 어느 시대에나 그런 일들을 행해 오셨습니다. 성령은 은혜를 가져오시고 은혜를 나누어 주십니다. 그는 이 중대한 영역의 주인이십니다. 고린도전서 12장은 이 주제를 다루는 중요한 본문으로서, 여러 가지 은사를 나누어 주시는 성령의 주권을 명확하게 설명해 줍니다. 이 점에서 볼 때, 성령의 사역은 마땅히 하나님께 찬양을 드려야 할 영광스럽고도 놀라운 것입니다.

그런데 성령의 인도를 받는 사람은 성령 자신의 은사나 은혜나 사역에 집중하지 않으며 그것을 자랑하지 않는다는 사실을 기억하는 것이 똑같이 중요합니다. 앞서 지적했듯이, 교회는 늘 이 부분에 집중하는 경향이 있었습니다. 고린도 교회는 딱하게도 지도자와 관련해서 분열을 겪었을 뿐 아니라 영적인 은사와 관련해서도 분열을 겪었습니다. 그들이 받은 은사들 중에는 아주 극적인 것─예를 들면 기적의 은사─도 있었고 행정력이나 지혜처럼 비교적 평범한 것도 있었습니다. 분명한 사실은 그들이 각자 자기 은사를 자랑함으로 인해 교회에 큰 혼란이 빚어졌다는 것입니다. 크고 화려한 은사는 자랑하고, 평범한 은사는 무시하는 경향이 나타났습니다.

그것은 분쟁을 야기하는 일이라고(고전 12:25), 그리스도의 몸을 찢는 일이요 그리스도를 갈라놓는 일이라고 사도는 말합니다. 고린도 교인들은 자신들이 한 몸이라는 중요한 사실을 잊어버렸습니다. 자신들이 그리스도와 어떤 관계를 맺고 있는지 잊어버렸습니다. 그리스도를 잊어버렸습니다. 교회는 그리스도의 몸이요 자신들은 "지체의 각 부분"이라는 사실(고전 12:27), 따라서 누가 무슨 은사를 받았느냐는 전혀 중요치 않다는 사실을 자랑한 것이 아니라 자기 자신과 자신이 받은 은사를 자랑했습니다. 바울은 "몸에서 덜 중요하고 덜 아름다운 지체든 화려하고 놀라운 은사를 가진 지체든 몸에는 똑같이 중요한 존재"라고 말합니다. "눈이 손더러 내가 너를 쓸 데가 없다……하지 못하리라"(고전 12:21). 몸에는 모든 지체가 다 필요합니다. 그런데 고린도 교인들은 성령의 은사만 생각하고 숭배하며 자랑하다가 길을 잃고 말았습니다.

은사 자체를 목적으로 삼으면 안 된다는 점을 기억해야 합니다. 은사를 위한 은사를 추구하면 안 됩니다. 성령의 은사를 그리스도인의 증언과 경험의 중심에 두면 안 됩니다. 그런데 은사를 중심에 두고 이를테면 '방언'만 이야기하는 경우가 허다하다는 사실을 여러분도 알 것입니다. 방언을 하느냐 못하느냐가 가장 중요한 문제가 되어 버렸습니다. 방언이 신앙생활의 전부가 되어 버렸습니다. 모든 강조점과 자랑이 방언에 집중되어 버렸습니다. 사람은 자기가 자랑스러워하는 것을 자꾸 이야기하는 법입니다. 이것이 시금석입니다. 사람들이 강조하는 것이 무엇입니까? 역설하는 것이 무엇입니까? 자꾸 이야기하는 것이 무엇입니까? 제가 볼 때 성령을 받는 일에 순수한 관심을 쏟기보다 특정 은사만 자랑하는 것은 비극입니다. 앞으로 설명하겠지만, 저는 이런 태도가 주님이 친히 제시하시고 복되신 성령이 동일하게 제시하신 가장 핵심적인 원리를 거스르는 것이라고 생각합니다.

이렇게 해서 두 가지 소극적인 측면을 살펴보았습니다. 성령은 자신의 영광을 나타내시지 않을 뿐 아니라 특정 은사의 영광도 나타내시지 않습니다. 그렇습니다. 성령은 그런 은사들을 영화롭게 하시지 않습니다. 그것은 성령이 보냄받으신 목적이 아닙니다. 은사는 부차적인 수단입니다. 다른 목적을 가리키는 수단이요 다른 목적으로 이끄는 수단입니다. 그 목적이 무엇입니까? 주 예수 그리스도의 영광입니다. 성령은 항상 주 예수 그리스도의 영광을 나타내십니다! "그가 내 영광을 나타내리니." 성령은 바로 이 목적을 위해 보냄 받으신 분입니다. 이것이 위대한 구원의 경륜에서 성령이 차지하시는 위치이며, 큰 구원의 사역에서 그가 맡으신 역할입니다. 성부는 계획하십니다. 성자는 세상에 와서 성부의 계획을 실행하시고 완성하십니다. 성령은 성자가 완성하신 일을 적용하십니다. 그래서 "성령은 항상 주 예수 그리스도를 가리키신다"라고 말하는 것입니다.

성령의 주된 사역이 주 예수 그리스도의 영광을 나타내는 것이라는 사실을 입증하는 몇 가지 증거를 제시해 보겠습니다. 오순절 아침에 제자들이 다락방에 모여 있는데, 홀연히 "급하고 강한 바람" 같은 소리가 들리면서 성령이 임하셨습니다. 그들은 성령의 세례를 받았고, 성령으로 충만해졌으며, 성령의 인도를 받기 시작했습니다. 사도 베드로는 그 인도를 받아 세계 곳곳에서 예루살렘을 찾아온 무리에게 설교했습니다. 무리는 성령 충만하여 방언을 말하는 사도의 설교를 들었습니다. 그때 전한 메시지가 무엇입니까? 자, 사도행전 2장을 읽어 보면 정확하게 알 수 있습니다. 그는 다름 아닌 예수 그리스도를 전했습니다.

사도는 선지자들이 어떻게 성령의 감동을 받아 주의 오심을 예언했는지 상기시키면서 요엘서를 인용했습니다. "……누구든지 주의 이름을 부르는 자는 구원을 받으리라"(행 2:21). 그리고 "이스라엘 사람들아, 이 말을 들으라"라고 하면서 그 예언을 적용하기 시작했습니다. 자, 그는 성령의 인도를 받고 있었고, 성령으로 충만해 있었습니다. 그런데 그가 전한 메시지가 무엇입니까? 성령이 아니었습니다! 자기 은사가 아니었습니다! 자기 환상이나 황홀한 체험이 아니었습니다. 절대 아니었습니다! 그는 이렇게 말했습니다.

하나님께서 나사렛 예수로 큰 권능과 기사와 표적을 너희 가운데서 베푸사 너희 앞에서 그를 증언하셨느니라. 그가 하나님께서 정하신 뜻과 미리 아신 대로 내준 바 되었거늘 너희가 법 없는 자들의 손을 빌려 못 박아 죽였으나 하나님께서 그를 사망의 고통에서 풀어 살리셨으니 이는 그가 사망에 매여 있을 수 없었음이라(행 2:22-24).

사도가 전한 분은 다름 아닌 예수 그리스도였습니다. "그가 내 영광을 나타내리니"라는 주님의 말씀처럼, 성령은 오시자마자 그 종 베드로의 입을 통해 주님의 영광을 나타내셨습니다. 사도행전 다음 장에도 같은 사례가 나옵니다. 어느 날 오후 기도 시간에 베드로와 요한이 기도하러 성전에 올라가다가 미문에 앉은 앉은뱅이를 보았습니다. 그들은 앉은뱅이와 잠시 이야기를 나눈 후 그를 고쳐 주었습니다. 앉은뱅이는 벌떡 일어나 "걷기도 하고 뛰기도 하며 하나님을 찬송"하면서 성전으로 들어갔고, 그 광경을 보고 심히 기이히 여기며 놀란 자들이 사도들의 주변에 모여 들었습니다(행 3:8-9).

베드로는 그들에게 설교하기 시작했습니다. 그때 전한 메시지가 무엇입니까? 자신이 어떻게 방언을 하게 되었으며 기적을 행하는 놀라운 은사를 받게 되었는가 하는 것이었습니까? 자기 자신이나 자기 은사나 자기의 놀라운 체험이었습니까? 결코 아니었습니다! 베드로의 말을 들어 보십시오.

이스라엘 사람들아, 이 일을 왜 놀랍게 여기느냐? 우리 개인의 권능과 경건으로 이 사람을 걷게 한 것처럼 왜 우리를 주목하느냐? 아브라함과 이삭과 야곱의 하나님 곧 우리 조상의 하나님이 그의 종 예수를 영화롭게 하셨느니라. 너희가 그를 넘겨주고 빌라도가 놓아주기로 결의한 것을 너희가 그 앞에서 거부하였으니 너희가 거룩하고 의로운 이를 거부하고 도리어 살인한 사람을 놓아주기를 구하여 생명의 주를 죽였도다. 그러나 하나님이 죽은 자 가운데서 그를 살리셨으니 우리가 이 일에 증인이라. 그 이름을 믿으므로 그 이름이 너희가 보고 아는 이 사람을 성하게 하였나니 예수로 말미암아 난 믿음이 너희 모든 사람 앞에서 이같이 완전히 낫게 하였느니라(행 3:12-16).

베드로는 계속해서 그리스도를 자세히 전했습니다. "형제들아, 너희가 알지 못하여서 그리하였으며 너희 관리들도 그리한 줄 아노라"(행 3:17). 보다시피 그는 성령과 성령의 능력으로 충만했음에도 성령을 전하지 않았습니다. 자기 자신이나 자기 체험이나 은사를 전하지 않았습니다. 오직 주 예수 그리스도만 전했습니다. "그가 내 영광을 나타내리니." 성령은 그리스도의 영광을 나타내기 위해 보냄받으신 분입니다. 그러므로 그가 임하여 인도하시는 자들 또한 그리스도의 영광을 나타내게 되어 있습니다. 이 사건이 그 귀중한 증거입니다. 사도행전은 연이어 그 증거를 보여줍니다.

우리가 자주 잊어버리는 사실이 또 있습니다. 사복음서의 실제 저자가 누구입니까? 성령입니다. 성령이 복음서 기자들에게 충만히 임하시고 그들을 인도하고 지도하여 복음서를 쓰게 하셨습니다. 그런데 복음서는 누구에 대한 이야기입니까? 오, 주 예수 그리스도에 대한 이야기입니다. 복음서는 그리스도를 자랑하며 그리스도의 영광을 나타내는 책입니다.

이를테면 성령은 뒤에 숨어서 일하신다고 할 수 있습니다. 그가 늘 앞에 내세우시는 분은 그리스도입니다. 성령은 우리가 그리스도를 바라보길 원하십니다. 그 이유가 무엇일까요? 그리스도가 중심이시기 때문입니다. 그리스도는 우리를 성부께로 인도하시는 분이며, 우리에게 성령을 보내 주시는 분입니다. 그를 바로 알면 성부와 성령도 바로 알 수 있습니다. 성령은 사복음서를 기록하게 하심으로써, 그리스도가 말씀하신 대로 그의 영광을 나타내셨습니다.

신약 서신서들도 마찬가지입니다. 서신서 각 권의 실제적인 주제와 중심은 그리스도입니다. 모든 서신서 기자들이 그리스도에 대해 쓰고 있습니다. 성경 마지막 책인 위대한 예언서 요한계시록을 보십시오. 오, 요한계시록은 다름 아닌 "예수 그리스도의 계시"입니다(계 1:1). 그리스도가 장차 무슨 일을 하시고 어떻게 오실지 알려 주는 책입니다. 시종일관 그의 영광을 나타내는 책입니다. 이처럼 성령은 늘 그리스도를 앞에 내세우십니다.

우리는 하나님의 자녀입니까? 자, 달리 물어보겠습니다. 우리는 성령의 인도를 받고 있습니까? 이 질문이 얼마나 중요한지 여러분도 알 것입니다. 우리가 성령의 인도를 받고 있음을 어떻게 알 수 있습니까? 가장 좋은 대답은 이것입니다. 성령은 항상 주 예수 그리스도께로 인도하십니다. 예외가 없습니다! 성령은 자기 자신이나 자신의 은사나 능력이나 체험으로 인도하시지 않습니다. 이로 인해 하나님께 감사드리십시오. 제 말을 오해하지 말기 바랍니다. 저는 지금 체험 자체를 반대하는 것이 아닙니다. 그리스도를 자랑하지 않고 체험만 자랑하는 태도를 반대하는 것입니다.

이처럼 성령은 항상 주 예수 그리스도께로 인도하시되, 특히 그의 십자가 죽음으로 인도하십니다. 베드로는 오순절 설교에서 주 예수 그리스도의 가르침을 전하는 데 시간을 들이지 않았습니다. 그는 그리스도와 함께 지내며 직접 그의 가르침을 들은 그 분야의 권위자였습니다. 그럼에도 2장과 3장에서 주님의 가르침이 아닌 죽음을 곧장 전했습니다. 사복음서도 그의 죽음에 상당히 많은 관심과 지면을 할애하지 않습니까? 잘 살펴보십시오. 주님이 가르치시고 일하신 기간은 3년이었지만, 죽음에 걸린 시간은 그리 길지 않았습니다. 그럼에도 그 일에 얼마나 많은 관심과 지면을 할애하는지 보십시오. 그 이유가 무엇일까요? 그만큼 그의 죽음이 크고 중대한 사건이기 때문입니다! 사도행전과 서신서, 계시록도 똑같이 그의 죽음을 강조합니다. "우리를 사랑하사 그의 피로 우리 죄에서 우리를 해방하시고"(계 1:5). 계시록 서두를 차지하고 있는 것도, 계시록 전체를 차지하고 있는 것도 그의 죽음입니다.

종교개혁과 위대한 부흥의 역사를 보아도 십자가 죽음이 얼마나 중대한 사건인지 분명히 알 수 있습니다. 위대한 부흥의 가장 큰 특징은 그리스도의 죽음이 전면에 부각되는 것입니다. 찬송가들, 특히 부흥의 때에 지어진 위대한 찬송가들을 보십시오. 지금 제가 말하는 것은 19세기가 아닌 18세기의 찬송가들입니다. 종교개혁 시대에 견줄 만큼 위대한 찬송가들이 18세기에 지어졌습니다. 그런데 그 찬송가들이 한결같이 노래한 것이 바로 주님과 주님의 죽음입니다. 예외가 없습니다. 이처럼 성령이 일하시면 반드시 그리스도께 나아가게 되어 있으며, 특히 그의 십자가 죽음을 자랑하게 되어 있습니다.

제가 제시하는 마지막 원리는 이처럼 주 예수 그리스도를 자랑하고 특히 그의 십자가 죽음을 자랑하는 것이야말로 성령이 우리의 삶을 인도하시는 증거라는 것입니다. 사도 바울의 말을 들어보십시오.

> 내게는 우리 주 예수 그리스도의 십자가 외에 결코 자랑할 것이 없으니 그리스도로 말미암아 세상이 나를 대하여 십자가에 못 박히고 내가 또한 세상을 대하여 그러하니라. 할례나 무할례가 아무 것도 아니로되 오직 새로 지으심을 받는 것만이 중요하니라. 무릇 이 규례를 행하는 자에게와 하나님의 이스라엘에게 평강과 긍휼이 있을지어다. 이후로는 누구든지 나를 괴롭게 하지 말라. 내가 내 몸에 예수의 흔적을 지니고 있노라(갈 6:14-17).

이것은 할례 문제로 걱정하고 염려하며 논쟁했던 갈라디아 교회의 상황을 염두에 두고 한 말입니다. "할례를 받지 않아도 참된 그리스도인이 될 수 있느냐?" 하는 것은 참으로 시끄럽고 골치 아픈 문제였습니다! 갈라디아 교인들은 그리스도를 믿고 성령을 받았습니다. 그런데 누군가 찾아와 "물론 그것도 좋지만, 참된 그리스도인이 되려면 할례를 받아야 한다"라고 했습니다. 시대를 막론하고 사람들은 항상 이런 요구를 해왔습니다. 이런저런 일들이 필요하다거나 일정한 방식의 세례를 받아야 한다거나 방언을 해야 한다고 했습니다. 사도는 "이후로는 누구든지 나를 괴롭게 하지 말라"라고 합니다. "그런 이야기는 더 듣고 싶지 않다. 그런 문제로 시간을 낭비하고 싶지 않다. 할례는 전혀 중요한 문제가 아니다"라는 것입니다. "그리스도 예수 안에서는 할례나 무할례가 아무것도 아니로되 오직 새로 지으심을 받는 것만이 중요하니라." 사도는 말합니다. "대체 문제가 무엇이냐? 너희는 할례와 율법과 이런저런 것들을 자랑하는데, 내가 자랑할 것은 오직 하나뿐이다." 이것이 그리스도인의 자세입니다. 성령으로 충만한 사람, 성령의 인도를 받는 사람의 자세입니다.

사랑하는 여러분, 제가 지금 묻는 바는 성령의 인도를 받고 있느냐 하는 것입니다. 우리는 성령의 인도를 받고 있습니까? 무슨 체험을 했느냐고 묻는 것이 아닙니다. 어떤 은사가 있느냐고 묻는 것도 아닙니다.

제가 묻는 바는 주 예수 그리스도가 여러분의 어디에 계시느냐 하는 것입니다. 주 예수 그리스도가 여러분의 생각 어디에 계십니까? 여러분의 삶 어디에 계십니까? 저는 여러분이 무슨 선을 행했는지에 관심이 없습니다. 어떤 은사를 가졌는지에도 관심이 없습니다. 여러분이 얼마나 뛰어난 사람인지에도 관심이 없습니다. 그런 것들은 시금석이 되지 못합니다. 그리스도를 십자가에 못 박은 유대인들은 아주 열성적으로 하나님을 위하던 자들이었고, 매우 경건한 자들이었습니다. 그보다 더 열성적인 자들을 찾기가 힘들 정도였습니다. 그런데도 그들은 주님을 못 박았습니다. 주님을 거부했고, 주님을 멸시했습니다.

우리가 시금석으로 삼아야 할 질문은 이것입니다. 주 예수 그리스도가 지금 우리의 어디에 계십니까? 우리 생각과 행동과 삶의 중심에 계십니까? 온전히, 참으로 성령의 인도를 받는 사람은 반드시 그리스도께 나아가게 되어 있습니다. 자기 자신이나 자기 활동이나 자기 체험이 아닌 그리스도를 전하게 되어 있습니다! 거듭 말하지만, 우리에게 체험을 주시는 하나님께 감사드리십시오. 그러나 거기에서 멈추면 안 됩니다. 체험은 우리를 자녀로 대우하시며 하나님께 나아오도록 격려하시는 수단에 불과합니다. 표지판 내지는 도우미에 불과합니다. 체험에 안주하면 안 됩니다.

내 첫째가는 소원은
날 위해 못 박히신 예수로다.
—오거스터스 탑레이디

사랑하는 그리스도인들이여, 이보다 더 중요한 것은 없습니다. 예전에 어떤 사람이 그리스도인을 "그리스도께 취한 자"라고 묘사한 적이 있는데, 참 좋은 표현입니다. 교회가 이 지경이 되고 대다수 사람들이 교회 밖에 머물고 있는 것은 우리 가운데 그리스도께 취한 자가 많지 않은 탓이라고 생각합니다. 우리는 선한 일과 행실에 대해 이야기하고, 저항의 철학에 대해 이야기합니다. 그리스도와 그의 "놀라운 십자가" 및 죽음을 제외한 모든 것에 대해 이야기합니다. 그러나 성령은 항상 그리스도와 그의 십자가로 인도하십니다. 진정으로 성령의 인도를 받는 사람은 그리스도께 초점을 맞추게 되어 있습니다. 점점 더 그를 알고 사랑하길 원하게 되어 있습니다. 사도들의 글을 읽어 보면 그들이 얼마나 그리스도를 사랑했는지, 얼마나 친밀하게 알았는지, 아무것도 개의치 않을 만큼 뜨겁게 사랑했는지 알 수 있습니다.

바울이 말하는 요지는 이것입니다. "그런 문제에 날 끌어들이지 마라. 이차적이고 삼차적인 문제들을 앞세워 논쟁하고 논박하는 것이 이제는 지겹고 싫다. 날 끌어들이지 마라. 난 그런 데 관심이 없다. 난 그런 것을 자랑하지 않는다." 그는 자신의 명석함과 놀라운 체험과 온갖 은사를 자랑할 수 있었습니다. 누구보다 자랑할 만한 자격을 갖추고 있었습니다. 그럼에도 그는 자랑하지 않았습니다. 물론 바리새인으로 살던 시절에는 자랑했지만, 새사람이 된 후에는 그리스도 외에 어떤 것도 자랑하지 않았습니다. 그의 가장 큰 열망은 "그리스도와 그 부활의 권능과 그 고난에 참여함을 알고자 하여 그의 죽으심을 본받아 어떻게 해서든지 죽은 자 가운데서 부활에" 이르는 것이었습니다(빌 3:10-11). 자신이 어떤 환상을 보고 어떤 활동을 하고 얼마나 많은 교회들을 세웠느냐는 중요치 않다는 것입니다! 오직 그리스도를 알고 싶다는 것입니다. 오, 더 깊이, 더 많이 알고 싶다는 것입니다!

이것이 우리를 검증하는 방법입니다. 더 쉽고 분명하게 설명해 보겠습니다. 진정으로 성령의 인도를 받는 사람은 그리스도가 바로 자신을 위해 죽으셨음을 압니다. 사도 바울은 갈라디아서에 영원히 잊혀지지 않을 말을 남겼습니다.

내가 율법으로 말미암아 율법에 대하여 죽었나니 이는 하나님에 대하여 살려 함이라. 내가 그리스도와 함께 십자가에 못 박혔나니 그런즉 이제는 내가 사는 것이 아니요 오직 내 안에 그리스도께서 사시는 것이라. 이제 내가 육체 가운데 사는 것은 나를 사랑하사 나를 위하여 자기 자신을 버리신 하나님의 아들을 믿는 믿음 안에서 사는 것이라(갈 2:19-20).

이것은 인격적인 고백입니다. 바울은 "나는 속죄의 교리에 동의한다. 그리스도가 세상의 모든 죄를 위해 죽으신 것을 믿는다"라고 말하지 않았습니다. 그런 식으로 말하지 않았습니다. 그것은 충분치 못한 말입니다. 물론 그 말의 내용은 맞습니다. 우리는 속죄의 교리를 믿어야 합니다. 십자가의 교리, 속죄의 교리를 믿고 신앙으로 받아들여야 합니다. 그러나 성령의 인도를 받으며 성령으로 충만해진 사람은 그런 일반적인 믿음에 머물지 않습니다. 바로 "나를 사랑하사 나를 위하여" 자신을 주셨다고 고백합니다. 바로 날 위해 하나님의 아들이 죽으셨음을 절감합니다.

1738년 5월 24일, 올더스게이트에서 존 웨슬리에게 일어난 일도 이것 아니었습니까? 그는 속죄의 교리를 믿었습니다. 단 한 번도 의심하지 않았습니다. 어려서부터 그렇게 교육을 받고 자랐습니다. 그런데 그날 밤 누군가 루터의 로마서 주석 서문 읽는 소리를 들었을 때에야 비로소 그리스도가 "내 죄, 나 같은 사람의 죄를 씻으시고 죄와 사망의 법에서 구원하셨다는 것"을 깨닫고 그리스도의 증인이 될 수 있었습니다. 성령이 하시는 일이 바로 이것입니다. 성령은 일반적인 믿음을 특별한 믿음으로 바꾸어 놓으십니다. 머리로만 알던 진리를 나의 진리로 만들어 주십니다. 논쟁하거나 논박할 수 없을 만큼 분명하게 깨우쳐 주십니다. 오, 그렇습니다. 성령의 인도를 받으면 그리스도가 바로 날 위해 죽으셨음을 깨닫고 놀라움과 경이감에 사로잡히게 됩니다. "어찌 그런 일이? 하나님의 아들이 날 위해 죽으시다니! 어찌 그런 일이?"라고 묻게 됩니다.

구주가 날 위해 피 흘리시다니,
어찌 그런 일이?
고통을 드린 날 위해,
자신을 죽음으로 내몬 날 위해 죽으시다니!
참 놀라운 사랑이로다!
내 하나님 날 위해 죽으시다니
어찌 그런 일이!
―찰스 웨슬리

여러분도 이런 고백을 해본 적이 있습니까? 이런 감정을 느껴 본 적이 있습니까? 그렇다면 여러분은 하나님의 자녀입니다. 의심할 필요가 없습니다. 하나님의 이름으로 장담하건대, 이런 고백을 했거나 이런 감정을 느껴 본 사람은 분명한 하나님의 자녀입니다. 그렇다고 이런 감정을 느껴 보지 못한 사람은 하나님의 자녀가 아니라는 말은 아닙니다. 오, 그러나 확신이 부족한 것입니다! 그 상태에 머물면 안 됩니다! 자신이 하나님의 자녀임을 생생한 체험으로 알아야 합니다. 성령의 인도를 받으면 그렇게 될 수 있습니다. 그의 인도를 받아 자신이 하나님의 자녀임을 체험으로 알아야 하며, 그 놀라움과 경이감을 느껴야 합니다.

갈라디아서 6:14이 제시하는 좋은 시금석이 또 있습니다. "내게는 우리 주 예수 그리스도의 십자가 외에 결코 자랑할 것이 없으니 그리스도로 말미암아 세상이 나를 대하여 십자가에 못 박히고 내가 또한 세상을 대하여 그러하니라." 세상이 여러분을 대하여 십자가에 못 박혔습니까? 여러분이 세상을 대하여 십자가에 못 박혔습니까? 이 질문으로 자신을 점검해 보십시오. "그리스도의 십자가가 나를 세상에서 끊어 냈다"라고 솔직하게 말할 수 있습니까? "전에는 나도 세상에 있었다. 세상에 속한 채 긴밀하게 얽혀서 살고 있었다. 그런데 주님이 나를 끊어 내셨다. 나는 이제 세상이 아닌 그리스도의 나라에 속한 사람이다. 세상이 나를 대하여 못 박혔고 나도 세상을 대하여 못 박혔다. 나는 이제 세상 사람이 아니라 하나님 나라 백성이다"라고 말할 수 있습니까? 십자가가 이런 일을 해주었습니까? 여러분이 그리스도와 함께 죽었다는 것, 그리스도가 십자가에서 죽으셨을 때 여러분도 함께 죽었다는 것, 그리스도 안에서 그가 겪으신 모든 일에 참여했다는 것, 그리고 지금 이 순간 그와 함께 하늘에 앉아 있다는 것을 알고 있습니까? 그렇게 고백할 수 있습니까?

그렇다면 당연히 그리스도와 그의 십자가만 자랑하지 않겠습니까? 이런 사실들을 알고 고백하는 사람은 말할 것입니다. "난 자랑할 게 없다. 방언을 하느냐 못하느냐, 은사가 있느냐 없느냐는 중요치 않다. 오, 전혀 중요치 않다! 중요한 것은 오직 주 예수 그리스도의 십자가뿐이다! 십자가가 없었다면 은사도 없었을 것이고, 난 여전히 죄 가운데 살고 있을 것이다. 하나님의 아들이 날 사랑하여 십자가에서 자신을 내어 주시지 않았다면, 내 죄와 형벌을 담당해 주시지 않았다면, 내 대신 죽어 장사되시지 않았다면, 부활하시지 않았다면, 난 천국의 소망도 그 어떤 것도 얻지 못한 채 여전히 율법 아래 살고 있을 것이다. 그리스도가 날 위해 그 모든 일을 하시지 않았다면!"

성령의 인도를 받는 사람은 주 예수 그리스도의 십자가만 자랑하게 되어 있습니다. 이 시금석으로 자신을 살펴보십시오.

27

성령의 근심과 성령의 열매(1)

영접하는 자 곧 그 이름을 믿는 자들에게는 하나님의 자녀가 되는 권세를 주셨으니 이는 혈통으로나
육정으로나 사람의 뜻으로 나지 아니하고 오직 하나님께로부터 난 자들이니라. 요 1:12-13

사도는 요한복음 첫 열여덟 절의 강력한 진술을 통해 사람이 고찰
할 수 있는 사상 중에 가장 놀라운 사상을 제시합니다. 말씀! 하나
님과 함께 계셨던 말씀, 하나님이신 말씀, 육신이 되어 우리 가운데
거하신 말씀에 대해 이야기합니다. 말씀이 육신이 되신 이유가 무
엇입니까? 영광의 궁정을 떠나 자신을 낮추시고 "사람의 모양", "죄
있는 육신의 모양"으로 세상에 오신 이유가 무엇입니까? "죄인들이
이같이 자기에게 거역한 일을" 참으신 이유가 무엇입니까?(히 12:3)
십자가의 수치와 고통을 참으신 이유가 무엇입니까? 장사되신 이유
가 무엇입니까? 부활하신 이유가 무엇입니까? 그 대답이 여기 나옵
니다. 자신을 믿는 자들에게 하나님의 자녀가 되는 권리를 주시려

고, "혈통으로나 육정으로나 사람의 뜻으로 나지 아니하고 하나님께로부터" 태어나는 권세를 주시려고 그 모든 일을 하신 것입니다.

우리는 진정한 하나님의 자녀임을 확신하기 위해, 또한 하나님이 우리에게 주시는 풍성함과 넉넉함과 헤아릴 수 없는 부요함을 누리기 위해 성자이신 주 예수 그리스도와 우리의 관계를 고찰했고, 성부와 우리의 관계를 고찰했습니다. 그리고 지금은 성령과 우리의 관계를 살펴보고 있는 중입니다. 우리는 특히 성령의 인도라는 주제를 다루면서 성령이 우리를 다루시는 다양한 방법들을 알아보았습니다.

이번에는 이 관계의 또 다른 측면을 살펴보고자 합니다. 제가 다음으로 제시하려는 시금석은 성령을 근심시키는 일을 두려워하느냐 하는 것입니다. 사도 바울은 에베소서 4:30에서 "하나님의 성령을 근심하게 하지 말라. 그 안에서 너희가 구원의 날까지 인치심을 받았느니라"라고 말합니다. 이것은 특히 예민하고 섬세한 시금석입니다. 우리는 성령께 귀를 기울이지 않거나 죄를 짓거나 게으름을 부림으로써, 또는 그 밖에 여러 가지 이유로 그를 근심시킵니다. 그러나 지금 우리가 주목해야 할 문제는 그것이 아닙니다. 지금 제 관심은 우리가 어떻게 성령을 근심시키느냐 하는 데 있는 것이 아니라, 성령을 근심시키는 일에 대해 어떤 감정을 느끼고 어떤 태도를 보이느냐 하는 데 있습니다.

그리스도인은 성령을 근심시키는 일에 점점 더 신경을 쓰게 되어 있습니다. 성령을 나타내는 비둘기는 예민함과 섬세함의 상징입니다. 성경은 우리가 실제로 성령을 근심시킬 수 있다고, 탄식하며 떠나시게 만들 수 있다고 가르칩니다. 그리스도인은 성령이 자기 속에 찾아와 거하심을 인식합니다. 성령이 하시는 모든 일이 이것을 인식할 수 있게 해줍니다. 서신서들은 내내 그 이야기를 하고 있습니다. 예컨대 고린도전서 6:19을 보십시오. "너희 몸은……성령의 전인 줄을 알지 못하느냐?" 바울은 우리가 이것을 알 수 있다고 말합니다. 성령은 그리스도 안에 계셨듯이 지금 우리 안에도 계십니다. 그리스도인은 이것을 인식하기에, 성장할수록 더 인식하게 되기에, 어떤 식으로든 성령을 근심시키거나 불쾌하시게 하거나 탄식하시게 하지 않을까 하는 두려움, 이를테면 '염려'가 커지게 되어 있습니다. 윌리엄 쿠퍼가 말한 그대로입니다.

주님을 탄식하시게 한 죄,
내 가슴에서 떠나시게 만든 죄를 미워하나이다.

지금 살펴보고 있는 이 시금석을 저는 이렇게 표현하고 싶습니다. 그리스도인은 무엇보다 성령을 근심시킬까 봐 두려워합니다. 죄에 빠질까 봐 두려워하거나—물론 그것도 두려워하지만—실패할까 봐 두려워하기보다 스스로 낮추어 날 찾아오신 성령, 내 몸에 거하시는 복되신 성령을 근심시킬까 봐 두려워하는 것입니다! 이 두려움이야말로 자녀의 특징이자 확신의 근거입니다. 제가 이 점을 강조하는 것은 이것이야말로 단순히 도덕적으로 훌륭한 사람과 그리스도인들을 구별해 주는 시금석, 제가 아는 한 가장 엄밀한 시금석이기 때문입니다.

세상에도 아주 선량하고 강직하며 도덕적인 사람들, 모든 미덕의 전형으로 칭송할 만한 사람들이 있습니다. 아무 흠잡을 데 없는 사람들이 있습니다. 전혀 잘못하지 않는 것 같은 사람들이 있습니다. 그들은 높은 도덕률과 윤리적 기준을 가지고 있으며, 본인들 스스로 그 기준을 지키며 산다고 믿습니다. 개중에는 기독교 신앙 자체를 부인하며, 예배당 근처에는 얼씬도 하지 않고, 주 예수 그리스도께 아무 관심 없는 사람들이 많습니다. 그렇다 보니 "내가 그들처럼 단순히 선량하고 도덕적이고 윤리적인 삶을 사는 게 아니라는 걸 어떻게 알지요? 내가 그리스도인이라는 것을 어떻게 알 수 있습니까?"라는 질문이 나올 법합니다. 그때 필요한 것이 바로 이 시금석입니다.

선량하고 도덕적인 사람들이 죄를 지으면 당연히 자신이 실패했다는 사실과 기준을 지키지 못했다는 사실 때문에 괴로워합니다. 인류의 기대에 부응하지 못한 것을 자책하기도 합니다. 그러나 그 이상의 생각은 하지 못합니다. 그와 달리 그리스도인은 복되신 성령이 자기 안에, 자기 몸 안에 계신데도 이런 짓을 했다는 사실 때문에 괴로워합니다. 성령을 근심시키고 상처와 아픔을 드렸다는 사실 때문에, 하나님의 영을 탄식하시게 했다는 사실 때문에 괴로워 하는 것입니다. 단순히 선량하고 도덕적인 사람들은 이런 생각을 하지 못합니다. 성령이 그들 안에 계시지 않을 뿐 아니라, 성령의 존재 자체를 모르는 탓에 이런 생각을 할 수가 없습니다. 그것은 당연한 일입니다.

"누구든지 그리스도의 영이 없으면 그리스도의 사람이 아니라"

(롬 8:9). 그리스도인에게는 반드시 그리스도의 영이 계십니다. 모든 그리스도인 안에 성령이 계십니다. 반복하지만 그리스도인은 어떤 식으로든 그 사실을 알게 되어 있습니다. 다시 한 번 분명하게 말씀드리겠습니다. 제가 이렇게 거듭 말씀드리는 것은 확신의 문제로 고민하는 이들과 자신을 병적으로 성찰하는 성향을 가진 이들을 돕기 위해서이며, 그들을 위로하기 위해서입니다. 저는 지금 완벽한 그리스도인의 기준을 제시하는 것이 아닙니다. 하나님의 영, 그리스도의 영이 여러분 안에 계심을 알아야 한다고 전제하며 요구하는 것입니다. 여러분 자신 외에 또 다른 분이 계심을 알아야 합니다. 자신이 그의 인도와 지도를 받고 있음을 알아야 하며, 자신보다 큰 힘이 안에서 역사하고 계심을 알아야 합니다. 저는 지금 그 이상의 높은 수준을 요구하는 것이 아닙니다.

제가 말하고 싶은 바는 이것입니다. 성령이 자기 안에 계심을 아는 자는 죄를 지었을 때 성령의 마음을 아프게 했다는 사실 때문에 근심합니다. '내가 어떻게 그런 짓을 할 수 있었을까? 어떻게 성령의 존재를 잊을 수 있었을까? 내 몸이 성령이 거하시는 장막이라는 것을 어떻게 한순간이라도 잊을 수 있었을까?' 하는 생각으로 심히 괴로워하며 고통스러워합니다. 다윗도 시편 51편에서 비슷한 심정을 토로했습니다. "주의 성령을 내게서 거두지 마소서"(11절). 다윗은 하나님이 성령을 거두어 가실까 봐 근심했습니다. 그는 간음과 살인을 저질렀습니다. 오, 그것은 무서운 죄였고 다윗은 당연히 그 때문에 근심했습니다. 그러나 정작 그의 마음을 찢어 놓은 것은 그 죄 자체가 아니었습니다. 그는 "내 마음이 부정해졌다!"라고 탄식했습니다. "하나님이여, 내 속에 정한 마음을 창조하시고 내 안에 정직한 영을 새롭게 하소서.……주의 성령을 내게서 거두지 마소서"(10-11절). 무슨 벌이든 달게 받겠지만 성령만큼은 거두어 가시지 말라는 것입니다. 자, 구약 시대의 인물이 그렇게 생각하고 고백했다면, 성령을 넘치도록 받은—구약 성도들은 이것을 경험치 못했습니다—우리 그리스도인은 더더욱 그러해야 하지 않겠습니까? 우리는 오순절 이후에 살고 있는 사람들입니다. 그렇기 때문에 성령의 임재를 예민하게 느낍니다. 성령을 근심하게 하고 아프게 하는 일에 대한 두려움이 클수록 자신이 하나님의 자녀임을 분명히 확신할 수 있습니다.

여기에서 다시 조상들이 '버려짐'이라고 불렀던 문제를 살펴보아야겠습니다. '버려짐'은 성령을 근심시키지 말라는 이 주제와 밀접한 관계가 있습니다. 앞서 살펴보았듯이, 특히 청교도 조상들이 이 문제에 관심을 갖고 이에 대한 글들을 남겼습니다.

그리스도인들은 눈부신 햇살이 어린양께 나아가는 길을 비추어 주며 모든 것을 선명하게 보여주는 가운데 하나님의 축복과 성령의 인도를 느끼며 살다가, 갑자기 상황이 정반대로 돌변하는 경험을 하곤 했습니다. 구름이 몰려와 태양을 가리고, 답답하고 무거운 어둠이 영혼을 짓눌렀습니다. 그러면 전처럼 기도할 수 없었고, 하나님의 말씀을 읽어도 기쁘지 않았습니다. 마치 혼자 버려진 것 같았습니다. 실제로 이보다 무서운 경험은 없습니다. 설교자들은 제 말이 무슨 뜻인지 잘 알 것입니다. 저는 강단에 홀로 선 것처럼 느껴질 때가 가장 무섭습니다. 혼자 모든 것을 하고 혼자 설교하는 듯 느껴질 때가 있습니다. 그렇게 혼자 남겨지는 것보다 무서운 일은 없습니다! 그런데 가끔 그럴 때가 있습니다. 하나님, 저를 불쌍히 여기소서!

제가 말하고 싶은 점은, 그리스도인이라면 누구나 이렇게 버려진 듯한 느낌, 혼자 남겨진 듯한 느낌을 받을 때가 있다는 것입니다. 일반적으로는 성령을 근심시키고 해서는 안 될 짓을 하다가 이런 경험을 합니다. 늘 그런 것은 아니지만 대개는 그렇습니다. 이것은 그리스도인이 겪을 수 있는 경험 중에 가장 비참한 경험입니다. 그리스도인에게는 이 문제가 도덕적이고 윤리적인 행동의 문제보다 훨씬 더 중요합니다.

"아, 그래요. 그것이 사람들을 반율법주의로 이끄는 복음주의의 전형적인 주장이지요"라고 말하는 이가 있을지 모르겠습니다.

그렇지 않습니다! 그리스도인은 잘못된 행동 때문에도 근심하고 탄식합니다. 그러나 이렇게 버려지는 것을 더 심각한 문제로 생각합니다. 그리스도인에게는 영혼의 활력보다 좋은 것이 없습니다. 성경 읽기, 기도, 설교 같은 하나님의 일들을 편안하고 수월하게 하는 것보다 좋은 것이 없습니다. 그런데 성령이 떠나시면 마치 버림받고 유기당한 듯한 느낌이 듭니다! 이것을 시금석으로 삼으십시오. 사랑하는 여러분, 이런 경험에 대해 알고 있다면, 버려진 것 같고 혼자 남겨진 것 같은 느낌을 조금이라도 경험해 보았다면, 성령이 계실 때와 떠나실 때의 차이를 알고 있다면, 장담컨대 여러분은 하나님의 자녀입니다. 아무리 어리고 보잘것없을지라도 하나님의 자녀입니다. "육에 속한 사람"은 선량하고 도덕적이며 윤리적이어도 이런 경험을 하지 못합니다. 이런 경험에 대해 전혀 알지 못합니다. 모든 일을 혼자 알아서 처리합니다. 성령과 함께해 본 적이 없습니다. 자신과 다른 존재, "고상한 생각의 기쁨으로 나를 흔드는 존재",* 성령의 존재, 거룩한 존재—뭐라고 불러도 좋습니다—를 인식해 본 적이 없습니다. 그러나 그리스도인은 아무리 보잘것없는 사람이라도, 이제 막 그리스도인의 삶을 시작한 사람이라도 그 존재를 인식합니다.

이처럼 성령의 존재를 인식하는 것은 그리스도인이 누릴 수 있는 가장 값진 축복입니다. 그렇기 때문에 성령을 근심시키는 것이 무엇보다 두려울 수밖에 없습니다. 여러분, 성령이 우리 안에 거하십니다! 이 사실을 잊지 맙시다. 거듭 말하건대, 성령이 여러분 안에 거하신다는 이 사실을 상기하면서 하루를 시작하십시오. "난 하나님의 자녀다. 성령이 내 안에 거하신다"라고 말하면서 하루를 시작하십시오. 자기 자신에게 그렇게 말하십시오! 하루에도 몇 번씩 그렇게 말하십시오. 그 말이 성령을 근심시키지 않도록 도와줄 것입니다.

또 다른 갈래의 시금석들—똑같이 중요하고, 어쩌면 더 적극적인 시금석들—을 살펴봅시다. 그것은 우리 안에 성령의 열매가 자란다는 증거가 있느냐 하는 것입니다. 이 또한 논리적으로 당연한 일 아닙니까? 우리 안에 계신 성령, 우리 안에서 일하시는 성령은 "열매"를 만들어 내십니다. 이와 관련된 최고의 본문을 찾아보겠습니다.

---

* 윌리엄 워즈워스, '틴턴 사원 몇 마일 위에서 지은 시'.

바울은 갈라디아서 5장에서 이른바 "육체의 일"과 "성령의 열매"를 대조합니다.

육체의 일은 분명하니 곧 음행과 더러운 것과 호색과 우상 숭배와 주술과 원수 맺는 것과 분쟁과 시기와 분냄과 당 짓는 것과 분열함과 이단과 투기와 술 취함과 방탕함과 또 그와 같은 것들이라. 전에 너희에게 경계한 것같이 경계하노니 이런 일을 하는 자들은 하나님의 나라를 유업으로 받지 못할 것이요

바울은 단정적으로 말합니다. 연이어 하는 말을 들어 보십시오.

오직 성령의 열매는 사랑과 희락과 화평과 오래 참음과 자비와 양선과 충성과 온유와 절제니 이 같은 것을 금지할 법이 없느니라(갈 5:19-23).

이것은 우리가 하나님의 자녀인지 아닌지 검증하는 훌륭한 시금석인 것이 분명합니다. 내가 하나님의 자녀라면, 내 안에 계시고 내 안에서 거하시는 성령이 열매를 만들어 내실 것입니다. 이런 열매가 나타나는 사람은 당연히 하나님의 자녀입니다. 이것이 이 시금석을 적용하는 방법입니다.

성령의 열매는 훌륭하고 엄밀한 시금석이자, 지식의 시금석보다 훨씬 더 섬세한 시금석입니다. 물론 지식도 시금석이 됩니다. "오직 우리 주 곧 구주 예수 그리스도의 은혜와 그를 아는 지식에서 자

라 가라"(벧후 3:18). 일 년 전이나 지금이나 성경을 아는 수준에 아무 변화가 없다면 여러분은 잘 자라고 있지 않은 것입니다. 그리스도인의 삶을 제대로 살고 있다면 시간이 지날수록 지식도 자라고 발전해야 마땅합니다. 성경 안에는 무한한 지식이 있습니다. 그런데 우리는 얼마나 무지합니까! 초보자의 수준, 바닷가 얕은 물에서 찰박거리는 어린아이의 수준을 넘지 못하고 있습니다. 오, 저 거대한 지식을 보십시오! 성경을 아는 지식, 신학을 아는 지식, 교리를 아는 지식이 점점 자라는 것은 엄청난 일입니다. 그럼에도 엄밀한 시금석으로 삼기에는 부족함이 있습니다. 불행히도 머리로 아는 지식이 자랐다고 해서, 지적이고 학문적인 지식이 자랐다고 해서 반드시 그리스도인이라고 볼 수는 없습니다. 이것은 놀랍지만 엄연한 사실입니다. 설교를 듣고 책을 읽고 성경 지식에 큰 흥미를 느낀다고 해서 반드시 그리스도인인 것은 아닙니다. 머리로만 그렇게 할 수가 있습니다. 그런 경우에는 성령의 열매가 나타나지 않습니다. 절대 나타나지 않습니다!

성령의 열매는 우리 힘으로 맺는 것이 아닙니다. 사도 바울이 고린도전서 8:1에서 말하듯이 우리는 스스로 "지식이 있는 줄" 생각합니다. 고린도 교인들은 박식한 지식인들이었습니다. 철학이나 그 밖의 학문에 손을 댄 자들도 있었습니다. 많은 '강한 자들'이 지식을 자랑했습니다. 그러나 바울은 말합니다. "좋다. 사람들은 저마다 지식이 있다고 생각한다. 그러나 지식은 교만하게 하고 사랑은 덕을 세운다." 교만한 것과 견고하고 안전하게 서 있는 것이 어떻게 다른지 아십니까? 이 또한 아주 섬세하고 예민한 시금석입니다. 우리는 지식뿐 아니라 은혜에서도 자라 가야 합니다. 이것은 긴요한 문제입니다. 두 가지의 차이점을 아는 것이 참으로 중요합니다! 자기 안에 성령의 열매가 있는지 살펴보려 할 때 부닥치는 주된 어려움은 이 열매의 자기모순적인 성격 때문에 발생합니다. 성령의 열매가 많아질수록 겸손하고 겸비하고 온유해지며, 그 영이 섬세해지고 예민해져서 자기 안에 있는 죄를 더 잘 감지하게 됩니다. 그래서 처음에는 이런 생각이 들 수 있습니다. '그렇다. 거룩해질수록 자기 부족함을 인지하는 법이다. 갓 태어난 어린 회심자가 단번에 완전해진 양 착각하는 것은 무지의 소치이다. 그들은 자신이 완전치 못하다는 사실을 배워야 한다. 우리 모두 마찬가지다. 갓난아기와 어린아이는 항상 그런 착각을 하지만, 나이가 들수록 자기 무지를 깨닫게 된다. 마찬가지로 그리스도인도 성장할수록, 성령이 자기 안에서 일하시는 것을 경험할수록, 자신의 맹목과 어둠과 마음의 재앙을 발견하게 되며 자신이 얼마나 소망 없는 자인지 깨닫게 된다.' 이것은 어떤 점에서 맞는 생각입니다. 그러나 감사하게도 온전히 맞는 생각은 아닙니다. 사실 이 추론은 아주 잘못된 것입니다.

진리에는 또 다른 측면이 있는데, 그 측면이 아주 중요합니다. 신약성경은 말합니다. "너희는 믿음 안에 있는가 너희 자신을 시험하고 너희 자신을 확증하라"(고후 13:5). 성경은 계속 이렇게 권합니다. 바울이 저 위대한 고린도전서 13장을 쓴 것도 고린도 교인들 스스로 자신을 점검하게 하기 위해서였습니다. 바울은 지적인 지식과 영적인 은사를 자랑하는 그들에게 "내가 또한 가장 좋은 길을 너희에게 보이리라"라고 말합니다(고전 12:31). 여러분도 13장으로 자신을 점검해 보아야 합니다.

내가 사람의 방언과 천사의 말을 할지라도 사랑이 없으면

사랑이 없으면 어떤 것도 쓸데없고 무가치합니다.

소리 나는 구리와 울리는 꽹과리가 되고 내가 예언하는 능력이 있어 모든 비밀과 모든 지식을 알고 또 산을 옮길 만한 모든 믿음이 있을지라도

이런 사람이 있다면 정말 굉장할 것입니다! 그런데 바울은 그렇지 않다고 합니다! 그의 말을 더 들어 보십시오.

사랑이 없으면 내가 아무 것도 아니요 내가 내게 있는 모든 것으로 구제하고

이것은 참으로 놀라운 희생입니다! 이런 사람이 있을 때 세상은 박수를 치며 신문 1면에 실어 줍니다. "이 사람이 한 일을 보라. 이 사람의 희생을 보라!" 하면서 감탄합니다. 그러나 바울은 이 또한 아무것도 아니라고 말합니다!

또[심지어] 내 몸을 불사르게 내줄지라도 사랑이 없으면 내게 아무 유익이 없느니라(고전 13:1-3).

두렵지만 엄연한 사실입니다. "사람의 방언과 천사의 말"과 예언을 하는 사람이라도, 모든 것을 알고 이해하는 사람이라도, 산을 옮길 만한 믿음을 가진 사람이라도, 엄청난 희생을 하는 사람이라도 그 마음은 돌처럼 단단할 수 있습니다. 그러면 그 모든 대단한 일들이 다 쓸데없고 무가치하다고 바울은 주장합니다. 이것은 당연한 사실입니다. 사람들이 자기 힘으로 해내는 일들을 보면 참으로 놀랍습니다. 많은 이들이 엄청난 선행을 하고 큰 희생을 감수합니다. 왜 그럴까요? 무지하게도 그것이 곧 그리스도인이 되는 길이라고 생각하기 때문입니다. 자기 스스로 그렇게 합니다! 열심을 내고 열정을 보입니다. 구원을 얻고 하나님을 기쁘시게 할 만한 일이라면 무엇이든 가리지 않고 다 합니다. 그러나 그 태도는 잘못된 것입니다. 거기에는 사랑의 원리가 없습니다. 이 가르침이 아주 중요합니다.

그리스도인은 참 알 수 없는 존재입니다. 그렇지 않습니까? 비그리스도인에게는 그런 면이 없습니다. "육에 속한 사람"은 분석하기가 아주 쉽습니다. 그러나 그리스도인은 복잡합니다. 왜 그럴까요? 자, 이를테면 이중성이 있기 때문입니다. 옛 본성과 새 본성이 다 있기 때문입니다. 그리스도인은 "새사람"이면서도 "옛사람"의 기억을 가지고 있습니다. 그래서 자신의 옛 모습에도 놀라고 새 모습에도 놀랍니다. 우리가 그리스도인인지 확인하는 좋은 방법은 이렇게 두 가지 측면에서 놀라는지 자문해 보는 것입니다.

먼저, 자신이 이 정도로 악하다는 데 놀랍니까? 자기 마음이 이 정도로 어둡다는 데 놀랍니까? 자신이 이 정도로 더러운 생각과 상상을 한다는 데 놀랍니까? 이런 자신의 모습에 놀랍니까? '내가 이런 짓을 할 수 있는 사람이었나?' 하는 생각이 듭니까? 이것이 한 가지 측면입니다. 동시에, 자신이 이 정도로 선하다는 데에도 놀랍니까? 사도 바울처럼 "이제는 내가 사는 것이 아니요"라고 고백할 수 있다는 데 놀랍니까?(갈 2:20) '내가 어떻게 성경에 관심을 갖게 되었지? 나 같은 사람이? 대체 내가 어떻게 기도를 좋아하게 된 거야? 내가 이런 사람이 되었다니 정말 놀랍다' 하는 생각이 듭니까? 그리스도인은 자신에게서 이 두 가지 측면을 다 발견합니다. 그렇기 때문에 은혜 안에서 성장해도 병적인 자기 성찰에 빠져 바닥을 헤매지 않는 것입니다. 그는 자신의 선한 측면도 똑같이 바라봅니다. 그리스도인은 이 두 가지 측면에 똑같이 놀라는 사람들입니다.

또한 성령의 열매는 우리의 것이 아니며 우리가 만들어 내는 것이 아니라는 점에서 성화를 검증하기에 좋은 시금석이 됩니다. 그렇습니다. 방금 전에 살펴본 갈라디아서 5장의 대조가 중요한 이유가 여기 있습니다. 사도 바울은 "육체의 일은 분명하니 곧 음행과 더러운 것과 호색과……"라고 말합니다. 그러나 "그리스도인의 일은 이러하니……"라고 말하지는 않습니다. 이것은 "그리스도인의 일"이 아닌 "성령의 열매"이기 때문입니다(갈 5:22). 그렇기 때문에 그리스도인은 자기 속에 열매가 있어도 자랑하거나 교만해지지 않습니다. 그리스도인은 그것이 성령의 열매임을 압니다. 자기가 맺은 열매가 아니라 성령이 자기 안에서, 자기를 통해 맺으신 열매임을 압니다. 물론 그들도 성령께 반응함으로써 일정한 역할을 감당합니다. 그러나 열매 자체는 근본적으로 성령의 작품입니다.

성령을 떠나서 열매를 맺을 수 있는 사람은 아무도 없습니다. 여러분도 마찬가지입니다. 도덕적으로 훌륭하고 선한 자들이 열매 비슷한 것을 만들어 내기도 하지만, 그것은 아주 훌륭한 조화造化에 불과합니다. 그 속에 생명이 없습니다. 잘 살펴보면 차이를 알 수 있습니다. 성령의 열매와 도덕은 완전히 다릅니다. 성령의 작품, 성령의 "열매"는 여러분이 거의 눈치채지 못하는 사이에 자라납니다. 본인도 나중에 그런 열매가 맺힌 것을 보고 깜짝 놀랍니다. 이것이 시금석입니다. 여러분 안에 성령의 열매가 있습니까? 바울이 성령의 열매에 은사를 포함시키지 않는다는 사실에 주목하십시오. 이것이 고린도전서 12장과 13장의 큰 차이점입니다. 12장에서는 은사—능력을 행하는 은사나 병 고치는 은사, 방언, 지식, 지혜, 분별 같은 놀라운 은사—를 다룹니다. 그러나 13장에서는 "내가 또한 가장 좋은 길을 너희에게 보이리라"라고 하면서, 은사가 아닌 은혜에 대해 이야기하며 내적인 상태와 모습에 대해 이야기합니다. 이것이 시금석입니다. 은사는 비그리스도인에게도 있을 수 있습니다. 가룟 유다도 다른 제자들처럼 귀신을 쫓아내는 권세를 받았던 것이 분명합니다. 부흥의 시기에도 일시적으로 은사를 받는 이들이 있었습니다. 이처럼 은사가 있다고 해서 다 그리스도인인 것은 아닙니다. 우리가 그리스도인임을 입증해 주는 것은 은사가 아닌 열매입니다.

바울이 "열매들"이라고 하지 않고 "열매"라고 말한다는 사실에도 주목하십시오. 그는 복수가 아닌 단수를 쓰고 있습니다. 이 아홉 가지가 한 열매의 여러 측면임을 알려 준다는 점에서 이 사실은 중요합니다. 물론 각 측면을 따로 살펴보아야 하고 곧 그렇게 하겠지만, 전부 다 한 과科, 한 속屬에 속한 한 열매입니다. 그렇다면 이것들은 다 무엇을 가리키는 것일까요? 바울이 아홉 가지로 나누어 말한다는 데 주목하십시오. 이 아홉 가지는 다시 세 갈래로 구분할 수 있습니다. 말이 나온 김에 각각의 특징을 조금씩만 설명해 보겠습니다. 그 이상 자세히 다룰 필요는 없습니다. 성령이 있는 사람들은 제 설명을 정확히 이해할 것입니다.

처음 세 열매는 우리의 근본적인 상태와 모습을 보여줍니다. 그것이 무엇입니까? "성령의 열매는 사랑과……." 사랑! 바울은 늘 그렇듯 사랑을 첫 번째로 제시합니다. 갈라디아서 5장에서도, 고린도 전서 13장에서도 사랑을 가장 먼저 이야기합니다. 그렇다면 바울이 말하는 사랑이란 무엇일까요? 자, 제가 알려 드리겠습니다. 사람들 속에 성령의 열매가 있다는 것은 하나님의 사랑이 그들의 마음속에 뿌려졌다는 뜻이며, 그들이 하나님을 사랑하기 시작했다는 뜻입니다. 이것이 그리스도인들의 큰 특징입니다. 오, 사랑은 무력한 감상이 아닙니다! 가끔 생각하는 바지만, 감상주의야말로 사랑의 가장 큰 적입니다. 찬송가에 실려 있는 지나치게 감상적인 찬송들도 마찬가지입니다. 그런 것은 사랑이 아닙니다. 절대 아닙니다! 사랑은 강한 것입니다. 고귀한 것입니다. 하나님을 믿는다고 하면서도 사랑하기보다 두려워하는 자들이 있습니다. 그러나 그리스도인은 두려워하면서도 사랑합니다. 그들은 하나님이 자신의 아버지이심을 압니다. 그가 자신을 위해 무슨 일을 하셨는지 압니다. 하나님과 자신이 새로운 관계를 맺었다는 것, 자신은 이제 하나님의 자녀라는 것을 압니다! 짜증내고 불순종하며 거역하는 나쁜 자식일 수도 있지만, 그래도 기본적으로는 마음 밑바닥에 하나님을 향한 사랑과 하나님을 더 알고 싶어 하는 열망이 있습니다.

이처럼 바울이 말하는 사랑은 하나님을 향한 사랑입니다. 또한 동료 그리스도인들을 향한 사랑이자 원수를 향한 사랑이기도 합니다. 주님은 산상설교에서 "너희 원수를 사랑"하라고 하셨습니다(마 5:44). 친구만 사랑하는 자는 믿지 않는 자보다 나을 게 없다고 하셨습니다. "죄인들도 사랑하는 자는 사랑하느니라"(눅 6:32). 죄인들도 자신에게 친절한 사람에게는 친절을 베풉니다. 그리스도인이 아니어도 그렇게 합니다. 그러나 원수를 사랑하는 일, 자신을 미워하는 사람에게 선을 베푸는 일, 자신을 악의적으로 이용하고 비방하는 사람을 위해 기도하는 일은 오직 그리스도인만 할 수 있습니다. 이것은 성령의 열매입니다! 새로운 사랑의 요소가 그리스도인들 속에 생겨나 그들의 시각 전체를 지배합니다. 물론 아직 완전하지는 못합니다. 우리는 이 땅에 사는 동안 완전한 사랑을 할 수 있다고 믿지 않습니다. 그렇게 믿고 가르치는 자들도 있지만, 신약성경에는 그런 근거가 나오지 않습니다. 하나도 나오지 않습니다! 그러나 사랑의 원리는 생겨납니다. 사도 바울은 디도서 3장에서 이 점을 완벽하게 설명하고 있습니다.

우리도 전에는 어리석은 자요 순종하지 아니한 자요 속은 자요 여러 가지 정욕과 행락에 종노릇한 자요 악독과 투기를 일삼은 자요 가증스러운 자요 피차 미워한 자였으나 우리 구주 하나님의 자비와 사람 사랑하심이 나타날 때에 우리를 구원하시되 우리가 행한 바 의로운 행위로 말미암지 아니하고 오직 그의 긍휼하심을 따라 중생의 씻음과 성령의 새롭게 하심으로 하셨나니 우리 구주 예수 그리스도로 말미암아 우리에게 그 성령을 풍성히 부어 주사 우리로 그의 은혜를 힘입어 의롭다 하심을 얻어 영생의 소망을 따라 상속자가 되게 하려 하심이라(딛 3:3-7).

그렇습니다! 우리는 "악독과 투기"를 타고난 "가증스러운 자요 피차 미워하는 자"입니다. 제 말이 충격적으로 들립니까? 오늘날 세상의 비그리스도인들이 다 이렇게 살고 있으니 그리 충격적으로 들리지는 않을 것입니다. 물론 파티에서는 예의를 깍듯이 지킬 수 있고 누구나 사랑하는 것처럼 행동할 수 있습니다. 그런데 실상도 그렇습니까? 생각 속을 들춰봐도 그렇습니까? 타락한 인간은 얼마나 가증스러운 존재인지요! 이른바 위대한 지도자들과 정치인들의 자서전이나 전기를 읽어 보면 더욱 그렇습니다. 그런 사람들이 동료들을 사랑하고 동료들과 협력합니까? 오히려 서로 비난하며 서로 쓰러뜨리고자 물밑 작업을 벌이기에 바쁩니다! 그들의 책을 보면 바로 알 수 있습니다. 그러나 그리스도인은 더 이상 그렇게 살지 않는다고 바울은 말합니다. 물론 완전하지는 않지만, 악독과 투기를 일삼거나 가증스러운 짓을 하거나 남을 미워하지는 않습니다. 여러분, 그런 사람은 그리스도인이 아닙니다. 무슨 일을 했느냐는 중요치 않습니다. 간음한 적이 없다는 것도 중요치 않습니다. 악독과 투기를 일삼는 사람, 가증스러운 사람, 남을 미워하는 사람은 그리스도인이 아닙니다. 거듭난 사람이 아닙니다. 성령이 그 안에 계신 사람이 아닙니다. 성령의 열매는 사랑입니다. 원수까지 끌어안는 사랑입니다!

두 번째 열매인 희락을 살펴봅시다. 희락이 무엇일까요? 물론 행복은 아닙니다. 희락과 행복은 완전히 다릅니다! 행복은 인위적으로 가공될 때가 많습니다. 하나님은 기독교적이고 영적인 의미에서 자기 백성, 자기 자녀를 행복하게 하기로 작정하셨습니다. 자신의 기쁨, 구원의 기쁨을 주기로 작정하셨습니다. 아무리 부족하고 허물이 많아도 나는 하나님의 자녀입니다. 이 사실을 알면서 기뻐하지 않을 그리스도인은 없습니다. 당연히 기뻐하게 되어 있습니다. 성령의 열매는 희락입니다. 성장할수록 비참함을 느끼는 것이 그리스도인의 최고 증거인 것처럼 생각하는 이들이 있는데, 그리스도인은 원래 기쁨이 넘치는 사람들입니다. "주 안에서 항상 기뻐하라. 내가 다시 말하노니 기뻐하라"(빌 4:4). 이런 기쁨이 없다면 성령의 열매가 아주 빈약한 것입니다.

제가 강조한 두 가지 측면을 잊지 마십시오. 성령이 일하시면 계속 낙심에 빠져 있을 수가 없습니다. 내내 자기 자신만 들여다보는 것은 성경적인 태도가 아닙니다. 주님을 바라보아야 합니다. 자기 자신만 들여다보면 안 됩니다. 고개를 가로저으며 탄식만 하면 안 됩니다. 자신의 필요만 채우려 들면 안 됩니다. 오로지 자신만 생각할 뿐, 복음 전파나 전도예배에는 아무 관심도 없는 그리스도인들이 요즘 많습니다. 그런 자들은 "그 예배엔 내 삶에 도움이 될 만한 게 하나도 없어"라고 말합니다. 항상 자신의 필요만 채우려 들 뿐, 불신자들에게는 아무 관심이 없습니다. 그들은 병적인 자기 성찰과 자기 염려를 벗어나지 못하는 비참한 그리스도인입니다.

그러면 안 됩니다! 성령의 열매는 희락입니다! 그리스도인은 하나님을 즐거워하는 자들이며, 구원을 즐거워하는 자들입니다. 자신들이 믿는 하나님이 어떤 분인지 아는 자들입니다. 성령이 활발히 일하실수록 그리스도인의 기쁨은 커지게 되어 있습니다. 여러분은 이 기쁨을 알고 있습니까? 주 안에서 기뻐하고 있습니까? 항상 기뻐하고 있습니까? 자기 마음의 재앙을 절실히 느낄수록 기쁨도 커지게 마련입니다. 이 두 가지는 모순되지 않고 함께 갑니다. 자기 마음의 재앙도 보고 주님도 보기에 주 안에서 기뻐할 수 있습니다. 죄조차 기쁨을 가져옵니다. 주님이 날 위해 하신 일로 인해 기뻐하게 됩니다.

첫째 갈래의 마지막 열매는 화평입니다. 그리스도인의 마음에는 근본적인 화평이 있습니다. 태풍의 중심은 완전히 고요하고 평온하다고 하는데, 저는 이것이 그리스도인의 평안에 대한 좋은 비유가 된다고 생각합니다. 갈등에 휘말리고 온갖 종류의 어려움을 겪어도—"밖으로는 다툼이요 안으로는 두려움이었노라"(고후 7:5)—중심에는 근본적인 평안이 있습니다. 그리스도인들 중에 자기 자신이나 자신의 성취에 마냥 도취되는 사람은 없습니다. 자신의 결함과 실패와 잘못과 죄를 잘 압니다. 그럼에도 그 중심에서 나오는 고백은 이것입니다. "우리가 믿음으로 의롭다 하심을 받았으니 우리 주 예수 그리스도로 말미암아 하나님과 화평을 누리자"(롬 5:1). 전에는 하나님과 화평을 누리지 못해서 두려움 속에 살았습니다. 하나님과 죽음과 율법을 두려워했습니다. 그 모든 것을 두려워했습니다. 그러나 이제는 그 모든 것에도 불구하고 하나님과 화평을 누립니다.

이처럼 하나님과 화평을 누리는 자는 다른 사람들과도 화평을 누립니다. 바울은 그리스도가 십자가에서 죽으심으로 화평을 이루셨다고 말합니다. "이 둘로 자기 안에서 한 새사람을 지어 화평하게 하시고"(엡 2:15). 그들은 다른 이들과 조화를 이룹니다. 유대인과 이방인 가리지 않고 하나가 됩니다. 이것이 교회의 기적입니다. 교회는 모든 사람과 함께합니다. 하나님과 화평을 누리고, 사람들과도 화평을 누립니다.

무엇보다 놀라운 일은 자기 자신과 화평을 누리는 것입니다. 어떤 작사가는 이것을 "마음에서 우러나오는 여유로움"*이라는 말로 표현했습니다. 마음이 고요해집니다! 불안이 사라집니다. 성령을 통해 하나님과 그리스도 안에서 만족을 누립니다. 근본적인 평안을 누립니다. 오, 전에는 만족이 없었고 불안했습니다. 쉴 새 없이 몰아치는 파도처럼 마음이 요동쳤습니다. 이사야 선지자의 말 그대로입니다. "악인은 평온함을 얻지 못하고 그 물이 진흙과 더러운 것을 늘 솟구쳐 내는 요동하는 바다와 같으니라"(사 57:20). 정말 그렇습니다. 그런데 그리스도인이 되고 성령의 열매가 자라면, 인격 깊은 곳에 근본적인 평안이 생겨납니다.

사랑하는 여러분, 이 시금석으로 자신을 점검해 보았습니까? 성령의 복된 열매인 사랑과 희락과 화평의 증거가 나타나고 있습니까? 그러면 무슨 일이 닥치든 걱정할 필요가 없습니다. "아무것도 염려하지 말고 다만 모든 일에 기도와 간구로, 너희 구할 것을 감사함으로 하나님께 아뢰라. 그리하면 모든 지각에 뛰어난 하나님의

---

* 웨어링Anna Laetitia Waring, '아버지여, 저는 아오니*Father, I know that all my life*'.

평강이 그리스도 예수 안에서 너희 마음과 생각을 지키시리라"(빌 4:6-7). 여러분은 이런 평강에 대해 알고 있습니까? 주변 상황에 흔들리지 않는 평강, 중심의 근본적인 평강에 대해 알고 있습니까? 진정한 의미의 내적인 평강 가운데 사랑하는 이의 죽음이나 자신의 죽음이나 장차 일어날 일들을 맞이할 수 있습니까? 우리 각 사람이 하나님의 자녀임을 알게 해주시기를, 우리 안에 있는 성령의 표시를 우리 자신도 알아보고 남들도 알아보게 해주시기를 원합니다.

28

성령의 열매(2)

영접하는 자 곧 그 이름을 믿는 자들에게는 하나님의 자녀가 되는 권세를 주셨으니 이는 혈통으로나 육정으로나 사람의 뜻으로 나지 아니하고 오직 하나님께로부터 난 자들이니라. **요 1:12-13**

지난주에는 성령을 근심시킬 수 있는 위험성과 그에 대한 우리의 두려움을 살펴보면서, 우리가 정말 하나님의 자녀인지 검증해 볼 수 있는 좀 더 적극적인 방법을 알아보았습니다. 이미 말했듯이 이 것은 아주 면밀한 시금석입니다. 성령은 우리 안에 거하시며 열매를 만들어 내십니다. 우리는 사도 바울이 갈라디아서 5:22-23에서 말하는 열매―"사랑과 희락과 화평과 오래 참음과 자비와 양선과 충성과 온유와 절제"―를 검토하면서 그 증거가 우리 삶에 나타나는지 확인하고 있는 중입니다.

바울이 성령의 "열매들"이라고 하지 않고 "열매"라고 말한다는 점을 다시 한 번 상기시키고 싶습니다. 이 아홉 가지는 한 열매의 다양한 측면입니다. 서로 긴밀히 연결되어 있기 때문에 어느 한 가지만 나타나는 경우는 없습니다. 또한 우리는 이것이 이른바 성령의 "은사"가 아니라 "은혜"임을 강조했으며, 지식의 시금석보다 훨씬 더 섬세한 시금석이라는 점을 지적했습니다. 다시 말해서 성령의 열매야말로 우리가 적용할 수 있는 가장 철저한 시금석 중에 하나인 것입니다. 우리는 바울이 갈라디아서 5장에서 제시하는 목록을 크게 세 갈래로 나눌 수 있다고 했습니다. 첫째 갈래―사랑, 희락, 화평―는 그리스도인의 본질, 즉 우리가 어떤 사람들인지 보여주는 것들로서 지난주에 이미 다루었습니다. 이제 둘째 갈래인 인간관계의 측면―오래 참음과 자비와 양선―을 살펴볼 차례입니다.

물론 둘째 갈래는 첫째 갈래와 직접 연결됩니다. 사람의 성품은 밖으로 드러나게 되어 있습니다. 그래서 자기 자신부터 점검해 보고, 그 다음에 주변 환경과 상황에 어떻게 반응하는지 점검해야 하는 것입니다. 우리는 둘째 갈래를 통해 한 단계 더 진전된 검증을 할 수 있습니다. 사도 바울은 "우리 중에 누구든지 자기를 위하여 사는 자가" 없다고 말합니다(롬 14:7). "이 세상 누구도 섬이 아니다"라는 말이 있습니다. 혼자 고립되어 사는 사람은 아무도 없다는 뜻입니다. 누구나 사람들의 세상에서, 사람들과 더불어 살아갑니다. 이 시금석이 등장하는 지점이 여기입니다. 서재나 자기 방이나 높은 산 꼭대기나 수도원 골방에서는 얼마든지 지각에 뛰어난 하나님과 그리스도의 사랑을 안다고 말할 수 있고, 그 무엇에도 방해받지 않는 기쁨과 흔들리지 않는 평강과 "마음에서 우러나오는 여유로움"을 느낀다고 말할 수 있습니다. 그러나 사람들을 만나고, 생활에 부닥치고, 각종 어려움과 문제들을 겪다 보면 상황이 달라집니다.

보다시피 검증은 계속됩니다. 사도는 사랑과 희락과 화평을 제시하는 데 그치지 않고, 둘째 갈래의 시금석들을 제시합니다. 그의 결론은 혼자 있을 때가 아니라 다른 이들과 함께 있을 때, 각종 문제와 어려움에 시달릴 때, 이런 세상과 이런 사람들 틈에서 부대끼며 살아갈 때 비로소 자신이 그리스도인인지 아닌지 가장 잘 알 수 있다는 것입니다. 여기에서 수도원 제도의 문제점이 바로 드러납니다. 수도원 제도는 해답이 못 되는 것이 분명합니다. 우리의 시금석은 삶의 현장에서도 사랑과 희락과 화평을 누릴 수 있느냐 하는 것입니다. 마르틴 루터가 찾아낸 중대한 사실, 아니 마르틴 루터를 찾아온 중대한 사실이 바로 이것이었습니다. 이 깨달음에서 종교개혁이 시작되었습니다.

그리스도인을 경건한 신도와 평신도로 구분해서는 안 됩니다. 절대 안 됩니다! 우리는 다 경건한 신도요 거룩한 성도입니다. 고린도 교인이든 로마 교인이든 어디 교인이든 마찬가지입니다. 거룩함은 삶의 현장에서 드러날 때 비로소 가치 있는 것입니다. 거룩함은 온실 속의 화초가 아닙니다. 바람 한 점 들어오지 않는 인공적인 조건에서 자라나는 여린 꽃이 아닙니다. 그런 거룩함은 아무런 가치가 없습니다. 존 밀턴은 「아레오파지티카Areopagitica」에서 이 점을 아주 정확하게 지적했습니다. "세상과 격리된 도피적인 미덕을 나는 칭송할 수 없다." 그런 미덕은 무익합니다. 그가 칭송하는 미덕은 "용기 있게 나아가 원수를 만나는 것"입니다. 영혼을 수양하는 동안에는 아무 문제 없는 것처럼 보일 수 있습니다. 그러나 현장으로 나가 봐야 합니다. 처리해야 할 일, 감당해야 할 일상의 의무, 만나야 할 사람들과 부대껴 봐야 합니다. 이것이 시금석입니다.

이제 바울이 말하는 둘째 갈래를 자세히 살펴봅시다. 이 시금석을 어떻게 적용해야 할까요? "아, 마음속에 이런 사랑을 주시다니 정말 감사하다!" 하면서 기뻐하는데, 갑자기 아주 까다롭거나 미련한 사람, 도무지 말이 통하지 않는 사람, 이기적이고 자기중심적인 사람이 나타납니다. 나를 모욕하거나 공격하거나 핍박하는 사람이 나타납니다. 제가 묻고 싶은 바는 이것입니다. 그런 사람이 나타날 때 여러분은 어떻게 반응합니까? 그동안 누리고 있던 사랑과 희락과 화평을 계속 유지합니까? 사람은 다 까다로울 수 있습니다. 우리도 제각기 까다로운 사람들입니다. 물론 혼자 있을 때는 그런 생각이 들지 않습니다. 아주 괜찮은 사람 같습니다! 그러나 이 시금석을 통과하지 않고 그렇게 생각해 봐야 의미가 없습니다. 우리는 다른 이들을 어떻게 대하고 있습니까? 첫째 갈래의 목적은 이 둘째 갈래를 가능케 하려는 데 있습니다.

성령의 열매가 있는 자에게 먼저 나타나는 큰 특징은 오래 참음이라고 사도는 말합니다. 오래 참음은 참 희귀한 은혜입니다! 오, 안타깝게도 성령의 열매는 하나같이 희귀합니다. 사도 바울은 고린도전서 13장에서 오래 참음에 대해 아주 훌륭하게 설명해 주고 있습니다. 그 핵심적인 부분만 인용해 보겠습니다. "사랑은 오래 참고……성내지 아니하며 악한 것을 생각하지 아니하며"(4, 5절). 사도는 더 나아가 "모든 것을 참으며 모든 것을 믿으며 모든 것을 바라며 모든 것을 견디느니라"라고 말합니다(7-8절). 그렇습니다. 이것이 열매의 한 측면입니다.

차이점이 보이지 않습니까? 첫 번째 차이점은 이것입니다. 혼자 영혼을 수양하던 사람이 삶의 현장에 나와, 어리석고 미련하며 못된 자들이 문제를 일으키고 성질을 건드리며 콕콕 찔러대는 일을 경험하면 어떻게 될까요? 자, 성령이 계신 자, 성령의 열매가 있는 자는 사랑과 희락과 화평이 있기 때문에 흔들리지 않는다고 사도는 말합니다. 마음과 영혼이 안정되어 있기 때문에 쉽게 낙담하지 않습니다. 근본적인 특성을 잃지 않은 채 그런 상황을 감내하며 그런 자들을 참아 줍니다. 실제로 그렇습니다. 세상에서 어떻게 살고 있는지 살펴보면 사랑과 희락과 화평의 깊이가 어느 정도인지 알 수 있습니다. 화평이 깊은 사람일수록 남들이나 남들의 태도로 인해 쉽게 흔들리거나 낙담하지 않습니다.

가장 좋은 방법은 실제로 오래 참은 이들의 실례와 본보기를 찾아보는 것입니다. 물론 최고의 예는 복되신 주님입니다. 주님이 가룟 유다를 어떻게 대하셨는지 보십시오. 유다가 무슨 짓을 할지 뻔히 아시면서도 인내하며 오래 참아 주셨습니다! 히브리서 12:3과 사복음서가 분명히 보여주는 바, 주님이 어떻게 거역하는 죄인들을 참아 주셨는지도 생각해 보십시오. 사도 베드로는 첫 번째 서신에서 이 점을 아주 잘 요약해 주고 있습니다.

사환들아, 범사에 두려워함으로 주인들에게 순종하되 선하고 관용하는 자들에게만 아니라 또한 까다로운 자들에게도 그리하라.

이것이 시금석입니다.

부당하게 고난을 받아도 하나님을 생각함으로 슬픔을 참으면 이는 아름다우나 죄가 있어 매를 맞고 참으면 무슨 칭찬이 있으리요?

이것은 칭찬받을 일이 아니라 당연한 일입니다.

그러나 선을 행함으로 고난을 받고 참으면 이는 하나님 앞에 아름다우니라.

심히 부당한 대우를 받을 때가 있습니다. 맡은 책임을 다하고 할 일을 다했는데 오히려 그 때문에 벌을 받을 때가 있습니다. 그리스도인은 이처럼 모든 것이 억울한 상황에서도 오래 참습니다.

이를 위하여 너희가 부르심을 받았으니 그리스도도 너희를 위하여 고난을 받으사 너희에게 본을 끼쳐 그 자취를 따라오게 하려 하셨느니라. 그는 죄를 범하지 아니하시고 그 입에 거짓도 없으시며 욕을 당하시되 맞대어 욕하지 아니하시고 고난을 당하시되 위협하지 아니하시고 오직 공의로 심판하시는 이에게 부탁하시며(벧전 2:18-23).

그렇습니다. 사도 바울도 로마서 12장에서 정확히 같은 이야기를 하고 있습니다. 직접 복수하려 들지 말고 오래 참으라는 것입니다. "원수 갚는 것이 내게 있으니 내가 갚으리라"라는 말씀을 기억하라는 것입니다(롬 12:19). 성령의 열매가 있는 신자는 어떤 상황에서도 이 원리에 따라 행동합니다. '그래, 복수는 내 몫이 아니지' 생각하며 오래 참습니다! 오직 성령만 이처럼 참게 해주십니다. 혼자 아무리 마음을 다잡고 굳게 결심해도 막상 시련이 닥치면 까맣게 잊게 마련입니다. 본성이 드러나고 인내심이 바닥납니다. 끝까지 참지 못하고 짜증을 냅니다. 실족합니다. 그러나 성령은 오래 참게 하십니다. 감사하게도 우리 모두 이 열매를 맺을 수 있습니다.

사도 바울도 오래 참음이 무엇인지 잘 보여주는 인물입니다. 저는 그가 원래 신경질적인 기질이 아니었을까 생각합니다. 워낙 열정적이고 감정이 풍부하며 모든 것을 예민하게 감지하는 사람이었기 때문입니다. 그럼에도 그의 가장 특징적인 모습은 동족인 유대인들을 참아 주고 또 참아 주는 것이었습니다. 바울은 그리스도인이 되고 사도가 된 그 순간부터 유대인들의 끊임없는 매도와 핍박에 시달렸으며, 상상할 수 있는 온갖 모욕과 욕설에 시달렸습니다. 바울만큼 동족에게 치욕스러운 대접을 받은 사람을 찾기가 힘들 정도입니다. 그런데 로마서 9:1-3에서 뭐라고 말하는지 보십시오. "내가 그리스도 안에서 참말을 하고 거짓말을 아니하노라. 나에게 큰 근심이 있는 것과 마음에 그치지 않는 고통이 있는 것을 내 양심이 성령 안에서 나와 더불어 증언하노니 나의 형제 곧 골육의 친척을 위하여 내 자신이 저주를 받아 그리스도에게서 끊어질지라도 원하는 바로라." 10:1-2도 보십시오. "형제들아, 내 마음에 원하는 바와 하나님께 구하는 바는 이스라엘을 위함이니 곧 그들로 구원을 받게 함이라. 내가 증언하노니 그들이 하나님께 열심이 있으나 올

바른 지식을 따른 것이 아니니라." 오, 그렇습니다. 그 스승에 그 제자입니다! 성령은 이처럼 우리 안에 오래 참음의 영을 만들어 주십니다.

여러분은 오래 참고 있습니까? 믿지 않는 친지들, 그리스도인이 되더니 자신들보다 그리스도를 우선시한다고 분개하는 친지들을 잘 참아 주고 있습니까? 그들은 그리스도를 우선시한다는 이유로 여러분을 미워할 뿐 아니라 여러분이 주님을 위해 하는 모든 일을 싫어합니다. 여러분은 그런 이들을 어떻게 대하고 있습니까? 오래 참아 줍니까? 인내합니까? 그렇다면 성령의 열매가 있는 것입니다.

그 다음으로 자비kindness를 살펴봅시다. "자비"로 번역해도 의미가 전달되지만, 그보다는 '친절'로 번역하는 편이 낫다는 의견에 대다수 사람들이 동의합니다. 궁극적으로 볼 때 "오래 참음"은 소극적인 태도인 데 비해 "자비" 또는 친절은 적극적인 태도입니다. 다시 말해서 그리스도인은 참을성과 인내심으로 사람들을 대하며 무수한 불의와 부당한 처사와 오해와 핍박을 견디는 데서만 그치지 않습니다. 반격하지 않는 데서 더 나아가 자비를 베풀며, 거칠게 응수하지 않는 데서 더 나아가 기꺼이 용서합니다. 친절을 베풉니다. 신약성경이 명백히 가르치듯이, 원수에게도 당연히 그렇게 합니다. 이 점에서 자비는 철저한 시금석입니다.

이것은 오늘날 교회가 알아야 할 아주 중대한 사실이기 때문에 분명히 짚고 넘어가야겠습니다. 가끔 생각하는 바지만, 자비와 친절의 의미를 오해할 위험성이 무척 큽니다. 모든 일에 관대하며 모든 일에 동의하는 것, 남이 무슨 말을 하든 따지지 않고 다 받아 주는 것을 친절로 여기는 이들이 많습니다. 일반적으로 붙임성이 좋은 성격을 친절로 오해하는 것입니다. 그러나 붙임성과 친절은 완전히 다른 것입니다.

다음과 같이 설명해 보겠습니다. 사도 바울이 갈라디아서 5:22-23에서 다루는 것은 인간관계의 관점에서 본 성령의 열매입니다. 그러므로 자비를 단순히 개성이 없다는 뜻으로 해석하면 안 됩니다. 자비롭고 친절하다는 것은 단순히 줏대가 없다거나 '인정'이 많다거나 성격상 강하고 단호하지 못하다는 뜻이 아닙니다. 성경의 맥락과 어울리게 해석하려면 반드시 이 점을 기억해야 합니다. 5장에서 "자비"를 말하는 사도가 같은 서신에서 "우리나 혹은 하늘로부터 온 천사라도 우리가 너희에게 전한 복음 외에 다른 복음을 전하면 저주를 받을지어다"라고도 말했다는 사실을 기억하십시오(갈 1:8). 그는 9절에서도 같은 말을 합니다. 이것은 아주 심한 표현입니다. 나중에 갈라디아 교인들을 괴롭히고 훼방하는 자들의 문제나 할례 문제를 다룰 때에도 "너희를 어지럽게 하는 자들은 스스로 베어 버리기를 원하노라"라고 단호하게 말합니다(갈 5:12).

이렇게 심한 표현과 자비의 열매가 어떻게 조화를 이루는지 설명하는 것은 그리 어려운 일이 아닙니다. 알다시피 주님께도 두 가지 모습이 있었습니다. 성경은 그를 "상한 갈대를 꺾지 아니하며 꺼져가는 심지를 *끄지*" 않는 분으로 묘사합니다(마 12:20). 온유하고 겸손하신 예수! 오, 자비롭고 친절하신 주님! 그런데 바로 그 주님이 바리새인들에게 뭐라고 소리치셨는지 보십시오. "화 있을진저, 외식하는 서기관들과 바리새인들이여!" 마태복음 23장에는 성경 전체를 통틀어 가장 맹렬한 비난이 기록되어 있습니다. 자비와 친절이라는 열매와 이런 비난이 어떻게 조화를 이룰 수 있을까요? 자, 이렇게 설명해 보겠습니다. 활력 있고 힘 있고 분명하고 강력하게 진리를 위해 싸우는 일과 개인적으로 사람들을 대하고 만나는 일은 완전히 다른 것입니다. 그런데 이렇게 영역을 구분해서 행동하기가 아주 어렵습니다. 어떤 이들은 이런 구분을 전혀 하지 못하는 것 같습니다.

진리를 옹호하겠다면서 사람을 공격하는 자들이 있습니다. 그것은 신약성경의 가르침을 부정하는 태도입니다. 바울은 "분을 내어도 죄를 짓지" 말라고 했습니다(엡 4:26). 그렇습니다. 분을 낼 수는 있습니다. 의분義憤이라는 것이 있는 법입니다. 주님의 신성을 부정하고 하나님의 존재와 위격 자체를 부정하며 기적과 속죄와 부활과 성령의 위격을 부정하는 말을 들으면서도 만면에 미소를 띤 채 "저는 항상 친절하게 사랑을 나타내야 할 사람이므로 그 문제에 대해서는 입을 다물겠습니다" 하는 것 또한 신약성경을 부정하는 태도입니다. 그래서는 안 됩니다! 오류와 죄는 비판해야 합니다. 강력히 비판해야 합니다. 이렇게 비판하는 일과 개인적인 인간관계에서 자비와 친절을 베푸는 일은 서로 상충되는 것이 아닙니다. 이 세상 신이 눈을 가려 버린 탓에 오류에 빠진 순진한 희생자와 오류 그 자체를 구분해서 대응할 필요가 있습니다.

제가 이 점을 강조하는 것은, 아무것도 따지지 않고 웃으면서 받아 주길 바라는 것이 오늘날의 분위기이기 때문입니다. 사람들은 모두가 하나라고, 그러니 서로 무슨 말이든 할 수 있도록 친절하고 다정하게 대하자고 합니다. 그러나 사도가 말하는 친절과 자비의 열매는 그런 것이 아닙니다. 적의를 보이거나 불친절하거나 무례하거나 모욕하지 않으면서도 오류에 반대하는 법을 배워야 합니다. 오류에 빠진 희생자와 오류 그 자체를 구분해서 대응해야 합니다. 우리에게 이런 자비와 친절의 증거가 나타나고 있습니까? 사도 바울이 유대인들을 대했던 태도로 우리도 진리를 부정하는 자들을 대하고 있습니까?

그 다음으로 살펴볼 것은 양선입니다. 이 또한 우리를 한 단계 더 진전시키는 시금석입니다. 우리는 사람들에게 친절을 베풀 뿐 아니라 양선의 영을 보여주어야 합니다. 여기에서 양선이란 다른 이들의 유익을 구하는 태도입니다. 그들이 어떤 자들이든, 무슨 짓을 했든, 우리를 어떻게 대하든 상관없이 호의를 베푸는 것입니다. 그들을 돕는 일을 가장 큰 소원으로 삼고 기회가 생기는 즉시 실제로 돕는 것입니다. 언제든지 친절을 베푸는 것입니다. 복되신 주님이 친히 완벽하게 설명해 주셨기 때문에 제가 따로 설명할 필요가 없을 것입니다.

또 "네 이웃을 사랑하고 네 원수를 미워하라" 하였다는 것을 너희가 들었으나 나는 너희에게 이르노니 너희 원수를 사랑하며 [너희를 저주하는 자를 축복하고 너희를 미워하는 자에게 선을 베풀며 너희를 악하게 이용하고]* 너희를 박해하는 자를 위하여 기도하라. 이같이 한즉 하늘에 계신 너희 아버지의 아들이 되리니 이는 하나님이 그 해를 악인과 선인에게 비추시며 비를 의로운 자와 불의한 자에게 내려주심이라. 너희가 너희를 사랑하는 자를 사랑하면 무슨 상이 있으리요? 세리도 이같이 아니하느냐? 또 너희가 너희 형제에게만 문안하면 남보다 더하는 것이 무엇이냐? 이방인들도 이같이 아니하느냐? 그러므로 하늘에 계신 너희 아버지의 온전하심과 같이 너희도 온전하라(마 5:43-48).

주님의 강조점에 주목하십시오. "너희 원수를 사랑하며 [너희를 저주하는 자를 축복하고 너희를 미워하는 자에게 선을 베풀며 너희를 악하게 이용하고] 너희를 박해하는 자를 위하여 기도하라." 사도가 성령의 열매로 나타나야 한다고 말하는 양선의 의미가 바로 이것입니다. 하나님이 착한 자 나쁜 자, 경건한 자 악한 자 가리지 않고 해를 비추어 주시며 비를 내려 주시는 것처럼, 여러분을 낙담시키며 여러분의 성품과 삶과 모든 것을 망치려 드는 원수들에게도 기꺼이 선을 베풀라는 것입니다. 그러면 하늘에 계신 아버지가 온전하신 것처럼 우리도 온전해진다는 것입니다.

　하나님처럼 우리도 양선을 나타내야 합니다. 오직 성령이 있는 사람만 그렇게 할 수 있습니다. 선하고 도덕적인 사람은 남에게 해를 끼치지 않지만, 그 이상의 선은 베풀지 못합니다. 오직 그리스도인만 그 이상의 선을 베풉니다. 왜 그럴까요? 그리스도인은 인간의 실상을 알기 때문입니다. 마귀와 죄의 종이요 타락하고 악한 본성의 종이라는 사실을 알기 때문입니다. 그리스도인은 악한 본성과

* 흠정역에는 이 부분이 첨가되어 있다.

그 사람 자신을 구분합니다. 그 사람이 악한 본성에서 구원받길 바라며, 그렇기 때문에 기꺼이 선을 베풉니다. 혼자 서재에 앉아 성경을 읽고 기도하며 만족감을 느끼는 것보다 이편이 훨씬 더 어렵지 않습니까? 오, 사랑하는 여러분, 이와 같은 것들이 바로 삶의 시금석입니다.

사도가 마지막으로 제시하는 셋째 갈래—충성과 온유와 절제—를 살펴봅시다. 여기에서 다시 우리는 일반적인 성품의 문제, 특히 하나님 앞에서 드러나는 성품의 문제로 돌아가게 됩니다. 그 첫 번째는 충성faith입니다. 이 그리스어는 대개 '믿음'이라는 뜻으로 사용되지만, 여기에서는 신실함이라는 뜻으로 사용되고 있습니다. 바울은 지금 성령의 은사로서 믿음을 말하는 것이 아닙니다. 그가 고린도전서 12장에서 말하는 믿음의 은사는 조지 뮬러George Müller나 허드슨 테일러Hudson Taylor 같은 이들에게 주신 특별한 선물입니다. 은사로서의 믿음과 그리스도를 믿는 믿음은 다른 것입니다. 그리스도를 믿는 믿음은 모든 그리스도인들에게 있습니다. "너희는 그 은혜에 의하여 믿음으로 말미암아 구원을 받았으니 이것은 너희에게서 난 것이 아니요 하나님의 선물이라"(엡 2:8). 이 믿음은 공통의 것입니다.

바울이 갈라디아서 5장에서 말하는 것은 은사로서의 믿음이 아닙니다. 그는 여기에서 은사의 문제를 다루는 것이 아니라 "성령의 생명이 우리 안에서, 우리를 통해 어떻게 나타나는가?" 하는 문제를 다루고 있습니다. 그러므로 이 단어는 '믿음'이 아니라 신실함을 가리키는 것이 분명합니다. 이것은 성령의 열매로 나타나는 훌륭한 성품입니다. 교회를 맡은 목회자가 교인들에게 가장 바라는 성품이 바로 이 신실함이라고 저는 말하고 싶습니다. 신실하다는 것은 믿을 수 있고 신뢰할 수 있다는 뜻입니다. 충성스럽다는 뜻입니다. 이와 반대되는 사람은 이를테면 발작하듯 성령의 열매가 나타났다 말았다 하는 사람입니다. 처음에 보면 누구보다 훌륭한 그리스도인 같은데 나중에 보면 한없이 처져 있습니다. 또 다음에 만나면 어떤 모습을 보일지 예측할 수가 없습니다. 늘 오락가락합니다. 성품이 안정되어 있지 않습니다. 무엇을 믿고 맡길 수가 없습니다. 그러나 성령이 성품에 깊이를 주시면 흔들리지 않고 견고하며 지속적이고 안정된 사람, 믿고 신뢰할 수 있는 사람이 된다고 사도는 말합니다. 그런 사람은 늘 제자리를 지킵니다. 한결같습니다. 언제든 믿을 수 있습니다.

충성은 아주 적극적인 성품이라는 점에 유념합시다. 천성적으로 변함이 없는 사람들이 있는데, 원래 변화의 여지가 별로 없는 단조로운 성격이라서 그런 것입니다. 지금 우리가 타고난 성격을 논하는 것이라면, 오히려 변화의 폭이 큰 사람을 옹호해야 할 것입니다. 세상의 위인들이나 위대한 지도자들은 아주 열정적인 사람들로서, 때로 격분했다가 때로 온순해졌다가 합니다. 그만큼 개성이 강한 것입니다. 개성이 강하면 변화의 폭도 큰 법입니다. 그런데 오늘날은 소극적인 특성들만 모아 놓은 듯한 사람들을 칭송하는 경향이 있습니다. 제가 볼 때 이른바 연봉이 높은 '유명인사' 다수가 그런 사람들인 것 같습니다. 남의 마음을 상하게만 하지 않으면 아주 선한 사람인 양 칭송하는데, 달리 말하면 개성도 없고 특징도 없는 경우가 많습니다. 그런 성격과 사도가 여기에서 말하는 충성을 혼동하면 안 됩니다.

그렇습니다. 천성적으로 격정적이고 개성이 강한 사람, 기질의 변화가 많은 사람도 성령이 제어하신다고 바울은 말합니다. 성령은 강한 힘과 능력을 공급하십니다. 이것은 참으로 놀라운 일입니다! 성령이 모든 것을 통제하시면 실제로 강인한 성품이 생겨납니다. 사도 바울을 보면 알 것입니다. 그에게는 성령이 공급하시고 감독하시고 지배하시는 힘과 열정과 능력이 있었습니다. 믿을 만하고 신뢰할 만하며 충성스러운 사람이란 바로 이런 사람을 말하는 것입니다.

그 다음으로 나타나는 측면은 온유입니다. 이것은 겸손하다는 뜻입니다. 특히 하나님 앞에서 겸손하다는 뜻입니다. 그리스도인은 성전에서 자신 있게 나서며 "하나님이여, 나는 다른 사람들과 같지 아니함을 감사하나이다"라고 말한 바리새인과 정반대되는 사람입니다(눅 18:11). 그의 태도는 온유와 반대되는 것입니다. 정말 온유한 사람은 성전에서 자기 가슴을 치며 "하나님이여, 불쌍히 여기소서. 나는 죄인이로소이다"라고 기도했던 세리입니다(눅 18:13). 온유! "온유한 자는 복이 있나니 그들이 땅을 기업으로 받을 것임이요"(마 5:5). 이 열매를 맺는 자들은 하나님 앞에 겸손합니다. 낮은 마음으로 하나님과 동행합니다. "하나님의 능하신 손 아래에서 겸손하라"라는 권고에 귀를 기울이며 항상 그 권고를 따릅니다(벧전 5:6). 오, 두렵게도 현대 교회에서는 온유를 찾아볼 수가 없습니다. 다들 공격적이고 자족적입니다. 모든 일을 사업하듯이 합니다.

성도들의 전기를 읽어 보십시오. 로버트 머리 맥체인Robert Murray McCheyne이나 데이비드 브레이너드David Brainerd나 조나단 에드워즈Jonathan Edwards의 전기를 읽어 보면 온유와 겸손이 무엇인지 알 것입니다.

그리스도인은 하나님 앞에서 온유할 뿐 아니라 자기 자신을 대하는 태도와 자기 자신을 바라보는 시각에서도 온유합니다. 온유의 열매가 있는 사람은 자신이 보잘것없고 은사가 부족한 사람임을 잘 압니다. 스스로 대단하게 여기지 않습니다. 그렇다고 일부러 겸손한 척하는 것은 아닙니다. 그저 자기 모습을 제대로 알고 파악하는 것일 뿐입니다. 온유한 자는 자기를 혐오하고 미워합니다. 찰스 해든 스펄전Charles Haddon Spurgeon은 자기 같은 사람의 설교를 듣기 위해 굳이 길을 건너는 수고를 하지 않겠다고 했습니다. 이것이 참된 온유입니다. 이것은 그의 진심이었습니다. 마음 깊은 곳에서 우러나온 진심이었습니다. 온유는 아주 좋은 시금석입니다. 온유한 사람일수록 남의 비판에 화를 내지 않습니다. 그 비판이 맞는다는 것, 아니 자신은 그보다 못한 사람이라는 것, 사실은 더 심하게 비판받아야 할 사람이라는 것을 알기 때문입니다.

온유는 다른 이들을 대하는 태도와 다른 이들을 바라보는 시각에서도 나타납니다. 이것을 설명하는 가장 쉬운 방법 또한 사도 바울의 위대한 진술을 직접 읽어 보는 것입니다.

아무 일에든지 다툼이나 허영으로 하지 말고 오직 겸손한 마음으로 각각 자기보다 남을 낫게 여기고 각각 자기 일을 돌볼뿐더러 또한 각각 다른 사람들의 일을 돌보아 나의 기쁨을 충만하게 하라. 너희 안에 이 마음을 품으라. 곧 그리스도 예수의 마음이니 그는 근본 하나님의 본체 시나 하나님과 동등됨을 취할 것으로 여기지 아니하시고 오히려 자기 를 비워 종의 형체를 가지사 사람들과 같이 되셨고 사람의 모양으로 나타나사 자기를 낮추시고 죽기까지 복종하셨으니 곧 십자가에 죽으심이라(빌 2:3-8).

그렇습니다! 지면의 모든 사람보다 온유했던 모세같이 되어야 합니다(민 12:3). 주님같이 되어야 합니다! 주님은 온유의 모든 것을 보여주셨습니다. 그래서 사도는 고린도 교인들에게 다음과 같이 호소했습니다. "너희를 대면하면 유순하고 떠나 있으면 너희에 대하여 담대한 나 바울은 이제 그리스도의 온유와 관용으로 친히 너희를 권하고"(고후 10:1).

바울이 자기 자신에 대해 또 무슨 말을 했는지 보십시오. 그 말이 우리에게 얼마나 유익한지 모릅니다. 사도가 가끔 이렇게 자신에 대한 말을 남겼다는 사실이 그저 감사할 따름입니다. 그는 자신이 얼마나 훌륭한 인물이요 위대한 전도자인지에 대해 언급하지 않습니다. 그렇습니다. 그는 말합니다. "나는 사도 중에 가장 작은 자라. 나는 하나님의 교회를 박해하였으므로 사도라 칭함받기를 감당하지 못할 자니라. 그러나 내가 나 된 것은 하나님의 은혜로 된 것이니"(고전 15:9-10). 그의 말을 더 들어 보십시오. 그가 충격적으로 받아들인 사실은 이것이었습니다. "모든 성도 중에 지극히 작은 자보다 더 작은 나에게 이 은혜를 주신 것은 측량할 수 없는 그리스도의 풍성함을 이방인에게 전하게 하시고"(엡 3:8). 그는 자기 같은 사람이 사도로 일한다는 사실을 놀랍게 여겼습니다. 모든 성도 중에 지극히 작은 자신이 어떻게 사도가 되었는지 모르겠다고 토로했습니다. 겸손한 척하느라고 일부러 그런 것이 아닙니다. 그는 "물론 저는 별 볼 일 없는 교인입니다. 그저 평범한 교인일 뿐이지요" 하면서도 사실은 자신이 얼마나 대단한지 알아주길 바라는 그런 사람이 아니었습니다! 오히려 정반대였습니다. 그는 진심으로 이렇게 생각했습니다. 자기 같은 사람에게 하나님의 은혜가 임했다는 사실에 놀라움을 금치 못했습니다.

마지막으로 살펴볼 것은 절제입니다. 이것은 자제하고 훈련한다는 뜻입니다. 운동선수처럼 한다는 뜻입니다. 크리켓 결승전이나 축구 경기를 앞둔 선수들이 어떻게 생활하는지 알 것입니다. 담배도 피우지 않고 술도 마시지 않습니다. 큰 경기에 합당한 몸 상태를 만들기 위해 내내 훈련합니다. 자, 그리스도인은 특정 기간에만 그렇게 하는 사람들이 아니라 항상 그렇게 하는 사람들입니다. 절제는 악을 피하고, 해로운 것들을 멀리하며, 하나님께 영광과 찬송을 돌리기 위해 모든 힘과 능력과 재능을 바치는 것입니다. 절제! 그리스도인은 훈련되고 통제되고 정돈된 생활을 합니다.

사도의 말을 다시 들어 보십시오. 그는 디모데에게 말합니다. "하나님이 우리에게 주신 것은 두려워하는 마음이 아니요 오직 능력과 사랑과—능력과 사랑은 양립 불가능한 것이 아니라는 점에 다시금 주목하기 바랍니다. 사랑은 연약하고 여리고 감상적이고 병약한 감정이 아닙니다. 강력한 것입니다!—절제하는 마음—훈련—이니"(딤후 1:7).

성령은 항상 훈련하십니다. 훈련된 생활을 하는 사람은 하나님의 자녀임을 확신할 수 있습니다. 참된 그리스도인은 성령을 힘입어 자기 자신과 자기 기질을 통제합니다. 그렇다고 사람의 기질 자체가 변하거나 사라지는 것은 아닙니다. 다 똑같은 판박이가 되는 것은 아닙니다. 절대 아닙니다! 기질과 개성은 그대로 남아 있습니다. 다만 성령이 그것을 통제하여 하나님의 영광을 위해 사용하게 하시는 것입니다. 기질을 통제하시고 훈련하시는 것입니다. 성령과 진리가 함께 이 일을 해줍니다.

그리스도인은 제멋대로 행동하지 않습니다. 감정에 휩쓸리지 않습니다. 상황이나 사람에게 휘둘리지 않습니다. 항상 성령의 통제를 받음으로써 자신을 통제합니다. 디모데의 문제가 여기 있었습니다. 교회도 어려움을 겪고 자신도 핍박을 당하는 상황에서 옥에 갇힌 바울까지 처형당한다는 소문이 들려오자 두려움과 떨림이 엄습했습니다. '앞으로 어떻게 되는 거지? 이제 기독교도 끝이로구나' 하는 생각이 들었습니다.

사도 바울은 말합니다. "자, 그동안 받은 훈련은 다 어떻게 된 것이냐? 절제는 다 어떻게 된 것이냐? 자제력은 다 어떻게 된 것이냐? 너는 하나님의 목적을 이해하고 이런 상황에 낙담치 않을 만큼 진리를 알고 있지 않느냐?" 그렇습니다. 생활 속에 절제와 자제력과 훈련과 질서정연함이 있어야 합니다. 균형을 잃지 말고, 자기 마음을 성령의 궁극적인 통제 아래 두어야 합니다.

성령의 열매에 대한 사도의 가르침은 우리의 모든 것이 동일하고 중대한 한 가지 목적에 맞추어져야 함을 일깨워 줍니다. 우리는

성령의 열매 (2)

651

모든 인격과 됨됨이를 통해 우리가 세상 사람들과 다르다는 것을 드러내야 합니다. 주님이 그렇게 할 것을 명하셨습니다. "이같이 너희 빛이 사람 앞에 비치게 하여 그들로 너희 착한 행실을 보고 하늘에 계신 너희 아버지께 영광을 돌리게 하라"(마 5:16). 오, 주님은 아버지같이 되라고 하십니다! 사랑과 희락과 화평과 오래 참음과 자비와 양선과 충성과 온유와 절제—하나님의 영광에 모든 것을 집중하는 자제력과 질서정연함—가 나타날 때 우리는 하늘에 계신 우리 아버지같이 됩니다.

사랑하는 여러분, 이 말을 들으니 격려가 됩니까? 하나님의 자녀임을 확신하게 됩니까? 그렇기를 바랍니다! 그러나 그렇지 못하다면, 오히려 혼란스럽고 스스로 그리스도인이 아닌 것 같은 생각이 든다면, 조처를 취해야 합니다. 하나님께 나아가 그 사실을 인정하고 고백하십시오. 이런 열매를 맺게 하시는 분은 성령입니다. 성령으로 채워 달라고 구하십시오. 성령으로 여러분의 마음에 사랑을 뿌려 달라고, 성령의 열매가 나타나게 해달라고 구하십시오. 열매가 없을 때 필요한 일은 스스로 이런저런 결심을 하는 것이 아니라 성령으로 충만해지는 것입니다. 하나님께 나아가 그 사랑을 마음에 뿌려 달라고, 압도하는 힘으로 풍성하게 뿌려 달라고 구하십시오. 그러면 놀랄 만큼 많은 성령의 열매가 맺히는 것을 보게 될 것입니다.

29

다른 그리스도인과 우리의 관계

영접하는 자 곧 그 이름을 믿는 자들에게는 하나님의 자녀가 되는 권세를 주셨으니 이는 혈통으로나
육정으로나 사람의 뜻으로 나지 아니하고 오직 하나님께로부터 난 자들이니라. 요 1:12-13

그동안 우리는 세 가지 관계—성부와 우리의 관계, 성자와 우리의 관계, 성령과 우리의 관계—를 살펴보면서, 이 관계들에 대한 성경의 가르침에 따라 우리 자신을 검증해 보았습니다. 그리고 성령의 교리를 다루면서 최종적으로 우리 삶에 성령의 열매가 나타나는지 알아보았습니다. 성령이 우리 안에 거하시면 그 열매가 조금이라도 나타나게 되어 있습니다. 그러므로 이 시금석을 적용해 보아야 합니다. 우리에게는 이 열매의 여러 측면—사랑, 희락, 화평, 오래 참음, 자비, 양선, 충성, 온유, 절제—이 나타나고 있습니까? 이 시금석을 적용하다 보면 당연히 인간관계를 고찰하지 않을 수 없는데, 제가 볼 때 그 다음으로 생각해야 할 큰 시금석은 바로 교회 가족들과 우리의 관계

입니다.

제가 어떤 원리로 시금석을 적용하고 있는지 눈치챘을 것입니다. 성부와 우리의 관계, 성자와 우리의 관계, 성령과 우리의 관계를 살펴보았으니, 이제 지상의 인간적인 차원으로 내려와 우리와 함께하는 사람들—다시 말해서 우리가 속해 있는 그리스도인 가족들—과의 관계를 살펴보려는 것입니다. 자녀라는 개념을 생각할 때 바로 떠오르는 것이 가족과 가족관계입니다. 수직적인 관계는 이미 살펴보았고, 지금부터는 수평적인 관계를 살펴보려 합니다. 이 또한 아주 실제적이고 철저하며 면밀한 시금석입니다.

우리와 가족의 관계는 필연적으로 제기될 수밖에 없는 주제로서, 신약성경도 이 주제를 광범위하게 다루고 있습니다. 특히 서신서들이 교회 문제를 내내 언급하는데, 아무래도 교회를 대상으로 쓴 편지들이기 때문에 어디서든 교인들의 관계를 다루게 되어 있습니다. 이것은 아주 당연한 일입니다. 주님도 대제사장의 기도 마지막 부분에서 그 백성들을 하나 되게 해주시고 끝까지 그렇게 지켜주시기를 구하셨습니다. 세상이 백성들을 지켜보고 있기 때문에, 그 백성들이 하나 된 것을 보아야만 그들이 어떤 자들이고 주님이 누구신지 알 것이기 때문에, 하나님이 왜 아들을 세상에 보내셨는지 알 것이기 때문에 그렇게 구하신 것입니다.

우리는 다음과 같은 점을 생각해야 합니다. 제가 이 주제를 필히 다루어야 한다고 말하는 이유가 여기 있습니다. 우리는 각자 개별적으로 구원받지만—이것은 신약성경의 기본교리입니다—구원받는 방법은 다 똑같습니다. 그렇다고 세세한 부분까지 똑같다는 말은 아닙니다. 그리스도인이 될 수 있는 유일한 방법, 즉 '거듭남'을 통해 구원받았다는 점에서 똑같다는 것입니다. 새로운 출생은 당연히 회개와 믿음으로 연결됩니다. 새로운 생명과 새로운 시각이 그렇게 나타납니다. 반복하지만 이것은 본질적인 문제입니다. 주님은 니고데모에게 "사람이 거듭나지 아니하면 하나님의 나라를 볼 수 없느니라.……사람이 물과 성령으로 나지 아니하면 하나님의 나라에 들어갈 수 없느니라"라고 하셨습니다(요 3:3, 5). 우리는 오직 이 한 가지 방법으로만 그리스도인이 됩니다. 물론 구원 자체는 개별적이고 개인적인 사건입니다. 민족 단위로 구원받는 것도 아니고 집안 단위로 구원받는 것도 아닙니다. "혈통으로나 육정으로나 사람의 뜻으로 나지 아니하고 오직 하나님께로부터 난 자들이니라." 이처럼 구원은 각 사람이 독립적으로 경험하는 일인 동시에 모든 그리스도인이 공히 경험하는 일입니다. 우리는 구원받는 즉시 공동의 신분을 얻습니다.

신약성경은 이러한 근본적인 결속에 대해 많은 이야기를 하고 있습니다. 무엇보다 먼저 지적하는 것은 우리가 죄와 수치와 실패와 필요라는 점에서 결속되어 있다는 것입니다. "모든 사람이 죄를 범하였으매 하나님의 영광에 이르지 못하더니"(롬 3:23). 이것은 일부에게만 해당되는 말이 아닙니다. 모든 사람에게 해당되는 말입니다. "의인은 없나니 하나도 없으며"(롬 3:10). 유대인이나 헬라인이나 다를 바가 없습니다. 다 똑같습니다. 이 점에서 모든 사람이 '하나'입니다.

성경은 "일반으로 받은 구원"에 대해서도 많은 이야기를 합니다

(유 3절). 구원은 오직 하나밖에 없습니다. 사도 바울은 에베소 교인들에게 보내는 편지에서—특히 2장에서—구원이야말로 우리를 구속해 주시는 은혜의 기적이라고 말합니다. 그리스도가 "중간에 막힌 담을 자기 육체로 허시고……이 둘로 자기 안에서 한 새사람을" 지으셨습니다(엡 2:14-15). 이처럼 유대인과 이방인은 죄에서도 하나요 구원에서도 하나입니다. 한 구주를 믿고 한 생명을 받아 새로 태어났습니다. 거듭 말하건대, 우리는 각자 구원받았지만—구원은 개별적인 경험입니다. 하나님은 우리 각 사람을 독립적으로 대하십니다. 이처럼 개별적인 구원을 받지 못하면 그리스도인이 될 수 없습니다—본질적으로는 같은 구원을 받았다는 점에서 하나로 엮여 있습니다.

성경은 더 나아가 지금 우리가 살펴보고 있는 교리, 즉 우리 모두 '하나님의 자녀'가 되었다는 중대한 교리를 가르칩니다. 우리는 하나님의 가족으로 입양되었습니다. 사도 바울은 이 교리를 탁월하게 가르치고 있습니다. 그는 로마서 8장에서 "하나님의 영으로 인도함을 받는 사람은 곧 하나님의 아들[자녀]"이라고 말합니다(롬 8:14). "너희는 다시 무서워하는 종의 영을 받지 아니하고 양자의 영을 받았으므로 우리가 아빠 아버지라고 부르짖느니라"(롬 8:15). 이것이 모든 그리스도인의 신분입니다. 우리는 다 입양된 자녀들입니다! "양자의 영"을 받은 자녀들입니다! 사도는 갈라디아서 4장에서 이 점을 더 명확히 짚어 줍니다. "너희가 아들이므로 하나님이 그 아들의 영을 우리 마음 가운데 보내사 아빠 아버지라 부르게 하셨느니라"(갈 4:6). 사도는 우리가 다 같은 방법으로 사함을 받았을 뿐 아니라 다 같은 구원을 받아 하나가 되었다는 사실, 다 같은 방법으로 입양되어 하나님의 가족이 되었다는 사실을 알려 줍니다. 그리고 에베소서 2장 끝에서 이렇게 단언합니다. "그러므로 이제부터 너희는 외인도 아니요 나그네도 아니요 오직 성도들과 동일한 시민이요 하나님의 권속이라"(엡 2:19).

그렇습니다! 우리는 단순한 백성이 아닙니다. 물론 하나님 나라 백성이 된 것도 굉장한 일이지만, 거기에서 더 나아가 하나님의 가족이 되었습니다. 유대인과 이방인 가리지 않고 다 "하나님의 권속"이 되고 가족이 되었습니다. 신약성경이 그리스도의 몸인 교회에 대해 가르치면서 강조하는 점이 바로 이것입니다. 사도는 고린도전서 12:13에서 말합니다. "우리가 유대인이나 헬라인이나 성령으로 세례를 받아 한 몸이 되었고 또 다 한 성령을 마시게 하셨느니라." 이처럼 신약성경 전체가 다양한 비유와 유추를 통해 우리와 가족의 관계를 강조하고 있습니다.

또한 성경은 유추뿐 아니라 노골적이고 분명한 진술도 하는데, 그중에서도 가장 눈에 띄는 진술이 요한일서에 나옵니다. "우리는 형제를 사랑함으로 사망에서 옮겨 생명으로 들어간 줄을 알거니와"(요일 3:14). 이보다 더 분명한 말은 없습니다. 우리가 알고 싶은 점이 바로 여기 나옵니다. 내가 하나님의 자녀인지 어떻게 알 수 있습니까? 형제를 사랑하는지 보면 알 수 있습니다. 나는 형제를 사랑합니까? 그렇다면 분명한 하나님의 자녀입니다. 이것은 우리가 하나님의 자녀인지 아닌지 검증해 주는 좋은 시금석입니다. 요한은 소극적인 표현을 통해 이 점을 밝히고 있습니다. "사랑하지 아니하는 자는 사망에 머물러 있느니라." 그리고 5:1에서는 노골적으로 단언합니다. "예수께서 그리스도이심을 믿는 자마다 하나님께로부터 난 자니 또한 낳으신 이를 사랑하는 자마다 그에게서 난 자를 사랑하느니라." 요한의 전체 논지는 하나님께로부터 난 자들은 서로 긴밀히 엮여 있다는 것입니다. 자신을 낳으신 분을 사랑하기에 그가 낳으신 다른 자녀들 또한 사랑한다는 것입니다.

5:1에서는 이렇게 적극적으로 말하지만, 다른 곳에서는 소극적으로 아주 조심스럽게 가르칩니다. 한 구절은 이미 살펴보았으니 다른 구절을 찾아봅시다. 요한은 그의 첫 번째 서신 2장에서 말합니다. "빛 가운데 있다 하면서 그 형제를 미워하는 자는 지금까지 어둠에 있는 자요"(요일 2:9). 무슨 말을 하고 무슨 이론을 제시하느냐는 중요치 않습니다. 아무리 성경을 속속들이 아는 사람이라도, 설사 전문적인 신학자라도 형제를 미워하면 빛 가운데 있는 자가 아닌 거짓말하는 자요, 영적으로 죽어 있는 자입니다. 4:20도 보십시오. "누구든지 하나님을 사랑하노라 하고 그 형제를 미워하면 이는 거짓말하는 자니 보는 바 그 형제를 사랑하지 아니하는 자는 보지 못하는 바 하나님을 사랑할 수 없느니라." 다른 곳에서도 같은 말을 찾아볼 수 있습니다.

이것이 이 시금석을 뒷받침하는 신약성경의 배경입니다. 저는 이번에도 이 시금석의 실제적인 성격을 강조하고 싶습니다. 그리스도인의 삶은 이론적인 것이 아닙니다. 머리로 살 수 있는 것이 아닙니다. 감사하게도, 그리스도인의 삶은 전인全人을 요구하는 크고도 영광스러운 것입니다. 지성과 지각이 개입되고, 마음과 느낌과 감정이 개입되며, 의지가 개입됩니다. 이처럼 전인이 개입되지 않는다면 근본적으로 문제가 있는 것입니다. 지적인 동의만 했을 뿐 사실은 믿는 자가 아닐 수 있습니다. 이처럼 가족과의 관계, 형제와의 관계, 가까이 만나는 이들과의 관계는 여러 가지 면에서 철저한 시금석이 됩니다.

인간사에 비추어 생각해 볼 때 이것이 얼마나 면밀한 시금석인지 짐작되지 않습니까? "피는 물보다 진하다"라는 말이 있습니다. 당연합니다! 가족 관계는 다른 어떤 관계보다 끈끈한 유대감으로 엮여 있는 관계입니다. 영적인 영역에서도 마찬가지입니다. 하나님의 가족들은 끈끈한 유대감으로 엮여 있습니다. 그래서 형제를 사랑하는 일이 하나님의 자녀임을 명백하게 확인하는 시금석이 되는 것입니다. 이 시금석으로 자신을 검증해 보아야 합니다. 어떻게 검증해 볼 수 있을까요? 저는 몇 가지 분명한 검증 방식이 있다고 생각합니다.

내가 형제를 사랑하는지 어떻게 알 수 있을까요? 첫 번째 시금석은 형제를 식별할 줄 아느냐 하는 것입니다. 내가 만나는 많고 많은 사람들 중에서 하나님의 자녀를 식별해 낼 수 있습니까? 이 일은 거의 본능적으로 이루어집니다. 말로 설명하기는 어렵지만 본능적으로 식별이 됩니다. 하나님의 자녀에게는 몇 가지 표지가 나타나는데, 하나님의 자녀는 그 표지를 알아보고 식별합니다. 제 말의 온당성을 보여주는 사례들, 제 말의 의미를 이해하도록 도와주는 사례들을 인간사에서도 많이 찾아볼 수 있습니다. 사람들은 의식적으로나 무의식적으로 표시를 주고받습니다. 같은 환경에서 자란 사람들은 같은 방식으로 일을 처리하는 성향이 있으며, 서로 식별할 수 있는 공통의 특징이나 표지를 가지고 있습니다. 예컨대 사용하는 언어나 억양이나 옷차림이 그런 것들입니다. "사람은 결국 자신을 드러낸다"라는 말이 있습니다. 하나님의 가족도 그렇습니다. 가족끼리만 알아보는 특별하고 특정한 특징들이 있습니다. 본인이 굳이 밝히지 않아도 본능적으로 즉시 알아볼 수 있는 특징들이 있습니다.

이 점을 일부 가르쳐 주는 사도 바울의 말을 찾아봅시다. 그는 "육에 속한 사람"과 "신령한 자"의 차이를 묘사하면서 "신령한 자는 모든 것을 판단하나 자기는 아무에게도 판단을 받지 아니하느니라"라고 말합니다(고전 2:15). 육에 속한 사람에게는 없는 분별력과 지각이 신령한 자에게는 있다는 것입니다. 한 가족이 아닌 자들은 이해하지 못하는 지각이 있다는 것입니다. 차별성이 있다는 것입니다.

그리스도인의 분별력은 참으로 대단한 것입니다. 저는 전시에도 그 점을 느꼈고, 전후에도 우리 교회와 다른 교회 젊은이들의 이야기를 들으면서 그 점을 느꼈습니다. 그들은 군대에서 처음 만난 막사 동료들이나 연대 동료들 가운데 그리스도인들을 금세 알아보았다고 합니다. 이처럼 그리스도인들은 새 생명과 함께 생겨난 일종의 본능적인 감각으로 동료 신자들을 알아볼 수 있습니다. "깃털이 같은 새는 함께 모인다"라는 말처럼, 비슷한 사람끼리는 서로 잡아끄는 힘이 있습니다. 늘 명확하게 설명할 수 있는 것은 아니지만, 서로 알아보고 서로에게 끌리게 되어 있습니다. 그래서 다가가 확인해 보면 그리스도인이 맞습니다. 이제 우리 자신에게 물어봅시다.

우리에게도 이런 능력이 있습니까? 낯선 사람들 틈에서 그리스도인들을 식별해 내는 능력이 있습니까?

두 번째 시금석은 당연히 소속감입니다. 그리스도인은 다른 그리스도인을 만나고 다른 그리스도인과 접촉할 때 소속감과 일체감을 느끼게 되어 있습니다. 이 소속감에 대한 아름다운 표현이 구약성경 룻기에 나옵니다. 1장은 나오미와 두 며느리에 대한 이야기를 들려줍니다. 나오미의 남편과 두 아들—룻과 오르바의 남편들—은 죽었습니다. 시어머니와 며느리는 결혼으로만 이어진 관계입니다. 그들이 서로 얼마나 달랐는지 보십시오! 나오미는 유대인이었고 룻과 오르바는 모압인이었습니다. 그런데 룻이 자신의 소속감을 확인할 계기가 생겼습니다. 나오미가 유다 베들레헴에 있는 옛 고향에 돌아가기로 결정한 것입니다. 룻은 자신도 고향을 떠나 함께 가야겠다는 생각이 들었습니다. 그래서 말했습니다. "내게 어머니를 떠나며 어머니를 따르지 말고 돌아가라 강권하지 마옵소서. 어머니께서 가시는 곳에 나도 가고 어머니께서 머무시는 곳에서 나도 머물겠나이다. 어머니의 백성이 나의 백성이 되고 어머니의 하나님이 나의 하나님이 되시리니"(룻 1:16). 그렇습니다. 룻은 자신이 시어머니에게 속한 사람이기에 함께 가야 한다는 것을 알았습니다. 그래서 자신을 만류하지 말 것을 청했습니다. 이것은 단순한 이끌림 그 이상의 감정입니다. 물론 이끌림도 포함되지만 그보다 더 강력한 것입니다. 아주 끈끈한 유대감입니다. 마찬가지로 우리도 그리스도인의 무리에 속해 있다는 사실과 그 백성이 곧 내 백성이라는 사실을 그냥 알게 됩니다.

아주 긴요한 요점인 세 번째 시금석을 연이어 다룸으로써 두 번째 시금석을 좀 더 명확하게 분석하고 설명해 보겠습니다. 하나님의 자녀는 두 가지 측면에서 자신이 새로운 가족 관계를 맺었다는 사실을 압니다. 즉, 옛 가족과 결별하고 새 가족에 편입되었다는 사실을 아는 것입니다. 새 가족은 자연적으로 형성된 가족이 아닙니다. 그리스도인은 "혈통으로나 육정으로나 사람의 뜻으로—자연적으로—나지 아니하고 오직 하나님께로부터 난 자들"입니다. 이런 자들이 새로운 가족을 이루는 것입니다. 이것은 주 예수 그리스도의 삶과 죽음과 부활 및 성령의 강림을 통해 형성된 가족입니다. 새로운 피조물입니다! 새 가족입니다!

성경은 옛 가족과 관계를 끊고 결별하지 않으면 새 가족이 될 수 없다고 가르칩니다. 이것은 예민한 시금석일 뿐 아니라 매우 고통스러운 시금석이기도 합니다. 주님은 핍박과 반대를 두려워하는 그리스도인들에게 "두려워하지 말라. 너희는 많은 참새보다 귀하니라"라고 하셨습니다. "너희에게는 머리털까지 다 세신 바 되었"으니 두려워하지 말라고도 하셨습니다(마 10:31, 30). 그리고 연이어 하신 말씀은 이것입니다.

누구든지 사람 앞에서 나를 부인하면 나도 하늘에 계신 내 아버지 앞에서 그를 부인하리라(33절).

그 다음 말씀을 들어보십시오.

내가 세상에 화평을 주러 온 줄로 생각하지 말라. 화평이 아니요 검을 주러 왔노라. 내가 온 것은 사람이 그 아버지와, 딸이 어머니와, 며느리가 시어머니와 불화하게 하려 함이니 사람의 원수가 자기 집안 식구리라. 아버지나 어머니를 나보다 더 사랑하는 자는 내게 합당하지 아니하고 아들이나 딸을 나보다 더 사랑하는 자도 내게 합당하지 아니하며 또 자기 십자가를 지고 나를 따르지 않는 자도 내게 합당하지 아니하니라. 자기 목숨을 얻는 자는 잃을 것이요 나를 위하여 자기 목숨을 잃는 자는 얻으리라(34-39절).

주님의 요지는 이것입니다. "나는 단순히 너희를 비롯한 모든 인간을 행복하게 해주려고 온 것이 아니다. 결코 아니다! 보다시피 내가 지금 하는 일과 앞으로 할 일은 사람의 뿌리를 건드리는 것으로서, 검이 되고 걸려 넘어지는 반석이 되며 미움의 원인이 될 것이다. 너희 삶에서 가장 예민하고 아픈 부분을 잘라 내고 끊어 내는 역할을 할 것이다." 누가복음 14장 끝부분에 나오는 병행구절을 보면 여기에 부부 관계도 포함된다는 것을 알 수 있습니다. 그렇습니다. 이것은 불가피한 일입니다. 기존의 관계를 유지한 채 새로운 관계, 영적인 관계로 들어갈 수는 없습니다.

복음과 복음을 적용하시는 성령은 검이 되어 기존의 관계―우리가 가장 고귀하고 신성하고 중요하고 좋은 것으로 여기던 관계―와 애착의 대상을 잘라 내십니다. 우리가 좋아하던 사람들이 함께 그리스도인이 되지 않는 한 결별이 불가피합니다. 주님이 가르치신 바가 바로 이것입니다. 반복하지만 이것은 불가피한 일입니다. 기존의 모든 관계는 "혈통"과 "육정"과 "사람의 뜻"에서 나온 것이기 때문입니다. 그렇다고 주님이 그 관계를 폄하하시는 것은 아닙니다. 성경은 결코 자연적인 관계들을 폄하하지 않습니다. 오히려 그 관계들을 지키라고 명합니다. 가족은 하나님이 만드신 제도입니다. 하나님이 남녀를 결혼하게 하셨고, 그 사이에서 태어난 자녀들을 가족의 울타리 안에서 양육하게 하셨습니다. 그러나 이 새 나라는 자연세계를 초월하는 나라입니다. 그 나라 백성이 되려면 반드시 새로 태어나야 합니다. 새로 태어나면 관계가 재편성될 수밖에 없습니다. "누구든지 그리스도 안에 있으면 새로운 피조물이라. 이전 것은 지나갔으니 보라, 새 것이 되었도다"(고후 5:17). 이것은 문자 그대로 사실입니다.

이처럼 첫 번째 과정은 결별하고 끊어지고 해방되는 것입니다. 그리고 다른 쪽으로 옮겨집니다. 우리는 다른 그리스도인들과 함께 새로 태어남으로써 새 가족에 편입됩니다. 그들과 함께 "신성한 성품에 참여"합니다(벧후 1:4). 말하자면 새로운 피가 흐르기 시작하는 것입니다. 시각이 새로워지고, 방향이 새로워지고, 모든 것이 새로워집니다. 우리는 새로운 생명을 받습니다. 그 생명이 모든 그리스도인 안에 있어서 하나로 엮어 줍니다. 나는 더 이상 과거의 내가 아닙니다. 완전히 다른 사람으로서, 완전히 새로운 관계를 맺습니다.

이처럼 옛것과 결별하는 과정이 있기 때문에 그리스도가 "걸려 넘어지는 반석"이 되실 것을 성경이 예언한 것입니다(사 8:14). 과연 그 예언이 옳다는 사실이 현실 속에서 고통스럽게 입증되었습니다. 성경에도 그 예가 나오고, 이후 교회 역사에는 더 많은 예가 나옵니다. 기독교로 전향한 초기 유대인들의 상황을 생각해 보십시오. 유대인의 가정생활이 어떠한지는 여러분도 어느 정도 알 것입니다. 예나 지금이나 유대인들의 가장 크고 두드러진 특징은 가족 간의 결속입니다. 그들은 결속을 매우 중시했고, 신중하고 철저하게 그것을 수호했습니다. 그런데 가족 중에 누군가 그리스도인이 되면 그 결속이 깨져 버린다는 것, 무언가가 가족 사이에 끼어든다는 것을 그들은 알았습니다. 그들은 그렇게 끼어든 그리스도를 미워했고, 그리스도를 믿는 가족도 미워했습니다. 그래서 이름을 호적에서 지워 버렸습니다. 집안에서 쫓아내고 죽은 자로 취급했습니다. 그것은 초대교회 그리스도인들에게 큰 고통이었습니다. 그럼에도 그들은 기꺼이 그 고통을 받아들이고 감수했습니다.

그리스도인들은 이처럼 가족뿐 아니라 국가와도 결별해야 했습니다. 그 때문에 초기 로마 그리스도인들 가운데 상당수가 엄청난 곤경에 빠졌습니다. 그들이 전에 믿고 전적인 충성을 바쳤던 국가가 "가이사가 주"라고 고백할 것을 강요했지만, 그들은 더 이상 그럴 수 없었습니다. 그래서 "아닙니다. 오직 예수만 주입니다. 가이사는 주가 아니며 신이 아닙니다"라고 했습니다. 원형경기장에서 죽이고 학살하겠다는 위협에도 꿈쩍하지 않았습니다. 새로운 관계에 대한 확신이 있었기에 그 어떤 일도, 심지어 목숨을 잃는 일조차 기쁘게 받아들였습니다.

이것은 아주 예민한 문제입니다. 오늘날도 마찬가지입니다. 어떤 이들에게는 지금까지 살펴본 어떤 시금석보다 예리한 시금석으로 다가올 것입니다. 가장 자연스럽고 다정했던 관계가 변질되는 것을 경험한 적이 있습니까? 그리스도와 그리스도 안에 있는 새 생명이 검이 되어 여러분과 여러분이 목숨보다 귀하게 사랑했던 사람을 갈라놓은 적이 있습니까? 사랑하는 여러분, 그렇다면 더 이상 의심할 필요가 없습니다. 여러분은 분명한 하나님의 자녀입니다. 주 예수 그리스도가 여러분의 첫자리를 차지하고 계신다면, 그로 인해 기존의 유대관계가 깨지면서 마음이 찢어져 피가 흐르고 있다면, 여러분은 분명한 하나님의 자녀입니다. 사랑하는 이들을 생각하면 연민과 슬픔이 밀려옵니다. 그럼에도 이제 자신은 전처럼 그들에게 속한 사람이 아니라는 것, 자연적인 유대관계에 매여 있는 육에 속한 사람이 아니라는 것을 압니다. 하나님의 사랑의 끈에 매여 있는 사람, 그리스도의 사랑에 묶여 있는 영적인 사람이라는 것을 압니다.

이처럼 새 생명은 놀라운 것인 동시에 여러 가지 면에서 무서운 것이기도 합니다. 이 점을 잘 보여준 사례가 있는데, 그것은 제가 본 것 중에 가장 가슴 아프고 슬픈 사례였습니다. 결혼해서 행복하게 살던 한 남자가 몇 달 후에 거듭나 하나님의 자녀가 되었습니다. 그렇다고 아내를 향한 사랑이 줄어든 것은 아니었습니다. 오히려 더 많이 사랑했고, 더 좋은 남편이 되었습니다. 그러나 같은 하나님의 백성들과 교제하고 싶은 마음이 간절했기에 주일예배뿐 아니라 월요 기도회와 수요 교제모임, 토요 남자모임에 참석했습니다.

어느 날 그가 저를 찾아와 가슴 아프게 울며 호소하던 모습이 잊히지 않습니다. 저를 찾아오기 전주 월요일 밤에 기도회를 마치고—아주 좋은 기도회였습니다—집에 돌아가니 아내가 문 앞에 서 있었습니다. 아내는 미움과 분함이 섞인 표정으로 그를 쳐다보며 말했습니다. "이렇게 기도회에 다녀오는 꼴을 보느니 차라리 노동자 클럽에서 고주망태가 되어 업혀 오는 꼴을 보는 게 낫겠어요." 검이 하는 일이 바로 이것입니다.

그럼에도 남편은 계속 모임에 나갔습니다. 도저히 포기할 수가 없었기 때문입니다. 아내를 사랑했지만 그리스도가 더 중요했습니다. 아내를 덜 사랑했던 것이 아닙니다. 그리스도를 더 사랑했을 뿐입니다. 아내도 그것을 알고 감지했습니다. 사랑은 아주 예민한 것입니다. 남편의 사랑이 더 깊어졌음에도 불구하고 둘 사이에 누군가 끼어들었다는 것, 남편이 그 누군가를 자신보다 우선시한다는 것을 아내는 알았습니다. 그리스도가 남편의 첫자리를 차지하고 있었습니다. 그래서 있는 힘껏, 맹렬하게 그리스도를 미워했던 것입니다. 제가 말하고 싶은 점이 바로 이것입니다. 검이 움직이면 새로운 관계와 애착의 대상이 생겨납니다. 감사하게도 이 일은 아내 스스로 자신이 얼마나 무서운 자리에 있는지 깨닫고 회심하는 것으로 끝이 났습니다. 함께 그리스도를 가장 높이며 예배하게 되었을 때 부부가 얼마나 기뻐했는지 모릅니다!

"내가 세상에 화평을 주러 온 줄로 생각하지 말라. 화평이 아니요 검을 주러 왔노라." 주님은 아버지와 아들 사이에, 어머니와 딸 사이에 검을 주러 왔다고 하십니다. 사랑하는 여러분, 우리 자신을 살펴봅시다. 우리도 이에 대해 알고 있습니까? 그리스도가 우리의 첫자리를 차지하고 계시며, 가장 예민한 관계에 영향을 끼치셨다고 정직하게 말할 수 있습니까? 그렇다면 더 이상 의심할 필요가 없습니다. 여러분은 분명한 하나님의 자녀입니다!

다른 그리스도인들에 대한 사랑의 시금석을 계속해서 적용해 봅시다. 네 번째 시금석은 가족과 같은 관심사를 공유하느냐 하는 것입니다. 반드시 그래야 합니다! 우리는 한 믿음을 가진 사람들입니다. "주도 한 분이시요 믿음도 하나요 세례도 하나요 하나님도 한 분이시니 곧 만유의 아버지시라. 만유 위에 계시고 만유를 통일하시고 만유 가운데 계시도다"(엡 4:5-6). 한 가족이라면 마땅히 같은 관심사를 공유해야 합니다. 우리는 하나님의 나라와 그 나라의 성공에 관심을 쏟는 사람들입니다. 이 점에서 자연히 다른 그리스도인들과 일치하게 되어 있습니다. 우리는 하나님의 나라가 가장 중요하다는 것을 압니다. 그 나라 백성이 되는 일과 그 나라를 확장시키는 일이 가장 중요하다는 것을 압니다. 그래서 서로에게 끌리며 전보다 더 깊은 애착을 느낍니다.

또한 우리는 영광의 소망을 공유합니다. "자녀이면 또한 상속자 곧 하나님의 상속자요 그리스도와 함께 한 상속자니"(롬 8:17). 우리는 다 영원한 집을 향해 나아가고 있는 자들입니다. 다 이 땅의 집을 떠나온 자들입니다. 하늘에 집이 있는 자들입니다. 땅이 아닌 하늘에 시민권이 있는 자들입니다. 그렇기 때문에 영광의 소망에 온 관심을 기울이는 것이 당연합니다. 우리는 같은 것을 고대하고 있습니다. 장차 올 '최고의 날'을 고대하고 있습니다. 이 땅의 삶은 순례 길에 불과하다는 사실, 보이지 않는 저 영원한 나라야말로 실재하는 나라라는 사실을 알고 있습니다. 이 사실을 전혀 모를 뿐 아니라 오히려 조롱하며 무시하는 자들, 오직 세상에 매여서 세상만 바라보고 사는 자들은 우리와 하나로 엮인 가족이 아닌 것이 분명합니다. 우리와 하나로 엮인 가족은 동료 그리스도인들입니다.

그리스도인이 되면 자연히 관심사가 변하게 되어 있습니다. 다른 그리스도인들과 같은 관심사를 갖게 되어 있습니다. 유다의 말처럼 "우리가 일반으로[같이] 받은 구원"과 그 구원을 옹호하는 일에 온 관심을 기울이게 되어 있습니다(유 3절). 이것이 우리를 하나로 묶어 줍니다. 우리는 이 악한 세상에서 그리스도인들의 숫자가 점점 줄어들고 있는 현실을 알며, 외부의 위협이 커질수록 가족이 더 가까이 지내듯이 상황이 열악할수록 그리스도인들도 서로 더 가까이 지내야 함을 압니다. 개성이 다른 가족들도 공동의 위협이 닥치면 공동의 관심사 아래 하나로 뭉치게 마련입니다. 당연히 그렇지 않습니까?

다섯 번째 시금석을 저는 이렇게 표현하고 싶습니다. 그리스도인은 서로 같은 언어를 씁니다. 이 또한 아주 흥미로운 특징입니다. 언어는 참 재미있는 것입니다. 요즘 사람들이 "우린 서로 통해"라고 하는데, 정말 서로 간에 통하는 말이 있습니다! 공통 언어 안에 개별 언어가 있고 특정 용어가 있습니다. 그렇다고 그리스도인들만 쓰는 상투어가 있다는 뜻은 아닙니다. 그것은 혐오스러운 일입니다. 서로 부를 때마다 "형제님"이라고 한다는 뜻도 아닙니다. 절대 아닙니다! 제 말은 그런 뜻이 아닙니다. "형제님"은 가족애에서 우러나온 표현이라기보다는 기계적인 호칭에 가깝습니다. 제가 말하려는 바는 서로 같은 언어를 쓰게 만드는 깊은 유대감이 있느냐는 것입니다. 말라기 3:16에는 "그때에 여호와를 경외하는 자들이 피차에 말하매"라는 구절이 나옵니다. 그것은 당연한 일이었습니다. 그들은 관심사가 같았고 피차 소통이 되었기에 자주 만나서 이야기를 나누었습니다. 그들에게는 서로를 결속시켜 주는 유대감이 있었습니다.

저는 언어의 이런 면에 흥미를 느낍니다. 제 요점은 그리스도인들이 서로의 말을 알아듣는다는 것입니다. 억양이나 서로의 숙어를 알아듣는다고 표현해도 좋습니다. 그리스도인은 서로의 말투를 식별합니다. 아주 예민하게 식별합니다. 그 주목할 만한 예가 사도행전 18장 끝부분에 나옵니다.

알렉산드리아에서 난 아볼로라 하는 유대인이 에베소에 이르니 이 사람은 언변이 좋고 성경에 능통한 자라. 그가 일찍이 주의 도를 배워 열심으로 예수에 관한 것을 자세히 말하며 가르치나 요한의 세례만 알 따름이라. 그가 회당에서 담대히 말하기 시작하거늘

이제 나오는 말에 주목하십시오.

브리스길라와 아굴라가 듣고 데려다가 하나님의 도를 더 정확하게 풀어 이르더라(24-26절).

참 놀라운 일입니다! 아굴라와 브리스길라는 장막을 짓는 평범한 사람들이었습니다. 전문적인 교육의 혜택을 누린 적이 전혀 없었습

니다. 그런데 이 평범한 신자들이 "성경에 능통"하고 말 잘하는 웅변가의 말을 듣게 되었습니다. 저는 그 말을 듣던 두 사람이 서로 쳐다보면서 표정으로 이렇게 말하는 듯한 느낌을 받습니다. '무언가 빠졌는데. 제대로 이해하지 못하고 있어. 이미 알고 있는 내용은 정확하고 자기가 아는 내용을 설득력 있게 제시할 줄도 아는데, 어딘가 부족한 데가 있고 모르는 데가 있어.' 제가 말하고 싶은 점이 바로 이것입니다. 아굴라와 브리스길라는 그의 웅변 실력에 현혹되지 않았습니다.

반복하지만, 말 안에 말이 있는 법입니다. 아볼로는 "성경에 능통한" 사람이었습니다. 주님의 도를 배웠고, 열의도 있었습니다. 그러나 그런 것은 중요치 않았습니다. 아굴라와 브리스길라는 그리스도인의 '숙어'를 찾지 못했습니다. 그것을 듣고 싶었지만 끝내 듣지 못했습니다. 그래서 예배 후에 아볼로를 찾아갔습니다. 그들은 분명히 아주 조심스럽고 사려 깊게 말했을 것입니다. 절대 공격적으로 말하지 않았을 것입니다. "조용히 이야기할 수 있을까요? 저희와 만나 주실 수 있습니까?" 그리하여 두 사람은 아볼로가 몰랐던 사실들을 알려 주었습니다. 아볼로는 크게 감사했고, 이후에 훨씬 더 훌륭하고 위대한 설교자가 되었습니다. 복음의 언어가 그의 언어를 가득 채웠습니다.

바로 다음 장에 나오는 두 번째 예를 살펴봅시다.

아볼로가 고린도에 있을 때에 바울이 윗지방으로 다녀 에베소에 와서 어떤 제자들을 만나 이르되 "너희가 믿을 때에 성령을 받았느냐?" 이르되 "아니라. 우리는 성령이 계심도 듣지 못하였노라"(행 19:1-2).

사도는 에베소에 제자들이 있다는 소식을 듣고 바로 찾아가 이야기를 나누었습니다. 그리고 무언가 빠져 있음을 알아챘습니다. 그는 '대체 무엇이 문제일까?' 생각하며 질문을 던졌고, 그들의 대답에 '아, 이것이로구나' 하고 알아챘습니다. 겉보기에는 제자의 언어를 쓰는 제자 같아도 정작 중요한 진리는 모른다는 사실을 알아챈 것입니다. 이처럼 하나님의 자녀들은 분별할 줄 압니다. 웅변이나 유창한 언변이나 지식의 과시나 복음을 일반적으로 설명하는 말에 현혹되지 않습니다. 그들이 듣고 싶어 하는 말이 있습니다. 그 말이 들리지 않으면 기뻐하지 않습니다. 하나님의 자녀들은 같은 언어를 쓰고, 같은 자유를 느끼며, 같은 지각을 공유합니다. 같은 것을 알려 하며, 더 많이 알려 합니다. 여러분도 이것을 경험했습니까?

계속해서 여섯 번째 시금석을 살펴보겠습니다. "우리는 형제를 사랑함으로 사망에서 옮겨 생명으로 들어간 줄을 알거니와"(요일 3:14). 그렇습니다. 우리는 다른 누구보다 형제를 사랑하게 되어 있습니다. 이 또한 아주 면밀한 시금석입니다. 그리스도인은 믿지 않는 최고의 상류층 사람들과 하루를 보내겠느냐, 보잘것없지만 같은 언어를 쓰는 그리스도인과 하루를 보내겠느냐 물을 때 기꺼이 후자를 선택합니다. 보잘것없는 그리스도인과 함께하는 일을 더 큰 기쁨과 영예와 즐거움으로 여깁니다. 다윗도 그랬습니다. 그는 시편 84편에서 이렇게 말합니다 "악인의 장막에 사는 것보다 내 하나님의 성전 문지기로 있는 것이 좋사오니"(시 84:10). 불신자들의 세상에서 주요인물이 되느니 하나님의 집에서 비천한 사람이 되겠다는 것입니다. 그렇습니다! 형제를 사랑하기 때문에 이편을 더 선호합니다. 그리스도인은 형제를 좋아합니다. 형제와 함께 있기를 좋아하고, 형제가 쓰는 언어를 좋아하며, 형제의 시각을 좋아합니다. 형제와 관련된 모든 것을 좋아합니다. 그들과 우리는 한 백성입니다. 우리는 누구보다 형제를 존중합니다.

마지막 시금석은 동료 신자들이 잘 사는 일에 관심이 있느냐는 것입니다. 여기에는 많은 의미가 포함되어 있는데, 그중에 몇 가지만 살펴보겠습니다. "형제들아, 사람이 만일 무슨 범죄한 일이 드러나거든 신령한 너희는 온유한 심령으로 그러한 자를 바로잡고 너 자신을 살펴보아 너도 시험을 받을까 두려워하라. 너희가 짐을 서로 지라. 그리하여 그리스도의 법을 성취하라"(갈 6:1-2). 우리가 기꺼이 그들을 용납하는 것은 그들이 우리 형제이기 때문이며, 우리가 그들에게 관심이 있기 때문입니다. 우리는 누구보다 그들의 짐을 덜어 주고 싶어 합니다. 로마서 15장에도 같은 가르침이 나옵니다.

믿음이 강한 우리는 마땅히 믿음이 약한 자의 약점을 담당하고 자기를 기쁘게 하지 아니할 것이라. 우리 각 사람이 이웃을 기쁘게 하되 선을 이루고 덕을 세우도록 할지니라. 그리스도께서도 자기를 기쁘게 하지 아니하셨나니 기록된 바 "주를 비방하는 자들의 비방이 내게 미쳤나이다" 함과 같으니라(롬 15:1-3).

그리스도인은 언제든지 형제를 도울 준비가 되어 있습니다. 틀림없습니다! 여러분의 가족 중에 어른이나 어린 동생이 도움을 청해 올 때, 자신은 성공해야 하니 귀찮게 굴지 말고 혼자 알아서 처리하라고 내치지는 않을 것입니다. 절대 그러지 않을 것입니다! 동생을 사랑한다면 언제든지 기다렸다가 도와줄 것입니다. 이것이 가족의 본능입니다. 그리스도인도 마찬가지입니다. 형제의 약점을 용납할 뿐 아니라 적극적으로 나서서 도와줍니다. 형제를 위한 일이라면 무엇이든 마다치 않고 나서서 도와줍니다.

또한 여기에는 형제가 고통당할 때 함께 고통당하며 괴로워한다는 의미가 담겨 있습니다. 그리스도인은 형제가 고통당할 때 함께 괴로워하고 슬퍼하며 그를 위해 기도합니다. 사도행전 12장에서 그 예를 볼 수 있습니다.

그때에 헤롯왕이 손을 들어 교회 중에서 몇 사람을 해하려 하여 요한의 형제 야고보를 칼로 죽이니 유대인들이 이 일을 기뻐하는 것을 보고 베드로도 잡으려 할새……잡으매 옥에 가두어 군인 넷씩인 네 패에게 맡겨 지키고 유월절 후에 백성 앞에 끌어내고자 하더라. 이에 베드로는 옥에 갇혔고 교회는 그를 위하여 간절히 하나님께 기도하더라(행 12:1-5).

신자들은 물리적으로 옥에 갇혀 있지 않았습니다. 베드로만 말 그대로 옥에 갇혀 있었습니다. 그러나 영으로는 그들도 베드로와 함께 있었습니다. 베드로의 짐을 함께 지고 함께 괴로워하며 쉬지 않고 간절히 기도했습니다.

이것은 아주 훌륭한 시금석입니다. 우리는 우리보다 힘들게 지내는 형제들에게 관심이 있습니까? 영국의 작은 마을이나 동네나 촌락에 사는 외롭고 신실한 그리스도인들을 자주 생각하고 있습니까? 다른 나라 신자들이나 홀로 개척하는 선교사들을 자주 생각하고 있습니까? 다른 그리스도인들의 고통에 대해 자주 생각하고 있습니까? 그들의 고통을 느끼고 있습니까? 함께 감내하고 있습니까? 그들을 위해 기도하고 있습니까? 얼마나 기도하고 있습니까? 그들을 위해 눈물 흘리고 있습니까? 이 모든 의미가 마지막 시금석에 포함되어 있습니다. 그리스도인들은 한 가족입니다.

몸의 관점에서 생각해 봅시다. 한 지체가 고통을 받으면 온몸이 고통을 받는다고 바울은 말합니다(고전 12:26). 집게손가락을 다쳤을 때 그 손가락만 문제라고 말하지는 않습니다. 집게손가락에 문제가 생겼으면 온몸에 문제가 생긴 것입니다. 실제로 손가락이 아프면 온몸이 아픕니다. 머리도 아프고 다른 데도 아픕니다. 몸은 유기적으로 연결되어 있기 때문입니다. 교회도 마찬가지입니다. 우리는 하나입니다. 바울은 누군가 곤경에 빠졌다면 자신이 곤경에 빠진 것이나 다름없다고 서슴없이 말합니다. 자신과 상관없는 고통은 없다는 것입니다. 그는 말합니다. "누가 약하면 내가 약하지 아니하며 누가 실족하게 되면 내가 애타지 아니하더냐?"(고후 11:29) 바울은 "모든 교회를 위하여 염려"했습니다(고후 11:28). 그 염려를 떨쳐내지 못했습니다.

자, 이것이 시금석입니다. 다른 것들도 있지만, 제가 가장 중요하다고 생각하는 시금석들은 이것입니다. "우리는 형제를 사랑함으로 사망에서 옮겨 생명으로 들어간 줄을 알거니와"(요일 3:14). 우리는 이 시금석들을 통해 우리가 형제를 사랑하는지 아닌지 알 수 있습니다. 우리가 이 시금석들을 통과함으로 하나님의 자녀임을 한 점 의심 없이 확신하게 되기를 원합니다.

30

마귀와 우리의 관계

마귀의 계책

영접하는 자 곧 그 이름을 믿는 자들에게는 하나님의 자녀가 되는 권세를 주셨으니 이는 혈통으로나 육정으로나 사람의 뜻으로 나지 아니하고 오직 하나님께로부터 난 자들이니라. **요 1:12-13**

우리가 요한복음 서문의 이 중대한 진술을 계속 고찰하는 것은, 그리스도 예수 안에서 하나님의 자녀가 되었다는 이 기본 진리를 깨닫는 것보다 더 중요한 일이 없기 때문입니다. 이 일이 무엇보다 중요합니다. 우리는 유업을 받을 것입니다. 그렇습니다. '자녀'이기 때문에 유업을 받을 것입니다. 우리가 그리스도를 믿음으로써 하나님의 가족으로 입양되었다는 것은 기본적인 사실로서, 이 사실을 확신하는 것보다 긴요한 일은 없습니다. 다행히도 신약성경은 우리가 적용할 수 있는 시금석들을 많이 제공하고 있습니다. 실제로 신약성경 대부분이 그리스도인이 누구이며 어떤 존재인지 알고 확신케 하고자 기록되었다고 해도 무방합니다.

그동안 우리는 신약성경이 제공하는 시금석들을 적용해 보았습니다. 그 목적은 구원의 기쁨을 누리고, 그리스도인의 역할을 제대로 하려는 데—지금 이 시점에 더 중요한 목적은 이것입니다—있었습니다. 이 두 가지 목적을 이루려면 하나님의 자녀라는 확신이 있어야 합니다. "여호와로 인하여 기뻐하는 것이 너희의 힘이니라"(느 8:10). 기쁨이 없으면 힘이 나지 않고, 힘이 나지 않으면 우리 주와 선생이신 그리스도를 대변할 수 없습니다. 그가 보여주신 바와 말씀하신 바를 대변할 수 없습니다. 그동안 우리가 적용한 시금석들은 주로 관계—성자와 우리의 관계, 성부와 우리의 관계, 성령과 우리의 관계, 신앙의 가족들과 우리의 관계—에 대한 것이었습니다. 우리는 각각의 관계에 해당되는 여러 가지 시금석들을 살펴보았습니다.

그 모든 시금석에 백 퍼센트 해당되지 않는다고 해서 그리스도인이 아니라고 생각하지는 말기 바랍니다. 물론 절대적인 시금석들에 대해서는 해당 여부를 분명히 확인해 보아야 합니다. 그런 시금석들에 해당되는 사람은 아무 의심 없이 하나님의 자녀임을 확신할 수 있습니다. 또는 '어느 정도 해당되기는 하지만 더 분명하게 해당되었으면 좋겠다'고 생각되는 시금석들도 있을 것입니다. 괜찮습니다. 우리는 아직 완전치 못합니다. 바울도 "내가 이미 얻었다 함도 아니요 온전히 이루었다 함도 아니라. 오직 내가 그리스도 예수께 잡힌 바 된 그것을 잡으려고 달려가노라"라고 했습니다(빌 3:12). 혹은 아예 해당되지 않는 것 같은 시금석들이 있을지도 모르겠습니다. 자, 그럴 경우에는 자신을 좀 더 세밀하게 조사해 보고 겸손하게 바로잡을 필요가 있습니다. 가장 이상적인 상태는 모든 시금석에 완전히 부합되는 것입니다. 우리는 더 깊고 견고하고 안정되고 분명한 확신으로 인도해 줄 증거를 찾기 위해 시간을 들여 그 시금석들을 상세히 살펴보았습니다.

그러나 그것이 전부는 아닙니다. 고찰해야 할 요소가 또 있습니다. 실제 삶의 경험 때문에도 고찰해야 하고, 명백하고 분명하고 확연한 성경의 가르침 때문에도 고찰해야 하는 요소가 있습니다. 성자와 우리의 관계, 성부와 우리의 관계, 성령과 우리의 관계, 다른 그리스도인과 우리의 관계를 살펴본 다음에 살펴보아야 할 요소는 바로 마귀와 우리의 관계입니다. 제 말에 놀라셨습니까? 자, 놀랄 필요가 없는 이유를 알려 드리겠습니다. 신약성경의 가르침에 따르면, 이것은 반드시, 꼭 살펴보아야 할 요소입니다. 마귀와 우리의 관계 역시 아주 현실적이고 예민한 문제라는 말에는 여러분도 동의할 것입니다. 마귀의 공격과 기습과 반대조차 우리의 확신과 자신감의 근거가 된다는 점을 생각하면 참 놀랍습니다. 어떻게 그 일이 가능한지 곧 보여드리겠습니다.

제가 마귀와 우리의 관계를 반드시 논해야 한다고 주장하는 이유가 무엇일까요? 자, 주님을 생각해 보고 주님과 우리의 관계를 생각해 보면 그 이유를 알 수 있습니다. 주님은 하나님의 아들입니다. 요한복음 서문이 하는 일은 이 성육신 사건에 대해 알려 주는 것입니다. 말씀이 어떻게 육신이 되어 우리 가운데 거하셨는지, 어떻게 하늘 궁정에서 세상으로 내려와 "죄 있는 육신의 모양으로" 사셨는지(롬 8:3), 어떻게 "여자에게서" 나시고 "율법 아래에" 나셨는지 알려 주는 것입니다(갈 4:4). 그런데 이보다 훨씬 더 주목해야 할 놀라운 사실이 있습니다. 야고보는 "하나님은 악에게 시험을 받지도 아니하시고 친히 아무도 시험하지 아니하시느니라"라고 했습니다(약 1:13). 그런데 성자는 "모든 일에 우리와 똑같이 시험을 받으"셨습니다(히 4:15). 복음서는 주님이 광야에서 사탄에게 직접 시험받으시는 장면을 기록하고 있습니다.

자, 그는 성자입니다. 하나님의 아들입니다! 그의 형상을 따라 지음받음으로 우리도 아들이 되었고 그의 성품에 참여하게 되었습니다. 그는 둘째 사람이요 마지막 아담입니다. 새 인류의 창시자입니다. 그는 우리를 "형제라 부르시기를 부끄러워하지" 않으십니다(히 2:11). 사도 요한도 첫 번째 서신에서 "주께서 그러하심과 같이 우리도 이 세상에서 그러하"다는 사실을 상기시킵니다(요일 4:17). 그러므로 우리는 이 세상 순례길을 가는 동안 성자의 모습을 기준으로 자기 자신을 바라보아야 합니다. 그런데 사복음서에서 가장 인상적인 사건은 주님이 우리 영혼의 원수요 대적인 마귀의 공격과 기습과 시험을 받으신 것입니다. 광야의 시험 후 마귀는 "얼마 동안" 주님을 떠났다가 다시 돌아와 계속 그를 시험했고(눅 4:13), 특히 겟세마네 동산과 십자가에서 그를 시험했습니다. 우리는 주님을 따르는 자들이라는 사실과 주님이 이런 일을 당하셨다는 사실을 고려하면, 우리도 당연히 같은 일을 당하리라는 것을 짐작할 수 있습니다. 여기에서 시금석이 등장합니다. 마귀가 우리를 공격한다는 것은 바로 우리가 하나님의 자녀라는 적극적인 증거입니다.

마귀와 우리의 관계를 반드시 고찰해야 하는 두 번째 이유가 있습니다. 요한복음은 이렇게 말합니다. "영접하는 자 곧 그 이름을 믿는 자들에게는 하나님의 자녀가 되는 권세를 주셨으니 이는 혈통으로나 육정으로나 사람의 뜻으로 나지 아니하고 오직 하나님께로부터 난 자들이니라." 우리는 오직 이 방법으로, 즉 거듭남으로 하나님의 자녀가 됩니다. 그런데 그렇게 거듭남과 동시에 일어나는 일이 있습니다. 그것이 무엇일까요? 바울이 다메섹 길에서 회심했을 때 주님은 말씀하셨습니다. "내가 네게 나타난 것은……너로 종과 증인을 삼으려 함이니 이스라엘과 이방인들에게서 내가 너를 구원하여 그들에게 보내어—무엇을 위해 보낸다고 하십니까?—그 눈을 뜨게 하여 어둠에서 빛으로, 사탄의 권세에서 하나님께로 돌아오게 하리라"(행 26:16-18).

우리는 성령으로 태어남과 동시에, 요한복음의 표현대로라면 거듭남과 동시에 어둠의 나라, 사탄의 권세에서 벗어나 빛의 나라, 하나님의 나라로 들어갑니다. 골로새서 1:13에 나오는 사도 바울의 말을 빌리자면 "흑암의 권세에서 건져내사 그의 사랑의 아들의 나라로 옮기"시는 것입니다. 이것은 아주 긴요한 가르침입니다. 우리의 위치가 어떻게 변화되는지, 다음과 같이 설명해 보겠습니다. 불신자는 사탄의 나라, 사탄의 영역, 사탄의 지배와 통치 아래 있습니다. 사탄의 손아귀에 무력하게 붙잡혀 전적인 통제를 받습니다. 그들은 전부 어둠의 나라 시민입니다. "강한 자가 무장을 하고 자기 집을 지킬 때에는 그 소유가 안전"하다고 하신 주님의 말씀처럼(눅 11:21), 사탄이 그들을 철통같이 지키고 있습니다. 이것이 믿지 않는 모든 자, '거듭나지' 않은 모든 자의 위치입니다. 성경 전체가 이 점을 분명하게 가르치고 있습니다.

이처럼 비그리스도인들은 사탄의 나라에 속해 있기 때문에 실제적인 마귀의 시험에 대해 아는 바가 없습니다. 이미 마귀에게 속해 있기 때문에 시험 자체를 받지 않는 것입니다. 그들은 마귀의 종입니다. 아무 힘도, 소망도 없는 노예입니다. 마귀는 그 상태로 내버려두다가 반역이나 탈출의 기미가 보이면 진압해 버립니다. 이것이 하나님께로부터 나지 않은 자들의 상태이며, 혈통과 육정과 사람의 뜻으로 난 자들의 위치입니다. 그렇습니다. 그들은 거의 자동적으로 마귀의 방식과 통치에 희생됩니다.

그러나 중생해서 그리스도인이 된 사람은 즉시 마귀의 지배에서 벗어나 새 나라로 옮겨집니다. 이에 마귀가 얼마나 격분할지는 보지 않아도 알 수 있습니다. 태초부터 마귀의 유일한 야심은 하나님의 나라를 무너뜨리고 쳐부수는 것이었습니다. 마귀는 그 야심 때문에 타락했습니다. 성경은 그의 마음이 교만하여 높아졌다고 말합니다. 그는 하나님의 다스림에 반발하여 반역을 일으켰습니다. 스스로 높아져 하나님이 되고자 했습니다. 타락 이후 계속해서 하나님의 나라를 파괴하겠다는 한 가지 목적을 가지고 활동했습니다. 하나님의 아들이 세상에 오셨을 때는 당연히 갑절의 노력을 쏟았습니다. 아기였을 때 이미 죽이려 했고, 그 후에도 내내 쫓아다녔습니다. 그를 쓰러뜨리는 것이 유일한 목적이었습니다! 그리고 그 목적이 무산된 후에는 하나님의 아들에게 속한 백성들의 삶과 교회를 무너뜨리는 데 온 힘과 기운을 쏟아 왔으며 온갖 추종세력을 동원해 왔습니다.

이처럼 그리스도인이 된 자, 하나님께로부터 난 자, 성령으로 난 자와 마귀의 관계는 필연적으로 달라지게 되어 있습니다. 이것은 우리가 하나님의 자녀인지 아닌지 검증하는 아주 귀중한 시금석이 됩니다. 마귀와 우리의 관계가 완전히 달라졌습니까? 이것은 아주 훌륭하고 예리한 시금석입니다. 사도 바울은 로마 교인들에게 편지 하면서 이렇게 말합니다. "하나님께 감사하리로다. 너희가 본래 죄의 종[노예]이더니 너희에게 전하여 준 바 교훈의 본을 마음으로 순종하여"(롬 6:17).

마귀와 우리의 관계가 달라졌는지 확인하려면 마귀가 우리를 어떻게 대하는지 보면 됩니다. 마귀가 우리를 어떻게 대하고 있습니까? 우리에게 어떤 태도를 보이고 있습니까? 우리에게 무슨 짓을 하고 있습니까? 다음과 같이 세분해서 살펴봅시다. 가장 먼저 살펴볼 것은 일반적인 공격입니다. 성경은 마귀를 "대적"이라고 부릅니다. 이것이 지금부터 다루려 하는 마귀의 역할입니다. 우리 대적 마귀의 전적인 목표는 우리를 쓰러뜨리고, 하나님과 그리스도의 일을 무너뜨리며, 구원은 다 새빨간 거짓말이라고 주장하고 조롱하는 것입니다. 사도 베드로는 "너희 대적 마귀가 우는 사자같이 두루 다니며 삼킬 자를" 찾는다고 했습니다(벧전 5:8).

그렇다면 마귀는 어떻게 우리를 파멸시키려 할까요? 광범위하게 살펴볼 수 있지만, 지금은 한 가지 측면에 국한해서 살펴보겠습니다. 마귀는 박해와 반대를 사용합니다. 물론 도덕적이고 선량한 사람들은 박해하지 않습니다. 이것은 매우 흥미로운 사실입니다. 우리 가운데 많은 이들이 고민하는 문제는 자신이 단지 선량하고 도덕적이고 윤리적인 사람인지, 아니면 참된 그리스도인인지 어떻게 구별하느냐 하는 것입니다. 단순히 도덕적인 사람들이 있습니다. 그들은 스스로 그리스도인이 아니라고 밝힙니다. 그럼에도 흠잡을 데 없는 삶을 삽니다. 많은 그리스도인들이 이 점에 걸려 넘어집니다. 마귀가 찾아와 "네가 그리스도인인지 어떻게 알지? 너도 저 사람들처럼 천성적으로 착한 거 아니야?"라고 속삭입니다. 여기에서 가장 귀중한 한 가지 시금석이 등장합니다. 세상이 우리를 박해하고 있습니까? 도덕적인 사람이라면 박해하지 않을 것입니다. 오히려 좋아하고 존경하며 칭송할 것입니다. 왜 그럴까요? 그들의 삶이 여러 가지 면에서 인간성에 대한 찬사가 된다는 것을 알기 때문입니다. 이것이 그들을 칭송하는 명백한 이유입니다. 도덕적인 사람은 오로지 자기 노력으로 높은 수준에 도달합니다. 그런 일에 반대할 자는 세상에 없습니다. 그러나 그리스도인은 세상의 공격을 받게 되어 있으며 그런 공격을 항상 예상하고 있어야 한다는 것이 신약성경의 가르침입니다. 그리스도인은 이처럼 놀라운 방법으로 진정한 하나님의 자녀라는 증거를 얻습니다. 주님이 산상설교에서 하신 말씀을 들어 보십시오.

의를 위하여 박해를 받은 자는 복이 있나니 천국이 그들의 것임이라. 나로 말미암아 너희를 욕하고 박해하고 거짓으로 너희를 거슬러 모든 악한 말을 할 때에는 너희에게 복이 있나니 기뻐하고 즐거워하라. 하늘에서 너희의 상이 큼이라. 너희 전에 있던 선지자들도 이같이 박해하였느니라(마 5:10-12).

세상 사람들은 늘 그리스도인을 박해했고, 지금도 박해하고 있으며, 앞으로도 박해할 것입니다. 이것이 주님의 가르침입니다. 요한복음에는 또 다른 예가 나옵니다.

세상이 너희를 미워하면 너희보다 먼저 나를 미워한 줄을 알라. 너희가 세상에 속하였으면 세상이 자기의 것을 사랑할 것이나 너희는 세상에 속한 자가 아니요 도리어 내가 너희를 세상에서 택하였기 때문에 세상이 너희를 미워하느니라. 내가 너희에게 종이 주인보다 더 크지 못하다 한 말을 기억하라. 사람들이 나를 박해하였은즉 너희도 박해할 것이요 내 말을 지켰은즉 너희 말도 지킬 것이라. 그러나 사람들이 내 이름으로 말미암아 이 모든 일을 너희에게 하리니 이는 나를 보내신 이를 알지 못함이라(요 15:18-21).

사도 바울도 디모데에게 같은 점을 상기시킵니다. 디모데는 박해받고 있었습니다. 왜 박해받아야 하는지 몰라 불평하고 원망하며 앞일을 염려하고 있었습니다. 사도 바울이 그에게 하는 말을 들어 보십시오. "무릇 그리스도 예수 안에서 경건하게 살고자 하는 자는 박해를 받으리라"(딤후 3:12). 그리스도인은 필연적으로 박해받게 되어 있습니다. 주님도 박해받으셨습니다. "제자가 그 선생보다, 또는 종이 그 상전보다 높지 못하나니……집 주인을 바알세불이라 하였거든 하물며 그 집 사람들이랴?"(마 10:24-25)

주님의 이 가르침을 분명하게 알아야 합니다. 그렇다고 공격적이 되라는 말은 아닙니다. 그것은 제 의도도 아니고 주님의 가르침도 아닙니다. 순전히 자기 어리석음으로 곤란에 빠지는 자들이 있습니다. 상식의 부족으로 곤란을 자초하는 이들이 있습니다. 주님을 보십시오. 주님은 아무도 공격하시지 않았습니다. "상한 갈대를 꺾지 아니하며 꺼져 가는 심지를 끄지 아니"하셨습니다(마 12:20). 길거리에서 소리 높여 폭동과 소요를 선동하시지 않았습니다. 세리와 죄인의 친구가 되셨습니다. 선한 일을 행하기 위해 오셨고, 선한 일을 행하는 데 헌신하셨습니다. 공격적인 태도를 보이시지 않았습니다. 그런데도 사람들이 어떻게 대했는지 보십시오. 지금부터 제가 하는 말은 지혜의 부족함이나 어리석음이나 공격적인 태도 때문에 곤란을 자초하는 자들에게 해당되는 것이 아닙니다. 단순히 그리스도를 닮았다는 이유로, 그리스도인이라는 이유로 박해받는 자들에게만 해당되는 것입니다. 앞서 찾아보았듯이―그 외에도 많은 근거 구절이 있습니다―그리스도인은 반드시 박해받는다는 것이 신약성경의 가르침입니다.

왜 그럴까요? 자, 다음과 같은 원리 때문입니다. 그리스도인은 단순히 그리스도인이라는 사실 때문에, 그리스도인으로 살고 그리스도인으로 행동한다는 사실 때문에 모든 이들의 비난을 피하지 못합니다. 비난을 피하고 싶어도 피할 도리가 없습니다. 굳이 그리스도인이라고 밝히지 않아도 마귀와 마귀에게 속한 자들이 금세 알아차립니다. 마귀는 그리스도인을 미워하는 자요 그리스도인을 쓰러뜨리기로 작정한 자입니다. 그래서 사용하는 방법들 중 한 가지가 바로 박해입니다. 마귀는 사람들을 충동질해서 우리를 괴롭게 하고 비방하게 하며 온갖 방법으로 분란을 일으킵니다. 거듭 말하지만 "그리스도 예수 안에서 경건하게 살고자 하는 자는 박해를" 받게 되어 있습니다. 어떤 일에 대해 "죄송합니다. 전 못하겠네요. 그건 안할게요"라고 거절하는 경우가 있습니다. 그럴 때 아무리 정중하게, 예의를 지켜 거절해도 육에 속한 사람들은 우리를 미워합니다. 그리스도를 미워했듯이 우리를 미워합니다. 아무 해를 끼치지 않는데도, 오히려 유익을 주고자 애쓰는데도 "하여간 기독교는!" 하면서 혀를 찹니다.

악은 거룩한 것을 미워합니다. 마귀는 하나님과 주 예수 그리스도와 그의 모든 백성을 미워합니다. 변명의 여지 없이 악한 태도임에도 불구하고 이제까지 그렇게 해왔고 지금도 여전히 그렇게 하고 있습니다. 선지자들이 박해받은 이유가 무엇입니까? 이스라엘을 도우려 했기 때문입니다. 진리를 말하고 의를 촉구했기 때문입니다. 이스라엘은 그것을 싫어했습니다. 세상도 그것을 싫어합니다. 자기 악은 자랑하고 기뻐하지만, 자기와 함께 악을 기뻐하지 않는 자들은 미워합니다! 이상해지고 냉정해졌다고 비난합니다. 그들의 영혼과 마음을 괴롭힙니다.

이런 박해를 경험해 본 사람은 하나님의 자녀라고 추정할 강력한 증거를 가지고 있는 것입니다. 사람들이 여러분을 주시하고 탐색하며 모든 말과 행동에 꼬투리를 잡는 것은 여러분이 하나님의 자녀임을 보여주는 아주 좋은 증거입니다. 앞서 말했듯이, 단순히 도덕성이 높은 사람은 그렇게 대하지 않습니다. 오히려 좋아합니다. 자기 사람이기 때문에 좋아합니다. 그러나 그리스도인이 되면, 그 즉시 이질적인 요소가 끼어든 것을 알아채고 요주의 인물로 지목합니다.

　두 번째 주된 공격 방식을 살펴봅시다. 여기에서 마귀는 대적이라기보다는 참소자의 모습으로 등장합니다. 요한계시록 12:10—"우리 형제들을 참소하던 자 곧 우리 하나님 앞에서 밤낮 참소하던 자"—에 나오는 이 호칭의 의미는 무엇일까요? 이 질문에 대답하는 가장 좋은 방법은 주님이 광야에서 시험받으실 때 일어난 일을 살펴보는 것입니다. 그러면 이 문제의 핵심을 파악할 수 있습니다. 마귀가 세 번의 시험에서 두 차례 사용한 문구에 주목하기 바랍니다. 마귀는 주님을 찾아와 말했습니다. "네가 만일 하나님의 아들이어든"(마 4:3, 6). 그렇습니다. "네 주장처럼 네가 만일 하나님의 아들이라면 이런 저런 일들을 해보라"라는 것입니다. 마귀는 이처럼 "네가 정말 하나님의 아들이냐?"라는 질문으로 주님을 시험하며 참소했고, 우리도 같은 방식으로 참소하고 공격합니다.

　마귀가 우리를 참소하는 방법은 주로 두 가지입니다. 그중 한 가지는 일반적인 참소입니다. 여러 주에 걸쳐 살펴보았듯이, 여러분 전부는 아니더라도 다수가 이것을 경험했으리라 확신합니다. 마귀가 찾아와 "아직도 네가 하나님의 자녀라고?" 하며 참소하는 일을 경험한 이들이 많을 것입니다. 마귀는 우리가 죄를 짓거나 나쁜 일을 겪을 때 찾아와 "이래도 네가 하나님의 자녀라고?" 하면서 공격합니다. 이것이 일반적인 참소입니다.

　마귀가 특별히 사용하는 두 번째 방법은 성경을 인용해서 구체적으로 참소하는 것입니다. 마귀가 유난히 선호하는 구절들이 있습니다. 그중에서도 주로 사용하는 것은 히브리서 6장 앞부분과 그에 상응하는 히브리서 10장 말씀, 그리고 "사망에 이르는 죄", 즉 성령을 훼방하는 죄를 범한 자들을 위해 기도하지 말라고 말하는 요한일서 5:16입니다. 누가복음 12장에 나오는 주님의 가르침과 "성령을 모독하는 죄"에 대한 병행구절도 여기에 보탤 수 있습니다(눅 12:10). 마귀가 이런 구절들을 좋아한다고 말하는 것은 그만큼 자주 사용하기 때문입니다. 마귀는 다음과 같은 성경구절을 들이밉니다.

> 한번 빛을 받고 하늘의 은사를 맛보고 성령에 참여한 바 되고 하나님의 선한 말씀과 내세의 능력을 맛보고도 타락한 자들은 다시 새롭게 하여 회개하게 할 수 없나니(히 6:4-6).

마귀가 이런 구절을 들이밀며 하는 말은 이것입니다. "그것 봐. 넌 죄를 지었어. 은혜에서 떨어져 나갔고 하나님의 사랑을 저버렸기 때문에 다시 새로워질 수가 없지. 넌 이제 끝장이야. 완전히 망했어. 아무 소망이 없다고. 그러니 차라리 기독교를 버리는 편이 나을걸. 넌 잃은 자가 되었어."

마귀는 이렇게 참소함으로써 오히려 여러분이 하나님의 자녀라는 엄청난 증거를 제공한다는 점을 지적하고 싶습니다. 그러므로 우리는 마귀의 이런 공격을 알아채고 오히려 되받아치는 법을 배워야 합니다. 어떻게 되받아쳐야 할까요? 다음과 같이 하면 됩니다. 마귀는 불신자들에게 히브리서 6장이나 10장을 들이밀지 않습니다. 왜 그럴까요? 그들은 어차피 이런 말씀을 믿지 않기 때문입니다. 그들은 "빛"에 대해 아는 바가 없습니다. "내세의 능력"을 맛본

적이 없습니다. 관심조차 없습니다. 그렇기 때문에 불신자들에게는 이런 구절을 인용하지 않습니다. 인용한다면 오히려 어리석고 우스운 짓이 될 것입니다. 제가 강력하게 주장하는 바는 이것입니다. 누군가 히브리서 6장이나 10장 말씀 때문에 고민하고 걱정하며 찾아온다면, 저는 즉시 그가 하나님의 자녀임을 알아챌 것입니다. 마귀가 직접 그 증거를 제공해 주었기 때문입니다. 하나님의 자녀가 아니라면 절대 이런 식으로 공격하지 않습니다.

이 점을 입증해 주는 야고보의 말을 찾아보겠습니다. 야고보는 아주 강하게 말합니다. "시험을 참는 자는 복이 있나니 이는 시련을 견디어 낸 자가 주께서 자기를 사랑하는 자들에게 약속하신 생명의 면류관을 얻을 것이기 때문이라. 사람이 시험을 받을 때에 내가 하나님께 시험을 받는다 하지 말지니"(약 1:12-13). 하나님께 시험을 받는다 하지 마십시오! 하나님은 절대 시험하시지 않습니다. 시험하는 자는 항상 마귀입니다. 그래서 시험을 참는 자가 복이 있는 것입니다. 야고보는 앞에서도 이 말을 했습니다. "내 형제들아, 너희가 여러 가지 시험을 당하거든 온전히 기쁘게 여기라"(약 1:2). 여기에서 시험이란 마귀의 참소와 시련, 환난, 박해 등을 의미합니다. 이런 시험이 오면 "온전히 기쁘게 여기라"라는 것입니다. 마귀가 이런 식으로 시험한다는 것은 곧 여러분이 하나님의 자녀라는 증거입니다. 마귀는 하나님의 자녀만 공격합니다. 마귀의 백성은 이런 고민 자체를 하지 않기 때문에 공격할 필요가 없습니다. 그들은 이런 생각을 아예 하지 않습니다. 관심조차 없습니다. 신경도 쓰지 않습니다. 반복하지만, 여러분이 이런 공격을 받는다는 것 자체가 하나님의 자녀라는 증거입니다.

잠깐만 기다리십시오. 두 번째로 할 말이 있습니다. 삶의 문제는 단순히 도덕적인 것이 아니라는 사실, 큰 영적 싸움이 개입되어 있다는 사실을 아는 사람은 스스로 하나님의 자녀라고 믿고 확신해도 됩니다. 선량하고 도덕적이며 윤리적이지만 여전히 육에 속한 사람은 삶의 문제를 행동과 행위의 차원 그 이상으로 생각하지 못합니다. 그러나 그리스도인은 영적인 세계가 있음을 압니다. 사도의 말처럼 "우리의 씨름은 혈과 육을 상대하는 것이 아니요 통치자들과 권세들과 이 어둠의 세상 주관자들과 하늘에 있는 악의 영들을 상대"하는 것임을 압니다(엡 6:12). 비그리스도인들은 이런 영적 싸움에 대해 아는 바가 없습니다. 이런 싸움이 있다는 사실 자체를 믿지 않습니다. 관심조차 없습니다. 심지어 조롱하기까지 합니다. 그들의 관심은 오직 자기 행동과 행위, 도덕적 원칙, 더 나은 사람이 되는 방법에 국한되어 있습니다. 자기 자신의 범주에서 벗어나지 못하는 것입니다. 그러나 그리스도인은 자신이 그리스도인이기 때문에 이 싸움에 참여하고 있음을 압니다. 하나님과 마귀, 하늘과 지옥, 빛과 어둠 사이에 실제로 싸움이 벌어지고 있음을 압니다. 이 싸움에 대해 조금이라도 알고 있다는 것은 곧 그가 하나님의 자녀라는 증거입니다.

세 번째 시금석은 이것입니다. 오직 그리스도인만 문제들이 주로 밖에서 오는 것을 감지합니다. 물론 자기 속에도 여전히 잘못된 부분이 많다는 사실은 압니다. 그럼에도 주된 느낌은 공격을 받고 있다는 것이며 "불화살"이 날아오고 있다는 것입니다. 성경을 읽는

데 악한 상상이나 생각이나 욕망이 떠오릅니다. 그리스도인은 그런 것들이 자기 안이 아닌 밖에서 오는 것을 인식합니다. 오직 하나님의 자녀만 이처럼 외적이고 객관적인 공격을 느끼며 외부 세력의 존재를 감지합니다. 중생치 못한 사람이 이런 문제로 고민한다는 이야기는 들어 본 적이 없습니다. 단 한 번도 들어 본 적이 없습니다. 그것은 원천적으로 불가능한 일입니다. 불신자는 마귀의 종이기 때문에 이런 공격을 받지 않습니다. 그러나 그리스도인들은 어두운 마귀의 나라에서 빠져나온 자들입니다. 그래서 마귀가 악한 생각들로 공격하는 것입니다. 루터가 서재에서 했던 행동에 대한 유명한 이야기를 다들 알고 있을 것입니다. 마귀의 존재를 얼마나 생생하게 느꼈던지 잉크병을 집어 던졌다는 것입니다! 이처럼 외부의 공격이 감지된다면, 마귀와 정사와 권세의 존재가 의식된다면, "아, 지금 마귀가 직접 내가 하나님의 자녀라는 증거를 주고 있구나"라고 확신해도 좋습니다.

더 나아가 여러분은 이런 악한 생각들을 미워한다고 말할 수 있습니까? 마귀가 제발 건드리지 말았으면 좋겠다고 생각한 적이 있습니까? '오, 마귀가 날 가만두었으면!' 하고 생각한 적이 있습니까? 이 또한 그리스도인만 경험하는 일입니다. 비그리스도인은 이런 일에 대해 아는 바가 없습니다. 모든 갈등은 오직 자기 속에서, 자기 본성 안에서 일어난다고 생각하며, 좋은 책을 읽고 좋은 사람을 만나는 식의 도덕적 함양을 통해 그런 갈등에서 벗어날 수 있다고 생각합니다. 대적과 원수와 참소자가 존재한다는 생각은 하지 못합니다. 그리스도인들처럼 악을 미워하지 않습니다. 시편 기자는 말합니다. "여호와를 사랑하는 너희여, 악을 미워하라"(시 97:10). 여전히 악에 빠질 때가 있지만 그럼에도 악을 미워한다면, 진심으로 악을 미워한다면, 여러분은 하나님의 자녀입니다. 이러한 미움을 느낀다는 것 자체가 중생했다는 증거입니다.

다섯째로, 한 단계 더 진전된 시금석을 살펴봅시다. 앞서 말한 이런 문제로 진정 괴로워하는 사람은 당연히 하나님의 자녀입니다. 제 말의 의미는 이것입니다. 히브리서 6장이나 10장을 읽을 때 정말 고민이 되고 괴롭고 눈물이 난다면, "내가 과연 그리스도인일까? 아무래도 아닌 것 같다. 전에는 그리스도인이었을지 몰라도 지금은 아닌 것 같다"라고 탄식하게 된다면, 사랑하는 여러분, 더 볼 것도 없이 여러분은 하나님의 자녀입니다. "육에 속한 사람은 하나님의 성령의 일들을 받지 아니하나니 이는 그것들이 그에게는 어리석게 보임이요 또 그는 그것들을 알 수도 없나니"(고전 2:14). 육에 속한 사람은 거듭나지 않았을까 봐 걱정하지 않습니다. 걱정하는 사람은 거듭난 사람입니다! 살아 있기 때문에 걱정하는 것입니다. 죽어 있는 자는 걱정하지 않습니다. 영적으로 죽어 있는 자는 영적인 생명이 없다고 고민하며 걱정하지 않습니다. 걱정하고 싶어도 걱정할 수가 없습니다. 하나님의 자녀이기 때문에 자신이 정말 자녀인지 알고 싶은 것입니다. 사랑하기 때문에 자신이 정말 사랑받고 있는지 알고 싶은 것입니다. 이 같은 영혼의 고뇌와 염려와 근심이 있다는 것 자체가 마귀가 제공하는 절대적인 자녀의 증거입니다. 하나님의 자녀가 아니라면 이렇게 공격할 리가 없습니다. '혹시 하나님의 자녀가 아니면 어떡하지?' 하는 의문으로 걱정하고 염려하며 불안해하고 비통하게 만들 리가 없습니다. 이것은 논리적으로 반박할 여지가 없는 확실한 결론입니다.

여섯 번째 시금석을 말씀드리겠습니다. 마귀의 참소와 공격을 어떻게 이겨내는지 살펴보면, 그가 하나님의 자녀인지 아닌지 확실하게 알 수 있습니다. 복되신 주님이 마귀를 어떻게 물리치셨는지 보십시오. 마귀가 성경을 인용하자 주님도 성경을 인용하셨습니다. 이것이 주님의 대처법이었습니다. 성경을 인용함으로 마귀의 입을 틀어막고 쫓아 버리신 것입니다. 여러분도 이렇게 하고 있다면 하나님의 자녀임이 분명합니다.

이 말의 의미를 설명해 보겠습니다. 마귀가 여러분을 찾아와 속삭입니다.

"넌 그리스도인이 아니야. 하나님의 자녀가 아니라고."

"왜 아니라는 거야?"

"성경은 하나님께 속한 자는 죄를 짓지 않는다고 했는데, 넌 죄를 지었잖아. 요한일서 3:9을 봐. '하나님께로부터 난 자마다 죄를 짓지 아니하나니 이는 하나님의 씨가 그의 속에 거함이요 그도 범죄하지 못하는 것은 하나님께로부터 났음이라.' 그런데 넌 죄를 지었으니까 그리스도인이 아닌 거지."

이에 대한 대처법은 주님처럼 성경으로 되받아치는 것입니다.

그가 빛 가운데 계신 것같이 우리도 빛 가운데 행하면 우리가 서로 사귐이 있고 그 아들 예수의 피가 우리를 모든 죄에서 깨끗하게 하실 것이요 만일 우리가 죄가 없다고 말하면 스스로 속이고 또 진리가 우리 속에 있지 아니할 것이요 만일 우리가 우리 죄를 자백하면 그는 미쁘시고 의로우사 우리 죄를 사하시며 우리를 모든 불의에서 깨끗하게 하실 것이요……나의 자녀들아, 내가 이것을 너희에게 씀은 너희로 죄를 범하지 않게 하려 함이라. 만일 누가 죄를 범하여도 아버지 앞에서 우리에게 대언자가 있으니 곧 의로우신 예수 그리스도시라. 그는 우리 죄를 위한 화목제물이니 우리만 위할 뿐 아니요 온 세상의 죄를 위하심이라(요일 1:7-9, 2:1-2).

이것이 마귀에게 내놓을 대답입니다. 마귀가 성경을 인용해 가며 "넌 그리스도인이 아니야"라고 할 때, "잠깐! 넌 성경 전체를 모르고 있어. 특정 구절만 골라 앵무새처럼 반복하는 사교도들처럼 그저 몇 군데만 인용할 뿐이지. 그래. 난 죄를 지었어. 하지만 성경은……" 하면서 마귀를 물리치고 쫓아 버려야 합니다.

　이런 문제로 고민하는 분들이 찾아올 때마다 제가 인용하는 성경구절들이 있습니다. 우리는 앞서 그 구절들을 찾아보았습니다. 저는 이런 분들이 찾아와 "전 그리스도인이 아닌 것 같아요" 하면서 괴로워하고 고민할 때, 이렇게 묻습니다.

　"잠깐만요, 혹시 고린도전서 2:14을 아십니까?"

　"그게 무슨 말씀인데요?"

　"'육에 속한 사람은 하나님의 성령의 일들을 받지 아니하나니 이는 그것들이 그에게는 어리석게 보임이요'라는 것입니다. 혹시 성령의 일이 어리석게 보입니까? 성경에 나오는 하나님에 대한 가르침이 어리석게 보입니까? 주 예수 그리스도가 하나님의 아들이시라는 가르침이 어리석게 보입니까? 성육신이 어리석게 보입니까? 대속의 죽음이 어리석게 보입니까? 성령이 어리석게 보입니까? 중생이 어리석게 보입니까? 이 모든 것이 우습게 보입니까? 이것이 당신의 태도입니까?"

"오, 아닙니다!"

"그렇다면 이런 것들을 알고 확신하는 것이야말로 당신의 유일한 소원이라고 말할 수 있나요?"

"그럼요!"

"자, 이런 것들이 어리석게 보이지 않는다면 당신은 '육에 속한 사람'이 아닙니다. 육에 속하든 영에 속하든 둘 중에 하나예요. 중립지대는 없습니다. 육에 속한 사람이 아니면 영에 속한 사람이지요. 육에 속한 사람은 기독교의 진리를 자신의 전부로 여길 수가 없습니다. 그러니까 당신은 영에 속한 사람이 맞습니다. 마귀가 오히려 자녀의 증거를 제공해 준 셈입니다."

또는 로마서 8:7을 찾아보기도 합니다. "육신의[본성의] 생각은 하나님과 원수가 되나니 이는 하나님의 법에 굴복하지 아니할 뿐 아니라 할 수도 없음이라." 저는 묻습니다.

"혹시 하나님께 적개심을 느낍니까?"

"오, 아닙니다!"

"그러면 무엇보다 하나님을 알고 싶은 마음이 있나요?"

"그럼요!"

"좋습니다. 그렇다면 당신은 육신의 생각을 하지 않는 것이고, 육신의 생각을 하지 않는다면 영적인 생각을 하는 겁니다. 성령으로 난 자녀, 하나님께로부터 난 자녀가 아니면 영적인 생각을 할 수가 없어요."

이처럼 그리스도인은 성경을 인용함으로써 마귀를 물리칩니다. 이것은 아주 훌륭한 시금석입니다. 제가 방금 말한 대로 하고 있다면, 여러분은 하나님의 자녀라는 확실한 증거를 확보한 것입니다. 혹시 성경으로 마귀를 물리치지 못하고 여전히 고민을 끌어안은 채 교회에 오신 분이 있을지도 모르겠습니다. 그렇다면 제 논증을 들으면서 어떤 느낌이 들었습니까? 마음이 기뻤습니까? 펄쩍 뛰며 "하나님, 감사합니다!" 하고 싶었습니까? 그렇다면 여러분은 하나님의 자녀입니다. 하나님의 자녀는 이런 논증을 들을 때 전심으로 반응하게 되어 있습니다. 불신자들은 이런 말을 들어도 무슨 뜻인지 알아듣지 못합니다. 그저 어리석게 여길 뿐입니다. 자, 성경으로 마귀의 공격을 물리친다는 것은 여러분이 진정한 하나님의 자녀라는 증거입니다.

두 가지만 더 언급하고 이 주제에 대한 논의를 마치겠습니다. 여러분은 이런 사탄의 공격을 받아 본 적이 있습니까? 이를테면 마귀가 자기 세력을 동원하여 사방을 포위한 채 도저히 빠져나가지 못하도록 잠시의 여유나 쉼이나 틈도 주지 않고 계속 공격해 왔던 시간이나 날이나 기간이 있었습니까? 사탄의 공격! 그 공격을 받아 본 적이 있다면, 장담컨대 여러분은 하나님의 자녀입니다. 그것은 무서운 경험입니다. 그보다 무서운 경험이 없습니다. 그러나 동시에 가장 확실한 자녀의 증거이기도 합니다. 마귀는 자기 먹잇감이나 노예나 제물에게는 그런 공격을 하지 않습니다. 그들은 이미 자기 것이기 때문입니다. 이런 공격은 오직 성도만 경험하는 것입니다.

마지막으로 할 말은 이것입니다. 그리스도인으로 살면 살수록 대적 마귀의 참소와 반대에 그리 놀라지 않게 됩니까? 히브리서 6장이나 10장으로 인한 고민이 줄어들고 있습니까? 그렇다면 자녀의 증거가 있는 것입니다. 마귀에 대한 두려움과 무서움의 강도가 점점 약해지고 있습니까? 사도 바울처럼 "그 계책을 알지 못하는 바가 아니로라"라고 말할 수 있습니까?(고후 2:11) 비겁한 두려움이나 공포나 무서움이나 좌절은 줄어들고, 마귀의 방식과 방법에 대한 지식은 늘어나고 있습니까? 한 걸음 물러나 "오, 마귀의 술책이로군!" 할 때가 있습니까? 전에는 그런 상황 자체에 짓눌려 헤어나지 못했습니다. 누구와 다툼이 생기면 그 사람과 자신 외에 아무것도 눈에 들어오지 않았습니다. 그런데 이제는 그런 일이 생겨도 '이런, 마귀가 바쁘겠는데' 하는 생각이 들 때가 많습니까? 상대방보다 그 뒤에 있는 마귀가 보인다면, 이처럼 악한 상황을 만든 장본인이 사람, 즉 혈과 육이 아니라 마귀와 정사와 권세임을 점점 더 확실히 알게 된다면, 자녀의 훌륭한 증거가 있는 것입니다.

"우리는 그 계책을 알지 못하는 바가 아니로라." 그렇습니다! 바울은 말합니다. "나는 수년간 마귀와 싸워 와서 알지만, 너희 고린도 교인들은 아직 모르고 있다. 하나님의 은혜만 모르는 것이 아니라 마귀의 계책도 모르고 있다. 그러나 앞으로 마귀에 대해 더 많이 배우게 될 것이다. 마귀는 결국 자기가 준비한 계책을 꺼내게 되어 있다. 복되신 주님의 말씀처럼 너희는 그 계책을 점점 더 간파하게 될 것이다."

이처럼 마귀의 계책을 점점 더 잘 알게 되는 것 또한 우리가 하나님의 자녀라는 확실한 증거입니다. 하나님의 자녀는 주제넘게 넘겨짚지 않습니다. 무모하게 덤벼들지 않습니다. 절대 마귀를 비웃지 않습니다. 마귀를 비웃는 자가 있다면, 설사 하나님의 자녀라 해도 심히 무지한 자녀일 것입니다! 은혜 안에서 자라면 자랄수록 그 어떤 것도 심상히 여기지 않게 됩니다. 항상 깨어 기도해야 한다는 것, "주 안에서와 그 힘의 능력으로 강건하여지고……하나님의 전신갑주를" 입어야 한다는 것, 그것만이 "마귀의 간계를 능히 대적"하는 길이요 악한 날에 모든 일을 행하고 설 수 있는 길이라는 것을 알게 됩니다(엡 6:10, 11, 13).

마귀의 간계와 공격을 살펴본 이 시간을 통해, 우리가 "혈통으로나 육정으로나 사람의 뜻으로 나지 아니하고 오직 하나님께로부터 난" 하나님의 자녀이자 "주께서 그러하심과 같이 우리도 이 세상에서 그러"한 자녀임을 확인하는 새롭고도 확실한 증거를 얻었기를 바랍니다. 마귀가 자신도 모르는 사이에 우리가 하나님의 자녀요 "상속자요 그리스도와 함께한 상속자"라는 증거를 직접 제공한다는 사실을 깨달았기를 바랍니다. 삶은 오묘한 것입니다! 제대로 이해하기만 하면 그 모든 것이 우리가 하나님의 은혜로 자녀가 되었다는 사실을 확신하고 자신케 하는 증거로 전환될 수 있습니다.

31

종교인가, 참 신앙인가?

영접하는 자 곧 그 이름을 믿는 자들에게는 하나님의 자녀가 되는 권세를 주셨으니 이는 혈통으로나 육정으로나 사람의 뜻으로 나지 아니하고 오직 하나님께로부터 난 자들이니라. **요 1:12-13**

성경이 풍부하게 제공해 주는 다양한 시금석들을 이제껏 살펴본 것은, 우리가 하나님의 자녀라는 확신을 얻기 위해서였습니다. 우리는 하나님의 아들을 믿음으로써 자녀가 된다는 사실을 알았습니다. 그리스도인을 자처하고 싶은 자들이 있으면 그렇게 하라고 하십시오. 아무리 그래도 그리스도가 하나님의 독생자이심을 믿지 않고 그의 신성을 믿지 않는다면, 성육신이라는 기적이 실제로 일어난 것을 믿지 않고 그리스도가 행하신 이적들과 속죄의 죽음과 부활을 믿지 않는다면 그리스도인이 아닙니다. 서슴없이 단언하는 바, 그리스도인의 이름을 사칭하는 거짓말쟁이요 진리를 부인하는 자들일 뿐입니다.

이 점을 확실히 알아야 합니다. '그리스도인은 누구의 말에나 동의하고 아무것도 비판하지 않는, 상냥하지만 무기력한 사람들'이라고 생각하는 현대의 오류에 걸려들면 안 됩니다. 신약성경은 이런 "적그리스도"를 피할 뿐 아니라 규탄해야 한다고, 요한일서에 나오듯이 "그들이 우리에게서 나갔으나 우리에게 속하지 않았다" 하면서 선을 그어야 한다고 가르칩니다(요일 2:19).

저는 기독 신앙의 핵심적인 기본 요소들과 말씀의 명백한 가르침을 부인하는 자들을 한 교회에 속한 지체로 여기지 않으며, 그런 자들과 교제하지 않습니다. 그리스도인은 자기 위치를 분명히 알고 확신해야 합니다. 무엇보다 자신이 하나님의 자녀임을 분명히 알고 확신해야 합니다.

그동안 우리는 성자와 우리의 관계, 성부와 우리의 관계, 성령과 우리의 관계, 형제 서로 간의 관계―여기에서 형제란 말로만 그리스도인을 자처하는 자들이 아니라 이 진리를 믿는 자들, 필요하다면 이 진리를 위해 목숨까지 내놓을 준비가 된 자들, 진정으로 그리스도께 속한 자들이라는 점을 강조하고 싶습니다―를 살펴보았습니다. 그리고 지난 주에는 마귀와 우리의 관계에서 어떻게 분명한 확신의 근거를 찾을 수 있는지 고찰해 보았습니다. 마귀는 믿지 않는 자들에게는 사용하지 않는 방법으로 하나님의 자녀들을 시험합니다.

이번에는 이 주제의 또 다른 측면을 살펴보겠습니다. 지금까지는 주로 관계의 측면에서 하나님의 자녀인지 아닌지 검증해 보았다면, 이번에는 좀 더 직접적이고 개인적인 측면에서 이 주제를 살펴보려 합니다. 이 측면에서도 자녀의 증거를 찾아볼 수 있습니다. 사실 이 시금석은 부분적으로나마 이미 적용해 보았다고 할 수 있습니다. 자기 자신을 살펴보지 않고 관계를 살펴볼 수는 없기 때문입니다. 인간관계를 보면 그 사람에 대해 많은 것을 알 수 있습니다. "깃털이 같은 새는 함께 모인다"는 말도 있듯이, 누구와 어울리는지 보면 그가 어떤 사람인지 알 수 있습니다. 이처럼 우리는 일반적으로 볼 때 객관적이라고 할 만한 시금석들을 다루면서, 간접적으로나마 주관적인 측면에서도 우리 자신을 검증해 보았습니다.

그동안 살펴본 시금석들과 관련하여 흥미로운 점이 한 가지 있습니다. 그 시금석들은 당연히 모든 이들에게 해당되는 것이지만, 개인에 따라 강하게 와 닿는 시금석이 따로 있을 수 있습니다. 각자의 경험을 이야기해 보면 세부적으로 아주 다양한 차이가 있음을 알게 됩니다. 물론 거듭나서 그리스도인이 되는 방법은 한 가지입니다. "혈통으로나 육정으로나 사람의 뜻으로 나지 아니하고 오직 하나님께로부터" 나야만 자녀가 될 수 있는 것입니다. 부모가 그리스도인이었다고 자녀도 그리스도인이 되는 것은 아닙니다. 각각 영적으로 다시 태어나야 합니다. 그러나 인간적이고 세상적인 관점에서 각자 살아온 내력을 살펴보면 상당히 다양한 것을 알 수 있습니다.

여러분 중에는 이른바 종교적인 교육을 받고 자란 이들이 많습니다. 그런 이들은 늘 부모의 손에 이끌려 교회에 다니며 주일학교에 참석했을 것이고, 어려서부터 성경을 배웠을 것이며, 기독교적인 분위기에서 생활했을 것입니다. 이 자리에는 그런 이들이 상당수 있습니다. 그런가 하면 그리스도인이 된 방법은 그들과 동일하지만 성장배경은 완전히 다른 이들도 있습니다. 교회에 다닌다는 것이 무엇인지도 모르고 성경도 전혀 몰랐던 이들, 복음에 대한 지식 없이 말 그대로 세상에서 살았던 이들도 있습니다. 그런 이들도 기독교적인 배경에서 자란 이들과 나란히 교회의 일원이 되어 이 자리에 와 있습니다.

물론 이것은 광범위한 구분입니다. 얼마든지 더 세분할 수 있지만, 마귀가 우리의 과거 내력을 알고 활용하려 든다는 점을 강조하기 위해 일단 크게 구분해 보았습니다. 마귀는 천편일률적인 방법으로 시험하지 않습니다. 아주 다양한 방법을 동원해서 시험합니다. 우리는 다 마귀의 시험을 받습니다. 지난주에 살펴보았듯이 마귀는 하나님의 자녀라는 사실을 의심케 하기 위해 우리를 시험합니다. 우리가 자라 온 배경을 알기에 구체적인 약점이 무엇인지도 알고 있으며 어떻게 공격하는 것이 좋은지도 알고 있습니다. 그래서 기독교적 분위기에서 이른바 기독교적인 교육을 받고 자란 첫 번째 부류의 사람들이 확신의 문제로 어려움을 겪는 경우가 많은 것입니다. 마귀는 말합니다. "넌 극적인 변화를 경험한 적이 없어. 늘 교회 안에서 자라 왔고, 말하자면 늘 이런 걸 믿어 왔을 뿐이지. 지성과 지능이 있으니까 기독교의 가르침을 그대로 흡수한 것일 뿐이라고. 그렇게 늘 해오던 일을 지금도 그냥 계속하고 있는 거 아니야? 정말 네가 하나님의 자녀라고 확신할 수 있어? 남들이 얼마나 대단하게 변하는지 좀 봐! 분명한 변화가 있잖아. 그런데 넌 그렇지 않아."

이것은 특히 교회 안에서 자라난 배경 때문에 구원을 쉽게 확신치 못하는 이들에게 해당되고 관련되는 문제입니다. 제가 제시한 시금석들은 일차적으로 이런 사람들에게 적용됩니다. 그러나 다른 이들에게도 유용하기는 마찬가지입니다. 완전한 불신자들은 다른 것을 선택하듯 종교도 선택할 수 있다는 점, 실제로 그렇게 선택할 때가 많다는 점을 잊지 맙시다. 그러므로 그들도 확신의 문제와 관련하여 이런 시금석들로 자신을 검증해 볼 필요가 있습니다.

자녀의 확신을 얻기 위해 적용할 수 있는 좀 더 직접적이고 주관적인 시금석들로는 무엇이 있을까요? 한 가지는 교회생활 및 기독교 메시지와 우리의 전반적인 관계를 살펴보는 것입니다. 얼마 전 빅토리아 시대를 묘사한 한 가지 표현을 읽었는데, 이 점을 깨닫고 이해하는 데 확실히 도움을 받았습니다. 글쓴이는 빅토리아 시대 사람들과 특히 그 시대의 전형적 인물이었던 매튜 아널드Matthew Arnold를 다루면서, 종교가 사람들 속에 "침투penetrating them"하지 못하고 위만 "덮고overshadowing them" 있었던 것을 문제점으로 지적했습니다. 이것은 아주 의미심장한 표현으로서, 이른바 빅토리아 시대를 이해하는 열쇠가 됩니다. 이 표현을 통해 알 수 있는 사실이 아주 많습니다.

빅토리아인들에게 종교, 즉 기독교는 하늘에 떠 있는 구름 같은 것이었습니다. 항상 머리 위를 덮고 있었지만, 그저 위에 떠 있을 뿐 땅으로 내려와 그들 속에 침투하지 못했습니다. 저 멀리 밖에만 있었습니다. 사람들이 그 존재를 크게 의식하기는 했지만 관계는 소원했습니다. 글쓴이는 이 점을 최대한 정확한 표현에 담아 냈습니다. 이런 경험을 해본 분들이 있을 것입니다. 기독교의 존재를 느끼기는 하지만, 주변의 공기를 느끼거나 저 멀리 해를 가리고 있는 구

름을 느끼듯 아득하게 느낄 뿐 직접 만져 보지는 못합니다. 늘 의식
하면서 그 아래 세상을 다니는 것이 고작입니다. 이처럼 종교가 위
만 "덮고" 있는 자들은 분명 그리스도인이 아니라고 저는 말하는
바입니다. 참된 그리스도인, 진정한 하나님의 자녀는 기독교와 그렇
게 소원한 관계에 있지 않습니다.

계속해서 두 번째 시금석을 살펴보겠습니다. 종교인이 되는 것
과 그리스도인이 되는 것은 완전히 다른 일입니다. 이것은 별도의
증거나 논증이 필요 없는 자명한 사실이요 기본적인 사실입니다.
종교인이지만 그리스도인은 아닌 자들이 오늘날 세상에 많이 있습
니다. 기독교 외에도 다른 종교들이 많습니다. 유대교도 있고 이슬
람교도 있습니다. 이제 우리가 던질 질문은 이것입니다. 우리는 그
리스도인입니까? 참된 하나님의 자녀입니까? 요한복음 서문에 따
르면 오직 그리스도인만 하나님의 자녀입니다. 이것을 확인하기에
아주 좋은 시금석을 알려 드리겠습니다. 그리스도인은 신앙을 통제
하는 것이 아니라 신앙의 통제를 받습니다. 이 또한 크고 유익한 구
분입니다.

기독교와 외적인 관계를 맺고 있는 사람은 자신이 그리스도인
이라는 사실을 끊임없이 상기해야만 합니다. 그는 종교인이 되는
일요일에만—그것도 어쩌면 오전에만—그 사실을 상기합니다. 평소
에는 기독 신앙에 대해 아무 생각도 하지 않고 살다가, 정해진 때나
특별한 경우에만 어쩔 수 없이 신앙을 떠올리는 것입니다. 다시 말
해서 그에게 종교란 가방에 넣고 다니는 물건에 가깝습니다. 일요
일 오전에 집어 들었다가 점심때 내려놓고, 일주일 내내 까맣게 잊

어버립니다. 여기에서 요점은 자신이 신앙을 통제한다는 것입니다. 원하면 집어 들고, 원치 않으면 내려놓습니다. 물론 곤경에 빠졌을 때는 기도도 하고 성경도 읽지만, 편안할 때는 아예 그럴 생각조차 하지 않습니다. 이것은 전형적인 종교인의 모습입니다. 그에게 종교란 단속적斷續的인 것이자 삶의 부가물 같은 것입니다.

더 나쁜 태도는 종교를 단순히 수행해야 할 임무 내지는 의무로 여기는 것입니다. 빅토리아인들의 문제가 여기 있었습니다. 많은 이들이 교회가 사라지길 바랐지만, 교회는 엄연히 존재하고 있었습니다. 그래서 저 유명한 찰스 다윈의 「종의 기원On the Origin of Species」이 나왔을 때 그토록 열렬히 환영한 것입니다. 그들은 기독교가 싫었습니다. 그런데 하늘 위에 구름이 떠 있는 것처럼 기독교는 엄연히 존재하고 있었습니다. 기독교가 틀렸다는 확신이 없는 한 그 관계를 끊을 수는 없었습니다. 그래서 단지 옳은 일을 해야 한다는 의무감으로 관계를 유지했습니다. 그리스도인을 자처하며 교회에 다니는 것은 그 시대에 아주 중요한 일이었습니다. 물론 그들은 별 탈 없이 괜찮으리라고 생각되는 최소한의 수준에서만 신앙생활을 했습니다.

성경은 그런 자들이 하나님의 자녀가 될 자격이 있다고 생각할 만한 근거를 전혀 제공하지 않습니다. 가장 중대한 최고의 시금석 중 하나가 바로 이것입니다. 여러분은 복음의 진리에 붙잡혔습니까? 빌립보서 3:13에 나오는 사도 바울의 말을 읽어 보십시오. 이 점을 완벽하게 정리해 주고 있습니다. "형제들아, 나는 아직 내가 잡은 줄로 여기지 아니하고." 요컨대 "나는 아직 충분한 지식을 얻지 `못했다. 아직 완전해지지 못했다"라는 것입니다. 그래서 어떻게 한다고 말합니까? "내가 잡힌 바 된 그것을 잡으려고 달려가노라" (빌 3:12). 다시 말해서 "나를 잡고 있는 그것을 잡고자 애쓴다"라는 것입니다. 그렇습니다! 그리스도인은 자기가 잡힌 바 되었다는 사실을 아는 자들입니다.

그리스도인은 새삼 신앙을 상기할 필요가 없습니다. 그들에게 신앙은 간헐적이거나 단속적인 것이 아닙니다. 집어 들었다 내려놓았다 하는 것이 아니며, 입었다 벗었다 하는 것이 아닙니다. 절대 아닙니다! 그들에게 기독교는 하늘에 떠 있는 것, 위만 덮고 있는 것이 아닙니다. 유추해서 생각해 보면 알 수 있습니다. 여러분은 부모의 핏줄과 본성을 물려받음으로써 자녀가 되고 가족이 됩니다. 그리스도인들도 마찬가지입니다. 그들에게는 신앙이 있습니다. 스스로 그것을 알고 느낍니다. 그들에게 신앙이란 저 멀리 밖에 있는 것이 아니며 모호한 부가물 또한 아닙니다. 그리스도인들은 신앙이 자신을 붙잡고 있음을 압니다. 신앙이 삶에서 가장 중요한 자리를 차지합니다. 그들은 이제 주인이 아닙니다. 이 신앙, 이 지식, 그들이 믿는 이분이 주인입니다.

말로 설명하기는 어렵지만 다들 이해할 것입니다. 여러분은 신앙과 어떤 관계에 있습니까? 여러분이 신앙의 주인입니까, 신앙이 여러분의 주인입니까? 여러분이 신앙을 통제합니까, 신앙이 여러분을 통제합니까? 진지하고 정직하게 말씀드리는 바—어떤 분은 놀라겠지만—저는 백 년 전 빅토리아 시대가 아닌 지금 이 시대에 설교하게 된 것을 참으로 기쁘게 생각합니다. 오늘날 우리는 밑바닥의 근본적인 문제들과 마주하고 있습니다. 이 시대의 신앙에 대해 이런저런 이야기들을 할 수 있지만, 어쨌든 빅토리아 시대보다는 솔직하다고 할 수 있습니다. 그때만큼 과시적이거나 가식적인 신앙생활을 하지는 않습니다. 물론 약간의 과시는 남아 있지만, 그래도 빅토리아 정신의 연장선상에 있는 것은 아니라는 점을 알아 둡시다. 이런 시대에 하나님이 원하시는 사람은 십자가의 용사입니다. 그런데 용사가 되려면 자신의 위치를 정확히 알아야 합니다. 시험의 때가 다가오고 있습니다. 그 조짐들이 이미 나타나고 있습니다. 언젠가 세계교회나 세계정부 같은 형태의 독재체제가 등장해서 가이사가 주라고 말하길 거부하는 자들에게 신앙의 대가를 요구하는 일이 생길지도 모릅니다. 이럴 때일수록 자신이 누구인지 분명히 알고 확신해야 합니다. 그 한 가지 시금석이 바로 이것입니다. 그리스도인은 선택권이 없습니다. 자신에게 신앙을 납득시키거나 강요할 필요도 없습니다. 전혀 없습니다! 그리스도를 믿는 신앙이 그를 붙잡고 있기 때문입니다.

이처럼 신앙 및 믿음과 그리스도인의 전반적인 관계는 아주 귀중한 시금석이 됩니다. 한 단계 더 나아가 봅시다. 우리가 하나님의 자녀인지 단순히 종교인인지 구분하는 또 다른 시금석은 종교의 일반적인 측면에 대한 관심이 점점 사라지느냐 하는 것입니다. 이것은 특히 기독 신앙 안에서 자란 사람들에게 적용되는 시금석입니다. 제 말은 대부분 경험에 근거한 것입니다. 종교인들은 종교의 부차적인 요소에 지대한 관심을 보입니다. 교단과 교단 활동 및 이해관계에 대해 이야기하길 좋아합니다. 이런 태도가 한때 만연했고,

그때만큼은 아니지만 지금도 많이 남아 있습니다. 예배 후에 저를 찾아와 이야기하는 이들 중에 가끔 이런 태도를 보이는 이들이 있습니다. 그들은 다짜고짜 자기 신분부터 밝힙니다. 악수를 청할 때 이미 "감리교인입니다", "구세군입니다", "회중교회 신자입니다" 하면서 자신들의 소속을 알려 줍니다. 그럴 때마다 저는 "아, 그렇군요. 그럴 줄 알았습니다. 아마 그것이 전부겠지요"라고 말하고 싶어집니다. 그리스도인은 그런 식으로 말하지 않습니다. 그러나 종교인들에게는 그런 것이 중요합니다. 교회에서 열심히 활동하고 교회 대표로 총회에도 참석하면서, 온통 그 생각만 하고 그 이야기만 합니다.

교회 내 사교생활이나 부서에 지대한 관심을 쏟는 이들도 있습니다. 그들은 부서 내에 있는 일종의 위계질서를 굉장히 중시합니다. 남들과 다른 옷을 입고, 다른 용어와 호칭을 사용하며, 다른 직함을 받습니다. 조직의 운영에 온 관심을 쏟습니다. "누가 이 자리를 맡게 될까? 저 자리가 비었다는데 누가 그리로 가게 될까?" 하는 것이 큰 관심거리입니다. 유일한 관심거리라고도 할 수 있습니다. 그들은 대부분 거기 머물러 있습니다. 여러분도 그 위험을 알 것입니다.

백 년 전이나―그 당시 최대의 폐해가 이것이었는데―비교적 최근까지도 설교자들에게 관심을 갖고 설교자와 설교에 대해 이러쿵저러쿵 논평하는 사람들이 많았습니다. 여러분도 한때 열심히 그런 논평을 했을지 모릅니다. 그리스도인이 아닌데도 그런 관심을 가질 수 있습니다. 그것은 어떤 분야나 직업에 대한 흥미 비슷한 것입니다. 지역적 관심이나 직업적 관심으로 그런 데 빠져들 수 있습니다. 저도 지난날 설교자들을 비교하고 대조하며 논평하는 일에 시간을 낭비했던 것을 생각하면 부끄럽기 그지없습니다. 자, 좋습니다. 저는 지금 그 일을 정죄하려는 것이 아닙니다. 그런 논평이 입에서 점점 사라지는 것이야말로 하나님의 자녀임을 확인하는 아주 좋은 증거가 된다는 말을 하고 싶을 뿐입니다.

물론 조직은 있어야 합니다. 최소한의 조직은 어느 교회에나 필요합니다. 그러나 그리스도인이면서도 조직이 전부라고 말하는 사람이 있다면, 그는 아주 어리고 유치한 그리스도인입니다. 조직은 거의 눈에 보이지 않아야 합니다. 조직이 마음을 사로잡는 주된 관심사가 되면 안 됩니다. 열광하며 열변을 토하는 유일한 주제가 되면 안 됩니다. 그러면 무엇이 주된 관심사가 되어야 합니까? 참된 그리스도인, 참된 하나님의 자녀는 진리 그 자체에 관심을 가지며, 진리와 자신의 관계에 관심을 갖습니다. 영적인 측면에 관심을 갖습니다. 사람과 조직에 대한 관심은 점점 줄어들고 진리와 진리의 영광, 진리를 아는 일에 대한 관심은 점점 커집니다. 전체적인 강조점이 그렇게 옮겨집니다. 직업적인 관심만큼 영적인 삶에 위험한 것은 없습니다. 다시 말해서 그런 관심이 사라질수록 자신이 참된 그리스도인이라는 사실을 더 굳게 확신할 수 있습니다. 우리의 주된 관심사는 무엇입니까? 우리가 실제로 신경을 쓰는 일은 무엇입니까?

계속해서 살펴봅시다. 제가 생각할 때, 방금 지적한 요점의 결론은 이것입니다. 우리가 참된 하나님의 자녀라는 사실을 검증하기에 좋은 시금석과 표지는 자기 마음의 상태에 대한 관심, 자신이 어떤 사람이 되었는지에 대한 관심이 점점 커지느냐 하는 것입니다. 되는 것과 하는 것의 명백한 차이를 여러분도 알 것입니다. 종교적인 사람들은 하나같이 활동가들이요 행동가들입니다. 활동을 통해 그리스도인이 되며 행함으로 의롭게 된다고 믿기 때문에 당연히 그럴 수밖에 없습니다. 활동을 못하게 되면 마치 다 끝장난 것처럼 생각합니다. 그러나 하나님의 자녀는 무엇을 하느냐보다 자신이 누구인지가 더 중요하다는 것을 압니다. "혈통으로나 육정으로나 사람의 뜻으로 나지 아니하고 오직 하나님께로부터 난 자들"이라는 사실이 더 중요하다는 것을 압니다. "내가 나 된 것은 하나님의 은혜로 된 것이니"(고전 15:10). 이처럼 그리스도인들은 하는 것보다 되는 것에 훨씬 더 큰 관심이 있습니다. 아는 것보다 되는 것에 더 큰 관심이 있습니다.

형평성을 지킵시다! 활동가들만 잘못되었다고 생각하면 안 됩니다. 경건 서적을 많이 읽는 자들도 종교적인 경우가 많습니다. 하나님의 자녀가 아니면서도 성경과 신학 서적과 교리 서적과 교회 역사를 많이 읽을 수 있습니다. 제가 알기에 신학 서적을 읽고 연구하는 것보다 지적인 추구는 없습니다. 그러나 육에 속한 사람도 그렇게 할 수 있고, 실제로 그렇게 할 때가 많다는 점을 기억하십시오. 활동이나 사업이나 분주한 일뿐 아니라 지식과 독서와 학문과 지적인 관심도 문제가 될 수 있습니다. 사도 바울은 고린도 교인들에게 "지식은 교만하게 하며"라고 했습니다(고전 8:1). 예외가 없습니다. 사람은 자기가 아는 것을 자랑하게 되어 있습니다. 무엇을 읽었고 얼마나 많이 읽었는지 굳이 밝히거나 자기 서재를 구경시켜 주는 식으로 과시하게 되어 있습니다. 그러면서 자신을 드러냅니다. 그러나 하나님의 자녀는 무엇을 아느냐보다 자신이 누구이며 자기 마음의 상태가 어떠하냐에 훨씬 더 큰 관심이 있습니다.

오, 이런 시험들이 얼마나 교묘하고 마귀가 얼마나 교묘한지요! 그리스도인의 전기를 읽는 일도 위험할 수 있습니다. 제 말이 이상하게 들립니까? 저는 목회하는 내내 독서를 권장해 왔습니다. 위대한 고전들, 중요하고 중대한 책들을 읽을 것을 권해 왔고, 지금도 그렇게 권하고 있습니다. 그렇지만 거기에 경고의 말을 덧붙이지 않는다면 저는 아주 형편없는 목사일 것입니다. 순전히 객관적인 입장에서만 전기를 읽고 그들이 겪은 일에 감동을 받을 수 있습니다. 그들의 경험에 기대게 될 수 있으며, 그 경험에 고무된 나머지 마치 자신이 그들의 수준이 된 것처럼 착각할 수 있습니다. 참된 하나님의 자녀가 책을 읽는 것은 박식한 사람들 틈에 끼기 위해서가 아니라 영적 성장에 도움을 받기 위해서입니다. 박식한 사람들 틈에 끼려고 책을 읽는 사람은 지적이지 못한 활동가에 비해 하나도 나을 바가 없습니다. 책을 많이 읽는 자들이 활동가들을 무시하는 것은 잘 알지만, 사실 어느 쪽이 낫다고 할 수가 없습니다. 하나님의 자녀는 어쩌다 얻는 지식보다 자기 마음의 상태에 더 관심을 갖습니다. 성경은 말합니다. "모든 지킬 만한 것 중에 더욱 네 마음을 지키라. 생명의 근원이 이에서 남이니라"(잠 4:23). 하나님의 자녀들은 '마음이 어그러져 있으면 아무리 지식으로 머리를 채워 봐야 소용이 없다'는 것을 압니다.

자기 마음의 상태에 점점 더 관심을 갖게 되는 것, 자기 마음을 관찰하고 지켜보며 검증하고 조사하는 일에 점점 더 관심을 갖게 되는 것은 하나님의 자녀임을 확인할 수 있는 아주 좋은 표지입니다. 여러분은 어느 쪽에 더 관심이 있습니까? 지식입니까, 영적인 상태입니까? 여러분은 자신의 영적 성장에 얼마나 큰 관심을 갖고 있습니까? 위대한 사도 바울을 보십시오. "뒤에 있는 것은 잊어버리고……." 사도가 얼마나 엄청난 일들을 했는지 생각해 보십시오. 그런데도 다 잊어버리고 앞으로 달려간다고 말합니다(빌 3:13-14). 이것은 아주 좋은 시금석입니다. 늘 30년 전 이야기를 꺼내는 사람들이 있습니다. 만날 때마다 30년 전 이야기를 합니다. 과거의 경험에 기대어 살아가는 것입니다. 그것은 아주 나쁜 표지입니다. 그리스도인이 아니라고 할 수는 없지만, 30년 동안 하나도 자라지 않은 것입니다. 30년 전 그 자리에 그대로 머물러 있는 것입니다. 자기 영혼의 상태와 영적인 상태에 대한 관심, 주님을 아는 지식과 은혜에서 성장하고 있는지에 대한 관심이 점점 커지느냐 하는 것은 자신이 진정한 그리스도인인지, 아니면 종교적이지 못할까 봐 두려워하는 종교인인지 구분하는 탁월한 시금석이 됩니다.

이것은 그 다음 시금석으로 연결됩니다. 참된 자녀의 표지는 믿음에 대해 소극적인 태도를 버리고 점점 더 적극적이 되는 것입니다. 종교인에게 종교란 그저 금지하고 억제하는 것에 불과합니다. 빅토리아인들을 묘사한 표현이 그 점을 잘 보여줍니다. 종교는 그들 위를 "덮고" 있었습니다. 그 시대 사람들의 전기를 읽어 보면 재미있고 흥미로울 뿐 아니라 새삼 깨닫게 되는 바가 있습니다. 그들은 두려움에 사로잡혀 있었습니다. 그들의 표현대로 위험을 무릅쓰고서라도 종교의 "족쇄를 벗어버리려" 했지만 그러지 못했습니다. 사라지지 않는 종교의 그림자가 그들을 덮고 있었습니다. 이처럼 종교에 대한 그들의 태도는 완전히 소극적인 것이었습니다. 기독교에 대한 개념도 소극적이었습니다. 대표적 인물인 매튜 아널드의 유명한 표현대로, 종교는 "감정이 스며든 도덕"에 불과했습니다. 주로 도덕에 가깝지만, 감정이 스며듦으로써 세속적인 도덕보다 차원이 약간 높아진 것에 불과했습니다. 다시 말해서 존 스튜어트 밀을 비롯한 이른바 "위대한 빅토리아인들"을 억압하고 제지하는 방해물에 불과했던 것입니다.

이 점에서 저는 리튼 스트레이치Lytton Strachey의 견해에 진심으로 동의하는 바입니다. 그들의 해로운 종교적 사고가 이렇게 드러난 것은 잘된 일입니다.* 빅토리아 시대의 지도적인 사상가들과 작가들은 해악의 장본인들로서, 지금 우리는 그들이 뿌린 해악의 결과를 거두고 있습니다. 그것은 기독교가 아니었습니다. 금지하고 억압하기만 하는 소극적인 종교였습니다. 형벌을 무서워하는 두려움의 종교였습니다. 그들은 하나님의 부재만 증명하면—그들은 과학이 곧 그 일을 해주리라 믿었습니다—제대로 살 수 있으리라 생각했습니다. 이것이 종교를 대하는 그들의 태도였습니다. 종교적인 사람들은 지금도 여전히 같은 태도를 가지고 있습니다. 그들이 교회에 가

---

* 스트레이치(1880-1932)는 빅토리아 시대의 지도급 인사들을 꼬집는 비판적인 책을 썼다. 그가 쓴 「빅토리아 시대의 명사들Eminent Victorians」은 1918년 영국 런던 채토Chatto 출판사에서 처음 출간되었다.

는 주된 이유는—유일한 이유는 아니지만—빠지기가 왠지 두렵기 때문입니다. 과학자들의 온갖 발견에도 불구하고 하나님의 부재가 증명되지 못했다는 것을 그들은 알고 있습니다. 지옥을 믿지 않고 국교회 39개조 신조 가운데 이런저런 것들을 믿지 않는다고 교만하게 말하지만, 실제로 그들이 입증한 사실은 하나도 없습니다. 그저 자신들의 어리석은 견해를 밝히는 것에 불과합니다. 그들은 안전을 도모하는 차원에서 종교를 갖습니다. 불행히도 종교를 추가적인 보험처럼 여기는 자들이 여전히 많습니다.

그들과 완전히 대조적으로 하나님의 은혜와 영광을 적극적으로 기뻐하는 자들이 있습니다. 이것이 자녀의 증거입니다. 자녀는 무서워서 믿거나 안전을 도모하기 위해 믿는 것이 아니라 신앙이 무엇보다 좋아서 믿습니다. 시편 84편을 보십시오. 시편 기자는 잠시 하나님의 집을 떠나 있었고, 그 때문에 더할 나위 없이 마음이 참담했습니다. 그는 사람들이 줄지어 하나님의 전으로 올라가는 모습을 그리면서 '오, 나도 함께 갈 수 있었으면' 하고 아쉬워했습니다. 그는 하나님의 전에 가야 한다고 자신에게 강요하거나 강제할 필요가 없었습니다. 하나님의 전에 가는 것은 그에게 목숨처럼 귀한 일이었습니다. "악인의 장막에 사는 것보다 내 하나님의 성전 문지기로 있는 것이 좋사오니"(시 84:10). 그는 내내 자신과 다투며 씨름하다가 결국 우울한 마음으로 "그래, 전체적으로 보면 가는 편이 낫지!" 하면서 힘들게 결심하지 않았습니다. 절대 그러지 않았습니다!

시편 기자는 하나님의 집과 예배를 자랑스러워했고, 성대하고 과시적인 의식儀式들로 가득한 악인의 장막을 멸시했습니다. 그 장막의 실상을 간파했기에 "내 마음과 육체가 살아 계시는 하나님께 부르짖나이다"라고 외쳤습니다(시 84:2). 그는 하나님의 집에 가게 될 날을 고대했습니다. 그곳에서 하나님의 은혜와 영광을 보았기에, 하나님이야말로 "해요 방패"이심을 알았기에 그날을 고대했습니다 (11절). 살아 계신 하나님 앞에 있는 것보다 놀라운 일은 없었습니다! 그 앞에 있으면 "눈물 골짜기"도 샘이 되었습니다(6절). 그렇습니다. 그에게 하나님의 집은 새끼 새의 보금자리 같은 곳이었습니다(3절). 늘 찾고 싶은 곳이었고, 언제든 돌아가야 할 곳이었습니다. 다른 곳들은 다 스쳐가는 장소에 불과했습니다. 하나님의 집은 그에게 목숨처럼 귀한 곳이었습니다. 삶의 전부였습니다. 이것이 그리스도인과 종교인의 차이입니다.

한 단계 더 나아가 봅시다. 요구사항이 점점 줄어드는 것, 혜택과 권리에 대한 관심이 점점 줄어드는 것 또한 진정한 하나님의 자녀임을 확인하기에 좋은 시금석이자 표지입니다. 이것은 거의 입증할 필요가 없는 명백한 사실입니다. 곤경에 빠졌을 때—지금 세상은 큰 곤경에 빠져 있습니다—사람들은 자신의 필요를 깨닫고 도움을 찾아 두리번거립니다. 대체 어디에서 도움을 얻을 수 있을까요? 그들은 이런저런 책이나 철학이나 사교들을 기웃거리다가 마침내 말합니다. "아, 교회가 있었지! 교회에 가면 혹시 도움이 되지 않을까?"

좋습니다. 저는 지금 그런 태도를 비판하려는 것이 아닙니다. 그러다가 구원의 기회를 얻을 수도 있습니다. 무엇이든 복음으로 이끌어 준다면 감사한 일입니다. 그러나 그런 사고방식 자체는 버려야 합니다. 그들은 무언가를 바라는 마음으로 옵니다. 무언가를 얻으려는 마음으로 옵니다. 삶을 힘겹게 느끼며 무언가를 요구합니다. 그런 자들에게 "하나님은 항상 즉각적이고 직접적인 응답을 주십니다"라고 말하면, 바로 그것을 원했다며 반색합니다. 이처럼 그들은 기도 응답과 인도를 받기 위해 옵니다. "이제 어떻게 해야 할까요?"라고 물을 때 "그냥 듣기만 하세요. 그러면 인도받을 수 있어요"라고 말하면 "참 좋네요!" 하고 감탄합니다. 이처럼 그들은 자기 요구와 욕망과 필요 때문에 교회에 옵니다. 그들에게는 이것이 중요합니다.

이렇게 "나는 원한다"라는 태도가 두드러지는 사람일수록 참된 그리스도인으로 보기가 어렵습니다. 이런 자들은 원하는 응답이 오지 않을 때 원망하고 불평합니다. 복음이 과연 맞는 건지 모르겠다고 의심합니다. "사랑의 하나님이 뭐 이래?" 하면서 악감과 불만을 품고 거의 짜증을 냅니다. 자신이 어떤 위치에 있는지 알지 못합니다. 모든 것이 기계적으로 잘 돌아가고 자기 생각대로 맞아떨어지면 아주 열광하면서 좋아하지만, 일이 어긋나면 당황해서 어쩔 줄을 모릅니다. 제가 지난주에 만난 여성이 바로 그랬습니다. 충격을 받아 어쩔 줄을 몰랐습니다. 왜 그렇게 되었을까요? 그가 가진 것이 참된 기독 신앙이 아닌 종교였기 때문입니다. 그는 진정한 하나님의 자녀가 아니었습니다. 기도도 응답되는 것 같고 요구사항도 충족되는 것 같다가, 갑자기 모든 것이 어긋나 버리자 기댈 곳을 잃고 말았습니다. 단순히 종교적인 사람들의 처지가 바로 이렇습니다.

자녀들이 집에 가는 것은 무엇을 얻기 위해서가 아니라 집이 좋아서입니다. 부모님이 계신 집에 가는 것은 신나는 특권이요 기쁨입니다. 자녀들은 집에 갈 때 요구사항과 요청사항을 나열한 목록을 들고 가지 않습니다. 당연합니다! 그것은 자녀의 본성에 맞지 않는 태도입니다. 하나님의 자녀도 마찬가지입니다. 무엇을 얻으려고 집에 가는 것이 아닙니다. 물론 얻는 것이 있지만, 단지 그 때문에 가는 것은 아닙니다.

여러분이 하나님의 자녀라면, 자신의 놀라운 특권적 지위에 감격하는 마음이 가장 앞설 것입니다! 수많은 것을 요구하는 마음, 그렇게 요구한 것을 얻지 못한 불평과 원망의 마음이 가득한 것이 아니라 감사와 찬송의 마음이 가득할 것입니다. 지옥에 떨어질 비참한 벌레 같은 자의 말을 들어주시는 데 놀라움을 금치 못할 것입니다. 감히 하나님께 무슨 요구를 하고 무슨 권리를 주장하겠습니까? 영광과 거룩함과 정결함과 사랑 가운데 계신 하늘의 하나님이 나 같은 사람을 아시고 바라보신다는 사실에 그저 놀랄 따름입니다. 내 인생에서 가장 경이로운 일은 바로 하나님 앞에 나아갈 수 있도록 허락받은 것입니다. 이것이 자녀의 특권입니다! 하나님 앞에 서면 요구사항이나 요청사항 같은 것은 까맣게 잊어버립니다. 오직 하나님이 거기 계시기 때문에 자신도 거기 있으려 합니다. 마리아가 그랬듯이 말입니다.

오, 마리아와
영원히 주님 발 앞에 앉아 있는 것,
그것이 내 행복한 선택일세.
내 유일한 관심, 즐거움과 지복,

내 기쁨, 지상의 천국은

신랑의 음성을 듣는 것.

　－찰스 웨슬리

이것이 자녀의 시금석이요 그리스도인의 시금석입니다.

　그 다음으로 살펴볼 마지막 시금석은 먹고 싶고 마시고 싶은 욕구를 느끼느냐는 것입니다. 이에 대해서는 앞서 언급한 적이 있습니다. 이 또한 아주 좋은 시금석입니다.

　성경이 중요하게 느껴질수록 그리스도인으로서 확신을 가질 수 있습니다. 기도가 중요하게 느껴질수록 확신을 가질 수 있습니다. 우리는 얼마나 많이 기도합니까? 기도하기를 기뻐합니까? 즐거워합니까? 당연히 그래야 하지 않습니까? 하나님은 우리 아버지시고, 우리는 그의 자녀입니다. 자, 자녀는 아버지와 함께 있기를 좋아합니다. 혼자만 떠들기보다 아버지의 말씀 듣기를 좋아합니다. 아버지 앞에 앉아 있는 것을 좋아하고, 한자리에 있는 것을 좋아합니다. 굳이 말을 나누지 않아도 괜찮습니다. 아버지와 함께 있다는 사실 자체가 뿌듯합니다. 가끔 고개를 들어 보면 아버지가 앞에 계십니다. 그 자체가 좋습니다. 자녀로서 아버지와 한자리에 있다는 것 자체가 즐겁습니다. 아버지의 말씀을 듣는 것이 즐겁고, 아버지를 묵상하는 것이 즐겁고, 마땅히 구할 것을 구하는 것이 즐겁습니다.

　성도는 이렇게 교제합니다. 이 특징들은 함께 나타나게 되어 있습니다. 이것은 아주 당연한 일입니다. 에스겔 선지자는 이 점을 아주 훌륭하게 보여줍니다.

또 그가 내게 이르시되 "인자야, 너는 발견한 것을 먹으라. 너는 이 두루마리를 먹고 가서 이스라엘 족속에게 말하라" 하시기로 내가 입을 벌리니 그가 그 두루마리를 내게 먹이시며 내게 이르시되 "인자야, 내가 네게 주는 이 두루마리를 네 배에 넣으며 네 창자에 채우라" 하시기에 내가 먹으니 그것이 내 입에서 달기가 꿀 같더라(겔 3:1-3).

"달기가 꿀 같더라!" 여러분도 하나님의 말씀이 꿀같이 느껴집니까? 하나님의 말씀이 즐겁게 느껴집니까? 매일의 선행을 완수한 보이스카우트처럼, 그저 매일 할당된 분량을 읽는 것만 자랑스러워하지는 않습니까? 그런 식으로 성경을 읽는 사람이 많습니다. 여러분, 여러분의 입에도 하나님의 말씀이 꿀같이 느껴집니까? 새뮤얼 러더포드Samuel Rutherford는 옥중편지에 이렇게 썼습니다. "하늘의 만나를 너무 많이 맛보았더니, 세상 즐거움이라는 거칠고 시커먼 빵에는 영 구미가 당기지 않는군요." 그렇습니다! 하늘의 만나를 맛보아야 합니다! 하늘에 있는 구원의 샘물을 마시고 즐겨야 합니다!

오늘은 여기까지 다루도록 하겠습니다. 하나님이 허락하시면 다음번에도 이 주제를 다룰 생각입니다. 오, 우리 모두 신앙이 위를 덮고 있는 것이 아니라 안에 들어와 있다고 분명히 고백하게 해주시길 원합니다. 주님이 사마리아 여인에게 하신 말씀을 기억하십시오. 그 여인은 아주 종교적인 사람으로서, 사마리아 그리심 산에서 예배해야 하는지 예루살렘에서 예배해야 하는지 물었습니다. 여인이 제기한 문제에 대해 주님은 이렇게 요점을 짚어 주셨습니다. 그 말씀을 들어 보십시오. "이 물을 마시는 자마다 다시 목마르려니와 내

가 주는 물을 마시는 자는 영원히 목마르지 아니하리니 내가 주는
물은 그 속에서—그 속에서!—영생하도록 솟아나는 샘물이 되리라"
(요 4:13-14).

이 샘물이 여러분 속에 있습니까? 영생의 샘물이 여러분 속에
있습니까? 신앙이 여러분 속에 있습니까? 집어 들었다 내려놓았다
하는 외적인 신앙을 가진 것은 아닙니까? 이것이 우리가 던져야 할
질문입니다. 영생하도록 솟아나는 샘물처럼 여러분 속에 신앙이 있
어야 합니다. 하나님의 생명이 여러분의 영혼 속에 있습니까? 여러
분은 "혈통으로나 육정으로나 사람의 뜻으로 나지 아니하고 오직
하나님께로부터 난 자들"입니까? 하나님의 생명이 여러분 속에 들
어온 것을 알고 있습니까? 이 질문을 던져야 합니다.

32

"분명한 확신"

영접하는 자 곧 그 이름을 믿는 자들에게는 하나님의 자녀가 되는 권세를 주셨으니 이는 혈통으로나 육정으로나 사람의 뜻으로 나지 아니하고 오직 하나님께로부터 난 자들이니라. **요 1:12-13**

우리는 하나님이 우리를 자녀 삼으시려고 그 아들을 세상에 보내셨다는 말씀을 한동안 살펴보았으며, 우리 자신이 하나님의 자녀임을 아는 것이야말로 세상에서 가장 중요한 일임을 알게 되었습니다. 하나님과 우리의 관계를 확신하지 못하면 기도생활에 그 영향이 나타나게 되어 있으며, 병이나 죽음이나 그 밖의 모든 일을 바라보는 관점에도 그 영향이 나타나게 되어 있습니다. 하나님의 자녀라는 우리의 위치에 대한 확신은 그리스도인의 삶을 온전히 누리기 위해 반드시 필요하며, 주변 세상에 신앙을 증언하기 위해서도 반드시 필요합니다.

　이것은 특히 오늘 같은 성령강림절에 관심을 가져야 할 주제임이 분명합니다. 성령강림절은 오래전 1세기 오순절에 일어난 사건을 기념하는 날입니다. 그때 교회가 세워지고 교회의 중대한 사역과 사업이 시작되어 오늘날까지 이어지고 있습니다. 부활하신 주님이 승천하여 성령을 선물로 보내 주시기 전에 제자들에게 하신 말씀을 우리는 기억하고 있습니다. 그 말씀을 보면 교회의 역할과 각 그리스도인의 역할이 무엇인지 상기하게 됩니다. "너희가……예루살렘과 온 유대와 사마리아와 땅 끝까지 이르러 내 증인이 되리라"(행 1:8).

오늘날 가장 긴급한 부르심이 바로 이것입니다. 우리는 세상의 실상을 보고 있습니다. 사방에 만연한 죄와 악을 보고 있으며, 사회 여러 측면의 붕괴를 보고 있습니다. 우리는 세상의 유일한 소망이 교회가 맡은 이 복음, 교회가 전하는 이 복음에 있다고 믿습니다. 반복하지만, 그렇기 때문에 증인이 되라는 부르심보다 더 긴급한 부르심이 없는 것입니다. 그런데 교회와 각각의 그리스도인들을 복음의 산증인으로 만들어 주는 것은 주 예수 그리스도를 통해 하나님의 자녀가 되었다는 이 확신밖에 없다는 점을 다시금 상기시키고 싶습니다.

초대교회는 오순절 사건을 겪은 후 강력한 증인으로 변모했습니다. 주님이 "너희는 위로부터 능력으로 입혀질 때까지 이 성에 머물라"라고 명하신 이유가 여기 있습니다(눅 24:49). 이 점을 생각하면 참 놀랍습니다. 주님은 사역하시는 3년 내내 함께 지낸 자들에게 이 명령을 하셨습니다. 우리 생각에는 그들보다 훌륭한 증인이 없을 것 같습니다. 그들은 주님의 모든 설교를 들었고, 모든 기적의 현장에 동참했으며, 그의 죽음을 목격했습니다. 그가 실제로 부활하신 것을 보았고, 부활하신 주님과 한자리에 있었습니다. 그가 참으로 죽은 자들 가운데서 살아나셨다는 확실하고도 틀림없는 증거를 가지고 있었던 것입니다. 그런데도 주님은 그들에게 "위로부터 능력으로 입혀질 때까지 이 성에 머물라"라고 하셨습니다. 성령이 주시는 그 능력을 받지 못했다면, 아무리 제자들이라 해도 주님과 그의 대의를 세상 곳곳에 전파하는 증인과 대변자가 되기에 미흡했을 것입니다. 알다시피 그들은 성령의 세례를 받은 후에야 산증인이 될 수 있었습니다. 이번에는 그 관점에서 확신의 문제를 살펴보려 합니다.

구원의 확신을 얻는 주된 방법은 두 가지입니다. 이 점에 항상 유념하는 것이 아주 중요합니다. 첫 번째는 추론의 과정을 거쳐 확신을 얻는 것입니다. 지금까지 우리가 계속 사용해 온 접근법이 바로 이것입니다. 성경에는 주 예수 그리스도를 믿는 자에 대한 구체적인 진술들이 많이 나옵니다. 예컨대 요한복음에는 다음과 같은 전형적인 진술이 나옵니다. "나를 믿는 자는 심판을 받지 아니하는 것이요 믿지 아니하는 자는 하나님의 독생자의 이름을 믿지 아니하므로 벌써 심판을 받은 것이니라"(요 3:18). 5:24에도 중대한 진술이 나옵니다. "내가 진실로 진실로 너희에게 이르노니 내 말을 듣고 또 나 보내신 이를 믿는 자는 영생을 얻었고 심판에 이르지 아니하나니 사망에서 생명으로 옮겼느니라."

이것이 확신을 얻는 한 가지 방법입니다. 성경을 자세히 보며 이 같은 진술들을 찾아본 다음, '나는 믿는다. 그러므로 이 말씀의 논리와 주장대로 생각하는 것이 마땅하다. 믿었으니 죄 사함을 받은 것이고, 사망에서 생명으로 옮겨진 것이며, 하나님의 자녀가 된 것이다'라고 생각하는 것입니다. 추론한다는 것은 바로 이렇게 하는 것입니다. 성경의 명백한 진술들을 읽은 다음 '나는 믿는가? 나는 신자인가? 그렇다면 이 진술은 분명히 내게 해당된다'라고 미루어 생각해야 합니다. 이것이 확신의 첫 번째 형태입니다. 이러한 확신만 있어도 만족할 만합니다. 항상 이것이 출발점입니다.

성경에서 출발해야 합니다. 자기 자신이나 자기 감정에서 출발하면 안 됩니다. 성경의 객관적이고 훌륭한 진술—우리에게 확신을 주기 위해 기록해 놓은 진술—에서 출발해야 합니다. 요한은 첫 번째 서신에서 말합니다. "너희에게 이것을 쓰는 것은 너희로 하여금 너희에게 영생이 있음을 알게 하려 함이라"(요일 5:13). 성경을 읽고, 그에 근거해서 추론해야 합니다. 이처럼 성경은 매우 소중한 확신의 원천이 되지만, 그에 따르는 위험도 분명히 있습니다. "믿는다"라고 말만 하는 데서 그치기가 아주 쉬운 것입니다. 안전감을 얻기 위해 "그래, 믿는다고 해야지"라고 할 수 있습니다. 자기 자신의 목적과 목표를 이루기 위해 그런 말을 함으로써 안도감과 만족감을 얻을 수 있습니다. 이것이 위험한 점입니다. 신중하게 경고하는 바, 성경을 믿는다는 사실에만 의존하지 마십시오. "귀신들도 믿고" 떱니다(약 2:19). 귀신들도 하나님을 믿고 떱니다. 귀신들은 하나님의 아들을 알아보았습니다. 귀신인데도 아무 거리낌 없이 그가 하나님의 아들이심을 인정했습니다.

다시 말해서 지적인 동의에만 그칠 위험, 안전감만 얻으려 할 위험, 자기가 편해지려고 일정한 사실들을 인정하기로 결심할 위험이 있는 것입니다. 그래서 성경은 두 번째 유형의 진술을 제시함으로써 좀 더 구체적인 추론을 통해 확신을 얻게 해줍니다. 우리가 대부분의 시간을 들여 다룬 것이 바로 이 두 번째 유형의 확신입니다. 우리는 성경의 가르침에 비추어 우리 자신을 점검함으로써 우리가 하나님의 자녀인지 아닌지 추론해 보았습니다. 일반적이고 포괄적인 용어로 표현하자면, 우리가 얼마나 성화되었는지 살펴봄으로써 확신을 추론해 내고 이끌어 낸 것입니다.

저는 이 방식으로 확신의 문제를 다루었습니다. 우리가 하나님의 자녀인지 아닌지 확인하려 할 때 반드시 제기되는 것이 바로 '관계'의 문제입니다. 하나님의 자녀들은 특별한 관계를 맺습니다. 그들이 믿는 그리스도—성자—와 관계를 맺고, 성부와 관계를 맺고, 성령과 관계를 맺습니다. 하나님의 다른 자녀들, 즉 형제들과도 관계를 맺습니다. 심지어 마귀와도 새로운 관계를 형성합니다. 하나님의 자녀들은 그 변화를 인식합니다. 우리는 그 모든 관계들을 점검해 보았습니다. 예를 들어 "우리는 형제를 사랑함으로 사망에서 옮겨 생명으로 들어간 줄을 알거니와"라는 말씀을 보면서(요일 3:14), '나는 형제들을 사랑하는가? 나는 동료 그리스도인들을 어떻게 대하고 있는가? 그들과 어떤 관계를 맺고 있는가? 그들은 내 가치와 우선순위의 목록 어디에 위치하고 있는가? 형제들을 사랑한다면 나는 하나님의 자녀가 분명하다'라고 추론했습니다.

이 두 번째 접근법은 우리의 새 본성을 확인케 한다는 점에서 무엇을 믿느냐 하는 것보다 더 섬세한 시금석이 됩니다. 우리는 성화라는 이 큰 논거를 통해 우리가 하나님의 아들이며 자녀라는 사실을 추론해 내는 일에 대부분의 시간을 투자했습니다. "혈통으로나 육정으로나 사람의 뜻으로 나지 아니하고 오직 하나님께로부터" 날 때 우리에게는 변화가 일어납니다. 새 본성이 생겨나고, 새 생명이 생겨납니다. 그 본성과 생명은 밖으로 드러나게 되어 있습니다. 우리는 그 다양한 양상을 살펴보았습니다. 성경의 명백한 진술에 비추어 자신을 정직하게 점검해 보면서 "나도 그러한가?"라고 물었습니다. 우리가 이렇게 다양하고 많은 시금석들을 적용해 보았다는 것은 그만큼 샅샅이 우리 자신을 조사하고 점검해 보았다는 뜻이며, 그럼으로써 우리가 정말 하나님의 자녀인지 아닌지 추론해 낼 수 있었다는 뜻입니다.

이것이 제가 말하는 '추론에 근거한 확신'입니다. 그런데 이와는 다른 형태의 확신, 사람이 세상에서 경험할 수 있는 최고의 확신이 있습니다. 달리 표현하면 직접적인 확신이라고도 할 수 있습니다. 여기에서 '직접적'이라는 것은 추론해 낸 것이 아니라는 뜻입니다. 매개체 없이 즉각적으로 확신한다는 뜻입니다. 그동안 우리가 해왔듯이 추론의 과정을 통해 확신에 도달하는 것이 아니라 즉각적이고 직접적으로 확신을 얻는다는 뜻입니다. 지금부터는 논증과 추론을 통해 얻는 확신이 아니라 즉각적으로 주어지는 이 절대적인 확신을 다루고자 합니다.

첫 번째로 제가 입증하고자 하는 사실은, 성경이 분명하고도 확실하게 이 확신에 대해 가르치고 있다는 것입니다. 이것은 상상의 산물이 아니며, 일정한 사람들에게만 국한된 특별하고 주관적인 경험 또한 아닙니다. 누구나 직접적이고 즉각적으로, 의심의 여지 없이 확실하게 자신이 하나님의 자녀임을 알 수 있다는 점을 입증해 보겠습니다. 그 증거들을 제시해 보겠습니다. 가장 먼저 밝히고 싶은 점은, 주님이 친히 이런 확신을 주겠다고 약속하셨다는 것입니다. 그것도 여러 번 약속하셨다는 것입니다. 요한복음에서 그 중대한 말씀을 찾아볼 수 있습니다.

> 명절 끝날 곧 큰 날에 예수께서 서서 외쳐 이르시되 "누구든지 목마르거든 내게로 와서 마시라. 나를 믿는 자는 성경에 이름과 같이 그 배에서 생수의 강이 흘러나오리라" 하시니 이는 그를 믿는 자들이 받을 성령을 가리켜 말씀하신 것이라(예수께서 아직 영광을 받지 않으셨으므로 성령이 아직 그들에게 계시지 아니하시더라)(요 7:37-39).

이것은 분명하고 구체적이며 명백한 약속입니다. 이 중대한 약속이 요한복음 14장에도 나옵니다. "나의 계명을 지키는 자라야 나를 사랑하는 자니 나를 사랑하는 자는 내 아버지께 사랑을 받을 것이요 나도 그를 사랑하여 그에게 나를 나타내리라"(요 14:21). 주님은 아버지가 보내실 또 다른 보혜사, 또 다른 대언자이신 성령에 대해 알려 주시면서 이 말씀을 하셨습니다.

이것은 약속입니다. 이 약속이 어떻게 이루어지고 성취되었는지 알고 싶으면 사도행전을 보십시오. 주님은 "너희는 위로부터 능력으로 입혀질 때까지 이 성에 머물라"라고 명하셨습니다(눅 24:49). 제자들은 분명한 사실들을 알고 있었음에도 산증인이 될 수 없었습니다. 그런데 오순절 날 성령의 세례를 받은 후, 전에 없던 확신과 새로운 권위를 가지고 증언하기 시작했습니다. 약속이 성취된 것입니다. 제자들에게만 성취된 것이 아닙니다. 똑같은 날, 약 3천 명이 회심하고 세례를 받았습니다(행 2:41). 사마리아인들도 같은 경험을 했고(행 8:14-17), 고넬료의 가정도 같은 경험을 했으며(행 10:44), 에베소의 제자들도 같은 경험을 했습니다(행 19:6). 사도행전에 계속 그 사례들이 나옵니다.

물론 서신서 곳곳에서도 즉각적인 확신에 대한 언급들을 볼 수 있습니다. 예컨대 사도 바울이 로마서 5:5에서 하는 말을 들어 보십시오. "소망이 우리를 부끄럽게 하지 아니함은 우리에게 주신 성령으로 말미암아 하나님의 사랑이 우리 마음에 부은 바 됨이니." "부은 바"에 해당되는 그리스어는 아주 강한 단어로서, 엄청나게 쏟아 붓는다는 뜻입니다. 바울은 초대교회 교인들이 엄청나게 쏟아부어지는 하나님의 사랑을 경험했다고 말합니다.

로마서 8:16에도 결정적인 진술이 나옵니다. "성령이 친히 우리의 영과 더불어 우리가 하나님의 자녀인 것을 증언하시나니." 그렇습니다! 이것이 제가 말하는 성령의 즉각적이고 직접적인 확신입니다. 갈라디아서 4:6에서도 같은 진술을 볼 수 있습니다. "너희가 아들이므로 하나님이 그 아들의 영을 우리 마음 가운데 보내사 아빠 아버지라 부르게 하셨느니라." 고린도후서 1:21-22에도 유사한 진술이 나옵니다. "우리를 너희와 함께 그리스도 안에서 굳건하게 하시고 우리에게 기름을 부으신 이는 하나님이시니 그가 또한 우리에게 인치시고 보증으로 우리 마음에 성령을 주셨느니라." 에베소서

1:13-14에서도 병행구절을 볼 수 있습니다. "그 안에서 너희도 진리의 말씀 곧 너희의 구원의 복음을 듣고 그 안에서 또한 믿어 약속의 성령으로 인치심을 받았으니 이는 우리 기업의 보증이 되사 그 얻으신 것을 속량하시고 그의 영광을 찬송하게 하려 하심이라."

이번에는 사도 베드로의 말을 찾아보겠습니다. 베드로는 사도들이 아닌 평범한 그리스도인들에게 편지를 썼습니다. 그런데 그 평범한 그리스도인들과 주 예수 그리스도의 관계에 대해 그가 말하는 바는 이것입니다. "예수를 너희가 보지 못하였으나 사랑하는도다. 이제도 보지 못하나 믿고 말할 수 없는 영광스러운 즐거움으로 기뻐하니"(벧전 1:8). 이것은 아주 명백하면서도 노골적인 진술입니다. "너희가 말할 수 없는, 형언할 수 없는 즐거움으로 기뻐하는 것은 그 즐거움이 너무 엄청나기 때문이다"라는 것입니다. 그리스도인은 주 예수 그리스도와 이런 관계를 맺습니다. 이만큼, 이 정도로 그를 기뻐합니다. 이루 표현할 수 없을 만큼 기뻐합니다! 이것은 영광스러운 즐거움, 영광이 넘치는 즐거움입니다. 사람의 생각이나 말로 포착할 수 없는 즐거움입니다. 그리스도인은 말로 설명하지 못해도 이런 즐거움을 경험합니다. 주님을 직접 본 적이 없음에도 이런 관계를 맺습니다. 이 일을 가능케 하는 것이 바로 성령의 역사입니다.

누구나 즉각적이고 직접적인 구원의 확신을 충만하고도 강력하게 얻을 수 있다는 점을 입증하는 성경의 증거들을 일부 찾아보았습니다. 이 확신은 초대교회 시대나 신약시대에만 국한된 것이 아닙니다. 교회사와 성도들의 전기를 읽으면서, 마귀가 어떻게 그 가능성을 깨닫지 못하도록 자주 방해해 왔는지 살펴보면 아주 흥미롭습니다. 마귀는 말합니다. "그래, 초기엔 그랬지. 하지만 이젠 달라. 그런 일은 교회가 출범했던 시기에만 국한된 거라고. 2천 년 전에 일어난 일이 지금도 일어나길 기대하면 안 되지." 이런 주장에 대답할 말은 얼마든지 많습니다. 오늘 같은 성령강림절에 이 점을 깨닫는 것이 아주 중요합니다.

직접적인 확신이 초대교회 때만 국한된 것이라고 말하는 구절은 신약성경에 없습니다. 단 한 군데도 없습니다. 신약성경은 오히려 정반대로 말합니다. "이 약속은 너희와 너희 자녀와 모든 먼 데 사람……에게 하신 것이라"(행 2:39). 이 약속은 모든 사람을 위한 것입니다. 초대교회와 이후 시대를 구분해야 한다는 것은 마귀의 거짓말 중에서도 가장 큰 거짓말이며, 완전히 비성경적인 생각입니다. 절대 그렇지 않습니다! 우리가 기대하는 그리스도인의 삶은 신약성경에 토대를 둔 것입니다. 신약성경에 나오는 모습이 곧 모든 시대 기독교의 원형이요 규범이요 표준입니다. 그에 못 미치는 수준에 만족할 권리가 우리에게는 없습니다.

감사하게도 이를 입증하는 증거들이 더 있습니다. 초대교회 때만 하나님을 직접 알 수 있었다는 것은 비성경적인 생각일 뿐 아니라 비역사적인 생각입니다. 역사는 아주 강력한 증거들을 제공해 줍니다. 여기에서 역사란 무엇보다 위대한 부흥의 역사를 가리킵니다. 여러분은 과거 부흥 운동에 대해 알고 있습니까? 알고 있기를 바랍니다. 그리스도인이라면 마땅히 알고 있어야 합니다. 이 일이 정말 시급하게 필요합니다. 제가 이렇게 말하는 것은 오늘날 교회가 너무나 연약하고 무력한 상태에 있기 때문입니다. 지금 영국에서 교회가 중시되고 있습니까? 대부분의 나라에서 교회가 중시되고 있습니까? 교회가 다른 그 무엇보다 중시되었던 때가 있었습니다. 그때가 언제입니까? 신앙의 부흥이 일어났을 때, 말하자면 오순절 사건이 반복되었을 때입니다.

부흥은 성령이 엄청난 능력으로 한 회중이나 한 교회나 일군의 교회들이나 때로 온 나라에 다시 임하시는 일입니다. 아무 기대 없이 평소처럼 단조롭고 무기력하게 모여 있는데, 홀연히 성령이 임하여 사람들을 붙들고 사로잡고 고양시키며 이적을 행하십니다. 오순절 때처럼 그것을 목격한 모든 이들이 놀라움을 금치 못합니다. 이것이 신앙의 부흥입니다! 감사하게도 이런 부흥이 일어났던 적이 아주 많습니다. 불과 한 세기 전에도 성령을 다시 부어 주시는 부흥이 있었습니다.

오늘날 많은 이들이 "성령을 부어 주시는 일은 오순절 날로 끝났다. 우리는 그때 주신 성령을 힘입어 살면 된다"라고 말한다는 것을 저도 알고 있습니다. 자, 거기에 대답할 말은 한 가지뿐입니다. 사도행전 4장을 보십시오. 오순절 날 능력으로 임하신 성령이 며칠 후 다른 신자들에게 유사한 방식으로 다시 임하신 것을 알 수 있습니다. 성령은 교회가 부흥을 경험하는 특권을 누릴 때마다 다시 임하셨습니다. 성령의 임하심은 초대교회 때만 국한된 일이 아닙니다. 성령이 홀연히 교회에 임하여 사람들이 어디 있는지 모를 정도로 천상 높은 곳까지 끌어올리셨던 부흥의 이야기들을 얼마든지 해드릴 수 있습니다. 이렇게 신앙의 부흥이 일어났고, 오순절 사건이 반복되었습니다.

감사하게도 하나님은 부흥의 때만 성령을 부어 주셨던 것이 아닙니다. 전체적인 교회의 부흥은 일어나지 않았지만 개인들이 성령의 부으심을 경험한 사례가 넘치도록 많습니다. 홀연히 성령의 세례를 받은 자들의 증언이 많습니다. 처음 믿을 때 그런 일을 경험한 것이 아닙니다. 이미 오랫동안 믿어 온 자들이 그런 일을 경험했습니다. 그들은 자기 죄성을 알고 있었고, 예수 그리스도와 그가 십자가에 못 박히신 일을 떠나서는 아무 소망이 없음을 알고 있었습니다. 전심으로 주님만 바라보고 있었습니다. 그럼에도 최종적인 확신은 얻지 못했습니다. 그들은 성경을 알았으며, 성경에 근거하여 추론했습니다. 형제들을 사랑했고, 그 밖에 다른 여러 논거들을 통해 하나님의 자녀임을 확신했습니다. 그런데도 무언가 미진한 마음이 남아 있었습니다. 완전히 편치가 않았습니다. 절대적인 확신이 없었습니다. "말할 수 없는 영광스러운 즐거움으로" 그리스도를 기뻐한다는 베드로전서 1:8 같은 말씀을 읽을 때마다 '난 그렇지 못한데. 주님을 사랑하지만 이 정도로 사랑하는 건 아니야'라는 생각이 들었습니다.

주여, 제 사랑 작고 약한 것이
큰 불만이오나
그래도 주를 사랑하고 경배하오니
오, 더 사랑하는 은혜를 주소서.
―윌리엄 쿠퍼

그들도 이런 처지에 있었습니다. 신자였음에도, 확실한 신자였음에도, 성령이 주시는 즉각적이고 직접적인 확신을 경험하지 못했습니다. 그런데 어느 날 그 확신이 임했다고 그들은 증언합니다. 다른 모든 확신을 합친 것보다 몇 곱절 강력한 확신이 임했다고 한결같이 증언합니다. 이처럼 직접적이고 즉각적인 확신은 다른 모든 확신을 능가하고 무색케 할 만큼 강력한 것입니다.

제가 지금 말하는 확신이 바로 그런 것입니다. 오순절 날 그 일이 일어났습니다. 성령이 홀연히 신자들을 사로잡아 기쁨으로 충만케 하셨습니다! 그 기쁨이 얼마나 컸던지, 구경하던 자들이 "새 술에 취했다!"라고 조롱할 정도였습니다(행 2:13). 그들은 성령의 세례를 받음으로 구원의 기쁨에 사로잡혀 황홀경을 경험했습니다. 반복하지만, 이보다 더한 확신은 없습니다. 이런 일을 경험하면 더 이상 추론할 필요가 없습니다. 성령이 직접 주시는 절대적인 확신이 생깁니다.

그렇다면 성령은 어떻게 이런 확신을 주실까요? 자, 포괄적으로 설명해 보겠습니다. 성령이 사용하시는 방식은 주로 두 가지입니다. 그중에서 더 자주 사용하시는 방식은 성경말씀을 쓰시는 것입니다. 전에 수없이 읽어서 잘 알고 있던 말씀이 어느 순간 나에게 말을 걸어옵니다. 성령이 한 단어를 끄집어내 내 앞에 들이미십니다. "나는 지금 네게 이 말을 하고 있다!"라고 하십니다. 성령이 직접 말씀하시는 것이 느껴집니다. 한 구절에 빛을 비추어 주십니다. 자신의 말씀을 들이밀며 "이것은 너를 위한 말이다"라고 하십니다. 일반적인 의미에서는 전에도 나를 위한 말씀으로 생각했습니다. 그런데 이제 명실공히 내 말씀이 됩니다. 이처럼 성령은 성경을 통해 직접적인 확신을 주십니다. 더 나아가 우리 영혼에 직접 말씀하심으로 확신을 주시기도 합니다. 그 일이 어떻게 일어나는지는 아무도 설명할 수 없습니다. 성령이 우리 영혼을 감동시키십니다. 영이신 성령이 우리 영혼을 움직이십니다.

그렇다면 성령이 주시는 확신의 내용은 무엇일까요? 성령이 하시는 일은 무엇일까요? 첫째로, 우리 죄가 사함받았다는 것을 절대적이고 개인적인 차원에서 확신시켜 주십니다. 제가 절대적이고 개인적인 차원이라고 말한 것은 그와 대조되는 차원의 확신도 있다는 뜻입니다. 아주 많은 그리스도인들이 성찬상의 떡과 포도주 앞에서 "주 예수 그리스도는 세상 죄를 지고 가신 하나님의 어린양"이라고 고백하며 그렇게 확신합니다. "나는 그리스도를 믿는다. 그가 내 죄를 지셨음을 믿는다"라고 말합니다. 이것은 추론에 근거한 확신입니다. 요한복음 3:18이 "그를 믿는 자는 심판을 받지 아니하는 것이요"라고 말하기 때문에 내 죄가 사함받았다고 믿으며, '나는 그리스도를 믿기 때문에 정죄당하지 않는다'라고 믿습니다. 로마서 8:1이 "그러므로 이제 그리스도 예수 안에 있는 자에게는 결코 정죄함이 없나니"라고 말하기 때문에 '나는 그리스도 예수 안에 있으니 정죄함이 없다'라고 추론하고 논증하며 자신을 설득합니다. 이것이 신앙입니다. 이렇게 하는 사람은 분명한 하나님의 자녀입니다. 그러나 지금 제가 다루는 확신은 그런 차원의 것이 아닙니다.

이 확신은 주님이 바로 날 위해, 내 죄를 위해 죽으셨음을 개인적으로 아는 것입니다. 단순히 추론하는 것이 아닙니다. 성령이 직접 하나님의 아들이 날 사랑하시며 날 위해 자신을 주셨다고 말씀하시는 것입니다. 내 영과 혼과 마음 깊은 곳에 오셔서 "그렇다. 하나님의 아들이 바로 널 위해 자신을 주셨다!"라고 말씀하시는 것입니다. 이것이 죄 사함과 용서에 대한 즉각적이고 직접적인 확신입니다.

덧붙일 말이 있습니다. 성령은 하나님의 사랑도 개인적으로 알게 해주십니다. 하나님의 사랑이 "우리 마음에 부은 바" 된다고 말하는 로마서 5:5을 보십시오. 하나님을 향한 우리의 사랑이 아니라 우리를 향한 하나님의 사랑이 부어집니다. 누군가에게 사랑한다는 말을 들을 때의 감격을 잘 알 것입니다. 날 사랑한다는 것을 미루어 짐작하고 있었더라도, 그렇게 짐작만 하고 있는 것과 직접 사랑한다는 말을 듣는 것은 완전히 다른 일입니다. 우리는 사랑의 말, 사랑한다는 말을 듣고 싶어 합니다. 아, 사랑은 여러 가지 방식으로 나타날 수 있으며 감사하게도 그런 표시들을 보고 미루어 짐작할 수 있습니다. 그러나 직접 듣는 일에는 비할 수가 없습니다. 우리가 원하는 것은 말입니다. 진술입니다. 주장입니다. 연인의 소원이 바로 그것입니다! 사랑한다는 말을 직접 해달라는 것입니다!

너는 내 것이라 말씀해 주소서, 오 구주여,
분명한 확신을 주소서.
—윌리엄 윌리엄스William Williams

성령이 이 일을 해주십니다. 성령이 하나님의 사랑을 마음에 부어 주십니다. 그러면 모든 것이 분명해집니다. 더 이상 추론할 필요가 없습니다. 사랑이 느껴집니다. 사랑에 압도당합니다. 사랑이 부어집니다. 부흥을 경험한 무리들이나 개인들의 생애를 읽어 보면 하나님의 사랑이 얼마나 크게 임했는지 알 수 있습니다. 사람들은 주체치 못할 만큼 큰 확신의 기쁨에 사로잡혔습니다. 이처럼 성령은 하나님의 사랑을 개인적으로 알게 해주십니다.

또 다른 측면이 있습니다. 성령은 하나님과 주 예수 그리스도를 개인적으로 알게 해주십니다. "영생은 곧 유일하신 참 하나님과 그가 보내신 자 예수 그리스도를 아는 것이니이다"(요 17:3). 성경에서 '안다'는 것은 아주 강력한 단어입니다. 주님은 '무엇에 대해 알다'라는 뜻으로 이 말을 사용하시지 않습니다. 단순히 하나님에 대한 사실들을 알 수가 있습니다. 사실 하나님에 대해 모르는 사람은 거의 없습니다. 성경을 믿는 자라면 누구나 하나님에 대해 많은 것을 알고 있습니다. 그러나 "영생은 곧……아는 것"입니다. 여기에서 말하는 아는 것이란 개인적으로 친밀하게 안다는 뜻입니다. 실제로 안다는 뜻입니다.

주님은 요한복음 14장에서 이 개인적인 지식에 대해 말씀해 주셨습니다. 그 요지는 이것입니다. "내가 곧 너희를 떠나도 근심할 필요가 없다. 훨씬 더 실제적인 의미에서 너희에게 돌아와 너희와 함께할 것이기 때문이다." 더 나아가 주님은 특별한 말씀을 하셨습니다. "사람이 나를 사랑하면 내 말을 지키리니 내 아버지께서 그를 사랑하실 것이요 우리가 그에게 가서 거처를 그와 함께 하리라"(요 14:23). "거처를 그와 함께 하리라!" 성부와 성자가 우리 안에 거하시고, 우리가 그것을 인식합니다. 성령이 그것을 확신시켜 주십니다. 이보다 더 큰 확신은 없습니다. 이 확신이 생기면 더 이상 추론의 영역에 머물 필요가 없습니다. 성부와 성자가 내 안에 거하심을 이미 알고 있기 때문입니다. 저 위대한 조지 휘필드가 자주 했던 말이 바로 이것이었습니다. 그는 "내가 만져 본 그리스도a felt Christ"를 전할 수 없다면 설교하지 말라고 했습니다. 무릇 설교자는 그리스도를 알고, 그의 임재를 느끼고, 그의 능력을 경험해야 한다는 것입니다. "내가 만져 본 그리스도!" 그리스도를 만지게 해주시는 분은 오직 성령뿐입니다. 그리스도를 만지고 나면 더 이상 추론할 필요가 없습니다.

이것은 큰 기쁨으로 연결됩니다. 앞서 저는 "말할 수 없는 영광스러운 즐거움"이라는 베드로전서 1:8의 표현을 인용했습니다. 여러분, 이 점을 분명히 짚고 넘어가야 합니다. 하나님의 사랑이 부어지면 본인이 바로 알 수 있습니다. 언제 그 일이 일어났는지 알 수 있습니다. 성령이 개인적인 확신을 주시는 사람은 하나님의 사랑과 그 모든 영광에 압도당하며, 연이어 황홀경을 경험합니다. 혹시 황홀경에 빠질까 봐 두려워하는 것은 아닙니까? 너무 점잖게 굴다가 성령을 소멸하는 것은 아닙니까? 오순절 날 성령이 예루살렘의 제자들과 그 밖의 사람들에게 임하신 것을 본 자들이 "새 술에 취했다!"라고 조롱했던 것을 기억하십시오. 물론 그들은 취하지 않았습니다. 영광과 기쁨과 만족감이 그 정도로 넘쳤을 뿐입니다. 그들은 자기 자신을 잊을 정도로 고양된 황홀경의 상태에 빠졌던 것이 분명합니다.

부흥의 이야기들을 읽어 보면, 하나님의 사랑을 너무나 절실히 느낀 나머지 몸이 감당치 못해서 말 그대로 혼절한 사례들을 볼 수 있습니다. 저는 지금 그런 현상을 옹호하려는 것이 아닙니다. 다만 그런 현상이 나타날 수도 있다는 점을 지적하려는 것입니다. 제가 강조하고 싶은 점은 그 정도로 큰 기쁨과 만족감, 떨림, 황홀경을 경험할 수 있다는 것입니다. 기독교는 이런 것입니다! 성령은 바로 이 확신을 주기 위해 오셨고, 초대교회는 이 확신을 얻고 기뻐했습니다. 그래서 베드로가 이런 표현을 쓴 것입니다. 은사가 없다고 고민할 필요가 없습니다. 물론 은사도 주실 수 있습니다. 성령은 초대교회 때도 은사를 주셨고, 그 후에도 계속 은사를 주셨습니다. 그러나 은사가 없다고 걱정하지 마십시오. 중요한 것은 하나님의 이 사랑을 아느냐, 나를 사랑하시고 나를 용서하신다는 말씀을 들었느냐, 나는 그의 것이며 그는 절대 나를 혼자 두시지 않는다는 말씀을 들었느냐는 것입니다. 성령이 주시는 이 확신을 얻었느냐는 것입니다. 어떤 현상이 수반되느냐 아니냐는 중요치 않습니다. 이 확신을 얻었느냐가 중요합니다.

그 다음으로 반드시 따라오는 일은 영원한 세계를 느끼고 미리 맛보는 것입니다. 고린도후서 1:22과 5:5에 나오는 "보증"이라는 표현에 주목하기 바랍니다. "보증"은 사전에 미리 주는 할부금입니다. 미리 맛보는 것, 첫 열매를 맛보는 것입니다. 직접적인 확신이 있는 자는 자신이 하늘에 속한 백성임을 분명하게 압니다. 땅에 살지만 하늘에 속한 백성임을 분명하게 압니다. 성령의 "보증"이 그들은 세상의 순례자요 나그네라는 것을 확인해 줍니다. 그래서 그들은 세상의 삶에 초연합니다. 하늘의 영광을 일부나마 보고 느꼈기에 그곳을 사모합니다. 오로지 자신이 돌아가야 할 본향만 바라보고 나아갑니다. 이 확신을 얻은 자, 성령의 세례를 통해 최고의 확신을 얻은 자는 이렇게 합니다.

결국 그들의 마음속에는 하나님을 향한 큰 사랑이 솟아납니다. 이것은 필연적인 결과입니다. 사랑이 솟아나지 않을 수가 없습니다. 하나님이 자신을 사랑하심을 느끼는 순간, 자신도 하나님을 사랑하게 됩니다. "너희가 아들이므로 하나님이 그 아들의 영을 우리 마음 가운데 보내사 아빠 아버지라 부르게 하셨느니라"(갈 4:6). "아빠"는 친숙한 단어입니다. 이제 하나님은 저 멀리 하늘에 계신 분이 아니라 바로 내 아버지입니다. 나와 가까운 분, 친밀한 분, 친숙한 분입니다. 그의 큰 사랑에 화답하는 사랑이 내 속에서 솟아납니다. 사랑하는 여러분, 문제는 "하나님을 믿느냐?"가 아니라 "하나님을 사랑하느냐?"입니다. 오늘날 교회는 믿음을 이리저리 만지작거리면서 하나님을 설명하려 듭니다. 그러나 그것은 본질이 아닙니다. 교회는 논쟁과 논란의 영역을 뛰어넘어 하나님을 알아야 하고 사랑해야 합니다. 하나님의 사랑을 누려야 하고 그 사랑에 화답해야 합니다. "아빠 아버지!"라고 외쳐야 합니다.

이렇게 해서 성령이 주시는 직접적인 확신에 필히 따라오는 몇 가지 결과를 미진하나마 서둘러 살펴보았습니다. 이 확신은 추론의 영역 밖에 있는 것입니다. 직접 듣는 것입니다. 성령을 통해 하나님의 말씀을 듣는 것입니다. 직접적인 지식으로 충만해지며, 그 지식 때문에 기뻐하는 것입니다. 여러분, 여러분에게는 이런 확신이 있습니까? 하나님이 날 사랑하시는 것을 알고 있습니까? 내 죄가 사함 받은 것을 알고 있습니까? 하나님이 직접 말씀해 주셨습니까? 절대 적인 확신을 주셨습니까? 다름 아닌 날 사랑하시는 것을 알고 있습 니까? 그리스도를 저 멀리 동떨어져 있는 신앙의 대상이 아닌 살아 계신 분으로 느끼고 있습니까? 실제로 그를 알고 있습니까? 성부와 성자가 여러분에게 와서 거처를 함께하고 계십니까? 주님은 그것을 약속하셨고, 그 약속은 오순절 날 이루어졌습니다. 시대를 막론하고 수많은 사람들에게 이루어졌습니다. 이런 확신을 얻고 경험하며 기 뻐하는 것보다 중요한 일이 있겠습니까? 그렇다고 이런 확신이 없 는 사람은 그리스도인이 아니라는 말은 아닙니다. 오, 다만 여러분 이 하나님의 자녀로서 최고의 확신을 얻길 바라는 것입니다! 오, 궁 극적이고 최종적인 확신을 얻길 바라는 것입니다! 이 확신은 누구 나 얻을 수 있습니다. "이 약속은 너희와 너희 자녀와 모든 먼 데 사 람……에게 하신 것이라"(행 2:39).

그렇다면 어떻게 이 확신을 구해야 할까요? 어떻게 이 확신을 얻어야 할까요? 첫 번째로 명백한 사실은 그 가능성 자체를 깨달아 야 한다는 것입니다. 내가 하나님의 자녀임을 분명하게 알 수 있습 니다! 하나님이 날 사랑하시는 내 아버지임을 분명하게 알 수 있습 니다! 그렇습니다. 그 가능성을 깨달아야 합니다. 그 확신을 구해야 합니다. 그보다 못한 수준에 만족하면 안 됩니다. 이처럼 절대적인 확신을 얻을 수 있다는 가능성을 깨닫고 나면, 이제 그 확신을 구하 는 일이 본격적으로 시작됩니다. 우리는 주님께 순종함으로 그 확 신을 구합니다. "너희가 나를 사랑하면 나의 계명을 지키리라"(요

14:15). 주님이 요한복음 14장에서 계속 말씀하시는 바는 그에게 순종하는 자들, 그의 계명을 지키는 자들에게 이 확신을 주시겠다는 것입니다. "나의 계명을 지키는 자라야 나를 사랑하는 자니 나를 사랑하는 자는 내 아버지께 사랑을 받을 것이요 나도 그를 사랑하여 그에게 나를 나타내리라"(요 14:21).

주님이 여러분에게 자신을 나타내 주셨습니까? 자신을 나타내 주셔야 이 확신을 얻을 수 있습니다. 주님을 구하십시오! 계속 순종하면서 그를 찾으십시오. 주님을 나타내 달라고 요청하십시오! 기도하십시오. 간청하십시오. 연인처럼 편지를 쓰십시오! 직접 말씀해 달라고, "분명한 확신"을 달라고 하십시오. 앞서 인용한 찬송이 구하는 바가 바로 그것입니다.

너는 내 것이라 말씀해 주소서, 오 구주여,
분명한 확신을 주소서.
모든 어두운 의심을 쫓아내 주소서.
─윌리엄 윌리엄스

짧은 기도문의 형태를 원한다면, 중국내지선교회China Inland Mission의 설립자인 허드슨 테일러Hudson Taylor가 직접 베낀 간단한 기도문을 소개해 드리겠습니다. 그가 죽은 후, 매일 읽던 성경에 끼워져 있던 이 쪽지가 발견되었습니다.

주 예수여, 저에게

생생하고 환한 실재가 되어 주소서.
예민한 믿음의 눈으로
외부의 어떤 것보다
당신을 더 가까이 보게 해주소서.
세상에서 가장 아름다운 사이보다
저와 더 가깝고 친밀한 사이가 되어 주소서.
　─샬롯 엘리엇

이것이 그의 기도였고, 그 기도는 응답되었습니다. 그가 믿고 멀리서 예배했던 주 예수께서 자신을 나타내 주신 것입니다. 그는 이 일을 경험하기 위해 기도했고, 날마다 더 누리기 위해 기도했습니다.

주 예수여, 저에게
생생하고 환한 실재가 되어 주소서.

"그에게 나를 나타내리라"(요 14:21). 그렇습니다! 주님은 우리에게 실재가 되어 주십니다.

예민한 믿음의 눈으로
외부의 어떤 것보다
당신을 더 가까이 보게 해주소서.

주 예수를 이 교회 건물보다 더 실제적으로 느끼게 되길 원합니다.

우리가 서로의 존재를 느끼는 것보다 더 확실히 느끼게 되길 원합니다.

　세상에서 가장 아름다운 사이보다
　저와 더 가깝고 친밀한 사이가 되어 주소서.

이것을 여러분의 기도로 삼으십시오. 마침내 주님을 알게 될 때까지, 주님이 자신을 나타내 주실 때까지, 주님이 여러분 안에 거하심을 알게 될 때까지, 미소를 지으시는 그의 은혜와 사랑에 압도당할 때까지, 이 기도를 놓지 마십시오. 그러면 추론의 영역을 완전히 뛰어넘게 될 것입니다. 주님이 지극히 복되신 성령을 통해 주시는 말씀을 직접 듣고, 참으로 그를 알게 될 것입니다.